법화경강해

법화경강해

김흥호

사색

김홍호 전집

법화경 강해

지은이 : 김홍호
초판 인쇄일 : 2004년 4월 20일
초판 3쇄 발행일 : 2013년 6월 5일
펴낸곳 : 사색출판사
펴낸이 : 최정식
인　쇄 : (주)약업신문
편　집 : 심중식 변정자

주소 : 서울 중앙우체국 사서함 206호
전화 : 070-8265-9873
팩스 : 02-6442-9873
홈페이지 : www.hyunjae.org
이메일 : hyunjae2008@hotmail.com
등록 : 2006년 2월 16일
ISBN : 89-90519-00-4(세트)
　　　 89-90519-06-3 04080

값 15,000원

※ 잘못된 책은 바꿔드립니다.
　 저자와의 협의하에 인지는 생략합니다.

머리말

　법화경은 묘법연화경妙法蓮華經이다. 인간의 언어와 생각을 뛰어 넘는 신비를 묘妙라고 한다. 그리고 법法에는 존재, 진리, 교법, 만물 등 여러 가지 뜻이 있으나 우주 만물을 만물이게 하는 절대존재를 지적하는 말이다. 기독교에서는 하나님이라고 하고 주역周易에서는 도道라고 하는데 여기서는 법이라고 한다. 묘법妙法은 조화造化의 근원을 두고 하는 말이다. 조화의 근원이 한없이 신비하여 원효元曉는 이런 존재를 교묘巧妙, 미묘微妙, 승묘勝妙, 절묘絶妙라고 표현한다. 모두 절대존재의 사랑의 신비를 그려보는 말이다.
　사랑의 신비를 통해서 나타나는 현상이 지혜다. 지혜를 강조하는 것이 화엄경華嚴經이요 사랑을 보여주는 것이 법화경이다. 사랑이라는 말 대신에 생명이라 하고 지혜라는 말 대신에 진리라고 해도 된다. 진리를 깨닫자는 것이 불교의 핵심이다. 진리는 그저 깨달아지는 것이 아니다. 절대적인 사랑 안에서만 진리는 깨어난다. 마치 어미닭 품안에서만 계란이 부화되어 병아리가 되는 것이나 마찬가지다. 어미닭의 품이 공간이요 변화하는 계란이 시간이요 깨어나는 병아리가 인간이다. 인간이 되는 것을 성불成佛이라고 한다. 병아리가 되기 위해서는 21일이라는 시간이 필요하고 어미닭의 품이라는 절대공간이 필요하다. 공간과 시간이 곱해지는 4차원을 시중時中이라고 하는데 공간에 의하여 시간이 잘린다고 시간제단時間際斷이라고도 한다. 4차원의 세계는 광속의 세계다. 우리의 생각이 끊어지고 말이 끊어져 직관의 세계가 펼쳐질 때 그것을 각覺이라고 한다. 21일이라는 시간이 잘리고 계란이 깨어나 눈을 뜰 때 그것이 각이요 성불이다. 이렇게 병아리가 되게 하는 절대적인 힘이 어미닭의 품이요 절대공간이다. 이 공간에 가득 차 있는 것이 따뜻한 온기요 촉촉한 습기요 신비한 사랑이다. 우리는 이것을 묘법이라고 한다. 만물을 진화시키는 근원적인 힘이다.

이 힘 때문에 만물은 변화해서 새로운 존재로 거듭나는 것이다. 이러한 신비를 묘라고 한다.

묘법은 신비한 어머니다. 법화경은 신비한 어머니 품에서 자라나는 모든 만물을 연꽃으로 표현한다. 싹이 트고 꽃이 피고 잎이 무성하고 열매가 충만한 삼라만상이다. 봄에는 꽃이 피고 여름에는 잎이 무성하고 가을에는 열매가 충만하고 겨울에는 뿌리가 굳어진다. 이것이 연꽃이요 시간이다. 공간과 시간을 노자老子는 무위자연無爲自然이라고 표현하는데 법화경은 이것을 묘법연화라고 표시하는 것이다.

묘법연화란 어머니와 아들이다. 화엄경은 아들과 어머니라고 하는데 법화경은 어머니와 아들이라고 한다. 존재와 시간인가 시간과 존재인가 하는 문제다. 법화경은 어머니의 사랑을 강조한다. 화택火宅에서 어린애를 건져내고 집을 나간 궁자窮子를 끌어들이고 약초를 자라게 하기 위하여 비를 내리고 자녀의 병을 고치기 위해서 죽기까지 하는 사랑이다. 그리고 "어머니"하고 찾기만 하면 달려간다는 관음觀音사상, 어머니라는 말도 못하고 그저 울기만 해도 달려가 구해준다는 다라니 사상, 그 밖에 여러 가지로 심오한 어머니의 사랑을 교묘하고 미묘하고 승묘하고 절묘하게 기술한 최고의 문학작품이 법화경이다.

우리는 법화경을 읽으면서 마치 금강산의 교묘하고 미묘하고 승묘하고 절묘한 절경을 구경하는 것 같은 법열法悅을 느끼게 된다. 무르익은 작품의 향기는 최고의 찬탄을 금할 수가 없다. 법화경의 강해를 정리한 심중식 선생과 변정자 선생에게 깊은 사의를 표하고 또한 이 책의 출판을 위해 애쓰는 이충국 선생에게 감사의 마음을 드리고 싶다.

2004년 이른 봄

김홍호

차례

머리말

일러두기

법화경에 대하여 ………………………………………… 11

제 1. 서품序品 …………………………………………… 17
제 2. 방편품方便品 ……………………………………… 27
제 3. 비유품譬喻品 ……………………………………… 45
제 4. 신해품信解品 ……………………………………… 82
제 5. 약초유품藥草喻品 ………………………………… 114
제 6. 수기품授記品 ……………………………………… 143
제 7. 화성유품化城喻品 ………………………………… 154
제 8. 오백제자수기품五百弟子授記品 ………………… 173
제 9. 수학무학인기품授學無學人記品 ………………… 182
제 10. 법사품法師品 …………………………………… 186
제 11. 견보탑품見寶塔品 ……………………………… 194
제 12. 데바달다품提婆達多品 ………………………… 210
제 13. 권지품勸持品 …………………………………… 224
제 14. 안락행품安樂行品 ……………………………… 229
제 15. 종지용출품從地涌出品 ………………………… 249
제 16. 여래수량품如來壽量品 ………………………… 267
제 17. 분별공덕품分別功德品 ………………………… 287

제 18. 수희공덕품隨喜功德品 ………………………………… 308
제 19. 법사공덕품法師功德品 ………………………………… 325
제 20. 상불경보살품常不輕菩薩品 …………………………… 348
제 21. 여래신력품如來神力品 ………………………………… 367
제 22. 촉루품囑累品 …………………………………………… 387
제 23. 약왕보살본사품藥王菩薩本事品 ……………………… 401
제 24. 묘음보살품妙音菩薩品 ………………………………… 413
제 25. 관세음보살보문품觀世音菩薩普門品 ………………… 433
제 26. 다라니품陀羅尼品 ……………………………………… 454
제 27. 묘장엄왕본사품妙莊嚴王本事品 ……………………… 472
제 28. 보현보살권발품普賢菩薩勸發品 ……………………… 494

찾아보기 ………………………………………………… 511

일러두기

1. 이 책은 현재鉉齋 김흥호金興浩 선생님께서 2000년 3월부터 2000년 11월까지 매주 일요일 이화여자대학교 대학교회 연경반에서 한 시간씩 강의한 내용을 녹음하여 그것을 글로 옮겨 정리한 것이다.

2. 강의 교재는 김흥호 선생님께서 법화경 원문을 손수 요약해 주신 내용에다가 또한 보충 설명을 위해 선생님께서 지의智顗의 주석이나 기타 여러 경전들 즉, 불교 유교 도교 등의 여러 경전들 가운데서 발췌해 주신 글들을 함께 첨가하여 만든 연경반 교재를 사용하였다.

3. 원문 및 인용문에 대한 편집자의 한글번역은 한문에 익숙하지 않은 독자들의 이해를 돕자는 취지에서 가능한 한 강의 내용을 따르면서 직역해 보려고 노력한 것이다. 또한 한자 앞에 한글음을 병기하여 한자에 익숙하지 않은 독자들도 부담 없이 읽고 이해할 수 있도록 편집하였다.

4. 법화경 원문과 이에 대한 한글번역은 본문과 다른 글자체로 처리하여 구별했다.

5. 책명에 대한 기호는 『 』, 편명에 대한 기호는 「 」을 사용했다.

6. 본 강의는 배태승 선생이 녹음을 하고, 심중식 선생이 녹음 테이프를 풀어서 변정자 선생과 함께 공동으로 편집을 하였으며, 차현실 선생 등 여러분이 인쇄교정을 도왔다.

법화경에 대하여

『법화경法華經』의 본래 이름은 묘법연화경妙法蓮華經인데 이를 줄여서 『법화경』이라 한다. 인도말[산스크리트어]로 하면 싸드다르마 푼다리까 수트라Saddharma Pundarika-Sutra이다. 이 인도말의 발음을 따라 한문으로는 살달마분타리가경薩達磨芬陀利迦經이라 썼었다. Sad-Dharma는 정법正法이라는 뜻이요 Pundarika는 연꽃이라는 뜻이다. 그래서 불교에서는 어디나 온통 연꽃이다. 그리고 Sutra는 경經이라는 뜻이다.

『법화경』을 중국말로 번역한 사람이 인도의 쿠마 라지봐Kuma Rajiva(344-412)인데 그의 중국 이름은 구마라집鳩摩羅什이다. 이 구마라집은 불교 사상사에서 아주 중요한 사람이다. "사대원무주四大元無主"하는 시詩로 유명한 승조僧肇(383-414)의 스승이 바로 구마라집이다. 그의 제자 중에는 승조와 같이 훌륭한 제자들이 네 사람이 있었는데 모두 중국의 불교 사상에서 최고의 인물들이다. 이와 같이 훌륭한 인물들을 길러낸 사람이 구마라집이다.

그런데 이『법화경』을 번역할 때 어떻게 번역을 했는가? 구마라집의 강의에 몰려왔던 학자들이 번역을 위해 다시 다 모여서 들었던 내용을 가지고 법화경 한마디마다 어떻게 번역하는 것이 가장 좋을지 모두의 의견을 합쳐서 번역을 했다고 한다. 구마라집이 강의하던 당시 보통은 사 오 백 명이 모이고 많게는 이 천 명까지 모였다고 한다. 마치 우리 이조 때의 집현전과 같이 나라의 모든 학자들이 모인 것이다. 그래서 언제나 왕이 앉아서 사회를 보고 모든 학자들이 모여 강의를 들었다. 강의를 들은 후에는 다시 모여서 그 경전 한마디마다 어떻게 번역할 것인가 하고 의논을 거쳐 번역했다는 것이다.

그래서 모든 번역 가운데 『법화경』의 번역이 가장 우수하다고 한다. 대부분은 한 두 사람이 번역을 한 것들인데 이처럼 수 백 명이 힘을 합쳐 번역을 한 것은 『법화경』밖에는 없다고 한다. 그렇기 때문에 『법화경』의 번역본은 인도의 본래 경전보다도 훨씬 더 우수하다는 것이다. 그래서 다시는 인도말로 된 경전을 보지 않아도 되게 되었다는 것이다.

그렇게 많은 학자들이 모여서 번역을 한 것인데 그 때 이 싸드Sad라는 인도말을 어떻게 번역할 것인가 하고 고심을 했다. 당시 이미 백 여 년 전에 싸드 다르마Saddharma를 정법正法이라고 번역한 것이 있었지만 이것을 정법이라고 번역을 해서는 중국 사람의 마음에 와 닿지 않았다. 그래서 싸드Sad라는 말을 묘妙라고 번역하자 해서 묘법妙法이라 했다.

묘妙라는 말은 노자老子의 『도덕경道德經』에 나온다.

제1장에서 "상무욕이관기묘常無欲以觀其妙"라고 했는데 이 말이 노자의 핵심이다. 그래서 Saddharma를 묘법妙法이라고 번역하자 해서 묘법연화경妙法蓮華經이 된 것이다.

원효元曉가 『법화경』의 요령을 추려서 쓴 책이 있는데 그것을 원효의 『법화종요法華宗要』라고 한다. 원효가 『법화경』을 죽 읽어보니 『법화경』은 교묘巧妙하고 미묘微妙하고 승묘勝妙하고 절묘絶妙하다는 것이다. 즉 교묘巧妙해서 즉사이진卽事而眞이요 미묘微妙하여 광대심원廣大甚遠하고 승묘勝妙하여 제법실상諸法實相이며 절묘絶妙하여 리언절려離言絶慮하다는 것이다.

아마도 이것은 원효가 금강산을 가서 보고 『법화경』을 금강산의 경치에 비유한 것이 아닐까 생각된다. 금강산을 가서보면 딱 말도 안 나오는 그런 데가 있는데 그것이 리언절려離言絶慮다. 입이 아주 딱 벌어져 말도 안나오는 그런 것이 절묘다. 그리고 비로봉 꼭대기에 올라가서 보면 산줄기가 죽 죽 뻗어 있는 것을 알 수 있는데 그것이 승묘勝妙다. 백두산에서부터 태백산, 지리산, 제주도 한라산으로 전체 산맥이 정말 장엄하게 뻗어있는 이것을 제법실상諸法實相이라 한다. 그리고 산골짜기를 내려다보면 비룡폭포 등의 골짜기가 그야말로 광대심원廣大甚遠으로 미묘하기 짝이 없다. 한없이 넓고 한없이 깊다. 그리고 만물상을 바라보면 즉사이진卽事而眞으로 교묘巧妙하기가 이루 말할 수 없다. 코끼리 바위는 꼭 코끼리 같고 촛대 바위는 꼭 촛대 같다. 즉사이진이다. 어떻게 그렇게 자연적으로 교묘하게 되었는지 모른다.

교묘하다, 절묘하다, 미묘하다 하는 말들은 우리가 흔히 아는 말이지만 승묘勝妙라는 말은 별로 사용하지 않는다. 그런데 평양에 가면 을밀대 위에 최승대라는 곳이 있어서 그 꼭대기에 가면 전체의 웅장한 모습이 보인다. 승묘는 이처럼 장엄하고 웅장한 모습을 말하는 것이라 생각된다. 그러니까 원효도 묘법妙法이라고 번역한 데 대해서 상당히 동감을 한 것이다.

『법화경』과 관련해서 알아야될 또 다른 사람이 지의智顗(538-597)라는 사람이다. 종밀宗密(780-841)이라는 사람이 『원각경圓覺經』에 대해서 40권이나 책을 써서 『원각경』이 그만 중국 사람의 경전이 되고 말았는데 이 종밀과 꼭 같은 역할을 『법화경』에 대해서 한 사람이 지의다. 그러니까 종밀보다 약 250년 일찍 살았던 사람으로 『법화현의法華玄義』,『법화문구法華文句』,『마하지관摩訶止觀』이라는 책을 썼는데 이것들이 『법화경』의 해설서로는 최고봉이라 한다. 그가 살던 산의 이름이 천태산天台山이었으므로 『법화경』을 중심으로 모인 종파를 법화종이라 하지 않고 천태종이라 하게 되었다.

결국 『법화경』과 관련해서 중요한 사람들을 열거해 보면 천태종을 낳게 한 지의라는 사람, 또 그 전에 살아서 『법화경』을 중국말로 번역했던 구마라집, 또 그 전에 인도에서 원래의 『법화경』을 쓴 사람이다. 그런데 원래의 『법화경』을 쓴 사람은 이름을 드러내지 않아서 그가 누구인지 모른다. 옛날 사람은 모두가 그랬다. 노자가 말했듯이 무명無名이 유명有名보다도 더 높은 것이다. 그래서 『법화경』을 쓴 사람은 무명이다. 누구인지 모르는데 B.C. 1세기경에 살았던 사람이다. 그리고 그 전에 중요한 사람은 물론 B.C. 6세기에 살았던 석가釋迦다.

그러니까 『법화경』은 석가가 죽은지 5백년 후에 나온 것이다. 그래서 『법화경』은 석가가 했던 말이 아니다. 이것은 마치 괴테의 『파우스트』 또는 밀턴의 『실낙원』 혹은 단테의 『신곡』과 같은 그런 문학 작품이다.

내가 대학 다닐 때는 이 세 권의 문학 작품을 읽어야 대학생이라 할 수 있지 그렇지 않으면 대학생이라 할 수 없었다. 그래서 잘 알지도 못하면서 그 책들을 다 읽었는데 그것들은 모두 하나의 극시劇詩들이다.

『법화경』도 이와 같은 극시로 쓰여진 것이다. 하나의 문학 작품인데 그 무대 속에 또 무대가 있고 이야기 속에 또 이야기가 들어있는 매우 복잡한 구조로 되어서 전체를 보면 아주 숭엄하다 하리만큼 정말 멋있고 교묘하게 꾸며놓은 것이다. 어떻게 그런 글을 만들었는지 거기에 나오는 이야기 하나 하나가 정말 즉사이진卽事而眞이다. 정말 교묘하게 되어 있다. 그리고 어떻게 그런 생각들을 해 냈는지 그 사상의 줄거리가 한없이 깊고 한없이 넓다. 그리고 전체의 조직이 정말 웅대하고 장엄해서 다 읽어본 다음에는 입이 딱 벌어지도록 그렇게 되어 있는 책이다.

이러한 책을 쓴 사람의 이름을 알았더라면 좋은데 무명이라 알 수가 없지만 그러나 하여튼 그 줄거리는 석가에서 시작된 것이다. 석가의 사상이 5백년 후에 그렇게 전개된 것이다. 그러니까 우리가 알아야 할 사람들이 석가와 이 『법화경』을 쓴 사람, 그리고 구마라집과 중국의 천태산에 살았던 지의智顗다. '의顗'는 즐겁다는 뜻으로 아는 것이 그렇게 즐거울 수가 없다는 뜻을 가진 이름이다.

우리 나라에서는 고려 때 왕자로서 출가한 의천義天이라고 하는 대각국사大覺國師가 있었는데『대각국사大覺國師와 천태사상天台思想』이라는 책을 동국대학교 총장이었던 조명기趙明基 선생이 썼다. 그리고 삼성문화문고에는 조명기 선생이 쓴『법화경초法華經秒』라는 책이 나와있는데 얇은 책으로 누구나 알기 쉽게 써 놓았다. 그러니까 법화사상의 대가는 조명기 선생이라고 보아야 될 것이다.

그리고 또 고려시대에 제관諦觀이라는 사람이 있었다. 그 때 중국은 오랜 싸움으로 책이 다 분실되었지만 고려에는 고려 대장경이 남아있어서 중국의 송나라 왕이 고려의 불경들을 좀 보내달라고 했다. 그래서 책을 갖고 중국으로 갔던 사람이 제관스님이다. 그는 중국으로 가서 말하자면 천태종의 유명한 스승이 되었는데 그가 쓴『천태사교의天台四敎儀』라는 책이 천태사상에서 또 하나의 중요한 책들 가운데 하나가 되었다. 그는 중국에 가서 살다가 돌아오지 못하고 거기에서 죽었는데 하여튼 우리의 제관 스님이 중국 천태종에서 중요한 인물 가운데 한 분이 되었다.

그런데 그가 쓴『천태사교의』는 동국대학교의 이영자李永子 선생이 번역해서 책으로 내고 또『한국천태사상韓國天台思想의 전개展開』라는 책도 썼다. 그래서 이영자 선생이 낸 이 두 권의 책도 우리가 볼 만한 책이다.

그리고『법화경』을 우리말로 번역한 사람이 이운허李耘虛인데 춘원春園 이광수李光洙의 사촌이라고 한다. 이광수 아들이 찾아 왔을 때 운허와 이광수의 관계를 물어보니 이광수 선생이 운허보다 한 달인가 앞서 나왔다고 했다. 그 사람은 우리 나라 여기저기에 불교를 강의하러 다녔는데 맨 마지막에는 광릉의 봉선사 주지로 오래 계시다가 세상을 떠났다고 한다. 그가 동국대학교의 역경원 원장이었을 때『법화경』을 우리말로 번역해 놓았다. 이광수도 불교에 대해서는 모두 그분한테 들었다고 한다. 그러니까 이광수는 자기 동생한테 불교를 듣고서『원효대사』니 하는 책들을 쓴 것이라 한다. 그만큼 운허는 불교에 대해 아주 박학 다식한 사람이었다. 이광수의 문장 실력도 기가 막히게 좋지만 이분도 아주 글을 잘 썼다. 그러니까『법화경』은 한문으로도 번역이 잘 되었지만 우리말로도 아주 번역이 잘 되었다. 그래서 우리말 『법화경』을 보려면 이 사람이 쓴 것을 보는 것이 좋을 것이다. 주석과 요령이 아주 잘 되어 있다.

2000. 3. 5.

제 1. 서품序品

원문 요약

 여시아문如是我聞 일시一時 불佛 주住 왕사성王舍城 기사굴산耆闍崛山 여대중與大衆. 미간백호眉間白毫 대광보조大光普照 조우동방照于東方 만팔천토萬八千土 개여금색皆如金色. 문수어文殊語 미륵彌勒 아我 과거過去 증견차서曾見此瑞 일월등명불日月燈明佛 인묘광因妙光. 설說 묘법연화경妙法蓮華經 육십소겁설六十小劫說 여식경如食頃 묘광교구명妙光教求名.

서품 강해

『법화경』은 모두 28장으로 되어 있는데 제1장이「서품序品」이다. 오늘은「서품」의 핵심이 무엇인지 알아보기로 한다.

여시아문如是我聞 일시一時 불佛 주住 왕사성王舍城 기사굴산耆闍崛山 여대중與大衆.
　진실로 나는 이와 같이 들었다. 한 때 부처님께서 왕사성 기사굴산에서 많은 무리들과 함께 계셨다.

　불경은 대부분 "여시아문如是我聞"으로 시작한다. 그리고 언제나 "일시一時"다. 일시란 그 사람이 진리를 깨달은 그 때가 일시다. 그러니까 깨닫지 않으면 아무 소용이 없다. "아문我聞"이라 함은 아난阿難이 25년 동안 석가를 좇아다니면서 말씀을 들었다는 말이다. 그리고 "여시如是"는 '참으로', '진실로' 라는 말이다. 아난은 정말 석가를 믿고서 25년을 좇아다닌 사람이다.
　그래서 육성취六成就라 한다. 여시如是에 대해 믿을 신信을 써서 신信, 문聞, 시時, 불佛, 주住, 중衆을 육성취라 한다. 이 여섯 가지는 어느 불경이나 마찬가지로 시작할 때 나오는 말이다. 중衆이란 사람을 말하고 주住는 장소를 말한다. 왕사성王舍城이란 석가가 살던 서울이다. 왕의 집이 있는 서울이다. 기사굴산耆闍崛山을 한문으로 번역할 때는 영취산靈鷲山이라 한다. '영靈'이란 거룩하다는 뜻이고 '취鷲'는 독수리를 말한다. 말하자면 서울에 뒤에 있는 산의 모습이 마치 독수리가 앉아 있는 것처럼 되었다는 그런 뜻이다. 이 영취산 밑에 요새로 말해서 수도원 같은 곳이 있어서 거기에 석가의 제자들이 모여 공부를 했다는 말이다. 나중에는 그 공부하던 집을 기원정사祇園精舍라 한다. 그리고 불佛은 선생이다. 일시一時라는 것은 때를 말하는데 시대적으로는 석가가 죽기 얼마 전이다.

『법화경』이 중요하다고 하는 것은 이것이 석가가 죽기 전 맨 마지막에 한 말이기 때문이다.「요한복음」으로 말하면 14장, 15장, 16장의 위치나 비슷한 것이다. 석가의 사상이 가장 원숙해졌을 때 나왔기에 중요한 것이라 한다. 석가는 『법화경』 다음에 『열반경涅槃經』을 말하고는 죽는다. 그러니까 『법화경』은 죽기 삼 사 년 전에 설해졌다는 것이다. 그래서 석가의 마지막 작품이다. 그리고 맨 처음 석가가 부처가 되어서 나온 작품이 『화엄경華嚴經』이라 한다. 『화엄경』은 맨 처음에 나온 것이요 『법화경』은 맨 마지막에 나온 것으로 말하자면 『화엄경』과 『법화경』이 불경의 알파와 오메가인 것이다. 그러니까 『화엄경』과 『법화경』은 둘 다 중요한 경전이다.

미간백호眉間白毫 대광보조大光普照 조우동방照于東方 만팔천토萬八千土 개여금색皆如金色.
  부처님 미간의 백호에서 큰 빛이 나와 널리 비추는데 동방을 비치니 만 8천 국토가 모두 황금빛으로 물들었다.

이것이 「서품」에서의 내용이다. "미간백호眉間白毫"란 석가의 이마 눈썹사이에 불룩하게 나온 부분을 말한다. 백호白毫라고 한 것은 미간에 무슨 살점이 불룩하게 나온 것이 아니라 휜털이 수북하게 나와서 바른편으로 빙글빙글 돌아갔다는 것이다.
  석가에게는 32호상이라 해서 독특하게 생긴 데가 서른 두 곳이 있는데 그 가운데 제일 첫째로 꼽히는 것이 이 백호상이다. 이 백호에서 큰 빛이 솟아 나왔다. 대광大光이다. 그래서 널리 퍼졌다. 그런데 동편으로 향했다. "조우동방照于東方"이다.
  기독교는 서쪽으로 갔는데 불교는 동쪽으로 갔다. 그래서 지금 한국에서는 서쪽으로 간 기독교와 동쪽으로 간 불교가 서로 마주친 것이다. 우리의 클래스가 지금 그렇다. 지금은 동편으로 간 불교를 하고 다음 시간에는 서편으로 간 기독교를 한다.
  이 조우동방이라는 말 때문에 구마라집이 중국에 오게 되었다. 그는 인도에서 공부를 많이 하고 정말 불교에 통했던 사람인데 그의 선생님이 말하기를 "동방에 인연이 있으니까 너는 『법화경』을 가지고 중국으로 가라." 그렇게 하니까 그 구마라집도 '어떻게든 이것을 들고 중국으로 가야겠다' 하는 그런 사명을 가지고 중국으로 온 것이다. 중국으로 오는 도중에 여러 가지 어려운 문제들이 나오지만 하여튼 중국까지 오게 되었다.

"만팔천토萬八千土"는 온 세상을 다 말하는 것이다. 온 세상에 빛이 비쳤다는 말이다. 그래서 온 천지가 금빛으로 찬란하게 물들었다. "개여금색皆如金色"이다.

결국 말하고자 하는 뜻은 석가는 철인이요 이 철인이 나타났기 때문에 온 세상은 이상국가가 된다는 것이다. 플라톤의 이상국가나 마찬가지다. 철인이 왕이 되든지 왕이 철학을 배우기 전에는 이상국가는 있을 수 없다는 사상이나 같은 것이다. 희랍인이나 인도 사람이나 같은 아리안Aryan 족이다. 그래서 사고 방식이 같은 것이다.

석가가 나왔는데 석가는 한없는 지혜를 가진 사람이라는 것이다. 백호에서 빛이 나왔다는 말은 지혜를 가졌다는 말이다. 그래서 그 지혜를 가지고 온 세상을 밝히게 되니까 온 세상이 이상 세계가 되었다는 것이다.

그러니까 결국 철인정치의 사상이다. 철인이 나와야 무엇이 되지 그렇지 않으면 안 된다. 기독교도 마찬가지다. 그리스도가 나와야 하나님의 나라가 되지 그리스도가 안나오면 하나님의 나라가 안 된다는 것이다.

문수어文殊語 미륵彌勒 아我 과거過去 증견차서曾見此瑞 일월등명불日月燈明佛 인묘광因妙光.

문수가 미륵에게 말했다. "내가 전에 일찍이 이런 상서로운 일을 보았었다. 그때는 일월등명 부처님께서 묘광으로 인해 그렇게 하시었다."

문수文殊는 석가의 제자 가운데 가장 지혜가 많은 사람이다. 미륵彌勒은 자비가 제일 많은 사람이다. 미륵보살, 문수보살, 보현보살 이 세 사람은 언제나 붙어 다닌다.

불교에서는 언제나 과거를 생각하는데, 요새로 말하면 전생前生이라는 것이다. 그런데 불교에서는 전생이라 하지 않고 본생本生이라 한다. 본생설화란 소위 전생설화를 이르는 말이다. 그러니까 '나는 과거에 무엇이다' 하는 것인데 기독교로 말하면 '나는 태초에 말씀이었다' 하는 것이나 마찬가지다. '그 말씀이 지금 육체가 되었다' 하는 것이다. 희랍식으로 말하면 이데아Idea다. 이데아가 지금 나무도 되고 돌멩이도 되었다고 하는 그런 사상이다.

문수가 미륵에게 말하기를 자기가 전생에 오랫동안 여러 부처님들한테 배웠는데 그 때도 "대광보조大光普照"라는 이런 희한한 일이 있었다는 것이다. "증견차서曾見此瑞"다. 그러니까 아까 말한 대로 이처럼 연극 속에 또 연극이 들어있는 것이다.

전생에서 빛을 발했던 사람이 누구인가 하면 "일월등명불日月燈明佛"이다. 일월등명불이란 실제로 말하면 태양이다. 빛은 태양에서 나오는 것이지 다른 데가 아니다. 태양을 인격화해서 일월등명불이라 한 것이다. 그런데 그 때 묘광妙光이라는 사람 때문에 부처님이 빛을 발했다는 것이다.

설說 묘법연화경妙法蓮華經 육십소겁설六十小劫說 여식경如食頃 묘광교구명妙光敎求名.
"묘법연화경을 설하셨는데 60소겁 동안을 가르쳤다. 그런데 그 시간이 마치 밥 한 번 먹는 시간처럼 순식간에 흘러갔다. 묘광은 그것을 다시 구명에게 가르쳤다."

그 빛을 발한 후에 부처님은 묘법연화경을 설했다. 즉 빛을 발한 후에 나온 것이 『법화경』이라는 말이다. 그리고 이것을 육십만 년 동안 설했는데 그것이 얼마나 재미있던지 밥 한끼 먹는 시간처럼 지나갔다.

"여식경如食頃"이다. 그래서 묘광妙光이 그 『법화경』을 받아 가지고 그 제자 중 한 사람인 구명求名에게 가르쳤다. 그런데 "그 묘광이란 다름 아닌 지금 나 문수文殊요 구명이라는 사람은 바로 너 미륵彌勒이다."하는 말이다.

꾸밈의 내용이 이렇게 되어 있다. 일월등명불은 석가의 전신인데 전생에도 지금과 같은 일이 한 번 있었다는 것이다. 그래서 지금 이렇게 굉장한 빛이 나오는 것을 보니 이번에도 또 묘법연화경이 나올 것 같다는 그런 말이다. 나올 것 같다고 했는데 실제로 28장 속에 묘법연화경이 나와 있는가 하면 아무 데도 나와있지 않다.

실상무상實相無相이다. 『법화경』이 나온 것은 아무 데도 없는데 전체를 읽어보면 그 속에서 정말 절묘하게 리언절려離言絶慮로 『법화경』을 설해주고 있다. 그러니까 교묘巧妙, 미묘微妙, 승묘勝妙한 것이다. 원효도 오죽하면 이런 표현을 했겠는가. 책 속에 『법화경』에 대한 이야기는 하나도 없는데 다 읽고 나면 결국에는 정말 절묘하게도 『법화경』이 내 속에 스며 들어온다. 구조가 그렇게 되어 있다.

결국 오늘의 서론은 부처님의 미간에서 빛이 나왔는데 이것을 볼 때 앞으로 『법화경』이 나오려나보다 하는 것이다. 그 밖에 여러 가지가 많이 있지만 『서품』의 내용은 이것이 핵심이라 다른 것은 더 말할 필요가 없다.

오늘은 "묘법연화경妙法蓮華經"이라는 이름에 대해 설명을 하고자 한다.

'묘妙' 란 무엇인가. 노자의 『도덕경』에 "상무욕이관기묘常無欲以觀其妙"라고 했다. 이어서 "현지우현玄之又玄"이라는 말이 나온다. 묘妙가 무엇인가 하면 "현지우현玄之又玄"이다. 신비하고 신비한 것이다. 그러니까 신비하고 신비한 것을 묘라고 해야지 정正이라고 해서는 안 된다는 것이다. 칸트Immanuel Kant로 말하면 이것은 누미노제numinose라는 말이다.

그리고 '법法' 이라는 말은 여러 가지로 쓰여지는데 제일 많이 쓰여지는 것들을 보면 존재, 법칙, 교법敎法, 진리, 그리고 만물이다. 제법실상諸法實相이라 할 때는 만물의 의미로 쓰여진 것이다. 법은 이처럼 만물을 말할 때도 있고 진리를 말할 때도 있고 교법을 말할 때도 있고 법칙을 말할 때도 있고 존재를 말할 때도 있다.

한문의 묘미가 이런데 있다. 글자 하나를 가지고 이렇게 저렇게 여러 가지로 한없이 많이 생각할 수 있다. 서양의 말처럼 각각 말마다 하나의 개념으로만 되면 그것은 정말 맛이 없다. 현지우현이 하나도 없어지고 만다. 한문에서는 같은 법이라 해도 그때마다 다 다르게 번역해야 하는데 이것이 한문의 미묘한 것이다. 우선 우리가 알기 쉽게 법을 진리라고 해 본다. 그러니까 묘법妙法이란 "현지우현의 아주 신비한 진리"라는 뜻이다.

『원각경』에서는 첫 머리에 바가받Bhagavat이 나온다. 『원각경』을 공부할 때 우리는 그것을 세존世尊이라 번역을 했다. 그 다음에 나오는 말이 신통대광명장神通大光明藏이다. 이것이 『원각경』에서 맨 처음에 나오는 말이다. 말하자면 바가받이란 신통대광명장이다. 그래서 묘법妙法이라 할 때 '묘妙'는 신통이요 '법法'은 대광명장이라고 해석하면 된다. 그러니까 『원각경』과 『법화경』은 같은 내용이다. 말하고자 하는 것은 이 신통대광명장이라는 것뿐이기 때문이다.

그런데 『법화경』에서는 이것을 연꽃〔Pundarika〕으로 비유한다. 연꽃의 중요한 내용은 연꽃이 삼층을 산다는 것이다. 법왕도 관을 쓸 때 삼층 관을 쓴다. 바울도 삼층 천에 올라갔다고 한다.

중국의 북경에 가면 삼층 문이다. 그런데 한국에는 삼층 문을 못하도록 했다. 기껏해야 이층이다. 남대문은 이층인데 대한문은 일층밖에 안 된다. 삼층은 허가를 하지 않았다. 중국에서도 북경의 자금성에 가야 삼층이다. 삼층은 황제의 상징이기 때문이다. 왕王이라는 글자도 삼층을 나타낸다. 하늘과 땅과 사람이다.

연꽃은 땅에서 나와 사람을 거쳐 하늘에 올라가 꽃을 피운다. 땅에서 나와서 물을 지나 공중으로 나와서야 꽃을 피운다. 삼층으로 통한다. 저 깊은 지옥 속에서 이 세상을 지나 저 하늘 꼭대기까지 통한다. 기독교에서 예수님은 하늘에도 있었지만 땅에도 왔고 또 저 깊은 지옥에도 갔었다고 한다. 삼층을 가리키는 것인데 이렇게 셋에 통하는 것을 신통神通이라 한다. 하늘에 통하고 사람에 통하고 땅에 통하는 것이다.

물위에 핀 연꽃을 보면 꽃이 있고 잎이 있고 열매가 있고 또 줄기가 있는데 이것들이 모두 근사하다. 그러니까 석가가 연꽃을 꺾어서 제자들에게 보여주었을 때 그것이 무슨 뜻인지 아무도 몰라 가만있었는데 가섭迦葉이 혼자서 알아듣고 웃었다고 한다. 가섭에게 "너는 왜 웃느냐" 하니까 "정법안장正法眼藏 열반묘심涅槃妙心 실상무상實相無相 미묘법문微妙法門 불립문자不立文字 교외별전敎外別傳 직지인심直指人心 견성성불見性成佛"이라 했다. 이것이 나중에 선禪의 핵심이 된다.

직지인심直指人心이요 견성성불見性成佛이다. 그래서 심心과 성性이라는 두 자로 요약이 된다. 말하자면 신통神通은 심心을 말하고 대광명장大光明藏은 성性을 말한다. 대광명장의 내용을 가섭은 정법안장, 열반묘심, 실상무상, 미묘법문이라 했다.

그러니까 신통을 수數로 말하면 셋이 되고 대광명장은 넷이 된다. 이것을 그대로 그림으로 그린 것이 태극이다. 태극기 속에 동그라미는 신통이라는 것이요 네 개의 괘는 대광명장을 나타낸다. 이것을 유교에서는 존심存心 양성養性이라 하는데 『맹자』에 나오는 말이다. 불교로 말하면 직지인심 견성성불이요 유교로 말하면 존심 양성이다.

하여튼 내용은 신통대광명장이다. 철학으로 말하면 신통이란 형이상학이요 대광명장이란 인식론이다. 그래서 칸트의 말로 하면 신통이란 '누미노제numinose'요 대광명장이란 '훼노메나phenomena'다. 또 달리 말하면 합리론과 경험론이다.

유교에서는 존심을 중심으로 하는 학파가 심학心學이라는 양명학파요, 양성을 중심으로 하는 학파가 성리학性理學이라는 주자학파다. 서양에서는 합리론인가 경험론인가 하고 갈리는데 유교에서는 심학이냐 성리학이냐 하고 나뉜다.

불교에서는 심心을 강조하면 불심종佛心宗이라는 선禪이 되고 성性

을 강조하면 교종敎宗이라 한다. 교종인 화엄종에서 밤낮 문제가 되는 것이 성性이다. 이렇게 불교는 교종과 선종으로 갈린다. 그런데 이 선과 교를 합친 것이 법화종法華宗이다. 지의智顗는 교에 해당하는 『법화현의法華玄義』를 쓰고 또 선에 해당하는 『마하지관摩訶止觀』을 써서 교와 선을 합쳤다.

불립문자不立文字, 교외별전敎外別傳이 되면 선인데 정립문자正立文字, 교내정전敎內正傳이 되면 교가 된다. 이 교와 선을 합치면 존심양성存心養性의 『법화경』이 되는 것이다. 이렇게 『법화경』의 위치를 대충 따져보는 것도 좋을 것이다.

다음은 『법화경』에 대해서 지의가 한 말인데 원효가 교묘巧妙, 미묘微妙, 승묘勝妙, 절묘絶妙라고 한 것을 지의는 또 자기 식으로 다르게 표현했다.

"무세간이불도無世間而不度 무의리이불궁無義理而不窮 무묘덕이불원無妙德而不圓 무잡염이부정無雜染而不淨 능설일체심사能說一切深事 능현일체비장能顯一切秘藏 능선일체불법能宣一切佛法 능시일체신력能示一切神力"

"무세간이불도無世間而不度 무의리이불궁無義理而不窮"
(세간의 중생 가운데 제도하지 못할 중생은 하나도 없고 이치 가운데 다 밝히지 못할 것이 하나도 없다.)

『법화경』을 읽으면 이 세상에서 구원받지 못할 사람이 하나도 없다. 그리고 『법화경』에는 이론이나 사상체계 치고 생각해보지 않은 것이 없다. 무슨 사상이건 이 속에 다 흡수되어 있다. 의리義理는 교리, 이론 등의 사상체계를 말한다. 사상체계 치고 다하지 않는 것이 없이 다 들어 있다. 그래서 광대심원廣大甚遠이다.

"무묘덕이불원無妙德而不圓 무잡염이부정無雜染而不淨"

(신묘한 덕 가운데 원만하지 않은 것이 없고 오염된 것 중에 깨끗해지지 못할 것은 하나도 없다.)

또 신비하고 높은 덕 치고 드러나지 않은 것이 없이 다 드러나 있다. 승묘勝妙라는 말이다. 그리고 더러워진 것 치고 깨끗해지지 않은 것이 없다.

"능설일체심사能說一切深事 능현일체비장能顯一切秘藏 능선일체불법能宣一切佛法 능시일체신력能示一切神力"

(능히 일체의 심오한 일들을 설하였고 능히 모든 비장秘藏의 진리를 드러냈으며 능히 일체의 불법佛法을 선포하고 능히 모든 신비한 능력을 다 보여주었다.)

그래서 아무리 깊은 사건이라도 그것을 해설하지 않는 바가 없고 또 아무리 깊이 숨겨 있는 것이라도 다 드러냈다. 그리고 모든 불법을 다 선포하고 모든 신력神力을 다 보여주었다.

2000. 3. 5.

제 2. 방편품 方便品

원문 요약

　이시爾時 세존世尊 고告 사리불舍利佛 여래지견如來知見 광대심원廣大深遠. 무량無量 무애無礙 력力 무소외無所畏 선정禪定 해탈解脫 삼매三昧 심입무제深入無際. 불소성취佛所成就 제일희유第一希有 난해지법難解之法. 유불여불唯佛與佛 내능구진乃能究盡 제법실상諸法實相. 소위제법所謂諸法 여시상如是相 여시성如是性 여시체如是體 여시력如是力 여시작如是作. 여시인如是因 여시연如是緣 여시과如是果 여시보如是報 여시본말구경如是本末究竟.

　여래如來 단但 이일불승以一佛乘 고위중생설법故爲衆生說法 ; 개開
(교일敎一)
　　유唯 이불지견以佛知見 시오중생示悟衆生　　　　: 시示(리일理一)
　　제유소작諸有所作 상위일사常爲一事 구경究竟
　　개득일체종지皆得一切種智　　　　　　　　　　　: 오悟(행일行一)

제불여래諸佛如來 단但 교화보살敎化菩薩   ; 입入(인일人一)
제불출어諸佛出於 오탁악세五濁惡世
(겁탁劫濁 번뇌탁煩惱濁 중생탁衆生濁 견탁見濁 명탁命濁)

방편품 강해

지난 목요일인 2000년 3월 9일 조선일보 19면에 천태종에 관한 기사가 나왔다. 천태종은 지의智顗(538-597)가 남경에서 왕의 스승으로 대접을 받다가 생각하기를 '이래서는 안 되겠다' 해서 천태산天台山으로 들어가 수 십 년 동안 『법화경』을 깊이 연구하고 나중에는 『법화경』을 통해서 진리를 깨닫게 되었다. 그래서 지의가 살던 천태산의 이름을 따라 천태종이라고 하게 되었다. 그리고 지의를 천태대사天台大師라고 부르게 되었다. 그런데 그가 죽은 후 왕이 그를 지자대사智者大師라는 이름을 주어서 천태 지자대사天台智者大師라고도 한다.

신문에 보면 구층탑이 나와 있고 또 지의대사智顗大師가 공부하던 사찰이 있는데 수대고찰隋代古刹이라고 했다. 을지문덕이 싸웠던 수나라 시대인 양제 때의 고찰이다. 기자가 직접 가서 사진을 찍어 신문에 실었는데 이 기사를 보면 많은 참고가 되겠다.

방편方便이란 무엇을 하기 위해서 도움을 주는 수단이다. 방법이나 수단이나 같은 말인데 이 「방편품方便品」의 내용이 무엇인지 알아보자.

『법화경』은 전체가 28장으로 되어 있다. 28장을 절반으로 나누어 전반부 14장 중에서 가장 중요한 부분이 2장이고 후반부에서는 16장이 핵심이다. 이렇게 「방편품」은 전반부에서 가장 중요한 장이다.

16장은 「여래수량품如來壽量品」이라 하는데 수량壽量이란 무량수無量壽라는 말이다. 충남 예산에 가면 무량사無量寺가 있다. 무량사 극락전에는 동양에서 가장 크다는 불좌상의 아미타阿彌陀 부처님이 모셔져 있다. 크다고 해야 16자 되는 부처님인데 집안에 모셔져 있는 부처님 가운데는 가장 큰 것이다. 그러니까 부처님 이름은 아미타불이고 부처님이 계신 집의 이름은 극락전이고 그 절간 이름이 무량수인데 그냥 무량사라고 부르는 것이다. 수량壽量을 기독교로 말하자면 영원한 생명을 말한다. 무량수無量壽에서 무량無量이란 영원이라는 뜻이고 수壽는 생명을 말한다.
『법화경』에서 2장과 16장이 중심인데 2장은 적문迹門이라 하고 16장은 본문本門이라 한다. 내용으로 말하면 본문이란 형이상학이요 적문은 인식론이라 할 수 있다. 철학에서 가장 중요한 것이 형이상학과 인식론이다.

"불멸불생不滅不生 석가모니釋迦牟尼 능인고부주열반能仁故不住涅槃 적묵고부주생사寂默故不住生死"
(불멸불생의 석가모니는 능인能仁이라 열반에도 있지 않고 적묵寂默이라 생사에도 빠지지 않는다.)

"법화경法華經 비본불능수적非本不能垂迹 비적불능현본非迹不能顯本"
(법화경은 개적현본開迹顯本이라 현본이 없이는 개적이 있을 수 없고 개적이 없이는 현본이 있을 수 없다.)

『법화경』을 개적현본開迹顯本이라고 하는데 인식론〔방편품〕을 개적開迹이라 하고 형이상학〔여래수량품〕을 현본顯本이라 한 것이다. 그래서 형이상학이 없이는 인식론도 없고〔非本不能垂迹〕 인식론이 없이는 형이상학도 없다〔非迹不能顯本〕는 말이다.
이것이 말하자면 불교라는 사상체계의 핵심이다. 그래서 2장의「방편품」은 소위 진리를 깨닫는다는 내용이고 16장의「여래수량품」은 영원한 생명을 얻는다는 내용이다. 결국 진리와 생명이다.
이것을 비유로 말하자면 달과 이슬인데 달 속에 이슬이 있다는 것이 본문이고 이슬 속에 달이 있다는 것이 적문이다. 달이란 법신法身을 말하고 이슬은 응신應身을 말한다.
또 다르게 말하면 영원 속에 찰나가 있고 찰나 속에 영원이 있다. 진리를 깨닫는다는 말은 내 속에서 하나님을 발견하는 것이다. 혹은「갈라디아서」의 표현으로 하면 내 속에 그리스도를 발견하는 것이다.

"그리스도와 함께 십자가에 못 박혔나니 그런즉 이제는 내가 산 것이 아니요 오직 내 안에 그리스도께서 사신 것이라."〔갈 2:20〕

그리스도가 내 안에서 산다는 그것이 바로 진리를 깨달았다는 말이다. 또는 진리와 생명을 한꺼번에 말하자면 「요한복음」 14장 10절에서 말하는 "나는 하나님 안에 있고 하나님은 내 안에 있다"는 것이다.

스피노자Spinoza는 "영원永遠한 상하상하上下"라는 말을 쓴다. 영원 속에 내가 있고 내 속에는 직관할 수 있는 능력이 있다. 동양에서 진리를 깨닫는데 가장 중요하게 생각하는 점은 『성경』으로 말해서 "마음이 깨끗한 자가 하나님을 볼 것이다"고 하는 것이다. 그러니까 마음이 깨끗하지 않으면 안 된다는 말이다. 마음이 깨끗해서 거울에 일체 먼지가 없어야 된다.

그래서 『원각경』에서 말하는 삼마디Samadhi라는 것이다. 물로 말하자면 일체의 파동이 없어야 한다. 그래야 하늘의 구름이 물위에 비친다. 파동이 일거나 먼지가 있으면 절대 하나님이 비칠 수 없다. 하나님을 보는 것을 진리를 깨닫는다고 한다.

노자老子는 "상무욕이관기묘常無欲以觀其妙"라고 한다. 먼지가 하나도 없고 물결도 하나도 일지 않는 것을 상무욕常無欲이라 했다. 마음에 욕심이 하나도 없는 것이다. 그렇게 되어야 관기묘觀其妙다. 여기서 '묘妙'라는 것은 절대의 세계 또는 진리를 말한다. 마음이 깨끗해야 진리를 볼 수가 있다는 말이다. 동양의 인식론은 이렇게 간단하다. 마음이 깨끗한 자가 하나님을 볼 것이다.

불교에서 제일 중요한 것을 법인法印이라 하는데 보통 삼법인三法印 또는 사법인四法印이라 해서 "일체개고一切皆苦, 제행무상諸行無常, 제법무아諸法無我, 열반적정涅槃寂靜"이라 한다.

제행무상諸行無常이란 우주의 모든 만물이 변하면서 흘러간다는 것이다. 헤라클레이토스Heraclitus의 만물이 유전流轉한다는 판타레이 panta rhei나 같은 말이다. 만물은 자꾸 변해 간다. 그래서 괴테는 『파우스트』에서 "잠깐 멈추어라"하고 외친다. 잠깐이라도 멈추어야 보지 자꾸 움직이면 어떻게 보겠는가 하는 말이다. 기차라도 타려면 잠간 멈춰야 타지 자꾸 달리면 어떻게 타겠는가. 우주 만물은 자꾸 흘러 간다. 멈춤이 없는 무상無常이다. 멈추는 것이 없이 모두 다 변한다. 순간순간 변해 간다.

그리고 제법무아諸法無我다. 나라는 것이 없다. 쉽게 생각해서 주관의 특징은 무엇인가 할 때 무아가 되어야 한다는 것이다. 노자로 말해서 내가 있으면 관기묘觀其妙가 안 된다. 그리고 행行이란 노자의 말로 "현지우현玄之又玄"이다. 자꾸 변해 가는 것이다. 그래서 이 둘이 합쳐져야 된다. 시간은 자꾸 흘러가는 것이다. 공간은 텅 빈 것이다. 그래서 이 시간과 공간이 합쳐져야 한다. 4차원으로 합쳐져야 문제가 해결되는 것이지 합쳐지지 않으면 문제가 해결되지 않는다.

나는 이것을 언제나 "문제는 해결되는 것이 아니라 없어진다"는 말로 한다. 합쳐져야 없어지지 합쳐지지 않으면 영원히 해결이 안 된다. 왕양명王陽明은 이것을 지행합일知行合一이라 한다. 지와 행이라고 해도 하나는 시간적인 것이고 하나는 공간적인 것이다. 또는 하나는 주관적인 것이고 하나는 객관적인 것이다. 그래서 주관과 객관이 하나가 되어야 한다. 그 하나가 되게 하는 노력, 그것을 소위 고苦라고 한다.

『원각경』을 공부할 때 우리는 고를 몰두沒頭하는 것이라고 했는데 이러한 고 없이는 하나가 안 된다. 어떻게든 사람은 하나가 되어야 한다. 하나가 되지 않으면 괴로워서 견딜 수가 없다.

그런데 괴롭다는 것은 하나의 축복이다. 남태평양에 사는 사람들처럼 아무 걱정이 없는 사람들은 도무지 발전하는 것도 없다. 그래서 어른한테 몇 살인가 물어도 일곱이라 하고 아이들도 몇 살인가 물으면 일곱이라 한다. 수數라는 것이 일곱까지 밖에 없는 것이다. 그렇게 사는 사람에게는 발전이라는 것이 전혀 없다. 발전은 아주 살기가 괴로운 데서 이루어진다. 문명의 발생이 모두 그것이다. 살기가 괴로운 가운데 이 괴로움을 어떻게 이기나 하고 노력하는 가운데 발전이 된다. 그래서 석가는 세상에서 제일 중요한 것이 고苦라고 한다.

공자孔子에게 "인생을 승리로 이끌 수 있는 글자 한자가 무엇일까요?"하고 물었더니 공자는 "어려울 난難"이라고 대답했다. 인생이란 어려운 것이지 절대 쉬운 것이 아니라는 말이다. 그런데 기독교에서는 괴로울 고苦와 어려울 난難이 합해져서 십자가의 고난苦難이라 한다. 십자가의 고난을 통해서 죄 사함을 받는다고 한다. 이렇게 고난이란 기독교에서도 중요하고 유교에서도 중요하고 불교에서도 중요하다. 둘을 하나로 합치게 하는 것이 고苦이다. 그래서 합쳐 놓으면 그 다음에는 탈고脫苦가 된다. 탈고를 소위 멸滅이라, 열반涅槃이라 한다. 디야나Dhyana라는 것이다.

어떻게 하면 무아가 되는가. 베이컨Francis Bacon은 선입관을 없애야 된다 하고 여러 가지 말을 하는 것이고 칸트는 감성에 끌려 다니지 말아야 된다 하고 또 여러 가지로 표현하는데 어떻게 되었건 자기를 없이 해야 무엇이 되지 없이 하지 않으면 안 된다.

이시爾時 세존世尊 고告 사리불舍利佛 여래지견如來知見 광대심원廣大深遠.

그때 세존께서 사리불에게 말씀하셨다. "여래의 지견知見은 한없이 넓고 깊다."

여래지견如來知見이다. 지知만 가지고는 안 된다. 견見이 되어야 한다. 이데아Idea라는 말에는 안다는 뜻도 있고 본다는 뜻도 있다. 보게 되어야지 아는 정도 가지고는 안 된다. 반드시 지가 견까지 가야 한다. 견까지 가야 진리를 깨달은 것이지 견까지 못 가면 진리를 깨달은 것이 아니다. 그래서 불교의 사상은 광대심원廣大深遠이다. 한없이 넓고 한없이 깊다는 말이다.

무량無量 무애無礙 력力 무소외無所畏 선정禪定 해탈解脫 삼매三昧 심입무제深入無際.

무량, 무애, 력, 무소외, 선정, 해탈, 삼매로 한없이 깊은 세계에 들어간 것이다.

2. 방편품 33

무량無量은 사무량四無量이라고 하는데 자자慈, 비悲, 희喜, 사捨를 말한다. 자慈는 다른 사람의 행복을 도와주는 것이고 비悲는 다른 사람의 불행을 도와주는 것이며 희喜와 사捨는 다른 사람을 위해 기뻐하며 자기를 던지는 것이다. 교회에서 헌금 할 때 희사喜捨한다고 한다. 주면서 기뻐하는 것이다. 결국 무아無我라는 말이다. 다른 사람을 도와주는데 도와주는 것이 한없이 기쁘다. 이것이 어머니의 마음이다. 어머니 모母는 없을 무毋나 같은 글자다. 어머니는 언제나 자비희사다. 그리고 어머니는 젖을 주면 정말 제대로 된 젖을 준다.

무애無礙는 사무애四無礙라 해서 법法, 의義, 사辭, 낙설樂說을 말한다. 법法이란 진리를 뜻하고 의義는 설명이고 사辭는 말〔언어〕이며 낙설樂說은 기뻐서 설법하는 것이다. 어머니가 아이에게 젖을 주는 것이다. 젖을 준다는 말 대신에 법, 의, 사, 낙설이니 하고 말했다.

역력力은 알 수 있는 힘이다. 지력智力이다. 부처님은 처處, 업業, 등等, 근根, 승勝, 계界, 행行, 숙宿, 사死, 누漏라는 열 가지의 알 수 있는 힘을 가졌다는 것이다. 처處는 있어야 될 자리인지 없어야 될 자리인지 아는 것이며, 업業은 전생의 악업 선업을 아는 것이며, 등등은 등지等至, 어떤 경지에 도달한 것인지 아는 것이며, 근根이란 그 사람의 근기를 아는 것이며, 승勝은 그 사람의 희망을 아는 것이며, 계界는 그 사람의 경계를 아는 것이고, 행行은 그 사람의 행동, 숙宿은 그 사람의 전생, 사死는 그 사람이 죽어서 어떻게 될 것인지, 누漏는 그 사람의 고민이 무엇인지 아는 것이다. 부처님은 자기 앞에 있는 사람의 내용을 열 가지로 안다는 것이다. 책마다 조금씩 설명은 다르지만 하여튼 부처님은 열 가지를 안다는 것이다. 이것을 십력十力이라 한다.

무소외無所畏는 사무소외四無所畏라고 하는 것으로 등각等覺, 누진漏盡, 설법說法, 설도說道라는 것이다. 무서움이 없는 것인데 왜냐 하면 진리를 깨달았기 때문이다. 등각等覺이기 때문이다. 그래서 누진漏盡, 번뇌가 일체 없어졌다. 그리고 설법說法과 설도說道, 진리를 설할 수도 있고 실천할 수도 있다. 그러니까 무서울 것이 없다는 말이다.

선정禪定은 참선하는 것을 말하고, 해탈解脫은 모든 고통에서 벗어나는 것이며, 삼매三昧는 정신이 통일된 것을 말한다. 그래서 한없이 깊은 세계에까지 들어갔다는 것이다. 이것이 소위 불타라는 사람이 무아가 되는 것을 설명한 것이다. 불타에게는 자기라는 것이 없다는 말이다.

불소성취佛所成就 제일희유第一希有 난해지법難解之法.
부처님께서 성취하신 것은 세상에서 가장 드물고 알기 어려운 세계다.

부처님은 보통 사람으로서는 도저히 알 수 없는 그런 세계를 성취했다는 것이다. 이런 말을 하는 이유는 우리가 자꾸 알려고 하지만 아는 것 가지고는 안 되기 때문이다. 우리는 보는 데까지 가야 한다. 보아야 성취가 되지 보지 않고는 성취가 안 된다. 그래서 한없이 희유希有하고 한없이 난해難解한 것이다. 기독교로 말하자면 십자가는 한없이 어렵고 부활은 한없이 희유하다. 지금 사순절이라 해서 자꾸 십자가니 부활이니 하지만 이것은 백년을 말해도 안 된다. 왜 안 되는가 하면 우리는 자꾸 알려고 하기 때문이다. 그런데 이것은 알아서 될 일이 아니다. 이것은 보아야 된다. 각覺이란 본다는 것이다. 학學이라는 글자는 어린애〔子〕 머리 위에 보자기가 씌워져 있는데 손을 들어 보자기를 찢고 보여달라고 하는 모습이다. 암흑 속에 있는 것이다. 그런데 누가 와서 보자기를 찢어서 보여주면 볼 견見이 되어 각覺이라는 글자로 된다. 누가 와서 찢어 주는가 할 때 아버지가 와서 보자기를 찢고 보여준다고 하는 글자가 가르칠 교敎다.
그러니까 보는 데까지 가야 하는데 우리는 자꾸 알려고 하니까 이것이 되지 않는다. 이것은 신학 박사를 열 개를 해도 안 된다. 그래서 난해지법難解之法이다.

유불여불唯佛與佛 내능구진乃能究盡 제법실상諸法實相.
이 제법실상은 오직 부처와 부처만이 알 수 있는 세계이다.

이것은 부처와 부처만이 알 수 있지 다른 사람은 절대 모르는 세계다. 달리 말해서 눈 뜬 사람과 눈 뜬 사람만이 알지 눈을 감은 사람들은 절대 모르는 것이다.

소위제법所謂諸法 여시상如是相 여시성如是性 여시체如是體 여시력如是力 여시작如是作 여시인如是因 여시연如是緣 여시과如是果 여시보如是報 여시본말구경如是本末究竟.
　소위 객관의 세계는 모양, 성품, 본체, 힘, 작용, 원인, 인연, 결과, 보답, 근본과 말단 혹은 시작과 끝이 어떠한 것인지를 아는 것이다.

　객관의 세계, 우리가 알 수 있는 내용은 어떤 것이 있는가. 서양 철학에서는 경험의 내용 혹은 감성에 붙잡힌 내용이 객관의 세계다. 칸트는 감성 형식을 시간·공간, 감성 내용을 직관이라 한다. 보여진 내용이 직관이다. 그런데 경험론과 합리론이 합쳐져야 인식이 된다는 것이다. 그러니까 경험의 내용과 이성의 형식이 합쳐져야 진리를 깨닫게 된다는 것이다. 이것이 아주 초보적인 인식론이다. 주관과 객관이 일치해야 진리가 된다는 것이다.
　그래서 소위 이성의 형식, 보통 오성 형식이라 하는데, 합리론의 이 주관의 형식을 보통 범주라고 한다. 칸트는 범주를 수량, 성질, 관계, 양상이라 하고 이것을 각각 다시 셋으로 나누어 모두 12개의 범주를 말한다. 우리가 누구를 알았다고 할 때 우선 나이부터 알아야 한다. 그 사람의 무게가 어느 정도인지도 알아야 한다. 그 사람의 성질과 소질도 알아야 한다. 그 사람이 어떤 관觀을 가지고 있는지도 알아야 한다. 그 사람이 어떤데 매여 있는지도 알아야 한다. 그 사람의 모양과 모습도 알아야 한다. 무엇이나 알았다고 할 때 이런 것들을 알고서 알았다고 해야지 아무것도 모르고 안다고 할 수는 없다는 말이다.
　그런데 여기서는 십여시十如是라 해서 열 가지를 내 놓는다. 양상과 성질, 그리고 본체가 어떠한지, 그 속에 얼마나 힘이 있는지[力], 그 사람이 얼마나 활동하는지[如是作], 그 사람이 어떻게 그렇게 된 것인지〔如是因〕, 또 그렇게 된 옆에 있는 간접 조건은 무엇인지, 인因이 직접 조건이라면 연緣은 간접 조건이다. 그리고 그 결과가 어떻게 된 것인지〔如是果〕, 그 결과로 어떻게 된 것인지〔如是報〕, 그리고 여시본말구경如是本末究竟이다. 그 근본은 어떤 것이고 그 끄트머리는 어떤 것인지, 그 시작이 어떤 것인지 그 마침이 어떤 것인지 아는 것이다. 이렇게 열 개를 아는 것이 아는 것이라는 말이다.

그러니까 이 십여시라는 것이 결국 범주, 카테고리category가 된다. 이런 것을 알아야 알았다고 하지 그렇지 않으면 무엇을 알았다고 하느냐 그런 말이다. 제행무상諸行無常이라 하는데 이런 것을 알아야 알았다고 하지 않느냐 하는 말이다.

그래서 "무량無量 무애無礙 력力 무소외無所畏 선정禪定 해탈解脫 삼매三昧"하는 불소성취佛所成就라는 것은 제법무아諸法無我를 말하는 것이고, 소위제법所謂諸法이라는 십여시는 제행무상을 말하는 것이라고 보면 된다.

우리가 『주역周易』을 배울 때 팔괘八卦를 해 놓고 그것을 다시 겹쳐서 64괘로 만들어졌다고 했다. 다시 말해서 하늘 천天에 하늘 천天을 겹치기도 하고 하늘 천天에 따 지地를 붙여 놓기도 하는데 그렇게 해서 64괘를 만든 것이다.

여기 이 사람들도 그처럼 십여시의 열 개를 다시 곱하기 열 개로 해서 백 개를 만들었다. 예를 들면 성性과 상相을 곱해놓는 것이다. 이렇게 백 개를 만들어 놓고 거기에다가 이 사람들은 또 윤회설을 말한다. 육도 윤회六道輪廻라 해서 지옥地獄, 아귀餓鬼, 축생畜生, 아수라阿修羅, 인간人間, 천天을 육도 윤회라 한다. 이 여섯 가지에다가 성문聲聞, 연각緣覺, 보살菩薩, 불타佛陀를 더하여 사람은 맨 밑바닥의 지옥에서부터 자꾸 높아지면 맨 나중에는 부처까지 된다는 것이다.

그래서 제일 바닥으로 떨어진 사람은 지옥에서 살고 그 다음에는 아귀로서 살고 그 다음에는 축생으로 살고 그 다음에는 아수라로 산다. 아수라를 요새말로 하자면 깡패요 축생은 창기를 말하고 아귀餓鬼는 거지라고 할 수 있다. 주릴 아餓에 귀신 귀鬼자다. 지옥은 더 떨어질

데 없이 떨어진 것이다. 사람이 제일 밑으로 떨어지면 지옥에까지 갔다가 아귀, 축생, 아수라를 넘어서면 보통 사람이고 그것을 넘어서야 신선이고 그것을 넘어서야 성문이고 연각이고 보살이고 불타가 된다는 것이다. 이렇게 인생을 열 단계로 보는 것이다.

거기에다가 이 세상이라는 것을 중생衆生, 국토國土, 오온五蘊〔오음五陰〕으로 나눈다. 말하자면 생물계, 무생물계, 의식계인데 또 이를 달리 말하면 욕계欲界, 색계色界, 무색계無色界라 하기도 한다. 하여튼 이 세상을 세 가지로 나누는 것이다.

중생계는 사람들이 그냥 나라도 없이 그렇게 사는 것이다. 그래도 나라를 만들어 놓고 사는 사람들은 국토계에 사는 사람들이다. 그 다음에 문화를 꽃피우면서 살아가는 사람들은 오온계라 한다. 이렇게 세상을 삼계三界로 본다.

그래서 이렇게 열 개의 범주를 곱해서 백이 되고 이 백에다 인생의 열 단계를 곱하면 천이 되는데 여기에 다시 삼계를 곱하면 삼천이 된다. 그래서 일념삼천一念三千이란 말이 나온다. 사람이 한 번 생각하는데 그 속에는 삼천 세계가 만들어진다는 것이다.

이것을 『화엄경』으로 말할 때는 "일체유심조一切唯心造"라 한다. 모든 이 우주 만물이 다 심心에서 나왔다는 것이다. 그런데 법화 사상에서는 일체一切라는 말 대신 삼천三千이라 한 것이다.

그 다음을 보면 제자가 자꾸 『법화경』을 말해달라 졸라대니까 『법화경』이란 별다른 내용이 있는 것이 아니라 결국은 일불승一佛乘밖에 없다고 한다.

여래如來 단但 이일불승以一佛乘 고위故爲 중생衆生 설법說法; 개開 (교일敎一)

여래에게는 다만 일불승뿐이다. 그래서 모든 중생을 위해 설법을 하신다.

이것이 『법화경』의 내용이다. 일불승一佛乘이란 말은 무엇인가? 지금까지는 말해온 것이 소승小乘, 대승大乘인데 맨 마지막으로 『법화경』이다. 맨 마지막에 석가가 마지막 한마디를 한다고 하는데 그 마지막 말이 무엇인가 하면 일승一乘이란 것이다.

승乘이란 배라는 뜻이다. 소승이란 조그만 배다. 많은 사람 가운데 몇 사람밖에는 구원이 안 되는 것이다. 배가 작기 때문이다. 그런데 대승이 되면 조금 큰배다. 꽤 많은 사람들이 구원을 받는 것이다. 이것을 대승 불교라 한다. 소승은 히나야나Hinayana라고 하는데 야나yana는 뗏목이란 뜻이다. 뗏목이란 결국 배라는 말이다. 조그만 배냐 큰배냐에 따라 히나야나, 마하야나Mahayana가 된다.

그런데 오늘 내가 마지막으로 너희에게 말하는 것은 일승이란 것이다. 일승이란 작다 크다가 없는 것으로 말하자면 육지와 육지를 연결하는 다리가 되었다는 것이다. 다리가 되었으니 큰배니 작은 배니 할 수가 없다. 다 걸어가면 된다. 만약 다리가 아닌 배라면 배가 아주 커서 육지와 육지가 맞닿게 되었다. 그래서 인류 60억을 다 태운 것인데 이렇게 다 태운 배를 일승이라 한다.

기독교로 말하자면 만인 구원설이다. 모든 사람이 다 구원을 받는 것이지 한 사람도 구원에서 빠지는 사람은 없다는 것이다. 「방편품」에서 계속 나오는 말이 이것이다. 이런 사람도 구원받고 저런 사람도 구원받는다고 한다. 이러저러한 모든 사람이 다 구원을 받는 것이지 구원에서 빠지는 사람은 하나도 없다는 말이다. 그것을 일불승이라 한다. 왜 그렇게 되는지 하는 것은 이 다음 편에서 나온다.

일불승뿐이다. 교라는 것은 이것 하나밖에 없다. 이것이 전부다. 그러니까 교는 하나다. 교일敎一이다.

유唯 이불지견以佛知見 시오중생示悟衆生; 시示 (리일理一)
다만 부처의 지견知見으로 중생들에게 보여주고 깨우칠 뿐이다.

그래서 이제 진리를 본 것인데 그 진리를 본 사람이야말로 진리를 설할 수가 있다. 그래서 이것을 이일理一이라 한다.

제유소작諸有所作 상위일사常爲一事 구경究竟 개득皆得 일체종지
一切種智; 오悟 (행일行一)
　모든 활동은 언제나 하나의 일을 위함인데 마침내 모두가 일체종지를 얻게 되는 것이다.

　진리를 보고 나서 이제 할 일은 무엇인가. 진리의 실천이다. 이것을 행일行一이라 한다.

제불여래諸佛如來 단但 교화보살敎化菩薩; 입入 (인일人一)
　모든 부처님께서는 다만 보살을 교화할 뿐이다.

　그러니까 모든 사람이 다 구원받는다는 것이다. 이것은 인일人一이다. 이상의 내용이 "개開, 시示, 오悟, 입入"이라는 것이다. 문을 열어주고 속을 보여주고 또 속 구석구석을 다 비쳐주고 종래는 그 집에 들어와서 살게 만들어 준다. 이것이 바로 구원이다. 그러면 어떤데서 구원해 주었는가.

제불출어諸佛出於 오탁악세五濁惡世 (겁탁劫濁 번뇌탁煩惱濁 중생탁衆生濁 견탁見濁 명탁命濁)
　부처님들은 모두 오탁악세로부터 벗어난 분들인데 오탁악세란 겁탁, 번뇌탁, 중생탁, 견탁, 명탁이라는 더러운 세상이다.

　다섯 가지 더러운데서 구원된 것이다. 오탁악세五濁惡世인데 첫째는 겁탁劫濁이다. 시대가 정말 더러운 때다. 우리도 일제시대라는 더러운 때를 겪었다. 겁劫이란 시간이라는 뜻이다. 그 다음은 번뇌탁煩惱濁이다. 고민이 많은 때다. 번뇌가 자꾸 문제가 되는 것이다. 기독교에서는 죄라고 하는데 여기서는 번뇌라고 한다. 그 다음은 중생탁衆生濁이다. 사람들이 자꾸 많아지면 사람을 찔러 죽이질 않나 하여튼 별 짓을 다 한다. 그 다음은 견탁見濁이다. 자기의 의견이 타락해서 볼 것을 제대

로 보지 못한다. 그리고 명탁命濁이다. 아무 사명이 없는 것이다. 그래서 그저 하루하루를 그냥 살아가는 것이다. 사명이 그만 더러워진 것이다.

그 사람의 눈이 더러워지고 그 사람의 사는 것이 더러워지고 그 사람의 두뇌가 더러워지고 그 사람의 시대가 더러워졌다. 이렇게 여러 가지 타락한 것을 오탁이라 하는데 이 오탁에서 벗어나는 그것을 개적개迹이라 한다. 그리고 앞으로 이제 영원한 생명을 가지게 되었다 하는 그것이 현본顯本이다.

그래서 사람은 누구나 다 "즉신성불卽身成佛"이다. 이 몸을 가진 채로 부처가 될 수 있다는 말이다. 이것이 천태종의 핵심이다. 죽어서 구원받는다는 것이 아니라 살아 있으면서 그대로 구원을 받는 것이다.

그리고 이 『법화경』의 구조가 이미 『원각경』에서도 나왔지만 12부부 안이라는 것이다. 12가지를 가르치는 것인데 그것들은 다음과 같다.

1. 장행長行 2. 중송重頌 3. 수기授記 4. 고기孤起 5. 무문자설無問自說 6. 인연因緣 7. 비유譬喩 8. 본사本事 9. 본생本生 10. 방광方廣 11. 미증유未曾有 12. 논의論義

『법화경』을 보면 맨 처음에는 길다란 산문으로서 설명하는 부분이 나온다. 그것을 장행長行이라 한다. 그런데 그 설명한 것을 다시 시의 형식으로 고쳐서 말하는데 그것을 중송重頌이라 한다. 그리고 누구나 다 희망이 있으니 너도 조금만 더 노력하면 부처가 된다 그렇게 해 주는 것을 수기授記라 한다. 그리고 가장 핵심 되는 것을 다시 한 번 시적으로 표시하는데 그것을 고기孤起라 한다. 그 다음에는 무문자설無問自說이라 해서 누가 물어보지도 않았는데 스스로 말하는 것이 있는데 다시 말해 제소리라는 것이다. 보통은 다 누가 물어보아서 말하게 되어 있는데 어느 때는 누가 물어보지도 않았는데 석가가 말하는 것이 있다. 그것을 무문자설이라 한다. 그 다음에는 내가 왜 이런 말을 하게 되었는지 그 이유는 이렇다 하고 말하는 것이 있는데 그것이 인연因緣

이다. 그리고 비유譬喩는 예를 들어 설명하는 것이고 본사本事는 듣는 사람에게 "너는 과거에 어떠했다"하고 듣는 사람의 과거를 말하는 것이다. 예수님도 사마리아 여인이 물을 길러 나온 것을 보고 "네 남편이 다섯이나 있었구나"하고 말한 일이 있다. 그런 것을 소위 본사라고 한다. 그리고 본생本生은 본래가 나는 무엇이었다 하는 본생설화를 말하는 것이다. 방광方廣은 깊이 생각하고 쉽게 말하는 것이다. 그리고 미증유未曾有는 도무지 없던 기적 같은 일이 나타나는 것이다. 앞에서도 빛이 탁 나타났는데 그것은 미증유의 일이라 그런 말을 했다. 그리고 논의論義는 아주 잘 논리적으로 설명을 붙여 가는 것을 말한다.

이렇게 석가의 말하는 방법을 12안목眼目이라고 한다. 열 두 가지 안목으로 설명해 가는 것이다. 그래서 이 「방편품」에서의 결론은 무엇인가 하면 진리를 깨닫기 위해서는 내 마음이 한없이 깨끗해져야 하고 깨끗해 진 후에 진리를 보아야 되는데 그 진리의 내용은 십여시十如是라는 것이다. 한마디로 말하자면 이것인데 보통은 이것을 불교의 인식론이라고 한다. 열 개의 카테고리category가 나오고, 여기에다 보는 사람의 주관에는 아무 더러움이 없어야 한다는 것이다.

그리고 석가의 설명 방법은 12가지로 하는 것인데 여기서 제일 중요하게 생각하는 것은 일불승一佛乘이라는 것이다. 일불승이란 누구나 다 부처가 될 수 있다는 말이다. 왜 누구나 다 부처가 될 수 있다고 하는지 그것은 다음의 제3장 「비유품譬喩品」에서 나온다.

그리고 불교에서 사람을 가를 때 무교無敎, 유교有敎라는 말을 한다. 전혀 교육을 못 받은 사람들 즉 미개인들인가 그래도 교육을 받은 사람들 즉 문화인인가 하고 가른다. 그리고 불도佛道, 외도外道라 해서 다른 종교에 속하는 사람인가 불교에 속하는 사람인가 하고 가른다. 그 다음에는 소승, 대승으로 가르고 또 방편方便, 진실眞實이라 해서 방편에 속하는 사람인지 진실에 속하는 사람인지 가른다. 법이라는 것을 따질 때면 언제나 이런 식으로 따지는 것인데 불가에서 갖는 하나의 따지는 방식이다. 유교인가 무교인가, 불도인가 외도인가, 대승인가 소승인가, 진실인가 방편인가 하고 따지는 것이다.

그런데 이렇게 따져볼 때 2장의 「방편품」은 방편이고 16장의 「여래수량품」은 진실이다. 방편이란 인식론이라는 말이요 진실은 생명 또는 형이상학을 말하는 것이다. 『법화경』은 방편과 진실을 설하는 경전이라고 보면 된다.

2장의 본문도 상당히 길다. 그렇지만 읽어보면, "말씀해 주세요, 말씀해 주세요"하고 자꾸 반복해서 말하고 또 "내가 말하는 것은 이것뿐이다, 이것뿐이다"하고 자꾸 나온다. 그런데 거기에 제일 많이 나오는 말이 일불승이라는 것이다. "내가 하는 말은 일불승밖에 없다"는 그 말이 자꾸 되풀이되어 나온다.

『금강경金剛經』을 보아도 이제 중요한 말이 나온다, 나온다 하면서 책의 절반을 지난다. 이것이 정말 인도 사람들의 재간이라면 재간이다. 마하바라타Mahabharata라는 시가 있는데 그것은 십만 절로 되어 있다고 한다. 십만 절을 썼는데 그 내용은 결국 사랑한다는 그 소리 한마디라고 한다. 그저 사랑한다는 한마디만 쓰면 되는 것을 십만 절을 써간 것이다.

칸트도 『순수이성비판』을 약 600 페이지 썼는데 너무 길어서 어떻게 읽느냐고 했더니 그것도 추리고 추린 것이라고 하면서 조금 마음놓고 쓰면 3,000 페이지를 쓸텐데 줄이고 줄여서 600 페이지가 되었다는 것이다.

정말 그 사람들의 추리력과 사색력은 대단하다. 그런 것이 굉장히 발달 되었다. 『금강경』을 보면 "응무소주이생기심應無所住而生其心"이라는 한마디인데 이제 나온다, 나온다 하면서 책 절반을 지나서 그 한마디 나오고는 나머지는 나왔다, 나왔다 하면서 끝나고 만다. 이것이 소위 인도인들의 특징이라면 특징이다.

그것을 중국 사람들은 견디지 못했다. 그저 '탁-' 하면 되는 것이지 그렇게 오래오래 끄는 것은 못 견딘다. 그래서 인도의 종교를 집어치우고 중국종교로 바꾸고 만 것이다. 불립문자不立文字, 교외별전敎外別傳으로 전부 다 없이하고 말았다. "이제 『법화경』이니 『화엄경』이니 아무것도 필요 없다, 가만히 딱 앉아서 참선만 하면 된다" 그렇게 나오게 된 것이다. 그런데 천태 지의天台智顗라는 사람은 "그래도 이 정도는 알아야 되지 않느냐? 그리고 또한 동시에 참선도 해야 되지 않느냐?" 그렇게 한 것인데, 이것을 소위 교선教禪일치라 한다.

그러니까 너무 다 없이 하면 붙을 데가 없지 않느냐 해서 조금은 남겨두고 또 우리는 참선도 한다는 것이다. 마하지관摩訶止觀은 참선한다는 말이고 법화현의法華玄義 하는 것은 우리가 이 정도는 알아야 되지 않느냐 하는 말이다. 그래서 결국은 『화엄경』의 세계는 지知를 강조하게 되고 선禪에서는 행行을 강조하게 되는데 이 『법화경』이 되면 지행일치知行一致가 되는 것이다.

오늘은 마음이 깨끗한 자는 하나님을 볼 것이요 하는 내용인데 그것을 세종대왕은 월인천강지곡月印千江之曲이라 했다. 달이 천강千江 속에 다 들어가 있다는 것이다. 이것이 소위 실유불성悉有佛性이라는 사상이다. 누구의 마음속에도 다 불성이 들어있다. 그러니까 누구나 다 진리를 깨달을 수 있는 것이지 그렇지 않다면 진리를 깨달을 수 없다. 어떤 이슬에도 다 달이 도장을 찍고 있는 것인데 그것을 법인法印이라 한다. 모든 사람의 마음속에 다 도장이 찍혀 있는 것이다. 그런데 그것이 먼지나 물결에 가려져 있는 것뿐이다. 그래서 그것만 바로잡으면 다 나타나게 된다.

그러니까 "상무욕이관기묘常無欲以觀其妙"가 된다. 마음이 깨끗한 자는 하나님을 보게 되는 것이다. 오늘의 내용이 이것이다.

진리가 무엇인가. 마음이 깨끗한 사람이 하나님을 보는 것이다. 이슬 속에 달이 있다는 것이다. 이것을 소위 제법실상諸法實相이라 한다. 제법諸法이라는 만물 속에 실상實相이라는 달이 들어있는 것이다. 그래서 제법실상이란 것이 『법화경』에서 보는 또 하나의 핵심 사상이다.

2000. 3. 12.

제 3. 비유품譬喩品

원문 요약

　불심자시佛心者是 대자비야大慈悲也 이차설일승以此說一乘. 비여장자譬如長者 유일대택有一大宅 기택구고其宅久故 이복돈폐而復頓弊 리매망량魑魅魍魎 악수독충惡獸毒蟲 홀연화기忽然火起 기염구치其燄俱熾. 차사대화此舍大火 제자소분諸子所焚 아금방편我今方便 령자면해令子免害. 양차록차羊車鹿車 우차재외牛車在外 제자문부諸子聞父 쟁출화택爭出火宅. 각사제자各賜諸子 백우대차白牛大車. 아역여시我亦如是 중생지부衆生之父 시제중생是諸衆生 개시아자皆是我子. 삼계화택三界火宅 중고충만衆苦充滿 생로병사生老病死 치연불식熾然不息. 유아일인唯我一人 능위구호能爲救護 이시방편以是方便 위설삼승爲說三乘. 아위중생我爲衆生 설일불승說一佛乘 일체득도一切得道.
　약유중생若有衆生 내유지성內有智性 종불세존從佛世尊 문법신수聞法信受 은근정진慇懃精進 욕속출삼계欲速出三界 자구열반自求涅槃 시명성문是名聲聞. 약유중생若有衆生 내유지성內有智性 종불세존從佛世

尊 문법신수聞法信受 은근정진慇懃精進 구자연혜求自然慧 낙독선적樂獨善寂 심지제법인연深知諸法因緣 시명벽지불是名辟支佛. 약유중생若有衆生 내유지성內有智性 종불세존從佛世尊 문법신수聞法信受 권수정진勸受精進 구일체지求一切智 여래지견如來知見 력力 무소외無所畏 민념안락愍念安樂 무량중생無量衆生 이익천인利益天人 시명보살是名菩薩

비유품 강해 I

　제3장은 「비유품譬喩品」이다. 먼저 사리불이라는 제자가 앞으로 얼마 있으면 부처가 된다는 수기授記가 나온다. 사리불이라는 제자의 내용은 성문聲聞이다.
　불교에서 첫 단계가 성문聲聞이고 둘째 단계가 연각緣覺이고 셋째 단계는 보살菩薩 그리고 마지막이 불타佛陀라고 한다. 요새로 말하자면 초등학교, 중·고등학교, 대학교, 대학원 하는 식이다. 성문, 연각, 보살, 불타를 각각 한 글자씩으로 표현하면 신信, 해解, 행行, 증証이다. 『원각경』을 배울 때 이미 다 얘기한 내용이지만 하여튼 처음은 믿는 계단, 그 다음은 이해하는 계단, 그 다음은 실천하는 계단, 그리고 마지막은 증거하는 계단이다. 증거하는 계단이란 말하자면 선생이다. 그러니까 성문을 중·고등학교, 연각은 대학, 보살은 대학원이라 해서 불타를 선생이라고 보면 보다 이해가 쉬울 것 같다.
　맨 처음은 말씀을 들어야 된다. 그 듣는 것이 중요하다. 그래서 귀가 뚫려야 한다. 귀가 뚫리는 것도 쉽지 않다. 헤겔에게 학생들이 너무 어려워서 못 알아듣겠다고 하니까 헤겔이 말하기를 "내가 초등학교 학생이 알아듣도록 말해준다 해도 그래도 모를 것이다" 했다는데 하여튼 귀가 뚫려야 된다는 말이다. 늘 하는 말이지만 유영모柳永模 선생을 삼 년을 쫓아다니니까 귀가 조금 열리는 것 같았다. 그러다가 육 년을 들으니까 귀가 뚫리게 되었다. 귀가 뚫리는 것이 중요한데 이것도 쉬운 일이 아니다. 영어로 말하자면 귀가 뚫려서 미국 사람들이 말하는 것이 다 들리게 되어야 하는데 그것도 굉장히 어렵다. 몇 해를 노력해야 그것이 된다. 나도 미국에 갔을 때 말이 들리지 않는 것이 제일 문제였다. 맨 첫 강의 시간을 들어갔을 때 두어 마디밖에는 선생의 말이 들리지 않았다. 그래서 옆에 있는 종합대학으로 가서 한 주일에 서른 시간씩 계속 강의를 들었다. 그러니까 말이 들린다는 것이 보통 일이 아니다. 교회를 다녀도 정말 목사님의 말씀이 들린다 그렇게 되는 일이 쉽지가 않다. 십 년, 이십 년을 다녀도 잘 들리지 않는다. 말하는 것이 밤낮 무슨 말인지 알아듣기가 쉽지 않다. 특히 봄이면 부활이다, 십자가다 하는데 이게 무슨 소리인지 통 들리지 않는다. 그러니까 들어도 듣지 못하고 보아도 보지 못하는 것이다. 귀가 뚫린다는 것이 그렇게 어려운 일이다. 그래서 공자는 60에 이순耳順이라 한다. 공자는 60에 나서야 귀가 뚫렸다는 것이다. 물론 공자가 이순이라 하는 것은 하나님의 말씀이 들리게 되었다고 하는 높은 경지를 말하는 것이지만 하여튼 귀가 뚫린다는 것이 결코 쉬운 일이 아니다.

성문 다음에는 눈이 뚫리는 것이다. 무슨 책을 보아도 술술 읽어갈 수 있어야 눈을 뜬 것인데 그것도 또한 쉽지가 않다. 죽어라 책을 보아도 몇 페이지 나가기 힘들다 그러면 아직 눈을 뜨지 못한 것이다. 눈을 뜨는 것도 굉장히 어려운 것인데 더구나 신앙생활에서 눈이 뜨인다는 것은 보통 어려운 일이 아니다. 바울이 그리스도를 만났다 하는 것이 눈을 뜨는 일이다. 높이 말하면 그렇게 되어야 한다. 그러니까 우리가 부활의 주님을 만나야 되는 것이지 그렇지 않으면 안 되는 것이다. 눈을 뜬다는 것이 그렇게 힘든 것이다.

그 다음은 보살인데 영어 배우는 것을 예로 들어서 말하자면 글을 쓰는 단계다. 옛날에는 그래도 한문을 배운 사람은 한문으로 자기 의사를 표현했다. 율곡栗谷 같은 이도 한문으로 시도 짓고 글도 썼다. 지금 생각해보면 대단하다고 하지 않을 수 없다. 우리가 영어를 십 년, 이십 년 했다 해도 마음대로 영어로 시도 짓고 의사도 표시하고 그럴 수 있나 하면 그것은 정말 굉장히 어려운 일이다. 그렇게 할 수 있어야 보살인데 이것을 우리는 코가 뚫린다고 한다.

그 다음은 입이 뚫리는 것이다. 입이 뚫려야 말을 할 수가 있다. 바울처럼 붓만 들면 「고린도전서」가 죽 나오고, 「에베소서」가 죽 나온다 하는 그것이 소위 입이 뚫린 것이다. 어디 가서 무슨 말을 해도 그냥 말씀이 나오는 것이다. 그것도 보통 힘든 일이 아니다. 영어라 해도 "마음놓고 영어를 말할 수 있다" 그렇게 하기도 얼마나 힘든 것인가. 우리가 영어 하나를 놓고 생각해도 들린다, 본다, 쓴다, 말한다 하는 일이 모두 쉽지가 않다. 철학은 보다 더 어려운 것이고 더구나 종교는 말할 수 없이 힘든 것이다. 종교는 일생을 해도 잘 안 되는 것이다.

하여튼 이렇게 귀, 눈, 코, 입이 다 뚫려야 거룩할 성聖자가 된다. 지금 쓰는 성聖이라는 글자는 눈과 코는 생략하고 귀 이耳와 입 구口만 가지고 쓰는 것인데 본래는 이목구비耳目口鼻가 다 통해야 된다는 것이다. 이것을 성성이라 하면 이 네 가지 성성에 다 통해야 한다. 감성感性, 오성悟性, 이성理性, 영성靈性에 다 통해야 한다. 이것을 소위 양성養性이라 한다. 그리고 하늘, 사람, 땅에 통해야 된다. 이것을 소위 존심存心이라 한다. 그래서 존심양성存心養性이 되어야 성聖이다. 그러니까 성聖이라는 한 자를 이루려 해도 이것이 보통 어려운 일이 아니다. 그래서 공자는 어려울 난難이라 한다. 사실 살아보면 무엇이나 어려운 것이다. 어렵지 않은 것이 하나도 없다.

불교는 아주 합리적인 종교니까 이렇게 잘 말하는 것인데 기독교로 말하면 구하라, 찾아라, 문을 두드려라, 그래서 만나게 된다 하는 것이다. 기도의 단계로 말하면 기원(invocation), 묵상(meditation), 관상(contemplation), 그리고 합일(union)이다.

어떻게 말하든 다 같은 말인데 그 같은 것을 이렇게도 표시하고 저렇게도 표시해 보는 것이다. 그것이 제대로 자기에게 맞아 들어가면 된다. 하여튼 이 성문, 연각, 보살, 불타라는 네 가지 계단이 있다는 것이다. 이 네 가지 계단이 이 3장에 다 나온다.

그런데 3장 「비유품」에서는 먼저 "성문인 사리불도 이제 얼마 있으면 부처가 된다, 성문도 부처가 될 수 있다"는 그런 말을 한다. 그렇게 수기授記를 하고 나서, "예를 들면"하고 다음 이야기를 한다.

불심자시佛心者是 대자비야大慈悲也.
무한한 자비심이 부처의 마음이다.

이것을 기독교로 말하면 「요한1서」 4장 16절에 나오는 "하나님은 사랑이시다"하는 말이다. 『법화경』은 맨 마지막 가르침으로 불교의 최고의 핵심인데 그것이 무엇인가 하면 하나님은 사랑이시라는 것이다. 불교에서는 이것을 원교圓敎라 한다. 사랑이라는 것은 아무래도 원圓으로 밖에는 표시할 수가 없다. 원이란 온전한 것이다. "하나님이 온전하신 것처럼 너희도 온전 하라"〔마태 5:48〕하는데 온전한 것은 사랑밖에 없다. 그러니까 온전하라는 말씀은 하나님이 사랑이신 것처럼 너희도 사랑이 되라는 말이다. 그래서 사랑을 표시할 때는 아무래도 원으로밖에는 표시할 길이 없다.

이차설일승以此說一乘.
그래서 이렇게 일승을 말씀하신다.

 일승一乘이란 결국 무엇인가? 먼저 여러 신관神觀을 살펴보면 먼저 자연 속에 신이 많이 있다는 다신론多神論이 있다. 그런데 자연이 곧 신이라 하면 그것은 범신론汎神論이 된다. 그리고 마호멧교나 유태교에서와 같은 초월신 사상이 되면 신이 자연을 벗어나 초월해 있다고 한다. 그런데 기독교처럼 일신교一神敎가 되면 신 속에 자연이 있다고 하는데 『법화경』에서 보여지는 신관도 역시 신 속에 자연이 들어가게 된다. 그러니까 『법화경』이 되면 거의 일신교와 다름이 없게 되는 것이다. 그래서 "부처님은 사랑이라" 그렇게 되고 마는 것이다. 그만큼 신관이 발달해 온 것이다. 그래서 불교도 최고의 단계에 가면 일신교까지 간 것으로 우리가 인정해 주어야 될 것이다. 왜냐하면 부처는 사랑이기 때문이다. 보통 기독교에서는 그것을 인정하지 않고자 하지만 우리가 냉철하게 볼 때 완전한 것은 아니지만 거의 일신교에까지 갔다고 해야 할 것이다. 그래서 일승一乘이란 어떻게 보면 일신一神이나 같은 말이다. 하나님은 사랑이라 하는 것이 일신이기 때문이다. 그런데 일승은 일체를 태워주는 배라는 것이니까 사랑이라는 말이다. 결국 일승이란 일신이라는 말과 같은 것이다. 그러니까 『법화경』은 이 일승을 말하는 것인데 일승이란 하나님은 사랑이라는 말이다.

비여장자譬如長者 유일대택有一大宅 기택구고其宅久故 이복돈폐
而復頓弊 리매망량魑魅魍魎 악수독충惡獸毒蟲 홀연화기忽然火起 기
염구치其燄俱熾.
　이것을 비유로 말해본다. 옛날 큰 부자에게 큰집이 있었는데 그 집이 너무 오래되어 그만 무너질 지경이 되었다. 그래서 도깨비, 짐승, 독충들이 나오는 곳이 되었는데 그 집에 갑자기 불이 나서 화염이 치솟게 되었다.

　돈폐頓弊는 거의 무너지게 되었다는 말이고 리매魑魅는 도깨비라는 뜻이다. 늙어서 정신 나간 것도 글자는 다르지만 치매라 한다. 치매에 걸리면 도깨비가 되어 아들이 와도 못 알아보고 "누구십니까?" 물어보기도 하고 똥을 싸서 주워먹기도 한다. 망량魍魎도 도깨비 또는 귀신이라는 뜻이다. 도깨비나 귀신이 살 수 있는 아주 낡은 흉가가 되었다는 말이다. 그리고 뱀도 나오고 지네도 나오고 악수惡獸, 독충毒蟲이 사는 집이 되었다. 그런데 갑자기 불이 나서 불길이 요란하게 타올랐다.

　차사대화此舍大火 제자소분諸子所焚 아금방편我今方便 령자면해
令子免害.
　집에 큰불이 나서 자식들이 불타 죽게 되었으니 나는 이제 어떤 수단을 써서라도 그들을 구해야 되겠구나.

　이 집에 큰불이 났는데 그 속에는 장자의 아이들이 있어서 불에 타 죽게 되었다. 그래서 무슨 수를 써서라도 아이들을 구해줘야겠다는 것이다.

　양차록차羊車鹿車 우차재외牛車在外 제자문부諸子聞父 쟁출화택
爭出火宅.
　"양이 끄는 수레, 사슴이 끄는 수레, 소가 끄는 수레가 지금 집 밖

에 있다"하는 아버지의 말을 듣고는 아이들이 서로 다투어 불타는 집에서 뛰쳐나왔다.

 방편을 썼다는 것이 무엇인가 하면 양차羊車, 녹차鹿車, 우차牛車를 준비한 것이다. 양차는 성문을 말하는 것이고, 녹차는 연각을 말하고, 우차는 보살을 말하는 것이다. 지금 일불승一佛乘을 말하기까지는 소승, 대승을 말했다는 것이다. 그러니까 우차는 대승이라는 것이고, 양차 · 녹차는 소승이라는 것이다. 그래서 지금까지 말한 것이 모두 방편이지 진실을 말한 것이 아니라는 것이다.
 그럼 진실이란 무엇인가. 제법실상諸法實相이 무엇인지, 이제야말로 자기의 진실을 말해야 하는데 그 동안은 사람들의 수준이 낮아서 도저히 할 수가 없었다. 석가가 그 동안 45년을 가르쳐왔다. 그 45년을 가르쳐 오니 이제는 제자들이 자꾸 귀도 뚫리게 되고, 눈도 뚫리게 되고, 코도 뚫리게 되고 거의 다 뚫리게 되었다. 이제 마지막으로 입만 뚫리게 되면 다 된다. 이렇게 마지막이 되었으니까 자기가 한 번 진짜 입이 뚫리게 해 주마 하는 말이다. 지금까지는 모자라서 말을 못했는데 이제 너희들의 수준이 자꾸 높아지니까 진실을 말해도 되겠다는 것이다. 그러니까 "이제 너희들은 제자가 아니라 친구라 하겠다" 그런 말이다. 너희들도 이제 나와 같아져서 이심전심以心傳心이다. 내 마음과 너희 마음이 통하는 것이니까 이제 너희들에게 나는 진실을 다 말할 수 있다. 그래서 제법실상을 이제 말한다. 결국은 이것이다. 이제 진실을 말한다는 얘기다.
 양차, 녹차, 우차를 지금 밖에 준비해 놓았다는 아버지의 말을 듣고 모든 아들들이 그 불타는 집에서 다투어 나왔다. 화택火宅이란 말이 여기서 나온다. 크게 말해서는 이 세상이 화택이고 작게 말하면 나 자신이 화택이다. 나 자신이 지금 불붙는 집이다. 그러니까 내가 왜 고통을 당하고 있는가 하면 불이 붙어서 그런 것이다.
 그래서 번뇌煩惱라 한다. 머리에 불이 붙은 것이다. 이런 걱정 저런 걱정, 불평 불만 모두 불이 붙은 것이다. 욕심, 정욕이 무엇인가 하면 불이 붙는 것이다. 불붙는데서 오는 고통, 이것을 일체개고一切皆苦라 한다. 일체개고는 불이 붙는데서 오는 것이다.

그런데 불이 꺼졌다고 하면 그것을 열반涅槃이라 한다. 열반을 인도 말로 '니르바나nirvana'라고 하는데 그 뜻은 불이 꺼졌다는 것이다. 그래서 요전에 『원각경』에서는 적멸寂滅이라 했다. 적멸이란 불이 꺼졌다는 말이다. 불이 꺼져야 되는데 불이 꺼지기 전에는 계속 고통이다. 계속 연기가 나오고 야단이다. 그래서 불이 꺼지면 멸滅이라 하고 안 꺼지면 고苦라 한다.

그래서 옛날부터 화택이란 말은 많이 쓰여지는 말이다. 너 자신이 화택이다. 이 세상 전체가 다 화택이다. 요새 국회의원 되겠다고 야단 치는 것도 다 화택이다. 다 고생하는 것이다. 그래서 여기서는 화택이란 말이 핵심이다.

나 자신을 돌아볼 때 나는 불이 꺼졌는가. 가장 많은 불이 세 가지, 탐貪 진瞋 치痴라는 불이다. 탐貪이란 욕심이다. 재산에 대한 욕심이다. 치정痴情은 남녀의 애정에서 나오는 불이다. 진瞋이란 다른 사람에 대한 불평 불만이다. 사회에 대한 불평 불만이다. 그런 것을 진이라 한다. 가장 큰 번뇌가 이 세 가지라는 것이다. 그래서 사람은 누구나 다 화택이라 한다. 뱃속에도 불이 붙고 있고 가슴에도 불이 붙고 있고 머리도 불이 붙고 있다. 인간 전체가 그대로 화택이다. 그 화택 속에는 치매도 있고 망량도 있다. 맨 도깨비, 귀신들이다. 또 그 속에는 악수, 독충들이 있다. 사람이 그렇다는 말이다. 악수, 독충이 나오면 중학생이 사람을 죽이기도 하고 별 짓을 다한다. 이것이 다 화택에서 나오는 것이다.

화택에서 벗어 나온 것이 열반이다. 불이 꺼진 것이다. 불이 꺼지면 그 이상 행복한 것이 없다.

각사제자各賜諸子 백우대차白牛大車.
그래서 각각 모든 자식들에게 흰 소가 끄는 큰 수레를 주었다.

아버지는 모든 아이들에게 진짜 천국을 준 것이다.

아역여시我亦如是 중생지부衆生之父 시제중생是諸衆生 개시아자
皆是我子.
　이와 같이 나 또한 모든 중생의 아버지요 모든 중생은 다 나의 자
식들이다.

　나야말로 인생에 대해서 모든 인류의 아버지라는 것이다. 이렇게 되
면 아까 말한 대로 일신론이 된다. 모든 중생은 모두 다 내 자식들이
다. 이 중생 속에는 인간뿐만 아니라 동물, 식물 및 자연 환경이 다 들
어간다. 기독교에서는 주로 사람을 중심으로 생각하기 때문에 예수님
의 십자가는 모든 인류를 위해서 십자가를 졌다고 하는데 불교에서는
중생 속에 모든 생명을 다 집어넣어 생각한다. 그래서 불교에서 기독
교를 공격할 때 기독교는 자연 환경에 대해서 도무지 관심이 없다는
그런 말을 많이 한다. 하여튼 중생이란 전체 생명을 말하는 것이다.

삼계화택三界火宅 중고충만衆苦充滿.
　삼계가 모두 불붙는 집이라 중생들의 온갖 고통으로 가득하다.

　삼계三界는 욕계欲界, 색계色界, 무색계無色界라는 것인데 삼계가
다 화택이다. 그 속에는 고통만이 꽉 차 있다.

생로병사生老病死 치연불식熾然不息.
　생로병사의 불길이 치열해서 그칠 줄을 모른다.

　고통을 크게 나누면 생로병사生老病死라 한다. 좀더 세분하면 여덟
가지를 말한다. 예를 들어서 보고싶지 않은 사람을 만나야 하는 것도
하나의 고통이요 사랑하는 사람과 헤어져야 하는 것도 하나의 고통이
다. 이런 식으로 팔고八苦를 말한다.

결국은 이 생로병사를 어떻게 극복할까 하는 문제다. 생의 문제를 어떻게 해결할까? 상식적으로 생각하면 과학이 생生의 문제를 해결해준다. 과학을 하는 것이 오성이다. 그리고 로老의 문제를 해결하는 것은 예술이다. 예술을 하는 것은 감성이다. 그리고 병病의 문제를 해결하는 것은 철학인데 철학을 하는 것이 이성이다. 사死의 문제를 해결하는 것은 종교로 영성이다. 이 네 가지를 소위 사성四性이라 한다. 감성, 오성, 이성, 영성이다. 생로병사의 문제는 이 네 가지를 가지고 해결하지 다른 방법이 없다. 그러니까 젊어서 열심히 과학을 해 두면 별로 밥걱정은 안 하게 된다. 그리고 철학을 열심히 공부하면 병은 없이 할 수 있다.

내가 여러 번 말하는 것이지만 철학이란 자기를 아는 것인데 자기를 알면 병이 없어진다. 그것을 나는 "나알 알나"라고 한다. 나를 알면 앓다가 낫는다는 말이다. 내가 철학공부를 해서 얻었다는 것이 그것 하나다. 열심히 철학을 해 보니까 결국은 자기가 누구인지를 알게 되었다. 아까 말한 관상觀相[contemplation]이라는 것이다. 또는 연각이라는 것이다. 석가도 연각을 통해서 자기를 알았다고 한다. 눈을 뜬 것이다. 눈을 떠서 자기를 아는 것인데 자기가 무엇인지 알아지니까 앓다 낫는다. 모든 병이 다 없어졌다. 그것만은 내가 확실히 체험한 것이다.

나는 공동묘지에 네 번을 갔던 사람이다. 다 죽는다, 내일이면 죽는다 하는 일이 네 번 있었다. 그리고 일년에 절반쯤은 누워있어야 했다. 바람만 조금 불어도 벌써 목에 감고 다녀야 되지 못 견디고 그랬다. 그렇게 다 죽게되던 사람인데 정말 견성見性을 하게 되었다. 견성이란 눈을 뜨게 되었다는 말이다. 견성을 하니까 병이 다 없어졌다. 그래서 이화대학 30년, 감신대학 15년, 모두 45년을 지금 선생을 하면서 하루도 결석해 본 일이 없다. 여기도 몇 해째 나오는지 모르지만 결석이라곤 해 본 적이 없는데 이것은 역시 철학의 덕택이다. 그것만은 확실하다.

그 다음은 죽음의 문제인데 이것은 종교가 우리로 하여금 죽음을 넘어서게 한다. 그러니까 기독교의 핵심은 부활이다. 물론 기독교의 핵심이 십자가라고 하는 사람도 있지만 역시 부활이다. 『법화경』에서 부활에 해당하는 부분이 16장이다. 지난번의 「방편품」은 결국 십자가의 얘기다. 그 때는 일부러 말을 안 했지만 잘 따져보면 그런 것이다. 그러니까 『법화경』에서는 2장은 십자가요 16장은 부활이다. 하여튼 죽음이라는 것을 넘어서는 것인데 부활 사상의 핵심을 보면 죽음이란 본래 없다는 것이다. 본래 죽음이란 없다고 하는 그것을 말하는 것이 부활이다.

우리는 자꾸 죽음을 넘어선다, 죽음을 초월한다, 죽었다가 살아난다, 그런 말들을 하지만 죽었다가 살아나는 것이 아니라 본래 죽음은 없는 것이다. 그것을 알자는 것이 종교다. 그래서 나 자신은 본래가 영원한 생명이지 이제 우리가 어떻게 해서 영원한 생명을 얻는 것이 아니다.

그것을 우리는 본각本覺, 시각始覺으로 말했다. 본래가 영원한 생명인데 그것을 우리가 모르고 지금 죽는 것처럼 생각하지만 다시 우리가 본래 영원한 생명이라는 것을 깨닫게 되면 그것을 여래如來라고 한다. 본각과 시각의 통일을 여래라고 하는 것이다. 우리는 본래 영원한 생명이지 우리가 무슨 예수를 믿어서 영원한 생명이 된다는 그런 것이 아니다. 그렇게 되어야 진짜 종교를 아는 것이지 그렇지 않으면 종교라 할 수가 없다.

결국 생로병사를 과학, 철학, 종교, 예술을 가지고 넘어가는 것이다. 석가도 그것을 가지고 넘어갔지 별다른 것이 아니다. 이 세상은 생로병사라는 불이 하도 성해서 좀처럼 고통이 끊어지지 않는다. 생고生苦, 로고老苦, 병고病苦, 사고死苦가 끊어지지 않는다.

유아일인唯我一人 능위구호能爲救護 이시방편以是方便 위설삼승爲說三乘.

오직 나 한 사람만이 능히 구원하고 보호할 수 있다. 그래서 방편으로 삼승三乘을 말한 것이다.

이것을 없이 할 수 있는 사람은 오직 하나님뿐이다. 그리스도밖에는 없다. 또는 그리스도를 믿는 사람은 나밖에 없다. 그렇게 되어야 한다. 그러니까 언제나 하나님 안에 그리스도가 있고 그리스도 안에 내가 있고 내 안에 그리스도가 있고 그리스도 안에 하나님이 있다. 이것이 언제나 일체가 되어 돌아가야 한다. 그래서 유아일인唯我一人이다. 구원할 사람은 나밖에 없다. 내가 능히 그 사람들을 구원해주고 보호해줄 그럴 힘이 있다. 그런데 지금까지는 방편으로서 성문, 연각, 보살이라는 삼승三乘을 말했다.

아위중생我爲衆生 설일불승說一佛乘 일체득도一切得道.
내가 이제 모든 중생들을 위해 일불승을 말한다. 그래서 누구나 모두가 득도하게 될 것이다.

이제는 모든 사람의 수준이 높아졌으니 이제부터 나는 진짜 말을 해야 되겠다. 우리가 예수를 믿어서 영원한 생명이 되는 것이 아니라 했는데 이런 말은 보통 하기 어려운 말이다. 교회에서 이런 말을 하다가는 매맞아 죽겠지만 그러나 이제는 진실을 말해야겠다. 왜냐하면 이제 여러분의 수준이 다 높아졌기 때문이다. 수준이 되지 않으면 이런 말을 할 수가 없다. 지난번에「방편품」을 말하면서도 십자가의 얘기를 하려다가 또 못했다. 말하려 하다가도 자꾸 못하는 것인데 이제는 자꾸 해야지 어떻게 하겠는가. 내가 쫓겨나야 대학교회에서나 쫓겨나지 다른데 어디 쫓겨날 데도 없다.(웃음)

그러니까 자꾸 높아져야 이런 말을 하지 높아지지 않으면 말 못하는 것이다. 예수를 믿지 않아도 영생을 얻는다 하면 "예수는 괜히 있는가?" 하면서 야단일 것이다. 지금까지는 삼승을 말했는데 이제부터 나는 일불승一佛乘이다. 본래 영생이라는 것이다. 우리는 본래가 영생이라는 것을 이제부터 말해야겠다. 그래서 "일체득도一切得道"다. 예수 믿는 사람만 구원받는 것이 아니다. 하나님은 선한 자나 악한 자나 모두에게 비를 주시는 것이지 선한 자에게만 주시는 분이 아니다. 아버지이기 때문이다. 악한 자식일수록 더 주는 것이 아버지다. 그래서 불경佛經에는 "선한 사람도 구원을 받는데 악한 사람이야 더 말할 것이 있는가?"라고 한다.

이런 말을 하려면 수준이 좀 높아져야 하지 그렇지 않으면 또 어렵다. 모든 사람이 다 구원을 얻는다고 하면 또, "예수 믿느라 나 혼자 괜히 고생했는가?", "혼자 괜히 헛수고했는가?", 그렇게 나오기도 하니까 사람이란 참 말하기가 어렵다.

일체득도, 모든 사람이 다 구원을 받는다. 이것을 소위 실유불성悉有佛性이라 한다. 사람만 구원을 받는 것이 아니라 강아지도 구원받고 일체가 다 구원을 받는다. 모든 만물이 다 구원받을 수 있는 가능성을 가지고 있다는 말이다.

이상이 3장의 핵심 내용이다. 그리고 십사十使라는 것이 있는데 이는 본문에 나오는 말이 아니라 어느 주석에 나와 있는 말이다.

십사十使; 탐貪, 진瞋, 치痴, 만慢, 의疑, 신견身見, 변견辺見, 사견邪見, 견취견見取見, 계금취견戒禁取見

십사十使는 사람을 노예로 만드는 것이 열 개가 있다는 말이다. 사使는 부린다는 뜻으로 사람을 부려서 노예로 만드는 것이다.

먼저 탐욕이다. 사람이 탐욕에 붙잡혀 그만 꼼짝 못하는 것이다. 그리고 진瞋은 화내는 것이다. 치痴는 남녀 문제다. 남녀 문제로 말미암아 또 사람을 죽이는 일이 얼마나 많은지 모른다. 요새 성교육이라 하는 것이 오히려 남녀 문제를 조장하고 있다. 만慢은 교만이다. 자기가 제일 잘났다고 생각하는 것이다. 의疑는 아무도 믿지 않는 것이다. 자기 아내도 믿지 않고 부모도 안 믿고 예수도 안 믿고 아무도 믿지 않는 것이다. 여기까지의 다섯 가지를 오사五使라 하는데 이것은 주로 물질적인 것이다.

그 다음 다섯 가지는 좀더 정신적인 것이라 말한다. 앞에 다섯 가지는 오둔사五鈍使라고 하고 뒤의 다섯 가지를 오리사五利使라 한다.

오리사를 보면 먼저 신견身見이다. 자기의 주장이 제일 옳다고 하는 것이다.

그리고 변견辺見이란 일반 대중들의 의견, 요새로 말하면 여론인데, 그 여론이 제일 옳다고 하는 것이다. 예수를 십자가에 못 박아라 하고 외친 것이 여론이었다. 그런데 그 여론이라고 해서 옳은 것이 아니다. 우리가 민주주의를 말하지만 플라톤은 민주주의를 형편없는 사상이라고 보았다. 왜냐 하면 그런 여론을 갖고 정치를 한다는 것이 말이 안 된다는 것이다. 진리를 갖고 정치를 해야지 여론을 갖고 정치를 한다면 그 어리석은 사람들의 생각이 무슨 그리 변변하겠느냐는 말이다.

그런 민주주의를 놓고 무슨 대단한 것처럼 말하는 것은 말도 안 된다. 이것은 벌써 이천 년 전에 플라톤이 말한 것이다. "여론이면 제일이다" 그렇게 하는 것을 변견이라 한다. 표를 많이 얻으면 무슨 자기 당이 옳은 것이라고 그렇게 생각하면 변견이 된다.

사견邪見은 나쁜 짓을 하고도 잘 살겠다는 것이다. 조금 속이고 도둑질해도 잘 산다는 생각이다. 그러니까 인과의 법칙을 무시하는 것이다. 좋은 일을 해야 복을 받는 것인데 그것을 잘못 생각하고 나쁜 짓을 하고도 복 받겠다고 생각한다. 그런 것을 사견이라 한다.

견취견見取見이란 일단 어떤 사람을 좋게 보면 계속 좋게 보는 것이다. 시어머니가 며느리를 한 번 좋게 보면 아무리 미운 짓을 해도 그냥 좋게 보는 것이다. 그런 것을 견취견이라 한다.

그리고 계금취견戒禁取見은 한 번 나쁘게 보았다 하면 계속 나쁘게 보는 것이다. 김영삼처럼 김대중을 한 번 나쁘게 보면 계속 나쁘게 보는 것이다. 사람에게는 그런 편견들이 있다. 한 번 나쁘다 하면 계속 나쁘게 본다. 좋다 하면 또 계속 좋게 본다.

사제四諦는 우리가 다 아는 고집멸도苦集滅道라는 것이다. 고집멸도를 깨친 사람을 성문이라 한다. 그리고 연각은 십이지인연十二支因緣을 깨친 사람이다. 그리고 보살은 육파라밀六波羅密을 깨친 사람이다. 물론 불타는 "하나님은 사랑이라" 하는 것을 깨친 사람이다.

고집멸도를 사제라 하는데 고苦는 괴로움이고 이 괴로움에는 원인이 있다는 것이 집集이다. 그래서 그것을 없이하는 것을 멸滅이라 하는데 그 없이하는 방법을 도道라고 해서 보통 팔정도八正道를 말한다.

우선 고苦라는 것을 보기로 한다. 고라는 것은 한마디로 자기 모순이다. 자기 속에는 살고 싶다는 생각도 있고 죽고 싶다는 생각이 있어 밤낮 싸우는데 그것이 자기 모순의 대표적인 것이다. 그래서 불교에서는 생사生死라는 말을 쓴다. 생사를 달리 말하면 모순이라는 말이다. 밥을 한 그릇 먹으면 잘 사는 것인데 한 그릇하고 반을 더 먹겠다 하면 그것은 죽는 것이다. 한 그릇 먹으면 사는 것이다. 살려고 한 그릇을 먹었는데 자꾸 반 그릇을 더 먹겠다고 하는 그런 것이 나타난다. 그래서 먹을까 말까 내 속에서 싸움이 나는 것이 자기 모순이다. 그러다가 더 먹으면 죽고 마는 것이고 안 먹으면 또 사는 것이다. 이것이 "인심유위人心惟危 도심유미道心惟微"라는 것이다. 더 먹고 싶다는 욕심이 강해서 그만 더 먹고는 죽고 만다는 것이다.

이 세상의 모든 병이 입으로 들어간다. 입만 딱 다물고 있으면 병이 없다. 그래서 학은 천년을 산다고 한다. 학의 뱃속은 밤낮 비어있다는 것이다. 그리고 거북은 만년을 산다고 한다. 안 먹어도 살기 때문이다. 그러니까 모든 병은 먹는데서 나오는데 안 먹으면 병이 없다.

내가 45년 병이 없는 이유는 일식一食 때문이지 다른 이유가 아니다. 내가 철학공부해서 알아낸 것이 그것이다. 일식 하면 되겠다 해서 일식을 하니까 하루도 결석을 안 하게 되었다. 물론 감기가 오는 때도 있지만 그래도 결석하리 만큼은 안 오는 것이다. 모든 것이 입으로 들어간다. 그것을 탐貪이라 한다.

남녀 문제도 마찬가지다. 전체가 자기 모순에서 오는 것이다. 이것을 소위 집集이라 한다. 모든 고가 어디서 오는가 하면 집이라는 자기 모순에서 온다. 그러니까 자기 모순을 통일하면 무無가 된다. 플러스와 마이너스가 합쳐지면 제로가 된다.

그런데 통일이라 하지 않고 그냥 초월이라는 말도 쓴다. 그럴 때는 "일도출생사一道出生死"라 한다. 생사를 초월하는 것이다. 이때는 무無라고 하지 않고 도道라고 한다. 무라고 하건 도라고 하건 같은 것인데 양적 변증법인가 질적 변증법인가 하는 차이다. 하여튼 모순을 통일하든지 모순을 초월하든지 멸滅이 되는 것이다.

그래서 완전히 건강한 상태로 회복하면 그것을 도道라고 한다. 도가 되면 "일체무애인一切無碍人"이다. 이렇게 고집멸도를 설명했다.

"제고소인諸苦所因 탐욕위본貪欲爲本 멸진제고滅盡諸苦 수행어도修行於道 각득해탈各得解脫"
(모든 고통의 원인을 찾아보면 탐욕이 그 뿌리다. 그러니까 모든 고통을 없이 하는 팔정도를 수행하여 모두가 해탈을 얻는다.)

모든 고통의 원인은 무엇인가. 탐욕貪欲이다. 그런데 사실은 탐욕뿐만 아니라 아까 말한 십사十使가 다 들어가야 한다. 그 중에서 탐욕을 대표로 말한 것이다. 탐욕이라 하기도 하고 다음에 말할 12인연에 가면 갈애渴愛라 하기도 한다. 갈애는 목마른 사람이 물을 찾듯 무엇에 대해서 아주 애착을 갖는 것이다. 갈애, 탐욕 그런 것 때문에 모든 고통이 나온다.

그래서 모순을 통일하든지 모순을 초월하든지 그래야 한다. 그러기 위해서는 도를 닦아야 된다. 여기서는 팔정도八正道를 말하는 것이다. 팔정도는 정사正思, 정견正見, 정념正念, 정언正言, 정업正業, 정진正進, 정정正定, 정명正命을 말한다.

팔정도를 놓고 모순을 통일하는 방법이라고 말하지만 나는 모순을 통일하면 이런 결과가 나온다고 말한다. 모순을 초월하면 무엇이나 다 바르게 보이고 바르게 생각하고 그렇게 된다고 한다. 이렇게 방법으로 보는가 결과로 보는가 하는 두 가지 의견이 있다.

정사正思 정견正見

바르게 보기 위해서는 거기에 대한 확실한 지식이 있어야 된다. 그러니까 칸트의 말로 하면 "개념 없는 직관은 맹목"이라는 것이다. 바른 지식이 없이 보는 그것은 보나마나라는 것이다. 우리가 경주를 갈 때

경주에 대한 역사적 지식을 갖고 가서 보아야지 그런 지식이 없이 그냥 돌아다니면 보이는 것이 하나도 없다. 바른 생각 즉 바른 지식을 가지고 보아야 바르게 보게 된다.

정념正念 정언正言

바른 말을 하기 위해서는 바른 철학을 갖고 말해야 한다. 그 철학이 없이는 안 된다. 바른 개념을 가지고 말해야 바른 말을 한다. 개념이 없이 말하면 아무것도 안 된다.

정업正業 정진正進

정업은 자기가 하는 일이다. 무슨 일이든지 자기의 개성에 맞는 일을 해야 되고 그래야 정진하게 된다. 자꾸자꾸 하게 된다. 맹자孟子에 의하면 성性이라는 것은 우리의 개성이기 때문에 하기만 하면 된다. 과학, 철학, 종교, 예술이 성이다. 이것은 모두 하기만 하면 된다. 절대 안 되는 것이 없다.

그러나 대통령이 되겠다 하는 그것은 죽었다 깨어나도 안 된다. 내가 한 번 재벌이 되어보겠다 그것도 내 맘대로 안 된다. 이렇게 아무리 해도 안 되는 그것을 운명運命이라 한다. 운명은 혹시 되는 사람도 있지만 그러나 누구나 될 수 있는 것이 아니다.

그러니까 성性이라는 것은 하면 누구나 되지만 명命이라는 것은 누구나 자기 마음대로 되는 것이 아니다. 그래서 우리가 할 수 있는 것은 과학과 철학과 예술과 종교다. 이것만은 하면 확실히 된다.

정정正定 정명正命

무슨 일을 할 때 사명을 갖고 해야 된다. 돈을 받기 위해서 하면 안 된다는 것이다. 내가 여기 와서 하는 것은 돈을 벌기 위해서 하는 것은 아니다. 이것은 하나의 사명의식에서 하는 것이다. 사명의식이 없으면 안 된다. 감신대학 같은 곳에서는 이제 그만두지 계속하느냐고 하는 사람도 많지만 그래도 아직 사명의식이 살아서 또 하는 것이다. 그것을 소위 정명正命이라 한다.

그렇게 되기 위해서는 반드시 자기 입장이라는 것이 확고해져야 된다. 누가 뭐라고 해도 흔들리지 않는 입장이 있어야 그 입장이 없으면 자꾸 흔들리게 된다.

이상을 팔정도라 하는데 이것은 모순을 통일하는 방법이라기보다는 모순이 통일된 후에 얻어지는 결과로 보는 것이 좋지 않는가 해서 말한 것이다.

2000. 3. 19.

비유품 강해 2

　약유중생若有衆生 내유지성內有智性 종불세존從佛世尊 문법신수聞法信受 은근정진慇懃精進 욕속출삼계欲速出三界 자구열반自求涅槃 시명성문是名聲聞.
　만약 중생 가운데 어떤 지성이 있는 존재가 부처님 세존을 좇아서 그의 법을 듣고 믿고 받아들여 부지런히 정진하여 삼계에서 빨리 벗어나 스스로 열반을 구하고자 하는 자가 있다면 그를 성문이라 한다.

　약유중생若有衆生 내유지성內有智性 종불세존從佛世尊 문법신수聞法信受 은근정진慇懃精進 구자연혜求自然慧 낙독선적樂獨善寂 심지제법인연深知諸法因緣 시명벽지불是名辟支佛.
　만약 중생 가운데 어떤 지성이 있는 존재가 부처님 세존을 좇아 그의 법을 듣고 믿고 받아들여 부지런히 정진하여 자연혜自然慧를 구하고 낙독樂獨과 선적善寂으로 제법인연諸法因緣을 깊이 깨달은 자가 있다면 그를 벽지불이라 한다.

　벽지불辟支佛은 연각緣覺이라는 말인데 여기서의 특징은 자연혜自然慧라는 것과 낙독선적樂獨善寂이다. 이 때문에 독각獨覺이라 하기도 한다. 그러니까 연각을 벽지불이라 하기도 하고 또는 독각이라 하기도 하는데 연각이란 제법인연諸法因緣을 깊이 안다는 것이다. 그래서 옛날부터 하는 말이 인연因緣을 본 사람이 부처를 본 사람이라고 한다.

　약유중생若有衆生 내유지성內有智性 종불세존從佛世尊 문법신수聞法信受 권수정진勸受精進 구일체지求一切智 여래지견如來知見 력力 무소외無所畏 민념안락愍念安樂 무량중생無量衆生 이익천인利益

天人 시명보살是名菩薩.

만약 중생 가운데 어떤 지성이 있는 존재가 부처님 세존을 좇아서 그의 법을 듣고 믿고 받아들여, 서로서로 부지런히 정진하고, 일체지一切智를 구하여, 여래지견如來知見과 힘과 무소외無所畏로 무량중생의 안락을 간절히 바라고, 깊이 생각하여 천인天人을 이롭게 하는 자가 있다면 그를 보살이라 한다.

보살菩薩의 내용은 "민념안락愍念安樂 무량중생無量衆生"이다. 많은 중생들을 어떻게 하면 좀 편안하게 해 줄까, 그렇게 중생들을 가엾게 생각하고 또 깊이 생각하는 것이다.

오늘은 먼저 『동서비교東西比較 문학저널』이라는 학회 잡지를 하나 소개하고자 하는데, 여기에 나오시는 이명섭 선생이 「불교와 데리다의 연기와 시간관」이라는 제목으로 이 책에다 굉장히 긴 논문을 발표했다. 이 논문에는 연기緣起에 대해서 아주 상세하게 설명이 되어 있으니 참조하고 싶은 분은 이 책을 읽어보기 바란다. 어떻게 그렇게 광범위하고 심도 있게 썼는지 정말 잘 써놓았다. 그래서 오늘은 거기에 있는 것의 일부를 조금 뽑아서 설명을 한다.

십이지인연十二支因緣; 무명無明, 행行, 식識, 명색名色, 육입六入, 촉觸, 수受, 애愛, 취取, 유有, 생生, 노사老死
상호의존성相互依存性 제법무아諸法無我 무자성無自性 공空 일체개고一切皆苦

인연因緣이란 십이지인연十二支因緣을 말한다. 십이지인연이란 무명無明, 행行, 식識, 명색名色, 육입六入, 촉觸, 수受, 애愛, 취取, 유有, 생生, 노사老死를 말하는 것이다. 이것들이 서로 연결이 되어 있다는 것을 상호의존성相互依存性이라 한다.

십여시十如是에서도 인연因緣과 과보果報를 말했다. 산불이 났다 했을 때 나무와 나무가 부딪쳐 불이 일어났다고 하는 것을 인因이라 한

3. 비유품 65

다. 그런데 그렇게 불이 나게 된 것은 두 달 동안 비가 오지 않아서 나무가 말라있었기 때문이라고 볼 때 그렇게 비가 오지 않아 건조하게 된 것을 연緣이라 한다. 만일 비가 왔더라면 불이 나지 않았을 것인데 비가 오지 않아서 또한 불이 난 것이다. 그러니까 불이 난 것은 그 인因과 그 연緣 때문에 불이 난 것이다. 이것을 인연소생因緣所生이라 한다.

제법무아諸法無我는 지난번 삼법인三法印에서 나온 말이다. 무자성無自性이란 자기의 독자적인 본성이 없다는 말이다. 그래서 그것을 공空이라 하고 그것 때문에 고苦가 나온다는 것이다. 일체개고一切皆苦다. 이것은 모두 삼법인에서 말한바 있으니까 더 이상 설명하지 않는다.

　　인차유피因此有彼 차생피생此生彼生
　　무차무피無此無彼 차멸피멸此滅彼滅
　　유전문流轉門 환멸문還滅門
　　제행무상諸行無常 시생멸법是生滅法
　　생멸멸이生滅滅已 적멸위락寂滅爲樂
　　분별대립分別對立 무분별통일無分別統一

"인차유피因此有彼 차생피생此生彼生"
(이것으로 인해서 저것이 있고 이것이 나오면 저것이 나온다.)

이것을 이 선생 논문에는 유전문流轉門이라 했다.

"무차무피無此無彼 차멸피멸此滅彼滅"
(이것이 없으면 저것이 없고 이것이 멸하면 저것이 멸한다.)

이것은 또한 환멸문還滅門이라 했다.

"제행무상諸行無常 시생멸법是生滅法. 생멸멸이生滅滅已 적멸위락

寂滅爲樂."

(제행무상, 이것은 생멸법이다. 생멸이 없어져야 적멸의 세계가 되어 한없는 즐거움이 된다.)

그러니까 "제행무상諸行無常 시생멸법是生滅法"하는 것은 유전문流轉門인데 이것은 분별이요 대립하는 세계다. 그런데 "생멸멸이生滅滅已 적멸위락寂滅爲樂"하는 것은 환멸문還滅門이고 이 환멸문은 무분별, 통일의 세계라는 것이다.

"불생불멸不生不滅 불상부단不常不斷 불일불이不一不二 불래불거不來不去"
(태어나는 것도 아니고 죽는 것도 아니며, 영원한 것도 아니고 끊어진 것도 아니며, 하나도 아니고 둘도 아니며, 오는 것도 아니고 가는 것도 아니다.)

이것은 소위 용수龍樹의 팔불八不이라는 것이다. 지난번 석가모니에 대해 설명할 때 불생불멸不生不滅이 나왔다. 이 불생불멸이 무엇인지 알면 다른 것도 다 아는 것이다.

"상락아정常樂我淨 용수중도龍樹中道"
(상락아정, 그것이 용수가 말하는 중도의 세계다.)

그래서 결론은 무엇인가 하면 상락아정常樂我淨이다. 상락常樂이란 무엇인가. 그것은 제행무상, 제법무아의 허무가 아니라 진짜 영원한 것이다. 영원한 즐거움이다. 적멸의 세계가 되어 한없이 즐거운 것[寂滅爲樂]이다. 그리고 아정我淨이란 무아의 세계가 아니라 진짜 주체적인 나가 되는 세계다. 결국 허무한 인생이 진실한 인생으로 바뀌는 것이다.

이런 것을 많이 썼던 사람이 나가르쥬나Nagarjuna 혹은 용수龍樹

라고 하는 사람이다. 그래서 용수가 말하는 중도中道라는 것을 설명해보려고 한다.

우선 제행무상諸行無常이란 무엇인가? 이것은 중학교 교과서에도 나오는 헤라클레이토스Heraclitus라는 사람이 말하는 만물유전萬物流轉이나 같은 말이다. 모든 만물은 변화한다는 것이다. 그것을 인도식으로 말할 때 제행무상이라 한 것이다. 그러니까 판타레이pantarhei라는 것인데 원어는 같은 것이다.

헤라클레이토스의 말 가운데 유명한 말이 "물은 흘러간다. 그런데 물(水)이 흘러간다는 사실(法)은 흘러가지 않는다."는 말이 있다. 물이 흘러간다는 법法이 흘러가지 않아야 물이 흘러가지 그 법이 그만 흘러가고 말면 물도 흘러가지 않는다. 이것은 헤라클레이토스의 말이라고 옛날부터 전해오는 유명한 것이다.

그런데 이 법을 나중에는 로고스Logos라 하게 된다. 그래서 성경 「요한복음」 1장 1절에 "태초에 로고스가 있었다"고 나온다. 이 로고스를 우리말로 번역할 때는 도道라고 번역을 했다. "태초에 말씀이 있었다"하는 말씀이 이 로고스요 법이다. 이 법이라는 것이 플라톤에 가면 결국 이데아Idea라 하게 된다. 이 법이라는 것이 상당히 중요하다.

흘러가는 것은 말하자면 생멸生滅의 세계인데 이 법이라는 것은 흘러가지 않는다. 이것을 적멸寂滅의 세계라고 한다. 생멸의 세계와 적멸의 세계이다. 더 쉽게 말하면 적멸의 세계는 영원이고 생멸의 세계는 순간으로서 순간순간 자꾸 변하는 것이 생멸이다. 그래서 스피노자Spinoza는 "영원永遠한 상하相下"라는 말을 자주 썼다. 우리가 영원한 입장에 서서 보아야 된다는 것이다. 그러니까 상락이란 적멸위락이라는 뜻으로 둘 다 같은 말이다.

그리고 제법무아諸法無我는 나라고 하는 것이 없는 것이다. 우리 보통 사람들은 나라는 것이 없이 그냥 산다. 그 나라는 것이 없는 것을 나라는 것이 있는 것처럼 착각을 하고 사는 것인데 그것을 무명無明이라고 한다.

몸이라 해도 이것은 내 몸이 아니다. 이것은 자연이다. 정신이라 해도 그것은 내 정신이 아니다. 그것은 하나님의 것이다. 또 말이니 사상이니 하는 것도 내 것이 아니다. 그것은 모두 인류 전체의 것이다. 이것은 모두 『원각경』을 배우면서 말했던 것이다. 그러니까 무아無我라는 것은 쉽게 말해서 정신이 나간 것이다. 나라는 것이 없는데 있는 것처럼 정신이 나가서 사는 것이다.

그래서 오늘 십이지인연에서 말하고자 하는 것이 무엇인가 하면 유전문이란 정신이 나가서 사는 세계라는 것이다. 무명이라는 것이 벌써 정신이 나간 것을 말한다. 명明이 없어졌기 때문이다. 눈이 멀었다는 것이다. 눈이 멀어서 길을 걸어가면 부딪히고 만다. 사람과 부딪히고, 부딪히다 보면 그것이 살인도 되고 싸움도 되고 전쟁도 된다. 거기에서 세계 멸망이니 하는 그런 것이 나온다. 그러니까 무명無明, 행行이라 하는 것이 이 세상의 모든 잘못과 고통의 원인인 것이다.

그래서 바울도 「고린도전서」 13장에서 너희가 지금까지는 희미하게 보지만 앞으로 너희가 눈을 뜨고 똑바로 보게 될 것이라 한다. 눈을 뜨고 보는 그 때가 영원이라는 것이다. 그러니까 무명이 깨지고 명이 되는 것인데 그때가 소위 각覺이라는 말이다. 각이 되면 다 보니까 누구와 부딪힐 필요도 없고 싸울 필요도 없고 전쟁할 필요도 없다. 그렇게 되면 사랑의 세계가 되는 것이다.

그 사랑의 세계를 다른 말로 하자면 진공묘유眞空妙有라 한다. 진공眞空이란 바로 사랑이라는 말이다. 그 사랑이 될 때 이 세상은 묘유妙有가 된다는 것이다. 하나님의 나라가 되는 것이다. 사랑의 세계가 될 때라야 하나님의 나라가 되는 것이다.

임제臨濟는 이것을 "수처작주隨處作主 입처개진立處皆眞"이라 했다. "수처작주隨處作主", 어디서나 주인이 될 수 있어야 한다. 이것이 나다. 상락아정이라 할 때의 나라는 것이 이것이다. 수처작주면 어디에 살든지 그 세계가 하늘나라다. 나가 있는 거기가 하늘나라다.

그러니까 불교에서 무아無我를 주장하는 것 같은데 사실은 무아라 할 때의 나는 허무한 나이고 진짜 나는 어디에서나 주인이 될 수 있는 나가 진짜 나라는 것을 말하는 것이다. 어디서나 주인이 될 수 있는 나가 되어야 한다. 그렇게 되어야 거기가 천국이라는 것이다. 어디서나 주인이 될 수 있어야 "입처개진立處皆眞"이다.

이것이 상락아정常樂我淨의 아정我淨이다. '정淨'이란 정토淨土라는 정인데 천국이라는 말이다. 어디서나 주인이 되어야 거기가 천국이다. 그리고 영원이라는 것을 회복해야 거기가 기쁨이다. 상락常樂이다. 그러니까 결론은 상락이라는 것이지 무상無常이라는 말이 아니다.

무상無常이란 허무하다는 것이다. 인생무상人生無常이라 한다. 제일 무상한 것은 생멸生滅이다. 났다가 지금까지 있는 줄 알았는데 벌써 없어졌다. 이러니 인생이 허무하지 않느냐? 이것을 무상이라 한다. 이렇게 허무한 인생에서 어떻게 벗어나는가? 허무에서 벗어난다는 것은 실존實存이 된다는 말이다. 허虛의 반대는 실實이요 무無의 반대는 존存이다. 그래서 허무를 벗어난 세계를 실존이라 하는 것이다. 실존철학이라 하는 실존이다. 거기에는 허무가 없는 것이다.

그래서 무명이 행할 때 지옥이 나오는데 그 결과는 생生과 노사老死라는 것이다. 사는 것도 고통이고 늙는 것도 고통이고 죽는 것도 고통이다. 여기에 병病을 하나 더하면 생로병사生老病死의 사고四苦라는 것이다. 살아도 걱정이요 죽어도 걱정으로 밤낮 걱정이 붙어 다닌다.

그리고 십이지인연에서 나머지 가운데 들어있는 것들은 여러 가지로 해석할 수 있지만 가장 쉬운 해석은 인생이 어머니 뱃속에서부터 자라 나오는 것으로 보아 설명하는 것이다. 어머니 뱃속에서 식識이 생기고 그 다음에 정신적인 것[名]과 육체적인 것[色]이 조금 생겨나서 여섯 가지 감각기관[六入]이 생겨 나와 어린아이가 된다는 말이다. 그래서 이 세상에 나오면 먼저 촉각觸角뿐으로 어머니 젖을 더듬고 젖을 빨다가 조금 더 크면 감수성感受性이라는 느낌을 가지고 산다. 그러다가 스무 살쯤 되면 사랑[愛]한다고 야단을 친다. 그래서 서로 붙잡고[取] 결혼도 하고 재산을 소유[有]하고 어린애를 낳는다[生]. 그래서 결국은 어린애가 뱃속에서 나와서 어른이 된 후 다시 어린애를 낳는 것으로 계속 뱅뱅 돌아가는 것이다.

그런데 그 세계라는 것은 의식이 조금 있다는 것뿐으로 각覺의 세계는 아니다. 의식이 있어서 밥도 먹고 사랑도 하고 결혼도 하지만 그것이 깨달은 세계는 아니다. 그저 뺑뺑 돌아가는 윤회의 세계다. 그 윤회의 세계란 육도 윤회六道輪廻 하는 고통의 세계이지 고통 아닌 것은 아무것도 없다는 것이다. 이렇게 윤회하는 세계는 근심 걱정으로 가득한 고통의 세계인데 그것을 유전문流轉門이라고 한다. 계속 윤회로 돌아가는 것이다. 부모가 고생을 했으면 또 자식이 나와서 또 고생을 하고 또 손자가 나와서 고생을 한다.

계속 돌아가는 것인데 결국 그 의식 구조는 어떤 의식 구조인가?

"십이지인연十二支因緣 교만憍慢 해태懈怠 계아견자計我見者 심착아견深著我見 증익진에增益瞋恚 음욕치성婬慾熾盛 불택금수不擇禽獸"

(십이지인연의 유전하는 세계는 교만과 게으름과 아집과 고집으로 성냄과 탐심과 음욕의 불길이 맹렬하여 금수와 조금도 다를 바가 없다.)

윤회 속에 사는 의식 속에는 교만憍慢과 해태懈怠와 계아견자計我見者, 제 생각만 옳다는 것이 들어있다. 그래서 주관과 고집이 아주 강하다는 것이다. 그리고 결국 화를 내고 불평 불만으로 다른 사람들과 싸우고 죽이고 또 전쟁을 하는 것이다.

그리고 음욕婬慾이다. 온 세상이 통째로 음욕이다. 텔레비전도 나오면 그저 음욕이다. 그래서 또 낳고 또 낳고 그저 그렇게 가는 것이다. 음욕치성淫慾熾盛이다. 밤낮 사랑 사랑하다가 만다. 노래도 사랑이고 텔레비전도 사랑이다. 사랑이 아닌 것이 없다.

그러니까 불교에서는 사랑이 만악의 근본이라 한다. 왜냐 하면 이것이 결국 윤회를 일으키기 때문이다. 이것이 육도 윤회에 빠지게 해서 지옥에도 축생에도 빠지게 하고 아귀도 아수라도 되게 한다. 이것이 다 윤회다.

결국 불택금수不擇禽獸다. 사람이라 하지만 짐승과 별로 다를 것이 없다. 짐승처럼 나와서는 서로 으르렁거리고 싸우고 또 낳고 또 싸우고 낳는다. 금수禽獸와 다를 것이 별로 없다는 것이다. 우리는 자동차도 만들어 타고 다니고 하니까 조금 나은 것 같지만 결국 따지고 보면 금수와 별로 다를 것이 없다. 이것을 유전문이라고 한다.

어떻게 하면 인간이 이 금수를 넘어설 수 있는가? 금수를 넘어서 정말 사람이 되어야 하지 않느냐? 그래서 그것을 넘어서면 하나님의 아들이 되는 것이다. 하나님의 아들이란 금수를 넘어선 것을 말한다. 그것을 여기서는 환멸문還滅門이라 한다. 그러니까 사람은 금수를 넘어선 세계를 한 번 가야 된다는 것이다.

가는 방법은 무엇인가? 그 방법을 알기 위해서는 거꾸로 생각해가야 한다. 왜 로사老死가 왔는가, 왜 생生이 왔는가, 왜 유有인지, 왜 취取인지, 이렇게 거슬러 올라가면 결론은 다시 무명無明이라는 것이다. 기독교에서는 죄라고 하는데 불교에서는 무명이라 한다. 무명을 기독교로 말하자면 사탄이라는 것이다. 이 무명 때문에 사람이 금수와 다를 바 없는 유전문이 되는 것이다.

그러면 어떻게 해야 이 무명을 해결할 수 있는가? 어떻게 해야 각覺인가? 간단히 말하면 생각밖에 없다. 자꾸자꾸 생각해서 나중에 거기서 각이 나오게끔 생각生覺하는 수밖에 길이 없다.

우리가 요전에 말한 대로 깊이 생각해서, 즉 명상을 해서 관상觀相의 세계로 들어가자는 것이다. 이것이 생각이라는 것이다. 생각하고 생각해서 생각이 끝이 나야 된다. 생각이 끝이 나면 그것을 무념無念이라 또는 『주역』에서처럼 무사無思라 한다. 언제 생각이 끝이 나는가? 우리가 어머니를 생각한다 할 때 언제 생각이 끝이 나겠는가? 그것은 어머니를 만나야 생각이 끝이 나는 것이다. 어머니를 만난 다음에는 더 생각할 것이 없다. 그러니까 생각은 만나야 끝이 나는 것이다. 이것을 관상이라 한다. 어머니를 보아야 생각이 끝이 난다. 각이 나온다는 말은 어머니를 본다는 말이다. 결국 어떤 문제를 생각한다, 생각한다 할 때 언제 그 문제가 해결되는가 하면 결국 보아야 해결이 되는 것이다. 각이 나와야 해결이 되는 것이다. 그런데 무명이 되어서는 결코 해결이 되지 않는다. 생각하는 세계에서는 해결이 되지 않는 것이다.

성문聲聞이란 무엇인가? 성문이란 자꾸 세존의 말을 듣고 자꾸 생각하는 때다. 성문의 시대란 생각하는 시대인 것이다. 그러다가 낙독선적樂獨善寂이다. 산에 들어가서든 어디 가서든 자기 혼자서 자꾸 생각하는 것이다. 끝없이 생각하는 것이다.

이렇게 자꾸 생각하다가 나중에는 제법인연諸法因緣을 깨닫게 되면 벽지불辟支佛이 되는 것이다. 이것을 소위 연각緣覺이라 한다. 자꾸 생각하다가 생각이 끝나는 때가 연각이다. 석가로 말하면 육년 고행六年苦行後에 49일 선정禪定이다. 자꾸 생각하다가 어떤 날 새벽에 샛별이 반짝일 때 탁 깨달았다는 것이다. 그것을 우리는 견성성불見性成佛이라 한다.

견성성불이다. 그래서 덕산德山은 "불을 꺼라"고 한다. 불이란 의식意識의 세계를 말한다. 의식의 세계인 불을 끄면 빛의 세계인 별이 나타난다는 말이다. 별을 보는 것이 각의 세계라는 것이다. 그러니까 생각하고 생각하는 것은 아직도 의식의 세계다. 그런데 이 생각이 끊어질 때, 즉 무념무사無念無思가 될 때, 그때가 소위 각의 세계가 된다.

이제는 환하게 밝으니까 더 생각할 것도 없고 더 이상 더듬을 필요도 없다. 생각한다는 것은 아직도 더듬는 세계다. 이제는 눈에 보이니까 마음 턱 놓고 걸어가도 문제될 것이 하나도 없다. 이것을 각의 세계라 한다.

연각의 예를 보기로 한다. 불교의 선종에는 다섯 종파가 있는데 그 중에 하나가 위앙종潙仰宗이다. 위산潙山과 앙산仰山이라는 두 선생님에 의해서 시작된 것이 위앙종이다.

위산 영우潙山靈祐에게는 향엄香嚴과 영운靈雲이라는 제자가 있었다. 영운이라는 제자는 위산이라는 선생님에게 자꾸 진리를 가르쳐 달라고 했다. 그런데 위산은 영운에게 말하기를 진리를 가르쳐 주면 나중에 네가 굉장히 후회하게 될 것이라 하면서 가르쳐 주지를 않았다. 이럴 때 어떤 사람은 "왜 진리를 가르쳐 주지 않느냐?" 하면서 선생님을 때리기도 한다. 하여튼 이 사람도 선생님에게 굉장히 떼를 썼는데 그래도 선생님이 진리를 가르쳐 주지 않는 것이었다. 그래서 선생님을 떠나서 저 혼자 산으로 강으로 가서 깊이 깊이 생각을 했다. 말하자면 낙독선적의 세계에 들어간 것이다. 그렇게 깊이 생각을 하다가 복숭아꽃이 피는 것을 보고 마음이 열렸다. 그것을 견색명심見色明心이라 한다. 복숭아꽃의 아름다운 색깔을 보고 마음이 밝아진 것이다. 그래서 그때의 기분을 다음과 같이 시로 지어 나타냈다.

"삼십년래심검객三十年來尋劍客 기회엽락우추지幾回葉落又抽枝 자종일견도화후自從一見桃花後 직지여금갱불의直至如今更不疑"
 (검객을 찾아온 지 삼십 년이 흘렀으니 낙엽 지고 새싹 돋기 몇 번이던가. 문득 복숭아꽃 피어남을 보고 곧이 곧장 여래 속에 들어와 보니 일체의 어둠이 사라졌구나.)

 진리를 찾기 시작한 지 삼십 년을 지나왔다. 결국 성문으로 삼십 년을 보낸 것이다. 삼십 년 동안 칼을 가진 손님을 찾았다. 왜 칼을 가진 손님을 찾았는가. 자기의 목이 잘려야 되기 때문이다. 자기의 목을 잘라 줄 수 있는 선생님을 찾아온 것이다. 덕산으로 말하면 불을 꺼주는 선생님을 찾은 것이다. 불을 훅 꺼주어서 캄캄한 속에 가만있으니 별빛이 환하게 나타났다는 것이다.
 이것이 불교의 핵심이다. 그래서 우리가 불의 세계에서부터 각의 세계로 넘어가는 것이다. 이것이 가장 중요한 것이다. 자기의 불을 꺼줄 수 있는 선생님을 찾아서, 선생님 밑에서 얼마를 보냈는가 하면 삼십 년을 보낸 것이다. 삼십 년 동안 선생님 말씀을 듣고 생각하고, 생각하고 얼마나 많이 생각했겠는가. 그렇게 생각하면서 몇 번이나 가을이 지나가고 또 몇 번이나 봄이 왔는지 모른다. 그래서 결국 서른 번이 지나 간 것이다. 삼십 년이 지나간 것이다. 이 다음에 나오는 『법화경』 4장에서는 오십 년이 지나간다는 말도 또 나온다. 그러니까 사람이 진리를 깨닫는다고 하는 것이 그렇게 쉬운 일이 아니다. 가을에 잎이 떨어지고 봄에 또 싹이 트는 일이 삼십 번이 지나간 것이다.

그런데 복숭아꽃이 확 핀 것을 보게 되었다. 이것이 견색명심見色明心이라는 것이다. 한 번 복숭아꽃이 핀 것을 본 뒤부터는 이제는 무슨 생각하는 세계가 아니다. 이제 직접 보는 세계다. 이제 다시는 의심한다거나 생각한다거나 하는 것이 없어졌다. 어머니를 만났는데 무슨 의심하거나 생각할 것이 무엇이 있겠는가. 직지인심直指人心이 된 것이다.

"위산潙山 영우靈祐 종연입자從緣入者 영부퇴실永不退失"
(위산 영우가 말했다. "너는 인연을 따라 도에 들어갔으니 이제 도에서 물러서거나 놓치는 그런 일은 영원히 없을 것이다.")

그래서 위산 영우가 말했다. "너는 복숭아꽃이라고 하는 인연을 좇아서 들어간 사람이다. 진리의 세계에 들어간 것이다. 이제부터는 영원히 뒤로 물러서거나 자기 정신을 잃거나 그런 일은 없을 것이다." 이것이 상락常樂의 세계다. 이제 영원이 된 것이다.

향엄이라는 사람도 위산의 제자이다. 그도 산골짜기에 혼자 앉아서 깊이 생각하고 생각했다. 그러다가 자기 암자의 앞뜰을 쓸고 있었는데 자기가 쓰는 빗자루에 조그만 돌멩이 하나가 쓸려 날아가서 주위에 있던 대나무 하나와 부딪쳤다. 그래서 돌멩이가 대나무에 '탁-'하고 부딪치는 그 순간에, 이것이 연緣이라는 것인데, 그 순간에 도를 깨달았다. 이것을 "격죽문성오도擊竹聞聲悟道"라 한다. 돌멩이가 대나무에 부딪쳐서 나오는 탁 하는 소리를 듣는 순간에 진리의 세계가 열린 것이다. 이것을 연각緣覺이라 한다. 그래서 이것을 다음과 같은 시로 남겼다.

"일격망소지一擊忘所知 갱불자수치更不自修治 동용양고로動容揚古路 불추초연기不墮悄然機. 처처무종적處處無蹤跡 성색외위의聲色外威儀 제방달도자諸方達道者 함언상상기咸言上上機"

3. 비유품　75

"일격망소지一擊忘所知"(하나의 부딪힘에 모든 앎을 잊었으니)

탁, 부딪는 소리에 모든 지식이, 모든 의식이 없어지고 말았다. 무념의 세계가 된 것이다.

"갱불자수치更不自修治"(다시는 닦거나 다스릴 것이 없네)

이제부터는 무슨 연구하고 공부하고 닦고 하는 그런 것이 다 없어졌다. 연구하고 공부하고 하는 것은 아직 보지 못해서 보려고 그런 것이다. 그러니까 보려고 노력하는 것은 학學의 세계지 각覺의 세계는 아니다. 각의 세계에 들어가면 환히 보는 것인데 무슨 연구하고 생각할 것이 있겠는가? 하나도 없다. 그래서 이제는 자기가 닦는다거나 다스린다거나 하는 것이 없어진 것이다.

"동용양고로動容揚古路"(기쁨으로 진리의 길을 따라 오르니)

자기의 모든 움직임, 자기의 모든 태도가 이제는 정말 지양止揚이 되었다. 생멸의 세계에서 적멸의 세계로 아우프헤벤aufheben이 된 것이다. 이제는 고로古路라고 하는 빛의 세계에서 사는 것이다. 빛의 세계와 하나가 된 것이다. 고로는 옛날 길이라는 것인데 진리의 길을 말한다. 진리의 세계와 하나가 되고 만 것이다.

"불추초연기不墜悄然機"(근심 걱정의 세상에 빠질 수 없게 되었네.)

그래서 다시는 떨어지지 않는다. 걱정하고 근심하는 세상에는 다시 떨어지지 않는다. 이제 "일도출생사一道出生死"이다.

"처처무종적處處無蹤跡"(곳곳마다 아무런 종적이 없고)

어디를 가나 다 거기가 천국이다. 어디가나 걸릴 것이 아무것도 없다.

"성색외위의聲色外威儀"(조용한 음성 너머 하늘의 위엄이 서려 있으니)

이제는 이 현상세계를 넘어서 절대의 세계에서 자기가 움직이며 살고 있는 것이다.

"제방달도자諸方達道者"(여러 선생님들 만나 뵈올 때)

여러 선생님한테 찾아가서 만나보았는데

"함언상상기咸言上上機"(모두들 좋고 좋다 말씀하시네.)

다들 말하길 "너는 이제 최고의 경지에 올라섰다"고 한다.

이상이 연각의 두 가지 예인데 옛날부터 유명한 이야기다. 그래서 불교를 조금이라도 배운 사람은 "일격망소지一擊忘所知"라는 한마디는 다 알고 있다. 한 번 '째깍' 하는 소리에 그만 모든 의식세계가 다 없어진 것이다.

오늘은 생멸문生滅門과 환멸문還滅門이라는 것인데 생멸문을 "제행무상諸行無常 시생멸법是生滅法"이라 하고 환멸문은 "생멸멸이生滅滅已 적멸위락寂滅爲樂"이라 한다. 이것에 대해 이 선생이 설명한 것을 조금 인용해서 설명하고자 한다.

물이 흘러간다고 할 때 어디서 보는 것인가 하면 강가에 서서 물이 흘러가는 것을 보는 것이다. 그런데 만일 물이 아니라 기차라고 하면 정거장에 서서 볼 때 기차가 자꾸 지나가는 것이다. 그러면 어떻게 해야 흘러가는 것이 흘러가지 않게 되는가. 그것은 그 기차와 똑같은 속도로 달리는 기차를 타고 달리면 된다. 두 기차가 흘러가는 것이지만 똑같이 흘러가는 기차에서 보면 흘러가는 기차가 흘러가지 않게 된다.
 이것을 소위 상대성의 원리라고 한다. 이것이 없으면 저것이 없고 이것이 멸하면 저것이 멸한다는 말도 상대성을 말하는 것이다. 이 상대성을 보통 사차원이라 한다.
 우리가 일만 광년 떨어진 별까지 우주선을 타고 갔다가 오는데 이만 광년이 걸린다. 그런데 우주선 속에 타고 있는 사람에게는 이만 년의 시간이 십 년밖에는 안 된다는 것이다. 땅에 사는 사람의 삼차원 시간은 이만 년인데 우주선을 타고 달리는 사람의 시간은 사차원의 시간으로 십 년밖에 안 걸린 것이다. 십 년이 걸린 것도 광속으로 가속하는데 걸린 시간이지 만약 처음부터 광속으로 달린다면 시간이 그만 멈춰서 영원으로 되고 마는 것이다. 광속이 되면 시간이 없어지고 만다. 이것을 여기서는 상락常樂이라고 말했다.
 그러니까 밖에 있는 세계와 안에 있는 세계의 차이다. 자주 하는 말이지만 다른 비유를 들면 어머니 뱃속이다. 아메바가 사람이 되는데 삼십 억 년이 걸렸다. 그런데 이것이 어머니 뱃속에서는 열 달밖에는 안 걸린다. 어머니 뱃속이라는 공간과 열 달이라는 시간이 곱해지면 사차원의 세계가 되는 것이다. 계란의 경우에는 어미닭의 품속이라는 공간과 시간이 곱해지면 스무 하루만에 병아리가 되고 만다. 사람은 열 달이 걸려 사람이 된다.
 시간에는 이렇게 흐르는 시간과 흐르지 않는 시간이 있다. 생멸生滅이란 흐르는 시간이고 적멸寂滅이란 흐르지 않는 시간이다. 하나는 삼차원의 세계이고 하나는 사차원의 세계이다. 우리가 이미 『원각경』에서 했던 말이 다시금 되풀이되는 것인데 결국 우리가 어떻게 하면 삼차원의 시간에서 사차원의 시간으로 옮겨갈 수 있는가 하는 문제다.
 우리의 방법은 하나뿐이다. 그 방법은 생각이라는 의식의 흐름을 가속하고 가속해서 나중에는 빛의 속도가 되는 것이다. 그래서 척 보면 안다고 하는 보는 세계에까지 가야 된다. 우리의 생각이 광속이 되면 무념의 세계가 되는 것이다. 그래서 "나는 생각한다. 고로 나는 있다"라고 하는 것이다. 우리의 방법은 그것밖에 없다.

그래서 불교에서는 "어떻게 하면 됩니까?" 할 때, 그저 "앉아라"고 한다. 가만 앉아서 생각해 보라는 것이다. 언제까지 생각하는가. 생각이 없어질 때까지 생각하는 것이다. 그래서 어떤 사람은 십 년도 앉아 있고 이십 년도 앉아 있고 삼십 년도 앉아 있다가 생각이 끝나는 순간에 각으로 태어나는 것이다.

그런데 그렇게 생각하도록 가속도를 넣어 주는 사람이 선생이다. 선생이 자꾸 이렇게 저렇게 이야기 해 주는데서 생각이 자꾸 빨라지는 것이다. 그래서 나중에는 내 생각이 광속과 같아지면 그 다음에 각이 되고 마는 것이다. 그 각에서 에너지라는 힘이 나오는 것이다.

보통 불교에서는 흘러가는 물이 흘러가지 않게 되려면 물 속으로 뛰어 들어가서 물과 같은 속도로 달려야 된다고 한다. 즉 "물이 되라"는 말을 많이 한다. 하이데거Martin Heidegger도 같은 말이다. "너도 물이 되어라"하는 것으로 이 "된다"고 하는 사상이 강해지는 것이다. 그래서 되어야 한다고 한다.

서산대사西山大師에게 어떤 제자가 묻기를 "산에서 범을 만나면 어떻게 해야 됩니까?" 했을 때 서산대사는 "으흥"하고 범이 우는 시늉을 했다. 범이 되면 되지 않느냐는 것이다. 하이데거로 말하면 죽음을 어떻게 넘어섭니까 할 때 네가 죽음이 되면 된다는 것이다. 말은 달라도 다 같은 사상이다. 말하고자 하는 내용은 다 같은 것이다. 그래서 "되면 된다"고 하는 이 말은 광속과 같이 달려야 된다는 말이다. 광속과 같이 달리면 나는 물이 된 것이다. 내가 물이 될 때 각이 나오는 것이다. meditation[명상]이 contemplation[관상]으로 되고 마는 것이다. 이 메디테이션을 도와주는 것이 선생님의 말씀으로 성문이고 콘템플레이션이란 연각이다. 혹은 독각이라는 것이다.

다시 거듭하면 십이지인연이란 무명無明에서 로사老死에 이르는 윤회를 말하는 것으로 제행무상이다. 계속 흘러가는 것이다. 계속 돌고 도는 육도 윤회인데 이것은 달리 말하면 유전문流轉門이라 한다.

그런데 물이 흘러간다고 하는 법은 흘러가지 않는다. 물이 흘러가는 강은 흘러가지 않는 것이다. 그러니까 물이 흘러간다고 하는 것은 부분이다. 부분이니까 분별이요 대립이다. 이 선생은 이것을 코끼리의 코니 꼬리니 하는 것들로 참 재미있게 비유를 했다. 분별의 세계라는 것이다. 이것을 분별지라고 한다.

그런데 생멸멸이生滅滅已, 분별 대립의 세계가 끝났다. 그래서 이제 는 물이 아니라 강이 되고 만 것이다. 강이라 해도 되고 또는 법이라 해도 된다. 무엇이라 하건 그것은 여러분이 알기 쉽게 쓰면 된다. 강이 되고 말면 강은 영원 불변이다.

그래서 적멸위락寂滅爲樂이 되고 마는 것인데 이것을 무분별의 통일 이라 한다. 무분별의 통일을 대표하는 말이 불생불멸不生不滅이다. 석 가모니의 뜻이 무슨 뜻인가 할 때 불생불멸이라 했다. 이를 달리 말하 면 내재內在와 초월超越이다. 내재와 초월이라는 것이 불생불멸의 세 계이다.

그래서 결국은 상락, 영원한 즐거움, 그리고 아정이다. 상락아정常樂 我淨이라는 이것이 우리가 가려고 하는 목적이다. 상락常樂이란 허무 하지 않은 실존의 세계이고 아정我淨이란 "수처작주隨處作主 입처개 진立處皆眞"의 세계이다.

이렇게 해서 결국 흘러가는 세계가 흘러가지 않는 세계로 된다. 물이 아니라 강이 되고 마는 것이다. 덕산으로 말하면 불이 아니라 빛이 되 고 마는 것이다. 불은 바람만 불어도 꺼진다. 그런데 빛은 꺼지는 것이 없다. 영원한 것이다.

비유를 어떻게 들든지 다 같은 말이다. 불이 아니고 빛이라 하거나, 물이 아니고 강이라 하거나 다 마찬가지다. 또는 헤라클레이토스의 말 처럼 "물은 흘러간다 그러나 흘러간다는 법은 흘러가지 않는다."고 해 도 된다. 법, 로고스, 그것은 하나님과 같이 있는 것으로 흘러가는 것 이 아니다. 어떻게 말해도 다 같은 말이다.

승조僧肇의 시를 다시 읽어본다.

"사대원무주四大元無主 오온본시공五蘊本是空
이수임백인以首臨白刃 유여참춘풍猶如斬春風"

(몸도 내 것이 아니고 마음도 내 것이 아닌데 칼로 목을 자르는 것이나 봄바람을 자르는 것이나 무엇이 다르겠는가.)

"사대원무주四大元無主"는 무아無我의 세계를 말하고 "오온본시공五蘊本是空"은 무상無常의 세계를 말하는 것이다. 이상이 생멸生滅의 세계이다.

그 생멸의 세계를 어떻게 벗어나는가? "이수임백인以首臨白刃"이다. 아까 삼십 년 동안 찾은 것이 자기의 목을 자르기 위한 검객을 찾았다고 했다. 그런데 오늘에야말로 그 검객을 만났다는 말이다. "이수임백인", 흰 칼로 목을 자르는 것이다. 그런데 칼로 잘라 보았자 봄바람을 베는 것이나 무엇이 다를 것인가. "유여참춘풍猶如斬春風"이다.

그리고 천태天台는 이「비유품」의 사상에는 또한 유교에서 말하는 군사부君師父라는 내용이 들어 있다고 생각했다.

금차삼계今此三界 개시아유皆是我有 (군君)
기중중생其中衆生 실시오자悉是吾子 (부父)
유아일인唯我一人 능위구호能爲救護 (사師)
(삼계의 모든 것은 다 내 손에 있고, 그 중의 중생들은 모두 다 내 자식들이니 능히 그들을 구원하고 돌볼 수 있는 것은 오직 나 한 사람뿐.)

"금차삼계今此三界 개시아유皆是我有", 이것이 군君이라는 것이며 "기중중생其中衆生 실시오자悉是吾子", 이는 부父라는 것이며 "유아일인唯我一人 능위구호能爲救護", 이는 사師라는 것이다.

2000. 3. 26.

제 4. 신해품信解品

원문 요약

　세존世尊 수사리불아누다라삼막삼보리기授舍利佛阿耨多羅三藐三菩提記. 불설佛說 성문당득작불聲聞當得作佛. 비여동자譬如童子 유치무식幼穉無識 사부도서捨父逃逝 주류제국周流諸國 오십여년五十餘年 기부우념其父憂念 구지기피求之旣疲 돈지일성頓止一城 기가거부其家巨富. 이시궁자爾時窮子 구색의식求索衣食 기아리수飢餓羸瘦 수지부사遂至父舍 궁자견부窮子見父 경포핍박驚怖逼迫 치주이거馳走而去 장자요견長者遙見 즉칙사자卽勅使者 추착장래追捉將來 궁자경환窮子驚喚 필당견살必當見殺. 장자지자長者知子 우치협렬愚癡狹劣 갱견여인更遣餘人 무위덕자無威德者 운당상고云當相雇 제제분예除諸糞穢 궁자문지窮子聞之 환희수래歡喜隨來. 어시장자於是長子 착폐구의著弊垢衣 왕도자소往到子所 어령근작語令勤作 천석후난薦席厚暖 우이연어又以軟語 약여아자若如我子. 장자유지長者有智 점령입출漸令入出 경이십년經二十年 집작가사執作家事 제물출입諸物出入 개사령지皆使令知. 부지자심父知子心 점이광대漸已曠大 즉취친족卽聚親族 국왕대신國王大臣 설시아자說是我子 범아소유凡我所有 실이부지悉以付之. 자어부소

子於父所 지의하열志意下劣 심대환희甚大歡喜 득미증유得未曾有. 대부장자大富長者 즉시여래則是如來 아등부지我等不知 진시불자眞是佛子 불즉위아佛則爲我 유설일승唯說一乘. 세존대은世尊大恩 수능보자誰能報者 이용공양以用供養 역불능보亦不能報. 무량무변無量無邊 대신통력大神通力 어일승도於一乘道 수의설삼隨宜說三 회삼귀일會三飯一.

신해품 강해 Ⅰ

지난번 십이지인연十二支因緣을 설명한데 이어 오늘은 먼저 육파라밀六波羅密을 설명하고자 한다. 불교는 정말 정리가 잘 되어 있어서 알기가 쉽다. 성문聲聞, 연각緣覺, 보살菩薩, 불타佛陀로 나누는데 이를 각각 한 글자로 말할 때는 성문을 신信이라 하고 연각은 해解, 보살은 행行, 그리고 불타는 증証이라 한다. 이는 『원각경』을 공부하면서 여러 번 나왔던 것이다.

이것을 우리 교회로 말하자면 성문의 신信이란 일반 평신도들을 말한다. 십 년이고 이십 년이고 그냥 교회에 다니는 사람들이다. 그저 믿고 쫓아가는 사람들이다. 그 다음 연각이라는 해解는 교회의 지도자들이다. 성경도 읽고 신학 공부도 하고 그러면서 혼자서 알아보려고 애쓰는 사람들이다. 그 다음은 행行이다. 행이란 성 프란시스라든가 테레사든가 하는 사람들처럼 정말 기독교의 진리를 실천하려고 생명을 바치는 사람들이다. 그리고 증証이라 하면 사도 바울처럼 그리스도를 증거하기 위해서 일생을 바치는 사람들이다.

이렇게 우리 기독교에도 신해행증信解行証이 있다. 모든 공부하는 사람들은 해에 속하는 것이다. 그리고 행이라 하면 테레사니 성 프란시스니 젬마니 하는 사람들에서 보듯 진리를 실천하는 많은 사람들이다. 그리고 아마 그리스도를 증거한 가장 역사적인 사람을 바울이라고 볼 때 바울이 증에 속한 대표자라고 할 수 있다. 그리고「요한복음」을 쓴 요한, 「요한일서」, 「묵시록」을 쓴 요한 등도 또한 증의 대표자라 할 수 있다. 그밖에도 많이 있다. 그러니까 크게 말하자면 어거스틴이나 토마스 아퀴나스나 루터나 칼빈이나 웨슬레나 모두 기독교를 증거하기 위해서 일생을 바친 증에 속한 사람들이다.

하여튼 성문, 연각, 보살, 불타라는 것인데 성문은 귀가 뚫린 사람이고 연각은 눈이 뚫린 사람이다. 지난 시간에 연각의 예로서 복숭아꽃을 보는 순간에 그만 눈이 활짝 열리게 되었다는 그런 말을 했다. 견색명심見色明心이라고 하는 이것은 눈이 뚫린 것이다. 이것을 우리는 보통 각覺이라고 말한다. 연각 다음에 보살이다. 보살이란 행의 세계를 간 사람이다. 불교에서 행의 세계를 산 대표적인 사람이 가섭迦葉이라고 한다. 두타행頭陀行의 가섭이라 해서 가장 실천을 많이 한 사람이라고 칭찬한다. 그 다음 불타는 석가가 대표적인 사람이다. 증거하는 사람이다. 그렇지만 불교에서는 석가만 불타라고 하지 않고 달마도 부처요 조주도 부처라고 한다. "조주고불趙州古佛"이라 한다. 말하자면 진리를 증거할 수 있는 사람은 다 부처다.

이렇게 귀가 뚫린 사람, 눈이 뚫린 사람, 코가 뚫린 사람, 입이 뚫린 사람, 네 가지가 있다. 이 네 가지를 바라는 것이 사홍서원四弘誓願이라는 것이다. 귀가 뚫리게 해 달라, 눈이 뚫리게 해 달라, 코가 뚫리게 해 달라, 입이 뚫리게 해 달라, 이것을 위해 기도하는 것이 사홍서원이다.

연꽃이 활짝 피었다 할 때 그것이 무엇이냐고 하니까 가섭迦葉이 대답하길 "정법안장正法眼藏, 열반묘심涅槃妙心, 실상무상實相無相, 미묘법문微妙法門"이라고 대답했다. 이것은 다른 말이 아니라 귀가 뚫리고, 눈이 뚫리고, 코가 뚫리고, 입이 뚫렸다는 말이다. 그러니까 사홍서원이라고 하는 것에 답을 해준 사람이 결국 부처가 되고 마는 것이다.

이것이 전부인데 이것은 영어공부를 해본 사람이라면 다 경험해본 내용이다. 귀가 들리게 되고, 책을 볼 수 있게 되고, 영어를 쓸 수 있게 되고, 영어로 말을 할 수 있게 되었다는 그것인데, 이것을 종교적으로 말하면, 하나님의 말씀을 듣게 되고, 하나님의 말씀을 보게 되고, 하나님의 말씀을 살게 되고, 하나님의 말씀을 말하게 되었다는 것이다. 모든 것이 마찬가지다. 과학은 과학대로 또한 귀가 뚫려야 되고, 눈이 뚫려야 되고, 코가 뚫려야 되고, 입이 뚫려야 된다. 철학도 마찬가지요 예술도 마찬가지다. 무엇이나 전공을 해 가노라면 저절로 그렇게 되는 것이다. 하여튼 이것이 핵심이다. 불교의 모든 이야기가 이것이다.

그런데 지난번 3장 「비유품」을 보면 성문의 내용은 사성제四聖諦라는 것이고 연각은 십이지인연十二支因緣을 아는 것이라 했다. 그 다음 보살은 육파라밀六波羅密이 핵심이라고 한다.

보살菩薩; 아고어녀我故語汝 육파라밀六波羅密 상민일체常愍一切 지계청정持戒淸淨 불석신명不惜身命 정진자심精進慈心 선본견고善本堅固 지혜명료知慧明了
 (보살이란 무엇인가? 내가 너에게 말하는데 육파라밀이란 언제나 일체 중생을 돌보는 것이다. 그리고 지계하여 청정이 되어야 한다. 그리고 신명을 바쳐 정진하는데 언제나 자비로운 마음이 나타나야 된다. 그리고 선의 근본을 단단히 붙잡아서 지혜가 밝게 빛나야 된다.)

 보살은 어떻게 해야 되나? 육파라밀을 닦아야 된다. 육파라밀이란 무엇인가? "상민일체常愍一切", 모든 사람을 불쌍하게 생각하는 것이다. 이것이 보시布施라는 것이다. 넓게 베풀어야 된다. 그 다음은 "지계청정持戒淸淨"이다. 지계持戒로써 자기 자신을 깨끗이 하는 것이다. 석가의 육 년 고행이 바로 보살의 세계인데 석가의 경우 지계의 내용이란 밥을 한끼 먹고 매일 목욕을 했다는 것이다. 이것을 소위 "일식一食 일마一摩"라 한다. 밥을 한끼 먹은 것은 마음을 깨끗이 하기 위해서 한끼 먹은 것이고 매일 목욕을 한 것은 몸을 깨끗이 하기 위해서 목욕한 것이다. 언제나 마음과 몸을 깨끗이 하여야 한다는 것이다. 이것이 이들의 기본 생각이다.
 우리는 금식을 했다고 해서 마음이 깨끗해졌다는 그런 생각을 하지 않지만 이 사람들의 기본 생각은 마음을 한 번 깨끗이 해보자 해서 금식을 하는 것이다. 이것이 지계청정이다.
 그 다음은 인욕忍辱이라 해서 모든 욕을 참는 것이다. 박해와 핍박을 참는 것이다. 기독교로 말하면 십자가라는 것이다. 십자가를 진다는 말은 모든 고통과 박해를 참는다는 것이다. 여기서는 "불석신명不惜身命"이라 한다. 진리를 위해서 자기의 신명을 내 던지는 것이다.
 그 다음은 정진精進이다. 여기서는 "정진자심精進慈心"이라 했다.

다른 사람을 도와주기 위해서 계속 그렇게 가는 것이지 자기가 돈벌겠다고 그렇게 가는 것이 아니다.

그 다음은 선정禪定인데 여기서는 "선본견고善本堅固"라고 했다. 내 속에 흔들리지 않는 선을 붙잡는 것이다. 인간의 특징을 선善이라고 보는 것이 이 사람들의 특징이다. 다른 동물에는 선善이라는 것이 없다. 자연에도 선이라는 것이 없다. 하나님도 선한 자나 악한 자나 모두에게 비를 내려 주신다.

그러니까 선이라는 것은 특별하게 인간에게 있는 인간의 근본이다. 선을 찾는 것이 인간이다. 이것을 특히 강조한 사람이 공자라는 사람이다. 공자의 모든 사상의 핵심은 선善이라는 것이고 노자 사상의 핵심은 진眞이라는 것이다. 선보다는 진을 더 찾았던 사람이 노자다. 진이란 형이상의 세계다. 하나님은 참되신 분이다. 하나님은 참이고 사람은 선이요 자연은 미다. 자연처럼 아름다운 것은 없다. 오늘도 지금 밖에는 진달래가 활짝 피어 있는데 정말 자연은 아름답다. 그리고 하나님은 참되시고 거짓이 없다. 그리고 사람은 선이다. 사람은 착해야 사람이지 악하면 그것은 사람이 아니다. 사람에게 가장 중요한 것이 선인데 선정禪定이라 할 때의 선禪도 착할 선善이나 같은 글자다. 착한 마음을 움켜잡는 것이 선禪이다. 그 다음은 지혜라는 것인데 여기서는 "지혜명료知慧明了"라고 했다.

그러니까 결국 보살의 내용이라는 것은 석가가 부처가 되기 위해 6년 동안 수행했던 과정을 말하는 것이다. 출가 후 고행 6년이라 하는데 그 고행을 할 때가 보살이다. 석가는 그 고행 6년이 끝나서 성불을 하게 된다. 그래서 하는 일은 무엇인가? 설법이다. 진리를 증거하는 일이다. 석가는 보통 45년 동안 설법을 했다고 하는데 어떤 사람들은 49년 설법이라 하기도 한다.

『법화경』 4장은 「누가복음」 15장에 나오는 탕자蕩子의 비유나 같은 것이다. 아버지에게 재산을 나눠달라고 해서 멀리 떠나 재산을 다 허비하고는 나중에 굶어 죽게 되었다. 그래서 생각하기를 아버지에게 찾아가면 막일이라도 시키고 밥을 주지 않겠느냐 해서 할 수 없이 아버지를 찾아갔는데 아버지는 전혀 예상 밖으로 "일꾼이 다 무엇이냐? 너는 내 아들이다" 그러면서 맞이하고 옛날과 다름없이 대해 주었다는 그런 이야기다. 이것이 소위 아버지의 사랑이라는 것이다.

그런데 『법화경』에 나오는 아들은 탕자라 하지 않고 궁자窮子라 한다. 궁자는 어떤 아들인가? 요새로 말하면 가출한 자식이다. 아버지는 집 떠난 그 아이를 찾기 위해 상당히 많은 애를 썼지만 찾지 못해서 결국 그 어디에 정착하여 살게 되었다. 그런데 그 궁자가 거지가 되어 떠돌다가 우연히 아버지의 집에까지 오게 되었다. 아버지의 집에서 아버지를 쳐다보니 아버지는 아주 부자요 귀족이라 너무 무서워서 그냥 도망을 쳤다. 그런데 아버지는 아들을 알아보고는 사람을 시켜 아들을 붙잡아 오라 했다. 그런데 사람들이 가서 그를 붙잡자 그 궁자는 사람들이 자기를 죽이려는 줄로 알고 그만 기절해서 쓰러지고 말았다.

그러니까 아버지는 이렇게 해서는 안되겠다 해서 풀어 주라고 했다. 그리고 얼마 후 다시 사람들을 보내서 그에게 일자리를 주겠다고 꾀어서 집으로 돌아오게 한 후 그 아버지 집에서 변소 청소하는 일자리를 하나 주었다.

그래서 그 아들은 변소 청소하는 일을 오래 했는데 아버지는 자기도 헌 옷을 입고 아들에게 찾아가 같이 사귀면서 변소 청소만이 아니라 집안의 잔일들도 많이 시키게 되었다. 그렇게 한 이십 년을 지낸 것이다.

그랬는데 나중에 아버지가 병이 나서 그 아들을 집안의 관리인으로 삼아 아들에게 모든 일을 부탁하고 맡기게 되었다. 그렇게 관리인으로 만들어 모든 것을 다 맡기고 시키다가 아버지가 죽게 되었을 때 모든 친척과 귀족들을 다 모아 놓고 말하길 "이 관리인이 바로 내 아들이다" 하고 진실을 밝혔다. 그 말을 듣고서야 이 아들은 자기가 아버지의 아들임을 알게 되었다. 그래서 아버지는 모든 재산을 그 아들에게 주었고 또 아들은 한없이 기뻐하였다는 그런 이야기다.

「누가복음」과 『법화경』의 이야기가 거의 같지만 조금 다른 것도 있다. 「누가복음」에서는 아들이 아버지를 찾아가는 이야기인데 『법화경』에서는 아버지가 아들을 찾아간다. 아버지가 아들을 이미 알고 찾아갔는데도 아들은 마지막까지 아버지를 모른다. 아버지는 아들을 알고서 계속 아들을 키워 가는 것이다. 그래서 나중에 아들이 아버지의 마음과 같은 마음이 되었을 때, 이것이 이심전심以心傳心인데, 그 때 "너는 내 아들이다"하고 알려주는 것이다.

그러나 둘 다 표현하고자 하는 것은 아버지의 사랑이다. 이 아버지의 사랑이라는 것이 『법화경』에서 자꾸 말하는 일승一乘이다. 그래서 성문 연각의 때를 소승小乘, 보살의 때를 대승大乘, 불타가 되면 이제 일승이라 하는 것이다. 소승에서 대승으로, 그리고 또 일승으로 이렇게 가는 과정이다.

『원각경』에서는 삼마디Samadhi, 삼마파티Samapatti, 디야나Dhyana로 말했다. 그러니까 연각이란 삼마디라는 것이고, 보살은 삼마파티라는 것이며, 불타가 되면 디야나라 한다. 그때는 규봉 종밀圭峰宗密(780-841)이 그렇게 해석을 해 간 것이다.

종밀이라는 사람도 본래가 선禪을 한 사람이다. 선을 하다가 또 화엄을 공부해서 선의 최고가 되고 동시에 화엄의 최고가 된 사람이 종밀이다. 이와 마찬가지로 천태 지의天台智顗(538-597)도 본래는 선을 했다. 지의에게 선의 선생이었던 사람이 혜사慧思다. 그런데 확실치는 않지만 혜사는 달마達磨의 제자인 혜가慧可의 친구쯤 되는 사람이다. 혜사도 선의 대가요 천태도 선의 대가인 것이다.

종밀이 화엄에 관심을 가졌던 것처럼 천태대사는 『법화경』에 관심이 있었는데 『법화경』의 대가가 되고 만 것이다. 그러니까 천태대사는 선禪과 교敎를 다 통한 사람이다. 그래서 그는 법화의 철학을 말하는 『법화현의法華玄義』라는 책을 썼고 또 주석서인 『법화문구法華文句』라는 책을 썼다. 그리고 또 『마하지관摩訶止觀』을 썼는데 이것은 그 사람의 선을 말하는 것이다. 이렇게 선과 교를 다 가진 사람이 천태 지자대사이다. 지자대사智者大師라는 이름은 그가 죽은 후 왕이 지어준 이름이다.

그런데 천태대사는 『법화현의』에서 불교를 오시팔교五時八敎로 나누어 설명했다. 석가가 깨닫고 나서 일생 동안 가르쳤는데 그 가르치던 시기를 다섯으로 나누어 보는 것을 오시五時라 한다.

석가가 맨 처음으로 제자 다섯 명에게 가르친 것이 『화엄경』이라고 한다. 부처의 내용이란 이런 것이다 하고 가르친 것이 『화엄경』이다. 『화엄경』은 21일 동안에 가르쳤다고 한다. 그런데 그 수준이 너무 높아서 알아듣는 사람이 하나도 없었다는 것이다. 이것을 천태는 화엄시기라 한다.

화엄華嚴; 신해운信解云 즉견방인卽遣傍人 급추장환急追將還 궁자경악窮子驚愕 칭원대환稱怨大喚 성재좌여농聲在座如聾

녹원鹿苑; 이이방편而以方便 밀견이인密遣二人 형색초췌形色憔悴 무위덕자無威德者 여가예피汝可詣彼 서어궁자徐語窮子 고여제분雇汝除糞 파번뇌破煩惱

방등方等; 과시이후過是已後 심상체신心相體信 입출무난入出無難 연기소지然其所止 유재본처猶在本處 이득도과已得道果 심상체신心相體信 문매불진聞罵不瞋 내회참괴內懷慚愧 심점순숙心漸淳淑

반야般若; 시시是時 장자유질長者有疾 자지장사불구自知將死不久 어궁자언語窮子言 아금다유我今多有 금은진보金銀珍寶 창고영일倉庫盈溢 기중다소其中多少 소응취所應取 약관혜若觀慧 즉시가업卽是家業 공생신자空生身子 수칙전교受勅轉敎 시령지示領知

법화法華; 취회친족聚會親族 즉자선언卽自宣言 차실아자此實我子 아실기부我實其父 금오소유今吾所有 개시자유皆是子有 부여가업付與家業 궁자환희窮子歡喜 득미증유得未曾有 임명종시臨命終時 직부가업直付家業 개시오입開示悟入 불지지견佛之知見 수기작불授記作佛

"화엄華嚴; 신해운信解云 즉견방인卽遣傍人 급추장환急追將還 궁자경악窮子驚愕 칭원대환稱怨大喚 성재좌여농聲在座如聾"

(화엄시기;「신해품」에 말하는 "아버지가 즉시 사람을 보내서 아들을 급히 데려오라 했는데 궁자는 경악해서 그만 크게 소리지르며 기절했다"는 것인데, 성문들이 부처님과 한 자리에 같이 있었지만 마치 귀머거리처럼 앉아 있었다.)

화엄시기란 어떤 것인가?『법화경』의「신해품」에 나오는 이야기다. 아들이 왔다가 도망을 치니까 아버지는 곁에 있던 사람을 보내서 빨리 잡아오라고 했다. 그랬더니 궁자窮子는 깜짝 놀라서 큰 소리를 지르며 그만 기절하고 말았다. 천태는 이 내용을 석가가 맨 처음에『화엄경』을 가르쳐 주었는데 아무도 아는 이가 없고 다들 기절하고 말았다는 것으로 본 것이다. 그러니까 석가가『화엄경』을 설할 당시에 성문들이 있기는 있었지만 다들 귀머거리나 같았다는 것이다. 아버지가 아들을 붙잡아오려고 하자 아들이 그만 기절하고 말았다는 이것을 화엄의 시기로 비유해 본 것이다. 이것이 화엄 일시一時라는 것이다.

『화엄경』이 지금 60권 또는 80권이 나와있는데 그것은 21일 동안 강의한 내용이다. 그런데 그 때 알아듣는 사람이 하나도 없었다. 그러니까 초등학생들에게 대학원 수준의 강의를 한 것이다.

비유가 적절할지 모르지만 초등생, 중학생을 성문이라 보고 고등학생, 대학생은 연각이라 하면 석사, 박사과정의 대학원생들이 보살이다. 성문이란 아직 철이 없는 때다. 그래서 선생이 뭐라고 하면 그저 달달 외기만 하는 때다. 그런데 고등학교, 대학교가 되면 벌써 운동주 같은 철이 든 사람들이 꽤 나오게 된다. 이렇게 철이 든 사람이 나오게 되는 때가 연각이다. 그 다음에는 정말 논문을 써야 되고 또 공부를 깊이 하지 않으면 도저히 안 되는 때가 대학원이다. 그래서 이것을 행의 시대, 보살의 시대라 한다. 불타라는 것은 결국 선생이 되어서 가르치는 시대가 된다.

그런데 석가는 맨 처음에 성문을 놓고서 강의를 했는데 말하자면 박사과정 강의를 한 것이다. 그러니까 도저히 알지를 못한 것이다. 이것을 화엄시대라 한다.

"녹원鹿苑: 이이방편而以方便 밀견이인密遣二人 형색초췌形色憔悴 무위덕자無威德者 여가예피汝可詣彼 서어궁자徐語窮子 고여제분雇汝 제분除糞 파번뇌破煩惱"
(녹원시대: 방편으로써 은밀하게 두 사람을 파견했다. 그 형색이 초

췌하고 볼품이 없는 사람들을 보냈는데 보내면서 그들에게 말했다. "너희는 가서 그를 만나거든 변소 치는 일군으로 고용하겠다고 하라." 이는 번뇌를 없이한다는 뜻이다.)

그 다음은 녹원시대이다. 녹원이란 서울 뒤에 영취산이 있고 그 산 아래 사슴들이 뛰노는 그런 장소라는 것인데 거기에 학교를 짓고 강의를 많이 했다는 것이다. 그 녹원에서 강의를 하던 때가 12년이다. 이 12년 동안의 강의로 인해 나온 대표적인 것이 『아함경阿含經』이다. 이것은 순전히 초등학교, 중학교 학생을 상대로 한 내용이다. 그러니까 석가도 반성을 한 것이다. '너무 수준을 높여서 가르치면 안 되겠다, 애초에 초등학교 수준부터 시작해야겠다' 하고 생각한 것이다. 그래서 초등학교, 중학교를 세워서 강의를 한 것이다.

이것을 「신해품」의 내용에 비유하면 아버지가 방편을 썼다는 것이다. 방편이란 자기 중심으로 말하는 것이 아니라 상대편의 입장에서 말하는 것이다. 상대방 중심으로 상대방이 알아듣도록 말하는 것이다. 상대가 알아들어야지 나 혼자 말해서는 아무 쓸모가 없다는 것이다. 그래서 상대방이 알도록 하기 위해서 하는 모든 설법을 방편이라 한다.

아버지가 방편으로써 몰골이 형편없는 두 사람을 아들에게 보냈다. 그 사람들은 외모를 볼 때 아무 위엄이 없는 사람들이었다. "너희들은 가서 그 궁자를 만나거든 조용히 변소 치는 일자리를 제안해서 데리고 오라" 하고 아버지가 그들에게 부탁을 했다.

이 이야기가 말하고자 하는 것은 무엇인가? 궁자의 너무나도 어리석음을 나타내기 위해서 분糞이라는 비유를 썼다는 것이다. 기독교로 말하면 죄가 너무 깊은 것이다. 어리석음이 너무 깊으니까 그 어리석음을 치우기 위해서 변소를 치우도록 했다는 것이다. 이것도 재미있는 비유다. 그래서 결국, 제분除糞의 뜻은 번뇌를 깨뜨리자는 것이다. 변소를 치다가 '내 마음이 변소나 마찬가지로구나, 그러니 이래서는 안 되겠다' 하고 자기 속의 번뇌에 대한 것을 해결할 수 있도록 해주자는 것이다. 이것이 천태대사의 해석인데 정말 그럴 듯하다.

"방등方等; 과시이후過是已後 심상체신心相體信 입출무난入出無難 연기소지然其所止 유재본처猶在本處 이득도과已得道果 심상체신心相體信 문매불진聞罵不瞋 내회참괴內懷慚愧 심점순숙心漸淳淑"
(방등시기; 이렇게 세월이 흘러 마음을 서로 알게 되고 믿게 되어 자유롭게 출입하게 되었지만 아직 궁자가 거처하는 곳은 옛날 집이었다. 이제 마음이 서로 통하여 믿게 되니 꾸짖는 말을 들어도 화내지 않고 오히려 속으로 반성하고 부끄러워했다. 그렇게 마음이 차츰 맑아져서 성숙하게 되었다.)

그 다음은 방등方等으로 『유마경維摩經』시대다. 녹원에서는 12년 동안을 가르쳤는데 방등시대는 8년이다. 녹원에서 가르친 아함시대는 순전히 성문을 위해서 강의하는 시대였다. 그러니까 초등학교, 중학교 학생들을 놓고 가르친 것이다. 그런데 이 방등이 되면 좀더 높아진다. 방등이란 말은 방광方廣이란 말이나 같은 말이다. 사상이 좀더 깊어지고 높아진 것을 말할 때 방광이라는 말을 쓴다. 방등시대에 나오는 경들이 많이 있는데 그 가운데 가장 잘 알려진 것으로는 『유마경』이 있다. 『유마경』의 내용은 모든 사람이 앓기 때문에 나도 앓는다는 그런 사상이다. 이런 생각을 하는 것은 벌써 철이 든 것이다. 모든 국민이 다 고생을 하니까 나도 같이 고생을 해야겠다고 생각하는 이런 사람은 철이 든 사람이다. 그런데 모든 국민이 다 죽게 되어도 나 혼자 멋있게 잘 살겠다고 그러면 그것은 아니다.

연각이란 철이 든 사람을 말한다. 그러니까 방등이란 철든 사람을 상대로 강의를 했던 시절이다. 고등학교, 대학교쯤 되어야 이런 강의를 알아듣지 그렇지 않으면 안 된다. 철이 없는 사람은 '남이야 살든 죽든 내 돈 가지고 나 혼자 잘 살겠다는 데 무슨 상관이냐?' 이렇게 나온다. 그러니까 방등은 연각이라는 철든 사람을 상대로 가르친 시대를 말하는 것인데 이렇게 8년을 가르쳤다.

이것을 궁자의 비유로 말해 본다. 처음에는 변소를 치다가 이제는 집안에 들어와서 이런 일 저런 일도 하게 되었다. 이제는 그를 고스란히 믿게 되었다. 서로 보면 인사도 하고 서로 반갑게 되고 그래서 마음속 깊이 믿게 되었다. 그래서 이제 들어왔다 나갔다 해도 아무 문제가 없게 되었다. "입출무난入出無難"이다.

그러나 이 사람의 입장은 어디인가? 아직도 옛날의 입장을 그대로 가지고 있었다. 대문 밖에 있는 헛간이 아직 그의 본처소로 집안에 들어와서 모든 일을 하지만 끝나면 나가서 헛간으로 돌아가는 것이다. 들어오면 똑똑한 것 같은데 내놓고 보면 아직도 멀었다는 말이다. 그래도 이제는 주인이 화를 내고 야단을 쳐도 원망하거나 도망치지도 않고 자기 잘못을 부끄럽게 생각하여 깊이 뉘우쳤다. 이렇게 해서 차츰차츰 도덕성이 올라가게 되었다. 그래서 주인인 아버지와 서로 마음이 자꾸자꾸 통하게 되었다. 이런 세계를 방등이라 한다.

"반야般若; 시시是時 장자유질長者有疾 자지장사불구自知將死不久 어궁자언語窮子言 아금다유我今多有 금은진보金銀珍寶 창고영일倉庫盈溢 기중다소其中多少 소응취所應取 약관혜若觀慧 즉시가업卽是家業 공생신자空生身子 수칙전교受勅轉敎 시령지示領知"

(반야시기; 이때 아버지는 질병이 나서 앞으로 죽을 날이 멀지 않았음을 스스로 알아차리고 궁자에게 말했다. "나는 많은 금은과 진귀한 보물을 창고에 가득 가지고 있는데 그 가운데 다소 너에게 주겠으니 모든 살림을 잘 돌보도록 하라. 지혜롭게 잘 돌보면 곧 네게 가업을 맡기겠다." 이는 수보리와 사리불이 부처님의 명을 받아 가르침을 펼친 것이나 마찬가지다.)

그 다음이 반야시대다. 우리가 잘 아는 『반야파라밀다심경』이나 『금강경』이나 다 반야다. 이는 대학원생을 상대해서 가르치는 것인데 22년으로 굉장히 길었다. 논문도 쓰게 하고, 그렇게 행의 세계를 가게 하는 것이다. "반야파라밀다般若波羅密多"라는 것이 그것이다. "파라밀다"는 건너간다는 뜻이다. 이쪽 세계에서 저쪽 세계로 건너가는 것이다. 이것이 행의 핵심이다.

『반야심경』에서 맨 처음에 나오는 말이 "관자재보살觀自在菩薩"인데 이는 연각이 끝났다는 말이다. 눈을 떴다는 것이다. 이제부터는 코가 뚫리는 시대다. 그러니까 "행심行深 반야파라밀다般若波羅密多"라는 것이다. 이제 깊이 건너가는 것이다. 말하자면 논문 제목을 하나 정해 놓고는 지도교수의 지도를 받아 가면서 마지막엔 좋은 성적을 내게끔 그렇게 건너가는 것이다. 그래서 맨 끝에 가면 "조견照見 오온五蘊 개공皆空"이다. 이제는 자기의 전공분야에 대해서 환해진 것이다. 무슨 막히는 것이 하나도 없다. 오온五蘊이란 색色, 수受, 상想, 행行, 식識이다. 어떤 면에 있어서도 다 꿰뚫게 된 것이다. 그래서 마지막엔 "도일체고액度一切苦厄"이다. 이제는 괴로움이 다 없어졌다. 박사과정이 끝나면 이제 괴로울 것이 아무것도 없다. 이제 교수가 되어 가르치게 된 것이다. 이렇게 가는 것이 소위 행의 세계라는 것이다. 파라밀의 세계라는 것인데 그 기간이 22년이다.

아버지는 자기 몸이 편찮은 것을 알았다. 이제 얼마 못 가서 죽을 것 같았다. 그래서 궁자에게 말했다. "내가 지금 여러 가지 사업을 하는데 재물도 많이 있어 창고에 가득 찼다. 그래서 네가 열심히 일하면 그중 일부를 너에게 주겠으니 이제부터 네가 전부를 관리해라. 네가 내 사업에 대해서 눈을 뜨면 우리 집안 일을 다 맡아서 해 보라."

"공생空生 신자身子"는 수보리와 사리불을 말한다. 석가가 나중에는 수보리와 사리불에게 대신 강의를 시켰다. 그것을 "수칙전교受勅轉教"라고 한다. 그러니까 장자가 궁자한테 자기 일을 대신해보라고 시킨 것이다. 그래서 자기 집 전체를 다스리게 했는데 이것이 반야라는 말이다.

"법화法華; 취회친족聚會親族 즉자선언卽自宣言 차실아자此實我子 아실기부我實其父 금오소유今吾所有 개시자유皆是子有 부여가업付與家業 궁자환희窮子歡喜 득미증유得未曾有 임명종시臨命終時 직부가업

直付家業 개시오입開示悟入 불지지견佛之知見 수기작불授記作佛"

(법화시기; 친족들을 모아놓고 선언했다. "이 사람은 진짜 내 아들이고 나는 진짜 그의 아버지다. 이제 내가 가진 모두는 다 아들이 갖게 되고 가업을 그에게 맡긴다." 궁자는 생각지 못했던 일에 매우 기뻐하였다. 죽음에 임하여 가업을 맡겼다는 것은 개開, 시示, 오悟, 입入으로 부처의 지견을 얻어 부처가 된다는 수기를 했다는 말이다.)

맨 마지막이 법화인데 이것은 주인이 "너는 내 아들이다"하고 말하는 것이다. 이것이 일불승一佛乘이라는 것이다. 이제 너는 아버지와 같아졌으니 네가 맡아도 된다는 것이다. 이제는 네가 교수를 해도 된다는 것이다. 반야가 22년인데 법화는 8년이다.

그러니까 천태대사는 석가의 설법기간을 50년으로 잡은 것이다. 보통 45년을 잡는데 이 사람은 무슨 근거로 50년을 잡았는지는 모르지만 하여튼 50년으로 한 것이다. 보통은 45년으로 하고 혹은 49년으로 하는 사람도 있다. "49년 일자불설一字不說"이라는 말이 있는데 그래서 아마 천태대사는 50년으로 잡았는지도 모른다.

장자長者가 모든 친척들을 다 모아놓고 귀족들과 왕까지 초청해서 "이 사람이 진짜 내 아들이요, 나는 진짜 그의 아버지다"하고 선언했다. "내가 가진 모든 것은 이 아들의 것이다"하고 상속을 시켜 주었다. 그래서 모든 사업을 맡긴 것이다. 궁자는 한없이 기뻤다. 생각지도 않은 것을 얻게 되었기 때문이다.

그래서 "직부가업直付家業"인데 직부가업이 무엇인가 하면 개開, 시示, 오悟, 입入이다. 천태대사는 『법화경』의 내용을 「방편품」에서 말한 "개開, 시示, 오悟, 입入"이라고 본 것이다. 마음을 열어서 보물을 보여주고 깨닫게 해서 종래에는 상속을 시키는 것이다.

그래서 이제는 아버지의 생각이나 아들의 생각이나 다 같아졌다. "불지지견佛之知見"이다. 그래서 모든 재산 목록을 아들에게 주었다. 수기授記라는 것이 이것이다. 그래서 작불作佛이다. "이제부터는 네가 주인이다"는 그런 말이다.

이렇게 오시五時로 나누는 이것을 달리 비유하면 화엄시대는 아침에 산꼭대기에 태양이 떠올라온 것이라 할 수 있다. 『화엄경』에 나오는 말로 해서 산정山頂이다. 그런데 산골짜기는 아직도 깜깜하다. 유곡幽谷이다. 이것이 녹원시대라는 것이다. 그 다음에는 평지에 해가 올라왔다. 이제 아침 먹을 때가 된 것이라 해서 조식朝食이라 하는데 이것이 방등의 시대다. 그 다음 반야는 10시쯤 된 것인데 이것을 우중禺中이라 하고 마지막 법화시대는 낮 12시가 된 것인데 이것을 정중正中이라 한다. 이렇게 오시五時를 『화엄경』의 말로 해서 산정山頂, 유곡幽谷, 조식朝食, 우중禺中, 정중正中이라고 나눈 것이다.

그런데 『열반경涅槃經』에서는 이것을 젖[乳]으로 비유했다. 나는 젖에 대해서 잘 모르지만 하여튼 첫 단계는 젖이라 하고 그 다음은 요구르트 그 다음에는 버터 그 다음에는 치즈, 그리고 마지막이 제호醍醐라는 것이다. 옛날 사람들이 가장 맛있는 것이라 할 때는 제호라고 했다. 제호란 꿀과 우유를 섞은 것으로 가장 맛이 있다는 것을 말한다. 그러니까 젖보다 맛있는 것이 요쿠르트이고 요쿠르트보다 맛있는 것이 버터이고 버터보다 더 맛있는 것이 치즈이고 치즈보다 더 맛있는 것이 제호라는 것이다. 『열반경』에서는 오시五時라는 것을 이렇게 비유한 것이다.

"오시五時 상생일번相生一番 하열근성下劣根性 소위이승근성所謂二乘根性 재화엄좌在華嚴座 불신불해不信不解 불변범정不變凡情 고비기유고비기유故譬其乳. 차지녹원次至鹿苑 문삼장聞三藏 교이승근성敎二乘根性 의교수행依敎修行 전범성성轉凡成聖 고비故譬 전유성락轉乳成酪. 차지방등次至方等 문탄척성문聞彈斥聲聞 모대치소慕大恥小 득통교익得通敎益 여전락성생수如轉酪成生酥. 차지반야次至般若 봉칙전교奉勅轉敎 심점통태心漸通泰 득별교익得別敎益 여전생수如轉生酥 성숙수成熟酥. 차지법화次至法華 문삼주설법聞三周說法 득기작불得記作佛 기상달근성其上達根性 미미味味 득입법계得入法界 실상實相 여전숙수如轉熟酥 성제호成醍醐."

(오시의 특징은 무엇보다 어리석은 사람들을 깨우치자는 것인데 첫 번째 단계는 화엄시기로 이때는 말씀을 믿지도 못하고 이해하지도 못해서 어리석은 옛생각을 버리지 못하던 때다. 그래서 이것을 젖으로 비유한다. 그 다음은 녹원시기인데 이때는 경·률·론이라는 삼장으로 불성을 깨우치며 가르침에 따라 수행케 하여 속인의 때를 벗고 깨끗한 행실로 거듭나도록 했다. 그래서 비유하기를 젖이 변하여 요구르트가 된다고 한다. 그 다음은 방등시기인데 이때는 이제 어린 성문의 옷을 벗고 어른스럽게 되기를 바라며 통교通教의 이익을 얻게 되었다. 그래서 비유하기를 버터가 된다고 한다. 그 다음은 반야시기인데 부처님의 뜻을 받들어 그 가르침을 따르고 펼치게 하니 별교別教의 이익을 얻게 되었다. 그래서 비유하기를 치즈가 된다고 한다. 그 다음은 법화시기인데 이때는 삼주설법三周說法의 가르침으로 부처님의 수기를 받아 그 불성이 아주 빛나게 되고 진리의 세계와 하나가 된 진실한 모습이 되니 이를 비유하여 가장 맛있는 음식인 제호가 되었다고 한다.)

하열근성下劣根性, 이승근성二乘根性, 상달근성上達根性이란 말이 나오는데 사람의 근성에 따라서 각각 가르침을 다르게 했다는 것이다. 말하자면 학생들의 수준을 근성이라는 말로 한 것이다. 말하자면 하근下根이란 성문을 말하고, 중근中根이란 연각, 상근上根은 보살을 말하는 것이다. 하여튼 이렇게 오시를 설명한 것인데 이런 것들은 그다지 중요한 것은 아니다.

화엄시대는 사람들이 전혀 무엇인지 몰라서 그저 눈감고 젖 빠는 시대라는 것이다. 그래서 젖이라고 비유했다. 두 번째 녹원시대는 요구르트라는 것이다. 이것은 성문의 시대다. 성문, 연각이 이승二乘이다. 이승근성은 의교수행依教修行이다. 열심히 간다는 것이다. 열심히 가르쳐서 실천시키는 것이다. 예를 들면 오계五戒와 같은 간단한 것을 가르쳐서 실천하게 하는 일이다.

그래서 전범성성轉凡成聖이다. 여기서 성聖이란 불타를 말하는 것이 아니라 아라한阿羅漢을 말한다. 그래서 소위 아라한이 된다는 것이다.

아라한이 된다는 것은 자기 개인으로서는 이제 나쁜 짓 하지 않는 사람이 되었다는 말이다. 아라한이라는 뜻은 살적殺賊이라 한다. 자기 속에 있는 도적질하고 싶은 마음을 죽이고 말았다는 것이다. 그래서 남의 물건을 보아도 도적질할 생각을 안 하는 그 정도로 수행이 된 것이다. 그것을 아라한이라 한다.

그러니까 제1단은 아무것도 모르는 것이고 제2단이 성문이라는 것이다. 그래서 아무것도 모르고 그저 젖 빠는 시대는 조금 지났다는 말이다. 그 다음이 방등이다.

방등이란 어찌보면 이것은 연각의 시대라고 할 수 있다. 그래서 탄척성문彈斥聲聞이다. 이제는 성문의 시대를 좋지 않게 생각한다는 말이다. 성문을 지탄指彈하고 배척排斥한다는 것으로 이제 자기는 성문보다 나아졌다는 말이다. 그래서 모대치소慕大恥小다. 이제는 대승을 사모하고 소승이라는 것을 부끄럽게 생각한다. 연각의 때라는 것이 이것이다. 그래서 득통교익得通教益이다.

성문이라 할 수 있는 녹원시대는 문삼장聞三藏이라 했다. 삼장三藏이란 경經, 율律, 론論이란 것이다.

경經이란 『화엄경』, 『법화경』들의 경이요 율律이란 살인하지 말라, 도적질하지 말라는 등의 계율인데 많게는 약 서른 아홉 개쯤 되지만 제일 보편적으로 말해서 십계十戒라는 것이다.

십계는 살도음殺盜淫과 탐진치貪瞋痴라는 여섯 개와 악구惡口, 양설兩舌, 기어綺語, 망언妄言이라는 네 가지다. 악구惡口는 남을 욕하는 것이고 양설兩은 거짓말하는 것이며 기어綺語는 아첨하는 것이다. 속으로는 그렇지 않으면서 말로는 좋게 하느라고 당신은 정말 잘 생겼다든지 그렇게 말하는 것이다. 그리고 망언妄言이란 실속 없는 허튼 소리를 말하는 것이다. 다방에 하루종일 앉아서 떠들지만 말이 하나도 되지 않는 씨 없는 소리를 한다든지 그런 것을 망언이라고 한다. 이런 것들을 하지 말라는 것이 율이다.

그리고 론論이라는 것은 경이 어려우니까 후세 사람들이 이런 생각 저런 생각을 해가면서 해석해 가는 것이다. 예를 들면 나가르쥬나

Nagarjuna(용수龍樹)의 『중론中論』이라는 것이다. 하여튼 어려운 철학을 좀 쉽게 풀어가려고 애쓰는 것이다.

이 셋을 다 아는 사람을 삼장법사三藏法師라고 한다. 그러니까 맨 처음 성문에게 가르치는 것은 경도 조금 가르치고 또 술 먹지 말라는 그런 것도 조금 가르치고 또 사제四諦라는 것이 무엇인지도 그런 것도 조금 설명해 준다는 그런 말이다.

천태 지의는 또 불교를 팔교八敎라는 것으로 설명했다. 팔교는 4교의敎儀와 4교법敎法으로 나누어지는데 교의는 형식적인 것이고 교법은 내용적인 것이다. 석가의 모든 가르침을 형식적으로 넷으로 해 놓고 또한 그 내용을 네 가지로 갈라놓았다. 이것을 팔교라 한다. 네 가지의 형식과 네 가지의 교법이다.

기독교로 말하면 세례와 성만찬은 교의에 속하고 십자가니 부활이니 하는 것은 말하자면 교법이다. 십자가 때문에 성만찬이라는 것이 있고 부활 때문에 세례라는 것이 있다. 내용으로 보면 십자가와 부활인데 그것을 우리가 예배로 볼 때는 성만찬이라는 의식과 세례라는 의식으로 표현하는 것이다.

그렇게 여기서도 네 가지 교의와 네 가지 교법이다. 기독교에서는 성육신, 십자가, 부활이라는 세 가지뿐인데 여기서는 네 가지를 말하는 것이다.

4교의敎儀라 할 때는 돈頓, 점漸, 비밀秘密, 부정不定이다. 4교법敎法이란 장藏, 통通, 별別, 원圓이다. 그러니까 법화法華 그러면 그것은 원圓에 속한다. 반야般若는 별別에 속하는 것이다. 아함阿含은 장藏에 속하고 방등方等이란 통通에 속하는 것이다. 말하자면 불경의 내용을 네 가지로 구별하는 것이다. 여기서는 팔교에 관해 이렇게 대충 말하고 앞으로 다시 기회를 보아 설명할 예정이다.

녹원은 문삼장聞三藏으로 장藏에 속하는 것이고 방등은 "모대치소慕大恥小 득통교익得通敎益"으로 통通에 해당한다는 것이다. 그 다음에 반야는 득별교익得別敎益으로 별別에 속하는 것이다. 이때는 사리불이면 사리불이 석가의 명을 받들어서 석가 대신에 설법을 하는 그런

때가 있었다. 이때가 반야라는 것인데 이때 그는 껍데기만 석가이지 속은 아직 아니다. 그래서 득별교익得別敎益이다. 껍데기는 석가 같은데 속은 딴 놈이라는 말이다. 그리고 법화가 되면 원圓이다.

삼주설법三周說法이란「비유품譬喩品」과「신해품信解品」그리고「약초유품藥草喩品」이라는 세 가지를 말한다. 화택의 비유와 궁자의 비유 그리고 약초의 비유를 삼주설법이라 한다. 그래서 득기작불得記作佛이다. "너는 부처가 된다"하고 수기를 준다. 그리고 "득입법계得入法界 실상實相"이다. 이제는 석가가 자기의 진실을 말한다는 것이다.

이렇게 원圓, 별別, 장藏, 통通을 4교법이라 한다. 그리고 돈頓, 점漸, 비밀秘密, 부정不定을 4교의라 하는데 이것은 다음에 다시 설명할 생각이다.

천태 지의는 이렇게「신해품」으로 오시팔교五時八敎를 설명했다.「신해품」이 바로 오시팔교를 설명하는 기초자료가 된다는 것이다. 천태는 이렇게 오시五時도 나오게 되고 팔교八敎도 나오게 되는 굉장히 중요한 것이「신해품」이라고 한 것이다.

고려의 제관諦觀스님이 천태의『법화현의法華玄義』라는 책을 읽고 그 요령을 간추린 것이『천태사교의天台四敎儀』라는 책이다. 그러니까 그 사상은 모두 천태의 사상이다. 그것을 고려의 제관이라는 사람이 요령을 잡았다는 것이다. 그 요령을 잡아보니까 장藏, 통通, 별別, 원圓이라는 4교법, 돈頓, 점漸, 비밀秘密, 부정不定이라는 4교의, 그리고 화엄華嚴, 녹원鹿苑, 방등方等, 반야般若, 법화法華라는 오시五時로 간추리게 되었다는 말이다. 이렇게 간추린 내용이『천태사교의』라는 책에 나와 있다.

그런데『천태사교의』라는 책을 읽어보면 오시五時는 비교적 알기 쉬운데 팔교八敎라는 이 여덟 가지는 아주 복잡하게 되어 있다. 그래서 그것을 다시 간추려서 말할 기회가 있으면 다시 설명할 생각이다.『천태사교의』라는 책은 지난번에 말했듯이 동국대학교의 이영자 선생이 번역을 해서 시중에 나와 있다.

이제 다시 3장의 「비유품」으로 돌아가 보살 다음에 불타의 내용은 무엇인지 알아보기로 한다.

불타佛陀; 삼보三寶 약심결정若心決定 구족삼명具足三明 급육신통及六神通 아부여자我父汝子 이차비유以此譬喩 설설說 일승一乘 묘법연화妙法蓮華
(불타란 무엇인가? 불법승의 삼보를 갖춘 것인데 세 가지의 밝음과 여섯 가지의 신통을 구족한 사람이다. "나는 아버지요 너는 아들이다."하는 이 비유로 일승의 묘법연화경을 설한 것이다.)

불타의 내용은 삼보三寶라는 것이다. 불佛, 법法, 승僧을 삼보라 한다. 불佛이라는 것을 교수라 하면 승僧이란 대학원생들이고 법法이란 전공과목이다.

교수의 특징이 무엇인가? 바가받Bhagavat을 지난번에는 세존世尊으로 번역을 했다. 대학에서는 교수가 최고니까 세존이라는 것이다. 그런데 세존의 특징은 신통神通과 광명장光明藏이라 했다.

광명장이란 학식을 많이 가지고 있다는 말이다. 아는 것이 한없이 많은데 또 교수하는 방법이 신통하다. 교수는 학생들이 정말 짐작도 못하게 아주 신통해야 된다. 그래서 광명장이라는 것과 신통이라는 것이 교수의 특징이다.

석가도 말하자면 그 당시의 하나의 교수였다. 석가는 우파니샤드Upanishad라든가 베다Veda라든가 하는 당시의 모든 학문이라는 것을 다 알았을 것이다. 그리고 석가에게는 하나의 신통한, 사람을 끌어 모으는 그런 힘을 가지고 있었다. 그래서 몇 천 명 몇 만 명이 모여들게 할 수 있었다. 우리 나라 조용기 목사도 어떻게 그렇게 모으는지는 모르지만 몇 만 명씩 모으는 것이 신통하다.

하여튼 광명장과 신통이 세존의 특징이라 했는데 여기서는 "삼명三明 육신통六神通"이라 한다. 이것에 대해 여러 가지 해석이 있지만 삼명三明이란 광명장光明藏이라고 해석하고 신통神通은 육신통六神通이라는 것으로 해석하는 것이 좋겠다.

육신통은 먼저 눈이 뚫린 것이다. 이것을 천안天眼이라 한다. 그리고 귀가 뚫렸다. 천이天耳다. 또 타심他心이다. 마음이 뚫린 것이다. 그리고 신족神足, 발이 뚫린 것이다. 그 다음 숙명통宿命通이다. 내가 전생에 무엇이었다 하고 아는 것이다. 마지막으로 누진漏盡라는 것이다. 이 세상의 모든 번뇌를 초월하고 만 것이다. '루漏'라는 것을 요새로 말하면 죄악이라는 것이다. 번뇌가 끝이 나서 이제는 깨끗해졌다는 것을 누진라 한다. 이상을 육신통이라 하는데 한마디로 말해서 학생들을 가르칠 수 있는 비상한 실력을 가지고 있다는 것이다.

그러니까 삼명三明은 지식의 세계라 하면 육신통은 교육하는 요령이라고 하겠다. 선생으로서의 요령을 가진 것이 육신통이다. 그래서 요새로 말하면 가르치기를 재미있게 가르친다는 것이다. 아는 것도 많고 가르치기도 재미있게 가르친다. 그래서 가끔 농담도 하고 웃기기도 하고 그렇게 재미있게 가르치면서 아는 것도 많이 있는 선생이다. 이것이 소위 "삼명三明 육신통六神通"이다.

학생들을 생각할 때 남이라고 생각해서는 안 되고 나는 학생들의 아버지고 학생들은 내 아들이라고 해서 하나의 사랑의 공동체가 되어야 한다. 그러니까 소크라테스의 말처럼 선생이란 절대로 학생들한테 월급 받는 기계가 아니다. 월급은 학교 당국에서 굶어죽지 말라고 주는 것뿐이지 내가 월급 받으려고 학교 선생을 하는 것은 아니라는 것이다. 정말 내 마음을 전하기 위해서 주는 것이고 또 학생들로 말하면 선생의 마음이 어떤 것인지 그것을 받아야 된다.

그래서 정말 이심전심以心傳心이 되어야 한다. 그렇게 되어야 그것이 신통이다. 선생과 학생이 서로 마음이 통해야 된다는 것이다. 이런 것을 지금 『법화경』에서 여러 가지 이야기로 나오는 것이다. 그중 제3장에서 나오는 첫 이야기는 화택에서 사람들을 어떻게 구원하는가 하는 내용이다. 그리고 제4장은 달아난 아들을 어떻게 자기의 아들로 만들어 가는가 하는 이야기다. 이 두 이야기가 모두 아버지의 사랑을 말하는 것이다.

『법화경』의 구조를 말하자면 제1장에서 번개가 번쩍 한 것이다. 그래서 번개 빛이 만 팔천 리를 갔다. 번개가 번쩍 한 다음에 우레소리가 우르릉 하고 나오는 그 소리가 바로 3장의 이야기요 4장의 이야기다.

우레소리가 무엇인가 하면 아버지의 소리다. 바울이 다메섹 도상에서 그리스도를 만났을 때 "네가 나를 왜 박해하느냐" 하는 소리를 들었다. 그런데 바울 곁에 있는 사람은 그 소리를 우레소리로 들었다. 바울 옆에 있는 사람은 번개가 번쩍 하는 것을 보고 우레가 우르르 하는 소리를 들었는데 바울은 그리스도의 모습을 보고 그의 말씀을 들은 것이다. 그러니까 연각緣覺이다.

이렇게 보면 다 같은 사상이다. 1장에서는 번개가 번쩍 했는데 3장, 4장은 우레가 우르릉 울리는 것이다. 그래서 5장이 되면 비가 쏟아지는 것이다. 5장에서 약초의 비유라는 비가 쏟아진 것이다.

그런데 이 모든 문장들은 문학가들의 작품이다. 그래서 정말 멋있게 쓰여졌다. 지금 내가 읽고 있는 책은 지난번에 말한 대로 이광수의 동생인 운허라는 사람이 한글로 옮긴 것인데 아주 잘 되어 있다. 읽어보면 정말 멋이 있다. 한문도 멋있게 번역된 글이지만 또한 한글 번역도 참 멋있게 되었다.

2000. 4. 2.

신해품 강해 2

제4장은 「신해품信解品」이다. 불교의 핵심은 신해행증信解行証이라는 것으로 신信이란 성문聲聞을 말하고 해해는 연각緣覺이라는 것이며 행行은 보살菩薩을 말하고 증証은 불타佛陀라는 것이다. 성문, 연각, 보살, 불타라는 것이다. 많이 듣고 귀가 뚫린 사람이 성문이고, 눈을 떠서 보는 사람이 연각이고, 또 행하는 사람, 코가 뚫린 사람이 보살이고, 입이 뚫린 사람이 불타이다. 그러니까 성聖이다. 귀와 눈과 코와 입이 뚫려서 하늘과 땅과 사람에 통한 왕王이라는 것이다. 그런데 성聖이라는 글자는 눈과 코는 생략하고 귀 이耳와 입 구口만 가지고 나타낸 것이다.

맹자에게 "공자라는 성인은 어떤 사람입니까?"하고 물었을 때 맹자가 말하기를 "공자는 학이불염學而不厭이요 교이불권敎而不倦"이라 했다. 학이불염이란 귀가 뚫렸다는 것이고 교이불권이란 입이 뚫렸다는 것으로 결국 앞서 말한 것이나 같은 소리다. 그러니까 학이불염은 성문이다. 그 다음이 눈이 뚫린 연각이요, 코가 뚫린 보살이다. 그래서 입이 뚫리면 교이불권이 되는 것이다. 공자의 일생이라 해도 이것이다. 15에 지우학志于學이라 하는데 성문에서 시작한 것이다. 그래서 마지막 70에 "종심소욕불유구從心所欲不踰矩"를 말하는 데 이것이 교이불권이다. 공자의 일생도 학이불염에서 시작해서 교이불권으로 끝나는 것이다.

여기서도 마찬가지다. 성문에서 시작해서 연각으로 가고, 보살로 해서 불타로 가는 것이다. 그러니까 여기서 「신해품信解品」이라고 했지만 사실은 신신과 해해만이 아니라 신해행증信解行証이 다 들어간 것이다. 본문을 읽어본다.

세존世尊 수사리불아누다라삼막삼보리기授舍利弗阿耨多羅三藐三菩提記.

세존께서 사리불에게 아누다라삼막삼보리의 수기를 주셨다.

사리불舍利弗은 부처님 제자 가운데 가장 지혜가 많은 사람이다. "아누다라삼막삼보리阿耨多羅三藐三菩提"를 보통 "아뇩다라삼막삼보리"라고 하는데 이는 '耨'를 '욕辱'으로 잘못 읽은 것이다. 인도의 본래 말도 "아누다라"라고 되어 있다. 대부분의 번역들이 "아뇩다라" 그렇게 되어 있는데 그것은 잘못이다. "아누다라삼막삼보리"의 뜻은 정편지正遍知라는 것이다. '편遍'이란 보편적이라는 말이고 '정正'이란 필연적이라는 말로 정편正遍이란 보편적이면서 필연적이라는 뜻이다. 보편적이면서 필연적인 이치를 진리라고 한다. 그러니까 정편지라 하는 것은 진리를 깨달았다는 말이다.

수기授記란 "앞으로 너는 왕이 되겠다"라든지 "너는 앞으로 내 아들이다"라든지 해서 무엇인가를 주는 것이다. 그러니까 자기의 아들이라는 것을 확증해 주는 것인데 그런 것을 수기라 한다. 요새로 말하자면 졸업장이다. 너는 이러이러한 실력이 있으니까 졸업을 시켜준다 하는 것이나 마찬가지다.

불설佛說 성문당득작불聲聞當得作佛.
부처님께서 말씀하셨다. 성문들도 마땅히 다 성불한다.

지금 사리불이라는 사람은 성문인데 부처님이 사리불에게 말했다. "성문인 너도 부처가 될 수 있다." 이것이 지금 일승一乘이라는 것이다. 말하자면 부처라는 것이 무엇인가 할 때 아버지라는 말이다. 그리고 성문이란 가장 작은아들이고 연각은 그보다 큰아들이고 보살은 또 그보다 큰아들이다. 그런데 아버지에게는 어느 아들이나 똑같은 아들이다. 아버지는 어느 아들이나 꼭 같이 사랑하지 무슨 큰아들이니까 더 사랑한다든지 그런 것이 없다. 그런 것이 소위 일승이다.

그래서 『법화경』의 핵심은 "하나님은 사랑이라" 하는 내용이다. 그러니까 아버지는 조그만 아들일수록 더 사랑한다. 성문이 가장 작은아들이다. 성문이 가장 작은아들이니까 더 사랑하는 것이다.

그래서 다음의 예를 든 것이다. 조그만 아들이 집을 떠나 도망을 쳤는데 아버지가 찾아가는 그런 얘기를 예로 든 것이다. 그럼 그 말하고자 하는 내용은 무엇인가? 조그만 아들이 성문인데 성문이지만 장차 아주 큰아들이 되어 아버지의 후계자가 된다는 말이다. 사리불인 너도 성문이지만 장차 부처가 될 수 있다는 그런 말이다. 수기를 주는 것이다. 그래서 조그만 아들인 성문도 장차 커서 내 아들이 될 것이라 하는 것이다. 왜 내 아들이 되는가? 그것은 그 아들이 잘나서 아들이 되는 것이 아니다. 아버지가 아들을 계속 길러가기 때문이다. 이것이 궁자窮子의 비유다.

비여동자譬如童子 유치무식幼穉無識 사부도서捨父逃逝 주류제국周流諸國 오십여년五十餘年 기부우념其父憂念 구지기피求之既疲 돈지일성頓止一城 기가거부其家巨富.

비유로 말한다. 유치하고 식견이 없는 어린 아들이 아버지를 버리고 집을 떠나 도망을 갔다. 그래서 여러 나라를 떠돌아다니다가 50여 년이 흘렀다. 아버지는 자나깨나 걱정이 되어 아들을 찾아 다녔다. 그러다가 그만 지쳐서 어느 한 성에 머물러 살게 되었다. 아버지의 집은 아주 크고 부유했다.

성문을 동자童子로 비유하는 것이다. 동자는 유치해서 아무것도 모른다. 그래서 아버지를 버리고 어디론가 도망치고 말았다. 그는 여러 나라를 돌아다니면서 거지가 되어 오십 여 년을 보냈다.

이것이 말하는 바는 대개의 인생이 오십까지는 그냥 철없이 살게 된다는 것이다. 오십이나 되어야 조금 철이 들려고 한다는 말인데 이는 천태대사天台大師의 해석이다. 사람은 대개 오십까지는 철없이 살게 된다는 것이다.

그런데 아버지는 밤낮 아들 생각뿐이다. 아들은 부모 생각이 없는데 아버지는 아들을 생각하는 것이다. 이것이 궁자의 비유다. 기독교의 탕자蕩子의 비유에서는 아들도 아버지를 생각하고 그래서 아버지께 돌아갔다고 되어 있는데 여기서는 그것도 아니다. 아들은 아버지 생각이 없다. 그런데 아버지는 밤낮 생각하는 것이다. 아버지가 아들을 찾아다니다가 너무 지쳐서 어떤 성에 머물러 살게 되었는데 그 집은 굉장히 부자였다.

이시궁자爾時窮子 구색의식求索衣食 기아리수飢餓羸瘦 수지부사遂至父舍 궁자견부窮子見父 경포핍박驚怖逼迫 치주이거馳走而去 장자요견長者遙見 즉칙사자卽勅使者 추착장래追捉將來 궁자경환窮子驚喚 필당견살必當見殺.

이때 궁자가 된 아들은 옷과 밥을 구걸하고 다녔다. 굶주림에 시달려 야위고 초라한 몰골이 되었는데 마침내 아버지가 살고있는 집에 도달하게 되었다. 궁자는 아버지를 보았지만 알아보지 못하고 오히려 그를 보는 순간 핍박을 당할까 놀라고 두려워서 도망을 쳤다. 아버지는 멀리서 아들을 알아보고 즉시 사람을 시켜 데려오게 했는데 궁자는 자기를 붙들러 오는 사람들을 보자 반드시 죽임을 당할 것이라 생각하고는 놀라서 기절하고 말았다.

이때 아들은 밥을 얻기 위해 여기저기 헤매게 되었다. 그런데 너무 굶주려서 아주 초라하고 형편없이 되었다. 그러다가 우연히 아버지의 집에까지 오게 되었다. 그런데 아들은 아버지를 보고 알지를 못한다. 그래서 아버지를 보자 아버지가 자기를 해칠까봐 놀라고 무서워서 도망을 쳤다. 아들은 아버지를 보면서도 아버지인줄 모르고 너무 무서워한 나머지 도망을 간 것이다.

그런데 멀리서 아버지는 아들을 보고 곧 알아 차렸다. 그래서 아랫사람을 시켜 빨리 그 사람을 쫓아가서 데려오라고 했다. 그런데 아들을 붙잡으니까 아들은 자기를 반드시 죽일 것이라 생각하고는 놀라서 기절하고 말았다.

장자지자長者知子 우치협렬愚癡狹劣 갱견여인更遣餘人 무위덕자無威德者 운당상고云當相雇 제제분예除諸糞穢 궁자문지窮子聞之 환희수래歡喜隨來.

아버지는 아들이 아주 어리석고 용렬하다는 것을 알고는 놓아주도록 했다. 얼마 후에 다시 초라한 심부름꾼을 보내서 변소 치는 일자리를 준다고 했다. 궁자는 그 말을 듣고 기뻐하며 따라왔다.

아버지는 아들이 너무나도 어리석고 속이 좁은 것을 알고 놓아준 다음 아들을 다시 데려오기 위해 다른 방법을 생각했다. 그래서 다시 다른 사람을 보냈는데 몰골이 가장 초라하고 형편없는 사람을 보냈다. 그래서 그 사람들이 궁자窮子에게 제안하기를 "거름치고 변소치는 일이 있는데 밥도 주고 옷도 주니까 같이 가자"하고 말했다. 궁자는 그 말을 듣고 기뻐하면서 따라왔다.

지난번에도 나왔지만 변소친다는 것은 자기 속에 있는 번뇌를 제거한다는 말이다. 이것이 천태 지의대사天台智顗大師의 해석이다. 그래서 변소치는 일을 얼마나 시켰는가 하면 20년을 시켰다. 사람은 번뇌를 끊는데 20년이 걸린다는 말이다. 그래서 나이 70이 되어야 어느 정도 철이 든다는 것이다.

어시장자於是長子 착폐구의著弊垢衣 왕도자소往到子所 어령근작語令勤作 천석후난薦席厚暖 우이연어又以軟語 약여아자若如我子.

아버지는 아들처럼 허름하고 헤진 옷을 입고 아들에게 자주 나타나 부지런히 일하면 보다 좋은 자리와 후한 음식 그리고 따뜻한 옷을 주겠다고 했다. 그리고 은근하게 "너는 마치 내 아들 같구나" 그런 말도 했다.

그래서 아버지는 자기 자신도 형편없는 헌옷을 입고 나타났다. 아들과 친해지기 위해서 아버지도 초라한 모습을 하고 간 것이다. 좋은 옷을 입고 가면 아들이 무서워하기 때문이다. 이것은 기독교에서 예수님이 하늘나라에서 내려왔다는 이야기나 같은 것이다. 그래서 장자는 때 묻은 더러운 옷을 입고 아들에게 가서 말했다. 열심히 부지런히 일하면 먹을 걱정 입을 걱정이 없도록 해주겠다. 그리고 또 부드럽게 말하기를 "너는 마치 내 아들처럼 생겼구나" 했다. 그렇게 차차 아들과 가깝게 된 것이다.

장자유지長者有智 점령입출漸令入出 경이십년經二十年 집작가사執作家事 제물출입諸物出入 개사령지皆使令知.
　아버지는 지혜를 써서 길들여 차츰 아들이 자유롭게 출입하게 하였다. 그렇게 20년이 지나서 아들이 가사일과 모든 물건의 관리 등을 맡아보게 되었다.

　장자長者는 아들에게 여러 가지를 가르치면서 차츰 차츰 집안으로 들락거리게 했는데 그렇게 하기를 이십 년이 지났다. 그리고 나중에는 집안의 모든 일을 맡아보게 했다. 그래서 마음대로 드나들면서 집안일을 전부 관리하는 관리인으로 만들었다.

　부지자심父知子心 점이광대漸已曠大 즉취친족卽聚親族 국왕대신國王大臣 설시아자說是我子 범아소유凡我所有 실이부지悉以付之.
　아버지는 아들의 마음이 점차 커지고 넓어짐을 알았다. 그래서 모든 사람을 모아놓고 "이 사람이 내 아들이다"하고 말했다. 그리고 "이제 내가 소유한 것은 모두 너의 것이다"하고 아들에게 말했다.

　자어부소子於父所 지의하열志意下劣 심대환희甚大歡喜 득미증유得未曾有.
　아들이 처음 아버지 집에 왔을 때에는 아주 형편없는 열등한 사람이었었다. 그런데 이제는 한없이 기뻐하게 되었다. 지금껏 생각지도 못했던 바를 얻었기 때문이다.

대부장자大富長者 즉시여래則是如來 아등부지我等不知 진시불자
眞是佛子 불즉위아佛則爲我 유설일승唯說一乘.
　큰 부자인 장자는 바로 여래 부처님이다. 우리들은 진실로 부처님의 자녀라는 것을 깨닫지 못하고 있다. 그래서 부처님께서는 그런 우리들을 위해서 이렇게 일승을 말씀하신 것이다.

　이 비유에서 부자인 장자長者는 바로 여래如來를 말한다. 우리 세상 사람들은 바로 자신들이 하나님의 아들이라는 것을 모른다. 아버지는 아들을 아는데 아들은 아버지를 모르는 것이다. 아등我等이란 세상 사람들을 말한다. 우리 모두는 우리가 부처님의 아들이라는 것을 모르는 것이다.
　그런데 부처님은 언제나 일승一乘을 말한다. 일승이란 무엇인가? 아버지니까 모든 세상 사람들을 다 사랑한다는 말이다. 모든 사람을 다 구원한다는 것이 일승이다.

　세존대은世尊大恩 수능보자誰能報者 이용공양以用供養 역불능보
亦不能報.
　세존의 그 큰 은혜를 누가 다 갚을 수 있을까? 아무리 공양한다 해도 역시 다 보답하기란 불가능한 것이 아닌가.

　세존의 한없이 큰 이 은혜를 누가 갚을 수 있겠는가. 아무리 우리가 부처님을 공양한다고 해도 그것은 다 갚을 수가 없다.

　무량무변無量無邊 대신통력大神通力 어일승도於一乘道.
　부처님의 사랑은 한이 없고 끝이 없다. 큰 신통력을 지니시고 언제나 일승도를 말씀하신다.

　부처님의 사랑은 무량무변無量無邊하고 대신통력大神通力이 있어서 언제나 말하는 것은 일승도一乘道라는 것이다. 일승도란 누구든지 다

구원해준다는 그것을 말하는 것이다.

그러니까 『화엄경』으로 시작할 때는 지혜를 말하는데 이 『법화경』으로 끝날 때는 사랑을 말하는 것이다. 그래서 불교를 한마디로 하면 지혜와 사랑이다.

수의설삼隨宜說三 회삼귀일會三歸一.
방편에 따라 셋으로 설하시지만 결국 셋을 모아서 하나로 말씀하신다.

맨 처음에는 방편을 말하다가 마지막에는 "내가 진짜 아버지다" 그렇게 말하는 것이다. 그래서 회삼귀일會三歸一이다. 맨 처음에는 방편으로 성문聲聞, 연각緣覺, 보살菩薩이라는 세 가지를 말하다가 맨 마지막에는 아버지가 자기의 속을 진짜로 고백하는 것이다. 진실을 말하는 것이다. "네가 내 아들이다. 내 재산은 모두 네 것이다", 그렇게 말한다.

이상이 「신해품」이다. 이것을 지난번에는 화엄華嚴, 녹원鹿苑, 방등方等, 반야般若, 법화法華라는 오시五時로 설명했다. 화엄이란 아버지가 사람을 시켜 붙잡아 오니까 아들이 그만 기절하고 말았다는 맨 처음이고, 녹원이란 다시 아버지가 아주 초라한 사람을 보내서 "변소치는 일을 시켜주마" 하고 데려 오는 두 번째 이야기를 말한다. 그리고 세 번째는 아버지도 역시 초라한 옷을 입고 아들에게 찾아가서 이런저런 얘기로 가까워지는 것으로 방등의 시기다. 그 다음에는 아버지가 자기의 재산을 전부 맡겨서 아들에게 관리하게 하는 것인데 그것이 반야라는 것이다. 그리고 마지막에 아버지가 "너는 내 아들이다"하고 고백하는 것인데 이것이 법화라는 것이다.

그래서 화엄시기는 21일이고 녹원은 12년, 방등은 8년, 반야는 22년, 그리고 법화라는 것이 8년이다. 석가의 일생을 그렇게 다섯 시기로 나누어서 불교의 모든 경을, 즉 팔만대장경을 다섯 가지 시간으로 구분을 한 것이다.

예를 들면 『화엄경』은 맨 처음에 나온 것이라 하고 『법화경』은 맨 마지막에 나온 것이라 한다. 그리고 『아함경』은 녹원시대에 나온 것이고 『유마경』은 방등시대에 나온 것이고 『금강경』은 반야시대에 나온 것이라 한다. 불경 전체를 다섯 시기로 나누는 것인데 『법화경』이라는 것은 맨 마지막에 나온 것이니까 이것이 불교의 핵심이 아닌가 라고 천태대사는 생각했던 것이다.

2000. 4. 9.

제 5. 약초유품藥草喩品

원문 요약

　비여대운譬如大雲 기어세간起於世間 편복일체遍覆一切 혜운함윤慧雲含潤 전광황요電光晃耀 뢰성원진雷聲遠震 기우보등其雨普等 류주무량流澍無量 초목제수草木諸樹 우지소윤雨之所潤 개득선택皆得鮮澤 이각자무而各滋茂.
　여래출현如來出現 여대운기如大雲起 여실지견如實知見 설법무량說法無量 수락受樂. 여래설법如來說法 일상일미一相一味 해탈상解脫相 이상離相 멸상滅相 종귀어공終歸於空. 유유여래唯有如來 지차중생知此衆生 종상체성種相體性 념하사念何事 사하사思何事 수하사修何事 중생주어종종지지衆生住於種種之地. 유유여래唯有如來 여실견지如實見之 제불세존諸佛世尊 수의설법隨宜說法 능신능수能信能受 난해난지難解難知. 파유법왕破有法王 출현세간出現世間 수중생욕隨衆生欲 종종설법種種說法 아관일체我觀一切 보개평등普皆平等 항위일체恒爲一切 평등설법平等說法 여우보윤如雨普潤 귀천상하貴賤上下 일체중생一

切衆生 문아법자聞我法者 수력소수隨力所受 주어제지住於諸地 혹처인천惑處人天 석범제왕釋梵諸王 시소약초是小藥草. 지무루법知無漏法 능득열반能得涅槃 기육신통起六神通 급득삼명及得三明 독처산림獨處山林 상행선정常行禪定 득연각증得緣覺證 시중약초是中藥草. 구세존천求世尊處 아작불행정진정我作佛行精進定 시상약초是上藥草.

　우제불자又諸佛子 전심불도專心佛道 상행자비常行慈悲 자지작불自知作佛 시명소수是名小樹. 안주신통安住神通 전불퇴륜轉不退輪 도무량억백천중생度無量億百千衆生 여시보살如是菩薩 명위대수名爲大樹. 불평등설佛平等說 여일미우如一味雨.

약초유품 강해 I

제5장은 「약초유품藥草喩品」이다. 제3장에서는 화택火宅의 비유가 나왔고 제4장에서는 궁자窮子의 비유가 나왔는데 이 5장에서는 약초藥草의 비유가 나온다.

제1장은 「서품序品」이고 제2장은 「방편품方便品」인데 1장에서의 내용은 부처의 이마에서 빛이 나왔다는 것이다. 그 빛이 동편으로 만 팔천 리를 비추었다고 했다. 빛이 나왔다는 것이 중요한 것인데 이를 달리 말하면 번개가 번쩍 했다는 것이다. 그러니까 번개가 번쩍 했다는 것이 제1장인데 2장, 3장, 4장이라는 셋은 우레가 우르릉 하는 것이다. 그래서 5장은 비가 쏟아지는 것이다.

번개가 번쩍 했다는 것, 우레가 우르릉 했다는 것, 그리고 비가 쏟아졌다는 것, 이 세 가지가 말하고자 하는 모든 내용이다. 이것이 불교의 핵심이다. 『원각경』에서 말하고자 한 것도 이 셋이다. 빛이라는 것과 힘이라는 것과 숨이라는 것이다. 빛[光]과 힘[力]과 숨[生命]이라는 이 세 가지가 불교의 핵심인데 이 셋을 이렇게도 저렇게도 말해보지만 그 내용은 다 같은 것이다. 그러니까 『원각경』이나 『법화경』이나 말하고자 하는 내용은 꼭 같은 것인데 비유가 조금 다를 뿐이다.

석가가 연꽃을 꺾어서 사람들에게 보여주었다. 염화시중拈華示衆이다. 그때 가섭迦葉이 그것을 보고 웃었는데 왜 웃는가 물었더니 "정법안장正法眼藏, 열반묘심涅槃妙心, 실상무상實相無相, 미묘법문微妙法門"이라 했다. 가섭이 알았다는 말인데 그것을 이심전심以心傳心이라 한다. 석가의 마음에서 가섭의 마음으로 직접 전해졌다는 말이다.

이것은 무슨 글로 써서 보여준 것도 아니다. 불립문자不立文字이다. 그리고 무슨 말을 해서 들려준 것도 아니다. 교외별전敎外別傳이다. 말 없이 글 없이 직접 보여주었다. 즉 상징을 썼다는 말이다. 상징을 써서 직접 보여준 것이다. 그래서 이심전심이라는 말 대신에 직지인심直指人心이라 하기도 한다. 『법화경』제5장은 비가 쏟아졌다는 것인데 비가 쏟아졌다는 이것이 미묘법문微妙法門이다. 미묘법문이 쏟아져 나온 것이다. 그러니까 번개가 번쩍 했다는 것은 정법안장正法眼藏이 요 우레가 우르릉 했다는 것은 실상무상實相無相이다. 그래서 비가 쏟 아지는 것인데 그것이 미묘법문이다. 그래서 이 5장이 마지막이다. 이 것으로 끝이 난다. 그러니까 이 다음부터는 해도 되고 안 해도 되는 것 이다.

번개가 번쩍 하고 우레가 우르릉 해서 비가 쏟아진다. 비가 쏟아져서 모든 만물이 살아나는 것이다. 비가 쏟아진다는 이것은 하나님의 사랑 을 말한다. 하나님의 사랑으로 모든 만물이 다 살아나게 된다는 것이 다. 이것이 제5장에서 말하고자 하는 내용이다.

그 내용을 다시 나누면 두 가지가 된다. 약초가 셋이 있고 나무가 둘 이 있는데 약초 셋은 성문과 연각이라는 두 가지가 되고 나무의 둘은 또 보살과 불타라는 둘이 되어 결국 또 같은 내용이다. 비가 내리면 그 네 가지가 모두 다 크고 자라나는 것이지 어느 한 가지만 자라는 것은 아니라는 말이다.

이것은 1장부터 지금까지 계속 되는 것인데 한마디로 "하나님은 사 랑"이라는 말이다. 그것을 궁자의 비유로 말하기도 하고 화택의 비유 로 말하기도 하고 또 약초의 비유로도 말하는 것이다. 하나님은 선한 자나 악한 자 모두에게 비를 내려주시는 하나님이다. 좋은 나무에게만 비를 주시는 것이 아니다. 나쁜 나무에게도 비를 주신다. 좋은 동물만 이 아니라 나쁜 동물들에게도 비를 내려 주신다. 그러니까 사랑이라는 것은 선악을 초월하는 것이지 선악에 매여있는 것이 아니라는 내용이 다. 하나님의 사랑을 비유하자면 어떤 것인가?

비여대운譬如大雲 기어세간起於世間 편복일체遍覆一切 혜운함윤 慧雲含潤 전광황요電光晃耀 뢰성원진雷聲遠震 기우보등其雨普等 유 주무량流澍無量 초목제수草木諸樹 우지소윤雨之所潤 개득선택皆得 鮮澤 이각자무而各滋茂.

비유하자면 큰 구름이 일어나 일체를 두루 다 덮었다는 것이다.

그 지혜의 구름은 물기가 가득했다. 그래서 번개가 번쩍 빛나고 우레가 멀리까지 진동하여 비가 내리는데 어디나 넓게 골고루 한결같이 그리고 한없이 흡족하게 내렸다. 그래서 모든 초목들이 비를 맞아 윤택하게 되고 생기를 얻어서 각각 무성하게 자라났다.

비유해서 말하자면 큰 구름이 일어난 것이다. 우선 구름이라는 글자를 보면 비 '우雨' 아래에 말씀 '운云'이다. 하나님의 말씀이다. 기독교로 말하자면 로고스Logos나 같은 말이다. 하늘에 아주 큰 구름이 나타났다. 태초에 말씀이 있었다는 것이나 같은 말이다. 그래서 그 구름이 온 세상을 덮었다. 그 구름이란 지혜의 구름이다. 진리의 구름이다. 그런데 그 속에는 지혜만이 아니라 사랑이라는 것도 합해져 있다.

언제나 핵심은 지혜와 사랑이다. 그러니까 그 구름은 마른 구름이 아니라 젖은 구름이다. 그래서 번개가 번쩍이고 우레가 울리고 비가 쏟아진다.

그러니까 "전광황요電光晃耀"가 1장이고 "뇌성원진雷聲遠震"은 2장, 3장, 4장이고 "기우보등其雨普等 유주무량流澍無量"이 5장이다. '주澍'는 비가 쏟아진다는 뜻이다. 그래서 한없이 많은 초목들이 비에 흠뻑 젖어서 다 생기가 솟아나고 다 무성하게 자란다.

하나님의 말씀이 쏟아진 것이다. 그것이 소위 미묘법문微妙法門이다. 큰 구름이 일어나서 온 세상을 뒤덮었다. 말씀이 온 세상을 뒤덮었다는 것이다. 말씀으로 온 우주가 창조되었다는 것인데 여기서는 설법의 이야기니까 말씀으로 온 우주를 덮었다고 한다. 그 말씀이란 지혜의 말씀이다. 또는 진리의 말씀이다. 그런데 그 지혜의 구름에는 습기도 섞여있다. "혜운함윤慧雲含潤"이다. 여기서 습기는 생명을 말하는 것이다. 진리의 말씀이요 생명의 말씀이라는 것이다.

번개가 번쩍하고 우레가 우르릉했다. 그래서 멀리까지 온천지가 흔들렸다. 이것은 힘을 상징하는 것이다. 번개가 번쩍했다는 것은 빛을 상징하는 것이고 우레가 우르릉했다는 것은 힘을 상징한다. 그리고 비가 온 천하에 넓게 쏟아졌다는 말은 보시布施라는 것이다. 넓게 베풀어주는 것이다. "보등普等"으로 넓게 한결같이 쏟아진 것이다. 어디는 많고 어디는 적게 그런 것이 아니라 한결같이 흡족하게 쏟아졌다. 넉넉하게 쏟아진 것이다.

우리 나라에 내리는 비가 일년에 2천억 톤인데 우리 나라에서 쓰는 물은 20억 톤이라 한다. 그러니까 비가 내리는 양은 우리가 쓰는 양의 백 배가 오는 것이다. 우리 나라가 물 부족이라고 하지만 사실은 우리가 관리를 잘못해서 그런 것이지 오는 양은 백 배가 온다. 백 배가 내리는 물을 관리만 잘하면 아무 문제가 없다. 그리고 땅 속의 지하수는 400억 톤이라 한다. 지하수만 잘 써도 우리는 잘 살 수 있는데 우리가 그것을 못쓰고 있는 것이다.

"기우보등其雨普等 유주무량流澍無量"이다. 그래서 모든 초목들이 비를 맞아서 아주 생기가 살아 나오게 되었다. 다들 생기가 넘친다는 말이다. 그리고 더욱 더 무성하게 자라게 되었다.

여래출현如來出現 여래운기如大雲起 여실지견如實知見 설법무량 說法無量 수락受樂.
 여래가 나타남은 마치 구름이 일어남과 같다. 여래는 여실지견如實知見으로 설법이 무량하여 기쁨이 충만하다.

여래如來가 왜 왔는가? 결국은 비를 내려주기 위해서 왔다. '여如'는 진여眞如라는 것으로 진리의 세계를 말한다. 여래가 거기에서 온 것이다. 여래는 진리의 세계에서 오는 것인데 비라는 것도 진리의 세계에서 내리는 것이다. 그러니까 여래라는 말이나 비라는 말이나 같은 말이다.

그래서 내가 말한다고 할 때는 무슨 내 생각을 말하는 것이 아니다. 석가가 말을 한다고 해도 그것은 석가의 말이 아니라 진리의 세계에서 오는 말이다. 진리의 세계에서 오는 그것을 석가는 그저 전달해 간 것뿐이다.

여래가 세상에 나타났는데 그것은 큰 구름이 나타난 것이나 마찬가지다. 그런데 "여실지견如實知見"이다. 여기서 같을 '여如'라는 글자가 상당히 중요하다. 지난번에는 십여시十如是라는 말도 있었지만 "여실지견如實知見"이란 진리라는 말이다. 그러니까 여래는 진리를 그대로 우리에게 전한다는 것이다.

그렇게 진리를 전하기 위해서 "설법무량說法無量"이다. 그 진리라는 것을 그대로 전하면 우리가 잘 모르니까 그것을 어떻게 하면 알아들을 수 있을까 생각해서 될 수 있는 대로 쉽게 말하고자 비유를 쓰는 것이다.

그러니까 제일 중요한 것이 쉽게 말하는 것이다. 생각은 깊이 해야 하고 사는 것은 높이 살아야 된다. 그리고 말하는 것은 쉽게 해야 한다. 언제나 생각은 깊이 해야 한다.

예수님이 40일 금식을 했다는 것은 정말 깊게 생각한 것이다. 그렇게 깊게 생각해야 빛이 나오지 깊게 생각하지 않으면 빛이 나오지 않는다. 또 그 사람의 사는 삶은 높아야 된다. 높게 살아야 힘이 나오지 낮게 살면 힘이 나오지 않는다. 물도 높은 곳에서 떨어져야 전기가 나온다. 높게 살아야 힘이 나오는 것이다. 그리고 쉽게 말해야 모든 사람을 살릴 수가 있다.

그래서 빛과 힘과 삶이다. 그것을 『원각경』에서는 삼마디Samadhi, 삼마파티Samapatti, 디야나Dhyana 라고 했다. 삼마디라 할 때는 거울을 비유로 말했다. 거울이란 빛이라는 것이다. 그리고 높게 산다 할 때는 나무가 높이 자라는 것으로 비유가 된다. 나무가 높게 자라는 것이다. 높이 높이 올라갈수록 거기에서 힘이 나오는 것이다. 그래서 그 다음은 쉽게 말하는 것이다.

다 같은 말이다. 빛과 힘과 삶이라는 것이다. 그것을 유교에서 말할 때는 하늘과 땅과 사람이라 한다. 하늘은 빛이고 땅은 힘이고 사람은 생명이다. 빛과 힘과 생명 또는 빛과 힘과 숨이다. 빛, 힘, 생명인데 생명이라는 말도 빛과 힘처럼 한마디의 우리말로 나타낼 수 있으면 좋겠다 해서 좋은 말을 찾고 있는데 우선 숨이라고 해본다. 생명이란 것을 한마디로 딱 집어서 말할 수 있어야 되는데 아직 좋은 말을 찾을 수 없다. 그래서 지금은 할 수 없이 삶이라든가 숨이라든가 그렇게 말해둔다.

　깊이 생각하고 높이 살아서 쉽게 말해야 된다. 하늘에 도달하기까지 높아야 되고 땅에 도달하기까지 깊어야 되고 사람에 도달하기까지 쉬워야 된다. 내용이란 이것이다. 그래서 "여실지견如實知見 설법무량說法無量"이다. 설법이란 무엇인가? 깊이 생각하고 높게 살아서 쉽게 말하는 것이 설법이다. 그래서 "수락受樂"이다. 듣는 사람도 즐겁고 말하는 사람도 즐겁다. 모든 사람이 다 즐거워야 한다. 우주가 기쁨으로 차야 된다. 이것이 법열法悅이라는 것이다.

　　여래설법如來說法 일상일미一相一味 해탈상解脫相 이상離相 멸상滅相 종귀어공終歸於空.
　여래의 설법은 일상일미一相一味로 해탈상, 이상離相, 멸상인데 마침내는 공으로 돌아간다.

　"일상일미一相一味"라는 말도 중요한 말이다. 우선 '일一'이라는 것은 무엇인가. 제일 알기 쉬운 예가 바닷물이 어떤 것인지 알기 위해서는 바닷물을 다 마셔봐야 하는 것이 아니라 한 방울만 맛보면 된다는 것이다. 한 방울이면 다 된다. 그러니까 이것은 양리학量理學인가 성리학性理學인가 하는 문제다. 바닷물을 다 맛보아야 안다 그러면 그것은 양리학이다. 그런데 바닷물을 아무리 마셔봐도 그것은 짠맛이지 다른 것이 아니다. 그러니까 바닷물을 한 방울만 맛보면 다 안다 그렇게 되면 그것은 성리학이다. 그래서 성리학이 되면 하나를 알면 다 알게 된다는 것이다.

　『원각경』 하나를 안다 그러면 『법화경』이니 『화엄경』이니 『금강경』이니 다 알게 된다. 다 성리학이기 때문이다. 다 같은 짠맛이지 무슨 다른 맛이 아니다. 우리가 성경의 한 절만 알면 다 아는 것이지 무슨 「창세기」, 「출애굽기」 등을 다 보아야 될 필요도 없다. 이런 것을 소위 성리학이라 한다. 성질은 다 같다.

이런 것을 소위 "일즉일체一卽一切"라 한다. 하나를 알면 다 알 수 있다는 것이다. 그런데 과학은 그렇지 않다. 과학은 양리학이다. 과학은 다 알아야 되지 어느 하나 가지고 다 안다는 것이 절대 아니다.

그래서 우리가 팔만대장경이라 해도 그것을 다 알 필요가 없다.『법화경』하나만 알아도 다 아는 것이고『원각경』하나만 알아도 다 아는 것이다. 그러니까 종교의 세계가 간단한 것이지 그것을 다 알아야 된다면 어떻게 하겠는가?『반야심경』은 모두 글자로 약 260자 되는데 그것만 알아도 다 알게 되는 것이다. 언제나 일즉일체로 하나를 알면 다 아는 것이다.

더 쉽게 말하면 나를 알면 다 아는 것이다. 나를 본 자는 하나님을 보았다고 한다. 같은 말이다. 나를 본 자는 하나님을 본 것이다. 그래서 이 '일一'이라는 것이 상당히 중요한 것이다.

그 다음 '상相'이란 무엇인가. 우리는 보통 관상觀相이란 말을 쓴다. 사람의 얼굴을 뚫어지게 보는 것이다. 그래서 그 속까지 다 들여다보는 것인데 그것을 상이라 한다. 마치 의사가 우리 가슴을 두드려봐도 잘 모르지만 엑스레이X-ray를 갖고 들여다보면 속까지 다 보이는 것처럼 이렇게 속까지 다 들여다보는 그것이 상이다. 그러니까 그 상을 보아야 진짜 아는 것이다.

그렇게 보고 나서 병이라면 그 병을 완전히 치료할 수 있는 진짜 약을 처방해 주는 것인데 그것이 일미一味라는 것이다. 그 병의 속까지 꿰뚫어 보고서 그 병에 맞는 진짜 약을 주는 것인데 이것이 설법이라는 말이다. 그러니까 설법을 위해서는 언제나 그 사람의 속을 꿰뚫어 보아야 된다. 꿰뚫어 보고서 그 병에 맞는 약을 집어 넣어주어야 된다.

석가는 언제나 한 사람을 들여다보면서 설법을 했다고 한다. 먼저 그 얼굴에 나타난 그 사람의 문제가 무엇인지 그것을 발견해서, 이것이 관상이라는 것인데, 그러고 나서 강의를 했다. 얼의 골짜기가 얼골, 즉 얼굴이다. 얼의 골짜기를 보고 그 사람의 얼의 문제가 무엇인지 그것을 먼저 파악한 것이다. 그래서 그 문제에 맞는 답변을 해준 것이다.

다시 말해서 석가는 많은 사람이 모였다고 해서 많은 사람을 보면서 말을 한 것이 아니라 한 사람을 보면서 말했다는 것이다. 그래서 한 사람의 얼굴을 보고서 그 사람의 문제를 파악해서 그 사람의 얼굴이 풀릴 때까지 얘기를 한 것이다. 그렇게 해서 다 풀리면 그것으로 끝이다. 그러니까 옆에 있는 사람은 모두 방청만 한 것이다. 그래서 그렇게 팔만대장경이라는 많은 경이 나오게 되었다는 것이다. 모든 사람의 문제가 다 다르기 때문이다. 모든 사람의 문제가 다 다르지만 다 다른 그것을 뚫어지게 아는 것이다. 그래서 여실지견如實知見이다. 여실如實이란 모든 사람의 문제가 다 다르다는 것이다. 그리고 다 다른 문제 하나하나를 꿰뚫어 보게 아는 것이 지견知見이다. 그러니까 여래의 설법은 일상일미一相一味라는 것이다. 문제의 핵심을 꿰뚫어 보는 것, 이것이 일상一相이다. 그래서 거기에 맞는 약을 알맞게 가미해서 지어주는 것인데 이것이 일상일미라는 것이다.

"해탈상解脫相 리상離相 멸상滅相"이라는 것도 또한 같은 말이다. 해탈解脫이란 혹惑에서 해탈하는 것이다. 리離는 업業에서 떠나는 것이다. 멸滅은 고苦에서 멸하는 것이다.

석가는 언제나 병을 예로 들어 말하곤 한다. 그 사람의 병의 내용이 무엇인지 그것이 확실치 않다 그럴 때 그것을 혹惑이라 한다. 그런데 우리가 엑스레이를 찍어서 이것은 폐가 나쁜 것이다 하고 그 병을 확실히 말하게 되면 그것이 해탈이라는 것이다. 확실히 말하게 된다는 것은 결국 빛의 세계라는 말이다. 지견知見이라는 것인데 이것은 빛의 세계다. 그런데 잘 흐려서 보이지 않는다, 무슨 병인지 잘 모르겠다, 그래서 이럴까 저럴까 그러면 그것을 혹惑이라 한다. 그런데 확실히 이것은 폐병이라 그렇게 알면 그것은 여실지견如實知見으로 빛이라는 것이다.

그 다음에는 그 병의 원인을 제거해 버려야 한다. 병의 근원을 제거해야 한다. 사람이 왜 이렇게 고생을 하는가. 모두 업보業報 때문이라고 한다. 과거에 지은 잘못 때문에 지금 이렇게 되었고 또 지금 잘못 살면 앞으로 가서 또 잘못 된다는 것이다. 과거에 지은 죄가 오늘 나를 이 꼴로 만들었다는 것이 이 사람들의 생각이다. 그것을 업보라 한다.

병으로 말하면 병의 근원이라는 것이다. 그래서 수술해야 되겠다 하면 수술을 해버리고 약을 써야 된다 하면 약을 써서 그 근원을 없이해 버려야 된다. 그것을 리離라고 한다.

이제 결론은 간단하다. 모든 고통이 없어지고 만 것이다. 그러니까 빛이라 하는 것은 아는 것이다. 무슨 병인지 알았다는 것이다. 그리고 힘이라 하는 것은 그 병의 근원을 뽑아주었다는 말이다. 수술을 하든지 약을 먹이든지 병의 근원을 뽑아주는 것이 힘이다. 그래서 그 사람이 다시 건강을 회복하게 되면 그것이 소위 생명이다.

이것을 기독교로 말하면 확실히 아는 것, 그것을 진리라고 한다. 그리고 병의 근원을 뽑아주는 힘, 그것을 길이라 한다. 그리고 살려주었다는 그것이 생명이다. 그래서 진리와 길과 생명이라는 것으로 결국 같은 말이다. 진리와 길과 생명, 혹은 빛과 힘과 숨, 혹은 하늘과 땅과 사람, 무엇이라 하든지 같은 말이다. 왕양명王陽明으로 말하면 "심즉리心卽理, 지행합일知行合一, 치양지致良知"다. 그러니까 이 세 가지가 전부다.

해탈이란 혹惑에서부터 해탈이다. 리離는 업業에서부터 떠난 것이다. 그리고 멸滅은 고苦에서 멸滅이다. 그래서 "종귀어공終歸於空"이다. 공空이라는 실재로 돌아가는 것이다. 병을 앓기 전보다 더욱 건강한 상태로 돌아가는 것이다. 공空이란 없다는 말이 아니라 진공眞空이니까 결국 묘유妙有로 돌아간다는 말이다. 묘법연화경의 묘妙라는 것으로 돌아가는 것이다. 더욱 건강한 몸으로 돌아간 것이다.

유유여래唯有如來 지차중생知此衆生 종상체성種相體性 념하사念何事 사하사思何事 수하시修何事 중생 주어 종종지지衆生住於種種之地.
오직 여래만이 중생들의 여러 가지 상相과 체體와 성性을 알고 있다. 그리고 중생들이 무슨 생각과 무슨 계획과 무슨 일을 하는지 다 알고 있으며 중생들의 각기 다른 처지를 다 알고 있다.

오직 여래만이 이 모든 중생들의 여러 가지 상相, 성性, 체體를 안다는 것이다. 상과 성과 체라는 이것은 이 전에 말한 십여시十如是[性, 相, 體, 力, 作, 因, 緣, 果, 報, 究竟本末]라는 것이다. 철학으로 말하면 카테고리category라는 것이다. 열 가지 카테고리인데 여기서는 상과 성과 체라는 세 가지만 들었다.

그래서 여래는 사람들이 무엇을 생각하고 있는지 사람들이 무슨 일을 계획하고 있는지 사람들이 그 일을 어떻게 처리하려고 하는지 현실적으로 그것을 다 안다는 것이다. 그런데 사람들은 다 다르게 생각하고 있다. 사람마다 다 다른 것이다. 꼭 같이 생각하는 사람은 한 사람도 없다. 사람마다 환경이 다 다른 것이다.

유유여래唯有如來 여실견지如實見之 제불세존諸佛世尊 수의설법隨宜說法 능신능수能信能受 난해난지難解難知.
오직 여래만이 그것을 실제로 알고 분명히 본다. 그래서 여러 부처님 세존께서 알맞게 설법하시니 어떠한 어려움도 풀리게 되고 알게 되어 능히 믿고 능히 받아들이게 된다.

그런데 그렇게 다 다른 것을 여래만이 진짜로 알 수가 있다. 그래서 모든 부처님 세존이 그 병에 맞게 약을 써주는 것이다. 설법이란 병에 맞게 약을 써주는 것이다. 『성경』을 『신약』, 『구약』이라 하는데 『신약』, 『구약』이 모두 하나의 약이다. 그래서 아무리 알기 어려운 것이라도 석가의 설법을 통해서는 능히 이해가 되고 능히 받아들일 수 있게 된다.

파유법왕破有法王 출현세간出現世間 수중생욕隨衆生欲 종종설법種種說法 아관일체我觀一切 보개평등普皆平等 항위일체恒爲一切 평등설법平等說法 여우보윤如雨普潤 귀천상하貴賤上下 일체중생一切衆生 문아법자聞我法者 수력소수隨力所受 주어제지住於諸地 혹처인천惑處人天 석범제왕釋梵諸王 시소약초是小藥草.
모든 현실 문제를 해결할 수 있는 힘을 가진 진리의 왕이 세상에 나타나서 중생들의 바람에 따라 여러 가지 설법을 내리신다. "내가 일체를 꿰뚫어보니 모두가 한결같이 평등하다. 그래서 내가 주는 것은 언제나 일체를 위한 평등설법이니 마치 비가 내릴 때 귀천 상하 누구에게나 한결같이 흡족하게 적셔주는 것과 같다. 일체중생은 내 법을 듣고 각자의 능력에 따라 받아들이니 그 처지가 각각 달라 인人, 천天, 석범제왕釋梵諸王으로 나뉘는데 이들을 작은 약초라 한다."

파유법왕破有法王이다. 여기서는 공空이라는 것의 반대로 유有라는 것인데 유라는 것은 현실이다. 파유破有란 현실 문제를 해결해준다는 말이다. 현실 문제를 해결해주는 진리의 왕이 출현했다. 그래서 모든 사람을 위해서 여러 가지로 가르쳐준다. 그리고 모든 사람을 꼭 같이 사랑한다. 모두를 평등平等으로 생각한다. 이런 것을 보통 평등각平等覺이라 한다. 모든 사람이 다 꼭 같다고 그렇게 생각하는 것이다. 부모님은 자식이 열 명이라도 모두 꼭 같지 어느 한 자식이 더 예쁘다 그런 것이 없다.

그래서 평등설법平等說法이다. 마치 비와 같은 것이다. 비는 선한 자나 악한 자나 다 뿌려준다. 도덕의 피안彼岸이다. 비가 모든 만물을 살려주는데는 귀천상하貴賤上下의 차별이 없다. 모두가 평등이다.

그래서 내 말을 듣는 사람들은 모두 그 사람의 그릇에 따라 받아들인다. 마음이 넓은 사람은 넓게 받아들이고 마음이 좁은 사람은 좁게 받아들인다. 자기의 양에 따라서 밥을 먹는 것이지 누구나 꼭 같이 밥을 먹는 것은 아니다. "수력소수隨力所受"란 자기의 힘에 맞게 한다는 것이다. 꼭 같이 말해도 어떤 사람은 무슨 말인지 전연 모르고 있는 사람도 있고 또 어떤 사람은 다르게 듣는 사람도 있다. 지난번에 사교의四教儀[頓 漸 秘密 不定]를 말했는데 금새 알아듣는 사람도 있고 몇 십 년에 걸려 알아듣는 사람도 있고, 비밀리에 또는 같지 않게 그런 것은 사람마다 다 다르다는 것이다.

십계十界라는 것은 지난번에 설명한 대로 맨 아래가 지옥地獄이고 그 다음이 아귀餓鬼, 축생畜生, 아수라阿修羅가 있고 그 다음에 인人,

천天 이어서 성문聲聞, 연각緣覺, 보살菩薩, 불타佛陀라는 것이다. 사람들은 모두 인人에 속하는데 천天이란 사람들보다 조금 더 높은 세계에 사는 사람들, 말하자면 천사 같은 사람들이 있다는 것이다.

그래서 석범제왕釋梵諸王이다. 석釋이란 제석천帝釋天이다. 지리산에 올라가면 제석단帝釋壇이 있는데 비를 오게 해주는 제석천을 섬기는 제단이다. 석釋이란 석가라는 석으로 그 뜻은 힘이 있다는 것이다. 그리고 제帝는 온 천하를 다스리는 왕이다. 소위 '인드라Indra'라는 신이다. 인도라는 말도 여기서 유래한다고 한다. 그래서 제석천을 인도말로 샤크로데반드라Sakrodevendra라고 한다. 비를 내려주는 힘이 있는 하늘의 신이라는 뜻이다. 그래서 지리산 제석단에서는 제석천에게 기우제祈雨祭를 지냈던 것이다. 그러니까 이것은 불교라기보다는 힌두교라고 할 수 있다. 그리고 범梵이란 브라만Brahman을 말한다. 그런데 이것들은 모두 성문에 해당한다는 것이다.

지무루법知無漏法 능득열반能得涅槃 기육신통起六神通 급득삼명及得三明 독처산림獨處山林 상행선정常行禪定 득연각증得緣覺證 시중약초是中藥草.
무루법無漏法을 알고 열반을 얻어서 육신통六神通과 삼명三明을 얻고 산림 속에 홀로 선정을 닦고 닦아 연각을 증득한 사람을 중약초라 한다.

이것은 연각에 해당하는 것인데 이것은 전에 3장에서 이미 설명했으니까 생략한다.

구세존처求世尊處 아작불행정진정我作佛行精進定 시상약초是上藥草.
세존의 자리를 찾아 '나도 성불하리라' 결심하고 팔정도를 실천하는 사람을 상약초라 한다.

이것은 보살에 해당하는 것이다.

우제불자又諸佛子 전심불도專心佛道 상행자비常行慈悲 자지작불自知作佛 시명소수是名小樹.
또 어떤 불자들은 불도에 전심하여 항상 자비를 행하며 성불할 줄 스스로 아는데 이들을 작은 나무들이라 한다.

이것도 다 보살인데 석가와 아주 가까운 사람이다. 여기서 제일 중요한 것은 자비慈悲라는 것이다. 이제는 아주 자비를 하게 되었다. 그리고 이제 며칠 있으면 부처가 될 것도 안다. 부처에게 거의 가까워진 것이다. 그런 사람이 작은 나무라는 말이다.

안주신통安住神通 전불퇴전轉不退輪 도무량억백천중생度無量億百千衆生 여시보살如是菩薩 명위대수名爲大樹.
신통에 머물러 불퇴의 법륜을 굴려 한없는 중생들을 제도하는 이들을 큰 나무들이라 한다.

이것은 설법을 많이 하는 사람이다. 전륜轉輪이란 설법한다는 말이다. 그래서 보살은 보살인데 거의 석가에 가까운 보살이다. 이런 사람을 큰 나무라 한다.

불평등설佛平等說 여일미우如一味雨.
부처의 평등설법은 마치 한결같은 맛으로 뿌려주는 단비와 같다.

이상이 소위 삼초이목三草二木이라는 것이다. 소초小草는 성문을 말하고 중초中草는 연각을 말한다. 그리고 상초上草는 보살이다. 그리고 이목二木이란 거의 석가에게 가까워진 사람이다. 불타와 거의 가까워진 사람이다. 소초小草는 소승小乘이고 상초上草는 대승大乘이고 이목二木이란 일승一乘을 말하는 것이다.

불교의 핵심은 이미 말한 대로 성문, 연각, 보살, 불타라는 것이다. 연각은 빛이라는 것이고 보살은 힘이라는 것이며 불타는 숨이라는 것이다. 같은 내용인데 그것을 이렇게도 저렇게도 말해보는 것이다.

전에 『주역周易』을 공부하면서 우리 나라에 『주역』을 해설한 책 가운데 가장 잘 설명하고 있는 책이 『주역선해周易禪解』라고 했다. 명明나라 때 우익 지욱藕益智旭이라는 사람이 썼는데 그는 당시에 법화종의 거두였다. 명나라 때 천태종을 가장 깊이 이해한 사람이었다. 그러니까 우익 지욱이라는 사람은 『법화경』을 거의 완전히 알았던 사람으로 천태 지의天台智顗나 거의 같은 사람이다. 그래서 『법화경』을 완전히 이해를 하고 『주역』을 설명한 것이다.

다시 말해서 『법화경』이라는 산꼭대기에 올라가서 『주역』을 본 것이다. 자기의 입장을 확실히 가지고 본 것이다. 자기의 입장에 확실히 서서 옆에 있는 봉우리를 보는 것이다. 그래야 된다. 철학이란 다 그런 것이다. 자기의 입장에 서서 이것을 보는 것이다. 그래서 인식認識이라 한다. 알고 아는 것이다. 철학은 지식이 아니라 인식이다. 알고 아는 것이 철학이다. 그저 아는 것은 과학이다. 철학은 그런 것이 아니라 알고 아는 것이다. 자기 입장이 확실히 서 가지고 아는 것이다. 지욱은 불교에 대해서 확실한 입장을 가지고 유교를 해석한 것이다. 그러니까 『주역』에 대해서 유교도들이 쓴 모든 주석서보다도 이 책이 훨씬 더 나은 것이다. 그만큼 지욱이란 사람이 훌륭한 사람이다.

〔주역선해周易禪解〕
"단왈象曰 대재大哉 건원乾元 만물자시萬物資始 내통천乃統天 운행우시雲行雨施 품물유형品物流形 대명종시大明終始 육위시성六位時成 시승육룡時乘六龍 이어천以御天 건도변화乾道變化 각정성명各正性命 보합태화保合太和 내이정乃利貞 수출서물首出庶物 만국함녕萬國咸寧 차일절此一節 시현성인是顯聖人 수덕공원修德功圓 이리타자재야而利他自在也"

(단왈. 크구나, 건乾의 으뜸 됨이여. 만물을 일으키고 마침내 온 세상을 거느린다. 구름을 움직이고 때때로 비를 내려 만물이 형태를 갖추고 자라게 한다. 마치고 시작함을 크게 밝혀서 여섯 지위가 때에 따라 이루어지니 때에 맞추어 여섯 용을 타고 온 세상을 다스린다. 건의 도는 변화로 각각 모두에게 성품과 천명을 바로잡게 하여 큰 화합을 이루어내니 마침내 온 세상이 아름답고 올곧게 된다. 으뜸으로 뭇 만물에 나타나니 만국이 모두 다 평안하다. 주역의 이 구절은 성인이 원만하고 빛나는 인격을 이루어 만인에 대한 사랑이 자유자재함을 드러내 보인 것이다.)

건乾괘의 맨 처음이 '원형이정元亨利貞이란 무엇인가?' 하는 것이다. 그것에 대해 공자가 해설을 붙였는데 그것을 단彖이라 한다. 원元이란 무엇인가? 여기에 대해서 공자는 "만물자시萬物資始 내통천乃統天"이라 했다. 더 간단히 말하면 "만물자시萬物資始"라는 것이 원元이다.

그 다음은 "운행우시雲行雨施"인데 이 "운행우시"라는 것이 지욱이 볼 때는 『법화경』 제5장 「약초유품」에서 나오는 내용이라는 것이다. 그것을 보고서 이 『주역』을 해석했다. 그러니까 「약초유품」을 가지고 이것을 해석한 것이다.

형亨이란 무엇인가? 공자는 "운행우시雲行雨施 품물유형品物流形"이라고 한다. 그 다음에 이利라는 것은 무엇인가? 이利는 "대명종시大明終始 육위시성六位時成 시승육룡時乘六龍 이어천以御天"이라고 했다. 한마디로 이利는 "대명종시大明終始"라는 것이다. 그리고 그 다음 네 번째인 정貞이란 "건도변화乾道變化 각정성명各正性命 보합태화保合太和 내이정乃利貞"이라 했다. 그런데 정貞이라는것은 보통 "각정성명各正性命"이라고 줄여서 말한다. 공자는 원형이정元亨利貞을 "만물자시萬物資始, 운행우시雲行雨施, 대명종시大明終始, 각정성명各正性命"이라고 말한 것이다. 이것을 가지고 지욱은 어떻게 생각을 했는지 읽어본다.

〔주역선해周易禪解〕

"공자孔子 심명深明 성수불이지학性修不二之學 이건以乾 표웅맹불가저괴지불성表雄猛不可沮壞之佛性 이원형이정以元亨利貞 표불성본구表佛性本具 상락아정지사덕常樂我淨之四德 불성필상佛性必常 상필비호사덕常必備乎四德 고왈故曰 대재건원大哉乾元. 시관試觀 세간만물世間萬物 하일불종진상불성건립何一不從眞常佛性建立. 설무불성즉設無佛性則 역무亦無 삼천성상三千性相 백계천여百界千如. 고거일상주불성이故擧一常住佛性而 세간과보천世間果報天 방편정천方便淨天 실보의천實報義天 적광대열반천寂光大涅槃天 무불통섭지의無不統攝之矣. 의차불성상주법신依此佛性常住法身 수유응신지운遂有應身之雲 팔교지우八敎之雨 능령能令 삼초이목三草二木 각칭종성各稱種性 이득생장而得生長 이성인즉우설법실상而聖人則于諸法實相 구진명료究盡明了."

"공자孔子 심명深明 성수불이지학性修不二之學"
(공자가 아주 깊이 생각해서 아주 쉽게 밝혀놓았는데 그것은 "성수불이지학性修不二之學"이다.)

'성性'이란 요새로 말하면 시간이요 '수修'란 공간을 말하는 것이다. 그런데 시간과 공간이 떨어져 있는 것이 아니라는 것이다. "성수불이지학性修不二之學"이란 시간과 공간이 붙어있는 사차원의 세계라는 말이다. 그러니까 「약초유품」에서 말하고자 하는 것은 사차원이라는 것이다. 또한 『법화경』에서 말하고자 하는 것도 사차원의 세계라는 것이다. 『원각경』도 마찬가지다. 말하고자 하는 것은 모두 사차원의 세계를 말하고자 하는 것이다.

빛이라는 것이 시간이고 힘이라는 것이 공간이다. 그것이 합친 것이 숨이라는 것이다. 사람이란 무엇인가 하면 빛과 힘이 합친 것이 사람이다. 지혜와 사랑이 합친 것이 사람이다. 쉽게 말하면 사람의 본질은 지혜와 사랑이라는 것이다. 그래서 사람에게는 저절로 지知가 빛나야 되고 저절로 사랑의 힘이 솟아 나와야 된다. 그래야 사람이다. 그러니까 사람이라는 것은 굉장히 높은 것이다. 자기 속에서 빛이 나와야 되고 또 자기 속에서 힘이 나와야 그것이 사람이지 그렇지 않으면 사람이라고 할 수가 없다.

공자는 시간과 공간이 합쳐있다는 것을 꿰뚫어 본 것이다. 이것은 지금 지욱이라는 사람이 공자를 보고 있는 것이다. 석가만이 시간, 공간을 꿰뚫어 본 것이 아니라 공자라는 사람도 시간, 공간을 꿰뚫어 보았구나 하고 안 것이다.

"이건以乾 표웅맹불가저괴지불성表雄猛不可沮壞之佛性 이원형이정以元亨利貞 표불성본구상락아정지사덕表佛性本具常樂我淨之四德"
 (건으로써 나타내고자 하는 것은 웅장하고 용맹하여 막거나 없이할 수 없는 불성佛性이며 원형이정으로써 나타내고자 하는 것은 불성이 본래 구족하고 있는 상락아정이라는 네 가지 덕이다.)

건乾으로 무엇을 말하고자 하는가? 그것은 시간을 말하고자 하는 것이다. 원형이정元亨利貞은 무엇을 말하고자 하는가? 그것은 공간이다. "상락아정지사덕常樂我淨之四德"이라는 공간을 말하고자 하는 것이다. 상락아정常樂我淨이란 지난번에 나온 것이다. "생멸멸이生滅滅已 적멸위락寂滅爲樂 상락아정常樂我淨"이라 했다. 제행무상諸行無常이란 나도 없고 상常도 없는 것으로 물이 흘러간다는 삼차원의 세계인데 생멸멸이生滅滅已로 삼차원이 끝나고 이제 강은 흘러가지 않는다는 적멸위락寂滅爲樂의 사차원의 세계가 상락아정이라고 말했다.

사차원의 세계인 상락아정은 언제나 기쁘고 어디서나 주체가 되는 그런 것이다. 여기서 아我는 조그만 나가 아니고 큰 나를 말한다. 지욱은 원형이정을 상락아정이라고 번역한 것인데 이것은 정말 아는 사람만이 아는 것이다. 원형이정이 무엇인가 하면 그것은 바로 상락아정이라는 것이다.

"불성필상佛性必常 상필비호사덕常必備乎四德 고왈故曰 대재건원大哉乾元"

(불성은 반드시 상常이 있고 상은 반드시 4덕을 구비하고 있다. 그래서 "크구나, 건원이여"라고 말한 것이다.)

불성佛性이란 언제나 상常을 가지고 있다. 상常은 반드시 덕德을 가지고 있다. 상常이란 시간인데 이 시간은 언제나 덕德이라는 공간과 함께 있다는 말이다. 그래서 공자가 그렇게 말한다는 것이다. 공자는 건乾이라는 시간과 원元이라는 공간이 하나가 된 사차원이라는 것을 말하는 것이다.

"시관試觀 세간만물世間萬物 하일불종진상불성건립何一不從眞常佛性建立"

(대저 세상 만물의 어느 하나라도 참되고 영원한 불성을 좇아 건립되지 않은 것이 어디 하나라도 있겠는가?)

이 세상 모든 만물이 불성에서 나오지 않은 것이 어디 있겠는가? 그러니까 불성을 태양으로 비유하면 세상의 모든 만물이 태양에서 나오지 않은 것이 어디 있는가 하는 말이다. 태양을 시간이라 하면 이 시간에서 나오지 않은 것이 어디 있겠는가? 하나님께서 창조하지 않은 것이 어디 있겠는가? 또는 어느 하나라도 하나님의 뜻에 어긋나서 나온 것이 어디 있겠는가? 다 같은 말이다.

"설무불성즉설無佛性則 역무삼천성상백계천여亦無三千性相百界千如"

(만일 불성이 없다면 또한 삼천성상 백계천여도 없는 것이다.)

"삼천성상백계천여三千性相百界千如"라는 말은 지난번에 나온 "일념삼천一念三千"이라는 것이다. 우선 십여시十如是와 십계十界가 있다고 했다. 『주역』에는 팔괘八卦를 곱해서 64괘가 나온다. 이와 마찬가지로 십계十界를 곱하면 100계가 된다. 그래서 100계가 되는데 여기에 다시 십여시十如是를 곱한다. 십여시란 성性, 상相, 체體, 력力, 작作, 인因, 연緣, 과果, 보報, 구경본말究竟本末이라 했다. 그래서 1,000이 되는데 여기에 국토國土, 중생衆生, 오음五陰이라는 셋을 곱하면 삼천계三千界가 된다. 국토는 자연의 무기물 세계를 말하는 것이고, 중생은 생명의 세계, 그리고 오음이란 인간이 있는 인간 세계를 말한다. 그래서 자꾸 삼천대천의 세계라고 하는데 이것이 이 세상이라는 것이다. 그런데 이 세상이라는 것은 하나님의 창조가 없이는 있을 수가 없다는 것이다. 일념一念에서 삼천三千이 나오는 것이다. 일념이 없으면 삼천이 없는 것이다.

"고거일상주불성이故擧一常住佛性而 세간과보천世間果報天 방편정천方便淨天 실보의천實報義天 적광대열반천寂光大涅槃天 무불통섭지의無不統攝之矣"
(그러므로 하나의 상주불성을 들어보면 세간과보천, 방편정천, 실보의천, 적광대열반천 그 모두를 통섭하지 못함이 없다.)

"세간과보천世間果報天"은 육도 윤회六道輪廻의 세계를 말한다. "방편정천方便淨天"이란 소승의 세계로 성문, 연각이다. 그리고 "실보의천實報義天"이란 보살의 세계다. 그리고 "적광대열반천寂光大涅槃天"이란 불타의 세계다. 이것들은 모두 십계十界를 말하는 것이다. 그래서 그 십계를 무불통섭無不統攝하는 것이 상주불성常住佛性이다. 그 전체를 다스리고 있는 것이 무엇인가 하면 일념一念이 다스리고 있는 것이다. 온 세상을 하나님께서 다스리고 있다는 말이다.

"의차불성상주법신依此佛性常住法身 수유응신지운遂有應身之雲 팔교지우八敎之雨"
(이 불성이 상주하는 법신에 의지하여 응신의 구름과 팔교의 비가

따라 나오게 된다.)

　불성佛性을 태양이라 했는데 그것을 법신法身이라 하면 석가는 누구인가? 그것은 응신應身이라는 것이다. 응신은 구름 같은 것이다. 모든 만물을 창조한 것은 태양이라는 법신이고 그 모든 만물을 살려가는 것이 응신이다. 그래서 응신지운應身之雲은 팔교지우八敎之雨라 한다.

2000. 4. 9. / 4. 16.

약초유품 강해 2

 명明나라 우익 지욱藕益智旭이라는 사람이 쓴 『주역선해』를 보면 건乾괘의 원형이정元亨利貞이라는 것에 대해 공자가 해설한 것을 그가 다시 『법화경』 제5장의 내용을 가지고 새로 해석을 했다. 『법화경』 제5장 「약초유품藥草喩品」의 핵심은 삼초이목三草二木이라는 것이다. 삼초三草는 말하자면 성문, 연각, 보살이고 이목二木이란 부처가 거의 다 된 사람들이다.

 "의차불성依此佛性 상주법신常住法身 수유응신지운遂有應身之雲 팔교지우八敎之雨"
 (이 불성이 상주하고 있는 법신에 의지하여 응신의 구름이 일어나 여덟 가지 교화의 비가 내리게 된다.)

 여기서 법신法身, 응신應身이라 하는 것은 기독교로 말해서 하나님과 그리스도라는 말이다. 그리스도가 세상에 와서 복음을 전했다는 것을 응신지운應身之雲이라 한 것이다. 그래서 거기에서 나온 것이 팔교八敎라는 것이다. 『법화경』에서는 불교의 모든 것을 사교의四敎儀〔頓 漸 秘密 不定〕와 사교법四敎法〔藏 通 別 圓〕이라는 팔교八敎로 말한다는 것이다.

 "능령能令 삼초이목三草二木 각칭종성各稱種性 이득생장而得生長 이성인즉而聖人則 우제법실상于諸法實相 구진명료究盡明了"
 (그래서 능히 여러 초목들로 하여금 각각 근본 성품에 따라 태어나 자라나게 하니 성인은 그 제법실상을 남김없이 밝혀주었다.)

 그래서 성문은 성문대로 연각은 연각대로 보살은 보살대로 불타는 불타대로 각각에 따라서 다 활기차게 자란다. 그러니까 성인聖人이 제법실상諸法實相을 다 밝혀놓은 것이다. 『법화경』을 한마디로 말하면 제법실상이다. 제법실상을 아주 남김없이 다 밝혀놓았는데 그것이 『법화경』이라는 말이다.

우선 실상實相이란 무엇인가? 실상이란 요새로 말하면 실존實存이라는 것이다. 실존이란 또 무엇인가 하면 철인이다. 그러면 제법諸法이란 무엇인가? 제법이란 법계法界라는 것이다. 법계를 달리 말하면 이상세계라는 것이다.

그러니까 결국 플라톤의 『이상국가』나 『법화경』이나 다 마찬가지다. 플라톤의 『이상국가』에서도 철인이 나와야 된다고 한다. 철인이 왕이 되든지 왕이 철학을 배우든지 해야 된다는 것이다. 그래서 철인이 나와야 이상세계가 되지 철인이 나오지 않으면 절대 안 된다는 것이다. 그것을 여기서 다른 말로 할 때는 상락아정常樂我淨이라 한다. '아我'라는 것이 철인을 나타내고 '정淨'이란 정토淨土라는 것으로 이상세계를 말한다. 『주역』의 원형이정元亨利貞을 『법화경』으로 하면 상락아정이 된다.

그런데 같은 상락아정이라는 네 글자를 놓고도 이것을 사전도四顚倒라 해석되기도 하고 또는 사수덕四修德이라 해석되기도 한다. 같은 것인데 사람에 따라서 뜻이 달라진다. 소위 소인들에게는 상락아정이 사전도가 되고 대인들에게는 사수덕이 되는 것이다.

세상이라는 것이 자꾸 변하는 것인데 소인들, 즉 우리 같은 범인凡人들이 이 세상을 아주 불변한다(常)고 생각하면 그것은 전도몽상顚倒夢想이 된다. 또 보통 사람인 범인들이 이 세상을 즐겁다(樂) 그렇게 말하면 그것은 철이 없어서 하는 소리다. 그것도 전도몽상이다. 또 자기가 자유롭다(我) 그렇게 말하는 것도 또한 전도몽상이다 그리고 이 세상을 참 이상세계(淨)라고 생각해도 전도몽상이다. 그러니까 범인들이 그렇게 생각하면 그것은 다 전도顚倒된 것이라는 말이다. 전도몽상이 되고 마는 것이다.

그런데 성인이 이 세상을 영원하다고 생각하면 그것은 수덕修德이 된다. 천국에 가서 영원하다는 것이 아니라 이 세상이 영원하다는 것이다. 소위 제법실상諸法實相이다. 제법諸法이라는 현실이 그대로 실상實相이다. 성인이 현실이 그대로 천국이라고 이렇게 말하면 그것은 진실이다. 그런데 범인이 이 현실을 천국이라 그러면 그것은 망상이다. 그렇게 되면 종교적으로 좀 돈 사람이다. 그런데 성인이 이 현실을 천국이라 하면 그것은 진리라는 것이다.

그러니까 성인은 상락아정常樂我淨이다. 성인에게 이 세상은 불변〔常〕이다. 그리고 성인에게 이 세상은 불고不苦의 '락樂'이다. 또 성인은 이 세상이 불박不縛이다. 상락아정常樂我淨에서 '아我'는 자유라는 말이다. 자유자재自由自在라는 것이다. 그리고 성인은 또한 불누不漏다. '누漏'는 요새로 말해서 오염되었다는 말이다. 국토가 오염되었다고들 하는데 그렇게 오염되었다는 말을 '누漏'라고 한다. 그러니까 그 오염된 것이 없으니까 깨끗한 것〔淨〕이다. 그래서 성인이 상락아정이라 하면 그것은 사덕四德이 된다. 그런데 우리 보통 사람들이 나는 자유자재라 말하면 그것은 아니다. 그런데 성인은 그렇게 된다. 왜냐 하면 성인은 불박不縛이기 때문이다. 성인은 불고不苦이기 때문이다. 성인은 불변不變이기 때문이다. 성인은 불누不漏이기 때문이다.

이렇게 같은 하나를 가지고 성인과 범인이 전혀 반대로 되는 것이다. 왜 그런가 하면 우리 범인은 전도인생顚倒人生이기 때문이다. 그런데 성인은 제법실상諸法實相이다. 이 현실이 그대로 천국이라는 것이다. 성인은 이 제법실상을 확실히 아는 것이다.

"소위실상所謂實相 비시비종非始非終 불과인우미오不過因于迷悟 시절인연時節因緣 가립육위지수假立六位之殊"
(소위 실상이란 시작도 없고 끝도 없는데 다만 미망과 깨달음의 시절인연으로 인한 여섯 지위의 달라짐을 임시로 세워놓은 것뿐이다.)

실상實相이란 무엇인지, 제법諸法이란 무엇인지 다시 설명한다. 실상이란 무엇인가 하면 비시비종非始非終으로 시작도 아니고 끝도 아니지만 결국 미오迷悟라는 것 때문에 시절인연時節因緣이 있는 것이다.

시절인연이란 밤낮 화이트헤드Alfred North Whitehead가 말하는 것이다. Occasion이라 하는 데 쉽게 말하면 시간과 공간이 곱해진다는 것이다. 시간과 공간이 곱해지는 때, 즉 계란으로 말하면 병아리가 되기 위한 스물 하루가 필요한 것이다. 스물 하루가 되어서 시간과 공간이 곱해져야 병아리가 되지 그렇지 않으면 병아리가 안 된다. 시간과 공간이 떨어져 있으면 계란이지 병아리가 아니다. 병아리가 되기 위해서는 반드시 그 시절인연이 들어야 한다. 어머니 뱃속이라는 인연과 스물 하루라는 시절이다. 그래서 그 시절과 인연이 지나가야 병아리가 된다.

공자는 그것을 여섯 단계로 말했는데 불교에서는 그것을 여섯 단계로 하지 않고 대개 세 단계로 한다. 그러니까 제법실상諸法實相을 제법즉실상諸法卽實相이라고 해석한다. 그러고 결국은 "즉공卽空, 즉가卽假, 즉중卽中"이라고 한다.

물론 『주역』에서도 여섯 계단으로 나누면서도 그것을 다시 세 단으로 한다. 다시 말해서 『주역』에서는 언제나 천지인天地人을 말하는 것이다. 그러니까 괘마다 여섯 개의 효가 있지만 아래 두 개는 땅이요, 가운데 두 개는 사람이고, 위의 두 개는 하늘을 나타낸 것이다. 『주역』「계사繫辭」에 그렇게 나와 있다. 그러니까 여섯 개의 지위를 불교처럼 다시 세 지위로 나누는 것이다.

불교에서는 그 세 지위를 말할 때 즉공卽空, 즉가卽假, 즉중卽中이라 한다. 공空, 가假 중中이라는 것인데 결국 즉중卽中이 되어야 중도中道라는 것이다. 쉽게 말하면 정반합正反合이 되는 것이다. 정반합이 되어서 결국 실존이 되는 것이다.

"상육지수덕常六之修德 상즉지성덕常卽之性德 고명승육룡이어천야故名乘六龍以御天也"

(언제나 몸을 닦는 수덕과 정신을 일깨우는 성덕에 힘쓰는 것이니 그러므로 이르기를 육룡을 타고 하늘에 올라 온 천하를 다스린다고 했다.)

그래서 여섯 가지 계단으로 계속 덕을 쌓아 가는 것이다. 여기서 수덕修德이란 공간이고 성덕性德이란 시간이다. 그래서 종당에는 시간과 공간이 합하게 되는 것이다. 육룡六龍을 타고 올라가는 수덕과 하늘에까지 올라가는 성덕이 되어 결국 시간과 공간이 곱해지는 것이다.

그래서 결국은 실존이 된다. "이어천以御天"하는 것이 실존이다. 왕으로 올라가서 온 세상을 다스리게 되면 그가 철인이다. 그러니까 아래에서 과장을 하다가 국장이 되고 도지사가 되고 장관도 하다가 나중에는 대통령이 되어서 온 세상을 다스리면 그것이 어천御天이다. 그것이 소위 실존이요 철인이다. 자꾸자꾸 올라가서 맨 마지막에 '가온찍기'가 되어야 한다. '가온찍기'라는 대통령 자리에 올라서게 되어야 온 천하를 다스릴 수 있는 것이다. 그것이 실존이라는 것이다.

"능사삼초이목能使三草二木 각수기위各隨其位 이증불성而証佛性 즉위위개시법계則位位皆是法界 통일체법統一切法 무유부진無有不盡 이보합태화의而保合太和矣"
(능히 모든 풀과 나무들로 하여금 각각 그 지위에 따라서 불성을 빛나게 하니 자리 자리마다 다 법계요, 일체의 모든 만물을 통일하여 사랑을 다하지 않음이 없으니 온 세상이 화목하고 평화롭다.)

온 백성들을 각각 그 장소에 따라서 그 속에 자기의 본질을 드러낼 수 있게 한다. 그래서 각각의 지위에 있는 사람들이 다, 그들이 모두 어디에 있건, 경상도 사람이건 전라도 사람이건, 다 만족하며 자치自治를 할 수 있는 정치가 된다. 민주주의의 이상은 자치에 있다. 모두 제가 알아서 제가 다스리는 것이다. 그것이 이상세계다. 자기가 주인이 되는 것이다. 민주民主니까 내가 주인이 되어서 내가 나를 다스리는 것이다. 그렇게 되면 대통령이 무슨 할 것도 없다. 대통령은 가만 앉아만 있으면 된다는 것이다.

이것을 소위 무위지치無爲之治라 한다. 그래서 천자남면天子南面이다. 백성들이 스스로 다 알아서 하니까 대통령은 무슨 할 것이 없다.

그러니까 무위無爲만 하면 된다. 위爲는 착취라는 것이다. 백성들을 착취하지만 않으면 된다. 그것이 노자老子의 이상인 무위지치라는 것이다. 순임금, 요임금의 정치가 다 무위지치다. 백성들을 착취만 하지 않고 있으면 백성들이 다 잘 살게 된다. 다 자치를 하는 이상세계다. 법계가 된 것이다. 제법실상이다. 대통령이 가만 앉아 있으면 통일체법統一切法이요 무유불진無有不盡이다. 아무것도 하지 않지만 어느 것 하나 대통령의 손이 닿지 않은 데가 없다. 대통령이 아무것도 하지 않지만 다 하고 있는 것이다. 무위이무불위無爲而無不爲다. 하나님은 아무것도 하지 않는 것 같은데 하지 않는 것이 없다. 그래서 보합태화保合太和다. 온 나라가 다 같이 화목하게 잘 살게 된다.

이것이 소위 『중용中庸』에서 말하는 중화中和사상이다. 여기서 중中이란 대통령이라는 말이고 화和는 백성이라는 것이다. 백성과 대통령이 하나가 되면 그것이 치중화致中和라는 것이다. 치중화로 하나가 되면 "천지위언天地位焉 만물육언萬物育焉"이다. 천지가 자리가 잡히고 만물은 다 잘 살게 된다. 이것이 소위 이상세계다. 이것이 『중용』1장의 내용인데 철인정치라는 것이다. 철인이 나타나기만 하면 백성들이 다 철인을 좋아하게 되어 온 나라는 자리가 잡히게 되고 그래서 모든 만물이 풍성해지는 이상세계가 된다.

"여래성도如來成道 수출구계지표首出九界之表 이찰해중생而刹海衆生 개득안주우불성중야皆得安住于佛性中也"
(여래가 도를 이루어 온 세상의 으뜸으로 나오니 땅과 바다의 모든 중생들이 다 불성 가운데서 평안하게 잘 살게 되었다.)

그래서 철인이 지위를 얻으면 모든 사람 위에 있어서 모든 백성들로 하여금 다 자기가 자기에게 만족할 수 있는 그런 세계를 만들어 간다. 누가 만족하게 해 주는 것이 아니다. 자기가 자기로서 만족하는 것이다. 개자득皆自得이다. 그것이 여기서의 핵심이다.

그러니까 실상實相이란 철인이라는 말이고 제법諸法은 이상세계라는 말이다. 이렇게 해석할 때도 있고, 또 제법실상諸法實相의 제법諸法이란 현실이고 실상實相이란 이상이라고 해석할 수도 있다. 그러니까 그때그때 다르게 해석해 가야 되지 한 가지로만 해석하면 의미가 통하지 않는다.

    그래서 결국 『법화경』 전체가 이것이고 또 공자의 『주역』 전체가 이것이고 기독교 전체가 이것이고 모두 이것이다. 이외에 무엇이 또 있겠는가? 철인이 나와서 이상세계를 만든다는 것이나 그리스도가 와서 하나님 나라를 만든다는 것이나 다 같은 소리지 무엇이 다르겠는가?

2000. 4. 23.

제 6. 수기품授記品

원문 요약

　아차제자我此弟子 마하가섭摩訶迦葉 어미래세於未來世 당득봉관當得奉觀 삼백만억三百萬億 제불세존諸佛世尊 공양공경供養恭敬 존중찬탄尊重讚歎 광선제불廣宣諸佛 무량대법無量大法 어최후신於最後身 득성위불得成爲佛. 명왈名曰 광명여래光明如來 응공應供 정편지正遍知 명행족明行足 선서善逝 세간해世間解 무상사無上士 조어장부調御丈夫 천인사天人師 불세존佛世尊. 국명國名 광덕光德 겁명劫名 대장엄大莊嚴 불수佛壽 이십소겁十二小劫 정법주세正法住世 이십소겁二十小劫 상법像法 역주亦住 이십소겁二十小劫. 국계엄식國界嚴飾 무제예악無諸穢惡 와력형극瓦礫荊棘 편리부정便利不淨. 기토평정其土平正 무유고하無有高下 갱감퇴부坑坎堆阜 유리위지琉璃爲地 보수행렬寶樹行列 황금위승黃金爲繩 이계도측以界道側 산제보화散諸寶華 주편청정周遍清淨. 기국보살其國菩薩 무량천억無量千億 제성문중諸聲聞衆 역부무수亦復無數 무유마사無有魔事 수유마급雖有魔及 마민魔民 개호불법皆

護佛法. 이시爾時 수보리須菩提 마하가전연摩訶迦旃延 이설게언而說偈言 대웅맹세존大雄猛世尊 제석지법왕諸釋之法王 애민아등고哀愍我等故 이사불음성而賜佛音聲 약지아심심若知我深心 견위수기자見爲授記者 여이감로쇄如以甘露灑 제열득청량除熱得淸凉 여종기국래如從飢國來 홀우대왕선忽遇大王膳 심유회의구心猶懷疑懼 미감즉변식未敢卽便食 약부득왕교若復得王敎 연후내감식然後乃甘食.

수기품 강해

　수기授記에 대해서는 이미 나왔었다. 맨 처음 부처님이 「방편품方便品」을 말하고서 사리불에게 수기를 했다. 그 때는 그냥 지나쳤는데 이번에 「약초유품藥草喩品」을 말한 후 가섭迦葉에게 수기를 했다. 이 다음에는 또 「화성유품化城喩品」을 말하고 나서 다시 누구누구에게 수기를 한다 하고 나온다.
　사리불은 상근上根이라 한다. 제자 가운데 가장 총명한 사람이라는 말이다. 지금 말하는 것은 가섭인데 이는 중근中根이다. 그리고 이 다음에 「화성유품」을 말하고는 수기를 하는데 그때 사람들은 하근下根이다. 그러니까 「방편품」은 상근上根을 위해서 말한 것이다. 그 다음 화택의 비유니 궁자의 비유니 약초의 비유니 하는 것은 중근 때문에 말한 것이다. 그리고 이 다음에 나오는 「화성유품」은 하근 때문에 말한 것이다. 이것을 소위 삼주설법三周說法이라 한다. 듣는 사람의 정도에 따라서 다르게 말하는 것이다.
　수기란 무엇인가? 이제 앞으로 네가 대통령이 된다는 그것을 말해주는 것이 수기다. 앞으로 얼마 있다가 네가 대통령이고 또 앞으로 얼마 있으면 누가 대통령이 된다 하고 그렇게 말해주는 것이다. 그렇게 해서 말하자면 상속을 해주는 것이다. "앞으로 네가 철인이 된다"하고 말해주는 것이다. 부처를 다른 말로 하면 철인이다. 부처란 깨달은 사람, 즉 각자覺者라는 것인데 이것을 요새로 말하면 철인이라는 것이다. 철인은 무엇인가 하면 왕이 되어야 하는 사람이다. 그러니까 "네가 왕이 된다" 그렇게 말해주는 것을 수기라고 한다.
　요전에 벌써 사리불에게 "앞으로 네가 왕이 된다" 그런 말이 있었는데 그냥 빼먹고 왔다. 이번 「수기품授記品」에도 여러 사람이 나오지만 대표적으로 가섭 하나만을 보기로 한다. 같은 것을 되풀이할 필요가 없기 때문이다.

아차제자我此弟子 마하가섭摩訶迦葉 어미래세於未來世 당득봉관當得奉觀 삼백만억三百萬億 제불세존諸佛世尊 공양공경供養恭敬 존중찬탄尊重讚歎 광선제불廣宣諸佛 무량대법無量大法 어최후신於最後身 득성위불得成爲佛.

제자인 마하가섭은 오는 세상에서 삼 백만 억 여러 부처님들을 뵈옵고 공양하고 공경하며 존중하고 찬탄하며 여러 부처님의 무량 대법을 널리 펴다가 최후의 몸으로 성불하게 되리라.

마하가섭摩訶迦葉이 부처가 되기 위해서는 앞으로 많은 선생님한테 배우고 훈련을 쌓아야 된다는 것이다. "삼백만억三百萬億 제불세존諸佛世尊"을 만나야 된다. 이것은 하나의 과장법이다. 많다는 것을 나타내기 위해서 이 사람들은 삼 백만 억이라 했다. 그렇게 표현해야 좀 많은 것처럼 느껴지는 것이다. 수염이 길다 해도 "길이가 삼천 척이라" 그렇게 말해야 좀 길다는 느낌이 들지 "수염이 두 자나 된다" 그러면 그것은 별로 길다는 생각이 안 든다. 이것은 말하자면 문학상의 표현 습관으로 어떻게 할 수가 없다. 그래서 많은 선생님이라는 것을 "삼 백만 억 제불세존"이라 했다.

마하가섭, 네가 곧 대통령이 될 수는 없다. 아직 자격이 안 되니까 많이 배워야 된다. 많은 선생님을 만나서 공양 공경供養恭敬하고 존중尊重하고 찬탄讚歎하고 그래서 그 선생님한테 배운 것을 많은 사람들에게 또 많이 가르쳐 주어야 된다. 대통령이 되기 전까지 네가 그것을 해야 된다. 그렇게 하고야 그 다음에 대통령이 될 수 있다는 말이다.

명왈名曰 광명여래光明如來 응공應供 정편지正遍知 명행족明行足 선서善逝 세간해世間解 무상사無上士 조어장부調御丈夫 천인사天人師 불세존佛世尊.

이름하여 광명여래, 응공, 정편지, 명행족, 선서, 세간해, 무상사, 조어장부, 천인사, 불세존이다.

네가 대통령이 되는데 그 때 너의 이름은 광명여래光明如來, 응공應供, 정편지正遍知, 명행족明行足, 선서善逝, 세간해世間解, 무상사無上士, 조어장부調御丈夫, 천인사天人師, 불세존佛世尊이라 한다.

철인에게 이름이 열 개가 붙어있다. 불호 십명佛號十名이다. 열 개의 이름이 바로 철인의 내용이다. 그래서 열 개의 이름이 다 중요하지만 그 중에서 가장 중요한 것이 여래如來라는 이름과 선서善逝라는 것이다. 여래 선서라는 이것이 핵심이라 할 수 있다. 그 다음에는 불세존佛世尊, 명행족明行足, 정편지正遍知라는 것이다.

불교에서 가장 많이 말하는 것이 정편지라는 것이다. "아누다라삼막삼보리阿耨多羅三藐三菩提"라고 하는데 이것을 무상정편지無上正遍知라고 번역한다. '아阿'는 무無로 번역하고 '누다라耨多羅'는 상上으로 번역하고 '삼막삼보리三藐三菩提'는 정편지正遍知라고 한다.

그런데 이것은 아까 말한 공空, 가假, 중中이라 하는 것이나 마찬가지다. 공空이란 제1단의 "산시산山是山 수시수水是水"라 하는 것이다. 그 다음 "산불시산山不是山 수불시수水不是水"라 하는 말이 가假라는 것이다. 요새로 말하면 공空을 정正이라 하면 가假는 반反이다. 그리고 "산역시산山亦是山 수역시수水亦是水"라 하는 것이 합合이다. 정반합正反合이라는 이것을 『법화경』에서는 공가중空假中이라는 말로 표현하는 것이다.

더 쉽게 말하면 산을 올라가는 것으로 비유할 수 있다. 설악산을 올라갈 때 속초에서 설악산을 보는 것이 "산시산山是山 수시수水是水"이다. 그래서 두 번째 단계는 그냥 비선대로 천불동으로 죽음의 계곡으로 그냥 올라가는 것이다. 그때는 "산불시산山不是山 수불시수水不是水"다. 산도 간 데가 없고 물도 간 데가 없다. 보이는 것은 오직 오솔길 뿐이다. 그것이 제2단계다. 그 다음에 대청봉 맨 꼭대기에 앉아서 보는 것이 중中이다. 아우프헤벤aufheben이라는 것이다. 지양止揚이다. 올라가서 더 올라갈 데 없는 꼭대기에 딱 멎어있는 것이다. 그래서 전체를 보는 것이다. 울산바위, 쌍폭, 백담, 귀떼기청봉 등 다 보는 것이다. 그때가 "산역시산山亦是山 수역시수水亦是水"라는 것이다. 이것을 독좌대웅봉獨坐大雄峰이라는 말로 표현하기도 한다. 혼자서 큰 산꼭대기에 올라가 앉아 있는 것이다.

그것이 소위 정편지正遍知라는 것이다. '정正'이란 '일지一止'라는 것이다. 더 올라갈 데가 없다. 꼭대기에 올라가서 앉아 있는 것이다. 대통령 자리에까지 올라가 앉은 것이다. 그것이 '일지一止'라는 것이요 '정正'이다. 아까 나온 이어천以御天이라 하는 말도 이것이다. 그리고 그렇게 맨 꼭대기에 앉아서 다 보는 것을 '변遍'이라 한다. 다 보고 다 아는 것이다. 그래서 정편지다.

그렇게 되기 위해서는 그 전에 명행족明行足이라는 것이 있어야 된다. 올라가는 것이 있어야 된다. 또 올라가기 전에 바라보는 것이 있어야 된다. 그것이 불세존佛世尊이다. 세상에서 제일 높은 봉우리를 바라보는 것이다. 불佛이란 보는 것을 뜻한다. Enlightenment라는 것이다.

그러니까 연각緣覺, 보살菩薩, 불타佛陀라는 세 과정을 거치는 것이다. 그래서 불세존佛世尊, 명행족明行足, 정편지正遍知라 한다.

이 정편지가 되니까 자연히 천인사天人師가 되어 다 가르칠 수 있고 또 모르는 것이 없는 세간해世間解도 될 수 있고 또 명행족明行足으로 꼭대기에 올라갔으니 무상사無上師도 될 수 있고 또 더 올라갈 데 없이 되면 조어장부調御丈夫도 된다. 그리고 응공應供이란 모든 사람에게 다 가르쳐 줄 수도 있고 안내할 수도 있고 도와줄 수도 있고 다 해줄 수가 있다는 말이다.

어떻게 이런 사람이 될 수 있는가. 여래如來 선서善逝이기 때문이다. 플라톤의 말로 하면 이데아의 세계에서 왔으니까 또 앞으로 이데아의 세계로 가는 것이다. 이데아의 세계란 선의 이데아의 세계로 가는 것이다. 이것이 핵심이다. 이런 사람이니까 이렇게 이런 사람이 된다는 것이다. 그래서 이렇게 이렇게 하는 것이다. 내용은 그것이다.

국명國名 광덕光德 겁명劫名 대장엄大莊嚴 불수佛壽 십이소겁十二小劫 정법주세正法住世 이십소겁二十小劫 상법像法 역 주亦住 이십소겁二十小劫.

　나라 이름은 광덕이요 시대 이름은 대장엄이요 부처님 수명은 12소겁이요 정법은 세상에 20소겁을 머무를 것이며 상법도 또한 20소겁을 머물 것이다.

　나라의 이름은 광덕光德이다. 그 시대의 이름은 대장엄大莊嚴이다. 왕의 기한은 십이소겁十二小劫이다. 그래서 그 영향은 얼마나 갈 것인가. 이십소겁二十小劫이다.

　국계엄식國界嚴飾　무제예악無諸穢惡　와력형극瓦礫荊棘　편리부정便利不淨.
　나라의 모습은 장엄하게 꾸며져서 모든 더러움이 없어 기와조각이나 가시덤불 오물 따위도 없고 어디나 깨끗하다.

　나라의 모습은 어떤가? 나라가 잘 정리가 되어 아주 아름답다. 실제로 스위스 같은 나라는 정리가 잘 되어 있다. 영국도 정리가 잘 되어 있는 나라이다. 국토의 95%가 공원이라고 한다. 그래서 영국에 가보면 아름답게 되어 있다. 그리고 스위스에 가 보아도 어디나 아름답게 되어 있다. 그런 것을 국계엄식國界嚴飾이라 한다. 그래서 더러운 것 오염된 것이 일체 없다.
　쮜리히에 갔을 때 보니까 개울에서 아이들이 수영을 하고 있었다. 시내를 흐르는 청계천 같은 개울인데 그 속에서 아이들이 물놀이를 하고 있었다. 물이 더럽지 않느냐고 물었더니 절대 더럽지 않고 그 물은 먹을 수 있을 만큼 깨끗하다고 했다. 하여튼 스위스 사람들이 어떻게 그렇게 똑똑한지 모르겠다. 우리는 더러운 것을 다 버려서 잉어도 못살게 만들었는데 그들은 우리와는 너무도 다르게 강물을 깨끗하게 보존한다. 그래서 시내에 흐르는 청계천이 진짜로 청계천이다. 우리는 청계천이 아니라 오염된 오계천이다. 우리는 그 나라의 물을 보면 그 나라의 수준을 알 수 있다. 스위스에 흐르는 물은 독일로 흘러간다. 독일 사람들은 그 물을 측정해서 조금이라도 오염이 되어 있으면 스위스에게 돈을 받는다고 한다. 또 독일에 흐르는 물은 네덜란드로 흘러간다. 그래서 네덜란드에서 그 물을 재어보고 오염이 되어 있으면 또 독일한테 돈을 받는다고 한다. 그러니까 그 물이 더러워질 수가 없다. 거기는 역시 철인이 정치를 하는 것 같다.

스위스에 가서 너희 대통령이 누구냐고 물었더니 학생들이 아무도 모른다고 했다. 대통령은 장관들이 돌아가면서 한 해씩 맡아서 하니까 그것을 어떻게 기억하느냐는 것이다. 우리도 장관들이 돌아가면서 대통령을 해도 충분한 것인데 우리는 괜히 대통령을 뽑고 있는 것 아닌가. 사실 뭘 하려고 우리가 대통령을 뽑는지 모른다.

그리고 스위스의 국회의원들은 다들 직장을 가지고 있다. 한국에 왔었던 오토 같은 사람도 대학 교수를 하면서 국회의원을 한다. 자기 직업을 다 가지고 있다가 한 번씩 의논하기 위해 모이는 것이다. 우리처럼 무슨 넉 달 동안 한 번도 모여본 일이 없으면서도 월급은 꼬박 받아 가는 것과는 전혀 다르다. 일은 하나도 안 하고 월급만 받아 간다면 그런 것들은 정말 도둑들이 아닌가. 그런데 스위스에서 국회의원은 자기 할 일을 하다가 국회에 나갈 때는 나가서 의논을 하는 것이다.

기토평정其土平正 무유고하無有高下 갱감퇴부坑坎堆阜 유리위지琉璃爲地 보수행렬寶樹行列 황금위승黃金爲繩 이계도측以界道側 산제보화散諸寶華 주편청정周遍淸淨.

그 땅은 반듯하고 평평해서 높거나 낮은 것이 없고 구덩이나 언덕이 없고 유리로 포장되어 보배나무가 줄지어 있고 황금 열매가 길가의 경계로 늘어섰으며 보배로운 꽃들이 흩어져 있는데 어디나 다 깨끗하다.

국토가 모두 공원화되어 있다. 높거나 낮거나 어디든지 반짝거린다. 꽃과 나무들이 잘 가꾸어져 있고 온 나라의 경제는 한없이 풍부하다. 그래서 꽃잎이 날리고 어디나 깨끗하다.

기국보살其國菩薩 무량천억無量千億 제성문중諸聲聞衆 역부무수亦復無數 무유마사無有魔事 수유마급마민雖有魔及魔民 개호불법皆護佛法.

그 나라에는 보살들이 무한히 많고 성문들도 또한 한없이 많은데 마의 장난도 없다. 비록 마가 있고 마의 백성들이 있을지라도 다 부처님의 법을 수호한다.

그 나라에는 깬 사람들이 한없이 많다. 물론 일반 대중들도 많이 있다. 그런데 남을 헤치거나 그런 일이 거의 없다. 비록 어리석은 사람들도 많이 있지만 다 법을 지키고 산다.

이탈리아에 가면 지나가는 사람의 가방을 빼앗아 달아나는 일이 생긴다. 오토바이를 타고 가면서 남의 가방을 빼앗아 달아나는 것이다. 그런데 프랑스에 가면 그런 일이 없다. 그래도 도둑맞는 일이 많다. 그런데 스위스에 가면 그런 일이 하나도 없다. 어떻게 그렇게 달라지는 것인지 그것 참 이상하다. 맨 도둑들이 들끓다가는 조금 가면 도둑들이 거의 없고 더 가서 스위스로 가면 그런 일이 전혀 없어진다. 스위스는 그만큼 발달된 나라이다.

물론 거기에도 이태리에서 온 노동자도 있고 프랑스에서 온 노동자들도 있지만 다 법을 지키고 살지 법을 지키지 않는 사람은 없는 것이다.

이시爾時 수보리須菩提 마하가전연摩訶迦旃延 이설게언而說偈言 대웅맹세존大雄猛世尊 제석지법왕諸釋之法王 애민아등고哀愍我等故 이사불음성而賜佛音聲 약지아심심若知我深心 견위수기자見爲授記者 여이감로쇄如以甘露灑 제열득청량除熱得清凉 여종기국래如從飢國來 홀우대왕선忽遇大王膳 십유회의구심猶懷疑懼 미감즉변식未敢卽便食 약부득왕교若復得王敎 연후내감식然後乃甘食.

이때 수보리 마하가전연 등이 게송을 읊었다. "크게 웅장하고 용맹하신 세존 제석의 법왕이시여, 저희들을 불쌍히 여기시고 부처님의 음성을 내려 주소서. 저희들 깊은 마음속을 헤아리시고 수기를 주신다면 그것은 마치 감로수를 뿌려서 열을 제하시고 청량하게 하심 같으며 흉년든 나라에서 굶주리고 온 사람이 대왕께서 베푸신 만찬을 갑자기 만나 의심스럽고 송구하여 감히 먹지 못하다가 먹으라는 대왕의 교지를 받고 난 후 맛있는 음식을 달게 먹는 것이나 같습니다."

가섭에게 수기授記를 하자 다른 친구들이 또한 수기를 해 달라고 부탁한 것이다. "우리도 다 수기를 받고 싶다"하고 요청한 것이다. 단 이슬이 마치 더위를 식혀주어 시원한 세계가 오는 것처럼, 또 마치 굶주린 사람이 왕의 식탁에 초대를 받은 것처럼 "확실히 너도 대통령이 될 수 있다"하고 우리에게 한 번 상속권을 주고 우리도 좀 살게 해달라는 것이다.

앞으로 이렇게 수십 명이 수기 받는 것이 나오는 데 다들 이것이다. 내용은 모두 마찬가지로 여기 나온 열 가지 이름이다. 즉공卽空, 즉가卽假, 즉중卽中이라는 세 계단으로 올라가는 것이다. 『원각경』으로 말하면 삼마디Samadhi, 삼마파티Samapatti, 디야나Dhyana 라는 것이다. 같은 말이 자꾸 나오는 것이다.

인간이란 세 단계로 올라가는 것이다. 『주역』에서는 그것을 또 여섯 단계로 쪼개놓은 것이다. 사람은 반드시 눈이 떠야 되고 그 다음에는 또 올라가서 코가 뚫려야 되고 나중에는 입이 열려야 되는 것이다. 눈을 뜨고 코가 뚫리고 입이 열리는 그것을 정법안장正法眼藏, 실상무상實相無相, 미묘법문微妙法門이라 한다. 기독교로 말하면 성육신, 십자가, 부활이라는 것이다.

그런데 이것들은 왜 그렇게 알기가 어려운가? 그것은 사차원이 되어서 그런 것이다. 사차원이기에 그것은 우리의 지식의 대상이 아닌 것이다. 지식의 대상이 아니라 체험의 대상인 것이다. 그러니까 우리는 그것을 몸으로 깨닫는 체득이 되어야지 그냥 머리로는 안 된다.

공자의 말로 하면 이것은 지知로 의意로 정情으로 가는 것이다. 진리眞理와 진실眞實과 진정眞情이라는 것인데 이 진정을 공자는 인仁

이라고 한다. 공자는 이것을 또한 천지인天地人이라 그렇게 말하기도 한다.

하는 말들은 다 다르지만 내용은 다 같은 것이다. 그래서 "아, 이 사람은 이것을 이렇게 말했구나" 또 "아, 저 사람은 이것을 저렇게 말했구나" 하고 우리는 그것만 알면 된다.

결국은 내 눈이 떠야지 많이 아는 것이 아니다. 전체적인 진리가 아니라 주체적인 진리라야 한다. 헤겔 식으로 전체를 아는 것, 그것이 아니다. 헤겔 식의 전체를 아는 그것은 양적 변증법이다. 키엘케골 식의 주체적 진리라야 하는데 그것은 말하자면 질적 변증법이다. 법화경은 질적 변증법이지 무슨 양적 변증법이 아니다. 달리 말하면 내 눈이 뜨는 것이지 무슨 많이 본다는 그런 것이 아니다.

진眞이라는 것이 무엇인가? 진에 관해서 소크라테스니 헤겔이니 다들 말하지만 진이란 내 눈이 떴다는 것이다. 선善이란 무엇인가? 내 코가 열렸다는 말이다. 미美란 무엇인가? 내 입이 열렸다는 것이다. 이것들은 모두 주체적 진리를 말하는 것이지 무슨 꽃이 아름답다는 그런 얘기가 아니다. 내 눈이 떠져야 되고 내 코가 뚫려야 되고 내 입이 열려야 된다는 말이다.

2000. 4. 23.

제 7. 화성유품化城喩品

원문 요약

　내왕과거乃往過去 아승지겁阿僧祇劫 유불有佛 대통지승여래大通智勝如來. 미출가시未出家時 유십육자有十六子 문부득성聞父得成 아누다라삼막삼보리阿耨多羅三藐三菩提. 개사소진개사소진皆舍所珍 왕예불소往詣佛所 십육왕자十六王子 권청세존전어법륜勸請世尊轉於法輪 육종진동六種震動 대광보조大光普照. 여래수청如來受請 삼전십이행법륜三轉十二行法輪. 십육동자十六童子 출가사미出家沙彌. 정수범행淨修梵行 청설請說 아누다라삼막삼보리阿耨多羅三藐三菩提. 법왕즉청허설法王卽聽許說 시대승경是大乘經 명묘법연화名妙法蓮華. 십육보살十六菩薩 개득皆得 아누다라삼막삼보리阿耨多羅三藐三菩提 어십방국토於十方國土 현재설법現在說法 제십육아석가모니불第十六我釋迦牟尼佛. 무량혜無量慧 세존世尊 선종종법宣種種法. 비험악도譬險惡道 다독수多毒獸 무수초無水草 천만중千萬衆 욕과험도欲過險道. 기로광원其路曠遠 시유일도사時有一導師 중인피권욕퇴衆人疲倦欲退 심가민甚可愍 설신통력설神通力 화작대성곽化作大城郭 제인입성諸人入城 심대환희心大歡喜 개생안온皆生安穩 개위득도皆爲得度. 도사지식이導師知息已 집중이고集衆而告 여등당전진汝等當前進 차시화성이此是化城耳 여금근정진汝今勤精進 당공지보소當共至寶所. 아역부여시我亦復如是 고이방편력고以方便力 위식설열반爲息說涅槃 개득아라한皆得阿羅漢 위설爲說 진실법眞實法 분별설삼승分別說三乘 유유일불승唯有一佛乘. 위불일체지爲佛一切智 당발대정진當發大精進 여증일체지汝證一切知 십력등불법十力等佛法 내시진실멸乃是眞實滅.

화성유품 강해

　내왕과거乃往過去 아승지겁阿僧祇劫 유불有佛 대통지승여래大通智勝如來.
　옛날, 아주 오랜 옛날에 대통지승여래라 하는 부처님이 계셨다.

　아승지겁阿僧祇劫이란 아주 오랜 옛날이라는 뜻이다. 아주 오랜 옛날에 대통지승여래大通智勝如來라고 하는 부처님이 있었다. 부처님의 특징은 언제나 신통광명장神通光明藏이다. 신통神通이란 사랑을 말하고 광명장光明藏이란 지혜라는 것이다. 사랑과 지혜인데 여기서는 사랑이라는 말 대신에 대통大通이라 했고 지혜라는 말 대신에 지승智勝이라 했다. 『주역』에서도 인간이란 무엇인가 할 때 지혜와 사랑이라 한다. 건乾괘의 내용이 그것이다. 불교에서도 마찬가지요 철학에서도 마찬가지다. 인간이란 무엇인가 할 때 지혜와 사랑이다. 필로소피아 philosophia라는 것이다.
　대통지승여래라 하는 부처님이 있었는데 그는 수명이 오백 사십 억 년이라고 한다. 한없이 오랜 세월을 살았다는 말이다. 말하자면 영원한 생명이다. 영원한 생명이란 무슨 오래 살아서 영원한 생명이 아니다. 참 삶이 영원한 생명이다. 참 삶이란 진리의 삶이다. 진리는 영원한 것이다. 그래서 진리를 살면 영원한 것이다. 이 영원한 생명을 나타내기 위해서 오백 사십 억 년을 살았다고 한다. 부처님이란 진리를 깨달은 사람이다. 진리를 깨닫고 진리를 사는 것이다. 그래서 영원한 생명이다.
　우리는 영원한 생명이라 하면 자꾸 오래 사는 것을 생각하는데 오래 사는 것이 영원한 생명이 아니다. 물론 오래 사는 것이 나쁜 것은 아니다. 오래 사는 것이 나쁜 것은 아니지만 그 보다 더 중요한 것은 진리를 사는 것이다. 진리를 사는 것이 중요한 것이지 무슨 오래 사는 것이 중요한 것이 아니다. 예수님은 고작 33세에 세상을 떠났지만 진리를 살았기 때문에 예수님은 영원한 생명이다.

미출가시未出家時 유십육자有十六子 문부득성문父得成 아누다라삼막삼보리阿耨多羅三藐三菩提.

대통지승여래가 출가하기 전에 열 여섯 명의 아들이 있었는데 그들은 아버지가 진리를 깨달았다는 소식을 듣게 되었다.

"아누다라삼막삼보리阿耨多羅三藐三菩提"는 지난번에 말한 대로 무상정편지無上正遍知라는 뜻이다. 정편지正遍知를 불교에서는 정변지라고 읽는다. 정편지라는 것을 『주역』에서 말할 때는 중정中正이라 한다. 그리고 유영모柳永模 선생은 가온찍기라고 한다. 다산茶山 정약용丁若鏞은 이것을 무극이태극無極而太極이라 한다.

무극이태극이라 하는 말도 진리를 깨달았다는 말이요 가온찍기라는 말도 진리를 깨달았다는 말이다. 모두 진리를 깨달았다는 말인데 『주역』에서는 그것을 중정이라 하고 여기서는 그것을 정편지라고 한다.

정편지란 요새로 말하면 보편타당하고 필연적인 것이라는 말이다. 요새 진리를 설명할 때 보통 보편타당하고 필연적이라는 말을 한다. 구슬이 서 말이라도 꿰어야 보배라는 것이다. 실로 꿰어진 구슬이다. 다시 말해서 일이관지一以貫之다. 일이관지가 되어 실에 꿰어져야 되지 그저 아는 것이 많다. 그래서는 안 된다. 정편지가 되기 위해서는 한 알이라도 좋으니까 그것이 실로 꿰어져야 된다. 일이관지가 되어야 한다.

그래야 그것을 소위 도道라고 할 수 있다. 그렇지 않으면 도가 안 된다. 실로 꿰어야 도가 되지 그렇지 않으면 도가 안 된다. 실로 꿰었다는 말은 결국 지행일치知行一致가 되었다는 말이다. 지知만 가지고는 안 된다. 행行이 되어야 한다. 그래야 그것을 도道라고 한다.

그러니까 지행일치라 하는 것이다. 또는 일도출생사一道出生死라는 말이다. 생사生死라는 말이나 지행知行이라는 말이나 마찬가지다. 그러니까 일원一元의 세계지 이원二元의 세계가 아니라는 것이다. 생사가 되면 그것은 이원의 세계다. 이것이 지행일치가 되어야 일원의 세계가 된다. 무극이태극無極而太極이다. 무극無極과 태극太極이 하나로 가서 붙어야 지행일치가 된다. 무엇이나 같은 말이다. 그러니까 정편지正遍知라는 것은 정正과 편遍이 일치一致되어야 정편지가 되는 것이다.

개사소진皆舍所珍 왕예불소往詣佛所 십육왕자十六王子 권청세존전어법륜勸請世尊轉於法輪 육종진동六種震動 대광보조大光普照.
 그래서 그들은 모두 세상의 진귀한 것들을 다 버리고 부처님께 찾아갔다. 그리고 그 16왕자들이 모두 세존께 설법을 부탁했다. 그리하여 온 세상이 크게 흔들리게 되고 어디나 큰 광명이 가득 차게 되었다.

 아버지가 진리를 깨달았다는 말을 듣고서 열 여섯 아들이 모두 자기들의 모든 보배를 버리고 자기들도 진리를 깨닫겠다고 자기 아버지에게로 갔다. 그래서 아버지에게 좀 가르쳐달라 하고 부탁을 했고 아버지는 가르쳐 주었다. 그리하여 온 세상이 흔들리고 진리의 빛이 드러나게 되었다.

 여래수청如來受請 삼전십이행법륜三轉十二行法輪.
 여래는 청을 받아들여 삼전 십이행 법륜을 했다.

 여래如來가 그 청을 받고서 "삼전십이행법륜三轉十二行法輪"을 했다는 것이다. 삼전三轉이란 시示, 권勸, 증証이라는 세 가지를 말한다. 시示는 보여주는 것이다. 권勸이란 실천을 하라고 권면勸勉을 하며 좀 더 깊이 가르치는 것이다. 그리고 마지막에 증証은 내가 실천을 해 보니 이러이러한 결과가 나타났다, 그러니 너도 나를 따라오너라 하는 것이다.
 처음에는 가르쳐주고 알려주는 것이고 그 다음에는 실천하기를 권하는 것이고 그 다음에는 자기가 실천해서 지행일치가 되는 것이다. 그래서 지행일치의 세계는 증거하는 것이다.

　이렇게 차차 깊게, 깊게 가르쳐 주는 것이다. 처음에는 그저 가르쳐 주다가 그 다음에는 좀더 깊이 가르쳐 주다가 나중에는 아주 깊이 가르쳐 주는 것이다. 이것을 소위 삼전이라 한다.

　그리고 십이十二라는 것은 고집멸도苦集滅道라는 사제四諦를 시시하고, 권권勸하고, 증증証하는 것이다. 그래서 결국 고집멸도라는 네 가지를 깊이 알게 해주는 것이다. 너의 병은 무엇이다. 네 병의 근원은 무엇이다. 그것을 치유하는 법은 이렇다. 네 몸을 다시 건강하게 회복시키기 위해서는 이렇게 해야 한다. 이렇게 병을 알게 하고 병의 원인을 제거하게 하고 그래서 병을 고치고 나중엔 건강을 되찾게 해주는 그것을 사제라고 한다. 그 사제를 깊이 알게 해준다는 말을 "삼전십이행법륜"이라 했다. 고집멸도라는 사제를 세 번씩이나 깊이 가르치는 것이 삼전三轉이다. 그 다음에는 십이지인연十二支因緣을 가르친 것이다. 십이지인연을 연기緣起라고도 한다. 결국은 고집멸도라는 사제四諦는 성문聲聞에 대해서 가르치는 것이고 연기는 연각緣覺에 관해서 가르치는 것이다.

　　십육동자十六童子 출가사미出家沙彌.
　　16동자는 모두 출가해서 사미가 되었다.

　사미沙彌의 뜻은 보통 식자息慈라고도 하는데 "악식惡息 자행慈行", 악을 그치고 자비를 행한다는 뜻이다. 나쁜 짓은 그치고 좋은 일만 하면서 사는 것이다. 사미에 대한 또 하나의 의미는 젊은 사람이라는 말이다. 이십 세가 되기 전의 젊은 사람을 보통 사미라고 한다. 그리고 또 다른 뜻은 초보적인 쉬운 계戒를 주어서 그것을 실천으로 옮기게 하는 그런 계행戒行의 세계를 말하기도 한다. 한마디로 젊은 사람들을 말하는 것이다.

정수법행淨修梵行 청 설請說 아누다라삼막삼 보리阿耨多羅三藐三菩提.
 정수범행을 하고 난 후에 여래에게 아누다라삼막삼보리에 대한 설법을 청했다.

 정수범행淨修梵行이란 육파라밀六婆羅密을 말한다. 이제 성문, 연각을 거쳐 보살菩薩의 길까지 걸어왔다는 말이다. 그래서 마지막으로 부처의 길을 물어보는 것이다.

 법왕즉청허설法王卽聽許說 시대승경是大乘經 명묘법연화名妙法蓮華
 대통지승의 법왕은 즉시 허락을 하고 설법을 했는데 그것이 묘법연화경이다.

 대통지승여래가 『법화경』을 강설했다는 말이다. 그런데 『법화경』이 마지막 끝나기까지 강설한 내용은 무엇이라 하고 나오는 것은 일체 없다. 『법화경』은 법화경인데 법화경의 내용을 말한 것은 한마디도 없다. 그냥 그저 법화경을 설했다는 것뿐이다. 그러니까 법화경을 설했다는 것이 무엇인가 하면 진리를 설했다는 것이다. 우리는 그렇게 보아야 한다.
 진리를 설했다는 말인데 이 사람들이 생각하기에 진리란 무엇인가 하면 우주 전체가 진리라는 것이다. 그러니까 『법화경』이 진리를 설했다는 것은 『법화경』이 결국 우주 전체를 보여주었다는 그런 말이다.

 소동파蘇東坡의 시를 읽어본다.

 "산색기비청정신山色豈非淸淨身 계성변시장광설溪聲便是長廣舌"
 (푸른 산은 그대로 청정법신이요 시냇물 소리는 바로 부처님의 장광설이 아닌가.)

 산이란 무엇인가? 이것은 부처님의 몸이다. 시냇물은 무엇인가? 이것은 부처님의 설법하는 소리다. 대우주가 그대로 진리라는 말이다. 여기서는 산이라는 말을 썼는데 산이라는 말 대신에 대우주라고 해도 된다. 대우주가 그대로 진리고 대우주의 움직임이 그대로 설법이다.

"야래팔만사천게夜來八萬四千偈 타일여하거사인他日如何擧似人"
(밤새도록 흘러나온 팔만 사천 법문들을 훗날 어찌 전할 수 있을까.)

그래서 어제 밤새도록 시냇물이 흘러가면서 내는 소리가 설법이다. 그것이 팔만 사천 게八萬四千偈라는 것이다. 그러니까 그 소리를 듣는 즉시 그것을 깨달아야지 그것을 어떻게, 그 진리의 내용을 어떻게 다른 사람에게 들어 보여줄 수 있겠는가 하는 말이다. '사似'는 보일 '시示'나 마찬가지 뜻이다. 진리를 어떻게 설명해줄 수가 있겠는가. 그러니까 이것은 각覺이라는 말이다. 이 우주를 보고 그냥 알아야지 그것을 어떻게 설명하겠느냐는 것이다.

따라서 법화경이란 별다른 것이 아니고 이 우주가 그대로 법화경이다. 기독교에서도 이 우주는 하나님의 말씀을 받아서 지어졌다고 한다. 그러니까 이 우주가 하나님의 말씀이지 무슨 「요한복음」이 하나님의 말씀이 아니다. 그러기에 법화경도 무엇이라고 말로 할 수가 없다. 『법화경』이란 책을 끝까지 읽어보아도 법화경의 내용이라 하는 것은 아무것도 없다. 우주 자체가 법화경이니까 우주를 보면 우리는 법화경을 아는 것이다.

십육보살十六菩薩 개득皆得 아누다라삼막삼보리阿耨多羅三藐三菩提 어십방국토於十方國土 현재설법現在說法 제십육아석가모니불第十六我釋迦牟尼佛.
16보살들이 모두 무상의 정편지를 체득한 후 모든 나라에 가서 지금 설법을 하고 있는데 그중 16번째가 나 석가모니 부처다.

그래서 아들 열 여섯 명이 모두 진리를 깨닫게 되어 이 나라 저 나라의 왕이 되었다. 그리고 그 아들들이 계속해서 그 법화경을 지금 설법하고 있다는 것이다. 그런데 그 열 여섯 아들의 맨 막내가 바로 석가모니釋迦牟尼다. 결국 대통지승불은 석가모니불의 아버지라는 말이다. 물론 정신적인 아버지다. 석가모니의 선생이 누구인지 모르지만 그 선생님을 하나의 상징적으로 이렇게 묘사한 것이다.

무량혜無量慧 세 존世尊 선 종종법宣種種法.
그래서 한없는 지혜의 세존으로 갖가지 법을 베풀어준다.

세존世尊은 한없이 지혜가 많은 선생님이다. 선생님은 여러 가지 이치를 우리에게 설명하여 주시는데 그 중에서 가장 많이 설명하는 것은 사제四諦와 십이인연十二因緣과 육파라밀六婆羅密, 그리고 법화경이다. 우주의 일체를 설명하는 것이 법화경이다. 그래서 선禪에서는 불립문자不立文字라 한다. 무슨 글자로 쓸 것이 있느냐는 말이다.

그래서 부처가 무엇이냐고 물어보면 "저 앞에 있는 잣나무"라고 한다. 잣나무가 부처지 무슨 다른 것이겠느냐는 말이다. 그것은 무슨 말이나 글자로 표시할 수 없다는 것이다.

마조馬祖가 죽으려고 할 때 제자 하나가 "선생님, 돌아가시면 어떻게 됩니까?" 물으니까 "해님 달님"이라고 대답했다. 죽으면 해님 달님이지 무슨 다른 것인가? 우주 일체가 진리요 법인데 그것을 무엇이라고 말로 할 수는 없지 않는가? 해님, 달님을 어떻게 말로 하느냐? 잣나무를 어떻게 말로 하겠는가? 네가 잣나무를 보고, 그 생명의 싱싱함을 보고, "아, 부처님은 생명 자체로구나!" 그렇게 느끼며 알아야지 그것을 어떻게 하느냐는 것이다. "팔만대장경이라 하지만 팔만대장경이 무슨 별것인가, 시냇물 흘러가는 소리가 대장경이지" 하는 말이다.

우리가 우주를 보고서 직접 직감을 해야지 그것을 어떻게 설명을 하겠는가? 생명이라는 것은 우리가 직감으로 느껴야지 그것을 이러고 저러고 말로 할 수는 없다. 기쁘다 그러면 그것을 직감으로 알아야지 그것을 어떻게 말로 하겠는가? 기쁘면 그저 기쁜 것이고 행복하면 그저 행복한 것인데 그것을 어떻게 말로 하겠는가? 그것은 모두 하나의 직감의 세계지 그것을 이렇다 저렇다 말할 수가 없다는 말이다. 불립문자다. 법화경이라는 것이 어디 있을 수 있는 것이 아니다. 우주 전체가 법화경이다. 그러니까 결국 우주를 보고서 직감을 해야 되는 것이다.

그래서 화성化城이라는 이야기 하나가 비유로 나온다. '化'라는 말은 요술 또는 마술이라는 뜻이다. 마술사들이 나와서 마술을 보여주면 주머니에서 비둘기도 나오고 무엇도 나오고 한다. 어떤 사람은 꽃다발을 꺼내고 또 꺼내고 그래서 무대에 꽃다발을 가득 채우기도 한다. 어디서 그렇게 꽃다발이 계속 나오는지 신기하다. 물론 오기야 화원에서 오는 것이지만 어떻게 그렇게 빨리 꺼내는지 우리는 모른다. 그런 것을 소위 '化'라고 한다. 요술이라는 것이다. 그런데 여기서는 꽃다발을 만들어 내는 것이 아니라 하나의 성곽城郭을 만들어냈다는 것이다.

어느 명절 때 텔레비전을 보니까 마술사가 뉴욕의 자유의 여신상을 없이 했다가 나중에 다시 갖다 놓는 것을 보여주었다. 그런 것을 '化'라고 한다. 화성化城이란 성곽을 하나 만들어 놓았다는 것이다. 그랬다가는 조금 후에 다시 없이하고 만다는 것이다.

비험악도譬險惡道 다독수多毒獸 무수초無水草 천만중千萬衆 욕과험도欲過險道.

비유로 말하면 험난하고 고약한 길이다. 독충이나 맹수들이 많고 물도 없고 풀도 없는 길인데 수천만의 중생들이 모두 그 험난한 길을 지나가고자 한다.

비유로 말한다. 가야 할 길은 매우 험하고 고약해서 거기에는 독한 벌레와 짐승들도 많고 먹을 물이나 풀 하나도 없다. 그런데 많은 사람들이 그렇게 험난한 길을 건너가고자 한다.

이것은 물론 이 세상이라는 것을 비유한 것이다. 세상은 참으로 살기 어려운 험난한 세계라는 것이다. 요새 세상은 자꾸 더 험난해져 간다.

그런데 많은 사람들이 인생이라고 하는 이 험난한 길을 건너가고자 한다.

기로광원其路曠遠 시유일도사時有一導師 중인피권욕퇴衆人疲倦欲退 심가민甚可愍 설신통력設神通力 화작대성곽化作大城郭 제인입성諸人入城 심대환희心大歡喜 개생안온皆生安穩 개위득도皆爲得度.
그 길은 넓고 멀기도 하다. 이때 한 지도자가 나왔다. 그 지도자는 사람들이 모두 피곤하고 지쳐서 주저앉고자 하므로 심히 불쌍하게 생각하여 신통력으로 큰 성곽을 만들었다. 그리고 사람들을 모두 그 성곽에 들어가게 하니 모두들 진정으로 크게 기뻐했다. 그리고 사람들은 모두 편안히 쉬게 되었고 잘 지내게 되었다.

그런데 그 인생이 그렇게 짧은 것도 아니다. 한 70년을 살려면 꽤 길다는 말이다. 그런데 거기에 요술쟁이가 하나 나왔다. 인생을 지도하는 선생님이 나온 것이다. 사람들은 도저히 이 인생을 살아갈 수가 없다. 인생을 사는 것이 너무나 피곤하고 지쳐서 정말 죽었으면 좋겠다 하리만큼 절망에 빠졌다. 선생님은 그 인생을 한없이 불쌍하게 생각했다. 그래서 요술하는 힘을 내서 큰 성곽을 하나 만들었다. 말하자면 큰 호텔을 하나 만들었다는 것이다. 그래서 사람들은 모두 그 호텔 속에 들어가서 다 기뻐했다. 먹고싶은 밥을 먹고 자고싶은 잠을 자는, 그래서 편안한 그런 세계를 하나 만들어 냈다. 그래서 이제 다들 기운을 회복하게 되었다.

도사지식이導師知息已 집중이고集衆而告 여등당전진汝等當前進 차시화성이此是化城耳 여금근정진汝今勤精進 당공지보소當共至寶所.
지도자는 이제 휴식을 끝내야 됨을 알고 사람들을 모아놓고 말했다. 너희들은 마땅히 계속 전진해야 된다. 이것은 임시로 만든 휴식처일 뿐이다. 너희들은 이제 더욱 노력하고 정진하여 모두가 다 함께 최종 목적지에 도달해야 된다.

선생님은 사람들의 기운이 다 회복된 것을 알고는 모두 모아놓고 말했다. 이 성곽은 임시로 만들어놓은 것으로 너희들은 더 가야만 된다. 이것은 임시로 만들어놓은 가짜 호텔이다. 그러니 이제부터 더 열심히 가자. 그래서 우리는 진짜 천국에까지 가야 한다.

아역 부여 시我亦復如是 고이 방편 력故以方便力 위 식 설열 반爲息說涅槃 개 득아라 한皆得阿羅漢 위 설爲說 진실법眞實法 분별 설삼승分別說三乘 유유일불 승唯有一佛乘.

나 역시 또한 이와 같은 생각이다. 그러니까 방편력을 써서 너희들을 쉬게 하기 위해 열반을 말한 것이다. 그래서 이제 모두 아라한을 얻었으니 진실법을 말하고자 한다. 삼승으로 분별해서 말했지만 진실은 오직 일불승뿐이라는 것이다.

나도 또한 이와 같은 생각이다. 그래서 요술하는 힘, 방편력方便力으로, 너희를 아주 쉬게 하기 위해서 열반涅槃을 말한 것이다. 그러니까 이 열반이라는 것은 결국 소승열반이다. 임시로 천당을 만들어 놓은 것이다. 앞으로 진짜 열반이 있다. 그런데 그 임시로 만든 천당이 무엇인가 하면 아라한阿羅漢이라는 것이다.

아라한이란 소승小乘의 성인聖人〔Holy man〕이다. 소승의 목적은 아라한이 되자는 것이다. 그런데 아라한의 뜻은 무엇인가? 아라한의 뜻은 우선 응공應供이다. 모든 사람의 대접을 받을 만한 선생님이라는 것이다. 그리고 살적殺賊이다. 아라한은 자기 속에 있는 모든 도적을 없이한 사람이라는 말이다. 자기 속에 있는 번뇌를 없이한 것이다. 그리고 불생不生이다. 다시는 생사의 바퀴에 떨어지지 않게 되었다는 것이다. 그래서 보통 이런 사람을 참사람, 진인眞人이라 부르기도 하고 거룩한 사람, 성인聖人이라 부르기도 한다.

소승이 목적하는 바는 이런 아라한까지 가는 것이다. 지금 화성化城이라는 것이 아라한을 말하는 것이다. 따라서 지금까지는 물론 아라한이 되어야 한다 하고 자꾸 말해왔다. 그래서 이제 모두가 아라한이 되었다.
 그런데 이제 아라한이 되었으니까 다시 이 화성이라는 호텔을 헐고 앞으로 또 더 나아가야 된다는 것이다. 이것이 「화성유품化城喩品」의 내용이다. 아라한에 만족하면 안 되고 더 나아가야 된다는 것이다.
 그럼 열반이라고 하는 것은 무엇인가. 우선 적멸寂滅이라는 뜻이다. 불이 꺼졌다는 것이다. 우리 속에 모든 문제가 해결되었다는 것이다. 혹은 해탈解脫이라는 뜻이다. 우리가 어려움을 벗어났다는 것이다. 번뇌煩惱에서 벗어났다는 것이다. 번뇌라고 하는 골치 아픈 것에서 벗어난 것이다. 그래서 완성보리完成菩提, 진리의 완성이다. 그것을 열반이라 한다.
 열반에는 유여열반有餘涅槃이 있고 무여열반無餘涅槃이 있다. 진리를 깨달으면 유여열반이라 한다. 그리고 나중에 죽어서, 말하자면 대왕생大往生하는 것을 무여열반이라 한다. 달리 말하면 거듭나는 것을 유여열반이라 하고 또 세상을 떠나서 하늘나라에 가는 것을 무여열반이라 한다.
 그리고 유위有爲, 무위無爲라 하는 말이 있는데 팔미八味가 들어가면 무위無爲요 팔미가 들어가지 못하면 유위有爲라 한다. 팔미라는 것은 별다른 것이 아니라 상항常恒, 안쾌락安快樂, 불로불사不老不死, 청정무구淸淨無垢라는 것이다. 영원한 것이요 즐거운 것이요 자유자재요 깨끗한 것이다.
 지난번에 상락아정常樂我淨이라 해서 이미 말했다. 상락아정이라는 것을 지난번에는 사덕四德이라 했다. 그런데 소승의 아라한이 되면 아직 열반 팔미까지는 가지 못한 유위의 세계라는 것이다.
 그러니까 하나를 더 가야 된다. 소승의 아라한이 아니고 대승의 아라한이 되어야 이 팔미를 맛보게 되는 것이다. 기독교로 말하면 성령의 열매를 거두게 되는 것이다.
 이렇게 열반이라는 것이 여러 가지로 말해지는데 가장 많이 쓰이는 말이 유여열반과 무여열반이다. 유여열반은 거듭나는 것이요 무여열반은 하늘나라로 가는 것이다. 그리고 유위, 무위라 하는 것은 자기가 깨끗해졌다 하는 것이 유위요 남까지 깨끗하게 해줄 수 있다는 그것은 무위다.

소승이란 언제나 자기중심이다. 자기가 깨끗한 사람이 되면 된다는 것이다. 그래서 자기 문제가 해결이 되었다 그러면 그것은 소승이다. 아라한이란 그래서 언제나 자기 문제를 해결한 사람이다.

그런데 대승이 된다, 무위가 되었다 하는 것은 남의 문제를 해결할 수 있는 사람이 되는 것이다. 남을 행복하게 만들었다 하면 그것이 대승이다. 자기가 행복해졌다는 그것은 소승이다. 남을 행복하게 한다. 그것은 무위이다. 자기를 위해서 노력한다. 그것은 유위다. 남을 위해서 노력하는 그것이 무위다. 그래서 유有라는 것은 차별의 세계이고 무無라는 것은 전체의 세계, 통일의 세계라 한다. 자기가 잘 살아야 된다는 그것은 차별의 세계이고 전체가 잘 살아야 된다는 그것은 무위의 세계다.

그리고 무여환생無如還生이라는 말이 있다. 자기만 행복하다는 것에서 남이 행복해야 되겠다는 것으로, 그렇게 소승에서 대승의 세계로 넘어가는 것을 무여환생이라 한다.

지난번에 "부주열반不住涅槃 부주생사不住生死"를 말했다. 열반涅槃에 있어도 안 되고 생사生死에 있어도 안 된다. 더 쉽게 말하면 지옥에 가서 살아도 안 되고 그렇다고 천당에 가서 살아도 안 된다. 언제나 어디에서 살아야 되는가 하면 여기에서 살아야 된다.

예수가 부활해서도 여기에서 사는 것이지 예수가 부활해서 천당에 가 있는 것은 아니다. 천당에 가서 있으면 안 된다는 것이 부주열반이고 지옥에 가서 있으면 안 된다는 것을 부주생사라고 한다. 언제나 여기서 나도 행복하게 되어야 하고 남도 행복하게 만들어야 된다.

지금까지 너희를 쉬게 하기 위해서 방편력으로 아라한이라는 세계를 만들었다. 그런데 너희들이 모두 이제는 아라한이 되었으니까 이제부터 하나를 더 가야 된다. 그래서 이제 진실법眞實法을 말한다. 이제부터 내가 너희들에게 진짜 가르쳐준다. 지금까지는 삼승三乘의 얘기를 했다. 무슨 보살이니 연각이니 성문이니 하고 말했다. 그런데 이제부터는 진짜를 말한다. 그것은 전체가 다같이 살아야 된다는 것이다. 무슨 보살만 잘 사는 것이 아니라 전체가 다 같이 잘 살아야 된다. 모든 사람이 다 깨야 된다는 것이다.

위불일체지爲佛一切智 당발대정진當發大精進 여증일체지汝證一切知 십력등불법十力等佛法 내시진실멸乃是眞實滅.

부처님의 일체지를 위해서 더 크게 정진해야 마땅하다. 그래서 너희들이 일체지와 십력 등 부처님의 법을 체득하고 마침내 진실하고 참된 이상적 세계를 이뤄야 된다.

모든 사람이 다 부처가 되어야 한다. 모두가 깨야 한다. 어떤 학자 한 사람만 아는 것이 아니다. 전체가 다 깨야 한다. 그래서 온 인류가 다 정진해야 한다. 그리고 모든 사람이 다 똑똑한 사람이 되고 다 실력 있는 사람이 되어야 한다. 이렇게 되는 것이 진짜 구원받는 것이다. 이것이 "진실멸眞實滅"이다. 진짜 잘 살게 되는 것이다.

그래서 이제는 온 천하가 다 잘 살게 된 것이다. '멸滅'이란 나쁜 것이 다 없어져서 다 좋아진 것이다. 나쁜 것은 다 없어지고 아주 선의 세계로 들어간 것이다. 그래서 전체가 다 잘 살게 된 것이다. 이상이 「화성유품」의 내용이다.

다음은 『무문관無門關』 9장의 대통지승大通智勝 편에 나온 이야기다.

"홍양양화상興陽讓和尙 인인因 승문승문僧問 대통지승불大通智勝佛 십겁十劫 좌도량坐道場 불법불현전佛法不現前 불득성불도시여하不得成佛道時如何.

(홍양산 청양화상에게 어떤 중이 물었다. "대통지승불이 십억 년을 수도하느라고 앉아 있었어도 진리가 나타나지 않아서 성불을 못했다면 어떻게 해야 됩니까?")

양왈讓曰 기문심체당其問甚諦當. 승운僧云 기정좌도량위심마불득성불도既定坐道場爲甚麽不得成佛道. 양왈讓曰 위이불성불爲伊不成佛.
(청양스님이 대답했다. "그 질문이 정말 그럴 듯 하구나." 그러자 그 중이 다시 물었다. "그렇게 참선을 많이 했는데도 어째서 성불을 못하는 것입니까?" 청양스님이 대답했다. "너를 위해서 성불하지 않는 것이다.")

무문왈無門曰 지허노호지只許老胡知 불허노호회不許老胡會. 범부약지凡夫若知 즉시성인卽時聖人. 성인약회聖人若會 즉시범부卽時凡夫.
(무문이 말했다. "다만 깨달은 사람만이 알지 눈감은 사람이 어떻게 알 수 있겠는가. 범부라도 눈만 뜨면 즉시 성인이요 성인이라도 눈을 감으면 즉시 범부가 된다네.")

송왈頌曰 료신하사료심체了身何似了心體 료득심혜신불수了得心兮身不愁. 약야신심구료료若也身心俱了了 신선하필갱봉후神仙何必更封候."
(송을 지어 이르기를, "형식인 몸이 어찌 마음의 본체와 같겠는가. 정신이 깨어나면 몸은 절로 따르는 법. 몸과 맘이 건강한데 어찌 다시 의사를 찾으리오?")

홍양산에 살던 청양이라는 사람인데 위앙종潙仰宗의 큰 선생이었다. 어떤 중이 청양에게 물었다. "대통지승불이 십억 년을 앉아서 참선을 했는데도 진리가 나타나지 않아 불도를 완성할 수가 없었다는데 이럴 때는 어떻게 해야 합니까?" 그랬더니 청양스님이 대답하기를 "네 질문이 정말 그럴 듯 하구나" 했다. 질문이 정말 근사하다는 것이다. 그러니까 제자는 다시 따지며 질문을 했다. "그렇게 오래 수양을 했는데도 어째서 성불을 못합니까?" 그러자 청양스님이 대답했다. "너 때문에 성불하지 못한 것이다." 이것이 무슨 말일까? 이런 것이 선의 재미다.
무문이 말했다. "지허노호지지허노호只許老胡知", 다만 이런 지知한 사람에게는 허락을 한다. "노호老胡"에서 '노老'는 존경한다는 말이다. 그러니까 노자老子는 존경하는 선생님이라는 뜻이다. 존경하는 분인데 지지知 했으면 허락할 수 있다. 그런데 회會 했으면 불허한다는 것이다. '지지知'라는 것과 '회會'라는 것의 차이다. 지지한 사람에게는 허락하는데 회會한 사람에게는 허락하지 않는다. 보통 사람들도 지지를 가지면 즉시 성인聖人이 될 수 있다. 그런데 아무리 성인이라도 회會를 가지게 되면 그것은 범부凡夫가 되고 만다.

형식적인 것[了身]이 정신적인 것[了心體]과 어찌 비교될 수 있겠는가. 만일 정신적인 것이 해결되었다면 육체적인 것은 저절로 따라올 것이다. 만약 육체적인 것도 정신적인 것도 다 좋아졌다면 우리가 신선을 쫓아다니면서 물어볼 것이 무엇이 있겠는가?

건강한 정신과 건강한 육신이라는 말이다. 물론 건강한 육신은 건강한 정신만은 못한 것이다. 건강한 정신만 되면 건강한 육신이 된다. 그래서 둘 다 건강하게 되면 그 이상 행복한 것이 어디 있겠는가? 건강한 육신이 되었다고 해서 건강한 정신이 되기는 어렵다. 깡패들은 육체야 건강하지만 정신이 건강하다고 할 수 없다. 그러나 건강한 정신이 되면 육체도 따라서 건강하게 된다. 그래서 건강한 육체와 건강한 정신을 다 가지게 되면 세상에 부러울 것이 무엇이 있느냐는 말이다.

어떻게 하면 건강한 정신과 건강한 육체가 되는가? 요는 지지와 회會의 차이라는 것이다. 진리에 대해서 그것이 지지인가 아니면 회會인가 하는 그런 차이다. '회會'는 이해하는 정도를 말하고 '지지知'는 정편지正遍知라는 것으로 꿰뚫어 보는 것이다. 정편지가 되어야 지행일치知行一致가 된다. 단순히 이해하는 정도를 가지고는 안 된다. 그러니까 결국 왜 이 대통지승보살大通智勝菩薩이 십억 년을 있어도 불도佛道를 얻지 못했는가 하면 네가 정신차리기를 기다리느라고 그런 것이다. 네가 눈을 뜨기를 기다리느라고 그런 것이다.

선생과 학생의 차이가 여기에 있다. 선생은 지지의 세계요 학생은 회會의 세계다. 선생은 사차원의 세계이고 학생은 삼차원의 세계다. 그래서 선생이 참선하는 것과 학생이 참선하는 것은 그 의미가 다른 것이다. 학생이 참선하는 것은 선생이 되려고 참선하는 것이고 선생이 참선하는 것은 학생을 어떻게 눈뜨도록 만들어 보려고 참선하는 것이다. 대통지승보살이 참선하는 것은 자기가 무슨 어떻게 되려고 하는 것이 아니다. 너희들을 어떻게 해보려고 그런 것인데 십억 년을 있어도 안 되니까 계속 그렇게 앉아 있다는 것이다.

이것은 『벽암록』에도 다시 나온다. "달마는 왜 구 년 동안 참선하고 앉아 있었는가?" 하는 말이다. 달마가 무슨 진리를 깨닫지 못해서 참선하고 앉아 있는 것이 아니다. 혜가가 오기를 기다리느라고 앉아 있는 것이다. 혜가가 구 년을 걸려서 달마를 찾아오는 것이다. 그런 관계다. 선생은 선생대로 학생들을 위해서 그러고 있는 것이지 선생이 무슨 진리를 깨닫기 위해서 그러고 있는 것은 아니다.

『벽암록』29장에 나온 또 다른 이야기를 본다.[1]

"거擧 승문대수僧問大隋 겁화통연대천구괴劫火洞然大千俱壞 미심저개괴불괴未審這箇壞不壞. 수운隋云 괴壞. 승운僧云 임마즉恁應則 수타거야隨他去也. 수운隋云 수타거隨他去."

(어떤 중이 대수화상에게 물었다. "영원한 불에 일체가 다 무너지고 있는데 그것도 또한 무너지는지 아닌지 모르겠습니다." 스님이 대답했다. "다 무너지지." 중이 다시 물었다. "그것을 따라가는군요?" 대수가 말하길 "그것을 따라가라.")

---

1. 『벽암록碧巖錄』29. 대수겁화통연大隋劫火洞然
수시운垂示云 어행수탁魚行水濁 조비모락鳥飛毛落. 명변주빈明辨主賓 통분치소洞分淄素 지사당대명경直似當臺明鏡 장내명주掌內明珠 한천호레漢現胡來 성창색현聲彰色顯. 차도且道 위십마여차爲什麼如此 시거간試擧看.
거擧 승문대수僧問大隋 겁화통연대천구괴劫火洞然大千俱壞 미심저개괴불괴未審這箇壞不壞. 수운隋云 괴壞. 승운僧云 임마즉恁應則 수타거야隨他去也. 수운隋云 수타거隨他去.
송頌 겁화광중입문단劫火光中入問端 납승유체양중관衲僧猶滯兩重關. 가련일구수타어可憐一句隨他語 만리구구독왕환萬里區區獨往還.

대수大隋라는 스님이다. 사람이 죽어서 화장을 하는데 지금 불구덩이에 들어가 있다. 그래서 머리카락도 타고 다 타는 중이다. "대천구괴大千俱壞"라는 것이다. 일체가 지금 무너지는데 저것은 어떻게 되는지 잘 모르겠다, 영혼은 어떻게 되는 것인지 잘 모르겠다는 것이다. "화장해서 다 타면 영혼은 어떻게 되는가" 하는 질문이다. 영혼은 혹 날아가서 천당으로 간다고 했으면 좋겠지만 대수는 대답하기를 "괴壞"라고 했다. 다 타면 영혼도 다 타버리지 영혼이라고 별 것이 있느냐는 것이다. "그렇다면 육체가 무너질 때 정신도 다 없어지는 것인가" 하고 다시 물었다. 그랬더니 대수는 "그렇다"고 대답을 했다.

이것은 무엇을 말하는가 하면 소위 상견常見, 단견斷見이라는 것이다. 상견이란 영혼은 죽지 않는다는 것이고 단견이란 죽으면 모든 것은 끝이라는 것이다. 영혼이 죽지 않는다는 생각이 인도 사람들에게는 강하다. 영혼은 죽지 않고 육체만 죽는다는 생각이 왜 잘못인가? 그것은 아직도 이원二元의 세계에 빠져있는 것이다. 그것은 아직 중도中道라고 할 수 없다. 영혼불멸이니 천당이니 하는데 그것은 아직도 말하자면 소승의 세계이지 대승의 세계는 못 된다. 소승의 세계는 아직 이원의 세계다. 나만 잘 살면 된다는 것이다. 나와 남이 구별되는 이원의 세계가 소승이다. 그런데 대승이 되면 나도 잘 살고 남도 잘 살아야 된다는 것이다. 대승이 되면 일원一元의 세계이다. 그 일원의 세계가 되면 우리는 그것을 중도라고 한다. 그런데 영혼불멸은 이원의 세계이지 아직 중도의 세계는 못되는 것이다. 그러니까 한 수 더 가야 한다는 것이다. 「화성유품化城喩品」의 내용이 그것이다. 화성化城이란 무엇인가? 영혼은 천당에 간다는 것이 화성이다. 예수 잘 믿으면 천당에 간다는 그것에 만족하고 사는 사람도 많다. 그런데 그것은 말하자면 화성이지 그것이 기독교의 진리는 아니다. 기독교의 진리는 하나 더 가서 하나님을 사랑하고 이웃을 사랑하는 데까지 가야 된다. 아까 말한 대로 부주열반不住涅槃이요 부주생사不住生死라야 된다. 그렇게 한 걸음 더 가야 된다. 그렇게 하기 위해서 이런 이야기를 한다는 말이다.

2000. 4. 30.

제 8. 오백제자수기품 五百弟子授記品

원문 요약

　금차부루나今此富樓那 근수행도勤修行道 다문유지혜多聞有智慧 소설무소외所說無所畏 상설청정법常說淸淨法 공양제여래供養諸如來 기후득성불其後得成佛. 호명왈법명號名曰法明 기국명선정其國名善淨 겁명위보명劫名爲寶明 위덕력구족威德力具足 기국제중생其國諸衆生 음욕개이단婬欲皆已斷 순일변화생純一變化生. 법희식法喜食 선열식禪說食. 비여빈궁인譬如貧窮人 왕지친우가往至親友家 기가심대부其家甚大富 구설제효선具設諸餚饍. 이무가보주以無價寶珠 계착내의리繫着內衣裏 묵여이사거默與而捨去 시와불각지時臥不覺知. 시인기이기是人旣已起 구의식자제求衣食自濟 자생심간난資生甚艱難 여주지친우與珠之親友 시이소계주示以所繫珠 기심대환희其心大歡喜. 금불각오아今佛覺悟我 득불무상혜得佛無上慧 이내위진멸爾乃爲眞滅.

오백제자수기품 강해

　금차부루나今此富樓那 근수행도勤修行道 다문유지혜多聞有智慧 소설무소외所說無所畏 상설청정법常說淸淨法 공양제여래供養諸如來 기후득성불其後得成佛.
　지금 이 부루나는 부지런히 수행하고 많이 듣고 지혜가 있으며 설법에 두려움이 없고 항상 청정법을 설하고 모든 여래를 공양해서 나중에는 부처가 된다.

　부루나富樓那는 석가의 제자 가운데 설법을 제일 잘한다는 사람이다. 그리고 자기가 해야 할 일을 열심히 해 가는 사람이었다. 석가의 강의도 열심히 들어서 아는 것도 많아졌고 또 석가 대신에 설교를 많이 했다. 아마도 석가가 나이 많아지니까 제자들에게 대신해서 강의를 많이 시켰던 것 같다. 그래서 부루나도 석가 대신에 강의를 많이 했다는 것이다.
　일본에서 무교회無敎會 집회에 나갈 때 보니까 총본塚本이란 선생님이 강의를 하는데 맨 처음에는 혼자 하다가 나중에 나이가 많아지니까 거기 있는 친구들에게 한 시간씩 강의를 부탁했다. 그러면 친구들이 한 시간씩 강의를 하고 그 다음에 총본이 나와서 강의를 한 시간씩 했다. 또 나중에는 한 해씩을 쉬기도 했다. 총본은 말하자면 "내가 「마가복음」을 마저 번역해야 되겠으니 금년 한 해는 쉬고, 한 해 있다가 다시 만나도록 하자." 그러면서 쉬기도 했는데 하여튼 혼자서만 하는 것이 아니라 친구들을 많이 시키는 것을 나도 보았다. 그러니까 나중에는 모두 친구가 된다. 처음에는 물론 선생과 학생이지만 오래 되니까 다들 친구가 된다.
　총본 선생도 약 오십 년을 강의했다. 오십 년 동안 매달 조그만 잡지지만 잡지 한 권씩을 내며 강의를 했다. 내촌감삼內村鑑三 선생도 약 오십 년 강의를 하면서 「성서연구」라는 잡지를 냈는데 나중에 그 잡지가 쌓이니까 그 높이가 선생님 키보다도 더 높아지게 되었다. 그래서 그것이 나중에는 상당히 두꺼운 책으로 44권이나 되었다.

이 사람들의 활동을 무교회라고 하는 것인데 영어로는 Non-church movement라고 한다. 이 사람들은 희랍어를 공부해서 성경을 자기 나름대로 해석하고 번역을 해서 그것을 가르치는 것이다.

이처럼 부루나라는 사람도 석가를 대신해서 설법을 많이 했는데 정말 깨끗한 진리를 많이 설했다는 것이다. 그래서 거기에 오신 분들, 오신 분들이 모두 여래니까, 그 오신 선생님들을 잘 대접했다는 것이다. 그리고 마지막에 부처가 되었다.

호명왈법명**號名曰法明** 기국명선정**其國名善淨** 겁명위보명**劫名爲寶明** 위덕력구족**威德力具足** 기국제중생**其國諸衆生** 음욕개이단**婬欲皆已斷** 순일변화생**純一變化生**.

이름은 법명法明이고 나라 이름은 선정善淨이고 시대의 이름은 보명寶明이다. 위엄과 공덕의 힘을 갖추고 나라의 모든 백성은 세상의 모든 욕심을 끊고 아주 깨끗한 인생으로 변화된 사람들이다.

진리를 밝힌다는 뜻에서 그 이름은 법명法明이고 그 나라의 이름은 깨끗한 법을 가르쳐 주었으니까 선정善淨이고 겁명劫名은 보명寶明이다. 그래서 아주 힘도 강했다. 그리고 그 나라에 사는 모든 백성들은 이 세상의 욕심을 끊어 버리고 아주 깨끗하게 거듭난 사람들이다.

법희식**法喜食** 선열식**禪說食**.
그들이 먹고사는 것은 법희식과 선열식이다.

깨끗하게 거듭난 사람들은 무엇을 먹고사는가? 법희식法喜食 선열식禪說食이다. 이것은 아주 좋은 말이다. '희喜'도 기쁘다는 것이요 '열說'도 기쁘다는 뜻이다. 법열法悅이라는 말은 많이 쓰는데 선열禪說이란 말은 여기서 나온다.

사람이란 우선 밥을 먹어야 되고 잠을 자야 된다. 그래야 건강한 육체가 되고 건강한 정신이 된다. 그래서 제일 중요한 것이 밥 잘 먹고 잠을 잘 자는 것이다. 그 이상 더 좋은 것은 없다. 그러니까 무엇을 먹어도 맛있다 하는 사람이 건강한 사람이요 또 눕기만 하면 잔다는 사람이 가장 행복한 사람이다.

세상에 제일 불쌍한 사람은 밥맛이 없는 사람이다. 진수성찬을 갖다 놓아도 밥맛이 없는 사람들이 불쌍하고 그 다음에 또 불쌍한 사람은 밤에 잠을 못 자는 사람이다. 밤에 잠이 안 와서 수면제를 먹어야 된다는 그런 사람이 가장 불쌍한 사람이다.

소련에서 미국 스파이를 붙잡았을 때 쓰는 최고의 고문이 잠을 재우지 않는 것이라고 한다. 그렇게 잠을 안 재우고 한 주일만 지나면 그냥 죽고 만다고 한다. 밥은 사십 일을 굶고도 살 수 있지만 잠은 한 주일만 못 자면 죽고 만다. 그래서 잠이 밥보다도 훨씬 중요한 것이다.

그러니까 세상에서 행복, 행복 하지만 잠을 잘 자는 것 이상의 행복은 없다. 지금까지는 육체적인 이야기를 한 것인데 법희식 선열식이라 하는 것은 정신적인 것을 말하는 것이다.

法법을 먹어야 되고 禪선을 자야 된다는 말이다. 그러니까 법희식法喜食 선열식禪說食이라 해서 둘 다 먹는다는 식食을 썼지만 사실은 法법을 먹고 禪선을 자는 것으로 법희식法喜食 선열수禪說睡라 하는 것이 더 좋다. 말하자면 진리의 밥을 먹고 생명의 잠을 자는 것이다.

예수님도 사람은 떡으로만 사는 것이 아니라 말씀으로 산다고 했다. 말씀으로 산다는 그것이 법희식法喜食이다. 그리고 선열수禪說睡는 생명의 잠이다. 그러니까 진리와 생명이다.

모든 종교가 마찬가지다. 종교의 내용은 한마디로 밥먹는 것과 잠자는 것인데 그 밥이란 것이 정신적인 밥이요 잠이란 것은 정신적인 잠이라는 것뿐이다.

정신적인 밥을 먹고 정신적인 잠을 자는 그것을 "순일변화생純一變化生"이라 했다. 공자로 말로 하면 "학이불염學而不厭 교이불권敎而不倦"이다.

기독교로 말한다면 거듭난 생이다. 이제는 땅을 사는 것이 아니라 하늘을 산다는 것이다. 땅에 속한 백성이 아니라 하늘에 속한 백성이니까 하늘의 밥을 먹어야 되고 하늘의 잠을 자야 된다. 이 두 가지를 할 수 있으면 그것이 거듭난 생이지 다른 것이 아니다.

그래서 법희식, 선열수라는 두 가지가 참 중요한 것이다. 그래서 내가 먹는 밥은 무엇인가, 그것을 언제나 생각해야 되고 또 내가 자는 잠은 무슨 잠인가, 그것도 또 생각해서 각 사람 각 사람이 나는 과연 법희식을 하고 나는 과연 선열수를 하고 있는지 그것을 언제나 반성을 해서 정말 그렇게 살면 그것은 그대로 하늘나라에서 사는 것이다. 우리가 무슨 하늘에 가야 하늘나라가 있는 것이 아니다. 이 땅에 살면서 그대로 하늘나라가 되는 것이다.

비여빈궁인譬如貧窮人 왕지친우가往至親友家 기가심대부其家甚大富 구설제효선具設諸餚饍.
비유를 들어 이야기한다. 어떤 가난한 사람이 친구를 찾아갔는데 그 친구의 집은 굉장한 부자였다. 그래서 그 친구는 가난한 친구에게 산해진미의 성대한 음식을 차려 대접했다.

이무가보주以無價寶珠 계착내의리繫着內衣裏 묵여이사거默與而捨去 시와불각지時臥不覺知.
그리고 값으로 따질 수 없는 보배를 친구의 옷 속에 달아주고 말없이 떠나갔는데 가난한 그 친구는 그것도 모르고 잠들어 있었다.

값으로 따질 수 없는 보배를 무가지보無價之寶라고 한다. 앞에서 말한 밥 먹는 것이 무가지보다. 밥먹는 것을 값으로 따질 수는 없다. 먹으면 살고 먹지 못하면 죽는 것인데 그것을 값으로 따질 수 있겠는가. 마찬가지로 잠잔다는 것도 무가지보다. 잠을 자면 사는 것이고 잠을 못 자면 죽는 것이다. 그런 것들은 모두 값으로 따질 수 없다.

그렇게 잠을 잘 잔다, 밥을 잘 먹는다 하는 그것을 실존이라 한다. 그런데 값을 따지는 것은 관념이다. 금강석이 십만 원을 하느냐 백만 원을 하느냐 따지는 그것은 모두 관념의 세계다. 금강석이란 하나의 돌멩이지 다른 것이 아니다. 그 돌멩이를 가지고 무슨 백만 원이다 혹은 천만 원이다 하는 것은 모두 사람이 붙인 하나의 관념이지 실지로 그 금강석에 무슨 천만 원의 가치가 있는 것이 아니다. 전쟁이 나면 그 금강석의 가치는 아무것도 아니다. 그러나 그것이 영화 배우 같은 사람들 사이에 가면 천만 원도 되고 백만 원도 된다. 그러니까 그것은 모두 하나의 관념이다. 그것들은 모두 사람이 갖다 붙인 것이지 진짜는 아니다. 그런데 밥은 내가 먹어야 산다. 내가 밥을 먹는 것은 관념이 아니라 실재다. 잠도 마찬가지다. 잠을 자야 내가 사는 것이다. 그래서 밥 한 그릇이 금강석보다도 더 소중한 것이라고 그렇게 아는 사람이 실존이다. 실존 실존이라 하지만 실존이 다른 것이 아니라 밥 잘 먹고 잠을 잘 자는 것이 실존이다.

　무가보주無價寶珠를 친구의 속옷에다 붙여 놓았다. 그리고 친구가 취해서 자는 사이에 떠나갔다. 그런데 그 친구는 친구가 가는 줄도 모르고 또 자기 옷에 보배를 달아준 줄도 모르고 잔 것이다.

　시인기이기是人既已起 구의식자제求衣食自濟 자생심간난資生甚艱難 여 주지친 우與珠之親友 시이 소계 주시이소계주示以所繫珠 기심 대환희其心大歡喜.
　깨어 일어난 친구는 다시 밥을 얻어먹느라 여기저기 헤매고 밥벌이를 하느라 애를 쓰며 살았다. 그래서 그 사는 것이 한없이 힘들고 가난한 거지로 살았다. 그런데 훗날 그 보배를 준 친구가 네 옷 속에 보배를 달아 놓았으니까 꺼내 가지라고 알려 주었다. 그래서 그 친구는 얼마나 기뻐 하며 행복하게 살았는지 모른다.

　금불각오아今佛覺悟我 득불무상혜得佛無上慧 이내위진멸爾乃爲眞滅.
　부처님께서 지금 나를 깨닫게 해 주셨다. 그래서 부처님의 위없는 지혜를 가질 수 있게 되었고 또한 진실한 열반을 이루게 되었다.

깨닫게 해 주었다는 것은 내게 한없는 보배를 달아 주었다는 말이다. 그래서 위없는 진리를 가질 수 있게 했다. 위없는 진리가 한없는 보배다. 그래서 내가 진짜 열반에 들 수 있게 해 주었다.

여기서 "득불무상혜得佛無上慧"라는 말은 법희식法喜食이란 것이고 "이내위진멸爾乃爲眞滅"하는 것은 선열수禪說睡라는 것이다.

이 무가보주無價寶珠의 비유도 유명한 비유중의 하나다. 누구에게나 보물을 하나씩 달아 주었다는 것이다. 이것이 불교의 근본 교리다. 우리에게도 다 보물을 하나씩 달아 주었는데 일생 죽기까지 그 보물을 알지 못하고 죽는 사람이 얼마든지 많다. 그런데 자기에게 보물이 있다는 그것을 깨달으면 부처가 된다. 그것이 진리를 깨달은 것이다. 그것이 거듭난 것이다. 거듭나서 산다는 것이 무엇인가 하면 자기 속에 있는 보물을 발견하고 사는 것이지 다른 것이 아니다.

지난번에는 화성化城의 비유를 말했다. 화성의 비유는 아라한阿羅漢에 대한 비유였다. 소승은 아라한이 되자는 것인데 아라한이란 일반 사람이 생각하는 성인聖人들이다. 소승에서는 성인이 되는 것을 최고로 생각하는 것이다.

인도에 가면 Holy man이라 해서 아주 벌거벗고 다니는 그런 사람들이 많이 있다. 그런 사람들을 성인이라 하는데 중국 사람들은 또 그런 사람들을 도인道人이라 한다.

그런데 그것은 하나의 화성, 가짜 성城이지 그것은 진짜 성이 아니라는 것이다. 그러니까 아라한에 만족하지 말고 더 가야 된다는 것이다. 결국은 부처가 되어야 한다는 말이다. 그것이 지난번「화성유품化城喩品」의 내용이었다.

그런데 이번 비유도 이렇게 부처가 되어야 한다는 것을 다시 한 번 강조하는 것이다. 누구나 다 자기 속에 부처가 될 수 있는 가능성을 가지고 있다. 그렇지만 그것을 찾지 않으면 일생 모르고 살게 된다. 그것을 모르고 살거나 어떤 사람은 또 아라한으로 만족하고 사는데 그렇게 되면 안 된다는 것이다.

우리는 더 발전해서 진짜 보배를 알아야 한다. 진리를 깨달아야 된다. 또는 믿음을 얻어야 한다. 믿음을 얻고 살아야 되지 믿음을 얻지 못하고 그냥 살면 일생이 그만 불쌍하게 된다.

누구에게나 보물이 있다는 것, 이것을 보통 "일과명주一顆明珠"라고 한다. 사과만 한 밝은 구슬을 누구나 가지고 있다는 말이다. 『벽암록』 62장에 나오는 운문의 "중유일보中有一寶"라는 것도 같은 말이다.[2]

"거擧 운문시중운雲門示衆云 건곤지내乾坤之內 우주지간宇宙之間 중유일보中有一寶 비재형산秘在形山 염등롱향불전리拈燈籠向佛殿裏 장삼문래등롱상將三門來燈籠上"

(운문이 사람들을 가르치며 말했다. "하늘과 땅 사이의 허공 속에 한 보배가 있다. 형산形山에 깊이 감춰져 있으니 등잔을 들고 불전佛殿 속으로 들어가라. 그리고 대문에 들고 와서 등잔에 올려놓아라.")

"건곤지내乾坤之內 우주지간宇宙之間 중유일보中有一寶"라는 말은 구마라집鳩摩羅什의 제자 승조僧肇가 쓴 「보장론寶藏論」이라는 논문에 있는 말이다.

승조는 서른 한 살이던 불교의 대 박해 때 순교를 하게 되었다. 사형 선고를 받아 칼로 목을 자르려고 하는 순간 "잠깐, 내가 지금 깨달은 바를 적고 죽겠다" 해서 "사대원무주四大元無主"라 하는 시를 적어놓았다. 그러자 사람들이 그것에 감동을 해서 사형 집행을 한 주일 연기

---

2. 『벽암록碧巖錄』 62. 운문중유일보雲門中有一寶

수시운垂示云 이무사지以無師智 발무작묘용發無作妙用 이무연자작불청승우以無緣慈作不請勝友 향일구하유살유활向一句下有殺有活 어일기중於一機中 유종유금유종유탈有縱有擒. 차도십마인且道什麽人 증임마래曾恁麽來. 시거간試擧看.

거擧 운문시중운雲門示衆云 건곤지내乾坤之內 우주지간宇宙之間 중유일보中有一寶. 비재형산秘在形山 염등롱향불전리拈燈籠向佛殿裏 장삼문래등롱상將三門來燈籠上.

송頌 간간看看 고안하인파조간古岸何人把釣竿. 운염염雲冉冉 수만만수漫漫 명월로화군자간明月蘆君自看.

영광독요靈光獨耀 형탈근진迥脫根塵 체로진상體露眞常 불구문자不拘文字. 심성무염心性無染 본자원성本自圓成. 단리망연但離妄緣 즉여여불卽如如佛.

해 줄 터이니 남기고 싶은 말을 다 적어라 해서 소위 「보장론」이라는 논문을 쓰고 죽었다고 한다.

그런데 그 「보장론」의 내용이 이것이다. 사람은 누구나 하나의 보배를 가지고 있다는 것이다. 이 보배 하나만 있으면 영원한 생명이니까 죽어도 죽지 않는다는 것이다. 진리가 죽는 법은 없으니까 진리를 깨달으면 생사를 넘어서고 만다는 것이다. 이것이 유명한 「보장론」인데 그것을 운문雲門이 『벽암록』에서 인용한 것이다.

"송頌 간간看看 고안하인파조간古岸何人把釣竿 운염염雲冉冉 수만만水漫漫 명월로화明月蘆花 군자간君自看"
(보고 또 보라. 진리의 언덕에서 누가 낚싯대를 붙잡고 있는가. 구름은 유유하고 물결은 넘실거리는데 밝은 달과 갈대꽃이 서로 비춘다. 그대 스스로 보라.)

"영광독요靈光獨耀 형탈근진逈脫根塵 체로진상體露眞常 불구문자不拘文字 심성무염心性無染 본자원성本自圓成 단리망연但離妄緣 즉여여불卽如如佛"
(얼빛이 야무지게 빛나고 있으니 뿌리 깊은 속세의 먼지를 멀리멀리 벗어났구나. 본체를 몽땅 드러내는 진리의 영원한 빛인데 그 무슨 글자에 걸리겠는가. 마음 몸은 본래 물듦이 없고 본체는 스스로 원만하고 온전한 것이니 다만 망령된 인연만 끊어버리면 곧 부처의 세계로다.)

2000. 5. 7. / 5. 14.

제 9. 수학무학인기품授學無學人記品

원문 요약

아난지법자阿難持法者. 당공양제불當供養諸佛 연후성정각然後成正覺 호왈산해혜號曰山海慧. 고라후라告羅睺羅 호도칠보화여래號蹈七寶華如來 라후라밀행羅睺羅密行 유아능지지唯我能知之. 견학무학이천인見學無學二千人 실개여수기悉皆與授記 미래당성불未來當成佛 명보상여래名寶相如來. 세존혜등명世尊慧燈明 아문수기음我聞授記音 심환희충만心歡喜充滿 여감로견관如甘露見灌.

수학무학인기품 강해

아난지법자阿難持法者.
아난은 법을 간직한 사람이다.

　아난阿難은 석가의 사촌으로 25년이나 석가를 따라다닌 사람이다. 마호멧의 조카 같은 사람이요 공자로 말하면 안자 같은 사람이다. 그러니까 25년을 따라다니면서 석가의 이야기를 다 적어놓은 것이다. 그리하여 나중에 경전을 만들 때 주된 역할을 했다.
　그런데 아난은 석가가 죽을 때 그 자리에 임종을 못했다. 그래서 석가가 죽으면서 '아난을 만나보고 죽었으면 좋을 텐데 보지 못하고 죽게 되어 참 안됐다' 하면서 죽은 후 관에 넣을 때 내 발만은 관 밖으로 내 놓아라 했다. 아난이 돌아와서 보니 벌써 입관을 했는데 발만 밖으로 나와 있었다. 아난은 그것을 보고 비로소 깨달은 사람이 되었다.
　그래서 아난을 두고 구족제자具足弟子라는 말을 한다. 석가가 살아 있을 때 듣기는 많이 들었다. 그래서 아난 다문阿難多聞이라 한다. 그런데 깨닫지는 못한 것이다. 죽은 다음에 석가의 관 밖에 나온 두 발을 보고서 깨닫게 되었다. 그래서 아난은 가섭 다음으로 석가의 후계자가 되었다. 아난은 지법자持法者이다. 석가의 가르침을 다 따로 외고 있었던 사람이다.

당공양제불當供養諸佛 연후성정각然後成正覺 호왈산해혜號曰山海慧.
　마땅히 모든 부처님께 공양을 다하여야 한다. 그후 정각을 이루는데 이름은 산해혜山海慧라고 하리라.

　일생을 석가를 모시면서 살았는데 석가가 죽은 다음에 깨달은 사람이 되었다. 그래서 산과 바다와 같은 지혜를 가진 사람이 되었다.

고라후라告羅睺羅 호도칠보화여래號蹈七寶華如來 라후라밀행羅睺羅密行 유아능지知唯我能知之.
　라후라에게 말했다. "네 이름은 도칠보화여래이다. 라후라의 밀행은 오직 나만이 안다."

　라후라羅睺羅는 석가의 아들이다. 아난이나 라후라나 모두 석가의 우수한 제자 열 명 가운데 하나다. 라후라는 공空사상에 조예가 가장 깊었던 사람이다. 공사상이란 요새로 말하면 형이상학이라고 해야 할 것이다. 이렇게 아들에게 수기授記를 하고 또 이 다음에는 석가의 부인에게도 수기하는 그런 것이 나온다.
　라후라는 숨어서 좋은 일을 많이 했다. 숨어서 많은 일을 했는데 다른 사람은 다 모르지만 석가는 그것을 알았다. 라후라가 숨어서 좋은 일을 하고 있다는 것을 다른 사람은 모르지만 석가만은 알았던 것이다.

　견학무학이천인見學無學二千人 실개여수기悉皆與授記 미래당성불未來當成佛 명보상여래名寶相如來.
　학, 무학 이천 인을 보고 다음에는 모두 다 부처가 된다는 수기를 했다. 이름하기를 모두 보상여래라 했다.

　학學은 재학생이요 무학無學은 졸업생이다. 무학이 학보다 높은 것이다. 재학생, 졸업생 이천 명에게 다 수기授記를 주었다. 앞으로 꼭 부처가 될 것이라고 수기를 했다. 이름은 보상여래寶相如來라 한다.

　세존혜등명世尊慧燈明 아문수기음我聞授記音 심환희충만心歡喜充滿 여감로견관如甘露見灌.
　세존은 지혜의 등불이라. 수기하는 말씀을 들으니 내 마음은 환희로 충만해서 마치 감로수를 마신 듯 하다.

　세존世尊의 지혜는 등불과 같다. 우리들은 수기를 준다는 그 소리를 들었는데 그 소리만 들으면 마음에 기쁨이 충만해서 그 다음에는 모든 고통은 이미 고통이 아니다. 그래서 아주 열심히 성불하는 지경에까지 가게 된다는 것이다. 마치 단 이슬과 같아서 우리들을 자꾸자꾸 자라나게 한다.

2000. 5. 7.

제 10. 법사품法師品

원문 요약

　여래멸도후如來滅道後 문묘법연화경聞妙法蓮華經 일념수희자一念隨喜者 아역여수기我亦與授記. 어법화경내지於法華經乃至 일구수지一句受持. 독송讀誦 해설사서解說書寫 여래의복如來衣覆 공숙共宿 마두摩頭. 설법화경說法華經 입여래실入如來室(대자비심大慈悲心) 착여래의着如來衣(유화인욕柔和忍辱) 좌여래좌坐如來座(일체법공一切法空). 여인갈수如人渴水 천착고원穿鑿高原 점견습토漸見濕土 결정지근수決定知近水.

법사품 강해

여래멸도후如來滅道後 문묘법연화경聞妙法蓮華經 일념수희자一念隨喜者 아역여수기我亦與授記.

여래가 세상을 떠난 후 『법화경』을 듣는 사람이 있을 것이다. 그래서 정말 정성을 다하고 기뻐서 좇아가는 그런 사람들에게 나는 또한 수기를 준다.

예수가 부활 승천한 후에 "일념수희자一念隨喜者"가 기독교인들이다. 기뻐서 좇아가는 사람들이다. 그런 사람들에게도 다 졸업장을 준다는 것이다. 이것도 중요하다. 석가가 살아 있을 때만이 아니라 석가가 죽어서도 석가의 말씀을 한마디라도 기뻐서 좇는 사람에게는 다 졸업장을 준다는 것이다.

어법화경내지於法華經乃至 일구수지一句受持.

법화경 전체를 붙잡으면 그것은 말할 나위 없고 그 가운데 한마디만 붙잡아도 그보다 더 행복한 것은 없다.

「창세기」부터 「묵시록」까지 우리가 다 알아도 좋지만 그렇게 안 해도 우리가 성경 속에서 한마디만 붙잡으면 그것으로 구원을 받는다. 한마디라는 "일구一句"가 중요하다. 한마디만 붙잡으면 그것으로 되는 것이다.

독송讀誦 해설사서解說書寫 여래의복如來衣覆 공숙共宿 마두摩頭.

그것을 읽고 외고 또 남에게도 알려주고 또 책으로 베껴두는 것은 마치 여래의 옷을 입은 것이나 마찬가지다. 그것은 또 여래와 같이 살며 여래가 머리를 쓰다듬어 주시는 것이나 같다.

10. 법사품 187

성경에도 그리스도를 옷 입 듯 하라는 말이 있다. 우리가 성경 말씀 한마디만 갖고 살면 그것은 그리스도를 옷 입 듯 한 것이다. 그것은 그리스도와 같이 사는 것이나 마찬가지다. 또 같이 손을 붙잡고 사는 것이나 마찬가지다.

"마두摩頭"는 머리를 만져준다는 뜻이다. 그러니까 우리가 성경 말씀 하나만 붙잡고 살면 그것이 그리스도와 같이 사는 것이다. 그리스도라는 것이 무엇인가. 성경 말씀이 그리스도이지 무슨 다른 것이 아니다. 한마디만 붙잡고 살아도 그리스도와 같이 사는 것이나 마찬가지다.

설법화경說法華經 입여래실入如來室(대자비심大慈悲心) 착여래의着如來衣(유화인욕柔和忍辱) 좌여래좌坐如來座(일체법공一切法空).
 법화경을 설하는 것은 여래의 방에 들어가는 것과 같고 여래의 옷을 입는 것과 같고 여래의 자리에 앉는 것과 같다.

그리고 『법화경』을 설한다고 하는 것은 여래의 방에 들어간 것이나 마찬가지다. 그 방에 들어갔다는 말은 나도 모르게 자비의 마음을 가지게 되었다는 것이다. 그리고 여래의 옷을 입은 것이나 마찬가지다. 그것은 내 마음속에 언제나 평화가 있고 무슨 어려움도 이길 수 있는 그런 힘이 있다는 말이다. 그리고 여래의 좌석에 앉는다고 하는 것은 모든 지혜를 깨달았다는 말이다. 모든 진리를 깨달은 것이다. 여기서는 공空을 깨달았다는 것으로 하면 된다.

여인갈수如人渴水 천착고원穿鑿高原 점견습토漸見濕土 결정지근수決定知近水.
 어떤 사람이 목이 말라 물을 구하고자 고원에서 우물을 파는데 차츰 진흙이 나오는 것을 보면 곧 물줄기가 가까운 줄을 안다.

사람이 물을 마시고 싶을 때 우선 땅을 파야 한다. 그래서 차차 습토濕土가 나오고 마침내 물을 찾아내게 된다. 이것이 설법하는 비결이다.

설법을 하는데 옛날부터 홍경삼궤弘經三軌라 했다. 경을 설하기 위해서는 세 가지 법이 있다는 것이다. 세 가지 법이란 "천착고원穿鑿高原 점견습토漸見濕土 결정지근수決定知近水"라는 것이다. 유영모柳永模는 이것을 언제나 "무름 부름 푸름"이라 했는데 같은 사상이다.

맨 처음에는 그 문제에 대해서 자꾸 왜 그럴까 하고 의심과 질문을 해야 한다. 그것이 '무름'이라는 것이다. 그 다음에는 '부름'이다. 자기가 그것에 대한 이해를 자꾸 확대시켜 가는 것이다. 마치 논문을 쓸 때나 마찬가지다. 이 책도 보고 저 책도 보고 자꾸 그래서 자기의 이해를 확대해 가는 것이다. 그리고 마지막엔 '푸름'이다. 자기가 그 문제를 벗어나야 된다. 해탈의 경지까지 가야 한다.

이 '푸름'이 나올 때 법열을 느끼게 되는데 이렇게 법열을 느끼게 되면 그것을 우리는 성령의 역사라고 한다. 성령은 진리의 영이다. 진리의 영이 나와 같이 한다고 생각하는 것이다. 바울은 그것을 진리와 함께 기뻐한다고 했다. 진리를 깨달으면 거기에는 반드시 기쁨이 있는 것이다.

그러니까 설법을 한다는 것은 언제나 기쁨을 전하는 것이지 무슨 내용을 말하는 것이 아니다. 물론 내용도 말하지만 그 내용에는 언제나 기쁨이 붙어 다녀야 한다. 기뻐서 정말 말씀을 하게 되어야지 그 기쁨이라는 것이 빠지면 그것은 그냥 학교의 강의지 설법이라 할 수가 없다.

복음을 전하는 것은 기쁨을 전하는 것이다. 복음이라는 말이 기쁜 소식이다. 설법은 기쁨을 전하는 것이지 무슨 지식을 전하는 것은 아니다.

그러니까 '푸름'까지 가야 된다. '푸름'까지 가야 되지 '푸름'까지 못 가고 그냥 '부름'을 가지고서 설교를 한다고 하면 안 된다. 왜냐하면 그것은 기쁨이 없기 때문이다. 그래서 언제나 '무름'이라는 물음을 가져야 되고 그것을 확대해 가는 '부름'이 있어야 되고 법열을 느끼는 '푸름'을 가져야 한다.

'부름'이란 우리가 보름날 딱딱한 음식을 입 속에 넣고 우물우물 불리는 것처럼 확대해 가는 것이다. 그래서 나중에는 다 풀리는 '푸름'이 된다. 마음속에 넣고서 자꾸 불려 가다가 그것이 다 풀리게 되면 '푸름' 이다.

그러니까 '무름' 이란 법희식法喜食라는 것이요 '부름' 은 선열수禪說睡라는 것이다. 그리고 마지막 '푸름' 은 성불成佛하는 과정이 되는 것이다. 이것은 밤낮 하는 소리인데 『원각경』에서는 그것을 삼마디 Samadhi, 삼마파티Samapatti, 디야나Dhyana라고 했다.

실유불성悉有佛性이다. 누구나 다 불성을 가지고 있지 불성을 가지고 있지 않은 사람은 한 사람도 없다. 그런데 그 불성을 우리가 찾아내면 찾아지지만 찾지 않으면 그냥 묻혀있는 채 지나고 만다.

내 속에 있는 불성이란 무엇인가? 불교에서는 그냥 불성이라 하지만 유교에서는 그것을 이성理性, 오성悟性, 감성感性, 영성靈性이라 한다. 그래서 우리 속에 있는 이성을 발전시켜 가면 우리도 철학을 알게 된다. 그런데 그것을 발전시키지 못하면 나는 일체 철학과는 상관이 없이 일생을 살고 만다. 또 내 속에 있는 감성을 개발하면 나도 또한 예술을 알고 살게 된다. 그런데 그것을 못하면 또 일생 예술이 무엇인지 모르고 살게 된다. 또 오성을 발전시키면 과학을 알게 된다. 또 영성을 발전시키면 종교를 알게 되지만 이것을 못하면 또 일생을 종교와 상관없이 살게 된다. 영성이 발달되면 영성을 통해서 하나님을 느낄 수도 있고 하나님을 볼 수도 있다. 그런 세계에까지 갈 수 있지만 그것을 발전 못시키면 하나님이란 말이 나와는 아무 상관이 없게 된다.

그래서 우리는 이 네 가지를 어떻게든 발전을 시켜야 한다. 그래야 소위 온전한 사람이 되는 것이다. "하나님이 온전한 것처럼 너희도 온전하라"고 한다. 온전한 사람을 불교에서는 불佛이라 한다. 그래서 성불成佛이라는 것이다. 온전한 사람이 되라는 것이다.

불교에서는 불성佛性이라는 한마디로 말하지만 성리학性理學이 되면 그것을 네 가지로 말하게 된다. 하여튼 우리 속에 있는 감성, 오성, 이성, 영성이라는 네 가지를 발전시켜야 하는데 이 네 가지 성性이 없는 사람은 없다는 것이다. 그것을 강조한 사람이 맹자였다. 누구에게

나 이것이 다 있다는 것을 말한 사람이 맹자다.

『중용中庸』에서는 "천명지위성天命之謂性"이라 한다. 하늘이 우리에게 성성을 집어 넣어주었다는 것이다. 그리고 "솔성지위도率性之謂道"라 한다. 그 성을 우리가 찾아내야 한다. 그래서 그것을 우리는 자꾸자꾸 연마해 가야 한다. 그렇게 연마해 가다보면 우리가 이 세상 사람들을 도와 줄 수 있는 그런 경지까지 갈 수 있다. 그것을 "수도지위교修道之謂敎"라 한다.

이렇게 『중용』에서도 하늘이 우리에게 성성을 주었다고 나오는데 맹자가 이런 것을 제일 많이 말했다. 『맹자孟子』의 맨 마지막을 보면 "존심存心 양성養性 사천事天"이라 한다. 하늘이 우리에게 성성을 주었으니까 그 성을 길러 내야 하늘을 섬기게 되는 것이다. 그런데 이 성을 길러내지 못하면 하늘을 섬긴다는 것이 말이 안 된다. 이것은 우리가 누구나 가지고 있으니까 이것만은 누구나 하면 되지 안 되는 것이 아니라는 것이다. 이것이 맹자가 우리에게 가르쳐준 최고의 가르침이라 할 것이다.

이것은 누구나 다 할 수가 있다. 우리는 누구나 예술을 해도 할 수가 있고 과학을 해도 할 수가 있고 철학을 해도 할 수가 있고 종교를 해도 할 수가 있지 이것은 어떤 특별한 사람만 할 수 있는 것이 아니다. 누구나 다 할 수가 있다. 이런 것을 불교에서는 소위 실유불성悉有佛性이라고 말한다. 유교로 말하면 성리학性理學이라는 것이다. 누구나 성性을 가지고 있다는 것이다.

그러니까 이 네 가지라고 해도 좋고 불교에서처럼 그냥 불성이라 해도 좋은데 우리는 그것을 빨리 깨달아야 된다. 우리가 나이 오십에 나서 그것을 깨달았다 그러면 벌써 늦은 것이다. 그러니까 우리가 전도한다는 것은 다름이 아니라 그것을 빨리 깨닫게 해주는 것이다. 젊었을 때 과학을 하라고 해야 되지 칠십이 되었을 때 과학을 하라고 하면 그것은 안 된다.

공자는 십오十五에 지우학志于學이다. 열 다섯에 과학을 하겠다고 깨달았다. 그래서 삼십三十에 입立이다. 삼십에 나서 철학을 하겠다고 깨달았다. 그것도 중요하다. 이렇게 일찍부터 가르쳐 주어서 자기 자신이 자각을 해서 내가 이것을 해야 되겠다 해서 그렇게, 그렇게 해 가야 된다. 그렇게 해야 일생 할 일이 생긴다. 그렇지 않으면 할 일이 없어진다.

이 네 가지를 하려면 일생을 해야 된다. 그래서 과학도 해야 되고 철학도 해야 되고 종교도 해야 되고 예술도 해야 된다. 일생을 해 가는 것이지 이것은 무슨 몇 년 안에 끝낼 수 있는 것이 아니다. 그러니까 사람은 죽는 날까지 하게 되는 것이다. 죽는 날까지 할 것이 있으니까 살았다고 할 수 있지 할 것이 없는 삶이란 산 것이 아니다. 살았다는 것은 숨을 쉰다고 해서 산 것이 아니다. 할 일이 있어서 살아야 사는 것이다. 생명이 사는 것이 아니라 사명使命이 사는 것이다.

영원한 생명이란 사명이지 생명이 아니다. 무슨 오래 사는 것이 영원한 생명이 아니다. 할 일을 하는 것이 사는 것이다. 예수처럼 삼 년을 살아도 할 일을 하고 살면 그것이 영원한 생명이다. 니체 같은 사람은 예수가 너무 일찍 죽어서 억울하다고 그렇게 말하는 사람도 있지만 억울하긴 무엇이 억울한가. 삼 년이라도 할 일을 다 하고 죽었으니 예수는 영원한 생명이지 무슨 일찍 죽은 것이 아니다.

할 일이라는 것은 이 네 가지를 하는 것이 할 일이지 다른 것이 아니다. 우리의 할 일이란 이 네 가지를 하는 것이다. 스스로 생각하기를 나 역시 지금까지 이것을 해왔는데 이것, 이것은 좀 부족하다 그러면 이제라도 그것을 하면 된다. 그것을 해서 죽기까지 하는 것이다.

죽기까지 하다가 못다 하면 어떻게 하는가. 그러면 죽어서도 해야 한다. 칸트의 말대로 도덕이라는 것이 내 일생 칠십을 가지고는 안 되니까 내가 죽어서라도 또 완성을 해야 된다는 것이다. 그래서 사람은 죽어서도 또 살아야 된다는 것이다. 그것이 칸트의 영생이라는 사상이다. 죽어서도 또 해야 한다. 그러니까 죽어서도 우리가 또 산다는 것을 믿게 되어야 한다.

그런데 죽으면 끝이라 그렇게 되면 종교라는 것이 아무것도 아니다. 종교란 역시 죽은 후에도 또 할 일이 있다는 것이라야 한다.

서산대사西山大師는 "팔십년전거시아八十年前渠是我 팔십년후아시거八十年後我是渠"라 했다. 사람의 일생을 팔십 년으로 해서 팔십 년 전 그것이 나요 팔십 년 후 그것이 나라는 것이다. 나는 태어나기 전에도 무엇을 한 사람인데 나는 이 세상을 떠나서도 또 할 일이 있다는 것이다. 지금도 물론 할 일이 있다.

그러니까 생전에도 할 일이 있는 사람이요 지금도 할 일이 있는 사람이요 죽은 후에도 또 할 일이 있는 사람이다. 이것이 영원한 생명이지 무슨 죽어서 천당에 가서 맛있는 것 먹고 편안히 있으면 좋겠다는 그런 것은 아니다. 그렇게 가만있으면 무엇 할 것인가. 맛있는 것 먹고 가만있으면 어떻다는 것인가. 그런 것이 천당은 아니다. 죽은 후에도 할 일이 있으니까, 그것을 하기 위해서 우리가 영생을 하는 것이지 할 일이 없으면 무슨 영생할 것이 무엇인가. 지금도 열심히 하다가 다 못하면 우리가 영생한다 그렇게 생각해야지 이 세상에서 다 끝내고 저 세상에 가서 편히 쉬겠다 그러면 안 된다.

그래서 예수님은 안식일을 거부했다. 하나님이 일하시니 나도 일한다는 것이다. 안식일이라 해서 쉬는 것은 유태 사람의 생각이지 예수의 생각은 아니다. 예수는 서른 셋까지 살다 죽었는데 죽은 다음에 또 할 일이 있으니까 부활한 것이지 할 일이 없다면 부활할 필요가 무엇인가. 죽은 다음에 또 할 일이 있다는 그것이 부활이지 죽은 후에 할 일이 없다면 부활할 필요도 없는 것이다.

우리는 팔십 년 전에도 할 일이 있었다. 지금도 할 일이 있다. 앞으로 죽어서도 또 할 일이 있다. 할 일이라는 이것을 가지는 것이 생명이지 이것을 못 가지면 생명이라 할 수가 없다.

그래서 생명이라는 말보다도 사명이라는 말이 더 중요한 것이다. 사명을 천명이라 해도 좋지만 천명이라는 말보다는 사명이라 하는 말이 더 분명하다. 그러니까 우리에게 가장 중요한 것이 사명이란 것이다.

2000. 5. 7.

제11. 견보탑품見寶塔品

원문 요약

　이시爾時 불전佛前 유칠보탑有七寶塔 종지용출從地湧出 주재공중住在空中. 차보탑중此寶塔中 유여래전신有如來全身 호왈다보號曰多寶. 기불본행其佛本行 보살도菩薩道 시작대서원時作大誓願. 약아성불若我成佛 멸도지후滅道之後 유설법화경처有說法華經處 아지탑묘我之塔廟 용현기전涌現其前 위작증명爲作證明 찬언선재讚言善哉. 시時 사바세계娑婆世界 즉변청정卽變淸淨 보수장엄寶樹莊嚴. 이시爾時 석가모니불釋迦牟尼佛 견소분신제불見所分身諸佛 실이래집悉已來集 욕개보탑欲開寶塔. 석가모니불釋迦牟尼佛 이우지以右指 개다보開多寶 여각관약如卻關鑰 개대성문開大城門 일체중회一切衆會 개견皆見 다보여래多寶如來. 우개기언又開其言 선재善哉 석가모니불釋迦牟尼佛 쾌열快悅 시법화경是法華經 위청래지爲聽來至. 이시爾時 다보탑중多寶塔中 분반좌여分半座與 석가모니불釋迦牟尼佛 즉시卽時 좌기반좌坐其半座. 이신통력以神通力 접제대중接諸大衆 개재허공皆在虛空. 보고사중普告

四衆 수능어차사바국토誰能於此裟婆國土 광설묘법화경廣說妙法華經 약설차경若說此經 즉위견아則爲見我 다보여래多寶如來 급제화불及諸化佛. 어아멸후於我滅後 어악세중於惡世中 설차경위난說此經爲難 서지잠독書持暫讀 문의봉지위난問議奉持爲難. 아위불도我爲佛道 어무량토於無量土 종시지금終始至今 광설廣說 제경이諸經而 어기중於其中 차경제일此經第一. 약유능지若有能持 즉지불신則持佛身. 금어불전今於佛前 자설서언自說誓言 차경난지此經難持 약잠지자若暫持者 아즉환희我卽歡喜 시진불자是眞佛子. 주순선지住淳善地 일체천인一切天人 개응공양皆應供養.

견보탑품 강해

　이시爾時 불전佛前 유칠보탑有七寶塔 종지용출從地湧出 주재공중住在空中.
　그때 부처님 앞에 7층의 아름다운 탑이 있었는데 그것은 땅 속으로부터 솟아나서 하늘 높이 오른 것이다.

　그때 부처님 앞에 칠 층이나 되는 아름다운 탑이 있었는데 그 아름다운 탑은 땅 속에서 마치 샘물이 솟아 나오듯 솟아 나왔다. 땅 속에서 솟아 나왔다는 "종지용출從地湧出"이란 말도 유명한 말이다. "주재공중住在空中"은 그 탑이 하늘 높이 솟았다고 해도 되고 하늘 위에 떠 있다고 해도 된다.

　차보탑중此寶塔中 유여래전신有如來全身 호왈다보號曰多寶.
　이 아름다운 탑 속에는 여래전신이 있었는데 이름은 다보多寶였다.

　"여래전신如來全身"이란 말도 두 가지로 해석할 수 있는데 우선 부처님의 전신 사리라는 뜻으로 볼 수 있다. 탑이란 보통 부처님의 사리를 보관하는 곳이다. 부처님이 죽은 후에 화장을 해서 나온 사리를 탑 속에 보관하는 것이다. 그래서 사리탑이라 한다.
　우리 나라 설악산도 한자로는 설악산雪嶽山이지만 우리말로 할 때는 서릿뫼라고 한다. 서리는 사실 사리라는 말이다. 사리를 모신 산이라는 뜻이 서릿뫼다. 설악산 꼭대기에 올라가면 봉정암이 있는데 거기에 보면 인도에서 가져온 사리를 모셔놓고 있다. 사리탑이 있는 산이라 해서 사릿뫼인데 사릿뫼가 서릿뫼로 된 것이다.
　그리고 또 여래전신을 부처님이라 해서 이 탑은 부처님이 계신 곳이라 그렇게 해석해도 된다. 그런데 그 부처님의 호는 다보多寶라는 것이다.

기불본행其佛本行 보살도菩薩道 시작대서원時作大誓願.
그 부처님이 본래 보살도를 행하고 있을 때에 큰 서원을 했다.

그 부처님께서 부처님 되기 전 보살도를 실천하고 있을 때, 즉 열심히 부처님이 되기 위해 노력을 하고 있을 때 크게 맹서를 했다. 불교에서는 맹서를 했다는 것이 참 중요한 것이다. 정토종 같은 곳에서는 맹서라고 하는 것을 또한 가장 중요하게 다룬다. 맹서란 크게 맹세하고 서원을 했다는 말이다.

약아성불若我成佛 멸도지후滅道之後 유설법화경처有說法華經處 아지탑묘我之塔廟 용현기전涌現其前 위작증명爲作證明 찬언선재讚言善哉.
내가 이 다음에 부처가 되었다가 죽은 후에 어디서든지 『법화경』을 해설하는 그런 곳이 있으면 설법하는 그 앞으로 내 사리탑이 땅 속에서 솟아 올라와서 이 법화경이야말로 최고의 진리라는 것을 증명할 것이다. 그래서 그 설법에 대해 한없는 찬송을 하겠다.

기독교에서도 기도를 한 다음에 아멘Amen이라 하는데 그 아멘이란 진실이라는 뜻이다. 지금 기도한 것은 진짜라는 뜻인데 여기서도 지금 『법화경』을 설한 후에는 다보불이 나와서 아멘 하겠다는 것이다.
불교에서는 아멘이라는 말 대신에 '오옴Aum(Om)'이라 한다. 이번에 초파일날 등불을 달았을 때 거기에 써있는 글자들도 모두 '오옴'이라는 글자다. 이상하게 어떻게 많이 써놓은 것을 볼 수 있는데 그것이 '오옴'이라는 글자들이다. '오옴'이란 기독교의 아멘과 같은 뜻이다.
옛날에 남산에 신사神社가 있었는데 그 신사에 가서 사람들이 손뼉을 딱딱 치면서 '오옴' 하기도 했다. 지금도 일본 신사에 가면 '오옴' 하면서 시작한다. 우리는 기도하고 나서 아멘 하는데 그들은 아멘부터 먼저 하는 것이다.
하여튼 이것이 진짜 진리라는 것을 증명하는 도장을 찍겠다는 말이다. 그리고 석가의 설법에 대해서 한없이 찬송을 부르겠다는 것이다.

그렇게 서원을 한 것이다. 그런 서원을 했기 때문에 오늘 지금 석가가 『법화경』을 설하니까 그 앞에 다보탑이 나타났다는 말이다.

다보탑이 왜 나타났는가? 『법화경』을 설할 때면 언제나 자기가 나타나 참으로 진리라는 것을 증명하겠다고 그렇게 서원을 했으니까 지금 나타났다는 말이다.

시時 사바세계娑婆世界 즉변청정卽變淸淨 보수장엄寶樹莊嚴.
그때 이 땅의 사바세계가 모두 청정하고 아름다운 세계로 변하게 되었다.

사바세계는 이 땅을 말하는데 그것을 인토忍土라고도 한다. 참고 사는 땅이라는 것이다. 이 세상은 괴로운 것이 참 많으니까 참고 살아야지 참지 않으면 못살 곳이라는 말이다.

어제도 텔레비전에 나온 것을 보니까 소년 가장 이야기가 있었다. 어린 남자아이 둘과 여자아이 하나인데 그들은 고아가 아니라 아버지 어머니가 모두 도망을 쳤다는 것이다. 그래서 소년 가장이 된 것이다. 그 소년에게 천만 원을 모아서 도와주자는 그런 프로가 나왔다.

그것을 보면서 '그들 부모는 저것을 볼 때 어떻게 생각할까, 괴로워도 조금 참고 있지 어린애 셋을 놔두고 도망칠 것은 무엇인가', 그런 생각을 했다. 집은 다 무너져 가고 불도 못 때면서 세 아이가 살고 있었다.

이 세상은 정말 괴로운 세상인데 그래서 참고 살아야 되는데 참지 못하고 그러면 그런 일이 생겨난다. 한 번 참으면 된다. 그래서 사람이 사는 집을 백인당百忍堂이라 한다. 백 번 참아야 그 집에서 살 수 있지 참지 못하면 그냥 이혼하고 아이들 내 버리고 도망치고 만다. 그러니까 참아야 한다. 어질다는 인仁에는 참는다는 인忍의 뜻이 있다. 참고 참는 것이 인이지 참지 못하면 어떻게 살겠는가.

참고 살면 사바세계가 청정 세계로 변할 수도 있고 또 "보수장엄寶樹莊嚴"이라는 아름다운 세계가 될 수도 있다. 도道라는 것이 별 것이 아니다. 참는 것을 연습하는 것이지 무슨 다른 것이 아니다.

달마의 9년 면벽이라 하는데 그 아홉 해 동안 앉아 있으려면 얼마나 힘들겠는가. 우리가 도서관에서 한 시간 앉아 있기도 힘드는데 9년 동안을 앉아 있었다고 한다. 참는 연습이다. 참고 또 참고 또 참는 것이다. 그렇게 하노라면 나무가 변해서 금강석이 된다는 것이다. 나무가 땅 속에 들어가서 얼마나 오래 참았겠는가. 참아야 석탄도 되고 무연탄도 되고 나중에는 금강석까지 되는 것이다.

참선한다는 것을 한마디로 하면 참는 연습이다. 얼마나 참으면 됩니까? 한 이십 년 참아라. 이십 년을 참아도 안 되면 어떻게 합니까? 한 이십 년 더 참아야지. 다 그것이지 별것이 아니다. 참고 또 참고 참노라면 나도 모르게 무엇이 되는 것이지 다른 것이 없다.

이시爾時 석가모니불釋迦牟尼佛 견소분신제불見所分身諸佛 실이래집悉已來集 욕개보탑欲開寶塔.
그때 석가모니불이 보니 자기의 많은 친구들과 자기의 많은 제자들, 많은 부처님들이 모였는데 그들은 탑의 문을 열고 다보여래를 한 번 보기를 소원했다.

분신分身이란 자기와 같은 사상을 가진 사람들이다. 요새로 말하면 동지들이다. 분신이란 친구들이요 동지들이다. 친구들이 모여 와서 보탑寶塔을 열고 다보여래多寶如來를 한 번 보자 하고 소원을 했다는 것이다.
다보탑이 어떤 때 나타나는가? 많은 부처님이 모여야 나타난다는 그런 얘기도 또 있다. 그리고 이 다음에 16장에 가면 다 나오지만 부처님을 법신法身, 보신報身, 응신應身, 화신化身이라 하는데 여기에서 분신이란 화신을 말하는 것이다.

석가모니불釋迦牟尼佛 이우지以右指 개다보開多寶 여각관약如卻關鑰 개대성문開大城門 일체중회一切衆會 개견皆見 다보여래多寶如來.
석가모니불이 오른손으로 마치 빗장을 풀고 큰 성문을 열 듯 보탑을 열었다. 그래서 모든 사람들이 그 다보탑 속에 들어있는 다보여 래를 다 보게 되었다.

우개기언又開其言 선재善哉 석가모니불釋迦牟尼佛 쾌열快悅 시법화경是法華經 위청래지爲聽來至.
그리고 다보여래가 말하는 소리를 들었다. "아주 훌륭하신 석가모니불, 당신의 설법은 참 멋이 있습니다. 나는 이 설법을 듣기 위해서 여기까지 왔습니다."

언제나 『법화경』을 설하는 자리에는 다보여래 자기가 나타난다고 했으니까 지금 왔다는 그 소리다.

이시爾時 다보탑중多寶塔中 분반좌여分半座與 석가모니불釋迦牟尼佛 즉시卽時 좌기반좌坐其半座.
그때 다보여래가 다보탑 속에서 자기 자리의 반을 비워주자 석가모니 부처님께서는 즉시 그 반쪽자리에 가서 앉았다.

다보여래가 다보탑 속에서 앉아 있다가 자기 자리를 절반 비워주면서 석가모니불에게 앉으라고 권하자 석가모니불이 즉시 다보탑 안으로 들어가 함께 앉았다는 것이다. 지금 석가모니불과 다보여래가 같이 앉아 있다는 말이다.

이신통력以神通力 접제대중接諸大衆 개재허공皆在虛空.
그리고 신통력을 발휘해서 거기에 있던 모든 사람을 이끌어 모두 허공에 있게 했다.

다보탑이 높이 올라 있으니까 사람들을 모두 공중으로 올려서 두 부처님을 만나 보게 하였다는 말이다.

보고사중普告四衆 수능어차사바국토誰能於此裟婆國土 광설묘법화경廣說妙法華經 약설차경若說此經 즉위견아則爲見我 다보여래多寶如來 급제화불及諸化佛.

석가모니불이 모두에게 말씀하시기를 "누가 능히 이 사바세계에서『법화경』을 설하겠는가. 이『법화경』을 설하는 사람은 누구나 나를 만나 보고 다보여래를 만나 보고 여기 모인 모든 부처님들을 다 만나볼 수 있는 그런 사람이다."

만나본다는 것을 친견親見이라 한다. 이들은 친견을 특별한 의미로 생각한다.

산은 산이요 물은 물이다. 산은 산이 아니요 물은 물이 아니다. 산은 역시 산이요 물은 역시 물이다. 이 셋은 같은가 다른가 말해보라. 이것을 알아내면 "친견노승親見老僧"이다.

"친견노승", 나를 친히 만나보는 것이나 같은 것이라는 말이다. 친견親見이라는 것인데, 말하자면 자기의 속을 다 뚫어보는 사람이나 같다는 그런 뜻도 되고 또는 자기와 같은 경지에 도달한 사람이라는 그런 뜻도 되고 또 그 사람이야말로 자기와 같이 살 수 있는 부처님이라는 그런 뜻도 된다.

그래서 친견이란 말이 어느 때는 부처님을 본다는 견불見佛의 의미로 쓰는 것인데 견불이란 언제나 부처님과 같이 있다는 뜻이다.「갈라디아서」2장 20절에서 말하는 "내가 그리스도와 함께 십자가에 못 박혀 죽었으니 이제는 내가 사는 것이 아니요 그리스도가 내 안에서 산다"하는 것이다.

내가 늘 그리스도와 같이 산다는 그것이 우리의 믿음이요 또 우리의 실감이다. 우리가 그리스도와 같이 산다 하는 것을 그들은 견불이라 한다. 견불이란 그리스도를 본다는 말이 아니라 그리스도와 같이 산다는 말이다. 부처님과 같이 산다는 말이다.

어떻게 해야 부처님과 같이 살 수 있는가. 부처님의 경지까지 올라가야 부처님과 같이 사는 것이다. 공중 높이 올라가야 부처님을 만나는 것이다. 다 같은 사상이다. 결국 이 『법화경』을 설할 수 있는 사람은 그 사람의 경지가 벌써 석가와 같은 경지에 도달한 것이나 마찬가지라는 말이다. 여기서 중요한 글자는 견불見佛이라는 견見이다. 그리고 화불化佛은 화신化身이나 마찬가지 말이다.

어아멸후於我滅後 어악세중於惡世中 설차경위난說此經爲難 서지잠독書持暫讀 문의問議 봉지奉持 위난爲難.
내가 죽은 후 이 악한 세상 속에서 『법화경』을 설한다고 하는 것은 한없이 어려운 일이다. 이 『법화경』을 잘 붙잡고 그것을 언제나 읽고 그 깊은 뜻을 해설하고 그것을 많은 사람들 앞에 내 보여주고 그렇게 한다는 일은 참 어려운 일이다.

한없이 어려운 그 일을 할 수 있으니까 부처님이지 그것을 할 수 없다면 또 부처라고 할 수도 없다.

아위불도我爲佛道 어무량토於無量土 종시지금終始至今 광설廣說 제경이諸經而 어기중於其中 차경제일此經第一.
내가 부처가 되려고 오랫동안 여기저기서 도를 닦느라 애를 썼는데 맨 처음부터 지금까지 여러 경전을 강의했지만 그 가운데서도 이 『법화경』이 최고다.

여러 경전들, 팔만대장경 가운데 『법화경』이 제일이라는 것이다. 이 사람들의 말은 다른 경전은 방편이고 이 『법화경』만은 진짜라는 것이다. 기독교로 말하자면 「마가복음」, 「마태복음」, 「누가복음」은 방편이고 「요한복음」 이것이 진짜다 그런 식으로 생각하는 것이다.
이렇게 『법화경』이 최고라 그렇게 말하면서도 요전에 말했듯이 『법화경』이란 책 속에 법화경은 한마디도 없다. 그러니까 법화경 없는 법화경이다. 이것이 아주 특색이다. 『법화경』이 28장까지 있는데 그 중에 법화경이라고 하는 말은 한마디도 없다. 법화경 없는 법화경이 진짜 법화경이라는 것이다.

　내가 전에 책을 하나 내면서 『생각 없는 생각』이라고 이름을 지었다. 소크라테스는 무지지지無知之知라고 한다. 앎 없는 앎이다. 생각 없는 생각, 앎 없는 앎, 법화경 없는 법화경이다. 노자는 무위지위無爲之爲라 한다. 『금강경』에서는 무주지주無住之住라 한다. 이것들이 모두 같은 하나의 표현 방법이다.

　약유능지若有能持 즉지불신則持佛身.
　이 『법화경』을 능히 붙잡게 되면 그것은 바로 나를 붙잡은 것이다.

　『법화경』을 진짜로 자기 것으로 만들면 그것은 나를 붙잡는 것이나 같은 것이다. 말씀이 육신이 된 것이다. 말씀을 붙잡으면 그것이 육신을 붙잡는 것이다. 말씀과 육신이 하나지 둘이 아니다. 그러니까 『법화경』을 붙잡으면 나를 붙잡은 것이다. 이런 말은 참 좋은 말이다.

　금어불전今於佛前 자설서언自說誓言 차경난지此經難持 약잠지자若暫持者 아즉환희我卽歡喜 시진불자是眞佛子.
　너희들이 지금 내 앞에서 한 번 맹서를 해라. 이 경이 비록 붙잡기가 어렵지만 잠깐 동안이라도 이 경을 붙잡는 사람이 있다면 내 기쁨은 한이 없을 것이고 그 사람이야말로 진짜 내 제자라고 할 수가 있다.

　『법화경』을 붙잡으면 그 사람이야말로 진짜 내 제자이다. 안다고 하는 것이 이렇게 소중한 것이다. 기독교에서 믿는다고 하는 것도 중요하지만 이 안다고 하는 것도 또한 한없이 중요하다.
　"하나님을 알고 그리스도를 아는 것, 그것이 영생이다."〔요한 17:3〕
　너희들이 진짜 『법화경』을 알면 그것이 곧 나를 아는 것이고 또 나와 같아지는 것이고 그것이 다 부처가 된 것이라는 말이다. 그러니까 불교의 특징은 아는 것을 통해서 구원을 받는다는 그런 사상이 강하다.

주순선지住淳善地 일체천인一切天人 개응공양皆應供養.

그래서 정말 하늘나라에까지 도달하게 된다. 그래서 하늘이나 사람이나 전체가 다 부처가 된 그를 존경하게 될 것이다.

이상이 11장의 내용이다. 여기서 제일 중요한 내용은 다보여래가 절반의 자리를 부처님에게 내주었다는 것이다. 그것이 지금 제일 중요하다. 지금 전체의 핵심이 무엇인가 하면 다보여래가 부처님에게 절반의 자리를 내주어 다보탑 속에 석가와 다보가 같이 들어가 앉아 있다는 것이다. 그것이 이 11장에서 핵심 내용이다.

불국사에 가서 계단을 올라가면 오른쪽이 다보여래의 다보탑이다. 그리고 왼쪽이 석가탑이다. 그리고 가본지가 오래되어 잘 기억이 안 나지만 안으로 들어가면 아미타불인가 하는 부처님이 있다. 다보탑이란 4층탑인데 맨 아래는 대나무고 그 위에는 국화이고 그 위에는 난이고 맨 위는 매화로 사군자四君子라는 것이다. 매란국죽梅蘭菊竹이다. 매란국죽이란 춘하추동春夏秋冬이라는 것이다. 춘하추동은 시간을 말하는 것이다. 그런데 옆에 석가탑은 아무 조각이 없다. 그냥 네모나게 그렇게만 되어 있다. 그러니까 아무것도 없다 해서 나중에는 무영탑無影塔이라 한다. 석가탑은 공간을 나타내는 것이다. 다보탑은 시간을 표시하고 석가탑은 공간을 표시하는 것이다.

현진건玄鎭健이 쓴 『무영탑』이라는 소설이 있다. 무영탑이란 태양이 하늘 복판에 왔다는 것이다. 일중日中이요 점심點心이다. 지난번에는 "월도천심처月到天心處"라 했다. 무영탑이란 "월도천심처"라는 것이다. 그러면 거기가 "풍래수면시風來水面時"다. 그래서 "일반청의미一般淸意味"다. 말하자는 것이 이것이다. 일중日中이라는 사상이다.

니체Friedrich Nietzsche의 소위 대낮의 사상이라는 것도 이것이다. 니체의 『짜라투스트라는 이렇게 말했다』를 읽어보면 맨 마지막에 대낮의 사상이라는 것이 나오는데 그 내용이 이것이다. 그래서 철학하는 사람은 니체를 불교도라고 한다. 니체의 『짜라투스트라는 이렇게 말했다』는 불경의 내용을 조금 바꿔놓았다는 것이다. 니체의 철학이란 소위 무영탑 사상이나 같은 것이다.

그러니까 대낮에 태양이 복판 한가운데 오면 그림자가 없어지는 것이다. 기독교로 말하면 죄악이 없어지고 마는 것이다. "월도천심처月到天心處" 하면 죄악이 없어지니까 "풍래수면시風來水面時 일반청의미一般淸意味"가 되는 것이다.

요전에는 하늘의 달과 이슬 속의 달을 말했는데 다 같은 사상이다. 일즉일체一卽一切나 같은 사상이다. 하나님을 알고 그리스도를 아는 것이 영생이라 하는 것과 같은 사상이다. 하나님이 내 안에 있고 내가 하나님 안에 있다. 나와 하나님이 일직선이 된 것이다. 일직선이 되면 죄가 없어진다. 죄가 없어지는 것이다. 그러니까 우리가 영원한 생명이 되는 것이다. 그런 의미에서 무영탑이라는 것도 상당히 중요하다.

이야기에 따르면 무영탑을 조각하는 조각가가 열심히 탑을 쌓고 있는데 사랑하는 애인이 찾아왔다고 한다. 그런데 절에서 감독하는 중이 말하기를 지금 열심히 조각하고 있는 중이라서 만날 수는 없고 저 아래 가면 연못이 있는데 그 연못에 가서보면 조각하고 있는 네 애인의 그림자가 비칠 것이라 했다.

연못에 가서 그림자라도 보라는 말을 듣고 연못으로 갔는데 그림자가 보이지 않았다. 무영탑이다. 매일 찾아가 보았지만 그림자가 보이지 않았다. 자꾸 가보다가 그만 물에 빠져 죽었다.

남자는 조각하는 일이 다 끝난 후 그 이야기를 듣고 곧장 그 연못으로 달려가 보았다. 그런데 보이지 않았다. 그래서 다음날도 또 찾아가 보고 그렇게 매일 찾아가 보았다.

그런데 어느 날 정말 물 속에서 애인이 나타났다. 그 애인이 물에서 걸어 나와 끌어안았는데 끌어안는 순간 보니까 그것은 연못의 바위였다. 그래서 실망하고 물러났는데 멀리서 그 바위를 보니까 그것이 아미타불이었다는 것이다.

이것이 말하는 것은 인간과 자연과 신이라는 것이다. 여자는 인간이고 바위는 자연인데 그것을 다시 보니 신이다. 신과 자연과 인간이다. 신은 시간을 표시하고 자연은 공간을 표시하고 인간은 인간이다. 시간과 공간과 인간인데 다보탑은 시간을 나타내고 석가탑은 공간을 나타내고 아미타불은 인간이다. 이렇게 우리는 결국 시간과 공간과 인간의 세 관계를 보는 것이다. 그러니까 우리가 늘 말하는 천지인天地人 삼재三才라는 것이다. 시간과 공간과 인간이다. 철학이란 다른 것이 아니라 시간과 공간과 인간을 아는 것이다.

칸트의 『순수이성비판』에서 맨 처음 나오는 것이 시간, 공간이다. 그 다음에는 인간 문제다. 그 세 가지지 다른 것이 없다. 불국사의 구조가 이 세 가지를 나타내는 것인데 불국사만이 아니라 모든 절간이 마찬가지다. 물론 다보탑이 없는 데도 있고 석가탑이 없는 데도 있지만 그럴 때는 부처님 하나만 만들어 놓고 한 손은 아래로 내려 손바닥을 펴놓고 한 손은 위로 올려 손가락을 동그랗게 하고 있다. 우스개 소리로 부처님이 돈을 달라고 하는 것이라는 말을 하는데 사실은 하늘과 땅을 가리키는 것으로 하늘과 땅과 사람이다. 시간과 공간과 인간인데 이 시간, 공간, 인간을 합친 것이 부처님이 되는 것이다.

그런데 오늘 다보탑에서 문제삼는 것은 시간과 공간을 합쳤다는 것이다. 그것이 오늘의 핵심이다. 시간과 공간을 합쳤, 또는 시간과 공간을 곱했다는 말을 쓰는데 이것은 요새 말하는 사차원이라는 것이다. 공간이란 삼차원인데 시간과 공간이 곱하면 사차원이 된다.

화이트헤드Alfred North Whitehead의 철학도 사차원이다. 뉴턴의 과학은 삼차원인데 아인슈타인의 과학이 사차원이다. 삼차원의 뉴턴의 시대에서 사차원의 아인슈타인의 시대로 가는 것이다. 그래서 요새 사차원이라는 말이 자꾸 나온다.

시간은 공간의 정신이요 공간은 시간의 몸이라 한다. 그러니까 정신이라 하는 것을 우리는 시간으로 보는 것이다. 더구나 프랑스의 베르그송Henri Bergson 같은 사람은 의식이라는 것을 시간의 흐름이라고 본다. 시간이라는 것과 공간이라는 것, 이 둘을 합친 것이 사람이라는 것이다. 몸과 마음이 합친 것이 사람이다. 정신 없는 몸도 없고 몸 없는 정신도 없다.

『주역』으로 말하면 무극이태극無極而太極이다. 무극 없는 태극도 없고 태극 없는 무극도 없다. 주자朱子가 말한 것인데 같은 사상이라고 보아야 될 것이다. 그러니까 시간, 공간을 곱했다는 사상이다.

"인심유위人心惟危 도심유미道心惟微 유정유일惟精惟一 윤집궐중允執厥中"이라 하는 것도 같은 말이다. 시간과 공간을 "유정유일惟精惟一", 즉 곱해서 "윤집궐중允執厥中", 인간이 되었다는 것이다. 전부 다 그것이지 그것을 넘어서는 것이 없다.

시간, 공간을 어떻게 곱하는가. 수도修道라는 것이다. 십 년을 앉아 있었다거나 하는 것이 무엇인가 하면 시간과 공간을 곱하는 그 내용이다. 9년 동안 앉아 있었다 하면 9년은 시간이고 앉아 있다는 것이 공간이다. 시간과 공간이 합해져서 달마가 되는 것이다. 무엇이나 다 마찬가지다. 우리가 공부를 10년을 했다 하는 것도 다 시간, 공간을 곱하는 이야기지 다른 것이 아니다. 석가가 6년을 고행했다 하는 것도 다 시간, 공간을 곱한 이야기지 다른 것은 없다.

우리가 6년을 공부했다 하는 것과 그런 공부를 안 하고 그냥 살았다 하는 것은 다르다. 반드시 6년을, 또는 10년을, 또는 12년을, 어떻게 해도 좋은데, 그렇게 미리 정해 놓아야 된다. 미리 12년을 정해 놓아야 한다. 경제계획 5개년 하면 5년 후에는 수출을 얼마를 하겠다고 정해야 된다. 하이데거Martin Heidegger의 말로 하면 "선구적 결단"이다. 미리 정해 놓는 것이다. 미리 정해놓고 해 가는 것이다. 박사를 하는데 6년이 걸린다 하면 6년을 정해놓고 어떻게든 그 안에 박사를 해야 한다.

붓글씨를 난곡蘭谷 김응섭金應燮 선생한테 배웠는데 한 학기 동안 해서 楷書라면 해서를 가르쳐 준다. 그래서 자꾸 붓글씨를 쓰게 하는데 맨 마지막 주에 가서 시험을 친다. 시험을 쳐서 합격을 하면 끝을 내고 합격을 못 하면 또 한 해 낙제다. 낙제해서 또 안 되면 또 한 해를 더 해야 한다. 합격을 했다는 말이 결국 시간, 공간이 곱해진 것이다. 일년이면 일년 동안에 그 학문이 완성이 되는 것이다. 그러니까 반드시 우리가 어떤 결심을 하고서 해야지 그렇지 않으면 우리가 10년, 20년, 30년을 하고도 되지 않는다.

언제나 선구적 결단이라는 것이다. 하이데거의 말인데 그 말이 참 좋다고 생각한다. 만일 논문을 쓴다 하면 그것을 방학 때 끝내야 되겠다 하고 써야지 그렇지 않고 쓰면 10년을 가도 끝이 나지 않는다. 이것은 여러분이 경험해보면 다 아는 일이다.

그러니까 난곡 선생한테 글씨를 배울 때 마지막 학기말이 되어 가면 하루에 7시간도 쓰고 8시간도 쓰고 10시간도 쓰고 계속 쓴다. 계속 쓰다가 마지막 주간이 다가왔는데 되지 않는 것이다. 그래서 모이는 날이 토요일인데 월요일부터 열심히 쓰기 시작하는데 운이 좋으면 목요일이나 금요일에 딱 되는 것이다. 그렇게 되면 선생님이 무엇이라 하지 않아도 내가 벌써 안다. 선생님이 하기 전에 내가 먼저 안다. 어미 닭이 쪼기 전에 병아리가 먼저 쪼는 것이다. 그렇게 자기가 먼저, "됐다, 이것이로구나"하고 안다. 그렇게 되면 그 다음에 선생이 보아도 역시 된 것이다. 선생이 되었다고 하는 것과 내가 되었다고 하는 것이 다른 것이 아니다. 반드시 시간이 결정이 되어야 한다.

하이데거의 시간이라는 것이 언제나 유한한 시간이지 무한한 시간이 아니다. 하이데거의 "죽음에의 존재"가 무엇인가 하면 유한한 시간이라는 것이다. 사람이 영원히 사는 것이 아니다. 이 유한한 시간 속에 우리가 무엇을 해내야지 이것을 우리가 무한이라 생각하면 아무것도 할 것이 없다. 하이데거의 시간은 죽음에의 존재로 유한한 시간이다. 유한한 시간이요 언제나 선구적 결단이다. 미리 언제까지 그렇게 정하는 것이다.

이것을 우리가 제일 많이 한 때가 88올림픽 때였다. 서울 시청 앞에 앞으로 며칠 남았다 하고 매일 계산해 가면서 우리가 올림픽을 준비했는데 그 때 우리는 유한한 시간을 산 것이다. 그런데 이번 2002년 하는 것은 그런 소리가 아직 없다. 무엇이 제대로 되어 가는지 모르겠다.

하여튼 무엇을 미리 정해 놓았으면 그 목표를 향해서 계속 해야 한다. 그래서 왕양명王陽明 사상의 중요한 하나가 "입지立志"라는 것이다. 입지라는 것이 무엇인가 하면 선구적 결단이다. 언제까지 무엇을 꼭 해내야겠다는 결단을 하고서 해내야 그렇지 않으면 일이 통 되지 않는다. 그런 결단을 하지 않으면 시간, 공간이 떨어져 삼차원의 시간이 되고 만다. 아무 의미가 없어지고 만다. 시간, 공간이 곱해져야 의미가 있고 가치가 있게 된다.

그러니까 주자朱子는 인생을 한마디로 말하면 "견인각고堅忍刻苦"

라 했다. 아까도 참아야 된다는 말을 했는데 굳게, 굳게 참아야 된다는 것이다. 어디 논문 쓰기 좋아하는 사람이 있겠는가. 다 쓰기 싫어하지만 쓰기 싫은 것을 억지로라도 참아야 한다. 견인堅忍이다. 그리고 각고刻苦, 한 순간 한 순간 고통을 극복해 가는 것이다. 견인각고다. 이 말이 주자의 말 가운데 좋아하는 말이다.

그리고 또 주자의 말 가운데 좋아하는 말이 "죽음이 없으면 인생이라는 것이 가치가 없고 삶이 없으면 죽음이라는 것이 의미가 없다"는 말이다. 죽음과 삶이라는 두 마디를 가지고 거기에 가치와 의미라는 두 마디를 집어넣었다. "죽음이 없으면"하는 말은 주자가 생각할 때 인간이 유한한 존재라는 것이다. 죽음에의 존재다. 유한한 존재다. 그러니까 시간이란 무한한 시간이 아니다. 우리가 흔히 시간이라 그러면 그것은 그냥 흘러가는 시간이다. 그 흘러가는 시간이란 나와 아무 상관이 없는 것이다. 이것을 유한한 시간으로 내가 붙잡아야 그것이 내 시간이지 그렇지 않으면 내 시간이라고 할 수가 없다. 이런 것을 우리는 실존적 시간이라 한다. 그저 매일매일 오늘 하루도 지나갔다 하는 시간은 자연적 시간이다.

그런데 우리가 사는 것은 자연적 시간을 사는 것이 아니다. 내가 언제까지는 무엇을 해야 되겠다 이렇게 정하고서 열심히 무엇을 하는 것이 실존적 시간이다. 그래서 시간을 공간으로 바꾸는 것이다. 시간을 공간으로 바꾼다고 할 수도 있고 시간과 공간을 곱한다고 할 수도 있다. 요는 시간이라는 것이 흘러가는 시간이 아니고 시간이 멎은 시간이 되어야 한다.

시간은 내가 멎게 해야 된다. 논문을 언제까지 써야 되겠다 그래서 써내면 그 시간이 내 시간이고 그 시간이 변해서 결국 논문이 된 것이다. 그것이 소위 "시간의 공간화"라는 것이다. 그래서 시간과 공간을 곱하는 문제가 철학과 종교의 핵심이라고 보아야 할 것이다. 그러니까 오늘 제일 중요한 것이 이 다보탑과 석가탑이 같은 속에 들어갔다는 것이다. 시간과 공간이 곱해졌다는 것이다.

2000. 5. 21. / 5. 28.

제12. 데바달다품提婆達多品

원문 요약

 아념과거겁我念過去劫 위구대법고爲求大法故. 수작세국왕雖作世國王 불탐오욕락不貪五欲樂. 추종고사방椎鍾告四方 수유대법자誰有大法者 약위아해설若爲我解說 신당위노복身當爲奴僕. 시유아사선時有阿私仙 래백어대왕來白於大王. 아유미묘법我有微妙法 세간소희유世間所希有 약능수행자若能修行者 오당위여설吾當爲汝說. 불고비구佛告比丘 이시왕자爾時王子 즉아신시則我身是 시선인자時仙人者 데바달다提婆達多. 유데바고由提婆故 령아구족令我具足 육파라밀六婆羅密 자비희사慈悲喜捨 십력十力 사무소외四無所畏 사섭법四攝法 신통도력神通道力. 개인데바皆因提婆. 데바각후提婆卻後 과무량겁過無量劫 당득성불當得成佛. 광위중생廣爲衆生 설어묘법說於妙法 항하사중생恒河沙衆生 발무상도심發無上道心 득무생법인得無生法忍 주불퇴전住不退轉. 운하여신云何女身 속득성불速得成佛 이시룡녀爾時龍女 유일보주有一寶珠. 가치價値 삼천대천세계三千大千世界 지이상불持以上佛 불즉수지佛卽受之 세존납수世尊納受. 시사是事 질부질疾不 홀연지간忽然之間 성등정각成等正覺 이신통력以神通力.

데바달다품 강해

데바달다提婆達多는 석가의 사촌 동생이다. 석가의 사촌 가운데 알려진 사람이 아난阿難과 데바달다라는 사람이다. 아난은 석가를 25년 동안 따라다녔다고 하며 그래서 석가의 말을 제일 많이 기록해 놓은 사람이라 한다. 마지막에 경을 만들 때 그 아난이 주가 되어서 경을 편찬했는데 그래서 석가 다음에 가섭迦葉이 제 2대가 되고 아난은 제 3대가 되었다.

그런데 같은 사촌인 데바라는 사람은 석가를 가장 괴롭힌 사람이었다. 기독교로 말하자면 가룟 유다 같은 사람이었다. 데바도 물론 맨 처음에는 석가의 제자였다. 그런데 교단이 커지고 나중에는 석가가 하나의 왕 같은 존재가 되니까 그 다음에는 석가를 죽이고 그 교단을 자기가 차지하려고 했다.

그래서 석가를 세 번 죽이려고 했는데 다 실패했다. 한 번은 산에서 커다란 바위를 굴려 석가를 죽이려고 했는데 실패했고 두 번째는 코끼리 떼를 몰아서 짓밟아 죽이려고 했는데 그것도 실패했다. 나중에는 독약을 음식에 넣어 죽이려고 했는데 그것도 또 실패했다. 결국 세 번 다 실패하고 나중에는 할 수 없으니까 교단을 절반 나누어서 나갔다. 요새도 교회에 싸움이 나면 나중에는 교단이 갈리게 되는 것을 볼 수 있다. 그와 비슷하게 데바도 교단을 절반 나누어서 나간 것이다.

나가서 제가 왕 행세를 했다. 그리고 자기가 속한 교단에서 가장 아름다운 여인 하나를 자기가 차지하려고 했는데 말을 안 들으니까 그냥 죽이고 말았다. 이것을 데바의 다섯 가지 죄악이라고 한다. 석가를 세 번 죽이려고 했던 일과 여신도를 죽인 일과 교단을 파괴한 일이다. 다섯 가지를 거역했다고 해서 오역五逆 데바라고 한다. 그래서 데바는 산 채로 지옥에 떨어졌다고 한다.

아념과거겁我念過去劫 위구대법고爲求大法故.

내 전생을 생각해 볼 때 나는 한없이 진리를 갈구했었다.

인도 사람들은 전생이라는 말을 많이 한다. 기독교에서는 그런 말이 별로 없다. 기독교에서는 죽은 후에 부활한다던가 천당에 간다던가 하는 말은 있어도 전생이라는 말은 별로 없다. 물론 예수 자신에 관해서는 태초에 우주를 창조할 때 하나님과 같이 창조했다고 하는 그런 말은 있다.

전생이라고 하는 것은 인도 사람들이 생각하는 하나의 관념이다. 그런데 전생이 있는지 없는지는 잘 모르겠다. 과거에 심리학을 배울 때 그 심리학 선생이 이야기하기를 최면술을 걸어놓고 그 사람이 과거 일 년 전에 무엇을 했나, 십 년 전에는 무엇을 했나, 이렇게 죽 물어 보면 무엇을 했다, 무엇을 했다 하고 대답을 하다가 태어나기 바로 전에는 대답이 없다가 태어나기 훨씬 더 전의 과거를 물어보면 또다시 무엇을 했다, 무엇을 했다 하고 대답을 한다는 것이다. 그래서 그 심리학 선생은 이런 것을 볼 때 사람에게 전생이 있는 것이 아닌가 하는 그런 말을 했다.

전생이라는 것을 하나의 종교적 핵심으로 삼는 데가 티베트Tibet의 달라이 라마Dalai Lama다. 달라이 라마가 죽은 그 시간에 태어난 아이들을 찾아 모아서 길러가다가 달라이 라마가 살았을 때의 모든 것을 보여주며 이것이 무엇이냐 저것이 무엇이냐 하고 물어볼 때 그것은 무엇이다, 그것은 내가 살던 방이다, 그것은 무엇이다 그렇게 대답하는 사람이 있으면 그 사람이 달라이 라마가 된다. 달라이 라마가 환생還生했다는 것이다. 사실인지는 모르지만 하여튼 티베트에서 달라이 라마는 그렇게 된다는 것이다.

"아념과거겁我念過去劫"이란 내가 전생을 생각해본다는 말이다. 전생을 생각할 때 나는 전생에서 진리를 한없이 갈구했다. 법法이란 기독교로 말해서 진리라는 말이다.

수작세국왕雖作世國王 불탐오욕락不貪五欲樂.
그 때 나는 비록 왕이 되었지만 다섯 가지 탐욕에 빠지지 않았다.

오욕五欲이란 먹는 문제, 남녀 문제, 돈 문제, 벼슬 문제, 명예 문제 등 우리가 제일 갖기 쉬운 욕심이다. 그 다섯 가지 욕심을 내지 않았다.

추종고사방椎鍾告四方 수유대법자誰有大法者 약위아해설若爲我解說 신당위노복身當爲奴僕.
나는 종을 치며 사방에 광고를 했다. "누구든지 진리를 아는 사람이 있으면 나를 위해서 진리를 가르쳐다오. 나를 위해 진리를 가르쳐주면 나는 그 선생님의 노예가 되겠소."

시유아사선時有阿私仙 래백어대왕來白於大王. 아유미묘법我有微妙法 세간소희유世間所希有 약능수행자若能修行者 오당위여설吾當爲汝說.
그 때 아사선이라는 사람이 찾아와서 대왕에게 말했다. "나에게 미묘한 법이 있는데 세간에서는 구할 수 없는 것입니다. 이 진리를 실천하려는 사람이 있다면 나는 마땅히 이 진리를 전하고 싶소."

중국에서는 산에 들어가 오래 도를 닦아서 진리를 깨달은 사람을 도인道人이라 혹은 선인仙人이라 한다. 여기서도 같은 말이다. 아시다 선인이라고 하는데 여기서는 아사선阿私仙이라고 했다. 도인이 왕에게 와서 고백을 했다는 말이다.

불고비구佛告比丘 이시왕자爾時王子 즉아신시則我身是 시선인자時仙人者 데바달다提婆達多.
석가모니불이 제자들에게 말했다. "그 때 왕이라는 사람이 나였고 그 때 선인이라는 사람은 데바였다."

이것이 말하자면 석가의 전생설화다. 석가의 전생설화라는 책도 있다. 그 전생에 왕이 되었고 그 때 나에게 진리를 가르쳐준 사람이 데바달다였다는 것이다. 이것도 재미있는 말이다. 지금 자기를 죽이려고 하는 데바달다가 사실은 전생에서 자기의 스승이었다는 것이다.

유데바고由提婆故 령아구족令我具足 육파라밀六婆羅密 자비희사慈悲喜捨 십력十力 사무소외四無所畏 사섭법四攝法 신통도력神通道力.
데바 때문에 나는 육파라밀과 자비희사와 열 가지 힘과 네 가지 두려움 없음과 네 가지 인생의 요령과 신통력을 구족하게 되었다.

또 이 현세에 와서도 데바 때문에, 데바가 자기를 죽이려고 하고 어떻게 하려고 하기 때문에, 자기가 더 조심하게 되고 힘을 얻게 되고 진리를 깨닫게 되고 진리를 설하게 되고 그렇게 되었다는 것이다.

우리 속담에도 친구보다 원수가 더 친구라는 그런 말이 있다. 나를 박해하는 사람이 없으면 내가 발전을 못하는 것이다.

이 세상에서도 아주 환경조건이 어려운데 사는 사람이 자꾸 발전하지 환경조건이 아주 좋은 가운데서는 발전을 못한다. 남태평양 어느 섬처럼 먹을 것은 얼마든지 있고 옷을 입을 필요도 없는 그런 곳에서는 발전이 안 된다. 아직도 그런 곳에 가면 어른이고 아이들이고 하나 둘을 일곱까지밖에 모른다고 한다. 그래서 아이들에게 나이를 물어도 일곱 살이라 하고 할아버지에게 물어도 일곱이라고 한다.

춥고 배고픈 곳, 그래서 인토忍土라고 하는 데, 그런데서 발전이 나온다. 추우면 우리가 어떻게 살아야 되는가, 더우면 또 어떻게 해야 되는가, 배고프면 우리가 어떻게 해야 되나, 그렇게 자꾸 연구를 하게 된다. 그래서 늑대도 잡아다가 강아지로 길들이기도 하고, 그렇게 그런 무엇이 자꾸 있어야 발전이 된다.

그러니까 데바가 석가를 죽이려고 하는데도 석가 자기는 데바 때문에 이렇게 발전했다고 그렇게 이야기를 하는 것이다. 데바 때문에 내가 구족하게 되었다. 이렇게 인격이 원만한 사람이 되었다는 것이다. 그리고 데바 때문에 계속 발전하게 되었다. 육파라밀六婆羅密이란 여섯 가지 발전해 가는 과정이다. 그리고 나는 성숙해져서 모든 사람들에게 자비를 베풀 수 있는 그런 어른스러운 사람이 되었다. 그리고 자기는 모든 사람에게 주는 것을 가장 기쁘게 생각한다. 희사喜捨라는 것이다. 주는 것을 기쁘게 생각하는 그런 성숙한 사람이 되었다는 것이다.

그리고 십력十力이다. 나는 지혜의 힘이 열 가지나 된다. 그리고 나는 무서운 것이 없다. 사무소외四無所畏, 네 가지 무서운 것이 없다는 것이다. 네 가지란 「방편품」에서 나온 것인데 등각等覺, 누진漏盡, 설법說法, 설도說道라 했다. 그리고 나는 네 가지 인생의 요령을 붙잡았다. 그리고 자기는 신통神通할 수 있는 도력道力을 얻었다. 지난번에도 신통광명장神通光明藏이라 해서 신통을 말했다.

개인데바皆因提婆.
이것들이 다 데바의 덕분이다.

내가 이렇게 발전하게 된 원동력은 누구인가 하면 데바라는 것이다. 링컨이 자기의 원수를 국무장관으로 시켜서 위대하다고 한다. 이처럼 석가는 자기의 원수를 더 위대하게 생각하는 그런 마음이라는 것이다.

데바각후提婆卻後 과무량겁過無量劫 당득성불當得成佛.
데바도 회개해서 무량겁이 지난 후 마땅히 성불한다.

물론 데바는 지옥에 떨어졌을 것이다. 그렇지만 데바도 지옥에서 회개하고 나오면 부처가 된다는 것이다. 이 사람들이 생각하는 세계는 열 계단이다. 육도 윤회六道輪廻, 즉 지옥地獄, 아귀餓鬼, 축생畜生, 아수라阿修羅, 인간人間, 천天이라는 여섯 계단과 성문聲聞, 연각緣覺, 보살菩薩, 불타佛陀라는 것을 합쳐 열 계단이 된다. 지옥에 떨어졌지만 지옥에 가서 회개하면 한 계단 올라오고 또 한 계단 올라오고 그래서 나중에는 인人으로 천天으로 올라가고 또 더 회개하면 성문이 되고 연각이 된다는 것이다.

데바도 회개하고 수많은 세월을 거쳐서 결국 맨 마지막에는 최고의 경지인 부처님의 세계까지 올라올 수 있다. 그러니까 누구나 다 회개만 하면 된다. 강도도 회개만 하면 낙원에 들어가는 것이다. 회개를 안하면 지옥에 그냥 있겠지만 회개만 하면 된다. 데바도 회개하면 결국 성불할 수 있다는 것이다.

광위중생廣爲衆生 설어묘법說於妙法 항하사중생恒河沙衆生 발무상도심發無上道心 득무생법인得無生法忍 주불퇴전住不退轉.
그래서 널리 중생들을 위하여 묘한 법을 설법하여 항하사 중생들에게 무상도심을 일으키고 무생법인을 얻게 하며 불퇴전의 자리에 이르도록 하리라.

그래서 많은 중생을 위해서 또다시 묘법을 설할 수 있을 것이다. 갠지스강의 모래알만큼이나 많은 사람들에게 정말 자꾸자꾸 한없이 올라가려고 하는 그런 마음을 길러주게 될 것이다. "나, 데바도 지옥에 떨어졌다가 이렇게 올라왔으니까 너희들도 회개하고 올라가면 되지 않느냐"하고 그렇게 사람들에게 무상도심無上道心, 즉 맨 꼭대기에까지 올라가려고 하는 그런 마음을 불러일으킬 것이다.
그래서 결국은 불생불사不生不死, 혹은 무생무멸無生無滅이라는 생사를 초월한 진리를 아주 많은 고생을 하면서 얻게 될 것이다. "득무생법인得無生法忍 주불퇴전住不退轉"이다. 생사를 초월한 진리에 안주하게 될 것이다. 그래서 다시는 타락하지 않게끔 그렇게 될 것이다.
이상은 데바 같은 사람도 부처가 될 수 있다는 내용이다. 여기서 데바성불提婆成佛이라는 유명한 말이 나온 것이다.
다음은 용녀龍女의 이야기다. 용녀란 용의 딸이니까 하나의 축생이라고 볼 수 있다. 그러니까 지옥에 갔던 사람도 성불할 수 있고 축생도 성불할 수 있다는 것이다.

운하여신云何女身 속득성불速得成佛 이시용녀爾時龍女 유일보주有一寶珠.
어떻게 여성의 몸으로 그렇게 빨리 성불할 수 있는가? 그 때 용녀에게 한 보배구슬이 있었다.

여성들이 어떻게 남성들보다 더 빨리 부처가 될 수 있는가? 이것도 재미있는 문제다. 그 때 용녀가 있었다. 용은 언제나 여의주라는 구슬을 갖고 있다. 창경원 등 고궁에 가면 왕이 앉아 있는 자리가 용상龍床이고 입은 옷은 곤룡포袞龍袍라 한다. 용을 그려놓은 것을 보면 언제나 구슬 하나를 붙들고 있다. 용녀에게 아주 가치가 높은 구슬 하나가 있었다는 것이다.

가치價値 삼천대천세계三千大千世界 지이상불持以上佛 불즉수지佛卽受之 세존납수世尊納受.
그 구슬의 가치는 삼천대천세계에 해당하는 것인데 그것을 부처님에게 바치니 부처님께서 곧 그것을 받으셨다.

그 가치는 이 우주보다도 더 값이 높은 최고의 보석이다. 그 보석을 부처님에게 바쳤더니 부처님께서 그 보석을 받아서 가졌다.

시사是事 질부疾不 홀연지간忽然之間 성등정각成等正覺 이신통력以神通力.
이런 일이 있었으니 빠른 것이 아닌가. 홀연 한 순간에 신통력으로 등정각을 이룬 것이다.

이런 일이 있었으니 빨리 성불하지 않았겠느냐는 것이다. '질疾'은 빠르다는 뜻이고 '불不'은 의문문이다. "홀연지간忽然之間", 갑자기, 최고의 진리를 깨닫게 되었다. "등정각等正覺"이란 "아누다라삼막삼보리阿耨多羅三藐三菩提"를 말한다. 어떻게 그렇게 깨닫게 되었나 하면 신통력神通力을 가지고 깨닫게 되었다. 용녀가 가진 구슬이 무엇인가 하면 신통력이라는 것이다.
왜 여성이 어떻게 남성보다도 더 빨리 부처가 될 수 있는가 하면 여성이 남성보다 좀더 신통력이 강하다는 것이다. 신통력이란 요새로 말하면 직관할 수 있는 힘이다. 더 쉽게 말하면 눈치라는 것이다. 여성이 남성보다 눈치가 빠르다는 것이다.

종교의 핵심이 무엇인가 하면 직관력이다. 과학의 핵심은 연구하고 생각하는 사변력인데 종교의 핵심은 직관력이다. 종교나 예술은 직관력이고 과학이나 철학은 사변력이라고 해도 과히 틀린 말이 아니다.

그래서 남자는 과학 하는데 강하고 여자는 종교에 강하다. 교회당에 가면 삼분지 이가 여자들이다. 그러니까 무슨 이해하는 것이 아니라 직관하는 것이다.

요전에도 바둑을 제일 잘 둔다는 여자가 나왔는데 바둑도 직관이다. 상대가 바둑돌을 어떻게 놓으면 이쪽에 앉아서 다음에 육십 수 후에는 어디가 될 것이다 하고 그것을 그냥 직관하는 것이지 하나하나 세어보는 것이 아니다. 바둑이라는 것도 기도碁道라는 도道이니까 직관이다. 그 직관하는 능력이 없으면 안 되는 것이다. 그 동안 조 아무개 팔 단이니 그러다가 어떤 여자가 나와서 다 이기고 말았다는 말을 듣고는 "야, 이것이 제대로 되기는 되는구나" 했다. 여자가 역시 직관력이 강한 것이다.

정치하는 것도 직관이다. 대통령이라면 대통령이 눈치가 빨라야 된다. 사람을 꿰뚫어 볼 수 있는 힘이 있어야 된다. 그래서 아무래도 이상세계가 되면 여자가 왕이 될 것이다. 영국에서 엘리자벳 여왕이라든가 빅토리아 여왕이라든가 여왕들이 다 잘했다. 언제나 이상세계의 표준은 벌 세계다. 벌 세계는 언제나 여왕이 지배하는 세계. 이화대학을 보면 김활란이라는 사람이 직관력을 가졌던 사람으로 아주 유명하다. 여자들 중에 직관력을 가진 사람들이 꽤 많이 있다.

『벽암록』24장은 여자에 관해서 나온다. 성은 유劉씨인데 그 사람 별명이 철마鐵磨다. 철마는 철로 만들어진 맷돌이다. 맷돌에는 돌로 만든 것도 있는데 이것은 돌로 새긴 맷돌이 아니라 쇠로 만들었다. 그래서 거기에 넣으면 콩이니 팥이니 무엇이나 다 갈려지고 만다. 선禪에서는 어려운 질문을 하고 거기에 답을 하고 논쟁을 하는 것이 많은데 그 당시에 남자들이 유철마에게 가면 꼼짝 못한다는 것이다. 왜냐하면 남자는 사색력을 가졌는데 이 사람은 직관력을 가졌기 때문이다. 바둑이라면 기껏 한 수, 두 수, 세 수를 아는데 이 사람은 몇 십 수를 내다보니까 도저히 당할 수가 없는 것이다. 유철마에 대해 쓴 글을 읽어보니까 역시 직관력이었다.

"철마도위산鐵磨到潙山"
(유철마가 위산을 찾아갔다.)

위산은 위앙종潙仰宗의 개조되는 사람이다. 그러니까 기독교로 말하면 칼빈이니 요한 웨슬레니 하는 그런 사람이다.

『벽암록』에는 수시垂示라는 것이 있고 본문이 있고 송頌이라는 것이 있다. 먼저 수시를 읽어본다.

"수시운垂示云 고고봉정립高高峰頂立 마외막능지魔外莫能知"
(수시에 이른다. 높고 높은 산꼭대기에 올라섰는데 그 경지는 마魔와 외도들이 전혀 알 수가 없다.)

높고 높은 봉우리 위에까지 올라갔다. 유철마는 높은 봉우리 꼭대기에까지 올라섰던 사람이라는 것이다. 정말 마魔도 그 사람의 세계는 들여다보기가 어렵게 그렇게 높은 것이다.

"심심해저행深深海底行 불안처불견佛眼覷不見"
(깊고 깊은 바다 밑을 다녔는데 그것은 부처의 눈을 가지고 엿보아도 볼 수가 없다.)

그리고 그 사람은 깊이 깊이 생각을 했다. 깊은 바다 속에까지 들어간 것이다. 그래서 부처님의 눈을 가지고도 그 속을 다 들여다 볼 수 없다. 한마디로 유철마는 한없이 높고 한없이 깊은 사람이라는 것이다.

"직요안사류성直饒眼似流星 기여철전기如掣電"
(비록 눈동자가 유성처럼 빠르고 솜씨가 번개같다 할지라도)

그래서 눈치가 흘러가는 별 같고 그 솜씨는 마치 번개같다. 직요直饒는 '비록'이라는 말이다.
여기까지가 유철마에 대한 칭찬이다. 철마가 이렇게 대단하지만 그래도 위산을 만나면 질지도 모르니까 조심하라는 것이 마지막에 나오는 말이다.

"미면영구예미未免靈龜曳尾 도저리到這裏 합작마생合作麼生 시거간試擧看"
(영특한 거북도 꼬리를 끌어 자국을 남기듯 그런 실수를 벗어나기 어려운 그 가운데로 들어가면 어떻게 할까? 다음 이야기를 잘 살펴보아라.)

거북이 알을 낳아 모래 속에 아무도 모르게 파묻어 놓느라고 파묻었지만 자칫하다 꼬리가 늘어져 모래 위에 그만 꼬리가 끌린 자국을 내고 만다. 그러면 다른 동물들이 그것을 알고 알을 파먹는 일이 생긴다는 것이다. 항상 꼬리를 들고 자국을 남기지 말아야 되는데 그만 흔적을 남기면 비밀이 탄로 나서 알을 다 먹히고 마는 것이다. 유철마, 너도 까불다가는 위산에게 당할 터이니 조심하라는 말이다. 하여튼 유철마가 그렇게 눈치가 빠르다는 이야기가 나와 있다.

수시 다음에 본문이 나온다.

"거擧 유철마도위산劉鐵磨到潙山 산운山云 노자우여래야老牸牛汝來也"
(유철마가 위산을 찾아오자 위산이 말했다. "노자우老牸牛, 그대가 왔구려.")

'노老'는 존경한다는 말이다. 이런 대표적인 경우가 노자老子라는 말이다. 노자老子란 존경하는 선생님이라는 뜻이다. 공자孔子는 공孔 선생님이고 맹자孟子는 맹 선생님이라는 말인데 노자만은 존경하는 선생님이라고 했다. 왜냐하면 공자의 선생님이기 때문이다.

여기서도 '노老'는 존경한다는 뜻이다. '자우牸牛'는 암소라는 말인데 불교에서는 제일 극단적으로 높임말이 이렇게 동물의 세계를 가지고 높이는 것이다. 왜냐하면 이것은 자연이라는 것 때문이다. 불교는 소위 자연주의니까 자연과 일치하면 그것이 최고의 세계라는 것이다.

당신은 암소다. 그러니까 당신은 최고의 무위자연無爲自然에까지 도달한 사람이라는 말이다. "그런 당신이 오셨습니까?"하고 위산이 철마에게 인사를 한 것이다.

"마운磨云 내일대산대회재래일대산대회재來日臺山大會齋 화상환거마和尙還去磨?"
(유철마가 말했다. 내일 오대산에서 큰 법회가 있다는데 선생님 가시렵니까?)

그러자 유철마는 자기가 왜 왔는지를 이야기한다. 내일 오대산에서 무슨 법회가 있는데 거기에 같이 가지 않겠습니까? 오대산은 위산이 있는 곳으로부터 6천리가 떨어진 곳이다.

"위산방신와潙山放身臥 마변출거磨便出去"
(위산이 드러눕자 유철마는 곧 나가버렸다.)

그랬더니 위산이 그냥 나가서 자기도 소처럼 눕고 말았다. 위산 자기도 무위자연이라는 것이다. 소처럼 눕고 만 것인데 이것은 거기에 무엇 하러 가느냐는 뜻이다. 여기 앉아서도 다 보이는데 거기에 갈 일이 무엇이냐는 것이다. 그러자 유철마도 더 이상 할 말이 없어서 떠나고 말았다. 이것이 본문이다.

여기에 대해 풍혈風穴이란 사람이 주석을 썼다.

"풍혈운風穴云 백운심처白雲深處 금룡약金龍躍"
(풍혈이 말했다. 흰 구름 깊은 곳에 금룡이 높이 뛰어 날아간다.)

유철마가 왔는데 위산이 그 속을 보니 "백운심처白雲深處 금룡약金龍躍"이라는 것이다. 흰 구름 속에 깊이 가려진 아주 금빛 나는 용이 뛰고있는 것으로 보였다. 유철마라는 사람은 용 같은 사람이라는 것이다. 그만큼 칭찬을 한 것이다.

"벽파심리碧波心裏 옥토경玉兎驚"
(푸른 물결 달빛 속에 옥토끼는 깜짝깜짝 놀라 뛴다.)

또 유철마가 위산을 보니까 "벽파심리碧波心裏 옥토경玉兎驚"이다. 푸른 물 속에 달이 떴는데 그 달 속에 토끼가 놀래고 있다는 것이다. 요전에 이야기한 하늘의 달과 물 속의 달이다. 유철마는 하늘 위의 달이 되고 위산은 물 속의 달이 되어 달과 달이 서로 마주보고 비춘다는 그 소리다.

"노도소용老倒疎慵 무사일無事日 한면고와閑眠高臥 대청산對青山"
(쓸모 없고 게으른 늙은이 아무 일이 없으니 청산을 바라보며 한가하게 누웠네.)

또 위산은 "노도소용老倒疎慵 무사일無事日"이다. 태양처럼 아무것도 하지 않는 사람이지만 온 세계를 밝히고 있다. 또 위산이 지금 누워서 바라보고 있는 것은 유철마를 보고 있는 것인데 유철마는 마치 청산처럼 아무 욕심이 없는 그런 사람이라는 것이다. 이렇게 서로 칭찬하는 것이다. 하나는 태양 같고 하나는 청산 같다. 또는 하나는 하늘의 달 같고 하나는 물 속의 달 같다는 것이다.

이런 식으로 하여튼 최고로 칭찬을 하기는 했는데 그 내용들이 무엇인가 하면 모두 직관이라는 것이다. 유철마는 유철마대로 위산을 꿰뚫어 보는 것이고 위산은 또 위산대로 유철마 속을 꿰뚫어 보는 것이다. 마음과 마음이 서로 비추는 그런 세계인데 이런 세계야말로 진짜 친구의 세계가 아닌가. 그래서 이렇게 가장 아름다운 친구의 세계를 말하기 위해서 이런 이야기를 했다는 것이다.

"송頌 증기철마입중성曾騎鐵馬入重城 칙하전문육국청勅下傳聞六國淸 유악금편문귀객猶握金鞭問歸客 야심수공어가행夜深誰共御街行"
 (송頌이다. 일찍이 철마를 타고 겹겹이 쌓인 성城 안으로 들어가 보니 이미 온 세상이 평정이 되었다는 소식이 전해지네. 빛나는 채찍을 더욱 굳게 잡고서 돌아가는 길손에게 물어보니 밤이 이미 깊었는데 누구와 더불어 대궐 길을 지나가려나.)

이 송頌은 또 다른 사람이 쓴 것이다. 일찍이 말을 탄 기사가, 철마鐵馬라는 아주 강한 말을 타고서 몇 겹이고 쌓인 성문 안으로 들어갔다. 유철마를 이렇게 칭찬한 것이다. 위산이라는 사람이 몇 겹이고 장벽을 쌓은 성城인데 그 속을 꿰뚫고 들어갔다는 것이다. 그러고 들어가서 싸움을 해 보려고 해야 벌써 세상은 평화의 세상이 되고 말았다. 위산이라는 사람은 싸울 만한 상대가 아니라는 것이다. 서로 통한 세계라는 말이다. 한 번 채찍을 들고서 위산하고 싸워보려 했지만 도저히 위산과는 싸울 상대가 아니었다. 쉽게 말하면 마음과 마음이 서로 비쳐서 더 이상 할 말이 없었다는 그런 소리다.

2000. 6. 4.

제 13. 권지품勸持品

원문 요약

 약왕보살등藥王菩薩等 개어불전皆於佛前 작시서언作是誓言 유원세존唯願世尊 불이위려不以爲慮. 아등我等 어불멸후於佛滅後 당봉지독송當奉持讀誦 설차경전說此經典 후악세중생後惡世衆生 수난교화雖難敎化 아등我等 당기대인력當起大忍力 독송차경讀誦此經 지설사서持說書寫 불석신명不惜身命. 이시爾時 불이모佛姨母 여학무학與學無學 비구니比丘尼 육천인六千人 구俱 일념합장一念合掌 첨앙존안瞻仰尊顔 목불잠사目不暫捨. 어시於時 세존고世尊告 교담미憍曇彌 하고우색何故憂色 아불설여명我不說汝名 수기야授記耶 아선총설我先總說 일체성문一切聲聞 개이수기皆已授記. 금여今汝 욕지기자欲知記者 장래세將來世 제불법중諸佛法中 위대법사爲大法師 급육천비구니及六千比丘尼 구위법사俱爲法師. 여汝 지시知是 점점구보살도漸漸具菩薩道 당득작불當得作佛 호號 일체중생희견여래一切衆生喜見如來. 이시爾時 라후라모羅睺羅母 야수다라耶輸陀羅 비구니比丘尼 세존世尊 어수기중於授

224 법화경

記中 독불설아명獨不說我名. 불고佛告 야수다라耶輸陀羅 여어래세汝於來世 위대법사爲大法師 점구불도漸具佛道 당득작불當得作佛 호號 구족천만광상여래具足千萬光相如來. 백불언白佛言 아등심안구족我等心安具足.

권지품 강해

약왕보살등藥王菩薩等 개어불전皆於佛前 작시서언作是誓言 유원세존唯願世尊 불이위려不以爲慮.

약왕보살 등 많은 사람들이 부처님 앞에 모여서 맹서를 했다. "제발 선생님은 조금도 걱정하지 마십시오."

아등我等 어불멸후於佛滅後 당봉지독송當奉持讀誦 설차경전說此經典 후악세중생後惡世衆生 수난교화雖難敎化 아등我等 당기대인력當起大忍力 독송차경讀誦此經 지설사서持說書寫 불석신명不惜身命.

선생님이 세상을 떠난 후 저희들은 이『법화경』을 마땅히 받들어 읽고 공부하겠으며 또한 앞으로 험한 세상에서 살아갈 모든 중생들을 위해서 가르치겠습니다. 아무리 박해가 심해도 이『법화경』의 가르침을 펴기 위해 저희들은 마땅히 큰 인내력으로 그 모든 어려움을 이겨내며 이 경을 읽고 공부하고 가르치며 출판하겠습니다. 그래서 우리의 생명을 바치겠습니다.

이시爾時 불이모佛姨母 여학무학與學無學 비구니比丘尼 육천인六千人 구俱 일념합장一念合掌 첨앙존안瞻仰尊顔 목불잠사目不暫捨.

그때 부처님의 이모가 학생과 졸업생 비구니 6천 명과 함께 부처님께 인사를 하고 잠시도 눈을 떼지 않고 바라보았다.

석가모니는 태어날 때 난산이 되어 어머니가 죽고 이모 되는 사람이 석가모니를 길러냈다. 그러니까 석가모니의 이모는 석가모니에게 어머니나 같은 사람이다.

그때 석가모니의 이모가 여러 친구들 6천 명과 같이 석가모니 앞에서 합장을 했다. 그리고 그의 얼굴을 쳐다보는데 눈을 깜박이지도 않고 바라보았다.

어시於時 세존고世尊告 교담미憍曇彌 하고우색何故憂色 아불설여명我不說汝名 수기야授記耶 아선총설我先總說 일체성문一切聲聞 개이수기皆已授記.

그때 석가세존이 교담미에게 말했다. "어찌 근심하는 얼굴로 바라보시오? 내가 이모의 이름을 불러 수기하지 않아서 그렇소? 내가 이미 일체 성문들이 다 부처가 된다는 수기를 하지 않았소."

교담미憍曇彌는 석가모니의 이모 이름이다.

금여今汝 욕지기자欲知記者 장래세將來世 제불법중諸佛法中 위대법사爲大法師 급육천비구니及六千比丘尼 구위법사俱爲法師.

지금 이모가 특별히 알고 싶으면 말하겠소. 이모는 장래에 모든 부처님의 세계 가운데서 큰 법사가 될 것이오. 그리고 이모와 같이 있는 친구들인 6천 비구니들도 다 큰 법사들이 될 것이오.

여汝 지시知是 점점구보살도漸漸具菩薩道 당득작불當得作佛 호號 일체중생희견여래一切衆生喜見如來.

여러분들도 계속해서 발전해서 나중에는 다 부처가 될 것이다. 그리고 그때 이모의 이름은 일체중생이 기뻐하는 희견여래라 할 것이오.

모든 중생들이 그를 보면 기뻐할 수 있는 희견여래喜見如來가 될 것이란 말이다. 이모가 부처가 되었을 때의 이름을 이렇게 지어준 것이다.

이시爾時 라후라모羅睺羅母 야수다라耶輸陀羅 비구니比丘尼 세존世尊 어수기중於授記中 독불설아명獨不說我名.

그때 라후라의 어머니 야수다라 비구니가 말했다. "세존께서는 수기를 주시는데 유독 제 이름만 부르시지 않았습니다."

석가의 아들 가운데 형이상학에 아주 능통했다는 사람이 라후라羅睺

羅다. 비구는 남자가 교단에 들어와 혼자 사는 사람이고 여자가 들어와서 혼자 살면 비구니라고 한다. 비구, 비구니는 말하자면 남신도, 여신도라 하는 말이다. 야수다라耶輸陀羅 비구니는 석가가 자신에게만 수기를 하지 않았다고 말했다.

불고佛告 야수다라耶輸陀羅 여어래세汝於來世 위대법사爲大法師 점구불도漸具佛道 당득작불當得作佛 호號 구족천만광상여래구족천萬光相如來.

부처님이 야수다라에게 말씀하셨다. "너도 앞으로 큰 법사가 될 것이다. 차차 불도를 완성해서 다 부처가 될 것인데 너의 호는 구족천만광상여래가 될 것이다."

백불언白佛言 아등심안구족我等心安具足.
야수다라가 부처님에게 말했다. "그 말을 들으니 우리는 한없이 기쁩니다."

이렇게 여자들이 부처가 된다는 이야기가 나왔다. 이것이 오늘 나온 특별한 내용이다. 여성들이 더 빨리 부처가 될 수 있다는 것이다. 왜냐하면 여성들의 직관력이 더 강하기 때문이다.

2000. 6. 4.

제 14. 안락행품安樂行品

원문 요약

　상호좌선常好坐禪 재어한처在於閑處 수섭기심修攝其心 시친근처是親近處 관일체법공觀一切法空 여실상如實相 시보살행처是菩薩行處 차신안락행此身安樂行 (불도무상서원성佛道無上誓願成).

　보살菩薩 상락常樂 안온설법安穩說法 어청정지於淸淨地 이미묘법以微妙法 화안위설和顏爲說 자심설법慈心說法 무량비유無量譬喩 원성불도願成佛道 차구안락행此口安樂行 (법문무량서원학法門無量誓願學).

　약욕설시경若欲說是經 당사질에만當捨嫉恚慢 첨광사위심諂誑邪僞心 상수질직행常修質直行 불경멸어인不輕蔑於人 상유화능인常柔和能忍 자비어일체慈悲於一切 불생해태不生懈怠 응생공경심應生恭敬心 보살菩薩 아대사我大師 세존世尊 무상부無上父 파어교만심破於驕慢心 차의안락행此意安樂行 (번뇌무진서원단煩惱無盡誓願斷).

　상행인욕常行忍辱 애민일체哀愍一切 내능연설乃能演說 불소찬법佛所讚法 어가출가於家出家 급비보살及非菩薩 불신시경不信是經 즉위대실則爲大失 아득불도我得佛道 위설차법爲說此法 령주기중令住其中 차서원안락행此誓願安樂行 (중생무변서원도衆生無邊誓願度).

여래如來 견일체인見一切人 수제고뇌受諸苦惱 욕구해탈欲求解脫 여제마전與諸魔戰 위시중생爲是衆生 이대방편以大方便 설종종법說種種法 기지중생旣知衆生 득기력이得其力已 설시법화說是法華 여왕如王 해계명주解髻明珠 여지與之 독시경자讀是經者 안색선백顔色鮮白 지혜知慧 광명光明 여일지조如日之照 득다라니得陀羅尼 심입불도深入佛道 즉위수기卽爲授記 성최정각成最正覺.

안락행품 강해

안락安樂이란 한없이 편안하고 즐거운 곳을 말한다. 기독교로 말하자면 하늘나라요 불교로 말하자면 극락이다. 이상세계라고 해도 된다. 그런데 그 이상세계에 어떻게 가야 되느냐 하는 이야기가 「안락행품安樂行品」이다.

상호좌선常好坐禪 재어한처在於閑處 수섭기심修攝其心 시친근처是親近處 관일체법공觀一切法空 여실상如實相 시보살행처是菩薩行處 차신안락행此身安樂行 (불도무상서원성佛道無上誓願成).
언제나 좌선을 좋아하고 한적한 곳에서 마음을 닦고 마음을 모아 거둬야 된다. 이런 곳이 가까이 할 곳이다. 일체의 모든 것이 공空이라는 것을 직관하게 되면 어디나 하늘나라이다. 이것이 보살이 가는 곳이요 내가 안락하게 사는 곳이다. - 불도가 한없이 높지만 꼭 이루기를 서원한다.

"상호좌선常好坐禪", 언제나 좌선坐禪을 즐긴다. 좌선이란 불교의 핵심이라 볼 수 있는데 기독교로 말하자면 기도나 마찬가지다. "항상 기도하며"라고 하는 것이나 마찬가지다. '좌坐'에 대해서 일좌불기一坐不起라 하고 '선禪'에 대해서는 견성성불見性成佛이라 한다.
일좌불기, 딱 앉아서 일어나지 않는다는 말이다. 달마는 9년 동안 일어나지 않았다고 한다. 이것은 어느 한 가지에 집중을 해서 열중한다는 말이다. 요새로 말해서 공부하는 사람들이 십 년이고 이십 년이고 열중해 들어가는 그것이 일좌一坐라는 것이다.
그리고 나중에는 견성성불이다. 자기가 목적하는 바를 달성해 가는 것이다. 그것이 무엇이 되었건 자기의 목적이 달성되는 것인데 그것을 견성성불이라고 보아야 할 것이다. 기독교로 말해서 하나님 나라에 가는 것이 목적이라 그러면 하나님 나라에까지 가는 것이다. 그러기 위해서 정말 계속 올라가야 된다.

그래서 나는 이것을 "불도무상서원성佛道無上誓願成"이라고 주를 달았다. 불도佛道라고 하는 것은 한없이 높은데 그 높은 산꼭대기에 올라가기까지 계속 노력한다는 것이다. 우리가 일생을 교회에 나오는 것도 일생 우리가 올라가자는 것이다. 그래서 맨 마지막에는 하늘나라를 보기까지 올라가는 것이다. 좌선이라는 것이 그런 것이다. 기도라는 것도 그저 엎드려 기도하는 것이 기도가 아니고 우리가 하늘나라에까지 올라가도록 계속 걸어가는 것이다. 인생의 목적을 달성하기 위해서 계속 노력해 가는 것이 기도라는 말이다.

그래서 일좌불기라 하는 것은 하나의 목표를 정하고서 움직이지 않는 것이다. 그 목표가 하늘나라라면 하늘나라에까지 가는 것이다. 그래서 견성성불이다. 나중에 하늘나라에 도달해서 하나님을 만나기까지 그치지 않는 것이다.

공부할 때 어디서 공부하는가? 한가한 데서 공부한다. 자기의 연구실이 가장 한가한 곳이다. 자기의 연구실에 들어박혀 자기의 온 정성을 쏟아 붙는 것이다. 마음을 통일해 가는 것이다. 그 자기의 연구실이 자기에게는 가장 친근한 곳이다.

달리 말하면 거기가 천국이다. 집에서 살림하는 사람이라면 자기 집이 천국이다. 천국을 어디 멀리서 찾는 것이 아니다. 언제나 천국은 가까운 데 있지 무슨 죽어서 천국이 아니다. 물론 그것도 천국이지만 그것은 이 다음의 문제다. 오늘 당장 우리가 천국에 가 있어야 된다. 이 다음 문제는 이 다음에 맡겨야 된다. 그래서 언제나 자기가 친근한 데를 찾아야 된다. 기독교인이라면 교회가 "친근처親近處"다. 일생을 오는 곳이기 때문이다.

"관일체법공觀一切法空", '관觀'은 직관直觀이라는 것이다. 요전에 우리는 순수직관을 말했다. 또는 본질 직관이다. 꿰뚫어 본다는 것이다. 학문의 세계라면 학문의 세계를 마스터했다는 것이다. "일체법一切法"이란 넓게 말하자면 우주 전체다. 또 좁게 말하면 자기가 연구하는 분야가 일체법이다. 일체법이 공空이다. 마스터하면 그것이 이제는 문제가 안 되는 것이다. 공이 되고 마는 것이다. 없어지고 마는 것이다. 일체법을 우주만물이라 그럴 때는 우주만물이 공이라는 것이다.

공이라 할 때는 보통 무자성無自性이라고 한다. 자기라고 하는 것이 없는 것이다. 나무라고 하는 것은 자기라고 하는 것이 없다. 돌멩이도 자기라고 하는 것이 없다. 우주만물 전체가 하나의 유기체有機體다. 말하자면 전체가 하나가 되어 사는 것이다. 눈은 눈대로 무자성이고 코는 코대로 무자성이고 손은 손대로 무자성이고 몸 전체가 무자성이지 자기라고 하는 것이 없다.

그런데 자기라고 하는 것이 하나 나왔는데 그것이 사람이라는 것이다. 사람이라고 하는 자기라는 것이 하나 나와서 별 나쁜 짓을 다 하고 있는 것이다.

어제도 중랑천에서 잉어가 몇 천 마리가 죽었다던가 어디서 무엇이 어떻게 된다던가 그리고 무슨 좋은 멸종이 되고 말았다던가 하는 그런 모든 것들이 다 사람의 자기라는 것이 그렇게 만든 것이다. 잉어도 살려고 나왔으니 다 같이 살아야지 그것을 어떻게 죽인단 말인가.

대자연이란 조화된 세계이지 무슨 누구만 살라는 세계가 아니다. 사람만 살라는 세계가 아니다. 사람만 살겠다고 다른 것들을 다 죽이면 사람은 살 것 같은가. 골프 몇 번 치겠다고 독약을 뿌리면 그 독약이 흘러서 무슨 잉어 떼만 죽는 것이 아니다. 나중에 그 물을 사람이 먹지 않을 수 있는가.

그러니까 "남 잡이 저 잡이"이다. 남을 죽이면 저도 죽는 것이지 남은 다 죽는데 저만 산다고 하는 일은 있을 수가 없다. 우주란 전체가 다 같이 살자고 나온 것이지 사람만 살자고 나온 것이 아니다.

사람 때문에 화를 입는 생물이 얼마나 많은지 모른다. 이젠 고래도 몇 마리 안 남았다고 한다. 미국에 그 많던 들소들도 이제는 몇 마리 없다고 한다. 요새 동물의 왕국이라는 텔레비전 프로를 보면 자꾸 그런 말을 한다. 팬더panda가 모두 다 해서 몇 마리뿐이라고 한다. 사람이라는 자아自我라고 하는 것이 그렇게 자꾸 나쁜 짓을 하는 것이다. 사람도 다시 무자성으로 돌아가야 한다. 그것을 소위 공이라 한다.

불교에서는 그렇게 공이라 하는데 기독교에서는 그것을 사랑이라 한다. 공이라는 것이나 사랑이라는 것이나 같은 것이다. 없을 무無라 하면 없다는 것이 아니라 사랑이라는 뜻이다. 사랑이라는 것이 별것이 아니라 다 같이 살자는 것이다. 나만 살겠다고 하는 그 마음을 없이 하고 다 같이 살자고 하는 그런 생각을 우리가 가져야 한다.

그렇게 되면 "여실상如實相"이다. 그것이 하늘나라다. 그것이 진리의 세계다. 그것이 실존이다. 『법화경』의 핵심이 무엇인가 하면 제법실상諸法實相이라는 것이다. 이 자연 세계가 정말 우리가 다 같이 사는 천국이라는 것이다.

요새는 한라산 백록담도 다 무너져서 이제 사람들 가는 것도 다 막아야 되겠다고 한다. 왜 이렇게 사람만 가면 다 무너지는지 모르겠다. 하여튼 백록담도 못쓰게 되고 지리산도 못쓰게 되고 어디나 다 못쓰게 된다. 어디나 다 쓰레기요 어디나 다 독약을 뿌려놓는다.

골프를 몇 사람이나 치겠다고 그렇게 많이 만들어놓는가. 골프장의 면적이 우리 나라 전체의 무슨 천 분의 일이라든가 하던데 거기에 농약을 자꾸 치니까 거기에서 흘러나오는 독이 얼마나 많겠는가. 정치를 한다는 사람들이 이것을 어떻게 바로 해야 정치인데 이런 것을 보면 이것은 정치가 아니고 아주 악치惡治라고 해야 되겠다.

그리고 강가에는 맨 집들이 다 들어섰는데 그것들이 모두 관리들이 돈 받고 몰래몰래 허가내준 것이라고 한다. 그런데 거기에서 나오는 나쁜 것들 때문에 한강이 지금 계속 오염되고 있다는 것이다. 이것은 우리가 신문에서 자주 보는 것들이다.

이런 것들이 다 어디서 오는가 하면 같이 살자는 생각이 아니라 저만 살겠다는 생각에서 오는 것이다. 농약을 치면서도 자기는 안 먹고 시장에다 갖다 팔기만 하는데 그렇다고 자기는 어떻게 안 먹을 수 있는가. 다 먹게 되고 다 죽게 되는 것이다. 일체실상一切實相이 되어야 되는데, 일체가 다 하늘나라가 되어야 하는데 자기 안방만 하늘나라를 만들겠다고 하니 그것이 잘못이다.

"관일체법공觀一切法空"이다. "여실상如實相"이다. 그것이 진실한 모습이다. "시보살행처是菩薩行處", 이런 데가 보살이 가야 될 곳이다. "차신안락행此身安樂行", 이것이 내가 편안하고 즐겁게 살 수 있는 곳이다. '신身'이란 몸이라는 뜻도 있지만 나라고 하는 것이 더 좋겠다.

지금까지의 내용은 입장이라는 것이다. 내가 살 곳이 어디인가. 내가 서야 할 곳이 어디인가를 아는 것이다. 이것은 공간을 말하는 것이다. 공간이란 나 없는 세계라는 것이다. 지난 시간에 본 『벽암록』 6장의 설두雪竇의 송이 이런 실상의 세계를 그린 것인데 다시 한 번 읽어본다.[3]

"거각일去却一 점득칠拈得七"
(하나를 버리고 일곱을 얻으니)

이것은 나라고 하는 것을 버리고 전체가 같이 살아야 된다는 말이다.

"상하사유上下四維 무등필無等匹"
(위아래 동서남북 어디서나 견줄 데가 없다.)

이것은 공간이라는 것이다. 공간이 우리 것이 되어야 한다. 온 삼천리 강산이 어떤 특정한 사람의 것이 아니라 우리 전체의 것이 되어야 한다.

"서행답단徐行踏斷 유수성流水聲"
(느릿느릿 걸어가는 발걸음으로 흐르는 물소리를 끊어놓고)

---

3. 『벽암록碧巖錄』 6. 운문일일호일雲門日日好日

거擧 운문수어운雲門垂語云 십오일이전十五日已前 불문여不問汝 십오일이후十五日已後 도송일구래道將一句來. 자대운自代云 일일시호일日日是好日.

설두송雪竇頌 거각일去却一 점득칠拈得七 상하사유上下四維 무등필無等匹. 서행답단徐行踏斷 유수성流水聲 종관사출縱觀寫出 비금적飛禽跡. 초이이草茸茸 연멱멱煙冪冪. 공생암반空生巖畔 화낭자花狼藉. 탄지담비彈指堪悲 순야다舜若多. 막동착莫動著 동착삼십봉動著三十棒.

이것은 시간이라는 것이다. 시간이 끊어져서 영원이 되어야 한다.

"종관사출縱觀寫出 비금적飛禽跡"
(언뜻 꿰뚫어 보고 날아가는 새의 발자취를 그려낸다.)

이것은 직관이라는 것이다. 무엇을 꿰뚫어 보아야 된다는 것이다.

"초이이草茸茸 연멱멱煙羃羃 공생암반空生巖畔 화낭자花狼藉"
(풀은 무성하고 연기는 자욱한데 빈 하늘 위로 높은 암벽이 솟아있고 거기 붉은 꽃들이 낭자하게 피어있구나.)

공생空生이다. 공空이란 무자성無自性이다. 무자성으로 살아야 된다는 것이다. 자기가 없이 살아야 된다. 물론 공생이란 수보리의 이름이지만 글자로 말하면 사랑으로 살아야 된다는 것이다. 사랑으로 사는 사람은 울퉁불퉁하게 나온 모든 바위들을 꽃으로 덮게 된다. 비극적인 세계가 천국으로 바뀐다는 말이다.

보살菩薩 상락常樂 안온설법安穩說法 어청정지於淸淨地 이미묘법以微妙法 화안위설和顏爲說 자심설법慈心說法 무량비유無量譬喩 원성불도願成佛道 차구안락행此口安樂行 (법문무량서원학法門無量誓願學).
보살은 언제나 기쁨과 온화함으로 맑고 깨끗한 곳에서 미묘한 말씀을 가지고 설법해야 된다. 화평한 얼굴로 말하고 사랑의 마음으로 말하고 무량비유로써 말해야 된다. 이것은 우리 모두가 불도를 이루고자 원하기 때문이다. 이것이 말을 주고받는 즐거움의 세계이다. - 무량한 법문을 꼭 배울 것을 서원한다.

"상락常樂 안온설법安穩說法", 언제나 즐거워하고 언제나 편안하게, 온화하게 서로 말을 건넬 수 있어야 한다. "어청정지於淸淨地 이미묘법以微妙法", 언제나 깨끗한 곳에서 미묘한 법이라는 하나님의 말씀을 우리가 서로 가지게 되어야 한다.

"화안위설和顔爲說", 언제나 기쁨을 가지고 우리가 말할 수 있게 되어야 하고, "자비설법慈心說法", 사랑하는 마음으로 말할 수 있어야 된다. 그리고 "무량비유無量譬喩", 여러 가지 비유를 가지고 이렇게도 설명하고 저렇게도 설명한다.

우리는 지금 하나님의 말씀을 알기 위해서『법화경』을 가지고 생각해 가는 것이다. 얼마 전에는 우리가『주역』을 가지고 했고 그 전에는 우리가 양명학을 가지고 했다. 그것이 다 무엇인가 하면 무량비유라는 것이다. 이렇게도 하고 저렇게도 하고 그래서 자꾸자꾸 찾아가는 것이다.

"원성불도願成佛道", 우리가 불도를 완성하기 위해서 그렇게 하는 것이다. "차구안락행此口安樂行", 이것이 서로 말을 교환하는 즐거움의 세계다.

이렇게 되려면 어떻게 되어야 하는가? "법문무량서원학法門無量誓願學"이다. 법문法門이라는 것은 우리가『주역』도 알아야 되고 또 무슨 양명학도 알아야 되고『법화경』도 알아야 되는데 이것들이 다 법문이다. 법문이 한없이 많은데 그것을 다 알아야 된다는 것이다.

그것을 어떻게 다 아는가? 그것은 하나라도 좋으니까 그 하나를 꿰뚫어야 한다는 것이다. 우리가 기독교 하나를 꿰뚫으면 다른 것은 다 알게 되는 것이다. 일즉일체一卽一切다. 그래서 하나를 우리가 깊이 알아야 된다. 직관直觀이라는 것이다. 직관이란 우리가 꿰뚫어 아는 것이다. 자기의 전공분야를 꿰뚫어 알면 다른 것도 다 알게 된다.

이상의 내용은 직관이라는 것이다. "종관사출縱觀寫出 비금적飛禽跡"이다. 한가지를 꿰뚫어 알면 다른 것도 다 알게 된다.

약욕설시경若欲說是經 당사질에 만當捨嫉恚慢 첨광사위 심諂誑邪僞心 상수질직행常修質直行 불경멸어인不輕蔑於人 상유화능인常柔和能忍 자비어일체慈悲於一切 불생해태不生懈怠 응생공경심應生恭敬心 보살菩薩 아대사我大師 세존世尊 무상부無上父 파어교만심破於驕慢心 차의안락행此意安樂行 (번뇌무진서원단煩惱無盡誓願斷).

14. 안락행품

만일 이 경을 알고자 한다면 마땅히 질투嫉妬, 진에瞋恚, 교만驕慢, 아첨阿諂, 사악邪惡, 사특邪慝, 거짓을 버리고 언제나 진실하고 정직해야 한다. 남을 멸시하지 말고 항상 부드럽고 온화해서 능히 참으며 일체를 사랑해야 한다. 게으르지 말고 마땅히 공경하는 마음을 가져야 한다. 보살은 나의 큰 스승이며 세존은 위없는 아버지라 생각해서 일체의 교만을 없애야 한다. 이것이 우리가 서로 뜻이 통하는 즐거운 세계이다. - 끝없는 번뇌를 꼭 끊어버릴 것을 서원한다.

만일 이 경을 알려고 한다면 마땅히 버려야 할 것이 있다. "당사질에만當捨嫉恚慢 첨광사위심諂誑邪僞心", 질투하는 마음, 남을 미워하는 마음, 자기가 잘났다는 마음, 다른 사람에게 마음에도 없는 것을 하는 아첨하는 마음, 다른 사람을 악으로 끌어들이고자 하는 마음, 사악한 마음, 남을 속이는 마음 등을 다 버려야 한다.

"상수질직행常修質直行", 그래서 진실하고 정직한 그런 살림을 살아야 된다. 그리고 "불경멸어인不輕蔑於人", 다른 사람을 절대로 무시하면 안 된다.

"상유화능인常柔和能忍", 언제나 마음이 부드러워서 능히 참아야 된다. "자비어일체慈悲於一切", 일체를 사랑해야 된다. "불생해태不生懈怠", 조금도 게으름이 있으면 안 된다. "응생공경심應生恭敬心", 모든 사람을 모든 만물을 공경해야 된다. 슈바이처는 경외의 철학이라 하는데 모든 만물을 존경하고 정말 두려워해야 된다는 것이다.

보살菩薩은 실천하는 사람이다. "보살菩薩 아대사我大師", 보살은 우리의 선생님이다. 세존世尊은 부처가 된 사람이다. 실천하는 사람이 아니라 가르치는 사람이다.

성문聲聞, 연각緣覺, 보살菩薩, 불타佛陀라는 넷으로 나누는데 부처는 한없이 높은 아버지다. "세존世尊 무상부無上父". 그래서 우리는 "파어교만심破於驕慢心", 교만심을 다 없이 하고 살아가야 한다. "차의안락행此意安樂行", 이것이 우리의 뜻을 편안하고 즐겁게 가지는 것이다.

이상이 신身, 구口, 의意라는 것으로 십계十戒를 말하는 것이다. 신

身이란 살도음殺盜淫의 뿌리다. 또 입에서 나오는 것은 망언妄言, 악구惡口, 양설兩舌, 기어綺語라는 것인데 기어綺語란 아첨하는 말이며 양설兩舌은 거짓말하는 것이다. 악구惡口는 남을 괴롭히고 욕하는 것이다. 망언妄言은 아무 뜻 없이 하는 말, 허탄한 말이다. 그래서 몸에서는 살도음이라는 세 가지가 나오지 않게 하고, 입에서는 네 가지 나쁜 말이 나오지 않게 하고, 뜻에서는 탐진치貪瞋痴라는 세 가지가 나오지 않게 하는 것이다. 이 열 가지를 불교에서 십계라고 한다. 이 열 가지를 지키라는 것이 신身, 구口, 의意를 말하는 본래의 뜻인데 여기서는 그것을 좀더 철학적으로 많이 설명한 것이다

그것을 한마디로 말하자면 번뇌煩惱라는 것이다. 그래서 "번뇌무진서원단煩惱無盡誓願斷"이다. 우리 속에 있는 일체의 번뇌를 끊어버리고 말아야 된다는 것이다. 번뇌를 어떻게 끊는가? 요전에 말한 대로 시간을 끊어버리는 것이다. 시간제단時間際斷이다.

입장을 가져야 되고 직관을 해야 되고 시간을 끊어버려야 된다. 그래서 입장, 직관, 시간제단이라는 이 세 가지가 나왔다. 시간이 끊어질 때 이런 번뇌들은 다 끊어지고 마는 것이다.

상행인욕常行忍辱 애민일체哀愍一切 내능연설乃能演說 불소찬법佛所讚法 어가출가於家出家 급비보살及非菩薩 불신시경不信是經 즉위대실則爲大失 아득불도我得佛道 위설차법爲說此法 령주기중令住其中 차서원안락행此誓願安樂行 (중생무변서원도衆生無邊誓願度).

항상 모든 어려움을 참아내고 모든 만물을 불쌍하게 생각해서 부처님이 찬탄하시는 법을 능히 펼쳐야 한다. 집에 있거나 출가했거나 보살이거나 보살이 아니거나 누구나 이 경을 믿지 않으면 크게 잃는 것이다. 내가 불도를 얻어 일체를 위해 이 법을 설하는 것은 모두 다 그 법 가운데 살도록 하자는 것이다. 이것이 사랑의 즐거운 세계이다. - 한없이 많은 중생들을 꼭 구원할 것을 서원한다.

언제나 모든 어려움을 참고 모든 만물을 우리가 불쌍하게 생각하고

언제나 우리의 의견을 내놓고 부처님이 정말 사랑하는 법을 우리가 칭찬해야 된다.

출가한 사람이나 집에 있는 사람이나, 보살이나 보살 아닌 사람이나 이 경을 믿지 않으면 크게 실패하는 것이다.

내가 불도를 얻어서 이 법을 위해서 지금까지 애써왔다. 그래서 법 속에서 모두가 사는 이것이 내가 가장 소원하는 바다.

이상을 "애민일체哀愍一切"라는 한마디로 말할 수 있다. 나 자신이 무자성無自性, 즉 공空이 되는 것이다. 여기서 "위설차법爲說此法"이라 할 때 법法이란 바로 『법화경』이다. 내가 가장 칭찬하는 법이라고 하는 법이란 바로 『법화경』을 말한다는 것이다. 『법화경』을 산다는 것은 아까도 말했듯이 제법실상諸法實相이라는 것이다. 제법실상이란 다 같이 사는 것이다. 다 같이 살기 위해서는 나라고 하는 것이 없어져야 한다. 그래야 애민일체가 되는 것이다.

여래如來 견일체인見一切人 수제고뇌受諸苦惱 욕구해탈欲求解脫 여제마전與諸魔戰 위시중생爲是衆生 이대방편以大方便 설종종법說種種法 기지중생旣知衆生 득기력이得其力已 설시법화說是法華 여왕如王 해계명주解髻明珠 여지與之 독시경자讀是經者 안색선백顔色鮮白 지혜知慧 광명光明 여일지조如日之照 득다라니得陀羅尼 심입불도深入佛道 즉위수기卽爲授記 성최정각成最正覺.

여래는 모든 괴로움에 빠져 그 고뇌에서 벗어나고자 악마와 싸우는 모든 사람들을 보며 함께 싸우는 것이다. 그래서 대 방편으로써 여러 가지 설법을 한 다음 중생들이 이미 힘을 얻은 것을 알고 나면 이 법화를 말하는 것이다. 이것은 마치 왕이 자기 상투에 보배를 숨겨두었다가 꺼내주는 것이나 마찬가지다. 그래서 이 경을 읽는 사람은 얼굴이 환해져 지혜의 광명이 마치 햇빛처럼 빛나게 될 것이다. 그리고 다라니를 얻어 불도에 깊이 들어감으로 수기를 받아 결국 최고의 정각正覺을 이루게 될 것이다.

여래는 모든 사람이 괴로움에 빠져있는 것을 보고 그 고뇌에서 벗어나도록 해주기 위해서 지금까지 악마와 한없이 싸우는 것이다.

이 중생을 위해서 지금까지는 방편으로서 여러 가지 이런저런 이야기를 했다. 그런데 석가의 이야기를 듣는 많은 중생들이 이제는 상당히 실력이 생겼다. 그래서 맨 마지막으로 지금 『법화경』을 말한다는 것이다.

『법화경』이란 정말 "불소찬법佛所讚法"으로 부처님이 가장 사랑하는 최후의 유언이라 할 수 있다. 예수님으로 말하면 "내가 너희에게 새로운 계명을 준다. 네 친구를 네 몸처럼 사랑하라."고 하는 것이나 마찬가지다. 그래서 다 같이 사는 법을 가르치는 것이다. 그러기 위해서는 입장도 가져야 되고 직관도 가져야 되고 시간도 끊어져야 되고 종당에는 자기가 없어져야 된다.

이 네 가지를 요새로 말하면 진선미성眞善美聖이라는 것이다. 진眞이란 직관을 가지는 것이다. 미美란 시간이 끊어지는 것이다. 선善은 입장을 가지는 것이다. 성聖이란 자기가 없어지는 것이다.

이런 네 가지가 있는 곳이 하늘나라지 그 외에 무슨 하늘나라가 또 있겠는가? 하늘나라를 자꾸 가는 것으로 생각하는데 하늘나라는 가는 것이 아니라 하늘나라가 되어야 한다. 누가 하늘나라인가. 내가 하늘나라이다.

예수님도 너희들은 천국이 여기 있다 혹은 저기 있다 그러지 말라고 했다. 내가 있는 곳이 천국이지 다른 데 어디 천국이 있느냐는 것이다. 내가 있는 곳이 천국이요 내가 서있는 곳이 천국이요 내가 보는 것이 천국이요 내가 사는 데가 천국이요 내가 천국이다. 우리가 그런 식의 사고를 하면 되는 것이다.

그래서 『법화경』 속에서 이 「안락행품」이라는 것도 상당히 중요한 법문의 하나라고 볼 수 있다. 지금까지 여러 가지 이런 이야기 저런 이야기를 했지만 이제는 여러분의 실력이 굉장히 높아져서 여러분도 이제는 입장을 가질 수 있게 되었고 직관을 가질 수 있게 되었고 시간이 끊어지게 되었고 자기가 없어지게 되었으니까 내가 이제는 법화法華

를 말하게 된다는 것이다.

그런데 법화라는 것은 별것이 아니라 시간이 끊어지는 것이고 입장을 가지는 것이고 직관을 하는 것이고 내가 없어지는 것이 법화지 법화라고 해서 무슨 다른 것인가? 이 우주가 법화인데 『법화경』이 무슨 따로 있겠는가? 이 우주가 법화다. 제법공諸法空이다. 일체법공一切法空이다. 우주가 법화지 우주 외에 무슨 법화가 따로 있는가?

우주가 법화라면 나도 우주와 하나가 되면 나도 법화지 나 이외에 또 무슨 법화가 따로 있겠는가? 마지막에는 나 자신이 우주라는 것이다. 밖에 있는 것은 대우주요 나 자신은 소우주라는 것이다. 그것을 우리가 알 때 우리는 법화가 되는 것이다.

그러니까 지금까지는 방편을 말했지만 이제는 진실을 말한다는 것이다. 대표적으로 말해서 제2장은 「방편품方便品」이었다. 다음에 16장에서는 무량수無量壽라는 것인데 이것은 진실이라는 것이다. 그래서 『법화경』에서 제일 중요한 것이 제2장과 제16장이라고 하는데 지금 우리는 16장에 가는 길목에 거의 다 와있다. 「안락행품安樂行品」 다음의 다음이 16장으로 「여래수량품如來壽量品」이다. 거의 다 왔는데 가보아야 안락安樂이지 무슨 더 있을 것이 무엇인가? 그래서 법화, 진실을 말하는 것인데 이것을 비유하면 마치 무엇과 같은가?

"여왕해계명주여지如王解髻明珠與之", 여기서 '계髻'는 상투를 말한다. 옛날 사람들이 상투를 틀었는데 그 뜻은 언제나 하늘로 올라가라는 것이다. 법화를 말하는 것은 마치 왕이 상투 속에 명주明珠를 감춰 두었다가 주는 것과 같다.

옛날에 왕이 전쟁에 나가서 공을 세운 많은 장수들을 불러놓고 보물을 나누어주는데 맨 마지막 최 우등상으로 결국 자기의 상투 밑에 숨겨두었던 마지막 보물을 준다는 것이다. 말하자면 자기가 가진 가장 소중한 보물을 주는 것이다. 그것을 "해계명주解髻明珠"라고 한다. 자기의 상투를 풀어서 그 속에 감춰두었던 보물을 준다는 것이다.

그러니까 이 『법화경』이란 무엇인가 하면 석가가 지금까지 아무에게도 주지 않았던 보물이라는 말이다. 쉽게 말하면 「요한복음」 14장부터

17장까지의 말씀이나 마찬가지다. 맨 마지막까지 감춰두었던 비밀을 말해주는 것이다. 『법화경』이란 이런 "해계명주"인데 그것을 너희에게 준다는 말이다.

이 『법화경』을 읽은 사람은 "안색선백顔色鮮白"이다. 얼굴빛이 환해져야 한다. "안색선백"도 유명한 말이다. 『법화경』을 읽은 사람은 얼굴빛이 환해져야 된다.

그래서 성인聖人들을 그릴 때는 후광을 그렸다. 얼굴에서 빛이 나오는 것을 그린 것이다. 쉽게 말해서 환해진다는 것이다.

기독교에서 영광이라고 한다. 하나님의 영광을 드러낸다고 한다. 영광이란 환한 빛, 환빛이라는 것이다. 환한 빛을 드러내는 것이다. 그 빛은 지혜의 빛이다. 정신력이 뿜어내는 빛이다. 참 마음이 뿜어내는 빛이다. 믿음이 뿜어내는 빛이다.

그래서 스테반이 죽을 때 안색이 환해졌다고 한다. "안색선백"이다. 스테반이 죽을 때 그는 멀리 그리스도를 보는 것이다. 인자를 보는 것이다. 멀리 인자를 보는데 그때 그 얼굴이 환해졌다는 것이다. 그런 것을 "안색선백"이라 한다. 그 빛은 "지혜광명知慧光明"이다. 그것이 소위 정신의 빛이라는 것이다. 그것은 "여일지조如日之照", 마치 햇빛 같다.

그렇게 되면 다라니陀羅尼를 얻은 것이다. 다라니는 요령이라는 말이다. 진리의 핵심을 붙잡았다는 말이다. 한문으로는 다라니를 총지總持라고 번역한다. 전체의 핵심, 정편지正遍知를 붙잡은 것이다. 구슬이 서 말이라도 실에 꿰어야 된다는 것이다. 다라니를 얻은 것이다.

그래서 진리의 세계 속으로 깊이 들어갔다. "심입불도深入佛道"다. 그렇게 되니까 "즉위수기卽爲授記"다. 앞으로 내가 죽으면 반드시 부처가 될 것이다. 살아서 부처가 되는 것을 유정각有情覺이라 하고 죽어서 부처가 되면 무정각無情覺이라 한다.

그러니까 여기서 수기授記는 살아서 부처가 된다는 말이 아니라 죽어서 부처가 된다는 말이다. 죽은 후에도 한없이 노력하고 노력해서 종당은 부처가 된다는 것이다. "성최정각成最正覺"이다. 정각正覺이나 정편지正遍知나 같은 말이다. 마지막에는 결국 진리를 완성하게 될 것이라는 말이다. 천국을 완성하게 될 것이다. 천국을 이루게 될 것이다.

이렇게 볼 때 「안락행품」이라는 것도 상당히 중요한 장이다. 입장, 직관, 시간제단, 그리고 공空이다. 공空이라는 것은 무자성無自性 혹은 무아無我라는 것이다. 이기적인 자아가 없다는 것이다. 다 같이 사는 것이니까 이기적인 자아가 없는 것이다.

요전 시간에 직관直觀이라는 것에 대해 말했고 그 전에는 시간제단時間際斷에 대해서 말했다. 오늘은 맨 처음에 나온 입장立場이라는 것을 또 한 번 『벽암록』에서 꺼내보는 것이 어떨까 해서 『벽암록』 42장에 나오는 방거사龐居士의 이야기를 읽어본다.[4] 거사居士는 출가하지 않고 그냥 집에서 살면서 수도하는 사람이다. 불교에는 집에 살면서 수도하는 사람도 있고 또 출가해서 수도하는 사람도 있다. 출가해서 수도하는 사람 가운데 아주 훌륭한 사람도 있고 출가하지 않고 수도하는 사람 가운데도 또 훌륭한 사람이 있다. 그래서 어느 것이 더 중요하다고 할 수 없다. 출가하건 출가하지 않건 그것은 별로 중요한 것이 아니다. 무엇이 중요한가 하면 견성見性하는 것이 중요하다. 자기가 찾아가는 목적을 자기가 달성하는 것이 중요하지 무슨 산에 가서 있다거나 하는 그런 것은 별로 중요한 것이 아니다.

---

4. 『벽암록碧巖錄』 42. 방거사호설편편龐居士好雪片片

수시운垂示云 단제독롱單提獨弄 대수타니帶水拖泥. 고창구행경창구행敲唱俱行 은산철벽銀山鐵壁. 의의즉촉루전견귀擬議則髑髏前見鬼 심사즉흑산하타좌尋思則黑山下打坐. 명명고일려천명明明杲日麗天 삽삽청풍잡지颯颯淸風匝地. 차도且道 고인환유효와처古人還有訛訛處麽. 시거간試擧看.

거擧 방거사사약산龐居士辭藥山. 산명山命 십인선객十人禪客 상송지문수相送至門首. 거사지공중설운居士指空中雪云 호설편편好雪片片 불락별처不落別處. 시유전선객운時有全禪客云 낙재심마처落在什麽處. 사타일장士打一掌. 전운全云 거사야부득초초居士也不得草草. 사우타일장운士又打一掌云 안견여맹안견여맹眼見如盲 구설여아口說如啞.

송頌 설단타雪團打 설단타雪團打. 방로기관몰가파龐老機關沒可把. 천상인간불자지天上人間不自知. 안리이리절쇄眼裏耳裏絶瀟灑. 소쇄절瀟灑絶 벽안호승碧眼胡僧 난변별難辨別.

출가하지 않은 사람 가운데도 훌륭한 사람이 참 많이 있는데 그 가운데서 방거사라는 사람이 상당히 유명하다. 이름은 방온龐薀이라고 한다. 지난번에 시간제단을 말할 때 약산 유엄藥山惟儼의 이야기가 나왔는데 방거사는 약산 유엄의 친구다. 약산 유엄도 처음에는 혜능의 손자 되는 석두의 제자였다. 혜능의 아들은 청원과 남악인데 청원의 아들이 석두이고 남악의 아들이 마조馬祖다. 그런데 방온거사도 먼저 석두에게 가서 배우다가 약산처럼 또 마조에게 가서 배웠다. 그래서 마조에게서 득도를 하게 되었다. 그리고 약산에게 가서 약산의 절간에서 거의 이십 년을 같이 지냈다. 같이 지내다가 자기 집으로 돌아가는 길인데 지금 그 때의 이야기다.

"거擧 방거사사약산龐居士辭藥山 산명山命 십인선객十人禪客 상송지문수相送至門首"
(전에 이런 일이 있었다. 방거사가 약산 곁을 떠나게 되었다. 그러자 약산은 열 사람의 선객을 시켜 대문까지 전송하라고 했다.)

'거擧'는 이런 이야기가 있다는 것이다. 방거사가 약산과 함께 지내다가 헤어지게 되었다. 그러자 약산은 자기 제자 열 사람을 시켜서 저 대문에까지 방거사를 전송하라고 했다.
선객이란 약산의 제자들인데 요새로 말하면 대학원 학생들이다. 방거사가 떠나가니까 약산이 제자들에게 "그만큼 너희들을 가르쳐주고 떠나는데 너희들이 어떻게 집에서 인사를 해서야 되겠느냐, 멀리까지 전송을 하라." 그렇게 말한 것이다.

"거사지공중설운居士指空中雪云 호설편편好雪片片 불락별처不落別處"
(방거사가 공중에서 내리는 눈을 가리키며 말했다. "펄펄 내리는 눈이 참 좋다. 그런데 눈이 떨어지지 않는 별난 곳이 있구나.")

그 때가 겨울이었던 모양이다. 하늘에 흰 눈이 펄펄 내리고 있었다. 거사는 내리는 눈을 가리키며 말했다. "야, 눈이 잘도 온다." 하얀 눈이 내려 온 세계가 은세계가 되었다. 말하자면 방거사는 약산의 제자들과 헤어지면서 마지막으로 한마디 송별사를 하는 것이다.

"호설편편好雪片片 불락별처不落別處", 이것이 방거사가 마지막으로 하는 말이다. 말후구末後句라는 것이다. "호설편편 불락별처", "흰 눈이 펄펄 내리는데 저기는 왜 안 오지?" 다 눈이 내리는 데 왜 저기는 눈이 안 오느냐고 말한 것이다.

"시유전선객운時有全禪客云 낙재십마처落在什麼處"
(그때 전씨라는 선객이 말했다. "눈이 어디 떨어집니까?")

그 때 전全씨 성을 가진 학생이 대답을 했다. "어디는 옵니까?" 방거사가 "다 눈이 오는데 저기는 왜 안 오지?"하고 물으니까 한 학생이 "거기만 안 오는 것이 아니라 어디나 다 안 오지 어디는 오느냐?"하고 대답을 한 것이다.

"사타일장士打一掌 전운全云 거사야부득초초居士也不得草草 사우타일장운士又打一掌云 안견여맹眼見如盲 구설여아口說如啞"
(방거사가 따귀를 한 대 쳤다. 그러자 전씨가 말했다. "거사님 너무 거칠게 굴지 마세요." 방거사는 또 한 번 따귀를 치며 말했다. "눈으로 보는 것이 맹인 같고 입으로 말하는 것이 벙어리 같구나")

그러니까 방거사는 그 학생의 뺨을 한 대 갈겼다. 그러자 그 학생이 말하기를 "너무 그렇게 성급하게 굴지 마십시오." 했다. 그러자 방거사는 또 한 대를 때렸다. 그리고 말했다. "너는 눈이 멀었고 또 입이 막혀 있다." 이렇게 눈이 내리고 있는데 어디는 눈이 오느냐고 하니 눈이 멀지 않았느냐는 것이다. 눈이 멀었으니까 눈이 오는 것이 안 보이지 눈을 떴으면 눈이 오는 것이 안 보이겠느냐는 말이다. 또 너는 입이 막혔다. 말을 하려면 나처럼 제대로 해야지, "호설편편好雪片片 불락별처不落別處", 이렇게 제대로 해야지 눈이 오는 것을 보지도 못하고 더구나 "불락별처"를 짐작도 못하면서 그렇게 해서야 되겠느냐는 것이다.

이야기는 이것이 전부다. 이것은 옛날부터 유명한 이야기다. "호설편편 불락별처", 함박눈이 펄펄 쏟아지는데 저기는 왜 안 오지? 저기란 어디인가? 물론 방거사가 저기라고 한 것은 약산藥山이 있는 데를 말한다. 약산이 있는 데는 왜 눈이 안 오느냐는 것이다. 약산이 있는 데만이 아니다. 결국은 지금 방거사가 있는 데도 안 오는 것이다. 눈이 오는 데가 있고 안 오는 데가 있다는 것이다.

눈이 안 오는 데가 어디인가 하면 입장立場이다. 자기가 선 자리에는 눈이 올 수가 없다. 자기 때문에 눈이 올 수가 없다. 다른 데는 다 눈이 오는데 자기 발 밑에는 왜 눈이 안 오지 하는 말이나 같은 말이다. 약산은 입장을 얻었는데 너희들은 왜 입장을 못 얻었느냐는 말이다. 무슨 약산만 입장을 얻은 것이 아니다. 방거사도 입장을 얻은 사람이다. 요새로 말하면 박사학위를 얻은 것이다. 다 박사학위를 얻었는데 너희들은 왜 아직도 박사학위를 못 얻었느냐고 하는 말이나 같은 것이다.

박사학위를 얻었다고 하는 것이 무엇인가. 자기의 입장을 가지게 된 것이다. 공자는 언제 입장을 가지게 되었는가. 삼십에 입立이다. 공자는 삼십 오 세에 박사를 땄다는 말이다. 모든 사람이 언제 입장을 가지는가 하면 그것은 각 사람마다 다 다른 것이다.

입장이란 산꼭대기에 선 것이다. "불도무상서원성佛道無上誓願成"이다. 산꼭대기가 입장이다. 히말라야 산꼭대기도 입장이지만 남산 꼭대기도 입장이다. 북한산 꼭대기도 입장이다. 높고 낮은 이런 것이 문제가 아니라 어떻게 해서 상대를 초월했는가 하는 것이다. 산꼭대기에 서면 언제나 동편도 아니고 서편도 아니다. 동편, 서편이라는 상대를 초월한 것이다. 거기가 절대의 세계라는 것이다. 그것을 중도中道라고 한다. 유有의 세계도 아니고 무無의 세계도 아니고 유와 무의 세계를 넘어선 절대의 세계이다. 그것을 우리는 소위 입장이라 한다.

그런 입장을 얻지 않으면, 학문이라면 그 학문에 대해서 자신이 없는 것이다. 입장을 얻게 되어야 자기의 소리가 나오게 되지 그 입장을 못 얻으면 밤낮 남의 소리만 하게 되지 자기의 소리는 안 나온다. 그 꼭대기에 가야 직관이다. 그 꼭대기에 가야 무엇이건 다 보이는 것이다. 다 보여야 입에서 말이 나온다. 직관을 해야 말이 나오지 앞에 산이 가로막혀 아무것도 보이지 않는다면 할 말이 어디 있겠는가. 그러나 남산 꼭대기라도 올라가면 앞도 보이고 뒤도 보이니까 자기 말이 나오게 되는 것이다.

언제나 자기 말이 나오게 되어야지 남의 말만 가지고 살면 안 된다. 유영모柳永模는 그것을 제소리라고 한다. 제소리가 나오게 되어야 한다. 우리가 불교를 공부한다고 해서 석가의 이야기만 해서는 안 된다. 결국 석가의 이야기라는 것은 음식이고 음식을 먹고사는 것은 나다. 내가 사는 것이지 무슨 석가가 사는 것이 아니다. 언제나 제소리가 나와야 된다. 그러기 위해서는 언제나 산꼭대기에 서서 직관이 되어야 한다.

2000. 6. 11.

제 15. 종지용출품從地涌出品

원문 요약

　세존世尊 어불멸후於佛滅後 아등我等 재사바세계在娑婆世界 광설법화廣說法華. 이시불고爾時佛告 지지 불수여등不修汝等 불설시시佛說是時 삼천국토三千國土 지개진렬地皆震裂 무량보살無量菩薩 동시용출同時湧出 유사도사有四導師 일상행一上行 이무변행二無邊行 삼정행三淨行 사안립행四安立行. 석가고미륵釋迦告彌勒 당공일심當共一心 피정진개被精進鎧 발견고의發堅固意. 여래如來 선시宣示 지혜智慧 자재自在 신통력神通力 사자분신력獅子奮迅力 위맹대세력威猛大勢力. 시제대보살是諸大菩薩 실아개소화悉我皆所化 령발대도심令發大道心 학습아도법學習我道法 재사바세계在娑婆世界 하방공중下方空中 주住 실당득성불悉當得成佛. 세존世尊 여래如來 위태자시爲太子時 출어석궁出於釋宮 좌어도량坐於道場 득성아누다라삼먁삼보리得成阿耨多羅三藐三菩提 종시이래從是已來 시과사십여년始過四十餘年 세존운하어차소시世尊云何於此少時 대작불사大作佛事 이불세력以佛勢力 이불공덕

以佛功德 교화敎化 여시如是 무량보살無量菩薩 각覺. 세존世尊 차대보살중此大菩薩衆 가사유인假使有人 어천만억겁於千萬億劫 수불능진數不能盡 부득기변不得其邊. 사등斯等 구원이래久遠已來 어무량무변제불소於無量無邊諸佛所 식제선근植諸善根 성취보살도成就菩薩道 상수범행常修梵行 년이십오年二十五 지백세인指百歲人 언아자言我子.

종지용출품 강해

『법화경』에서 지금까지 해온 것은 적문迹門이라 하고 15장부터는 본문本門이라고 한다. 또는 지금까지는 방편方便이고 이제부터는 진실眞實이라는 것이다. 보통 이렇게 말하지만 이 밖에도 여러 가지로 표현해서 말한다. 하여튼 지금까지 해온 것은 주로 제2장의 「방편품」을 위주로 한 것이다. 그리고 오늘부터 하는 것은 다음에 나오는 제16장 「여래수량품」이 중심이다. 그러니까 그 「여래수량품」에 들어가기 전에 오늘 나오는 제15장 「종지용출품從地涌出品」부터 본문本門으로 들어가는 것이다.

본문本門, 적문迹門이라고 하는 이것은 이 사람들, 특히 『법화경』을 중심으로 하는 천태종에서의 중요한 과제다. 말하자면 "개적현본開迹顯本"이라는 것이다. 적迹을 열어서 본本을 드러내는 것인데 이것을 혹은 "개권현실開權顯實"이라 한다. 권權이란 방편을 말하고 실實이란 진실이라는 것이다. 이것은 노자老子의 사상으로 말해서 "즉유증무卽有証無"라고 할 수 있다. 유有에 즉卽해서 무無를 드러낸다는 것이다. 드러낸다는 말은 증거한다는 말이다. 또 일본 사람들은 "본지수적本地垂迹"이라는 말을 많이 한다. 내가 일본에서 대학에 다닐 때 본지수적설이라는 말을 많이 들었다.

하여튼 우리가 지금까지 한 것은 적문이고 방편인데 이제부터는 진짜를 말한다는 것이다. 그런데 이 개적현본開迹顯本이라는 이것을 기독교식으로 말하자면 무엇인가? 그것은 "나를 본 자는 하나님을 보았다"는 말이다. 그리스도를 본 사람은 하나님을 보았다, 그렇게 말하는 것이 우리에게 가장 알기가 쉽다.

이것은 결국 무슨 문제인가 하면 소위 관觀의 문제다. 보는 눈에 따라서 껍데기만 보느냐 속까지 보느냐, 그리고 속을 볼 때 얼마나 깊은 데까지 보느냐 하는 것이다. 문제는 눈에 달려있다.

따라서 제일 중요한 것이 즉유증무卽有証無, 그리스도를 통해서 하나님을 보는 것이다. 그리스도를 통한다든가, 또는 쉽게 말해서 선생을 통해서 그 세계를 보는 것이다. 선생을 통하지 않으면 그 세계를 볼 수가 없다. 요전에 이명섭 선생이 자기가 쓴 논문을 우리에게 돌렸는데 그 선생님의 논문을 통해서 우리가 "아, 사차원의 세계는 이런 것이로구나." 그렇게 알지 그렇지 않으면 도저히 알 수가 없다. 우리는 누구를 통해서 진리의 세계를 보는 것이지 그렇지 않으면 알 수가 없다. 내 경우로 말하면 유영모를 통해서 우리가 높은 세계를 보는 것이지 유영모를 통하지 않으면 절대 볼 수가 없다. 오늘 김준 선생이 오셨는데 김준 선생은 이현필을 통해서 높은 세계를 보는 것이다. 반드시 어떤 선생님을 통해서 무엇을 보아야지 거저 우리가 막 보는 것은 안 된다.

요전에도 우리가 종교는 많지만 선생이 없다는 말을 했다. 제일 중요한 것이 선생이다. 왜냐하면 선생을 통해서 다른 세계를 보는 것이지 그렇지 않으면 통 알 수가 없기 때문이다. 그래서 우리가 자꾸 선생님, 선생님 그렇게 하는 것이다. 선생님을 통해서 우리가 높은 세계를 보는 것이지 선생님을 통하지 않으면 절대 안 되는 것이다. 그런 것을 우리가 그리스도를 통해서 하나님을 본다든가 베드로를 통해서 그리스도를 본다든가 세례 요한을 통해서 예수님을 본다든가 그렇게 말하는 것이다. 그렇게 해야 우리가 예수님을 알지 그저 우리가 직접 50년을 따라다닌다고 해도 알 길이 없다. 언제나 그렇게 우리를 눈뜨게 해주는 그런 것이 필요하다.

그래서 오늘은 그런 이야기를 시작하는 것이다. 이 전체가 무슨 문제인가 하면 관관(觀觀)의 문제인데 이 사람들은 그것을 관관(觀觀)의 문제라 하기도 하고 또는 심심의 문제라 하기도 한다. 그래서 "일심삼관一心三觀"이라 한다. 이것이 천태종 사상 가운데 하나의 중요한 사상이다. 일심삼관이다. 세 가지를 보는 것이다. 세 가지를 본다는 것이 무엇인가? 응신應身, 보신報身, 법신法身인데 이것을 소위 삼신三身이라 한다.

석가는 세상에 나타난 부처님이다. 그 세상에 나타난 부처님이 응신이다. 세례 요한이 그리스도를 보았다고 할 때 이것은 지금 응신을 보는 것이다.

그 다음에 보신報身이란 무엇인가 하면 그 응신을 뚫고 또 들여다보는 것이다. "이분은 보통 사람이 아니다." 그렇게 하는 것이 첫 관觀인데 그 응신을 뚫고 또 들여다보아야 된다. 베드로면 베드로가 예수님을 보고 "이분은 보통 사람이 아니다" 그렇게 알았기에 따라다녔겠지만, 그 응신 배후에 또 "하나님의 아들이요 그리스도"라는 것을 꿰뚫어 보는 것이다. 그런데 다른 제자들이 그것을 보았는가 하면 못 본 것이다. 다른 제자들은 산꼭대기에서 변화하는 것을 보았는가 하면 못 보았다. 그 중의 몇 사람만, 베드로, 야고보, 요한 등 몇 사람만 보았다. 여기 나온 말로 하자면 보신인데 그 보신이 나타난 것을 본 것이다. 그 옆에는 모세가 있고 엘리야가 있고 그래서 그리스도가 흰옷을 입고 눈과 같이 빛났다. 어떻게 표현했든지 간에 그것은 그 사람들에게만 보이는 것이다. "여기에 천막 몇 개를 칩시다" 하는 것도 다 그 사람들의 이야기다. 다른 사람들에게는 거기가 그냥 산이지 아무것도 아니다.

일심삼관一心三觀이다. 심안心眼이라는 마음의 눈으로 보는 것이지 육체의 눈으로 보는 것이 아니다.

타골이 미국을 갔다오는데 태평양에서 커다란 물고기가 하나 쑥 나오는 것을 보았다. 그 순간에 타골은 정말 타골이 되었다. 타골은 그때 영원을 보았다고 한다. 그런데 그 옆에 있는 사람들은 모두 다 "야, 저것을 잡아서 먹었으면 좋겠다." 하고 소리질렀다는 것이다. 다른 사람들은 다 물고기를 잡아서 먹었으면 좋겠다는 것인데 타골은 그 순간에 성聖 타골이 되는 것이다.

슈바이처 이야기도 마찬가지다. 우리가 잘 알 듯이 그는 적도 아래에 가서 병든 사람들을 고쳐주느라고 애를 썼다. 그렇게 애쓰는데 어느 날 시골 어디에 환자가 있다고 해서 어느 강을 타고 올라가게 되었다. 배를 타고 강을 가는데 어디쯤 가니까 거기에 하마들이 많이 있었다. 그때 같이 가던 사람들은 하마가 배에 달려들까 무서워서 벌벌 떠는데 슈바이처는 그 하마를 보는 순간에 하나님의 말씀을 들었다. 하마가 울부짖는 자연성自然聲인데 그것이 슈바이처에게는 하나님의 말씀으로 들렸던 것이다. 그때 슈바이처는 내가 무슨 아프리카에 병을 고쳐 주러 온 것이 아니라 하나님께서 나를 아프리카로 부르신 것이로구나 하고 생각했다. 그래서 슈바이처에게 아프리카는 하나의 성지聖地가 되는 것이다. 아프리카 여기가 하나님께서 나와 같이 계시는 곳이다. 나는 이제 일생 여기서 떠날 수 없다. 그래서 슈바이처는 일생을 거기에서 산 것이다.

그러니까 무엇인지 그렇게 사람들의 마음의 문이 열리는 것이다. 마음의 문이 열리는 것을 개적開迹이라 한다. 그래서 아까도 말했지만 베드로면 베드로가 "당신은 하나님의 아들이요 그리스도입니다" 그렇게 하는 것이다.

그런데 이 그리스도라는 것은 무엇인가. 「마태복음」 22장 45절을 보면 예수님께서 말씀하시길 "다윗이 그리스도를 주님이라 불렀는데 그리스도가 어떻게 다윗의 자손이 되겠느냐?" 했다. 다윗이 자기를 주님이라고 했으니 나는 다윗 이전에 있었다는 그런 말이다. 이것이 선재설先在說이다.

그런데 이 그리스도는 다윗에게만 나타난 것이 아니다. 아브라함에게도 나타난다. 「창세기」 14장을 보면 살렘 왕 멜세덱이 아브라함을 축복한다. '살렘'이란 평화라는 말이고 '멜'은 왕이요 '세덱'이란 정의라는 말이다. 평화와 정의의 왕이다.

그리스도란 무엇인가 하면 정의와 평화의 왕이라는 것이다. 정의와 평화의 왕이 아브라함을 축복해주고 아브라함을 지도하는 것이다. 아브라함을 지도하는 것도 그리스도이고 또 다윗을 지도하는 것도 그리스도이다. 그러니까 그리스도는 영원한 존재다. 그 영원한 존재가 바로 지금 베드로가 "당신은 그리스도입니다."라고 말하는 그것이다. 당신이 참 사람인 것도 사실인데 당신은 참 사람일 뿐만 아니라 당신은 영원한 존재입니다 하는 것이다.

당신은 영원한 존재다 할 때 불교에서는 이것을 보신報身이라 한다. 왜 '보報'라고 하는가 하면 이 사람이 인류를 구원하기 위해서 한없는 고통을, 기독교로 말하면 십자가를 진다는 것인데, 한없는 고통을 겪어서 종래에는 부처가 되었다는 것이다. 구세주가 되었다는 말이다. 그러고 그때부터 계속해서, 이다음 무량수無量壽에서 나오지만, 몇 억 년 동안을 사람을 구원하려고 왔다갔다 한다는 것이다. 그래서 아브라함도 만나보고 다윗도 만나보고 그러는 것이다. 기독교로 말하자면 그렇다. 그리스도는 과거 현재 미래로, 계속해서 사람을 구원하기 위해 애쓰는 사람이지 무슨 한때 났다가 죽는 그것이 아니라는 것이다.

그러니까 보신을 기독교로는 무엇이라고 할까? 기독교에서는 성부, 성자, 성신을 삼신이라 하는데 보신이란 보혜사 성령이라고 그렇게 말하는 것이 좋을 것 같기도 하다. 언제나 보혜사로 나타나서 아브라함도 구원해주고 다윗도 구원해주고 또 여러분 각 사람한테도 와서 구원해준다. 언제나 이렇게 구원해주는 분이 있다는 것이다. 우리가 그런 분을 믿지 않으면 우리의 신앙생활이라는 것이 안 된다. 내가 무엇을 몰라서 어려울 때, 그래서 애를 쓸 때, 그런 보혜사가 우리에게 와서 내 문제를 풀어준다. 보혜사라는 것이 우리에게 나타난 선생으로 되면 그것은 응신이 되는 것이지만 나타나지 않고 무의식 속에서 내 속에 들어와 가르쳐주면 보신이 된다.

릴케 같은 사람은 무의식 속에서 시를 지었다고 한다. 어떤 사람이 노란 옷을 입고 와서 시를 한 수 지어주어서 그것을 기억했다가 깨어나 그대로 적었다는 것이다. 그런 것을 우리는 성령의 역사라고 해야지 달리 어떻게 말하겠는가? 보혜사라 해도 이현필이면 이현필처럼 보이는 보혜사도 있고 또 릴케의 무의식 속에 나타난 선생처럼 보이지 않는 선생님도 있다. 하여튼 그것을 우리가 무엇이라 할 수 없으니까 기독교에서 말하는 성령의 역사라고 해보는 것이다. 보신이라는 것을 억지로 갖다 붙이면 그렇게나 갖다 붙이는 것이 좋지 않을까 생각해본다.

하여튼 보신이라는 것은 말하자면 영원한 그리스도라는 것이다. 그런데 그 영원한 그리스도를 또 뚫고 또 보아야 되는데 그 또 보는 것을 법신法身이라 한다. 「요한복음」 14장에 나오는 예수님의 말씀으로 "나를 본 자는 하나님을 보았다"는 것이다. 나는 법신을 설명하는데 이 말이 제일 좋은 것 같다. 우리가 그리스도를 보면 또 그리스도를 통해서 하나님을 보아야 된다. 나를 본 자는 하나님을 보았다. 이 나라고 하는 것을 지금 여기서 말하는 보신이라고 한다면 보신을 통해서 그 법신을 보는 것이다.

그러니까 철학적으로 말하면 형이상학이라고 할 수 있다. 그 배후에 있는 것을 보고 또 그 배후에 있는 것을 또 보는 것이다. 배후라는 것을 메타meta라고 한다. 형이상학을 메타피직스metaphysics라고 한다. 말하자면 예수 배후에 있는 응신을 보고 그 응신 뒤에 있는 보신을 보고 그 보신 배후에 있는 법신을 보는 것이다. 이것을 소위 메타피직스라고 한다. 피직스physics는 자연이라는 말이고 물리학이라는 말이다.

하여튼 오늘은 그런 이야기다. 삼신三身이란 이것은 무슨 응신이니 보신이니 법신이니 이런 것들이 있다는 그런 이야기가 아니라 일심삼관一心三觀을 말하는 것이다. 눈을 통해서 볼 때 그렇게 보인다는 것이지 무슨 그런 것들이 있다는 그런 말이 아니다.

이것을 기독교에서는 기도라고 하고 철학에서는 생각 또는 명상이라고 하고, 하여튼 무엇이라 해도 좋지만 우리가 열심히 열중해 가다보면 나중에는 꿰뚫게 된다는 것이다. 태양 광선을 그냥 쬐면 그저 조금 덥다는 정도지만 이것을 렌즈에 담아서 초점을 맞추면 불이 붙는다. 『원각경』을 배울 때는 이것을 삼마디라고 했다. 집중해보면 우리가 보통은 할 수 없는 이야기를 하게 된다. 그리고 그것은 내가 한 것 같지가 않다는 그런 것을 느끼게 된다.

내가 맨 처음에 유영모 선생한테 『대학』 1장을 번역해서 올렸더니 거기에 지금 성균관대학 이동준 선생의 아버지요 한국에서 정역正易의 대가라고 하는 이정호李正浩라고 하는 분이 있었는데 그분이 "이 글은 언제 누가 쓴 글입니까?"하고 물었다. 그러니까 유영모 선생이 나를 가리키면서 "이 사람이 쓴 것이야" 했다. 그래서 나는 그만 황송해서 몸둘 바를 몰랐다. 그러니까 유영모 선생이 나에게 "그것은 김군이 쓴 것이 아니다. 그것은 하나님께서 쓴 것이지 김군이 쓴 것이 아니다. 공자가 써도 이렇게 못써." 그렇게 말하면서 호를 하나 지어주었는데 현재鉉齋라고 했다. 현재라는 뜻을 찾아보니 계시라는 말이었다. 그것은 하나님의 계시인 것이지 내가 쓴 것이 아니라는 것이다.

이런 경험은 누구나 공부해 본 사람들은 다 있다. 도자기 작품도 아마 또 만들려고 하면 안 될 것이다. 정말 어떻게 그런 도자기가 내 손에서 나왔는지 알 수가 없다. 그것은 하나님이 만들어주신 것이지 내가 만든 것이 아니다. 정신일도精神一到다. 정신을 아주 집중시키면 돌이나 쇠붙이도 뚫을 수 있다. "정신일도精神一到 금석가투金石可透"다.

내가 언제나 하는 말인데, 모기가 쇠뿔을 뚫을 수 있는가? 상식으로 말하면 안 된다. 그런데 쇠뿔이 뚫어진다는 것이다. 렌즈가 없이는 안 된다. 그런데 렌즈가 있으면 불이 확 붙는다.

그것을 불교에서는 삼마디라 한다. 『원각경』의 맨 처음이 그것이다. 일심삼관一心三觀의 첫 관觀이 삼마디고 둘째가 삼마파티요 셋째가 디야나다. 『원각경』과 『법화경』이 또 통하는 것이다.

요는 관觀이라는 것이다. 관을 달리 말하면 집중력이다. 자기가 이렇게 집중을 하면 자기가 모르는 세계를 볼 수도 있고 알 수도 있다. 그것을 우리는 믿음이라 한다.

믿음이란 무엇인가. 바라는 것의 실상實相이요 보지 못하는 것의 증거이다. 보통은 볼 수 없는 것이 실상이다. 실상이란 볼 수 없는 세계라는 것이다. 그 실상을 보게 되고 또 그 보지 못하는 것의 증거가 믿음이다. 그 보지 못하는 세계를 우리가 확신할 수 있게 되는 것이다. 그것 역시 하나의 집중이다.

그래서 유영모 선생은 믿음이라 그럴 때 그것을 '미침'이라 했다. 어느 한계에까지 도달한다는 말이다. 거기에 미쳐야 된다는 것이다. 또는 믿음을 '밑틈'이라 했다. 속에서부터 터 나와야 된다는 것이다. 오늘 지용보살地涌菩薩이라는 것도 땅 속에서 터 나오는 것이다.

그러니까 신앙이라는 것도 집중이 되어야지 그저 무슨 11시 되었으니 교회나 한 번 갔다올까 하고, 가서는 실컷 졸다가 돌아오고, 그렇게 30년을 다니면 무엇하겠는가? 목사도 또한 했던 소리 또 하고 또 해서 목사는 그저 52개의 설교만 준비하면 된다고 한다. 그래서 매년 똑같은 소리를 반복해도 아는 사람이 하나도 없다는 것이다.(웃음) 애초에 듣지도 않았는데 알기는 무엇을 알겠는가. 그런 식으로 기독교인이 천만 명이 되면 무엇 할 것인가? 그것은 아무 쓸데가 없다. 기독교라는 것도 깊이 파고드는 사람이 있어야 기독교지 그냥 그저 그렇게 해서는 안 된다.

하여튼 일심삼관一心三觀이라는 것인데 이것은 『법화경』의 핵심으로 중요한 것이다. 일심一心이란 무엇인가? 집중이라는 것이다. 정신통일이라는 것이다. 정신을 통일해서 먼저 응신을 보아야 되고 그 다음 보신을 보아야 되고 그 다음 법신을 보아야 된다. 그것을 다 보아야 이것이 정말 믿음이다. 바라는 것의 실상도 보고 보지 못하는 것의 증거도 보고 다 보아야 이것이 믿음이지 그렇지 않으면 믿음이 아니다.

"종지용출從地涌出"이란 땅 속에서부터 돋아 나온다는 것이다. 무엇이 돋아 나오는가? 보살들이 돋아 나온다는 것이다.

본문을 읽어본다.

세존世尊 어불멸후於佛滅後 아등我等 재 사바세계在娑婆世界 광설법화廣說法華.

선생님께서 세상을 떠나시면 저희들은 이 세상에 있으면서 오늘 선생님께서 가르쳐주신 『법화경』을 널리 전파하겠습니다.

여기서 "아등我等"이란 누구인가? 요전에 제11장 「견보탑품見寶塔品」에서 다보탑 이야기가 있었다. 다보탑 속에 석가와 다보여래가 같이 앉았는데 그것은 시간과 공간이 곱해진 것을 말한다고 했다. 그 때 많은 사람들이 전 세계에서 모여들었다고 했는데 여기서 지금 그 사람들이 부처님에게 "아등我等", 그렇게 말하고 있는 것이다.

이시불고爾時佛告 지지 불수여등不修汝等 불설시시佛說是時 삼천국토三千國土 지개진렬地皆震裂 무량보살無量菩薩 동시용출同時涌出 유사도사有四導師 일상행一上行 이무변행二無邊行 삼정행三淨行 사안립행四安立行.

그 때 부처님이 말씀하셨다. "그만 두어라. 너희 신세를 질 필요가 없다. 너희는 너희 고향에나 돌아가서 잘해라." 부처님이 그렇게 말씀하실 때 삼천 국토의 땅이 모두 갈라져서 한없는 보살들이 한꺼번에 솟아 나왔다. 거기에는 네 가지로 지도하는 스승이 있었으니 하나는 상행上行이요 둘은 무변행無邊行이고 셋은 정행淨行이며 넷은 안립행安立行이다.

이것은 전에 나왔던 "상락아정常樂我淨"이라는 것이다. 보통 사람이 상락아정이라고 하면 사전도四顚倒가 되는데 정말 눈 뜬 사람이 이것을 보면 사덕四德이 된다는 것이다. 꼭 같은 말이 눈감은 사람에게 있어서는 악이 되고 또 꼭 같은 말이 눈 뜬 사람에게 있어서는 선善이 된다는 것이다.

전도顚倒란 뒤집혔다는 말이다. 불교에서는 보통 사람들의 인생은 모두 전도인생顚倒人生이라고 한다. 거꾸로 걸어 다니는 사람들이라는 것이다. 전도인생이 되어서 말하기를 나는 자유다〔我〕하고, 나는 영원하다〔常〕, 죽지 않는다 하고, 나는 아무 죄가 없다〔淨〕, 그래서 아무리 해도 회개도 안하고 또 나는 기쁘다〔樂〕해서 밤낮 술 취해 기쁘다. 그렇게 되면 그것은 그냥 죄 덩어리지 아무것도 아니다.

그런데 눈이 깬 사람에게 있어서는 어떤가? 나라고 하는 것은 자유다〔我〕. 진리가 너희를 자유롭게 한다. 나는 영원하다〔常〕. 누구든지 나를 믿는 자는 죽지 않고 영생을 얻는다. 그런 의미에서 영원한 것이다. 나는 깨끗하다〔淨〕. 나는 죄사함을 받았으니까 깨끗한 것이다. 언제나 기쁘다〔樂〕. 진리와 함께 기뻐한다는 것이다. 믿음이 있는 사람에게는 이것이 사덕이 되고 믿음이 없는 사람에게는 사전도가 된다.

그런데 여기서 상행上行은 아我라는 것이고, 무변無邊은 상常이라는 것이며, 정행淨行은 정淨이라는 것이며, 안립安立은 락樂이라는 것이다. 옛날 천태 지의天台智顗대사 때부터 그렇게 해석을 해 왔다. 우리도 그 사람의 말을 그냥 따르는 것이 좋을 것 같다. 이 세상에는 네 가지 덕이 있는데 네 가지 덕을 가진 사람들이 그 사람들을 지도하고 있었다는 말이다.

석가고미륵釋迦告彌勒 당공일심當共一心 피정진개被精進鎧 발견고의發堅固意.
석가모니께서 미륵에게 말씀하셨다. "언제나 일심으로 언제나 정진의 갑옷을 입고 언제나 견고한 뜻을 일으켜라."

이것은 어떻게 이렇게 많은 보살들이 땅에서 솟아났는가 하는 미륵의 질문에 석가가 대답을 시작한 것이다. 미륵이란 사랑의 화신이다. 그래서 미륵은 제가 무엇을 몰라서 질문한 것이 아니라 모든 사람을 위해서 질문을 한 것이다.

석가가 미륵에게 말했다. "언제나 정신을 통일해야 한다. 한없이 노력을 해서 연구해 가야 된다." 제일 중요한 것이 부지런하다는 것이다. 나는 "부지런하다"는 우리말도 "불을 지른다"는 말에서 나왔다고 생각한다. 부지런하지 않으면 불을 지를 수가 없고 불을 태울 수가 없고 불을 비칠 수가 없다.

세상에서 제일 나쁜 것이 태만이다. 그래도 기독교인이 되면 엿새 동안 열심히 일하다가 또 이레 되는 날에는 교회에 가서 또 열심히 배운다. 다른 사람보다 훨씬 부지런한 것이다. 근면이라는 말인데 그것을 여기서는 정진精進이라고 했다. 정진의 갑옷을 입으라는 것이다.

그리고 한 번 마음을 먹으면 계속해야 된다. 교회에 가서 보면 자꾸 왔다갔다 하는 사람이 많은데 계속해야 무엇이 되지 계속하지 않으면 무엇이건 될 수가 없다. 피아노를 한 번 치려고 해도 30년을 계속해야 피아노 소리가 나오지 그렇지 않고 어떻게 나오겠는가. 영어 공부라 해도 10년을 하지 않으면 말이 안 나온다. 무엇이나 "견고의堅固意"라야 된다. 계속해야 되는 것이다.

여래如來 선시宣示 지혜智慧 자재自在 신통력神通力 사자분신력

獅子奮迅力 위맹대세력威猛大勢力.

여래가 보여주는 지혜를 자기 속에서 깨닫고 신통력과 사자분신력과 위맹대세력을 나타내야 한다.

여래가 보여주는 지혜가 어떤 것인가를 자기 속에서 깨달아야 된다. 이런 것을 보통 내증지內証智라 한다. 자기 속에서 그 지혜를 체험해야 한다. 자기 속에서 그것을 깨달아야 된다. 그 다음에는 "자재 신통력自在神通力"이다. 그 방면에 대해서 우리가 자유롭게 되어야 한다. 무엇이든지, 피아노면 피아노를 30년을 친다 하면 그 피아노를 자유롭게 칠 수가 있다. 영어를 30년 했다 그러면 영어에 대해서는 자유가 되는 것이다. 그것이 자재 신통력이다.

그리고 "사자분신력獅子奮迅力"이란 사자가 '으흥' 하고 일어설 때는 아무것도 무서운 것이 없다는 말이다. 일체의 무서움을 떼어버리고 일어서는 것이다. 그리고 "위맹대세력威猛大勢力"은 진짜 힘이다. 진짜 힘이란 아까 응신의 힘, 보신의 힘, 법신의 힘이다. 이 진짜 힘을 드러내야 한다.

에리히 프롬Erich Fromm이 말하길 사람은 누구나 자기가 알고 있는 힘의 100배의 힘을 가지고 있다고 한다. 그 힘을 꺼내 쓰자는 것이다. 그런데 사람들은 대개 그 힘을 한 번도 써보지 못하고 그냥 감춰두고 만다. 자기 속에 있는 보물을 한 번도 써보지 못하고 죽는 사람이 많다. 자기 속에는 무한한 힘이 감춰져 있다. 자기 속에 숨어있는 그 힘을 꺼내 써야 된다는 것이다.

시제대보살是諸大菩薩 실아개소화悉我皆所化 령발대도심令發大道心 학습아도법學習我道法 재사바세계在娑婆世界 하방공중下方空中 주주住 실당득성불悉當得成佛.

여기 있는 대보살은 모두 다 내가 교화해서 큰 도심을 일으키게 했다. 그래서 나의 도법을 배워 익혀 사바세계의 밑 공중에 머물러 있는데 모두 다 마땅히 성불할 것이다.

여기 땅 속에서 나온 많은 보살들이 있는데 이 사람들이 다 내 제자다. 이렇게 수십 만 명이 나왔는데 이것이 다 내가 가르쳐서 지금까지 온 사람들이다 하는 말이다.

그리고 나는 이 사람들에게 큰 도심을 일으켰다. 그래서 결국 내 방법을 이 사람들이 배워서 사바세계娑婆世界 하방下方의 공중空中에서 산다는 것이다.

하방下方이라는 말은 아까 말한 메타meta라는 말인데 이 사바세계의 배후에 있는, 아까 육신 배후에 있는 것이 응신이고 보신이고 법신이라고 했는데, 그렇게 그 사바세계의 배후에 있는 공중空中에서 산다. 공空이란 하늘도 아니고 땅도 아니고 가운데다. 그것을 소위 중도中道라 한다. 중도실상中道實相이다. 아주 눈을 떴다는 말이다. 그 배후를 볼 수 있는 눈을 떴는데 살기는 어디서 사는가 하면 "공중주空中住"라는 것이다. 중도로 산다는 말이다.

우리가 "산은 산이요", "산은 산이 아니요", "산은 역시 산이다" 그럴 때 "산은 역시 산이다" 하는 거기에서 산다는 것이다. 그것을 우리는 중도실상이라 한다. 그래서 "실당득성불悉當得成佛"이다. 이 사람들이 모두 다 이제 부처가 될 것이다.

세존世尊 여래如來 위태자시爲太子時 출어석궁出於釋宮 좌어도량坐於道場 득성아누다라삼막삼보리得成阿耨多羅三藐三菩提 종시이래從是已來 시과사십여년始過四十餘年 세존운하어차소시世尊云何於此少時 대작불사大作佛事 이불세력以佛勢力 이불공덕以佛功德 교화敎化 여시如是 무량보살無量菩薩 각覺.

세존이시여, 여래께서는 태자로 있다가 석가의 궁궐에서 나온 후 도량에 앉아서 아누다라삼막삼보리를 이루셨습니다. 그로부터 지금까지 겨우 약 40여 년이 지났는데 세존께서는 어떻게 그렇게 짧은 시기에 부처의 힘과 부처의 공덕을 이루어 어떻게 그렇게 불사를 크게 이루시고 무수한 보살을 교화해서 깨달음을 얻게 하셨습니까?

석가 부처님은 어렸을 때 궁전에서 살다가 29세에 나왔다. 그래서 육 년 고행을 했다. 그래서 결국은 진리를 깨닫게 되었다. 35세에 깨달았는데 지금 나이가 75세이다. 『법화경』을 설한 때가 죽기 전 오 년 이다. 물론 이것에 대해서는 사람마다 조금 다른데 『법화경』에서는 75세에 『법화경』을 설법했다 하고 다른 경전에는 또 70세다 72세였다 하는데 하여튼 70이 넘어서 했다. 공자처럼 70이 넘으니까 "종심소욕불유구從心所欲不踰矩", 이렇게 된 것이다.

성불한지 40년밖에 되지 않는데 그 40년 동안에 어떻게 이렇게 많은 사람을 가르칠 수 있는가. 어떻게 이렇게 모든 사람에게 힘을 넣어 줄 수 있는가. 어떻게 이런 큰 일을 행할 수가 있는가. 어떻게 이렇게 많은 사람들을 깨닫는 경지에까지 가게 할 수 있는가. 그것을 도저히 알 수가 없다는 그런 질문이다. 이것은 또 다시 미륵이 석가에게 질문하는 소리다.

세존世尊 차대보살중此大菩薩衆 가사유인假使有人 어천만억겁於千萬億劫 수불능진數不能盡 부득기변不得其邊.

세존이시여, 이 대보살의 무리는 만약 어떤 사람이 있어서 천만억 겁 동안을 헤아린다 해도 다 헤아릴 수 없고 그 끝을 알 수도 없을 것입니다.

선생님, 이 많은 보살은 천만 년 동안을 세어도 다 셀 수가 없을 만큼 많고 또 이 보살들이 어디까지 서 있는지도 알 수가 없습니다. 보살들이 그렇게 한없이 많다는 말이다.

사등斯等 구원이래久遠已來 어무량무변제불소於無量無邊諸佛所 식제선근植諸善根 성취보살도成就菩薩道 상수범행常修梵行 년이십오年二十五 지백세인指百歲人 언아자言我子.

그리고 이들은 오랜 옛날부터 지금까지 한없이 많은 여러 부처님들이 계신데서 여러 가지 많은 말씀을 배우고 보살도를 성취하여 항상 행실을 깨끗이 닦아온 사람들입니다. 그러니 이것은 지금 25세의 젊은 사람이 백살이나 된 늙은 사람을 가리켜 나의 아들이라고 말하는 것이나 마찬가지 아닙니까?

이것이 핵심이다. 이 보살들은 벌써 몇 천 년 전부터, 그러니까 아브라함 때부터, 여러 선생님에게 가서 배운 사람들이다. 그래서 자기 속에 있는 보물을 조금씩 조금씩 찾아낸 사람들이다. 그리고 보살의 길을 닦은 것이다. 그리고 지금도 계속 닦고 있다. 범행梵行이란 깨끗한 행실이라는 말이다. 죄 없는 행동이다. 우리 기독교로 말하면 사랑의 실천이다. 사랑의 실천을 하고 있다. 그런데 이 많은 사람들이 다 지금 석가여래를 보고 선생님이라 한다. 나는 지금 25살밖에 안 되었고 이 사람들은 100살이 넘었는데, 그렇지만 나더러 선생님이라 하니 이 사람들이 다 내 제자가 아니겠는가 하는 말이다.

예수는 33살밖에 안 되었다. 베드로는 그 때 50인지 60에 났는지도 모른다. 또 다윗은 나이가 천 년이 되었는지도 모르고 아브라함은 또 삼천 년이 되었는지도 모른다. 그렇지만 예수는 아브라함의 선생님이요 다윗의 선생님이요 모두의 선생님이다. 계란이 많이 있는데 그것들을 다 보살이라고 할 때 거기에 병아리가 하나 딱 깼다. 그 병아리가 부처라는 것이다. 그래서 물론 계란으로 말하면 이 계란이 맨 마지막에 나온 계란이지만 이 계란이 깨서 병아리가 되면 이것이 모든 계란의 아버지가 된다는 것이다.

그런 것을 한마디로 말하면 "석가성불釋迦成佛 산천초목山川草木 동시성불同時成佛"이라 한다. 석가가 부처가 되니까 산천 초목이 동시에 다 부처가 되었다. 이것이 말하자면 사차원의 세계다. 키엘케골은 이것을 동시성同時性이라 한다. 예수가 십자가에 달릴 때 온 인류의 죄는 다 없어지고 만 것이다. 우리는 지금 우리 죄가 다 없어졌는데도 그것을 모르고 있는 것뿐이지 깨달아 보면 벌써 이천 년 전에 다 없어지고 만 것이다. 그렇게 되면 사차원의 세계가 된 것이다. 삼차원으로 말하면 이천 년 전이지만 사차원이 되면 이천 년이라는 시간이 없어지고 만다. 시간을 초월하고 만다. 예수가 십자가에 달린 그 때가 내가 있는 때다. 오늘 지용보살地湧菩薩이라는 것을 만일 산천초목이라 하면 서른 다섯에 석가가 부처가 되니 백세가 된 산천초목이 동시에 성불한 것이다. 그것을 『벽암록』39장 에서 찾아 읽어본다.[5]

"거擧 승문운문僧問雲門 여하시청정법신如何是淸淨法身 문운門云 화약란花藥欄"
(어떤 사람이 운문에게 물었다. "무엇이 청정법신입니까?" 운문이 대답했다. "화약란이다.")

화약란花藥欄이란 말하자면 작약이니 모란꽃이니 함박꽃이니 하는 밭이 있는데 그것이 청정법신淸淨法身이라는 것이다.

"승운僧云 변임마거시여하편임마거시여하便恁麼去時如何 문운門云 금모사자金毛獅子"
(그러자 중이 다시 물었다. "어떻게 그렇게 될 수 있습니까?" 운문이 대답했다. "금모사자.")

금모사자金毛獅子는 금빛의 갈기를 가진 사자라는 말이다. 이것은 무엇을 말하는 것인가? 화약란이란 우주를 가리키는 것이고 금모사자는 지금 불타 석가를 가리키는 것이다. "이 우주가 어떻게 하면 부처가

---

5. 『벽암록碧巖錄』39. 운문화약난雲門花藥欄
수시운垂示云 도중수용저途中受用底 사호고산似虎靠山 세제유포저世諦流布底 여원재함如猿在檻. 욕지불성이欲知佛性義 당관시절인연當觀時節因緣 욕희백련금欲煆百鍊精金 수시작가로비須是作家爐鞴. 차도且道 대용현전저大用現前底 장십마시험將什麼試驗.
거擧 승문운문僧問雲門 여하시청정법신如何是淸淨法身. 문운門云 화약란花藥欄. 승운僧云 변임마거시여하便恁麼去時如何. 문운門云 금모사자金毛獅子.
송頌 화약란花藥欄 막만한莫顢頇. 성재평혜불재반星在秤兮不在盤. 변임마태무단便恁麼太無端. 금모사자대가간金毛獅子大家看.

될 수 있습니까?"하는 질문에 "석가가 부처가 되면 우주도 다 부처가 된다."는 것이다. "석가성불釋迦成佛에 산천초목山川草木 동시성불同時成佛"이나 같은 말이다. 석가가 부처가 될 때 지용보살이 다 부처가 될 수 있다는 그런 말이다.

2000. 6. 18.

제 16. 여래수량품如來壽量品

원문 요약

무량수無量壽 자아득불래自我得佛來 소경제겁수所經諸劫數 무량백천만無量百千萬 상설법교화常說法敎化 무수억중생無數億衆生 령입어불도令入於佛道 이래爾來 무량겁無量劫 위도중생爲度衆生 고故 방편方便 현열반現涅槃 이실而實 불멸도不滅度 이제신통력以諸神通力 령중생令衆生 근이불견近而不見. 중衆 견아멸도見我滅度 함개회연모咸皆懷戀慕 이생갈앙심而生渴仰心 질직의유연質直意柔軟 일심一心 욕견불欲見佛 불자석신명不自惜身命 아我 시時 어중생語衆生 상재차불멸常在此不滅 이방편력以方便力 고故 현유멸불멸現有滅不滅 아복어피중我復於彼中 위설무상법爲說無上法 여등汝等 불문不聞 아멸我滅. 아재영취산我在靈鷲山 천인상충만天人常充滿 대화소소시大火所燒時 차토상안온此土常安穩 아정토불훼我淨土不毁 이중견소진而衆見燒盡 우포제고뇌憂怖諸苦惱 여시실如是悉 충만充滿. 아지력我智力 여시如是 혜광조무량慧光照無量 수명壽命 무량겁無數劫 구수업소득久修業所得 여

등유지자汝等有智者 물어차勿於此 생의生疑. 여의선방편如醫善方便
위치광자爲治狂子 고故 실재이實在而 언사언死 무능설허망無能說虛妄
아역위세부我亦爲世父 구제고환자救濟苦患者. 이상견아고以常見我故
이생교자심而生憍恣心 방일착오욕放逸著五欲 타어악도중墮於惡道中
아상지중생我常知衆生 이하以何 령중생令衆生 득입무상도得入無上道
속성취불신速成就佛身.

여래수량품 강해

요전에는 일심삼관一心三觀을 말했다. 법신法身, 보신報身, 응신應身이라는 세 가지인데 이것은 소위 일심삼관 때문에 나타나는 현상이라 했다. 하여튼 법신, 보신, 응신이다. 기독교로 말하면 성부, 성자, 성령이라고 하는 것이나 비슷한 사상이다. 또 우리 단군 신화에 보면 환인桓因, 환웅桓雄, 환검桓儉이라 하는 삼신설이 있다. 어디나 다 이런 것이 있다.

물론 석가는 응신이다. 응신인데 응신의 배후라고 할까, 메타meta라는 것인데, 배후에 보신이 있고 또 보신의 배후에는 법신이 있다고 그렇게 해 두는 것이 제일 좋을 것 같다.

사람이란 자꾸 배후를 생각하게 된다. 자동차를 타고 가다가 끝나면 그 다음에는 또 배를 타야 되고 배를 타고 가다가 끝나면 또 비행기를 타야 된다. 무엇이건 이렇게 끝나면 또 무엇인가 새로운 것을 타야 되고 또 무엇인가 새로운 것을 바꿔 타야 한다. 자꾸 이렇게 바꿔 타야 되는 그런 성격을 우리는 가지고 있다.

그래서 우리가 종교라 할 때 그 종교가 시원치 않으면 그 종교의 배후에 다시 도덕을 찾을 수밖에 길이 없다. 그리고 또 도덕이 시원치 않으면 그 배후에 철학을 찾지 않으면 안 된다. 우리가 신앙 생활을 해보면 무엇인지 교회에 불만이 있다 할 때 그 불만을 채우려고 하면 역시 그 배후에 도덕이라는 것을 생각하지 않을 수 없다. 목사님들이라면 말은 잘 하는데 무엇인지 자기 생활에 도덕적인 결함이 있다는 그런 생각을 안 할 수가 없다. 또 그렇게 실천 생활을 많이 하는 사람이라도 또 무엇이 부족하다. 무엇이 부족한가? 생각이 좀 모자란다. 그래서 다시 우리가 철학을 찾을 수밖에 길이 없다.

그러니까 사람이란 그 배후를 찾을 수밖에 길이 없다. 나무에서 꽃이 떨어지고 잎이 떨어지고 열매가 떨어진다 그러면 그것으로 우리가 만족하지 않고 그 배후에 나무는 살아있지 않느냐 하는 그런 생각을 하게 된다. 또 나무가 말랐다고 해도 또 뿌리는 살아있지 않느냐? 뿌리의 배후에는 지구가 있고 지구의 배후에는 태양이 있고 태양의 배후에는 은하수가 있고 은하수의 배후에는 또 한없이 많은 성운들이 있다는 것이다. 이렇게 자꾸자꾸 배후를 찾아 들어가는 것이 우리의 일상이다.

요전에 우리가 『원각경』을 할 때는, 철학이라 하면 삼마디요 도덕이라 그럴 때는 삼마파티요 종교라 그럴 때는 디야나라 했다. 요전에 『원각경』에서는 그렇게 세 가지로 나누었는데 이번에 여기서는 법신, 보신, 응신이라 그렇게 나누었다.

그리고 지난 시간에 우리는 개적현본開迹顯本이라는 그런 말을 했다. 결국은 응신이라고 하는 것이 적迹이다. 그 적迹의 배후에 본본이 또 있다는 것이다. 그것이 소위 보신이고 보신의 배후에는 법신이 또 있다. 그렇게 해서 우리가 자꾸 생각하게 된다.

우리 육체가 죽는다 그럴 때 우리는 육체가 죽는 것으로 끝나는가 그러면, 그렇지 않다. 육체의 배후에는 또 무엇이 있는가. 기독교로 말하면 영체靈體가 있다는 것이다. 육체가 죽으면 우리는 영체로 갈아타는 것이다. 예수가 십자가에 달린 것은 육체지만 예수가 부활한 것은 영체다. 그래서 우리가 다시 또 영체를 찾아야 된다. 또 영체가 끝나면 그것으로 만족하는 것이 아니라 그 배후에 신체神體가 또 있다. 하나님이라는 신체神體가 또 있다. 그러니까 우리는 십자가에 달려 죽으면서도 그 배후에 있는 영체를 생각하고는 기쁘다 이렇게 말할 수밖에는 길이 없는 것이다. 하여튼 이것이 다가 아니라는 것이다.

나라는 것은 육체다, 이렇게 생각할 수는 있다. 과학적으로 생각하면 그렇다. 그러나 우리가 철학적으로 생각할 때 나라고 하는 것은 육체가 아니다. 정신이 나라는 것으로 그렇게 생각할 수가 있다.

키엘케골의 『죽음에 이르는 병』 맨 처음에 보면 "나는 무엇인가? 나는 정신이다." 하는 말이 나온다. 정신이란 무엇인가? 자기 자신에 관계하는 관계다. 어떤 관계인가? 시간과 영원, 무한과 유한, 자유와 규범의 관계인데 이것들은 순전히 모순되는 개념이다. 이 모순되는 개념들을 통일할 때 그것이 나다. 모순의 통일을 할 수 있는 그것, 그것이 소위 주체主體라는 것인데, 그것이 나다. 그 때의 그 나를 우리가 정신이라고 한다. 그러니까 우리의 정신이라는 것이 깨야지 육체만 아무리 깨어봤자 그것은 아무 쓸데가 없다는 그런 생각을 하게 된다.

나는 누구인가? 육체가 나인가? 정신이 나인가? 영혼이 나인가? 이런 것도 자꾸 우리가 생각을 안 할 수가 없다. 왜 그런 것을 생각하게 되는가 하면 이것으로 끝낼 수는 없으니까 그 배후를 또 찾을 수밖에는 길이 없는 것이다.

소크라테스는 지덕복知德福이라 그렇게 생각했다. 그런데 지知라는 것을 우리가 달성하려면 정말 자유로운 사색이 없이는 되지 않는다. 반드시 자유라는 것을 생각 안 할 수가 없다. 그런데 우리가 도덕적인 완성을 하려면 칠십 년을 해 보았자 안 된다. 그래서 더 많은 시일이 필요하다는 것이다. 여기 오늘 「여래수량품如來壽量品」에 나오는 것은 오 백억 년 전부터 이것을 시작해야 되지 지금에야 해서는 안 된다는 것이다. 그런 생각이 자꾸 나오는 것이다. 그래서 자연히 영생永生이라는 생각을 안 할 수가 없다.

그러니까 칸트는 사람이 도덕적인 완성을 하려면 일생을 가지고는 모자란다는 것이다. 한 번 더 살아야 되고 또 한 번 더 살아야 되고, 자꾸 더 살아야 되는데, 얼마나 더 살아야 되는가. 여기 「여래수량품」에 보면 부처님이 되는데 몇 억 년이 걸린다고 한다. 또한 다른 사람을 부처님으로 만들려면 그것도 몇 억 년이 걸린다고 한다. 몇 억 년을 살아야 나도 부처가 될 수 있고 또 남도 부처가 되도록 할 수 있지 단순히 이것 가지고는 안 되겠다는 것이다. 사실 이것은 우리가 다 느끼는 바가 아닌가. 사실이 그렇다. 아무래도 영생이라고 하는 것이 우리에게 요청된다는 것이다. 칸트의 말로 하자면 그런 것이다. 영생이라는 것이 요청되는 것이다. 우리가 영생을 하지 않고서는 이것이 안 되겠다는 것이다. 오늘의 주인공은 보신報身인데 보신이란 도덕을 완성한 사람이다.

부처가 된다는 말에 여러 가지 뜻이 있다. 철학도 도덕도 종교도 다 부처가 되는 것이다. 그런데 종교적인 면을 강조하느냐 도덕적인 면을 강조하느냐 철학적인 면을 강조하느냐, 어느 것을 강조하느냐에 따라 달라진다. 「여래수량품」에서는 도덕적인 면을 강조하게 된다. 영생을 해야 되겠다는 것이다.

수량壽量이라는 말에서 '수壽'라는 것은 생명이다. 무량수無量壽라는 것이다. 무량수란 말하자면 영원한 생명이다. 시간적으로 말하면 영원이고 공간적으로 따지면 무량이다. 여기서 지금 무량이라는 말을 쓰지만 영원하다는 것이다.

그리고 우리가 도덕적으로도 완성시켜야 되지만 또 행복해야 된다. 행복하려면 아무래도 신神이 있어야 된다. 신이 없으면 또 안 된다.

이것이 소위 칸트가 『순수이성비판』 마지막에 하는 소리다. 이데Idee라고 하는 것인데 자유와 영생과 신이다. 이것이 있어야 우리는 지덕복知德福을 완성해 가지 그렇지 않다면 완성할 수가 없다는 그런 생각을 해보는 것이다.

그래서 오늘은 영생永生이라는 것이다. 소위 영원한 생명이라는 것이다. 무량수無量壽라는 것이다. 무량수는 아미타유사Amitayus라고 한다. '아A'는 무無라는 뜻이고 '미타mita'는 량量이라는 뜻이며 '유사yus'는 생명[壽]이라는 뜻이다. 그리고 믿는다는 말은 '나모namo'라고 하고 빛[光]이라 하는 말은 '아바하Abha'라고 한다. 그래서 아미타바Amitabha라고 하면 그것은 무량광無量光이다. 언제나 빛[光]과 생명[壽]은 같이 있다. 빛이 생명이 되고 생명이 빛이 된다. 「요한복음」 1장 4절에 보면 "생명이 있는데 그것은 사람들에게 빛이라"는 그런 말이 나온다. 언제나 빛과 생명이다. 그래서 16장 「여래수량품」 본문을 보면 다음과 같은 말이 나온다.

아지 력我智力 여시如是 혜광조무량慧光照無量 수명壽命 무량겁無數劫 구수업소득久修業所得 여등유지자汝等有智者 물어 차勿於此 생의生疑.

내 지혜의 능력은 이와 같다. 즉 그 지혜의 빛은 한량없고 그 수명은 영원하다. 그런데 이것은 아주 오랫동안 닦아서 얻은 것이다. 너희 지혜 있는 자들은 이것을 의심하지 말라.

　내 실력이 이렇다는 것이다. 그 내용이 무엇인가 하면 "혜광조무량 慧光照無量"이다. 지혜의 빛이 무량하게 빛난다. 그리고 수명壽命은 무량겁無數劫이다. 그러니까 혜광慧光이라는 '광光'과 수명壽命의 '수壽'다. 여기 무량광無量光과 무량수無量壽라는 것이다. 그런데 "구수업소득久修業所得"이다. 이것이 도덕의 세계니까 아주 오랜 세월이 걸려서 얻어지는 것이지 잠깐 동안에 되는 것이 아니다. 그래서 너희들이 정말 철이 든 사람이라면 이것을 의심하지 말라.
　석가가 이 세상에 오기 전에 벌써 무엇을 했다는 것이다. 요전에 석가는 전생前生에서 대통지승불大通智勝佛의 열 여섯 째 아들이었다고 했다. 거기서 힘껏 수도를 해서 부처가 되었고, 그래서 많은 사람에게 법을 설했다는 그런 말들이 나왔다. 그리고 일월등명불日月燈明佛도 석가 자기가 가르쳤다는 것이다. 그리고 자기 제자들에게 "너희들도 앞으로 몇 억 년 수양을 하면 부처가 될 것이다. 또 몇 억 년 동안 남을 가르치면 네 제자도 또한 부처가 될 것이다."하고 말했다. 우리는 수기授記라는 이런 것을 계속 읽어왔다.
　그러니까 이 사람들의 생각은 나오기 전의 전생이라는 것, 소위 전생설화라는 것과 또 수기라는 것이다. 수기란 우리가 죽은 후에도 또 얼마든지 무엇이 된다는 것이다. 우리의 생명이라는 것이 영원하다는 말이다. 그런 사상이 이 사람들 속에는 꽉 들어가 있다. 그것을 우리가 무량수, 무량광이라 한다. 여기서는 그 둘은 그냥 약하고 무량불無量佛이라 했다.
　보통은 아미타불阿彌陀佛이라 한다. 그래서 『무량수경無量壽經』이라는 경도 있고 또 『관무량수경觀無量壽經』이라는 경도 있고 그냥 『아미타경阿彌陀經』이라 하는 경도 있다. 『아미타경』은 인도말을 쓴 것이고 『무량수경』은 중국말로 쓴 것뿐이지 내용은 같다. 『아미타경』은 누가 번역했는지 잊어서 모르겠지만 『무량수경』은 중국에서 구마라집鳩摩羅什(Kuma Rajiva, 344-412)이 번역을 했다. 그래서 『법화경』

16장 「여래수량품」이 독립해서 하나의 경전이 된 것이다.

 아재영취산我在靈鷲山 천인상충만天人常充滿 대화소소시大火所燒時 차토상안온此土常安穩 아정토불훼我淨土不毁 이중견소진而衆見燒盡 우포제고뇌憂怖諸苦惱 여시실如是悉 충만充滿.
 나는 영취산에 있는데 천사들과 사람들로 항상 가득하다. 큰불이 나서 다 타는 때도 우리의 정토는 무너지지 않는다. 그런데 중생들은 타서 없어지는 것을 보고 근심과 공포와 여러 고뇌가 이렇게 가득하다.

 "아정토불훼我淨土不毁", 여기서 정토淨土라는 것이 나온다. 아미타阿彌陀는 어디에 있는가 하면 정토에 있다. 정토란 깨끗한 땅이라는 말이다. 정토에 아미타불이 있다고 해서 소위 정토종이라는 교파가 나온다. 정토종이라는 교파에서는 "나무아미타불"이라 한다. 나모Namo 혹은 나무南無라고 하는데 '나모' 라는 말을 한문으로 번역할 때는 귀명歸命이라 한다. 기독교로 말하면 믿음이다. 아미타불은 영원한 생명이니까 말하자면 하나님이다.
 그래서 나무아미타불은 "하나님을 믿는다"는 말인데 그 한마디만 하면 구원을 얻는다는 것이다. 그렇게 한마디만 하면 구원을 얻는다는 이런 생각을 하게 되어서 자꾸 "나무아미타불, 나무아미타불" 하면서 백 번도 천 번도 만 번도 외는 것이다. 이런 것을 소위 칭명불교稱名佛敎라 한다. 이름을 자꾸 외기만 해도 자기가 구원을 받는다는 것이다.
 한국에서 어디에 그런 절이 있는지는 잘 모르지만 내가 전에 충남 예산에 갔더니 예산에 무량사無量寺라는 절이 있었다. 거기 들어가 보니 그 집이 극락전極樂殿이었다. 그 극락전 안에는 우리 나라에서는 집안에 있는 부처 가운데 가장 크다는 열 여섯 자 되는 부처가 있었다.
 그런데 그 주지에게 무슨 부처인가 하고 물었더니 아미타불이라 했다. 아미타불은 왜 극락전에 있느냐고 했더니 "옛날 사람들이 그렇게 했죠, 뭘."하고 대답했다. 그래서 이 절은 왜 무량사라고 하는가 물었더니 "그것도 뭐 옛날 사람이 그렇게 지었죠, 뭘"하고 말았다. 아미타라는 말이 무량수라는 말이고 아미타불이 있는 곳이 정토라는 극락전이다.

석가는 성불한 후 사십 년 동안에 많은 제자를 가르쳤다. 그것은 응신의 석가였다. 그런데 응신의 석가 배후에 또 무엇이 있는가 하면 보신이 있는데 그 보신이 무량수요 무량광이라는 것이다. 자기가 보신이었던 때에 수없이 많은 제자를 가르쳤는데 그 수없이 많은 제자가 지금 땅 밑에서부터 솟아 올라온다는 말이 지난 시간에 있었다. "선생님이 세상 떠나시면 우리들이 전부『법화경』을 강의하겠습니다." 그랬더니 "너희들이 할 필요 없다. 지금 땅 속에서 수없이 많은 부처님들이 올라오니까 이 사람들만 시켜도 남는다."하는 말이 지난번「종지용출품從地涌出品」때 나왔다. 이것은 전생에 이렇게 많이 가르쳐 놓았다는 것이다. 이것이 지난번「종지용출품」의 내용이다.

그러니까 석가가 죽은 후에도 그저 죽음으로 끝나는 것이 아니다. 그 다음에는 다시 또 무량수로 사는 것이다. 살면서 더 많은 사람을 가르친다는 것이다. 오늘의 이야기는 그런 이야기다.

무량수無量壽 자아득불래自我得佛來 소경제겁수所經諸劫數 무량백천만無量百千萬.
무량수 내가 성불한 이래로 지나간 세월의 시간은 무량한 시간이다.

우선 여기서 자아自我라는 것이 누구인가. 여기에 대해 응신이라고 하는 사람도 있고 이것은 보신이라고 하는 사람도 있고 법신이라고 하는 사람도 있다. 다 일가의 대가들이 그런 주장을 한다. 그런데 요새 우리가 공부하는 법화라고 하는 것을 종교로 하는 천태종의 개조인 지의智顗라는 사람은 이것을 보신이라고 했다. 그래서 천태종에서는 모두 이 자아를 보신이라 한다. 그래서 나도 그 말대로 보신이라 한다.

"자아득불래自我得佛來", 보신이 부처가 되기까지는 한없는 세월인 "무량백천만無量百千萬", 한없는 오랜 세월이 걸린다. 요새 교수가 된

16. 여래수량품　275

다 하는 것도 쉽지가 않다. 10년, 20년, 한없는 오랜 세월이 걸려서야 된다.

상설법교화常說法敎化 무수억중생無數億衆生 령입어불도令入於佛道 이래爾來 무량겁無量劫.

항상 법을 설하여 무수한 중생들을 교화해서 불도에 들어가게 했다. 지금까지 한량없는 세월을 그렇게 했다.

그리고 또 학생들을 가르치는 것도 한두 해 가르쳐서는 안 된다. 지도교수를 붙들고 10년, 20년 쫓아다녀야 어떻게 박사가 되지 그렇지 않으면 잘 되지 않는다. 정말 부처가 되게 하기까지는 또 많은 세월을 가르치게 된다. 배우는 시간도 많고 가르치는 시간도 많다는 말이다.

위도중생爲度衆生 고故 방편方便 현열반現涅槃 이실而實 불멸도不滅度 이제신통력以諸神通力 령중생令衆生 근이불견近而不見.

중생을 제도하기 위해서, 중생을 구하느라고 방편으로 열반을 나타내지만 실로 여래는 불멸이다. 그래서 여러 신통력으로 중생들을 제도하는데 그들은 가까이 있어도 보지 못한다.

무량겁無量劫을 지나 지금 중생을 구하기 위해서 이 세상에 태어난 것이다. 요전에 말한 응신이 되었다는 것이다. 그 전에 보신이 역시 응신이 된 것이다. 그랬는데 이 응신을 하다 보니 어쩔 수 없이 죽음이라는 사건을 가지지 않을 수 없다. 그래서 죽기는 죽는데 사실 죽는 것은 우리의 육체가 죽는 것이다. "실불멸實不滅"이다. 우리의 영체靈體가 죽는 것은 아니다. 쉽게 말하면 그렇다. 육체가 죽는 것이지 우리의 영체가 죽는 것은 아니다. 영체는 누구인가 하면 보신이다. 죽는 것은 응신이 죽는 것이지 보신이 죽는 것은 아니라는 그런 이야기다. 왜 그런가? 자동차에서 배로, 배에서 비행기로, 이렇게 사람은 갈아탈 수 있는 그런 힘을 가진 것이다. 그것을 이 사람들은 신통력神通力이라 한다. 육체가 죽으면 그 다음에는 영체로 갈아타고 영체가 죽으면 또 신체神體로 갈아탄다. 그렇게 갈아타는 것이다. 응신이 끝나면 보신으로, 보신이 끝나면 법신으로, 그렇게 갈아타는 신통력을 가지고 있다. 그런데 보통 사람들은 그냥 육신만 보지 영체는 보지를 못 한다. 그러니까 가까이 있어도 보지 못하는 것이다.

중衆 견아멸도見我滅度 함개회연모咸皆懷戀慕 이생갈앙심而生渴仰心 질직의유연質直意柔軟 일심一心 욕견불欲見佛 불자석신명不自惜身命.
　중생들은 내가 열반함을 보면 모두다 연모하는 마음을 품게 되고 애타게 우러러보는 마음을 일으킬 것이다. 그래서 질박하고 정직하며 부드럽게 되어 한결같은 마음으로 부처님을 보고자 자기의 목숨도 아끼지 않게 될 것이다.

　그러면 왜 내가 죽어야 하는가? 우리 기독교에서는 왜 죽어야 하는지가 확실하다. 왜 죽어야 하는가 하면 속죄贖罪하기 위해서 죽는다. 많은 사람의 죄를 없이 하기 위해서 죽는 것이다. 이렇게 확실하다. 그런데 이 사람들의 생각은 내가 죽어야 많은 사람들이 다시 나를 사모하게 되고 목마르게 나를 찾아가는 그런 마음이 나오게 된다는 것이다. 그리고 사람들이 질박하게 되고 정직하게 되고 그 뜻이 부드럽고 연하게 된다는 것이다. 그래서 아주 한 마음으로 "부처님을 한 번 보았으면"하고 부처님을 찾고 또 그것을 위해서는 자기의 생명을 아끼지 않는다는 그런 세계에까지 간다는 것이다. 그쯤 되었으면 기독교로 말해서 속죄가 된 것 같다.

이我 시時 어중생語衆生 상재차불멸常在此不滅 이방편력以方便力.
　나는 그 때 중생에게 나타나 말한다. 나는 항상 여기 있어 죽지 않는다. 이것 또한 방편이다.

16. 여래수량품　277

그 때에 부활하신 주님, 영체의 자기가 나타나서 중생에게 말을 한다는 것이다. "상재차불멸常在此不滅", 나는 절대 죽지 않았다. 나는 불멸不滅이다. 부활하신 예수님이 나타나서 "나는 불멸이다" 그렇게 가르치는 것이다.

"이방편력以方便力", 그러니까 내가 죽는 것은 너희들을 깨우기 위해서 내가 죽는 것이다. 너희들의 죄를 속하기 위해서 내가 죽은 것이다. 그리고 내가 다시 살아난 것은 너희들의 영혼을 구원하기 위해서 다시 살아난 것이다. 우리가 밤낮 속죄 구령贖罪救靈이라 하는데 여기서도 그런 뜻이다. 내가 죽은 것은 너희들이 정말 정신차리라고 죽은 것이고 내가 또 살아난 것은 다시 너희들을 부처로 만들기 위해서 산 것이다.

고故 현유멸불멸現有滅不滅 아복어피중我復於彼中 위설무상법爲說無上法 여등汝等 불문不聞 아멸我滅.

그러므로 나는 죽지만 죽지 않음을 보여주는 것이다. 그리고 내가 가서 또다시 그들 가운데서 최고의 진리를 설할 것이다. 너희들이 들을 수 없는 그 진리를 보게 하려고 내가 열반하는 것이다.

실지로 죽음이 있긴 있지만, 육체가 죽긴 죽지만 정신은 불멸이다. 영체는 안 죽는다. 그래서 나는 다시 살아서 그들 속에 들어가서 한없이 높은 진리를 가르쳐서 그 사람들을 다 부처로 만들 것이다.

이런 것이 이 사람들의 뭐랄까, 원願이라 할까? 공자도 오십에 지천명知天命이라 한다. 자기의 사명을 깨닫게 된다. 하늘에서 주신 사명이 느껴지게 되는 것이다. 그런 것을 자기가 자연 느끼게 된다. 하늘에서 주는 것, 가베Gabe이고 거기에 대해서 내가 받아들일 때는 위에서 주신 것, 아우프가베Aufgabe다. 그 주신 명령에 대해서 나는 그것을 받아 가지고 내 사명으로 생각해서 내 최선을 다하려고 하는 그런 생각이 자연 나오게 된다.

그래서 전에도 콜링Calling이라는 말을 했는데 이 콜링이 하늘에서의 부르심을 받음이면서 동시에 이것이 내 천직이 되고 만다. 자기의 직업이 되고 만다. 하늘의 명령을 받으면 내가 그것을 성취하기 위해서 내가 최선을 다하게 된다.

그래서 내가 사는 것이 왜 사는가 그럴 때는 이 사명을 완수하기 위해서 사는 것이다. 그런 생각을 자연 하게 된다. 왜 그렇게 되는가 하면 천명天命 때문이다. 영원한 생명이라는 그런 것을 다른 말로 하면 천명이다. 천명이 영원하지 무슨 생명이 영원한 것이 아니다. 그 천명 때문에 내가 살아야 되겠다는 것이다. 내가 그 천명 때문에 산다는 것이다. 이 천명이라는 것이 없으면 살맛이 없어지는 것이다.

그런데 그렇게 열심히 살다 보면 자기도 모르게 또 어떤 생각을 하게 되는가 하면 내가 이 세상에 오기 전에도 이 천명을 달성하기 위해서 최선을 다했다는 그런 생각을 하게 된다. 지금 석가의 전생 이야기도 마찬가지요 우리 자신도 그렇게 된다. "내가 이 세상에 오기 전에 전생에는 내가 무엇이었다. 내가 무엇이었으니까 내가 지금 이런 생각을 하게 되지 그것이 아니었으면 내가 어떻게 이런 생각을 하게 되는가?" 이런 것은 정말 자기 속에서 하나의 느낌이다. 하나의 느낌인데 보지 못하는 것의 증거를 찾게 되는 것이다. 과거야 보이는 것이 아니다. 보이지 않지만 그 증거가 자꾸 내 속에서 느껴지는 것이다.

『주역』에 "무사無思 무위無爲 적연부동寂然不動 감이수통感而遂通"이라 했다. 무엇인지 이렇게, 아까도 신통력神通力이라 했는데, 감이수통感而遂通이다. 내 속에 자꾸 이렇게 느끼는 것이 있다. "아, 내 전생은 무엇이었다." 그런 생각을 자꾸 하게 된다. 그리고 "내가 죽으면 또 무엇이 될 것이다." 내생來生이라는 것이다. 내생에 나는 또 무엇이 될 것이라고 느껴진다.

왜 무엇이 될 거라고 느끼는가 하면 내가 이 현생에서 내 천명을 다하지 못했으니까 내가 내생에 또 다시 태어나서 내가 또 해야 되겠다는 것이다. 우리는 그런 생각을 자연히 하게 된다. 아마 이순신李舜臣도 죽으면서 그렇게 생각했을 것이다. "내가 또 태어나서 어떻게든 왜놈들을 또 무찔러야겠다." 그런 생각을 하고 죽었지 그 사람이 그저 죽을 사람이 아니다. 그 사람의 철학은 언제나 주일무적主一無適이다. 자기 나라를 위해서 이번에만 와서 이렇게 하는 것이 아니다. 내가 이 다음에 태어나고 또 태어나서 또 자꾸 나라를 지킬 것이라는 그런 생각을 안 할 수가 없는 것이다. 이것은 사람의 생각이다. 하나의 생각인데 우리가 그런 생각을 피할 수가 없다.

서산대사西山大師의 말이다. "팔십년전거시아八十年前渠是我 팔십년후아시거八十年後我是渠". 팔십 년 전 그것이 나요, 팔십 년 후 그것이 나다. 이것도 같은 사상이다. 내 전생 그것이 나다. 내가 죽은 후생, 그것이 나다. 기독교로 말하면 내가 전생은 말씀이었고 내 후생은 부활이다. 태초에 말씀이 있고 또 나중에는 부활해서 우리가 승천하는 것이 또 있다.

그래서 우리가 이 세상의 삶이라는 한 대代로 그칠 수가 없다. 요 다음 대는 내가 무엇이 될 것이다 하는 확신을 가지고, 그것이 바라는 것의 실상인데, 그런 확신을 가지고 내가 살게 된다. 그런 생각을 자꾸 하게 되면 내 뒤만 생각하게 되는 것이 아니라 내 과거는 무엇이었나, 그 과거도 또 생각하게 된다. 과거에는 내가 무엇이었다. 팔십 년 전은 내가 무엇이었다. 팔십 년 후는 내가 무엇이다. 지금은 또 내가 무엇이다. 그래서 내 일생을 이 생사生死라고 하는 틀 안에서 끝내지 않고 그보다 더 이전의 세계 또 이후의 세계, 그런 것을 자꾸 생각하게 된다.

"일도출생사一道出生死"다. 말하자면 일도一道가 결국 여기서 말하는 보신이다. 도덕적인 완성이기 때문이다. 일도가 되어서 생사生死를 넘어서는 것이다. 내 생은 이것이 다가 아니다. 전에도 또 있었고 그 후에도 또 있다. 무량수요 무량광이지 이것으로 끝나는 것이 아니다.

이런 생각은 아까도 내가 그랬지만 천명이라는 것 때문이다. 천명이라는 그런 사상을 못 가지고 그런 생각을 한다면 그것은 욕심이다. 내가 무슨 잘 살기 위해서 그런 것이 아니다. 내가 또 태어나서 설렁탕이라도 한 그릇 더 먹었으면 좋겠다 해서 그런 것이 아니라 천명 때문이다. 이 천명 때문에 내가 또 태어나야 되겠다는 것이다. 이순신이라면 이순신이 또 태어나서 이 다음에 열 번을 죽어도 왜놈들을 또 무찔러야 되겠다는 이런 천명사상天命思想이다.
　오늘 무량수에서 가장 중요한 것이 천명사상이다. 단순히 내가 무슨 오래 살아야 되겠다던가 그런 이야기가 아니다. 오래 살아서 무슨 아이스크림이라도 하나 더 먹어보겠다 그런 것이 아니다. 천명을 달성하기 위해서 내가 지금도 살아야 되겠다는 것이다. 나는 과거에도 살았고 미래에도 살 것이다. 칸트의 말처럼 우리가 영원히 살면서 정말 하나님의 뜻을 이루어 가야 한다. 그런 아주 막중한 사명 때문에 우리는 이렇게 무량수라고 하는 생각을 해 가는 것이다.
　그래서 우리는 그 동기를 확실히 파악해야 된다. 그저 오래 살겠다는 것이 절대 아니다. 그렇기 때문에 아까도 말했지만 십자가를 지고 죽는 것이다. 왜 죽나? 천명을 달성하기 위해서다. 그리고 또 부활해서 산다. 왜 사나? 그것도 천명을 달성하기 위해서다. 그래서 십자가를 지는 것이지 십자가를 지기 좋아할 사람이 어디 있겠는가? 그래도 이 천명 때문에, 내가 하나님의 뜻을 이루기 위해서 십자가를 지는 것이다. 예수님의 "내 뜻대로 마옵시고 아버지 뜻대로 하옵소서." 하는 말도 그것이다. 어떻게 이 잔을 좀 피해주실 수 없습니까? 그러나 아버지 뜻이라면 내가 마셔야지 어떻게 합니까? 이렇게 예수님의 가슴에 맺혀있는 것이 천명이다.
　공자의 가슴에 맺혀있는 것도 천명이다. 석가의 가슴에 맺혀 있는 것도 천명이다. 이 천명 때문에 또 살아야 되겠고 또 살아야 되겠다는 것이다. 이런 것을 여러분은 잘 생각해야 된다.

　아재영취산我在靈鷲山 천인상충만天人常充滿 대화소소시大火所燒時 차토상안온此土常安穩 아정토불훼我淨土不毀 이중견소진而衆見燒盡 우포제고뇌憂怖諸苦惱 여시실如是悉 충만充滿.
　나는 영취산에 있는데 하늘의 사람들이 항상 가득하다. 큰불이 나서 다 타는 때도 우리의 정토는 무너지지 않는다. 그런데 중생들은 타서 없어지는 것을 보고 모두가 이렇게 근심과 공포와 여러 고뇌로 가득 차서 괴로워한다.

영취산靈鷲山이라 하지만 이것은 정토淨土라는 말이나 같은 것이다. 하나님 나라라는 말이다. 하나님 나라는 어떠한 곳인가. 하늘나라에는 천인天人들이, 하늘의 아들들이 꽉 차있다.「히브리서」에도 그런 말이 나온다. 성도들이 꽉 차있다는 것이다. "대화소소시大火所燒時". 개인이 죽어서 화장을 하는 육체가 불살라지는 때도 있고 또 세계가 온통 불바다가 되는 수도 있다. 그러나 "아정토불훼我淨土不毁", 이 정토만은 아무 문제가 없다. 이 정토는 절대다. 천국은 절대 무너지는 법이 없다. 그런데 모든 사람들이 이 세상이 불타는 것을 보고 걱정하고 괴로워하고 그래서 아주 고통으로 꽉 찬다.

여의선방편如醫善方便 위치광자爲治狂子 고故 실재이實在而 언사언死 무능설허망無能說虛妄 아역위세부我亦爲世父 구제고환자救濟苦患者.
만약 의사가 미친 아들을 고치기 위한 좋은 방편으로 실은 살아있으면서 죽었다고 말한 것이라면 그것은 다만 허망한 것이라 말할 수 없는 것인데, 나 또한 이 세상의 아버지로서 모든 고통과 근심 있는 자를 구제하기 위해서 그런 것이다.

의사가 자기 아들이 미쳐있어서 그것을 고쳐야 되겠는데 약을 주어도 약을 안 먹는다. 그래서 약을 주고는 먼 나라에 가서 아버지가 죽었다고 연락을 했다. 그 말을 듣고서야 미친 아들은 깜짝 놀라 그 약을 먹고 나았다는 그런 이야기다.

그러니까 죽지 않았는데 죽었다고 한 그것은 단순한 거짓말이 아니라 살리기 위해서 거짓말을 한 것이다.『레미제라블Les Miserables』을 보면 장발장이 붙잡히게 되었는데 숨을 데가 없으니까 갑자기 수녀방으로 뛰어 들어갔다. 그래서 수녀에게 감춰달라고 하니까 감춰 주었는데 곧 형사가 쫓아와서 여기에 누구 오지 않았느냐 물었을 때 수녀는 오지 않았다고 말해서 장발장이 살아난다. 그런 거짓말은 정말 살리기 위한 거짓말이다. 그런 것은 단순히 거짓말이라 할 수 없고 하나의 방편이라는 것이다. 살리기 위한 방편으로 그렇게 한 것이다.

그것은 내가 그저 거짓말 한 것이라고 할 수는 없고 하나의 방편이다. 나는 이 세상의 아버지니까 고통받는 사람들을 구제하기 위해서 그런 말을 하는 것이다.

이상견아 고以常見我故 이생 교자 심而生憍恣心 방일 착오욕放逸著五欲 타어 악도 중墮於惡道中 아상지중생我常知衆生 이하以何 령 중생 令衆生 득입 무상도得入無上道 속성 취불신速成就佛身.

항상 내가 살아 있는 것을 중생들이 보면 마음이 교만하고 방자해져서 방일하게 되고 다섯 가지 욕심과 향락을 탐내어 그만 악한 길로 빠지게 될 것이다. 나는 그런 중생들을 잘 알아서 어떻게 하면 중생으로 하여금 진리의 길 한 가운데로 들어가게 할까, 어떻게 하면 속히 부처의 몸을 이루게 하나, 그것만을 생각한다.

내가 항상 살아 있다면 어떤 결과가 생기는가? 사람들이 교만한 마음이 생기고 또 여러 가지 욕심이 생긴다. 그래서 그만 악도惡道에 빠지고 만다. 왜 중생들이 이렇게 정신을 못 차리는 지 알았다. 그래서 이 중생들에게 정신을 일깨우게 하기 위해서 내가 죽는 것이다.
기독교의 십자가와 꼭 같지는 않지만 우리가 그것을 조금 잘 불려서 생각하면 많이 도움이 될 것 같다. 죽어야 정신을 차리지 죽지 않으면 정신을 안 차린다. 그런데 죽으면 그것으로 끝나는 것이 아니고 또 새로운 생명으로 우리가 다시 살게 된다. 그래서 부활을 믿고 또 다시 간다는 것이다. 이런 식의 사고 방식이니까 기독교의 십자가와 부활이라는 사상과 이것과는 유사점이 많다고 본다.
말하자면 죽고 살고 하는 것인데 왜 죽고 왜 사는가? 죽고 살고 하는 것, 이것이 그냥 자연적으로 났다가 그냥 죽고 마는 것인가? 종교 아닌 곳에서는 그렇게 산다는 말도 하지 않고 그저 죽고 만다고 한다. 거기서는 그냥 생사生死라고 한다. 나서 죽는다는 것이다. 죽으면 끝이라고 그렇게 생각한다.
그런데 우리가 『주역』을 배울 때 『주역』의 근본이 무엇인가 그러면

"지사생지설知死生之說"이라 했다. 『주역』「계사繫辭」 4장에서 나오는 것인데 죽었다가 또 사는 그 이치를 우리는 배우려고 하는 것이다. 그래서 우리는 언제나 생사生死라는 것이 아니고 죽었다가 또 사는, 다시 말해서 사死 이후의 생생이라는 그런 생각을 자꾸 하게 된다.

이렇게 유교도 사생지설死生之說이고 여기 불교에서도 사생지설이고 기독교도 또 사생지설이다. 거의가 다 비슷한 생각이다. 아까도 자꾸 말했지만 우리가 천명 때문에 또 다시 살아야 되겠다는 강한 의욕을 가지고 또 살아가는 것이다.

예수님도 그저 죽는다 또는 그저 산다는 그런 말을 하지 않는다. "나는 죽을 권리도 있고 또 나는 살 권리도 있다."고 한다. 이것이 「요한복음」 10장 18절이다. 예수님이 십자가에 달리는 것은 하나의 권리지 할 수 없어서 죽는 것이 아니라는 것이다. 의무도 아니고 권리라는 것이다. 내가 부활하는 것도 의무가 아니라 권리라는 것이다. 예수님은 자발적으로 아주 권리 행사를 하느라고 죽었고 또 살아나는 것도 권리 행사를 하느라고 살았다는 것이다. 그런 생각을 우리가 해 보는 것, 그것이 참 좋은 것이다.

그래서 결국은 생사가 아니라 여거여래如去如來라는 것이다. 여래如來라는 말은 많이 듣는데 여거如去라는 말은 많이 안 쓰지만 부처의 십호十號에 보면 선서善逝라는 말이 나온다. '여如'라고 하는 것은 소위 진여眞如라는 말이다. 이데아의 세계다. 우리는 이데아의 세계에서 왔다. 그러니까 또 이데아의 세계로 가는 것이다. 이것도 같은 사상이다. 나는 났다가 죽는 것이 아니라 왔다가 가는 것이다. 예수님의 말씀으로 말하면 「요한복음」 16장 28절이다. 나는 왔다 가는 사람이지 났다 죽는 사람이 아니다.

그래서 『주역』을 공부할 때 수승화강水昇火降이라고 했다. 나는 수승화강이지 염상누수炎上漏水는 아니라는 것이다. 물은 하늘로 올라가고 태양의 불은 땅으로 내려온다. 대우주에서 물은 언제나 하늘로 올라가고 불은 언제나 아래로 내려온다. 이것이 수승화강이다. 그런데 촛불을 보면 불꽃이 자꾸 올라가고 촛농은 자꾸 떨어진다. 염상누수는 촛불이고 수승화강은 대우주다.

　더 쉽게 말하면 염상누수는 소인小人이고 수승화강은 대인大人이다. 대인이 되면 언제나 머리는 차갑고 발은 언제나 더워야 한다. 언제나 건강한 육체다. 그런데 조금이라도 병이 들면 머리는 자꾸 뜨거워지고, 이것이 번뇌라는 것이다, 발은 자꾸 차가워진다. 이것은 아주 허약한 몸이다. 허약한 몸이 되면 머리는 자꾸 뜨거워지고 발은 자꾸 차가워진다. 건강한 몸이 되면 머리는 자꾸 차가워지고 발은 자꾸 뜨거워진다.

　우리말의 머리라는 말이 물이란 말이고 발이란 말은 불이란 말이다. 그래서 언제나 불은 불대로 있어야 되고 물은 물대로 있어야지 그렇지 않고 불이 그만 꺼지고 말고 물은 그만 끓고 말고 그렇게 되면 안 된다. 그래서 수승화강 하는 것은 여거여래如去如來이고 염상누수라 하는 것은 생사에 빠진 것이다. 그런 차이다.

　아무래도 우리는 육체만 중심해서 생각하지 말아야 된다. 사람은 육체만이 아니라는 것이다. 우리는 육체보다 더 큰 영체靈體가 또 있고 영체보다 더 큰 하나님의 신체神體가 또 있다. 성경에 보면 하나님의 말씀을 받은 사람은 다 신이라고 했다. 예수님이 그렇게 말했다. 「요한복음」 10장 35절이다. 우리 속에는 보혜사 성령이라는 영체도 있고 신체도 있고 육체도 있다. 그래서 우리가 육체의 나를 빨리 벗어나야 된다.

　부처가 되었다는 말이 무엇인가. 육체의 나에서 빨리 벗어나서 우리가 영체의 나가 되고 더 나아가서 신체의 나가 되고, 그래서 자꾸자꾸 내가 바꿔 타서 우리가 죽으면서도 이 육체는 죽지만 내 영체는 영원하다. 그래서 내가 또 산다 그렇게 해야 부활이라는 것이 우리에게 다가오지 그렇지 않으면 다가오지 않는다.

　이것은 생각할 탓이니까 자꾸자꾸 내가 누구인가를 생각해서 육체 속에 마음이 있고 마음속에 영혼이 있다고 그렇게 생각하지 말고, 육체 밖에 마음이 있고 마음 밖에 영이 있다고 해야 된다. "월도천심처月到天心處"라는 것이다. 달을 육체라면 육체라는 이것이 천심天心, 마음속에 있는 것이다. 하늘이라는 마음속에 달이 들어가 있지 달 속에 하늘이 들어가 있는 것이 아니다. 달 속에 하늘이 들어가 있다고 그렇게 생각하면 그것은 전도인생顚倒人生이다. 뒤집힌 인생이다. 그것이 아니고 영체 속에 육체가 들어가 있다. "월도천심처月到天心處"다.

그래서 "심안신자안心安身自安"이다. 마음이 편안해야 몸도 편안하다. 이것도 같은 사상이다. 마음속에 몸이 들어가 있다. 기독교로 말하면 예수님께서 "내 뜻대로 마옵시고 아버지 뜻대로 하옵소서"하는 것이다. 아버지 뜻 속에 내 뜻이 들어가 있지 내 뜻 속에 아버지 뜻이 들어있는 것이 아니다. 그래서 언제나 아버지 뜻 속에 내 뜻이 들어가는 것이다.

이것이 아까 말한 천명사상이다. 천명을 완성하기 위해서 내 목숨이 있는 것이지 그 천명을 무시하고 내 목숨이 있는 것은 아니다. 언제나 이 육체보다도 더 큰 것이 있고 그것보다 또 더 큰 것이 또 있다.

우리가 손톱이 나오면 끝을 자꾸 잘라내고 머리가 자라면 자꾸 잘라주는 것처럼 죽음이라는 것도 하나의 손톱 자르는 것이나 같은 것이다. 그래서 쓸 데 없는 손톱을 잘라버리고 마는 것이다. 머리카락을 그냥 잘라버리고 마는 것이다. 육체가 나중에 건들거려 못쓰게 되면 그것을 그냥 잘라버리지 달고 다닐 필요가 하나도 없다. 그 다음에는 아주 새 영체를 가지고, 또 새 신체神體를 가지고 살아가는 것이다.

유영모柳永模 선생은 언제나 "인생은 죽음으로부터"라고 했다. 이것은 유영모 선생이 밤낮 주장하는 말이다. 인생은 죽음으로부터다. 죽음으로부터가 인생이다. 사생지설死生之說이다. 죽었다가 사는 그것이 사람이지 죽어서 끝났다는 그것은 사람이 아니고 동물이나 마찬가지다. 토끼는 죽으면 끝이다. 그런데 사람은 하나님의 생령을 집어넣어서 만든 것이다. 토끼 같은 그런 존재가 아니다. 사람에게는 육체보다도 더 소중한 존재가 또 있고 그보다 더 소중한 존재가 또 하나 더 있다는 말이다.

2000. 6. 25.

제 17. 분별공덕품分別功德品

원문 요약

　　이시대회爾時大會 문불설聞佛說 수명겁수장원여시壽命劫數長遠如是 중생衆生 득대요익得大饒益. 아일다阿逸多 아설시我說是 여래수명如來壽命 장원시長遠時 항하사중생恒河沙衆生 득무생법인得無生法忍. 득문지다라니문得聞持陀羅尼門 득낙설무애변재得樂說無碍辯才. 득무량선다라니得無量旋陀羅尼 능전불퇴법륜能轉不退法輪 능전청정법륜能轉淸淨法輪. 팔생당득八生當得 아누다라삼막삼보리阿耨多羅三藐三菩提 사생당득四生當得 삼생당득三生當得 이생당득二生當得 일생당득一生當得 아누다라삼막삼보리阿耨多羅三藐三菩提. 불설시제보살佛說是諸菩薩 득대법리시得大法利時 어허공중於虛空中 우만다라화雨曼陀羅華 우우세말전단又雨細抹栴檀 침수향등沈水香等 어허공중於虛空中 천고자명天鼓自鳴 우우천종천의又雨千種天衣 수제영락垂諸瓔珞 중보향로衆寶香爐 소무가향燒無價香 일일불상一一佛上 유제보살有諸菩薩 집지번개執持旛蓋 가무량송歌無量頌 찬탄제불讚歎諸佛.

분별공덕품 강해

　일품이반一品二半이라는 말이 있는데『법화경』제15장의「종지용출품從地涌出品」후반과 제17장의「분별공덕품分別功德品」의 전반, 그리고 제16장「여래수량품如來壽量品」전체를 놓고 일품이반이라는 말을 한다.「여래수량품」이 일품一品이고「종지용출품」과「분별공덕품」을 이반二半이라 한 것인데 이것이 말하자면『법화경』의 핵심이다. 핵심이라 해서 별다른 것은 아니고 법신法身, 보신報身, 응신應身의 삼신三身이라는 사상이다.

　단군 신화에도 환인桓因, 환웅桓雄, 환검桓儉이라는 삼신이 나오는데 우리의 3.1운동이 왜 삼월 초하루에 일어났는가 할 때 대개 우리 나라의 삼신사상 때문이라고 한다. 환인, 환웅, 환검이라는 세분이 나오는데 이 세분이 하나라는 것으로 삼위일체 사상이다.

　환인이란 기독교로 말해서 하나님이요 환웅이라 하면 성령이요 환검이라 하면 예수님이다. 단군 할아버지가 환검인데 단군 할아버지 뒤에는 환웅이라는 분이 있고, 환웅 뒤에는 환인이라는 분이 있다.

　이와 마찬가지로 기독교에서도 맨 뒤에는 하나님이 계신다. 그 다음에 기독교에서는 보통 예수 그리스도를 먼저 놓고 성령을 맨 마지막으로 놓는다. 그래서 기독교에서도 삼위일체다.

　그런데 불교에서는 응신, 보신, 법신이라는 삼위일체다. 응신이라는 것은 석가를 말하는 것이고 보신이라는 것은『법화경』16장에서 여래수량如來壽量이라고 했다. 보신이라는 것을 보통 말할 때는 아미타불阿彌陀佛이라 한다. '아미타阿彌陀'는 무량수無量壽라는 말이다. 무량수에서 '수壽'는 생명을 말한다. 무량수, 생명이 무량無量하다는 것인데 이것을 기독교에서는 영원한 생명이라 한다. 영원한 생명을 아미타라고 한 것이다.

　영원한 생명인데 그것을 왜 보신報身이라 해서 '보報'라는 글자를 썼는가? 그것은 한없이 노력하면 결국 부처가 된다는 뜻이다. 아미타불도 팔백 억만 년 열심히 노력해서 마침내 부처가 되었다는 것이다. 그리고 앞으로도 또 팔백 억만 년을 가르칠 수 있다는 것이다. 팔백 억만이라는 수는 따질 것 없고 하여튼 오랫동안 노력해야 되지 사람이 70년 한 평생으로 다 될 수는 없다는 것이다. 오래 노력해야 된다는 것이다.

니체의 생각도 마찬가지다. 사람은 마치 밧줄 위를 걸어가는 것 같다고 했다. 그리고 원숭이 같은 상태에서 지금과 같은 사람이 되는데 얼마나 많은 시간이 걸렸는지 모르지만 지금 사람이 예수님같이 되기 위해서는 앞으로 또 원숭이가 사람이 되는데 걸린 시간만큼 걸려야 되지 않겠느냐고 했다.

이런 생각은 니체만이 아니다. 칸트도 도덕의 완성을 위해서는 사람에게 영생이라는 것이 필요하다고 했다. 다 같은 사상이다. 사람이 한 생을 가지고는 안 된다는 것이다. 또 태어나고 또 태어나고 그래서 자꾸자꾸 노력을 해야 사람이 완성이 되지 일대의 생으로는 안 되겠다는 것이다.

응신이 나오기 전에 벌써 보신이 나와 있었고 그 결과로 응신이 나온다는 사상이다. 예수님이 나오기 전에 그리스도로 몇 천 년 그렇게 되었다가 말씀이 육신이 되는 것이지 예수라는 사람이 맨 처음으로 갑자기 나와서 삼십 년만에 그렇게 될 수는 없다는 것이다.

그래서 소위 그리스도 선재先在 사상이 나오는 것이다. 내가 지금 이렇게 있지만 나도 전생에 한없이 노력을 했고 또 그 전의 전생에 또 한없이 노력을 했기에 지금 이만큼 아는 것이지 지금 당장에 이렇게 된 것이 아니라는 그런 생각이다.

어떻게 보면 유전遺傳이라고 할까 그런 생각이다. 음악가 헨델이 나오기 위해서 헨델의 10대조부터 음악가였고 9대조도 음악가였고 그렇게 계속 음악가 집안으로 내려 와서 헨델이 나오는 것이지 헨델이 갑자기 나오는 것은 아니라는 그런 사상이다.

사람이라는 것이 깨닫고 다시 자기를 완성하기 위해서는 오랜 시간이 걸린다는 것인데 그것이 소위 보신이라는 사상이다. 그런데 보신

뒤에는 또 보신을 보신이게 하는 법신이라는 것이 있다. 법신이라는 것이 없으면 보신이라는 것이 될 수가 없다.

기독교로 말하면 보신은 제 힘으로 되는 것이 아니라 그 배후에 법신이 있어서 된다는 것이다. 그래서 법신을 주로 하는 불경이『화엄경』이요 보신을 주로 하는 경전이『법화경』이요 응신을 주로 하는 경전이『원각경』이다.

지난해에는『원각경』을 공부했는데『원각경』은 응신을 주로 한 것이다. 지금은『법화경』을 보고 있는데 이는 보신에 대해 공부하는 것이다. 앞으로 우리가『화엄경』을 공부할 시간이 있다면 그 때는 법신에 대해서 공부하는 것이다.

기독교로 말하면 하나님에 대한 신학인가 그리스도에 대한 신학인가 성령에 대한 신학인가 하는 것이다. 성령론, 기독론, 신론이라는 그런 것이다. 언제나 사람은 세 가지를 생각해야 되기 때문이다. 신관, 기독관, 성령관, 이렇게 세 가지를 생각하지 않을 수 없다. 철학에서는 우주관, 세계관, 인생관이라 하는데 이것이 형이상학의 핵심이다. 우주를 창조하신 분이 하나님이다. 세계를 섭리하는 분이 그리스도다. 인생을 새롭게 하시는 분이 성령이다. 그러니까 종교에서는 신, 그리스도, 성령이라 그렇게 되지 않을 수가 없다.

유교에서는 이것을 천지인天地人으로 말한다. 사람이 있기 위해서는 세계가 있어야 되고 세계가 있기 위해서는 우주가 있어야 된다는 식이다. 아무리 간단하게 생각해도 이렇게 세 가지를 생각해야 되지 그렇게 생각하지 않을 수가 없다.

우주는 약 150억 년 전에 터졌다고 하고 우주에는 은하수의 별이 2천억 개가 있다고 한다. 우리는 그런 것을 문제 삼는 것이 아니라 하여튼 맨 위에 우주라는 생각을 안 할 수가 없고 그 다음에 세계라는 생각을 안 할 수가 없고 그 다음에 인생이라는 것을 생각하지 않을 수 없다.

우리가 진리를 깨달았다고 하는데 진리를 깨달았다는 것이 무엇인가 하면 쉽게 말해서 관觀을 얻었다는 것이다. 그런데 관이라는 것을 얻어보면 언제나 세 가지로 나온다.『노자』를 보아도 세 가지의 관을 내

놓는다. 『노자』 21장은 우주관이요, 25장은 세계관이요, 14장은 인생관이다. 동양에서는 관이라고 내놓은 것은 이것밖에 없다. 석가가 내놓은 것을 보아도 이 셋이다. 어찌할 수 없이 생각이라는 것은 이 셋으로 통일될 수밖에 길이 없는 것이다.

그래서 『원각경』의 응신, 『법화경』의 보신, 『화엄경』의 법신인데, 이 세 가지가 핵심이라는 것이다. 그러니까 「종지용출품」의 마지막 절반이 응신이라는 이야기고 「여래수량품」은 보신에 대한 이야기고 오늘 17장 「분별공덕품」 전반이 법신에 대한 이야기라는 말이다.

법신에 대한 이야기란 다시 말해서 『화엄경』을 압축한 이야기다. 그래서 천태 지의대사天台智顗大師는 『법화경』 속에는 『화엄경』이 다 들어가 있으니까 『법화경』만 알면 『화엄경』은 더 알 필요가 없다 하는 식으로 말한다. 그러니까 "나무 묘법연화경南無妙法蓮華經"이라는 것이다. '나무南無'는 귀의한다는 뜻이다. '묘법妙法'은 신기한 진리라는 말이다. 신기한 진리를 상징적으로 우리에게 보여주는 것이 연꽃이라는 것이다. 진리를 연꽃으로 표시해서 우리에게 보여준 가르침의 글, 이것을 『묘법연화경妙法蓮華經』이라 한다. 그것을 줄여서 『법화경』이라 하는데 그것을 우리는 믿는다는 것이다.

그래서 "나무 석가모니불"도 있고 "나무 아미타불"도 있고 다 있는데 이 『법화경』을 중심으로 하는 사람들은 "나무 묘법연화경"이라 한다. 그래서 오늘은 일품이반一品二半의 마지막으로 『화엄경』의 이야기가 조금 나온다.

「분별공덕품分別功德品」인데 '분별分別'이란 우리가 안다는 말이다. 세밀하게 아는 것이 분별이다. 『법화경』에서 대충 말한 것을 세밀하게 가르치는 것이 『화엄경』이다. 그래서 『화엄경』은 팔십 권이나 된다. 간단하게 한 것도 육십 권이다. 아주 세밀하게 한 것이다. 분별이란 말이 그런 뜻이다. 아주 세밀하게 갈라놓고 또 갈라놓고 한 것이다. 요새로 말하면 분석해 놓은 것, 분석철학이다.

그리고 이렇게 하면 무슨 유익이 있는가 하는 것이 '공덕功德'이란 말이다. 우리가 공부한다면 공부하는 데 얼마나 유익함이 있는가 하는 말이다. 우리가 『법화경』을 공부한다면 이것은 우리가 기독교를 공부하는데 어느 정도 도움이 되는가 하는 그런 것을 공덕이라 한다.

그리고 '품品'이란 요새로 말해서 장章이다. 『법화경』은 28품이니까 28장으로 되어 있는데 지금 17장이 「분별공덕품」이다. 지금까지 중요한 내용은 다 끝났고 나머지는 이것을 다른 사람에게 전해줘야 된다는 그런 소리가 자꾸 나온다. 원리적인 이야기는 다 끝났고 앞으로는 어떻게 이것을 남에게 보급해 가느냐 하는 그런 말이 많이 나온다. 이것을 유통분流通分이라 한다. 유통流通을 요새로 말하면 선교라는 말이다.

이시대회爾時大會 문불설聞佛說 수명겁수장원여시壽命劫數長遠如是 중생衆生 득대요익得大饒益.

이때 많은 사람들이 모여서 부처님의 강연을 들었는데 강연의 내용은 여래의 수명은 한없이 길고 영원하다는 것이다. 그때 부처의 이 말씀을 들은 많은 중생들은 모두가 깊고 큰 믿음을 갖게 되었다.

"수명壽命"이란 사람의 생명이고 "겁수장원劫數長遠"은 길고 긴 시간이라는 말이다. 기독교에서는 영원이라고 하는데 여기서는 장원長遠이라 한 것이다. 노자老子는 장생불사長生不死라고 한다. 사람은 이렇게 오래오래 살면서 계속 노력해서 결국 부처가 된다는 것이다.

그러니까 사람은 일생, 이생이 문제가 아니다. 이번에 안 되면 이 다음에 또 노력을 해야 되고 그래도 안 되면 또 노력을 해야 된다는 것이다. 말하자면 영혼불멸 사상이다. 계속 윤회輪廻를 사는 것인데 부처가 되어야 이 윤회의 바퀴를 벗어나지 그렇지 않으면 이 바퀴를 벗어날 수 없다는 것이다. 바퀴를 벗어난다는 말 대신에 보통 생사生死를 벗어난다는 말을 한다.

부처가 되지 못하면 우리는 또 태어나고 또 태어나야 된다는 것이다. 요새로 말하면 낙제하는 것이다. 학교에서 성적이 나쁘면 낙제하고 또 성적이 나쁘면 다시 또 낙제한다. 결국 제 점수를 맞아야 졸업하지 그렇지 않으면 졸업할 수 없다. 졸업했다는 말은 부처가 되었다는 것이다. 그러니까 인생으로서의 자각自覺을 가지고 인생을 완성해야 된다는 것이다. 대학에 입학했다는 것은 자각을 가졌다는 것이요 졸업한다는 것은 전공분야에서 완성을 하는 것이다. 그래서 언제나 자각과 완성이라는 이 두 마디를 쓰는 것이다. 결국 부처로서 자각을 가져야 되고 부처로서 완성을 해야 된다. 그리고 이렇게 되기 위해서는 오랜 세월이 걸린다는 것이다.

거기에 모였던 많은 중생들이 그 말을 듣고서 모두 희망에 넘치게 되었다. 누구나 노력하면 된다는 말에 희망이 넘치고 부처의 말을 다 믿게 되었다는 것이다. 그것은 믿지 않을 수 없는 것이다. 나도 전생에는 무엇이었다, 이 말을 여러 번 했는데, 그렇게 오래 노력한 결과 지금 부처가 된 것이지 그저 몇 십 년 노력하고 이렇게 된 것은 아니라는 것이다. 어찌 보면 예정설豫定說과 비슷하다고 할 수 있다. 영원한 하나님의 은혜로써 이렇게 된 것이지 내 힘으로 이렇게 된 것은 아니라는 말이다.

그래서 "득대요익得大饒益", 큰 이익을 얻었다. 석가의 말씀이 참 옳은 말이라 하고 내가 믿을 수 있게 되었다는 것이다.

『화엄경』의 구조를 보면 십신十信, 십주十住, 십행十行, 십회향十廻向, 십지十地라는 오십위五十位와 여기에 등각等覺과 묘각妙覺이라는 2위位를 합해서 52위位가 된다.

화엄華嚴 52위位

십신十信	발보리심요익發菩提心饒益	
십주十住	무생법인無生法忍	
십행十行	문지다라니聞持陀羅尼	
십회향十廻向	낙설무애변재樂說無碍辯才	
십지十地	1. 선다라니旋陀羅尼	환희지歡喜地
	2. 전불퇴법륜轉不退法輪	이구지離垢地

  2. 전불퇴법륜轉不退法輪　　　이구지離垢地
  3. 전청정법륜轉淸淨法輪　　　발광지發光地
  4. 팔생八生　　　　　　　　염혜지焰慧地
  5. 칠생七生　　　　　　　　난승지難勝地
  6. 육생六生　　　　　　　　현전지現前地
  7. 오생五生　　　　　　　　원행지遠行地
  8. 사생四生　　　　　　　　부동지不動地
  9. 삼생三生　　　　　　　　선혜지善彗地
  10. 이생二生　　　　　　　　법운지法雲地

등각等覺
묘각妙覺

 『화엄경』이란 무엇인가 하면 공부하자는 것이다. 공부하는데 선생이 모두 52명이 있다는 것이다. 우리도 유치원 선생부터 대학원을 졸업하기까지 중요한 선생들을 따져 보면 아마 52명쯤은 될 것이다. 그렇게 되어야 박사가 되는 것이지 그렇지 않고는 박사가 될 수 없다. 52명을 만나서 한 단 한 단 올라가야 결국 박사가 되는 것이다.
 『화엄경』의 맨 마지막에 가면 선재동자善財童子라는 청년이 52명의 선생을 만난 결과 부처가 되는 이야기로 그렇게 되어 있는데 그 이야기가 무엇을 말하는가 하면 『화엄경』의 단계가 52단계라는 것이다. 52단계로 올라가야 되지 그렇지 않으면 안 된다는 것이다. 그래서 『화엄경』 마지막 장에서 한 단계 한 단계를 사람의 이름으로 고쳐서 선생을 만나는 이야기로 그렇게 한 것이다. 그래서 52명의 단계를 걸어갔다는 것이다.
 믿음이라 그래도 열 명에게 배워야 된다. 십신十信이다. 믿음도 목사님 열 명을 따라다녀야 되지 그저 한두 명 가지고는 안 된다는 것이다. 그래서 믿음도 열 명이다.
 그 다음 십주十住다. 주住라는 것은 말하자면 신학 공부하는 일이다. 학교에 들어가 앉아서 연구하는 일이다. 십신十信을 신신이라 하면 십주十住는 해解라는 것이다. 이해하는 단계다. 이해하는데 또 열 명의 선생을 쫓아다녀야 된다는 것이다.

그 다음은 논문을 쓰는 단계다. 십행十行이다. 논문을 쓰는데도 또 열 명의 선생이 필요하다. 그 다음 십회향十廻向은 말하자면 교생실습이다. 다른 사람을 조금씩 도와주는 것으로 조교노릇 하는 것이다. 조교노릇 하는 데도 또 열 명의 선생님에게 조교노릇을 했다는 것이다.

그리고 나서 박사학위 하는데도 또 열 명의 선생을 쫓아다니면서 박사학위를 했다는 것이다. 계속 이렇게 올라가서 맨 마지막은 주임 교수가 되고 큰 스승이 되어서 결국 끝이 난다는 것이다.

불교는 언제나 네 가지다. 신해행증信解行証이다. 신信이란 믿어졌다는 것이다. 해解는 이해가 되었다는 것이다. 행行이란 실천이 되었다는 것이다. 증証이란 얼마든지 간증할 수 있다는 것이다. 내가 체험한 것을 남에게 알려줄 수 있다는 것이다.

또 맨 처음에 믿었다 하는 것을 우리가 성문聲聞이라 한다. 성문이란 말귀가 열렸다는 것이다. 그 다음 해解라는 것은 연각緣覺이다. 눈이 열렸다는 것이다. 귀가 열리고 눈이 열린 것이다. 그 다음에는 행行인데 이것은 보살菩薩이다. 이제는 실천하게 되었다는 것이다. 그리고 증証이란 불타佛陀가 되어 남에게 설법하게 되었다는 것이다. 불타가 되었다는 것은 요새로 말해서 교수가 되었다는 말이다.

행行이라 하면 논문을 쓴 박사쯤이라 할 수 있다. 해解는 요새로 말해서 석사 정도 되었다는 것이다. 신信이라 하면 학사 정도 된 것이다. 학사, 석사, 박사, 교수라는 단계다. 그러니까 시간이 많이 걸리는 것이다. 불교는 이런 식으로 되어 있다.

나는 이것을 영어 공부하는 것으로 비유한다. 처음에는 말이 들리고 그 다음에는 책이 보인다는 것이고 그 다음은 얼마든지 편지를 쓸 수 있게 되고 시도 지을 수 있게 되는 것이다. 옛날 사람들은 한문으로 마음껏 시를 지을 수 있었는데 요새 영어 하는 사람들은 마음대로 시를 지을 수 있는지 모르겠다. 하여튼 이렇게 시를 지을 수 있다 하는 것, 그 다음에는 가르칠 수 있다 하는 것이다. 52위라는 것을 따져보면 결국은 이것이다.

여기서 "대요익大饒益"하는 것은 믿게 되었다는 말인데 신신이라는 것이다.

아일다阿逸多 아설시我說是 여래수명如來壽命 장원시長遠時 항하사중생恒河沙衆生 득무생법인得無生法忍.

아일다여, 내가 이렇게 여래의 수명이 길이길이 영원하다는 것을 말할 때 항하의 모래만큼이나 많은 중생들이 모두가 생사를 초월하는 진리를 깨달았다.

아일다阿逸多는 석가의 제자다. 언제나 석가의 제자가 세 사람이 나오는데 지혜라 하면 문수文殊요 행行으로 말하면 보현普賢이요 사랑으로 말하면 미륵彌勒이다. 북한산 맨 앞이 보현봉이고 그 뒤가 문수봉이고 맨 뒤는 백운대인데 사실은 백운대를 미륵봉이라 했으면 더 좋았을 것이다. 여기서 아일다는 미륵의 이름이다.

미륵, 내가 이렇게 가르친다. 여래 수명如來壽命이 영원하다. 여래의 수명이 영원하다는 것은 보신을 말하고 있는 것이다. 사람이 영원히 노력해 가면 항하사恒河沙 중생衆生이라는 모든 사람들, 즉 누구나 다 무생법인無生法忍을 얻을 것이다.

천태대사天台大師는 무생법인을 십주十住에 해당한다고 했다. 무생법인無生法忍이란 말에서 생생은 생사生死를 말한다. 생사를 초월한 법, 생사를 초월한 진리가 무생법無生法이다. 그리고 인忍이란 인認이나 마찬가지로 그 진리를 깨달았다는 말이다. 눈이 떴다는 것이다. 생사를 초월한 진리를 이해하게 되었다는 말이 무생법인이다. 그래서 이것은 해해에 해당된다. 『화엄경』에서 해해라는 것을 설명하는 것이 십주十住다.

득문지다라니문得聞持陀羅尼門 득낙설무애변재得樂說無㝵辯才.

그리고 다라니를 얻어 실천의 세계로 들어가게 되었다. 그리고 기뼈서 가르치며 막힘 없이 말하는 재주를 지니게 되었다.

다라니陀羅尼라는 것은 총지摠持라고 번역된다. 요새로 말해서 전체적인 파악이다. 공자孔子는 『시경詩經』을 한마디로 말하면 "사무사思無邪"라고 했다. "일언이폐지一言以蔽之", 즉 『시경』 전체를 한마디로 요약하면 하는 말인데, 이것은 달리 말해서 다 알았다는 것이다. "득문지다라니문得聞持陀羅尼門", 이제 다 알아 가지고 그것을 지니게 되었다는 말이니까 이제 실천의 세계로 들어가게 되었다는 뜻이다. 그래서 십행十行을 "득문지다라니得聞持陀羅尼"라 했다.

사람이 실천을 하지 못하는 이유가 무엇인가? 그것은 전체적인 파악이 안 되어서 그렇다. 우리가 기독교라 하면 기독교에 대해서 전체적인 파악을 '탁-' 하게 되면 그 다음에는 우리가 기독교가 무엇인지 그것을 실천할 수 있게 된다. 그런데 교회를 몇 십 년을 다녀도 이 전체적인 파악이 통 되지 않는다. 그래서 나중에는 사람들이 그만 지루하니까 졸고 만다. 교회에 와서 졸고 또 돌아가서 자고, 그래서 백 년을 다녀도 자는 것만 늘지 더 이상 무엇이 되지 않는다. 그러니까 역시 교회에 다니는 것만 가지고는 안 된다.

교회에 다니는 것은 하나의 성문의 세계다. 그런데 그 다음에는 자기 혼자서 성경을 읽으면서 성경이 도대체 나에게 무엇을 말하고자 하는지 그것을 깊이 파야 된다. 그래서 성경이라는 것을 일언이폐지一言以蔽之 하면 이것이다 하게 되어야 한다. 그렇게 되어야 이제 나는 이것을 가지고 이렇게 살아야 되겠다 하는 그런 세계가 나온다. 그런데 우리 기독교는 계속 성문의 세계만 하고 있다. 신학교에 가서 조금 연각을 하지만 교회에서는 거의 불가능하다. 그런데 또 대개 연각까지만 가고 그만이다. 신학교에 가서 박사를 했으면 무엇인가 실천하는 것이 있어야 되는데 그것이 없다.

내가 영국에 가서 놀란 것은 신학교에서 박사학위를 얻으면 꼭 아프리카에 가서, 혹은 인도네시아에 가서 십 년, 그렇게 오지奧地에서 선교사 일을 시킨다는 것이다. 선교사를 하면서 물론 거기에서 전도도

하지만 또한 그 사람들의 사상과 풍습을 연구해 와야 된다. 그래서 돌아오면 그것을 강의할 수 있어야 한다. 그런 식으로 정말 영국 사람들은 잘하고 있었다. 영국의 신학교에 가서 제일 부러웠던 것이 그것이었다.

어떤 한 사람은 이란에 가서 십 년을 있다가 돌아와서는 마호멧교 강의를 하는데 정말 귀신처럼 하는 것이었다. 그 사람이 신학을 할 때는 무슨 교회사인지 했다는데 이란에 선교사로 가 있으면서 마호멧교를 그렇게 깊이 연구한 것이다. 그래서 돌아와 마호멧교에 관해 가르칠 때면 언제나 그 사람이 와서 강의를 했다.

영국 사람들은 그렇게 아는 사람들이다. 성문만 가지고는 안 되고 연각까지만 가도 안 되고 또 보살의 세계가 있어야 된다는 것이다. 그렇게 보살의 세계를 거친 다음에야 와서 교수노릇을 하도록 그렇게 하고 있는 것이다. 그러니까 교수하는 사람들은 다 나이 많은 사람들이다. 애숭이들은 교수를 시키지 않는다. 그런 것을 보면 정말 영국 사람들은 똑똑한 사람들이다.

여기서 "문지다라니聞持陀羅尼"는 행行의 세계를 말하는 것이다. 그 다음에 "득낙설무애변재得樂說無碍辯才"다. 자기의 전공을 즐거워서 남에게 가르칠 수 있게 된다. 가르치는데 무애無碍, 아무것도 걸리는 것이 없다. 그리고 변재辯才다. 그저 가르치는 것이 아니라 재미있게 가르친다. 그렇게만 되어도 벌써 십회향十廻向이 된 것이다. 거의 불타에 가까워진 것이다.

득무량선다라니得無量旋陀羅尼 능전불퇴법륜能轉不退法輪 능전청정법륜能轉淸淨法輪.

무량의 선 다라니를 얻게 되어 능히 불퇴법륜을 굴리게 되고 청정법륜을 굴리게 되었다.

그 다음이 "득무량선다라니得無量旋陀羅尼"라 했는데 "선다라니旋陀羅尼"란 무슨 말인가?

보통 우리는 정반합正反合이라 하는데 정반합이라는 것을 여기서는 공가중空假中이라 한다. 제1단계에서 제2단계를 거쳐 제3단계까지 올라간 사람이다. 불타란 결국 그것이다. "선다라니", 제3단계까지 또 올라가야 된다.

그래서 "능전불퇴법륜能轉不退法輪", 이제는 자기의 입장이라는 것이 딱 정해져 있어서 다시는 뒤로 물러서지 않는다. 십지十地라는 것이다. 하나 더 올라가서 산꼭대기에 올라선 것이다. 그래서 "능전청정법륜能轉清淨法輪", 깨끗한 진리를 설할 수 있게 되었다.

선다라니부터는 십지의 세계를 말하는 것이다. 십지의 세계란 결국 거의 부처가 된 세계다. 그것도 열 단계를 올라가야 된다. 그래서 등각等覺이 되어야 하고 그 등각에서 또 묘각妙覺까지 되어야 진짜 부처가 되는 것이다. 등각이란 진리를 깨달은 세계이고 묘각이란 진리를 완성한 세계로 등각보다 하나 더 높은 묘각의 세계에까지 가야 된다는 것이다. 그것이 십지라는 것이다.

그런데 『화엄경』에는 십지十地를 환희지歡喜地, 이구지離垢地, 발광지發光地, 염혜지焰慧地, 난승지難勝地, 현전지現前地, 원행지遠行地, 부동지不動地, 선혜지善慧地, 법운지法雲地로 구별해 놓았다.

십지十地		
	1. 선다라니旋陀羅尼	환희지歡喜地
	2. 전불퇴법륜轉不退法輪	이구지離垢地
	3. 전청정법륜轉清淨法輪	발광지發光地
	4. 팔생八生	염혜지焰慧地
	5. 칠생七生	난승지難勝地
	6. 육생六生	현전지現前地
	7. 오생五生	원행지遠行地
	8. 사생四生	부동지不動地
	9. 삼생三生	선혜지善慧地
	10. 이생二生	법운지法雲地

팔생당득八生當得 아누다라삼막삼보리阿耨多羅三藐三菩提 사생당득四生當得 삼생당득三生當得 이생당득二生當得 일생당득一生當得 아누다라삼막삼보리阿耨多羅三藐三菩提.
  8생에 아누다라삼막삼보리를 얻게 되고, 4생에 그것을 얻게 되고, 3생에 얻게 되고, 2생에 얻게 되고, 1생에 그 아누다라삼막삼보리를 얻게 된다.

  팔생八生이란 여덟 번을 다시 태어나야 부처가 될 수 있다는 것이다. 팔생에서 칠생七生, 육생六生, 오생五生 그렇게 해서 일생一生까지 된 다음에야 석가로 태어난다는 것이다. 그리고 난 다음에 다시 45년 동안 설법을 하면서 완성된 석가가 되어야 묘각이 된다는 것이다.
  팔생의 세계에서 깨달은 진리, 사생의 세계에서 깨달은 진리, 이생의 세계에서 깨달은 진리, 일생의 세계에서 깨달은 진리, 그래서 맨 꼭대기에서 깨달은 진리가 등각이라는 것이고 더 그것을 완성한 것이 묘각이라 그렇게 보는 것이다.
  그래서 『법화경』을 가장 많이 연구했다는 천태 지의대사天台智顗大師라는 사람은 『법화경』 17장에 『화엄경』이 압축되어 있다고 했다. 그래서 『법화경』이 제일 우수한 경전이라는 것이다. 『화엄경』은 석가가 서른 다섯에 나서 가르친 것인데 이 『법화경』은 석가가 일흔 다섯에 가르친 것으로 석가의 맨 마지막 가르침이다. 그래서 『법화경』을 주장하는 사람은 『화엄경』보다도 훨씬 더 『법화경』이 중요하다고 한다.
  그런데 내가 생각할 때는 『화엄경』은 철학적인 것이고 『법화경』은 도덕적인 것이라 본다. 법신이라는 것과 보신이라는 것이다. 언제나 종교의 배후에는 도덕이 있어야 된다. 따라서 목사가 되려면 목사의 배후에 도덕이 있어야 된다. 목사는 도덕적 수준이 높아야 된다. 또 도덕적 수준만 높아서는 안 되고 철학적 수준도 높아야 된다. 철학적으로도 깊은 이해를 가져야 된다. 우주, 세계, 인생이라 이렇게 생각해도 좋지만 나는 철학과 도덕과 종교라고 한다.
  『화엄경』은 깊이 생각하는 것이다. 얼마나 깊이 생각했는지 모른다.

그래서 나는 가장 철학적인 것이 『화엄경』이라 본다. 철학적 내용이 가장 풍부한 것이 『화엄경』이다. 그리고 『법화경』은 역시 계속 실천이라는 것을 말한다. 도덕적으로 높은 수준을 말하는 것이 『법화경』이다. 그리고 『원각경』은 자기의 깨달음을 다른 사람들에게 전하는 내용이다. 나는 그렇게 생각하는 것이다. 그래서 응신이라 하면 그것은 종교적인 것이요 보신이라 하면 도덕적인 것, 그리고 법신은 철학적인 것이라 한다.

사람에겐 아무래도 철학이라는 것이 있어야 된다. 그 다음에는 또 아무래도 도덕이라는 것이 있어야 된다. 그리고 사람에겐 또 아무래도 종교라는 것이 있어야 된다. 지知라는 것이 정正이 되어야 하고 의意라는 것이 반反이 되어야 하고 정情이라는 것이 합合이 되어야 한다. 반드시 진眞이라는 것이 있어야 되고 선善이라는 것이 있어야 되고 미美라는 것이 있어야 된다. 가르친다는 것도 하나의 예술이 되어야 한다. 가르치는 것도 재미있게 가르쳐야 된다. 하나의 예술이라는 것이다. 그래서 사람은 진선미眞善美를 가야 되지 아무리 미가 있어도 그 배후에 선이 없으면 안 되고 그 선의 배후에는 또 진이 없으면 안 된다.

아까 말한 것으로 하면 공가중空假中, 혹은 정반합正反合이다. 정반합으로 올라가야 되지 그렇지 않으면 안 된다. 철학이 없이, 도덕이 없이 그냥 남을 가르친다? 그것은 안 된다. 누구나 성문은 있지만, 그 다음에 연각이 있어야 된다. 눈이 떠야 된다. 그리고 코가 열려야 된다. 그 다음에 입이 열려야 된다. 반드시 이런 계단을 가지 않을 수 없는 것이다.

그래서 나는 제일 철학적인 경전은 역시 『화엄경』이라 한다. 그리고 제일 도덕적인 경전은 『법화경』이고 제일 종교적인 경전은 역시 『원각경』이라 한다. 나는 그런 정도로 생각해 두는 것이다.

불설시제보살佛說是諸菩薩 득대법리시得大法利時 어허공중於虛空中 우만다라화雨曼陀羅華 우우세말전단又雨細抹栴檀 침수향등沈水香等 어허공중於虛空中 천고자명天鼓自鳴 우우천종천의又雨千種天衣 수제

영락垂諸瓔珞 중보향로衆寶香爐 소무가향燒無價香 일일불상一一佛上 유제보살有諸菩薩 집지번개執持旛蓋 가무량송歌無量頌 찬탄제불讚歎諸佛.

부처님께서 이렇게 모든 보살들이 큰 진리의 이로움을 얻게 되었다고 말씀하시자 그때 허공에서 만다라의 꽃비가 쏟아졌다. 또 전단향과 침수향 등이 비처럼 뿌려졌다. 또 허공 가운데에서 하늘 북이 저절로 울려 퍼지고, 또 여러 가지 하늘 옷이 비처럼 내려오고, 여러 가지 보배구슬 목걸이가 드리우고, 보배 향로에 고귀한 향을 사르고, 모든 부처 위에는 여러 보살들이 양산을 받쳐들고, 끝없는 찬송을 불러 모든 부처님들을 찬탄했다.

부처가 이런 말을 하니까 하늘에서 꽃이 비오듯 떨어지는 등 여러 가지 대단한 일이 일어났다는 것이다. 이것을 팔서八瑞라고 한다. 큰 진리를 알게 되어서 이익을 얻게 되었을 때 하늘에서 꽃이 비오듯했다는 것이다. 이렇게 하늘에서 꽃비가 내리고 하늘에서 향기의 비가 내리고 하늘에서 북을 치고 하늘에서 옷이 내려오고 하늘에서 목걸이가 내려오고 하늘에서 향로가 내려오고 하늘에서 번개, 즉 우산 같은 것이 내려오고 하늘에서 노래가 내려왔다. 그러니까 온 우주가 부처의 그 설법에 대해 동의를 하고 찬양을 했다는 말이다. 기독교에서는 그저 영광이라는 한마디 말로 그치고 마는데 여기서는 복잡하게 이렇게 말한 것이다.

그 다음 네 가지는 사신四信이라는 것이다. 요약하면 일념신해一念信解, 약해언취略解言趣, 광위타설廣爲他說, 심신관성深信觀成이라는 것이다. 달리 말해서 신해행증信解行証인데 이 신해행증을 또 이런 식으로 말한 것이다. 일념신해, 약해언취, 광위타설, 심신관성이다. 심신관성深信觀成, 여기서 '관觀'이란 소위 깨달았다는 것이다. 깊이 믿어서 끝내 진리를 깨닫게 되었다는 것이 심신관성이다.

아일다阿逸多 기유중생其有衆生 문불수명聞佛壽命 장원여시長遠如是 내지乃至 능생能生 일념신해一念信解 소득공덕所得功德 무유한량無有限量. 행오바라밀行五波羅密 유여시공덕有如是功德 어아누다라삼막삼보리於阿耨多羅三藐三菩提 퇴자退者 무유시처無有是處. (일념신해一念信解)

아일다여, 어떤 중생이 여래 수명이 이렇게 장원함을 듣고서 능히 일념신해를 갖게 된다면 그 얻는 공덕은 한없이 큰 것이다. 다섯 가지 바라밀을 행하게 되면 이와 같은 공덕으로 아누다라삼막삼보리에서 물러나는 일이 없을 것이다.

아주 한없이 오래 살아야 된다는 것, 그 말을 듣고서 이제 확실히 자기도 부처가 될 수 있다는 신념이 생겼다는 것이다. 거기에서 얻는 공덕이란 한이 없을 것이다.

보통 육파라밀六波羅密이라 하는데 여기서는 오파라밀五波羅密이라 했다. 석가가 육 년 고행했다는 것이 이것이다. 제일 중요한 것이 계戒이고 그 다음이 정定이고 그 다음은 혜慧라는 것이다. 계정혜戒定慧라 해서 보통 이것을 삼학三學이라 한다. 계戒라는 것은 일식一食이고 정定이란 일좌一坐를 말한다. 그리고 혜慧는 지혜라는 것으로 일언一言이다. 제일 중요한 것이 계戒라는 것, 그 다음이 정定이고 그 다음이 지혜智慧라는 것이다. 이것을 육파라밀이라 하는데 여기서는 맨 마지막 지혜를 빼고 그 전에 다섯을 오파라밀이라 한 것이다.

"아누다라삼막삼보리阿耨多羅三藐三菩提"는 "무상정편지無上正遍知"라 번역하거나 혹은 "무상평등각無上平等覺"이라 하기도 한다. 여기서 등각等覺이라 한 것이 바로 "아누다라삼막삼보리"를 말하는 것이다. 위없는 평등平等이다. 누구에게나 다 맞는 진리다. 어떤 사람에게만 맞는 진리가 아니라 누구에게나 다 맞는 진리다. 그것이 평등각平等覺이다.

그리고 정편正遍이다. '정正'이란 꼭 바르고 '편遍'이란 보편 타당하다는 것이다. 필연적이고 보편 타당한 것이다. 진리가 되려면 어디서나 맞아야 되고 또 언제나 꼭 들어맞아야 된다. 그래서 정편지正遍知라 하기도 하고 평등각平等覺이라 하기도 한다.

우又 아일다阿逸多 약유문불若有聞佛 수명장원壽命長遠 해기언취解其言趣 시인소득공덕是人所得功德 무유한량無有限量 능기여래能起如來 무상지혜無上智慧. (약해언취若解言趣)
또 아일다여, 또 어떤 사람이 부처 수명이 장원함을 듣고 그 뜻을 이해한다면 이 사람의 공덕은 한이 없는 것으로 능히 여래의 위없는 지혜를 일으키게 될 것이다.

"해기언취解其言趣", 부처의 그 말이 무슨 뜻인지 이해하게 되었다. 이것이 연각이라는 것이다. 그래서 그 사람의 복은 한없이 크고 위없는 지혜를 일으키게 된다는 것이다.

하황광문시경何況廣聞是經 약교인문若敎人聞 시인공덕是人功德 무량무변無量無邊 능생일체종지能生一切種智. (광위타설廣爲他說)
하물며 이 경을 많이 듣고 또 남에게 들려준다면 이 사람의 공덕은 그 얼마나 무량하고 무한하겠느냐. 능히 일체종지를 일으키게 될 것이다.

이것은 사람을 이제 가르칠 수 있게 되었다는 것이다. 모든 사람들을 이제 살려낼 수 있는 그런 힘을 가지게 되었다. 이것은 행의 세계를 말한 것이다.

아일다阿逸多 약若 선남자善男子 선여인善女人 문아설聞我說 수명장원壽命長遠 심심신해深心信解 즉위견불卽爲見佛. 약유능여시관자若有能如是觀者 당지시위當知是爲 심신해상深信解相. (심신관성深信觀成)
아일다여, 만약 선남자 선여인이 여래 수명이 장원하다는 내 말을 듣고 깊이 마음으로 믿고 이해한다면 그것이 곧 견불이다. 만약 능히 이렇게 깨닫는 자가 있다면 그것이 심신해상深信解相임을 마땅히 알라.

여기서 견불見佛이라는 말이 나오는데 이 말이 불교에서는 아주 중요한 말이다. 견불이란 부처님을 보았다는 그런 뜻이 아니라 이제는 부처님하고 같이 살게 되었다는 말이다. 「갈라디아서」 2장 20절 말씀이다. "내가 그리스도와 함께 십자가에 못 박혔나니 이제는 내가 산 것이 아니라 그리스도가 내 안에서 산다."는 것이다. 나는 없어지고 이제 그리스도가 살고 있다는 것이다. 이런 사상을 표현할 때 불교에서는 견불이라는 말을 쓴다. 부처와 같이 살게 되었다는 것이다.

그래서 깊은 믿음의 세계, 그리고 이해하는 세계, 이 모든 것을 다 얻게 되었다는 것이다. 이것을 사신四信이라 했다.

그 다음은 오품五品이다.

오품五品;   1. 수희품隨喜品
             2. 독송품讀誦品
             3. 설법품說法品
             4. 겸행兼行 육도품六度品
             5. 정행正行 육도품六度品

먼저 육도六度란 육파라밀六波羅密을 말하는 것이다. 그런데 정행正行이란 육파라밀을 완성했다는 말이고 겸행兼行이란 아직도 일부분밖에 안 되었다는 것이다. 그 전에 설법품說法品과 독송품讀誦品인데 이 오품五品이란 것도 사신四信이라는 것과 비슷한 것이다. 수희품隨喜品은 언제나 기쁨이 나와야 된다는 것, 기뻐서 성경을 읽어야 된다는 것이다. 기뻐서 남에게 가르쳐야 되고 기뻐서 자기가 실천해야 된다는 것이다. 여기에 언제나 기쁨이라는 것이 하나 붙어 다닌다. 그것도 중요한 것이다. 억지로 한다거나 하기 싫은데 한다거나 그런 것이 아니다. 기뻐서 하는 것이다.

1) 우부여래멸후又復如來滅後 약문시경若聞是經 기수희심起隨喜心 당지이위심신해當知已爲深信解相. (수희품隨喜品)
또 여래가 열반한 후에 만약 이 경을 듣고 기쁜 마음을 따라 일으킨다면 그는 이미 마음으로 깊이 믿고 이해하는 자임을 마땅히 알라.

기쁜 마음으로, 깊이 믿게 되었다는 것이다.

2) 하황독송수지자何況讀誦受持者 사인즉위정대여래斯人則爲頂戴如來. (독송품讀誦品)
하물며 경을 읽고 외고 받아 지닌 사람, 이런 사람은 이미 여래를 머리에 이고 다니는 사람이 아니겠느냐?

정대頂戴라는 말은 일본말로 무엇을 달라고 할 때 쓰는 말이다. 일본말로 "조다이"하는 것으로, 예를 들어 "그것 조다이" 그렇게 말할 때 그 "조다이"라는 말이 한자로 정대頂戴라는 것이다. "정대여래頂戴如來", 이것은 여래如來를 자기 머리 위에 이고 산다는 말이다.

3) 여래멸후如來滅後 약유수지독송若有受持讀誦 위타인설爲他人說. (설법품說法品)
여래가 열반한 후 만약 이 경을 받아 지니고 읽고 암송하는 자가 있다면 그는 남을 위해서 많은 설법을 하게 될 것이다.

이것은 설법이라는 것이다.

4) 황부유인況復有人 능지시경能持是經 겸행兼行 보시布施 지계持戒 인욕忍辱 정진精進 일심지혜一心智慧 기덕최승其德最勝. (겸행兼行 육도품六度品)
하물며 또한 어떤 사람이 이 경을 능히 지니고 육파라밀을 겸행

한다면 그 덕은 가장 뛰어나게 될 것이 아니냐.

일심一心이란 말을 달리 말해서 선정禪定이라 하면 선정禪定 지혜智慧로 육파라밀이다. 겸행兼行이란 이 여섯 개 가운데 한 부분을 할 수 있다는 것이다.

5) 아일다阿逸多 시선남자是善男子 약좌약립若坐若立 약경행처若經行處 일체천인一切天人 개응공양皆應供養 여불지탑如佛之塔. (정행正行 육도품六度品)
아일다여, 이렇게 선남자 선여인들이 앉거나 서거나 행하는 곳은 어디나 일체의 천인들이 모두 응하여 마치 부처의 탑을 공양하듯 공양할 것이다.

누구든지 어디든지 이제는 가서 마음대로 설법을 하면 모든 사람들이 다 받들어 섬기게 되었다는 것이다. 이것이 마지막 결론이다.

『법화경』 17장 「분별공덕품」은 이렇게 『화엄경』을 압축한 내용과 사신四信이라는 것, 그리고 오품五品이라는 것, 이 세 가지 내용을 기록한 것이라 보면 될 것이다.
그런데 이 다음 18장부터는 유통시키는 이야기가 많이 나오고 그다지 중요한 내용은 없다. 여하간 우리는 마지막 장까지 가보기로 한다.

2000. 9. 3.

제18. 수희공덕품隨喜功德品

원문 요약

  이시爾時 미륵보살彌勒菩薩 백불언白佛言 세존世尊 약유若有 선남자善男子 선여인善女人 문시법화경聞是法華經 수희자隨喜者 득기소복得幾所福. 이시爾時 불고佛告 약비구若比丘 문시경聞是經 수희이隨喜已 종법회출從法會出 위부모종친爲父母宗親 수력연설隨力演說 시제인등是諸人等 문이수희聞已隨喜 복행전교復行轉敎 여시전전如是展轉 지제오십至第五十. 아금我今 분명어여分明語汝 시인是人 이일체락구以一切樂具 시어사백만억施於四百萬億. 우령득又令得 아라한과阿羅漢果. 소득공덕所得功德 불여시不如是 제오십인第五十人 문법화경聞法華經 일게一偈 수희공덕隨喜功德 백천만억분百千萬億分 불급기일不及其一. 약인若人 위시경고爲是經故 왕예승방往詣僧房 약좌若坐 약립若立 수유청수須庾聽受 연시공덕緣是功德 전신소생轉身所生 득호상묘得好上妙. 상마차승象馬車乘 진보珍寶 연여輦輿 급승천궁及乘天宮. 약부유인若復有人 어강법처於講法處 갱유인래更有人來 권령좌청勸

令坐聽 약분좌령좌若分座令坐 시인공덕是人功德 전신득제석좌처轉身得帝釋坐處. 아일다阿逸多 여차관시汝且觀是 권어일인勸於一人 령왕청법令往聽法 공덕여차功德如此. 하황何況 일심청설독송一心聽說讀誦 이어대중而於大衆 위인분별爲人分別 여설수행如說修行 기복불가한其福不可限. 하황어법회何況於法會 초문수희자初聞隨喜者 약유권일인若有勸一人 장인청법화將引聽法華 언차경심묘言此經深妙 천만겁난우千萬劫難遇. 즉수교왕청卽受敎往聽 내지수유문乃至須臾聞 사인지복보斯人之福報 불가설기복不可說其福. 하황일심청何況一心聽 해탈기의취여설이수행解說其意趣如說而修行 기복불가한其福不可限.

18. 수희공덕품　309

수희공덕품 강해

이시爾時 미륵보살彌勒菩薩 백불언白佛言 세존世尊 약유若有 선남자善男子 선여인善女人 문시법화경聞是法華經 수희자隨喜者 득기소복得幾所福.

그때 미륵보살이 부처님께 여쭈었다. "선생님, 만약 젊은이들이 이『법화경』을 듣고 기뻐하면 그 복은 얼마나 클까요?"

석가釋迦의 제자 가운데 문수文殊, 보현普賢, 미륵彌勒이라는 세 사람이 가장 핵심적인 사람들이다. 보현은 믿음[信]을 상징하고 문수는 지혜[知]를 상징하고 미륵은 사랑을 상징하는데 이것이 종교의 핵심이다.

"어떤 젊은이가『법화경』의 이야기를 듣고 기뻐했다면 얼마나 큰 복을 얻었다고 할 수 있습니까?"

이것이 미륵의 질문인데 석가의 대답은 다음과 같다.

이시爾時 불고佛告 약비구若比丘 문시경聞是經 수희이隨喜已 종법회출從法會出 위부모종친爲父母宗親 수력연설隨力演說 시제인등是諸人等 문이수희聞已隨喜 복행전교復行轉敎 여시전전如是展轉 지제오십至第五十.

이때 부처님께서 대답하셨다. 어떤 비구가 이『법화경』을 듣고 크게 기뻐하였다. 그는 강의를 들은 후 자기 집으로 가서 그 내용을 힘껏 연설했는데 그것을 들었던 사람들도 또한 기뻐하였다. 그렇게 듣고 기뻐했던 사람들이 또 다른 사람들에게 그것을 전하고 또 전했다. 이렇게 계속 전해 가서 오십 번째까지 도달했다.

그러면 이 오십 번째 사람의 공덕은 어떤 것인가?

아금我今 분명어여分明語汝 시인是人 이일체락구以一切樂具 시어사백만억施於四百萬億.
내가 이제 너에게 확실하게 설명하겠다. 어떤 사람이 여러 좋은 물건이나 혹은 장난감등을 수많은 아이들에게 베풀었다.

일체 락구一切樂具를 수많은 사람에게 베풀었다는 것이다. 혹은 큰 재물을 많은 사람들에게 베풀었다고 해도 된다. 보시布施라는 말인데 보시에는 재시財施와 법시法施가 있다. 재시는 가난한 사람에게 돈을 베풀어주는 것이고 법시는 보통 사람들에게 진리를 전해주는 것, 설법이라는 것이다. 그런데 세상에서 법보시法布施만큼 큰 사랑이 없다는 그런 말이 나오리만큼 재시보다는 법시를 더 중요하게 생각한다.

우령득又令得 아라한과阿羅漢果.
그리고 또한 모든 사람으로 하여금 아라한과를 얻도록 도와주었다.

어떤 사람이 락구樂具라는 많은 재물을 베풀고 또 모든 사람이 다 아라한과阿羅漢果를 얻도록 했다는 것이다. 재시와 법시를 말한 것이다. 아라한阿羅漢이란 지난번에 나왔듯이 살적殺賊이라는 것이다. 자기 속에 있는 도적놈들을 다 죽였다는 것, 쉽게 말해서 번뇌를 벗어났다는 것이다. 번뇌를 벗어난 사람을 아라한이라 한다. 강의를 듣고서 다들 번뇌를 벗어났다는 것이다. 또는 해탈이라는 말도 한다.

소득공덕所得功德 불여시不如是 체오십인第五十人 문법화경聞法華經 일게一偈 수희공덕隨喜功德 백천만억 분百千萬億分 불급기일不及其一.
이런 사람이 얻는 공덕은 그 오십 번째 사람이 『법화경』한마디를 듣고 기뻐한 공덕에 비하면 백 천만 억 분의 일에도 미치지 못한다.

그런데 그렇게 재시와 법시를 한 사람의 공덕보다도 이 오십 번째 사람의 공덕이 더 크다는 말이다. 제 오십 번째 되는 사람이 『법화경』을 듣고서, 그것도 한마디를 듣고서 한없이 기뻐했는데, 이 사람의 공덕이 앞의 재시와 법시한 사람의 공덕보다도 몇 천억 배 이상 크다는 것이다. 여기서는 재시와 법시한 사람의 공덕이 『법화경』 한마디를 듣고 기뻐한 오십 번째 사람의 공덕에 비하면 백 천만 억 분의 일도 못된다고 표현했다.

이것은 무엇을 말하자는 것인가. 오늘도 『화엄경』 이야기의 계속이다. 화엄 52위位라는 것을 지난번에 말했다. 10신信, 10주住, 10행行, 10회향廻向, 10지地라는 50위와 등각等覺, 묘각妙覺을 합해서 52위가 된다. 52위라는 것은 어떤 젊은이가 선생님을 찾아가고 또 찾아가고 해서 맨 마지막에 석가를 만난다는 것이다. 석가는 묘각이라는 것이고 그 전의 등각이란 보현을 말한다. 마지막 오십 번째는 여기서 아무 말이 없지만 문수라는 것이다. 그리고 맨 처음에 만난 선생이 또 문수다. 문수는 맨 처음에 만난 선생이고 또 맨 끝에 오십 번째 만난 선생이다. 그 다음에 보현이 나오고 석가가 나온 것이다. 요전에는 10신信의 맨 처음부터 자꾸자꾸 올라가서 묘각이 된다는 말을 했다. 오늘은 그와 반대로 위에서 내려오는 이야기다.

보현이 석가에게 말을 듣고 그것을 다시 문수에게 전하고 그렇게 자꾸자꾸 아래로 전해서 맨 끝 사람을 오십 번째 사람이라 한 것이다. 그러니까 오십 번째라 함은 처음으로 선생을 만났을 때를 말하는 것이다. 백지 상태에서 처음으로 선생을 만난 것이다. 그런데 『화엄경』에서는 그 맨 처음 선생이 문수였다는 것이다. 선재동자善財童子는 맨 처음으로 문수를 만난 것인데 선재동자 자신은 그 사람이 누구인지도 모른다. 맨 처음에 만난 선생이 문수인데 그 때는 문수인지 누구인지 전혀 모르고 만난 것인데 또 맨 마지막에 문수를 만나게 된다. 그래서 깨달음을 얻고 또 보현을 만나고 석가를 만나서 아주 완전한 깨달음에 도달했다는 그런 이야기가 『화엄경』이다.

이 오십인五十人이라는 말을 우리가 그냥 읽어서는 도무지 무슨 말인지 알 수가 없다. 오십인이라는 것은 석가가 보현에게 전하고, 보현이 문수에게 전하고, 그렇게 전해서 맨 마지막에 『법화경』을 전해 듣는 사람, 즉 처음으로 선생을 만난 사람이라는 것이다. "초문수희자初聞隨喜者"라는 것이다. 처음으로 진리를 접한 사람이다. 이 사람의 공덕이 그렇게 크다는 것인데, 이것을 한마디로 하자면 『화엄경』에 나오는 말로 "초발심시初發心時 편성정각便成正覺"이다. 이것도 유명한 말인데 원효元曉가 좋아하는 말이다. 처음에 믿기 시작한 그 순간에 벌써 부처가 되고 말았다는 것인데, 우리말로 해서 시작이 절반이라는 것이다. 첫 번 만남이 굉장히 중요하다는 것이다. 그래서 칸트의 선생인 데이비드 흄David Hume은 인식認識을 말할 때 인상印象이 제일 중요하다고 한다. 인식에서 첫인상이 제일 중요하다는 말이다.

내가 결혼할 때의 이야기다. 아내와 만난 것이 부산 피난 시절인데 아내의 친구를 나도 아는 사람이 되어 그 사람이 중매를 했다. 어느 때 시간을 내서 집에 찾아가 만난 것인데 하여튼 그 집에 한 시간 동안을 이런 이야기 저런 이야기도 하고 차도 마시면서 보냈는데도 한 번도 내 아내를 보지 못했다. 왜 그렇게 부끄러운지 한 시간을 있으면서도 한 번을 못 본 것이다. 가겠다고 하면서 인사하고 나올 때, 그때 얼핏 보았을 뿐이다. 그리고 집에 돌아오니까 어머니께서 물으셨다. "가보니 어떻더냐?" "괜찮아요." "머리는 어떤 모습이던?" "모르겠는데요." "안경은 꼈던?" "모르겠는데요." "옷은 무슨 옷을 입었더냐, 한복이던 양장이던?" "모르겠는데요." "그럼 너는 무엇을 보았느냐?" "······." 사실 본 것은 아무것도 없었다. "그런데 어떻게 결혼하겠다고 그러는 것이냐?" "잠깐 봤는데 악질은 아닌 것 같아요. 아주 착한 것 같아요."

잠깐 봤는데, 그때 직지인심直指人心이다. 잠깐 봤는데 속이 착한 것 같다. 견성見性이다. 잠깐 봤는데 그 본성本性을 본 것이다. 그 본성이 착하다는 것이다. 성선性善이다. 그래서 결혼을 하고 이렇게 오십 년을 살고 있는 것이다. 아직도 더 살 것이다. 그러니까 잠깐이라는 것, 그 잠깐이라는 찰나 속에 이 오십 년이라는 영원을 사는 것이다. "초발심시 편성정각"이다. 맨 처음에 잠깐 『법화경』 한마디를 들었는데, 앞으로는 물론 정각正覺이 되지만, 처음 듣는 그 순간에 벌써 정각이 되어 있다는 것이다. 껍데기로 나타나진 않았지만 벌써 속으로는 정각이 되어 있다. 이 본각本覺이 앞으로 자꾸 발달이 되어 시각始覺이 되는 것이다.

처음으로, 첫 시간에, 본각이다. 그것이 오십 번을 지나서 나중에 보현을 만나고 석가를 만나서, 또는 오십 번째 문수를 만나서, 어떻게 해도 좋은데, 만나서 시각이 되는 것이다. 본각과 시각을 합친 그것을 여래如來라고 한다.

아까도 시작이 절반이라 했다. 그래서 흄도 맨 처음 인상이 중요하다는 것인데 이것을 실존주의에서는 실존적 만남이라 한다. 그러니까 둘이서 연애한다고 십 년을 사귀어도, 그래서 코가 어떻다 눈이 어떻다 알아도 그것이 결혼의 조건이 되는가 하면 그것이 아니다. 성격이니 돈이니 학벌이니 그런 것들을 다 안다고 해서 되는가 하면 그것이 아니다. 초발심初發心, 처음에 만난 인상, 그 첫 순간에 직지인심直指人心이다. 그 사람의 속을 꿰뚫어 보는 것이다. 그 사람의 속과 내 속이 성선性善이라는 속에서 하나가 되는 것이다. 그래서 그 선善을 가지고, 우리가 부족한 점도 많고 악도 많이 붙어 다니지만, 그래서 싸움도 하고 그러지만, 그러면서도 가장 중요한 것이 무엇인가 하면 그 사람의 본성, 선善과 내 속의 본성, 선善이 합해서 오십 년을 계속 살게 되고 앞으로도 더 살게 되는 것이다. 이것이 소위 견성성불見性成佛이라는 것이다.

그래서 오늘 하는 말이 상당히 중요하다. 왕양명王陽明은 입지立志라는 말을 한다. 왕양명이 12살 때 선생님께 "인생의 목적이 무엇입니까?"하고 물었다. 공부를 열심히 해서 네가 장관이 되는 것이라는 선생의 말에 왕양명은 "그보다는 사람되는 것이 중요한 것 아닙니까?"하고 말했다. 그렇게 말하는 것이 왕양명의 초발심이다. "초발심시 편성정각"이다. 그렇게 말하는 순간에 왕양명은 벌써 성인聖人이 된 것이다. 그 다음에 여러 가지 많은 과정을 겪지만 초발심, 그것이 제일 중요하다. 예수도 열두 살 때 성전에서 집에 가자는 부모에게 "여기가 내 집인데 어디를 가느냐?"고 했다. 예수도 "초발심시 편성정각"이다.

이렇게 저렇게 따져보면 우리에게도 그런 것들이 참으로 많다. 우리가 교회 다니는 것도 마찬가지다. 내가 언제부터 교회에 다녔는지 모른다. 하여튼 어머니 뱃속에서부터 다녔다. 나는 어머니 뱃속에서부터 초발심을 겪은 것이다. 세례도 한 살인지 두 살인지 그때 받았으니까 세례 받는 줄도 모르고 받았다. 그리고 지금까지 교회를 계속 다니고 있다. 언제부터 다니기 시작했는지 모른다. 태초부터 다니고 있는 것이다.

어린애를 가질 때 태몽을 꾼다고 한다. 율곡栗谷을 가질 때 사임당은 용龍이 들어오는 태몽을 꾸었다고 한다. 용이 들어왔다. 그것이 "초발심시 편성정각"이다. 율곡이 죽기 전날 꿈을 꾸는데 시커먼 용이 하늘로 오르는 꿈을 꾸었다고 한다. 이것이 시각始覺이다. 사람의 일생이라는 것이 무엇인가? 용이 들어왔다 용이 나가는 것이다. 그 용이라는 것을 기독교에서는 그리스도라 하고 불교에서는 부처라고 한다. 누구나 낳는 순간부터 부처다.

달리 말하면 캘빈John Calvin이 말하는 예정설豫定說이다. 본래 정해져 있다는 것이다. 그런 것을 생각지 않으면 우리가 하늘에서 왔다든가 하늘로 간다든가 그런 생각을 할 수가 없다. 나라고 하는 것이 용이 되어서 하늘에서부터 왔다가 하늘로 가는 것이다.

소크라테스도 죽는 날 제자들에게 "나는 오늘 죽을 것이다." 하고 말했다. 제자들이 왜 그런 말을 하느냐고 묻자 "어제 밤에 꿈을 꾸었는데 하얀 학을 타고 하늘로 올라갔다. 나는 오늘 죽을 것이다." 실제로 소크라테스는 그 날 죽었다.

그러니까 무엇인지 나는 모르지만, 나 아닌 것, 나는 나 아닌 것이 나니까, 불교에서는 이것을 즉비卽非의 논리라 하는데, 내가 내가 아니라 나 아닌 것이 나다. 나는 가슴도 머리도 아니고 나를 지배하고 있는 주인인데, 나로서는 그 주인을 볼 수도 없고 붙잡을 수도 없다. 그것이 나다. 그것을 불교에서는 "나 아닌 것이 나다."라는 그런 말로 한다. 나도 나와 같이 살면서도 나를 본 일도 없고 내가 누구인지도 모른다. 그렇지만 그 나가, 플라톤식으로 말해서 이데아Idea인데, 그 이데아가

와서 내 주인 노릇을 하다가 또 갈 때가 되면 간다는 것이다.

이것이 소위 여래如來라는 사상이다. '여如' 는 진리의 세계를 말한다. 진리의 세계에서 왔다가 진리의 세계로 가는 것이다. 그것이 나다. 그러니까 아버지 죽었을 때 "돌아가셨습니다."라고 한다. 죽은 것이 아니다. 왔다가 가는 것이다.

우리가 그렇게 생각해보면 나라고 하는 것을 깨닫는 것, 그것을 본각이라고 하는데, 벌써 우리가 처음 만나는 순간에 그 사람의 본성을 깨닫는 것이다. 그 사람의 본성을 깨닫는 순간에 내 본성도 깨닫는 것이다. 만남이라는 것은 상대만 아는 것이 아니다. 나도 또한 아는 것이다. 선생을 만난다는 것은 선생만 아는 것이 아니다. 나도 또한 알게 되는 것이다. 이런 것을 우리가 깊이 생각해 보면 만난다는 사실이 얼마나 중요한지 모른다. 마틴 부버Martin Buber를 읽지 않아도 만난다는 사실이 얼마나 중요한지 우리는 알 수 있다.

나도 맨 처음에 이광수李光洙를 만나서 배우겠다고 했다. 그랬더니 자기는 안 된다는 것이다. 자기는 지금 도저히 젊은이들과 만날 수 없다고 하면서 정인보鄭寅普 선생과 유영모柳永模 선생 두 분을 소개해 주었다. 그래서 정인보 선생에게 양명학을 배우고 유영모 선생에게 성경을 배우게 되었다. 그런데 유영모 선생을 맨 처음 만난 날에 일식日蝕이 있었다. 그 날 만나서 어땠는지 나는 다 잊어먹었다. 다만 한마디 기억나는 것은 유영모 선생님의 강의를 듣고서 질문했던 말이다. 그 질문이란 "하나, 둘, 셋이 무엇입니까?"하는 것이었다. 그런데 지금 가만 생각해 보면 결국 그것이 모든 진리의 핵심이지 그 이상 다른 것이 없다. 그러니까 선생님을 만나서 한 시간 듣는 순간 벌써 "초발심시初發心時 편성정각便成正覺"이다. 그 때 그것이 없으면 아무리 십 년, 이십 년 따라다녀 보아야 아무 쓸데가 없다.

나는 또 에디슨 이야기를 자주 한다. 에디슨이 초등학교에 들어가서 맨 처음에 선생님에게 하나에다 하나를 더하면 둘이 된다는 것을 들었다. 그 때 에디슨은 묻기를 "선생님, 하나는 하나밖에 없다고 해서 하나일 텐데 어디에 또 하나가 있어서 합친다는 말입니까?" 이때가 입학식 첫날이다. 그래서 선생이 데리고 자꾸 설명을 하지만 에디슨 자기는 모르겠다는 것이다. 그래서 교장 선생한테 가서 또 설명을 들었다. 그래도 모르겠다는 것이다. 결국 입학하자마자 퇴학이다. 그래서 에디슨은 엄마에게 배웠다.

에디슨의 가장 위대한 점이 나는 그것이라 생각한다. "초발심시 편성정각"이다. 하나에다 하나를 더하면 어떻게 둘이 되는가? 그렇게 의심해보는 사람이 에디슨밖에는 없을 것이다. 다들 "하나에다 하나를 합하면 둘이지?" 할 때 "예"하고 대답하지 그것 모르겠다고 대답할 사람은 에디슨밖에 없을 것이다. 에디슨의 천재성이 벌써 초등학교 일학년 때 드러난 것이다.

우리가 가만 살펴보면 이런 경험을 어디서나 찾을 수 있다. 그래서 역시 그런 만남, 실존적 만남이라 하건, 초발심初發心이라 하건, 초문수회初聞隨喜라하건 그런 만남이 가장 중요하다. 초문수희, 맨 처음 들었는데 그렇게 좋았다. 그래서 나도 그 후 계속 유영모 선생을 삼십 년을 따라다닌 것이다. 그 맨 첫 시간에 만일 무엇을 잡지 못했으면 안 따라다녔을 것이다. 그저 한두 시간 다니다 말았을 것이다. 그런데 선생님이 세상을 떠날 때까지, 세상 떠날 때 내가 장례식을 해주기까지 그렇게 쫓아다녔다.

지금 민주당의 서영훈씨도 함석헌을 따라다니다가 유영모 선생을 처음 만나고는 자기가 처음 만난 순간 "이분이야말로 참 사람이다."하는 것을 느꼈다는 것이다. 그 하나 때문에 계속 유영모를 따라다니고 자기 집에서 육 년 동안 유 선생님을 모셔다가 강의를 하게 했다. 그 때 젊은 청년들이 지금은 다들 사회의 중견이 되었다. 그러니까 무엇인지, 흄이 말한 첫인상이라든가 초발심이라든가, 그런 것이 인생에 굉장히 중요한 역할을 하는 것이다.

정인보 선생을 만나러 갔을 때 그분은 나에게 김구金九 선생을 찾아가자고 했다. 김구 선생을 만나러 가는데 독립문에 오니까 차에서 내리라고 했다. 그리고는 걸어가는 데 경교장까지 걸어갔다. 그리고 경교장 대문에서는 신발을 벗었다. 신발을 벗고 걸어 들어가서 김구 선생이 계신 방에 들어가자 그냥 땅바닥에 무릎을 굴하고 큰절을 올렸다. 김구 선생은 의자에 가만 앉아서 그 절을 받았다. 나도 절하라고 해서 절을 올렸다. 그 태도를 보면 정말 장엄하다고 할까 엄숙하다고 할까, 그런 것이 있었다. 정인보 선생은 항상 옥색 모시 두루마기를 입고 다니시는데 정말 선비의 모습이었다.

김구 선생을 만나는데 어떻게 차를 타고 가느냐는 것이다. 그래서 독립문 밖에서부터 걸어갔다. 그리고 대문간에서는 신발을 벗었다. 방안에 들어가서는 또 땅에 엎드려 절을 한다. 그렇게 김구 선생을 높이 받드는데 얼마나 높이 받드는지, 나는 그것을 볼 때 "야, 정인보 선생이 우리 나라 애국자에게 대하는 태도가 정말 대단하구나." 했다. 정인보 선생의 그런 태도에 나는 정말 감복했다. '이 사람의 철학을 내가 배워야겠다.' 그래서 결국 연세대학에 있는 홍 선생과 같이 양명학을 배우게 되었다. 그런데 무엇인가 그 인상이 우리에게 주는 것이 보통이 아니다. 양명학의 내용이야 다 잊어먹었지만 그 사람의 태도, 그 풍겨주는 인상이 보통이 아니었다. 역시 그런데 사람은 감복하지 않을 수 없다. 어떻게 그렇게 독립문에서부터 걸어가는가? 김구 선생이 보지도 않는데 말이다. 무엇인지 나는 정인보 선생을 만났을 때 느끼는 것이 참 많았다. "초발심시 편성정각"이다. 그래서 정인보 선생에게 배운 양명학을 지금도 밤낮 이것을 가지고 말하게 된다. 그 선생을 만나지 못했으면 양명학이라는 말도 모를 것이다.

그리고 유영모 선생이 「요한복음」 강의를 하면서 가끔 『화엄경』 이야기도 했다. "'일도출생사一道出生死 일체무애인一切無碍人', 이것은 『화엄경』에 있는 말인데 우리의 원효대사元曉大師가 참 좋아하는 말이다." 그런 말을 들을 때 나도 『화엄경』을 보고 싶다는 생각이 자꾸 들었다. 또 「요한복음」 1장 1절에 '태초에 말씀이 있으니' 하고 나오는데 이 말씀이라는 것은 『노자』의 1장에 나오는 도道라는 것이나 같은 것이다." "도가도비상도道可道非常道." 이런 한마디를 들을 때면 나도 자꾸 『노자』를 보고 싶은 그런 마음이 나온다.

물론 나중에 나는 『노자』를 선생님에게 2년 동안 배우기는 배웠지만 하여튼 그런 한마디가 우리에게 주는 인상이 굉장히 중요한 것이다. 그것 때문에 나도 『노자』를 읽게 되고 『화엄경』도 읽게 되고 또 『법화경』도 읽게 되었다. 선생님이 말씀하신 『법화경』의 그 한마디, 이런 말이 참 좋다 하시면서 하는 그런 한마디, 그래서 초문수희初聞隨喜, 처음 들었는데 그 말이 그렇게 내 마음에 와 닿았다. 그런 한마디가 아무것도 아니지만 사람을 아주 감동적으로 이끌어 가는 것이다. 그리고 「여래수량품如來壽量品」, 유영모 선생이 "여래수량如來壽量의 수량壽量이라는 것이 영원한 생명이라는 것이다."하는 그런 한마디를 들을 때, 무엇인지 선생님의 영향이라는 것이 일생에 지대한 영향을 끼치는 것이다.

오늘의 핵심은 이런 것이다. 찰나 속에 영원이 있다고 하건, "초발심시初發心時 편성정각便成正覺"이라 하건, "직지인심直指人心 견성성불見性成佛"이라 하건, 무엇이라 하건 맨 처음 받은 그 영향 때문에 계속 내가 발전하는 기틀이 된다는 것이다.

약인若人 위시경고爲是經故 왕예승방往詣僧房 약좌若坐 약립若立 수유청수須庾聽受 연시공덕緣是功德 전신소생轉身所生 득호상묘得好上妙.
어떤 사람이 이 『법화경』을 배우기 위해 어떤 선생님을 찾아갔다. 가서 앉아 배울 수도 있고 또 사람이 많아 서서 들을 수도 있는데 그로 인해서 받는 공덕은 이 다음에 죽어서 태어날 때 아주 최고의 세계에 태어나는 것이다.

상마차승象馬車乘 진보珍寶 연여輦輿 급승천궁及乘天宮.
그래서 코끼리나 마차 또는 보배로운 연을 타고서 하늘나라에까지 올라가게 된다.

그 한마디를 계기로 해서 나중에는 구원을 받아 하늘나라에까지 올라가게 된다는 것이다.

약부유인若復有人 어강법처 좌於講法處坐 갱유인래更有人來 권령좌청勸令坐聽 약분좌령좌若分座令坐 시인공덕是人功德 전신득제석좌처轉身得帝釋坐處.

어떤 사람이 가서 선생님의 강의를 듣는데 다른 사람이 또 하나 들어왔을 때 강의를 같이 듣자고 권하며 자기 자리를 조금 내주었다. 그래서 같이 앉아서 함께 들었다면 이런 사람의 공덕도 새로 태어날 때 제석천이 앉는 자리에까지 올라갈 것이다.

지리산에 올라가면 천왕봉 밑에 제석단帝釋壇이 있다. 제석천帝釋天을 제사하는 곳이다. 우리 나라에서도 제석천이 옛날에는 많이 알려진 것이다. 그런데 제석단에서는 비가 오라고 기우제祈雨祭를 지냈다. 제석천은 비를 다스리는 신이었던 모양이다.

아일다阿逸多 여차관시汝且觀是 권어일인勸於一人 령왕청법令往聽法 공덕여차功德如此.

아일다여, 이렇게 다른 사람에게 권하여 가서 그 강의를 듣게 하면, 그 사람의 복이 이렇게 큰 것이다.

하황何況 일심청설독송一心聽說讀誦 이어대중而於大衆 위인분별爲人分別 여설수행如說修行 기복불가한其福不可限.

더욱 정성을 다하여 선생님의 강의를 계속 듣고 공부해서 다른 사람들에게 가르쳐주고 그 경전에 있는 것처럼 수행을 하고 그렇게 하면 그 복은 한없이 클 것이다.

이것은 모두 사실이다. 우리가 어떻게 해서 기독교에 들어왔는지 모르지만 기독교에 들어와 복음을 깨닫게 되고 구원을 받게 되면 그 복이란 한없이 큰 것이다.

하황어법회何況於法會 초문수희자初聞隨喜者 약유권일인若有勸一人

장인청법화將引聽法華 언차경심묘言此經深妙 천만겁난우千萬劫難遇.
　하물며 이런 사람은 어떻겠느냐. 즉 처음으로 말씀을 들었는데 그렇게 좋을 수가 없었다. 그래서 다른 사람들을 인도해서 들어보라고 권하며 말하길 이 법화경의 말씀은 한없이 깊고 신비한 것으로 천만 겁을 지나도 만나기 어려운 것이라 했다.

　"초문수희初聞隨喜", 처음 들었는데 그렇게 좋았다. 너무 좋아서 다른 사람에게 권한다. 그래서 그 사람으로 하여금 이『법화경』을 듣게 한다는 것이다.
　그런데 이 법화法華라는 것은 묘법연화妙法蓮華다. 연화는 묘법에 대한 하나의 상징이고 여기에 무슨 뜻이 있는 것은 아니다. 물론 뜻을 붙이면 많아지지만 여기서는 묘법이라는 것이다. '묘妙'라는 것을 우리는 순수하다고 그렇게 말할 수 있다. 글자를 보면 소녀少女라는 것인데 세상에서 소녀처럼 순수한 것이 어디 있겠는가. 그래서 '묘'를 순수하다는 것으로 말해도 좋고 혹은 신비하다는 것으로 말해도 좋다. 그리고 '법法'이란 진리를 말하는 것이다. 결국 진리라고 하는 것을 우리가 얻어듣는다는 것이다.
　우리는 언제나 진리를 듣는 것부터 시작한다. 그래서 자꾸자꾸 올라가 오십 계단을 올라간다. 그리하여 나중에는 등각等覺, 묘각妙覺에까지 올라간다. 그러니까 "초문수희", 이것이 정말 좋은 것이다. 그런데 그 진리의 뜻이 심묘深妙하다. 한없이 깊고 오묘하다는 말이다.
　지금까지 우리가『법화경』을 쭉 읽어 왔는데 그 속에『법화경』이라고 하는 무엇이 나타난 것이 있는가 하면 아무것도 없다. 그저『법화경』이 중요하다, 중요하다, 그 말뿐이지 내용은 아무것도 없다. 진리라는 것이 무슨 내용이 있는가 하면 없다. 진리에 무슨 내용이 있겠는가. 무슨 내용이 있다면 그것은 지식이지 진리가 아니다. 나로 하여금 새로운 사람을 만들어 내는 것이 진리지 진리에 무슨 내용이 있는 것이 아니다. 아까 내가 선생님을 만났다 할 때, 그때 내가 무슨 내용을 말했는지 그것을 내가 알아들었나 하면 아무것도 들은 것이 없다. 들은 것이 있다 해도 다 잊어먹었다. 다 잊었는데, 그런데 무엇인지 선생님의 매력에 끌린 것이다. 진리란 하나의 힘이다.

애초에는 우리가 함석헌 선생을 쫓아다녔다. 그때 서울역전에 세브란스 의과대학이 있었는데 그 에비슨 홀이라는 곳에서 「이사야서」 강의를 했다. 거기에 우리가 다 나가서 들었는데 겨울에 불도 때지 않고 두 시간씩 앉아 있었다. 그때가 함 선생의 전성시대라 할 것이다. 그때 나와 같이 들은 사람들이 안병무, 유동식, 김동길 등이었다. 그때 김동길은 대학생이었다. 그때 약 이백 명 정도 모였다.

그런데 가끔 유영모 선생이 나왔다. 나중에 함석헌 선생과 가까이 알게 되어 나도 유영모 선생 집회에 나가보자 해서 YMCA에 나가게 되었다. 함석헌 선생 집회에는 이백 명이 모이는데 유영모 선생 집회에는 대여섯 명이 모였다. 함석헌은 그래도 동경사범 졸업생으로 인텔리인데 유영모는 겨우 경신학교 2학년 중퇴한 사람이다. 그러니까 듣는 사람도 없다. 그런데 무엇인지 선생님의 말에 힘이 있는 것이었다. 그래서 나는 선생님의 말이 함 선생의 말보다 백 배는 힘이 더 있는 것 같다고 했다. 그리고 유영모 선생의 말을 듣기 시작한 다음부터는 함 선생의 말은 듣고 싶지 않았다. 떡을 먹어도 맛있는 떡을 먹게 되지 맛없는 떡은 먹게 되지 않는다.

유영모 선생 집회에는 함석헌 선생과 내가 거의 빠지지 않고 오는데 어쩌다 내가 빠지고 함 선생도 빠지게 되면 두 시간 동안 선생님은 앉아 있다 가시는 것이다. 세검정에서 걸어왔다가 아무도 없으면 그냥 두 시간을 앉아 계시다 가는 것이다. 아무튼 유영모의 인기는 그 정도였다. 그 다음에 와서 이전에는 얼마나 왔습니까 하고 물으면 아무도 오는 이가 없었다고 하셨다. 그래서 함 선생에게 내가 안 오는 날은 함 선생이 오도록 하고 함 선생이 못 오는 날은 내가 오도록 하자고 말했다. 한 사람이라도 있어야 선생님에게 대접이 되지 그렇지 않으면 안 되지 않느냐 해서 그 다음부터는 일직당번처럼 나갔다. 그래서 늘 한 사람은 오도록 했는데 하여튼 많이 와야 열 두어 명, 조금 오면 두세 명이다.

그때 유영모 선생은 "전삼삼前三三 후삼삼後三三"이라는 『벽암록』의 이야기를 했다. 문수가 와서 강의를 하면 앞에 두세 명 뒤에도 두어 사람 모이는데 다른 중이 와서 강의를 하면 오백 명 육백 명이 모인다는 것이다. 문수가 친히 와서 강의를 하는데도 앞에 두어 사람 뒤에 두어 사람밖에 오는 이가 없다. 그러니까 유영모 선생은 사람이 안 온다고 걱정할 것이 없다는 것이다. 옛날 문수가 할 때도 안 왔으니 그런 것은 문제삼지 말라는 것이다.

그리고 선생님은 언제나 하시는 말씀이 반쪽이라도 와서 들었으면 좋겠다는 것이다. 추석 때 기차를 타면 자리가 없는데 그때 의자의 팔걸이에라도 걸터앉으면 그렇게 편안할 수 없다는 것이다. 좌석의 반이 그렇게 중요하다는 것이다. 그래서 사람이 다 안 오고 반 사람만 와도 좋겠다는 것이다. 이제는 유영모 선생님의 말을 다 잊어먹었지만 하여튼 선생님이 우리에게 비쳐준 그 힘이 결국 우리를 끌고서 계속 우리가 믿음의 세계에서 떠나지 않게끔 그렇게 해주는 것이다.

진리라는 것을 달리 말하면 하나의 힘이다. 진리는 곧 실존이라는 말이다. 실존을 여러 가지로 해석할 수 있지만 한마디로 말하면 힘이라는 것이다. 진리란 힘이지 무슨 진리에 내용이 있는 것이 아니다. 그러니까 『법화경』을 28장까지 해도 내용이라는 것은 아무것도 없다. 그냥 빈탕으로 가는 것이다. 그렇게 가지만 하여튼 일장에서부터 계속 보면 한 장 한 장마다 무엇인가 매력이 있다. 오늘도 참 좋지 않은가. 이것을 그저 혼자서 보면 무슨 말인지 전혀 모른다. 그런데 지의대사智顗大師가 이렇게 가르쳐 주니까 알지 그렇지 않으면 모른다.

"초문수희初聞隨喜", 처음 들었는데 기쁨을 느꼈다는 것, 그것이 우리를 천국에까지 이끌고 가는 것이다. "초발심시初發心時편성정각便成正覺"이다. 그것이 그렇게 중요한 것이다. 말 가지고 사람을 움직이는 것은 아니다. 힘을 가지고 사람을 움직이는 것이다. 도산島山 안창호安昌浩라 하면 그의 말은 들어보아도 시원치 않다. 그래도 안창호의 그 애국심, 그것만은 모를 사람이 없다. 이광수는 안창호의 비서인데 이광수처럼 글 잘하고 말 잘하는 사람이 어디 있는가. 그런데 이광수에게는 힘이 없다. 만나 보아야 아무 힘이 없다. 그런데 안창호는 말은 못해도 힘이 있었다. 무엇인지 모르지만 그 사람의 인격에서 힘을 느끼는 것이다. 그래서 이광수는 계속 변절해 가는 것이지만 안창호는 절대 변절하지 않는다. 감옥에 들어가서도 절대 굴하지 않고 "유인아, 유인아!" 그렇게 일본 왕의 이름을 부르며 죽었다고 한다. 죽을 때 왜 그렇게 유인을 찾았는지 모르지만 하여튼 "유인아, 유인아" 그렇게 부르며 죽었다는 것이다. 하여튼 안창호의 그 애국심이 힘이 되어서 다른 사람에게 무엇인가를 주는 것이다.

진리란 무슨 내용이 아니고 하나의 힘이다. 예수님도 초등학교도 다니지 못했는데 아는 것이 무엇이 있겠는가. 그렇지만 예수에게는 무엇인가 힘이 있다.

즉수교왕청卽受敎往聽 내지수유문乃至須臾聞 사인지복보斯人之福報 불가설기복不可說其福.
가르침을 듣고자 가서 들었는데 그저 잠깐 들었다. 그런데 그 잠깐 들은 것이 그 사람의 일생에 한없는 복을 가져다 주었다. 그 복이 얼마나 큰지는 도저히 말로 다할 수가 없다.

하황일심청何況一心聽 해탈기의취여설이수행解脫其意趣如說而修行 기복불가한其福不可限.
하물며 정말 정신을 집중해서 정성으로 듣는다면 그 복이 얼마나 클 것인가. 그렇게 열심히 듣는 사람은 그 뜻도 다 알게 될 것이고 그래서 그렇게 실천하고 살아간다면 그 복은 정말 한량없이 클 것이 아닌가.

2000. 9. 10.

제 19. 법사공덕품法師功德品

원문 요약

이시爾時 불고佛告 상정진보살마하살常精進菩薩摩訶薩 약선남자若善男子 수지시법화경受持是法華經 약독약송若讀若誦 약해설若解說 약서사若書寫. 시인당득是人當得 팔백안공덕八百眼功德 천이백이공덕千二百耳功德 팔백비공덕八百鼻功德 천이백설공덕千二百舌功德 팔백신공덕八百身功德 천이백의공덕千二百意功德 이시공덕以是功德 장엄육근莊嚴六根 개령청정皆令淸淨. 약어대중중若於大衆中 이무소외심以無所畏心 설시법화경說是法華經 여청기공덕汝聽其功德 시인是人 득팔백공덕수승안得八百功德殊勝眼 이시장엄고以是莊嚴故 기목其目 심청정甚淸淨 부모소생안父母所生眼 실견삼천계悉見三千界 기중제중생其中諸衆生 일체개실견一切皆悉見 수미득천안雖未得天眼 육안력여시肉眼力如是. 부모소생이父母所生耳 청정무탁예淸淨無濁穢 이차상이以此常耳 문문삼천세계성聞聞三千世界聲 여시제음성如是諸音聲 실개득문지悉皆得聞之 제불대성존諸佛大聖尊 교화중생자敎化衆生者 어제대회중於諸大會中 연설미묘법演說微妙法

지차법화자持此法華者 실개득문지悉皆得聞之 삼천대천계三千大千界 내외제음성內外諸音聲 하지아비옥下至阿鼻獄 상지유정천上至有頂天 개문기음성皆聞其音聲 이불괴이근而不壞耳根 기이총리고其耳聰利故 실능분별지悉能分別智 지시법화자持是法華者 수미득천이雖未得天耳 단용소생이但用所生耳 공덕이여시功德已如是. 시인비청정是人鼻淸淨 어차세계중於此世界中 약향약취물若香若臭物 종종실문지種種悉聞知 제산심험처諸山深嶮處 전단수화부栴檀樹華敷 중생재중자衆生在中者 문향개능지聞香皆能知 약유회임자若有懷妊者 미변기남녀未辨其男女 무한급비인無限及非人 문향실능지聞香悉能知 중생재불전衆生在佛前 문경개환희聞經皆歡喜 여법이수행如法而修行 문향실능지聞香悉能知 수미득보살雖未得菩薩 무루법생비無漏法生鼻 이시지경자而是持經者 선득차비상先得此鼻相. 시인설근정是人舌根淨 종불수악미終不受惡味 기유소식담其有所食噉 실개성감로悉皆成甘露 이심정묘성以深淨妙聲 어대중설법於大衆說法 이제인연유以諸因緣喩 인도중생심引導衆生心 문자개환희聞者皆歡喜 설제상공양設諸上供養 제천룡야차諸天龍夜叉 급아수라등及阿修羅等 개이공경심皆以恭敬心 이공래청법而共來聽法 여시제천중如是諸天衆 상래지기소常來至其所 제불급제자諸佛及弟子 문기설법음聞其說法音 상념이수호常念而守護 혹시위현신或時爲現身. 약지법화자若持法華者 기신심청정其身深淸淨 여피정유리如彼淨瑠璃 중생개희견衆生皆喜見 우여정명경又如淨明鏡 실견제색상悉見諸色像 보살어정신菩薩於淨身 개견세소유皆見世所有 제불급성문諸佛及聲聞 불자보살등佛子菩薩等 약독고재중若獨若在衆 설법실개현說法悉皆現 수미득무루雖未得無漏 법성지묘신法性之妙身 이청정상체以淸淨常體 일체어중현一切於中現. 시인의청정是人意淸淨 명리무탁예明利無濁穢 이차묘의근以此妙意根 지상중하법知上中下法 내지문일게乃至聞一偈 통달무량의通達無量義 차제여법설次第如法說 일시개실지一時皆悉知 지법화경자持法華經者 의근정약사意根淨若斯 수미득무루雖未得無漏 선유여시상先有如是相 시인지차경是人持此經 안주희유지安住希有地 위일체중생爲一切衆生 환희이애경歡喜而愛敬 능이천만종能以千萬種 선교지어언善巧之語言 분별이설법分別而說法 지법화경고持法華經故.

법사공덕품 강해

『법화경』에서 제16장 「여래수량품如來壽量品」, 이것이 가장 핵심인데 그 내용은 보신이다. 결국 보신報身을 주로 하는 경이『법화경』이다. 그리고『원각경』은 응신應身을 주로 하는 경이고『화엄경』은 법신法身을 주로 하는 경이다. 그러니까 불경 가운데서 가장 중요한 경이『원각경』과『법화경』과『화엄경』이라고 할 수 있다. 그 외에『금강경』이니『반야심경』이니 하는 것들은 다 조그만 경들이고 제일 중요한 큰 경전은 이 세 가지라고 보면 될 것이다.

그런데 응신이란 말하자면 석가가 이 세상에 나와서 가르쳤다고 하는 그것을 말한다. 그래서『원각경』의 주는 결국 석가가 된다. 그런데『법화경』에서는 응신의 배후에 있는 부처님을 주로 한다. 그것이 소위 보신이라는 것이다. 보신이 바로 여래수량如來壽量이라는 것인데 여래 수량을 다른 말로 하면 아미타불阿彌陀佛이다. 아미타阿彌陀는 무한한 생명, 영원한 생명이라는 뜻이다. 그래서 무량수無量壽라 한다.

예산에 가면 무량사無量寺가 있는데 아미타불이 모셔져 있다. 아미타는 인도말이고 무량수는 한문이다. 같은 말인데 인도말로 아미타라고 하고 중국말로 무량수라 한다. 아미타불이 계신 그 집을 극락전極樂殿이라 하는데 극락전을 요새로 말하면 천국이다. 천국에 계신 부처님이 아미타불이다. 그러니까 응신은 이 세상에 와 있는 부처님이요, 아미타불은 천국에 계신 부처님이다.

응신의 배후에 보신이 있고, 또 보신의 배후에는 법신이 있다. 불교에서는 이렇게 삼신三身인데 법신이 제일 큰 부처님이고, 그 앞에 보신이 있고, 그 앞에 응신이 있다. 응신을 말하는 것이『원각경』이고, 보신을 말하는 경이『법화경』이고, 법신을 말하는 경이『화엄경』이다. 그래서 경으로서도『화엄경』이 제일 크다.『법화경』은 28권인데『화엄경』은 80권이나 된다.

『법화경』은 16장 「여래수량품」이 핵심이다. 「여래수량품」에 이어서

「분별공덕품分別功德品」,「수희공덕품隨喜功德品」,「법사공덕품法師功德品」이라는 이런 공덕품功德品이 나온다. 공덕품이란 보신에 대한 이야기 다음에 나오는 것으로, 말하자면 법신에 관해서 말하는 것이다. 따라서 이 공덕품 3장은 달리 말해『화엄경』의 축소판이라 할 수 있다.

그래서 지난번「분별공덕품」을 할 때 화엄 52위位를 말했다.「분별공덕품」에서 분별分別이란 52위로 나눈 것을 말한다. 52위位란 십신十信, 십주十住, 십행十行, 십회향十廻向, 십지十地라는 50위와 여기에 등각等覺과 묘각妙覺을 더한 것이다. 52위 가운데 맨 처음 십신十信의 제1번, 이것이 문수보살이고 또 십지十地의 맨 마지막인 50번이 또 문수보살이다. 그리고 등각이란 보현을 말한 것이고 묘각이란 석가를 말한다.

그러니까 보살 가운데 제일 중요한 것이 자비를 가리키는 미륵보살과 지혜를 가리키는 문수보살, 그리고 실천을 가리키는 보현보살이다. 결국「수희공덕품」이란 선재동자가 맨 처음에 문수를 만났다는 것으로 십신十信의 제1번인데 그 기쁨이 얼마나 큰 것인가 하는 말이다. 초문수희初聞隨喜라는 것이다. 맨 처음 문수를 만났을 때 그 첫인상은 말로 할 수 없으리만큼 자기에게 아주 감격적이었다는 그런 이야기다.

그런데 오늘은「법사공덕품法師功德品」이다. 법사法師는 50위까지 다 만나고 맨 마지막으로 석가까지 만나는 이야기다. 지금『법화경』안에서『화엄경』에 관한 이야기가 세 번째 나온다.「분별공덕품」에서 "52위란 이런 것이다."하는 것이 첫 번째고, 그 다음「수희공덕품」에서 "맨 처음에 문수를 만났는데 그 때 그렇게 좋았다."하는 것이 두 번째고, 오늘「법사공덕품」이라는 세 번째는 문수를 지나고 보현을 지나서 석가를 만났다는 이야기다. 그렇게 석가까지 만나게 되어야 법사가 된다는 말이다. 법사가 된다는 말은 진리의 스승이 되는 것이다. 지난번에는 대학생이 입학을 하고서 얼마나 좋았는가 하는 그런 이야기인데 오늘은 대학, 대학원을 다 마치고, 박사학위를 받고 교수가 되어서 가르치는 그 기쁨이 얼마나 큰 것인가 하는 말이다. 이것이「법사공덕품」이라는 것이다. 그런데 법사의 핵심이 무엇인가 하면, 육근청정六根淸淨이다.

이시爾時 불고佛告 상정진보살마하살常精進菩薩摩訶薩 약선남자若善男子 수지시법화경受持是法華經 약독약송若讀若誦 약해설若解說 약서사若書寫.
이때 부처님께서 상정진보살마하살에게 말했다. 어떤 젊은이가 이『법화경』을 받아 가지고 읽고 외고 해설하고 쓴다면 그 공덕은 어떤 것인가.

정진精進이란 대학 1학년부터 대학원 박사과정을 거쳐 교수가 되어 가르치기까지 계속 노력하는 것으로, 말하자면 발전한다는 뜻이다. 선생이란 계속 발전하는 것이다. 정년퇴직까지 발전하고 끝이 나는가 하면 그것도 아니다. 정년퇴직 후에도 계속 발전한다. 그래서 괴테는『파우스트』를 팔십이 나기까지 썼다. 다 쓰고 봉투에 넣어 봉해놓고 나서 몇 달 후에 죽었다. 니체도 마찬가지다.『짜라투스트라는 이렇게 말했다』를 6장까지 쓰려고 했는데 4장까지 쓰고 그만 죽고 말았다. 그래서 5장과 6장이 나오지 못하고 말았다. 다들 죽는 날까지 노력한 것이다.
주자朱子는『대학大學』이라는 책을 계속 공부해 가는데 죽기 전날까지도 공부했다. 주자는『대학』을 해석해놓고 그것을 죽기 전날까지 고치다가 죽었다는 것이다. 퇴계退溪나 율곡栗谷도 마찬가지다.『논어論語』에 보면 죽어야 끝이 난다는 말이 있다. 선생이란 계속 가다가 죽어야 끝이 나지 죽기 전에는 끝나지 않는다는 것이다.
이렇게 계속 발전한다는 뜻으로 상정진보살常精進菩薩이라 했다. '상常'이란 영원하다는 뜻이다. 증자曾子는 죽어야 끝난다고 했지만 칸트는 죽어서도 또 해야 된다는 것이다. 죽어서도 또 발전해야 된다는 사상이 칸트의 영생永生이라는 사상이다.『법화경』의 무량수無量壽라는 이 사상도 그것이다. 죽은 후에도 계속 발전해야 된다는 것이다. 죽은 후에도 계속 발전해서 나온 부처님이 보신이라는 것이다. 응신이라 하면 살았을 때까지를 생각하지만 보신은 죽은 후에까지 생각하는 것이다. 죽은 후에도 계속 발전한다는 것이다. 그것이 소위 칸트로 말해서 영생이라는 사상이요 여기로 말하면 무량수라는 사상인데 그것을 달리 말해서 보신이라 하는 것이다. 보신이란 죽은 후에도 계속 발전해서 결국 성불成佛했다는 그런 이야기다.

상정진보살이다. 죽은 후에도 계속이다. 서양에서도 그런 생각은 많다. 파스칼도 죽는 것이 끝이 아니라 죽은 후에 더 할 일이 있다고 했다. 그래서 죽은 후에 안식이라고 하는 그런 사상을 반대한다. 그 동안 무엇을 했다고 가서 쉬고 있겠는가 하는 말이다. 할 일이 한없이 많으니 죽은 후에 더 많은 일을 하겠다는 것이 파스칼의 사상인데 이런 사상을 우리는 보신이라 한다. 우리가 이렇게 볼 때 「법사공덕품」도 상당히 소중한 경전이다.

"상정진보살마하살常精進菩薩摩訶薩"에서 마하살摩訶薩은 큰 보살이라는 뜻이다. 이『법화경』을 받아 가지고 계속 연구하는 것, 즉 진리를 계속 탐구해 간다는 것인데 이런 사람들은 결국 어떻게 되는 것인가.

시인당득是人當得 팔백안공덕八百眼功德 천이백이공덕千二百耳功德 팔백비공덕八百鼻功德 천이백설공덕千二百舌功德 팔백신공덕八百身功德 천이백의공덕千二百意功德 이시공덕以是功德 장엄육근莊嚴六根 개령청정皆令淸淨.

이런 사람은 눈의 팔백 공덕, 귀의 천 2백 공덕, 코의 8백 공덕, 혀의 천 2백 공덕 그리고 몸의 8백 공덕, 뜻의 천 2백 공덕을 얻을 것이다. 이런 공덕으로 몸과 마음이 장엄해지고 청정해질 것이다.

"팔백 안공덕八百眼功德"이다. 눈이 밝아진다는 것이다. "천이백 이공덕千二百耳功德", 귀가 밝아진다는 것이다. 마찬가지로 코가 밝아지고 입이 밝아지고 그 다음에는 몸 전체가 밝아지고 뜻이 밝아지게 된다. 안이비설신의眼耳鼻舌身意다. 이것을 육근六根이라 한다. 육근이란 우리가 가진 여섯 가지 근본 기관이다. 이 육근이 장엄해진다. 한없이 위대해진다는 것이다. 그리고 깨끗해진다. 그래서 이것을 옛날부터 한마디로 육근청정六根淸淨이라 했다. 법사法師, 즉 진리의 선생이라는 사람들은 어떤 사람들인가. 육근청정이다.

그런데 이 육근청정이라는 말보다도 장자莊子의 말이 더 좋다.『장자莊子』「외물편外物篇」에 나오는 말을 보기로 한다.

"목철위명目徹爲明 이철위총耳徹爲聰 비철위전鼻徹爲顫 구철위감口徹爲甘 심철위지心徹爲知 지철위덕知徹爲德"
(눈이 뚫린 것을 명明, 귀가 뚫린 것을 총聰, 코가 뚫린 것을 전顫, 입이 뚫린 것을 감甘, 마음이 뚫린 것을 지知, 지가 뚫린 것을 덕德이라 한다.)

눈이 뚫려야 명明이라 한다. 귀가 뚫려야 총聰이라 한다. 귀밝을 총이다. 보통 총명聰明이라 하는데 귀가 밝고 눈이 밝으면 총명이라는 것이다. 코가 뚫려야 전顫이다. 전이란 냄새를 잘 맡는다는 뜻이다. 곤충 가운데 파리가 제일 냄새를 잘 맡는 것 같다. 산에 가서 뒤를 보면 십 리 밖에 있는 파리가 벌써 날아온다. 어떻게 그렇게 알고 오는지 모르겠다. 그것을 전顫이라 한다.

입이 뚫려야 감甘이다. 맛을 제대로 본다는 것이다. 마음이 뚫려야 지知라고 한다.『법화경』에서는 몸이라 했는데『장자』는 마음이라 했지만 같은 뜻이다. 지知가 뚫려야 덕德이다.

육근청정六根淸淨이란 말보다『장자』의 이 말이 더 좋다. 내가 유영모 선생으로부터 맨 처음『장자』에 관해서 들은 말이 이 말이다. 이 말을 유영모 선생에게 처음 들었을 때 나도『장자』를 꼭 읽어보아야겠다는 생각을 하고 나중에 읽어보니까 이 말이「외물편」에 나와 있었다.

하여튼 육근청정이나『장자』의 이 말이나 같은 말이다.「법사공덕품」의 핵심은 이것으로 끝이다. 그런데 이것으로 끝내면 너무 섭섭할 것 같아 다음을 이어서 썼지만 그것들은 그저 채우기 위해서 쓴 것뿐이다.

그러니까 시간이 있으면 읽어보고 시간이 없으면 안 읽어도 된다.

화엄 52위라는 것을 한마디로 말하면 신해행증信解行証이다.『원각경』에서 말하고자 한 것도 결국은 이것이다. 신해행증이다. 신信에 들어간 사람을 성문聲聞이라 하고 해解에 들어간 사람을 연각이라 한다. 그리고 행行에 들어간 사람을 보살이라 한다. 증証에 들어간 사람을 불타佛陀라고 한다. 불교의 내용이란 이것이 전부다. 성문이란 귀가 뚫린 사람이다. 연각이란 눈이 뚫린 사람이다. 보살은 코가 뚫린 사람이다. 불타는 입이 뚫린 사람이다.

그러니까 52위라는 것을 다시 한 번 축소시켜놓으면 신해행증이 되고 만다. 신해행증을 다시 축소시켜보면 귀가 뚫렸다, 눈이 뚫렸다, 코가 뚫렸다, 입이 뚫렸다, 이렇게 되고 만다. 이것이 결국 4근四根이라는 것이다. 그리고 그 다음에 나오는 것이 등각等覺이다. 등각이란 몸이 뚫렸다, 혹은 장자로 말하면 마음이 뚫렸다는 것이다. 심철위지心徹爲知라는 것이다. 그 다음은 지지가 뚫렸다는 것이다. 장자는 지지가 뚫린 것을 덕德이라고 한다. 지철위덕知徹爲德이라 하는데 이것이 묘각妙覺이다.

중국 사람들이 이런 노자와 장자의 사상이 있으니까 이것을 가지고 불교를 받아들인 것이다. 그러니까 받아들이기가 쉽지 만약 이런 사상이 없었다면 불교를 받아들이기가 참으로 어려웠을 것이다. 중국의 불교인 선불교禪佛敎는 노자와 장자를 가지고 불교를 이해한 것이다. 그래서 이렇게 네 가지와 둘이 합해서 육근청정六根淸淨이라는 것이다. 육근청정이 되어야 교수가 될 수 있다는 말이다.

요전에도 내가 과거에 결혼할 때의 이야기를 하면서 순간 속에 영원이 있다는 말을 했는데 오늘도 내 과거의 경험을 다시 한 번 말하고자 한다. 미국에 신학 공부하러 갔을 때의 이야기다. 이 이야기는 감신대 채플시간에서도 여러 번 했다. 그래서 들은 사람도 많을 것이지만 오늘 처음 나와서 못들은 사람들도 있을 것이다.

미국에 유학을 가서 맨 첫 시간에 들어가니까 현대신학이라는 과목이었다. 그런데 그때 닥터 크레이그라는 영국 사람이 강의를 하는데 말이 얼마나 빠른지 총알처럼 나왔다. 발음도 조금 다른데 하여튼 한 시간 앉아 있는 동안 겨우 단어 두어 개 알아들을 뿐이었다. 그래서 이렇게는 도저히 공부를 못하겠다 생각하고 그 당시 이화대학 총장이던 김옥길 선생에게 편지를 했다. "내가 공부를 좀 해보려고 오기는 왔는데 와서 보니까 도저히 안 되겠다. 곧 돌아갔으면 좋은데 이렇게 왔으니 한 학기 동안 구경이나 하다 돌아가겠다." 이렇게 편지를 하니까 평소 편지를 잘 안 하는 김옥길 선생으로부터 곧 답장이 오기를 "돌아와도 좋은데 이화대학만은 오지 마시오." 이거 야단이다. 괜히 공부한다고 했다가 이화대학만 떨어지게 될 판이었다.

그래서 할 수 없이 공부를 해봐야 되겠다고 생각하는데, 그러면 이것을 어떻게 하는가 할 때 내 마음에 탁 나타난 말이 "철우문자鐵牛蚊子"라는 것이었다. 철로 만든 소가 있는데 그 위에 모기가 붙어 있다. 그 모기가 쇠가죽을 뚫고 들어갈 것인가 못 뚫고 들어갈 것인가? 이것은 선불교에 나오는 하나의 화두話頭다. 나에게 있어서 그 당시 공부라는 것이 쇠로 만든 소나 같은 것인데 모기 같은 주둥이를 가지고 이 쇠가죽을 뚫고서 피를 뽑아낼 수 있을 것인가? 그때야말로 정말 이 철우문자라는 화두가 내게 직접 와서 닿는 것이었다. 그 전에 책에서 그것을 볼 때는 아무 의미 없이 봤는데 실지로 미국에 가서 보니 이것이 무서운 말이었다.

그래서 결국 생각하기를 우선 목표를 절반으로 줄여서 6학점만 따보자 했다. 3학점으로 한 과목만 할까 하기도 했지만 하다가 안 되면 한 과목은 떼자 하고 6학점을 신청했다. 그리고는 그 옆에 있는 종합대학에 가서 한 주일에 30시간씩을 듣는 것이다.

그래서 한 학기가 지나갔다. 그렇게 한 학기가 지나고 크리스마스가 왔다. 다른 학생들은 다 집으로 돌아가고 혼자 기숙사에 남아있는데 심심해서 라디오를 틀어보았다. 그랬더니 라디오 강연이 나오는데 거의 다 들리는 것이었다. 그래서 나도 깜짝 놀랐다. 그러면 영화구경을 한 번 가보자 해서 영화를 보니까 배우들이 이야기를 하는데 그렇게 천천히 말할 수가 없었다. 그때 내가 생각하기를 "이제 나는 80퍼센트는 들리는구나."하고 생각하였다. "아, 이제 내 귀가 뚫렸구나." 이철위총耳徹爲聰이라는 것이다.

그것을 느끼고는 그 다음 학기에는 밤낮 도서관에 박혀서 전공분야의 책을 읽는 것이다. 알건 모르건 그냥 읽는 것이다. 사전을 하나 가져가긴 했지만 거의 필요 없었다. 그렇게 한 학기가 지나갔다. 그랬더니 이제는 책이 보이기 시작했다. 그 전에는 한 시간 내내 들여다보아야 그저 몇 페이지 못 봤는데 이제는 훨훨 지나가게 되었다. 목철위명目徹爲明이다. 눈이 뚫린 것이다.

그 다음에는 작문이다. 혼자서 페이퍼를 자꾸 써보는 것이다. 그렇게 또 한 학기가 지나갔다. 그래서 페이퍼를 낼 수 있을 만큼 써지게 되었다. 비철위전鼻徹爲顚이다.

그 다음에 제일 문제되는 것이 말하기다. 그래서 학교에 외국 학생들을 도와주는 교수가 있는데 그 교수에게 찾아가서 말했다. 내가 통 말할 기회가 없는데 말할 기회를 좀 만들어 주었으면 좋겠다 하고 부탁했더니 매주일 토요일, 일요일, 월요일은 학교의 학생네 집에 가서 있도록 해 주었다. 그래서 매주일 나가서는 할머니와 이야기하기도 하고 교회에 나가면 교인들과 이야기하기도 하고 또는 구경 나가면 같이 구경도 다니고, 그렇게 매주일 지내니까 나중에는 말하는 것에 굉장히 도움이 되었다. 그래서 이제는 대화하는데 별로 지장이 없이 되었다. 구철위감口徹爲甘이 된 것이다.

그런데 일 년 9개월 되는 어느 날 밤에 꿈을 꾸는데 우리 어머니가 나타났다. 어머니가 나타나서 말을 하는데 영어로 말을 하는 것이었다. 그래서 나도 영어로 말했다. 그랬더니 그 이후부터는 꿈을 영어로 꾸게 되었다. 그러니까 그 전에는 낮에는 영어로 말하고 밤에 잘 때 꿈속에서는 한국말을 한 것인데 이제는 낮에도 영어하고 꿈에서도 영어를 하는 것이다. 의식의 세계와 무의식의 세계가 통한 것이다. 그래서 "색즉시공色卽是空 공즉시색空卽是色이라고 하더니 이것이로구나." 하고 생각했다.

그러고 내 속에서 일체의 공포감이 사라졌다. 『반야심경般若心經』에 보면 "무유공포無有恐怖"라는 말이 있다. 그 전에는 미국 사람만 보면 무서웠다. 그 사람이 무엇이라 말하지 않아도 왜 그런지 "나는 영어 할 줄 모른다." 그렇게 고백을 한다. "나는 부족한 죄인이로소이다." 하고 자꾸 고백을 하는 것이다. 그런 공포라는 것이다. 그래서 학교에 가서 있어도 밤낮 불안하다는 것이다. 사는 것 일체가 불안이다. 더구나 시험을 친다거나 발표를 한다거나 하면 그때는 절망이다. 시험친다고 해야 어떻게 치겠는가? 그래서 시험을 못 치겠으면 선생을 찾아가서 어떻게 해서든 선생의 질문에 답을 해 보는 것이다. 그래서 점수를 받았다. 불안과 절망과 공포라는 것을 그렇게 실제로 느껴본 것이 거기에서였다. 그렇게 불안이고 절망이고 공포였는데 어머니가 꿈속에 나타난 후부터는 일체가 없어지고 말았다. 불안도 없어지고 절망도 없어지고 공포도 없어졌다. 이젠 미국 사람을 만나는 것이 좋아지고 영어로 말하는 것에 자신이 생겼다. 박사과정을 하라고 해도 넉넉히 할 수 있다는 희망이 생겼다.

그래서 그 학교 교수하던 사람이 어느 학교에 총장으로 갔는데 날더러 자기 대학에 5년 동안만 교수를 하라고 했다. 그래서 하겠다고 했다. 그 사람의 요구는 책을 몇 권 써달라는 것이다. 자기들이 선禪에 대해서 잘 모르겠으니 쉽게 한 권을 써달라는 것이고 또 『노자』를 잘 모르니까 거기에 대해서도 한 권을 써 달라는 것이고 『주역』에 대해서도 잘 모르겠으니 『주역』에 대해서 한 권을 써 달라는 것, 그 다음에 일본의 무교회에 대해서도 한 권을 써 달라, 그리고 또 다른 책 한 권, 그렇게 해서 다섯 권을 써달라는 것이다. 책을 쓰는데 연구비는 얼마든지 지불할 것이고 필요한 책은 얼마든지 다 사다 놓겠다 했다. 그렇게 5년을 계약을 했다. 그런데 그 때 어머니가 병원에 입원하고 있었기에 "내가 한 2년은 집에 가서 있어야 되니까 그 후에 와서 그렇게 하자." 했다. 그런 계약을 하고 올 만큼 자신이 생긴 것이다. 공포도 없어지고 불안도 없어지고 절망도 없어진 것이다. 그 대신 믿음과 사랑과 소망이다.

믿음이란 자신이 생겼다는 것이다. 그리고 미국 사람들을 만나는 것이 아주 친밀해졌는데 그것이 사랑이다. 그리고 앞으로 미국에서 대학 교수를 하라 해도 할 수 있다는 것이 희망이다. 「고린도전서」 13장 13절을 그때처럼 느낀 적도 없다. "아, 이것이로구나"하고 느낀 것이다. 그래서 내게 있어서 꿈에 어머니가 나타났다는 그것이 심철위지心徹爲知라는 것이다. 그것이 결국 의식의 세계와 무의식의 세계가 통일이 된 것이다.

그렇게 되니까 미국의 큰 장로교회에서 설교를 해 달라고 부탁을 해왔다. 그래서 그 큰 교회에 가서 원고도 없이 설교를 했다. 어떻게 됐는지 모르지만 하여튼 다른 두 군데서도 해달라고 해서 세 군데 가서 설교를 했다. 그것이 말하자면 지철위덕知徹爲德이다.

이런 내용이 지금 나온 이야기다. 맨 처음에는 네 개가 다 뚫리고 그 다음에 마지막에 나 전체가 다 뚫리고 그래서 맨 마지막엔 뜻이 뚫린 것이다. 이것이 오늘 내용의 전부다. 그래서 제일 중요한 것이 네 가지가 뚫리는 것이다. 이것이 통일이라는 것이다. 그 다음에는 자기 자신에 대해서 자신감이 생기는 것인데 그것이 믿음이라는 것이요 독립이라는 것이다. 그 다음은 희망이다. 이것이 소위 자유라는 것이다.

언제나 우리에게 필요한 것이 통일과 독립과 자유다. 이것을 『원각경』에서는 삼마디Samadhi, 삼마파티Samapatti, 디야나Dhyana라고 했다. 그 때 심볼symbol은 거울과 나무와 종鍾이라고 했다. 어떻게 말해도 같은 것이다. 혹은 사랑과 믿음과 희망이다.

야스퍼스Karl Jaspers에 의하면 사람은 누구나 다 불안과 공포와 절망에 빠져있다는 것이다. 그것이 한계상황限界狀況이다. 그런데 그것을 극복하고 나오면 그 다음에는 사랑과 믿음과 희망이 된다는 것이다. 이것이 야스퍼스의 생각이다. 그런데 그것을 다른 식으로 갈 때는 통일과 독립과 자유다. 공자는 15에 지우학志于學이고 30에 입立이고 40에 불혹不惑이다. 이렇게 세 단계를 가는 것이다.

다음은 중국에서 『노자』, 『장자』를 갖고 어떻게 불교를 받아들였는가 하는 것을 설명하려고 『선禪의 황금시대』라는 책에서 오경웅吳經熊이란 사람이 뽑아놓은 글이다.

「좌망坐忘」

"안회왈顔回曰 회익의回益矣 중니왈仲尼曰 하위야何謂也 왈회망인의의曰回忘仁義矣 왈가의유미야曰可矣猶未也"
(안회가 말했다. "제게 조금 발전하는 것이 있습니다." 공자가 "무엇이냐?"하고 묻자 안회가 대답했다. "인의를 잊게 되었습니다." 공자가 말했다. "좋지만 아직 부족하구나.")

"타일부견왈他日復見曰 회익의回益矣 왈曰 하위야何謂也 왈회망예악의曰回忘禮樂矣 왈가의유미야曰可矣猶未也"
(안회가 다시 공자를 찾아 뵙고 좀더 발전하게 되었다고 말하자 공자는 무엇이냐고 물었다. 안회가 예악을 잊게 되었다고 말하자 공자는 좋지만 아직 부족하구나 하고 말했다.)

"타일부견왈他日復見曰 회익의回益矣 왈曰 하위야何謂也 왈회좌망의曰回坐忘矣 중니축연왈仲尼蹴然曰 하위좌망何謂坐忘"
(안회가 또다시 공자를 찾아 뵙고 발전하게 되었다고 하자 공자가 무엇이냐고 물었다. 안회는 대답하기를 좌망에 이르게 되었다고 했다. 공자는 갑자기 정색을 하고 좌망이 무엇이냐고 물었다.)

"안회왈顔回曰 휴지체墮支體 출총명黜聰明 리형거지離形去知 동어대통同於大通"
(안회가 대답했다. "사지의 몸을 벗어나고 의식을 벗어나서 형상도 떠나고 앎도 떠나 대우주와 통하여 하나가 되었습니다.")

「조철朝徹」

"이성인지도以聖人之道 고성인지재告聖人之才 역이의亦易矣 오유수이고지吾猶守而告之 삼일이후능외천하三日以後能外天下"

(성인의 도를 가지고 성인의 소질을 키우는 일은 또한 쉬운 일이 아닌가. 내가 그를 가만히 품고 보살피니 사흘이 지나자 능히 천하를 벗어나게 되었다.)

"이외천하의已外天下矣 오우수지吾又守之 칠일이후능외물七日以後能外物 이외물의已外物矣 오우수지吾又守之 구일이후九日以後 능외생能外生"
(천하를 벗어났는데 내가 또 계속 품고 보살피니 7일이 지나서 우주를 벗어나게 되었고, 우주를 벗어난 후 또 계속 보살피니 9일이 지난 후에는 생사를 벗어나게 되었다.)

"이외생의已外生矣 이후능조철而後能朝徹 조철이후능견독朝徹而後能見獨 견독이후견독而後 능무고금能無古今"
(생사를 벗어난 후 능히 새벽빛이 되고, 새벽빛이 된 후에는 능히 절대자를 만날 수 있게 되고, 절대자를 만난 후에는 능히 시공을 넘어서게 되었다.)

「심재心齋」

"감문심재敢問心齋 중니왈仲尼曰 약일지若一志 무청지이이無聽之以耳 이청지이심而聽之以心 무청지이심無聽之以心 이청지이기而聽之以氣 청지어이聽止於耳 심지어부心止於符 기야자氣也者 허이대물자虛而待物者 유도집허唯道集虛 허자虛者 심재야心齋也 첨피결자瞻彼闋者 허실생백虛室生白 길상지지吉祥止止"
("감히 여쭙겠습니다. 심재가 무엇입니까?" 공자가 대답했다. "마음이 통일되면 귀로 듣지 않고 마음으로 듣게 되고, 나아가 마음으로 듣는 것이 아니라 기氣로 듣게 된다. 귀가 뚫리고 마음이 뚫려 하나가 되는 것이니 기라는 것은 텅 빔이 되어 만물을 살려주는 것이다. 오직 도라야 빔이 충만하게 되고 빔이 충만하게 되면 그것을 심재라 한다."

"저 빈곳을 보라. 빔이 충만한데서 빛이 밝게 빛나니 기쁨과 행복이 지극한 아름다운 세상이다.")

「선불교禪佛敎」

"오유吾有 정법안장正法眼藏 열반묘심涅槃妙心 실상무상實相無相 미묘법문微妙法門 불립문자不立文字 교외별전敎外別傳 부촉마하가섭付囑摩訶迦葉"
(내가 가진 핵심은 정법안장, 열반묘심, 실상무상, 미묘법문이라는 것이다. 이것은 문자로 나타낼 수도 없고 말로 가르칠 수도 없는 것인데 이심전심으로 마하가섭에게 전한다.)

불교로 말할 때는 정법안장正法眼藏, 열반묘심涅槃妙心, 실상무상實相無相, 미묘법문微妙法門, 이 네 가지라는 것이다. 정법안장은 눈이 뚫리는 것이다. 열반묘심은 입이 뚫리는 것이고, 실상무상은 코가 뚫리는 것이고, 미묘법문은 귀가 뚫리는 것이다. 이 네 가지가 앞에서 말한 사근四根이다.

「반야심경般若心經」

"아누다라삼막삼보리阿耨多羅三邈三菩提 심무괘애心無罣碍 무유공포無有恐怖 무상정등각無上正等覺"
(아누다라삼막삼보리는 마음에 아무 걸림이 없고 일체 공포가 없는 최고의 깨달음이다.)

"아누다라삼막삼보리阿耨多羅三邈三菩提"인데 이것은 마음이 뚫린다는 것, 혹은 몸이 뚫린다는 것이다. 그래서 "심무괘애心無罣碍 무유공포無有恐怖", 마음에 걸리는 것이 아무것도 없고 일체의 공포가 없어졌다. 그래서 무상정등각無上正等覺이다. 이것이 등각等覺이라는 것이다.

「금강경金剛經」

"응무소주이생기심應無所住而生其心 약식본심견자본성즉명불若識本心見自本性即名佛"
(응당 머무를 데가 아무것도 없는데 그 마음이 빛난다. 그래서 본심을 알고 본성을 발견하게 되면 부처라 한다.)

이것은 『금강경金剛經』에 나온 말로 아무것도 주住하는 데가 없는데 그 마음이 나온다는 "응무소주이생기심應無所住而生其心"이다. 이것이 "약식본심若識本心 견자본성見自本性 즉명불即名佛"이다. 혜능慧能의 말인데, 만약 본심本心을 알고 자기의 본성本性을 발견하면 그것이 부처라는 것이다.

이 말은 장자莊子로 말해서 "허실생백虛室生白"이다. "응무소주應無所住"라 하는 것이 허실虛室이라는 것이고 "생기심生其心"하는 말이 생백生白이라는 것이다. 그러니까 기독교로 말하면 마음이 깨끗한 자는 하나님을 볼 것이라는 말이다. 마음이 깨끗한 자, 허실이다. 하나님을 볼 것이다, 이것이 생백이다. 이것이 『금강경』에 나온 "응무소주이생기심"이나 마찬가지다. 그래서 "길상지지吉祥止止", 한없는 복이 계속된다는 것인데 이것이 묘각妙覺이다.

그리고 장자의 조철朝徹이라는 것, "조철이후능견독朝徹而後能見獨"이다. 자기 자신을 발견하는 것이다. 이것이 말하자면 등각等覺이다. 그리고 좌망坐忘이라는 것이다. "망인의忘仁義", 인의를 잊었다. "망예악忘禮樂", 예악을 잊었다. 그 다음이 좌망이다. 좌망이란 "휴지체墮支體 출총명黜聰明 리형거지離形去知"라 했다. 인의예지仁義禮智가 다 뚫린 것이다. 그래서 "동어대통同於大通", 마음하고 하나가 되고 만 것이다. 전체가, 네 가지가 다 뚫려서 결국 마음이 뚫리게 된 것이다. 이것을 좌망이라 하는데, 좌망이란 사근四根이 뚫린 것이고, 그 다음에 조철朝徹이라는 것이 등각으로 신身이 뚫리는 것이고, 그 다음에 여기서 말하는 허실생백이라는 것인데 이것이 묘각이라는 것이다.
『장자』에서는 이처럼 좌망坐忘, 조철朝徹, 심재心齋, 이 세 마디로 하는데 좌망은 네 가지가 뚫린 것이고, 조철은 등각이라는 것, 그리고 심재는 묘각이라는 것이다. 결국 이것도 육근청정이다. 그래서 『장자』에서 말하는 것도 육근청정이요 불교에서 말하는 육근청정이다. 이렇게 우리는 『장자』의 가르침이나 불교의 핵심이 대개 비슷한 것으로 이해할 수 있다.

약어대중중若於大衆中 이무소외심以無所畏心 설시법화경說是法華經 여청기공덕汝聽其功德 시인是人 득팔백공덕수승안得八白功德殊勝眼 이시장엄고以是莊嚴故 기목其目 심청정甚淸淨 부모소생안父母所生眼 실견삼천계悉見三千界 기중제중생其中諸衆生 일체개실견一切皆悉見 수미득천안雖未得天眼 육안력여시肉眼力如是.
많은 대중 가운데서 두려움 없이 『법화경』을 설하는 사람의 공덕이 어떤 것인지 너는 들어보라. 이런 사람은 8백 공덕의 뛰어나게 밝은 눈을 얻어 그렇게 장엄한 것이다. 그러니까 그 눈이 한없이 청정하다. 부모가 낳아준 눈을 가지고 이렇게 삼천대천 세계와 그 가운데 모든 중생과 일체의 모든 것을 다 볼 수 있다. 비록 천사의 눈은 아니라도 육안의 힘이 이렇게 된다.

아무 두려움 없이 『법화경』을 설하게 되었다. 그 공덕이 얼마나 큰 것인가. "수승안殊勝眼", 특히 눈이 밝아졌다. 우리가 책을 마음대로 읽게 되었다고 그렇게 생각하면 될 것이다. 그리고 이 책으로 보는 내용이 한없이 위대해졌다. 그래서 그 눈이 깨끗해졌다. 부모가 낳아준 눈인데 우리는 삼천대천三千大千 세계를 볼 수 있다. 눈이 뚫리면 삼천대천 세계를 볼 수 있다. 그 속에 모든 중생이 사는데 그것도 일체 다 알 수가 있다. 결국 우리가 이 세상을 떠나면 천안天眼을 얻게 되는데 지금 육안肉眼 가지고도 이 정도는 알 수 있다는 것이다. 한마디로 말하면 눈이 깨끗해졌다는 것, 눈이 뚫렸다는 말이다.

　부모소생이父母所生耳 청정무탁예淸淨無濁穢 이차상이以此常耳 문문 삼천세계성三千世界聲 여시제음성如是諸音聲 실개득문지悉皆得聞之 제불대성존諸佛大聖尊 교화중생지敎化衆生者 어제대회중於諸大會中 연설미묘법演說微妙法 지차법화자持此法華者 실개득문지悉皆得聞之 삼천대천계三千大千界 내외제음성內外諸音聲 하지아비옥下至阿鼻獄 상지유정천上至有頂天 개문기음성皆聞其音聲 이불괴이근而不壞耳根 기이총리고其耳聰利故 실능분별지悉能分別智 지시법화자持是法華者 수미득천이雖未得天耳 단용소생이但用所生耳 공덕이여시功德已如是.
　부모가 낳아준 귀 청정하고 더러움 없으니 이로써 삼천대천 세계의 소리를 다 듣는다. 이와 같이 모든 소리를 다 들을 수 있어 거룩하신 부처님이 중생을 교화하기 위해 큰 모임 가운데 연설하시는 모든 미묘한 법을 다 들을 수가 있다. 이『법화경』을 지니는 자는 다 그것을 들을 수 있어 삼천대천의 안팎에서 나는 소리, 아래로는 아비지옥에서 위로는 유정천에 이르기까지 그 음성을 다 들을 수 있는데 그 많은 소리를 들어도 귀는 조금도 손상되지 않는다. 그 귀는 총명하여 모두를 다 분별할 수 있다. 이『법화경』을 지니는 자는 비록 천사의 귀가 아니라도 부모가 낳아준 귀로써 그 공덕이 이러한 것이다.

　귀가 뚫린 것이다. 귀로 듣는데 언제나 삼천세계三千大千의 소리를 다 들을 수 있다. 아까 내가 말한 대로 웬만한 소리는 다 들을 수 있게 되었다는 것이다.
　석가가 모든 사람을 위해서 설교를 하는데 그 설교가 아주 미묘한 진리를 설하고 있다. 그래서 이『법화경』을 가진 사람은 다 들을 수 있다. 삼천대천의 모든 소리를 다 듣는데 지옥에서 천당까지 다 들을 수가 있다. 그리고 그런 소리를 들어도 귀에 아무런 지장이 없다. 그 귀가 한없이 맑기 때문에 모든 분별지分別智를 다 얻을 수 있다. 이런 사람은 하늘의 귀는 얻지 못했지만 부모가 낳아준 귀를 가지고 이런 정도는 들을 수가 있다.

시인비청정是人鼻淸淨 어차세계중於此世界中 약향약취물若香若臭物 종종실문지種種悉聞知 제산심험처諸山深嶮處 전단수화부栴檀樹華敷 중생재중자衆生在中者 문향개능지聞香皆能知 약유회임자若有懷妊者 미변기남녀未辨其男女 무근급비인無根及非人 문향실능지聞香悉能知 중생재불전衆生在佛前 문경개환희聞經皆歡喜 여법이수행如法而修行 문향실능지聞香悉能知 수미득보살雖未得菩薩 무루법생비無漏法生鼻 이시지경자而是持經者 선득차비상先得此鼻相.

이런 사람은 코가 청정해져서 세계의 모든 향기와 더러운 냄새를 맡고 그것을 다 안다. 어떤 산의 깊고 험한 곳이라도 전단수 꽃이 피면 그것을 알 수 있고 그 속에 있는 중생의 냄새도 맡을 수 있고 또 아이를 밴 사람이 있으면 남자인지 여자인지 제대로 발육이 되었는지 아닌지도 냄새를 맡고 다 알 수가 있다. 중생들이 부처님 앞에서 이 경을 듣고 다 기뻐하며 법에 따라 수행함을 이 냄새를 맡고 다 아는 것이다. 비록 보살의 번뇌 없는 법의 코는 아니지만 이 경을 지닌 자는 먼저 이런 코를 얻게 된다.

이것은 코가 뚫린 것이다. 그래서 세계 속에서 향내도 더러운 냄새도 다 맡게 된다. 높은 산에 있는 향내나는 향나무의 향내도 맡는다. 모든 중생衆生의 여러 가지 향내를 다 맡을 수 있다. 그래서 여자들이 어린 애를 가지면 그 애가 남자인지 여자인지도 냄새를 가지고 구별할 수 있다. 냄새를 가지고 제대로 발육을 한 것인지 못한 것인지도 알 수가 있다. 이렇게 냄새를 맡고 다 알 수가 있다.

중생이 부처님 앞에서 경의 냄새만 맡아도 그렇게 좋다. 그래서 그 법대로 수행한다. 그 냄새까지 다 맡게 되어야 다 알 수 있게 된다. 아직 보살이 못 되었어도 "무루법생無漏法生"이다. 무루無漏는 번뇌가 없어지고 진리로 사는 것이다. 그런 코를 가진 사람은 경전을 다 알 수 있는 사람이 된다. 그러니까 우선 코가 뚫려야 된다.

 시인설근정是人舌根淨 종불수악미終不受惡味 기유소식담其有所食噉
실개성감로悉皆成甘露 이심정묘성以深淨妙聲 어대중설법於大衆說法
이제인연유以諸因緣喩 인도중생심引導衆生心 문자개환희聞者皆歡喜
설제상공양設諸上供養 제천룡야차諸天龍夜叉 급아수라등及阿修羅等
개이공경심皆以恭敬心 이공래청법而共來聽法 여시제천중如是諸天
衆 상래지기소常來至其所 제불급제자諸佛及弟子 문기설법음聞其說
法音 상념이수호常念而守護 혹시위현신或時爲現身.
 이런 사람은 혀가 깨끗하여 언제나 나쁜 음식을 받지 않아 그 먹
는 것은 모두 다 감로수가 된다. 그리고 깊고 깨끗하고 미묘한 음성
으로 대중에게 설법할 때 여러 인연과 비유로 중생들의 마음을 인
도하여 듣는 사람들 모두가 기뻐하도록 가장 훌륭한 공양을 베푼
다. 그러면 여러 천룡과 야차와 아수라 등 모두가 공경하는 마음으
로 와서 법을 듣는다. 이런 하늘의 무리들이 항상 그곳에 와서 모인
다. 또한 모든 부처 및 제자들도 그 설법하는 음성을 듣고 항상 생각
하고 수호하며 때대로 문득문득 그 몸을 나타내신다.

 이것은 입이 깨끗하다는 것이다. 그래서 나쁜 음식은 먹지 않게 된
다. 그리고 음식을 씹어먹는데 그 얼마나 맛있는지 모른다. 입에는 두
가지가 있다. 먹는 것도 있고 말하는 이야기도 있다. 그러니까 입에서
아주 좋은 목소리도 낼 수 있다. 모든 대중에게 좋은 설교를 할 수 있
다. 그래서 여러 가지 자기의 경험담도 말해서 모든 사람을 진리의 세
계로 끌어들일 수가 있다. 듣는 사람은 다 기쁨에 넘치게 되고 아주 최
대의 존경을 하게 된다. 사람뿐만 아니라 천룡天龍, 야차夜叉, 아수라
阿修羅 등 이들도 다 공경심恭敬心을 가지고 여기 와서 진리를 듣게
된다. 이런 모든 천중天衆은 언제나 설법을 하면 찾아온다. 모든 부처
나 제자나 그 설법을 들으면 언제나 그것을 마음속에 간직하고 그것을
지키게 된다. 그래서 자기의 본체를 나타내게 된다. 이것은 입에 대한

이야기다.

약지법화자若持法華者 기신심청정其身深淸淨 여피정유리如彼淨瑠璃
중생개희견衆生皆喜見 우여정명경又如淨明鏡 실견제색상悉見諸色像
보살어정신菩薩於淨身 개견세소유皆見世所有 제불급성문諸佛及聲聞
불자보살등佛子菩薩等 약독고재중若獨若在衆 설법실개현說法悉皆現
수미득무루雖未得無漏 법성지묘신法性之妙身 이청정상체以淸淨常
體 일체어중현一切於中現.

법화를 지니는 자는 그 몸이 한없이 청정하여 마치 깨끗한 유리 같아 중생들이 모두 기쁘게 바라본다. 또 깨끗하고 맑은 거울에 모든 형상이 비쳐 보이듯 보살의 깨끗한 몸에 세상의 모든 것이 다 비쳐 보인다. 모든 부처, 성문, 불자, 보살들, 혼자서 혹은 대중과 함께, 법을 설하며 모든 것을 다 나타낸다. 비록 번뇌를 벗어난 진리 자체의 신비한 몸은 아니지만 언제나 청정한 그 몸으로 일체를 드러낸다.

『법화경』을 가진 사람은 그 몸이 한없이 깨끗하다. 마치 유리알같이 깨끗하다. 중생은 모두 그 거울 같은 것을 들여다보고 기뻐할 수 있다. 그리고 거울같이 깨끗해서 모든 현상세계를 다 볼 수가 있다. 보살이 몸이 깨끗해지면 이 세상에 있는 모든 것을 다 볼 수 있다. 부처부터 모든 성문聲聞, 불자佛子, 보살菩薩 등 다 볼 수가 있다. 그리고 홀로 또는 중생 속에 있어도 법을 설하면서 다 그 본체를 나타낼 수 있다. 그래서 "무루법성지묘신無漏法性之妙身", 진리의 몸이 되는 것이다. 의식계意識界와 무의식계無意識界가 다 통하고 마는 것이다. 등정각等正覺이 되고 마는 것이다. 그렇게 되면 아무 모순도 번뇌도 공포도 없는 그런, 그것이 무루無漏라는 것인데, 법성지묘신法性之妙身이다. 진리 자체가 되고 마는 것이다.

이것이 제일 중요한 말이다. 법성지묘신이다. 이런 깨끗한 몸을 가지고 모든 사람 앞에 나타나야 된다. 교수가 되려면 이렇게 되어야 된다는 것이다. 진리 자체가 되어서 나타나야 된다. 말씀이 육신이 되어서 나타나야 된다. 그래야 말하자면 교수가 된다는 것이다.

　시인의청정是人意淸淨 명리무탁예明利無濁穢 이차묘의근以此妙意根 지상중하법知上中下法 내지문일게乃至聞一偈 통달무량의通達無量義 차제여법설次第如法說 일시개실지一時皆悉知 지법화경자持法華經者 의근정약시意根淨若斯 수미득무루雖未得無漏 선유여시상先有如是相 시인지차경是人持此經 안주희유지安住希有地 위일체중생爲一切衆生 환희이애경歡喜而愛敬 능이천만종能以千萬種 선교지어언善巧之語言 분별이설법分別而說法 지법화경고持法華經故.

　이런 사람은 뜻이 깨끗하고 밝아서 더러움이 없으니 그 신비한 뜻의 근원에 통하여 상중하의 법을 식별하게 되고 한 구절만 듣고도 한없는 이치를 통달하게 되고 차례로 법대로 설법하니 한 순간에 모두 깨닫게 된다.『법화경』을 지닌 자는 뜻의 뿌리가 이렇게 청정해서 비록 무루는 아니지만 이미 이런 모습을 갖게 된다. 그래서 이런 사람은 이『법화경』을 지니고 희귀한 지위에 머물러 있으니 모든 중생들이 기뻐하고 사랑하며 존경하게 된다. 그리고 능히 천만 가지 교묘하고 능숙한 말로 분별하여 법을 설하게 된다. 이렇게 된 것은 모두『법화경』을 지닌 까닭이다.

　그 다음은 뜻이 깨끗한 것이다. 더러운 생각이라는 것이 일체 없어진 것이다. 그래서 의意의 뿌리가 아주 신비에 가까워진다는 것이다. '묘妙'는 신비하다는 것이다. 신비에 가까워져서 상上이나 중中이나 하下나 무슨 이치든지 다 말할 수가 있다. 한마디로 말하면 통달무량通達無量이다. 이것이 여기서는 핵심이다. 말하자면 모든 자기의 전공에 대해 통달해서 모르는 것이 없어진 것이다. 학생들이 무슨 질문을 해도 다 대답할 수 있게 그렇게 된다는 것이다. 통달무량이라는 것인데 이것이 묘각妙覺이다. 그래서 차례 차례로 상근, 중근, 하근 할 것 없이 다 가르칠 수가 있고 그래서 다 알 수가 있다.『법화경』을 가진 사람은 그 속의 내용이 이렇게 뚫리고 마는 것이다.

왕양명王陽明으로 말하면 심즉리心卽理, 지행합일知行合一, 치양지致良知라는 것이다. 몸이 뚫렸다는 것이 지행합일이고 맨 마지막 뜻이 뚫렸다는 것이 치양지라는 것이다. 공자는 칠십에 불유구不踰矩라 한다. 칠십에 나서는 무슨 말을 해도 다 진리지 진리 아닌 것이 없다는 것이다. 이것이 뜻이 뚫렸다는 것이다.

그래서 이런 사람은 정말 최고의 경지에 안주할 수 있다는 것이다. 모든 사람을 위해서 모든 사람들이 기뻐하고 사랑하고 존경하는 그런 교수가 될 수 있다. 천만종千萬種의 모든 문제도 아주 멋있게 가르칠 수가 있다. 계속해서 세밀하게 연설할 수 있다. 말하자면 치양지다. 무슨 말을 해도 다 재미있고 뜻이 있는 그런 말을 할 수 있다.

결국 세 마디다. 맨 마지막이 묘각妙覺이고 그 전이 등각等覺이고 또 그 전에 입, 코, 눈, 귀가 뚫리는 것을 원각圓覺이라 해두면 원각과 등각과 묘각이다. 등각이란 자기 자신이 뚫린 것이고 묘각이란 무슨 말이든지 다 진리가 아닌 것이 없고 무엇이나 다 가르칠 수가 있다는 것이다. 그래서 『원각경』은 원각에 대한 이야기고 『법화경』은 등각에 대한 이야기고 『화엄경』은 묘각에 대한 이야기라 그렇게 해두면 우리는 세 공덕품의 내용을 대개 다 알 수가 있다.

2000. 9. 17.

제 20. 상불경보살품常不輕菩薩品

원문 요약

　이시爾時 불고佛告 득대세보살得大勢菩薩 여금당지汝今當知 약비구若比丘 지법화경자持法華經者 약유악구若有惡口 매언비방매언비방罵言誹謗 획대죄보獲大罪報 여전소설如前所說. 기소득공덕其所得功德 여향소설如向所說 안이비설신의청정眼耳鼻舌身意淸淨 득대세得大勢 내왕고석乃往古昔 과무량무변過無量無邊 유불有佛 명名 위음왕여래威音王如來 어피세중於彼世中 위천인아수라爲天人阿修羅 설법說法. 기불其佛 요익중생이饒益衆生已 연후멸도然後滅道 정법상법正法像法 멸진지후멸盡之後 어차국토於此國土 부유불출復有佛出 유이만억불有二萬億佛 개동일호皆同一號 최초위음왕여래最初威音王如來 기이멸도旣已滅度 정법멸후正法滅後 어상법중於像法中 증상만비구增上慢比丘 유대세력有大勢力. 이시爾時 유일보살비구有一菩薩比丘 명名 상불경常不輕 득대세得大勢 시비구是比丘 범유소견凡有所見 약비구若比丘 개실예배찬탄皆悉禮拜讚歎 이작시언而作是言 아심경여등我深敬汝等 불감경만不敢

輕慢 소이자하所以者何 여등개행汝等皆行 보살도菩薩道 당득작불當得作佛 이시비구而是比丘 불전독송경전不專讀誦經典 단행예배但行禮拜. 사중지중四衆之中 유생진에有生瞋恚 심불정자心不淨者 악구매리언惡口罵詈言 시무지是無智 비구比丘 이장목와석以杖木瓦石 이타척지而打擲之 피주원주避走遠住 유고성창언猶高聲唱言 아불감경어여등我不敢輕於汝等 여등개당작불汝等皆當作佛 증상만비구增上慢比丘 호지위상불경號之爲常不輕. 시비구是比丘 임욕종시臨欲終時 어허공중於虛空中 구문具聞 위음왕불威音王佛 선소설법화경先所說法華經 이십천만억게二十千萬億偈 실능수지悉能受持 득시得是 육근六根 청정이淸淨已 갱증수명更增壽命 이백만억二百萬億 나유타세那由他歲 광위인설廣爲人說 시법화경是法華經 어시於時 증상만사중增上慢四衆 견기득見其得 대신통력大神通力 개신복수종皆信伏隨從. 이시爾時 상불경보살常不輕菩薩 즉아신시則我身是 피시사중彼時四衆 금차회중今此會中 발타바라등跋陀婆羅等 오백보살五百菩薩 개어아누다라삼막삼보리皆於阿耨多羅三藐三菩提 불퇴전자不退轉者. 득대세得大勢 당지當知 시법화경是法華經 대요익大饒益 제보살마하살諸菩薩摩訶薩 능령지어아누다라삼막삼보리能令至於阿耨多羅三藐三菩提 시고是故 제보살마하살諸菩薩摩訶薩 어여래멸후於如來滅後 상응수지독송常應受持讀誦 해설서사解說書寫 시경是經.

20. 상불경보살품 349

상불경보살품 강해

이시爾時 불고佛告 득대세보살得大勢菩薩 여금당지汝今當知 약비구若比丘 지법화경자持法華經者 약유악구若有惡口 매언비방罵言誹謗 획대죄보獲大罪報 여전소설如前所說.

이때 부처님이 득대세보살에게 말씀하셨다. "너는 이제 마땅히 알아야 한다.『법화경』을 지닌 자를 만약 욕하거나 비방하면 앞서 말한 대로 큰 죄의 업보를 받을 것이다."

상불경보살常不輕菩薩을 어떤 사본에서는 피경멸보살被輕蔑菩薩이라고 하는데 같은 뜻이다. 무수히 경멸을 받는 보살이라는 것이다. 지난번에는 상정진보살常精進菩薩이었으니까 이번에는 사실 말하자면 상인욕보살常忍辱菩薩이라고 해야 될 것이다. 계속 남에게 학대를 받으면서도 참아간다는 그런 말이다.

대세보살大勢菩薩이라 했는데 대세大勢는 큰 힘이라는 뜻이다. 보통 대세지보살大勢至菩薩이라 한다. 큰 힘에 도달한 사람이다. 큰 힘을 가지지 않으면 능히 참아낼 수 없는 것이다. 큰 정신력을 가지지 않으면 그 고통을 참아낼 수 없다는 것이다. 기독교로 말하자면 십자가를 진다던가 갖은 수모를 받는다던가 하는 것이 다 하나의 큰 정신력이다. 간디가 무저항의 저항을 한다 그럴 때 그것은 큰 정신력을 가지고 저항하는 것이다. 큰 정신력이란 무엇인가 하면 모든 수모를 그냥 받는 것이다. 결국 물질적으로 이기는 것이 아니라 정신적으로 이긴다는 것이다. 간디가 기독교를 한마디로 하면 "무저항의 저항"이라 했다. 즉 자기는 복음을 통해서 무저항의 저항이라는 것을 알았다는 것이다. 무저항의 저항이란 결국 큰 정신력을 가지고 저편에서 나에게 주는 모든 경멸을 다 참아 이기고 오히려 나의 높은 정신과 지혜를 가지고 그 사람들을 설득해서 이겨내는 것이다. 그것이 소위 간디라는 사람이다. 그러니까 간디 같은 사람을 우리는 대세지보살大勢至菩薩

이라고 그렇게 말할 수 있다.

 정신력이 약하면 이것은 도저히 안 되는 것이다. 소크라테스도 어떤 젊은이가 소크라테스 뒤에서 아주 무시하고 욕하고 경멸하니까 옆에 있던 사람이 도저히 참을 수가 없어서 소크라테스에게 "당신이 반항하지 않으면 내가 저 사람을 혼내주겠다" 하니까 소크라테스는 웃으면서 "당신은 개가 짖는다고 같이 짖겠느냐?" 했다. 개는 짖으라고 그냥 두어야지 무슨 그것을 문제 삼느냐는 것이다. 소크라테스 같은 사람도 대세지보살이다. 큰 정신력을 가진 사람은 웬만한 수모나 박해에 까닥도 하지 않는다. 오히려 그 정신적인 지혜를 가지고 상대를 설득해서 이겨내는 것인데 그것이 말하자면 종교의 핵심이다. 기독교도 그렇지 그밖에 뭐가 더 있겠는가.

 대세지보살, 너는 이것을 알아야 된다. 『법화경』을 가진 사람을 매언罵言 비방誹謗 하는 그런 사람은 큰 죄의 값을 받는다. 진리를 핍박하는 사람은 벌을 받는다는 그 소리다.

 기소득공덕其所得功德 여향소설如向所說 안이비설신의청정眼耳鼻舌身意淸淨 득대세得大勢 내왕고석乃往古昔 과무량무변過無量無邊 유불有佛 명名 위음왕여래威音王如來 어피세중於彼世中 위천인아수라爲天人阿修羅 설법說法.

 그가 얻는 공덕은 또한 앞서 말한 바대로 눈, 귀, 코, 혀, 몸, 뜻이 모두 깨끗해지는 것이다. 득대세야, 지난 옛적 끝없는 과거에 부처님이 계셨으니 이름이 위음왕여래인데 그 위음왕여래가 이 세상에서 모든 천인과 아수라를 위해서 설법을 했다.

 『법화경』을 전파하는 사람은 이전에 말한대로 안이비설신의眼耳鼻舌身意 청정淸淨이다. 지난번에 원각圓覺, 등각等覺, 묘각妙覺이라 말했던 그것이다. 안이비설眼耳鼻舌은 원각이고 신身은 등각, 의意는 묘각이다. 육근청정六根淸淨이라는 것이다. 육근청정을 얻었다.

 득대세보살得大勢菩薩, 옛날 한없는 옛날에 이런 부처님이 있었다.

위음왕여래威音王如來인데 '음音'이란 복음을 말하고, '왕王'은 왕성하게, '위威'는 널리 펴서 보인다는 뜻이다. 진리를 아주 왕성하게 펴 보이는 부처님이다. 그런 부처님이 있었다. 그가 살아있는 동안에 하늘에 있는 사람이나 지옥에 있는 사람이나 모든 사람을 위해서 법을 설했다.

기불其佛 요익중생이饒益衆生已 연후멸도然後滅道 정법상법正法像法 멸진지후滅盡之後 어차국토於此國土 부유불출復有佛出 유이만억불有二萬億佛 개동일호皆同一號 최초위음왕여래最初威音王如來 기이멸도旣已滅度 정법멸후正法滅後 어상법중於像法中 증상만비구增上慢比丘 유대세력有大勢力.

그 부처님께서 중생들에게 많은 유익을 얻게 한 후에 열반을 하셨다. 그후 정법과 상법이 다 없어지고 나서 이 국토에 또 부처님이 오셨다. 이렇게 2만 억 부처님들이 나타났는데 이름은 모두 최초의 위음왕여래와 같은 이름이다. 그 위음왕여래께서 이미 열반하신 후 정법시대를 지나 상법시대가 되자 증상만 비구들이 득세하게 되었다.

그 부처님이 중생을 많이 도와주었다. 많이 도와준 후에 죽었다. 열반에 들었다. 같은 말이다. 그 후에 정법正法, 상법像法이다. 정법은 진리를 깨닫고 진리를 실천하는 세계를 말하고 상법은 진리를 알기만 하고 실천하지 않는 세계를 말한다. 말법末法은 진리를 알지도 못하고 실천도 못하는 것을 말한다. 그래서 석가가 죽은 후 5백 년 동안은 정법시대라 하고 그 다음 5백 년은 상법시대라 하고 그 다음 5백 년은 말법시대라 한다. 말법시대는 말하자면 말세라는 말이다. 알려고도 안 하고 실천하려고도 안 하고, 진리와 멀리 떨어져 사는 사람을 말법시대라 한다. 정법시대도 지나고 상법시대도 지난 후, 즉 말법시대에 이 국토에 또 부처님이 태어났다. 그래서 많은 부처님이 태어났는데 모두가 다 최초 위음왕여래威音王如來와 같은 이름이었다. 열심히 불법佛

法을 전한 사람들이라는 말이다.

또 그 분들이 죽은 후에 정법이 지나가고 상법 중에, 즉 알기는 좀 아는데 실천은 안 하면서 안다고 괜히 뽐내는, 기독교로 말하자면 바리새교인, 서기관, 제사장 같은 사람들이 득세를 했다. 그런 사람들은 아주 교만하다는 것이다. 조금 아니까 교만해진 것이다. 그래서 증상만비구增上慢比丘라 한다. 굉장히 교만한 비구들이 살았다는 것이다. 예수님을 박해한 사람들이 다 증상만비구들이다. 저희들만 안다고 하는 학자, 바리새교인, 제사장, 이런 사람들이다. 그런 사람들이 한 때 종교계를 붙잡고 있었다는 것이다.

이시爾時 유일보살비구有一菩薩比丘 명名 상불경常不輕 득대세得大勢 시비구是比丘 범유소견凡有所見 약비구若比丘 개실예배찬탄皆悉禮拜讚歎 이작시언而作是言 아심경여등我深敬汝等 불감경만不敢輕慢 소이자하所以者何 여등개행汝等皆行 보살도菩薩道 당득작불當得作佛 이시비구而是比丘 불전독송경典不專讀誦經典 단행예배但行禮拜.

그때 한 보살 비구가 있었는데 이름을 상불경이라 했다. 득대세야, 이 비구는 그 사람이 비구든지 아니든지 누구나 만나는 사람들에게 언제나 다 예배 찬탄하면서 이렇게 말했다. "나는 당신을 깊이 존경할 뿐이지 결코 경멸하지 않습니다. 왜냐 하면 당신들도 다 보살도를 행하면 마땅히 성불할 것이기 때문입니다." 이 비구는 경전을 읽거나 가르치거나 하지 않고 다만 예배 찬탄하면서 그렇게만 했다.

불경보살不輕菩薩에서 불경不輕이란 경멸을 받는, 박해를 받는다는 것이다. 득대세得大勢야, 이 비구는 어떤 생각을 갖고 있었는지 아느냐? 그는 사람을 만날 때마다 언제나 절하고 그 사람을 칭찬하고 그 사람에게 이런 말을 했다. "나는 너희를 굉장히 깊이 존경한다. 너희를 절대 가볍게 생각하지 않는다. 결코 무시하지 않는다. 왜냐하면 너희들도 보살도菩薩道를 행하기만 하면 다 부처가 될 수 있기 때문이다."

이것이 무슨 말인가 하면 너희들도 불성佛性을 다 갖고 있다는 것이다. 너희들도 부처가 될 소질을 다 갖고 있으니까 조금만 노력하면 다 부처가 될 수 있다는 말이다. 그리고 이 비구는 그 사람에게 가서 가르친다거나 같이 경전을 읽는다거나 그런 일은 안 하고 만나면 그저 절하고 당신은 아주 불성을 가지고 있으니까 조금 노력하면 부처가 될 수 있다는 말만 늘 그렇게 했다는 것이다.

사중지중四衆之中 유생진에有生瞋恚 심불정자心不淨者 악구매리언惡口罵詈言 시무지是無智 비구比丘 이장목와석以杖木瓦石 이타척지而打擲之 피주원주避走遠住 유고성창언猶高聲唱言 아불감경어여등我不敢輕於汝等 여등개당작불汝等皆當作佛 증상만비구增上慢比丘 호지위상불경號之爲常不輕.

그런데 많은 사람들 가운데는 쓸데없이 교만하고 남을 무시하고 화내고 이런 마음이 깨끗하지 못한 사람들이 있었다. 그 마음에 욕심이 가득 찬 사람들, 그런 사람들이 이 사람에 대해서 아주 욕을 하고 꾸짖고 하면서 이런 말을 했다. "이 무식한 놈아." 그리고는 몽둥이, 채찍으로 때리고 기왓장과 돌멩이로 던지고 그렇게 핍박을 했다. 그러면 불경보살은 멀리 도망쳐서 달아났다. 그리고는 큰 소리로 외쳤다. "나는 절대 너희를 무시하지 않는다. 너희들도 꼭 부처가 될 것이다." 그래서 증상만 비구들이 그 사람을 두고 별명을 지었는데 상불경이라 했다.

그래서 이름이 상불경常不輕이다. 나는 너희를 경멸하지 않는다는 뜻으로 이름을 지어 준 것이다.

시비구是比丘 임욕종시臨欲終時 어허공중於虛空中 구문具聞 위음왕불威音王佛 선소설법화경先所說法華經 이십천만억게二十千萬億偈 실능수지悉能受持 득시得是 육근六根 청정이淸淨已 갱증수명更增壽命 이백만억二百萬億 나유타세那由他歲 광위인설廣爲人說 시법화경是法

華經 어시於時 증상만사중增上慢四衆 견기득見其得 대신통력大神通力 개신복수종皆信伏隨從.

  이 비구가 임종을 당하게 되었을 때 허공 가운데서 위음왕 부처님께서 앞서 설법했던 20천만 억 마디의 『법화경』말씀을 듣게 되었다. 그 말씀을 다 듣고 받아 지녀서 육근청정이 되었는데 육근청정을 얻은 후 다시 수명이 2백만 억 나유타 해로 늘어나 여러 사람들에게 이 『법화경』을 설하게 되었다. 이 때 증상만이었던 모든 사람들이 그가 신통력을 얻은 것을 보고 다 그를 믿고 복종해서 따르게 되었다.

  이 상불경비구常不輕比丘가 죽게 되었을 때 허공에서 위음왕불威音王佛의 소리를 들었다. 기독교로 말해서 하나님의 말씀을 들었다는 것이다. 위음왕불은 언제나 『법화경』을 설한 사람이다. 『법화경』 속에 이십 천만 억 게偈가 있다는 것인데, 많은 말씀을 하셨다는 말이다. 그 말씀을 다 받아 들였다. "아멘" 했다는 말이다. 그래서 곧 육근六根이 청정淸淨해졌다. 원각, 등각, 묘각을 얻게 되었다는 말이다. 그리고 또 다시 긴 수명을 얻게 되었다. "이백만억二百萬億 나유타세那由他歲", 이것은 우리가 계산할 수 없는 시간이다. 오랜 동안 또 살았다는 것이다. 그래서 사람들을 위해서 또 『법화경』을 설했다. 그런데 그 때에 그 교만하던 사람들이 이번에는 불경보살이 보통 사람이 아니라는 것을 알았다. 불경보살이 큰 신통력神通力을 얻었다. 육근청정이 되었으니까 큰 신통력을 얻은 것이다. 그 신통력에 그만 감복을 해서 모두 믿고 복종하고 따랐다. 그래서 다 성불成佛을 했다는 것이다.

  결국 기독교로 말하면 십자가에 달려 죽은 다음에 부활해서 많은 사람을 또 가르쳤다는 것이다. 그런데 여기서는 죽을 임박에 정신이 확 들어서 하늘나라에 가서 위음왕보살에게 『법화경』을 다 받아 가지고 다시 세상에 내려와서 이 사람들을 가르쳐서 이 사람들을 구원했다는 식으로 표현이 된 것이다.

이시爾時 상불경보살常不輕菩薩 즉아신시則我身是 피시사중彼時四衆 금차회중今此會中 발타바라등跋陀婆羅等 오백보살五百菩薩 개어아누다라삼막삼보리皆於阿耨多羅三藐三菩提 불퇴전자不退轉者.

이때의 상불경보살이란 바로 나 자신이고 그때 증상만 비구들은 지금 여기 모인 발타바라 등 5백 보살들인데 다 아누다라삼막삼보리에서 물러나지 않는 사람들이다.

이때 상불경보살常不輕菩薩이 누구인가 하면 바로 석가의 전신이었다는 것이다. 내가 옛날에 이 세상에 나오기 전에 그 때 내가 그 불경보살이었다는 것이다. 이런 것을 소위 전생설화라 한다. 또 어떤 때는 이런 것을 본생설화라고 한다. 이 사람들은 윤회설을 믿는 것이다. 몇 번이고 자꾸 윤회한다는 것이다. 보신이란 무엇인가? 수없이 윤회를 하면서 수없이 수양을 해서 나중에는 부처가 된 사람이다. 그것이 소위 보신이라는 사상이다. 석가라는 사람도 수없이 오랜 동안 노력하고 또 노력하고 노력해서 이번에 성불이 된 것이지 이번에 나와 사십 년 만에 성불한 것은 아니라는 것이다.

이 사람들은 언제나 이렇게 전생前生을 말한다. "팔십년전거시아八十年前渠是我", 팔십 년 전에 나는 무엇이었다. 이것이 이 사람들의 영생이다. 팔십 년 전, 그 전에 내가 수억만 년 살았다. "팔십년후아시거八十年後我是渠", 그리고 내가 팔십 년 후에도 또 수억만 년을 산다. 이런 사상이 아미타불阿彌陀佛이다. 영원한 생명이다.

기독교에서는 죽은 후에 하늘나라에 간다는 생각을 많이 하지만 내가 이 세상에 오기 전에 나는 무엇이었다 하는 그런 것은 별로 없다. 말하자면 태초에 말씀이 있었다는 것이다. 내가 오기 전에 나는 말씀이었다는 것이다. 기독교에서는 그렇게만 말한다.

그런데 불교에서는 전생을 많이 말한다. 전생에 한 행동, 이것을 업業이라 하는데, 전생의 업 때문에 내가 지금 고생을 하고 있다는 것이다. 이것을 업보業報라 한다. 전생에 내가 나쁜 짓을 많이 해서 지금 내가 이렇게 고생을 많이 한다는 것이다. 전생에 좋은 일을 많이 했으면 이 세상에 와서 내가 편안하게 살 것인데 전생에 그렇지 못해서 지금 이렇게 고생을 한다. 그렇게 생각하니까 세상에 대해서 별로 불평불만이 없다. 내가 왜 이렇게 팔자가 나쁜가? 전생에 그만 내가 실수를 많이 했다. 그래서 지금 내가 이런 것이다.

석가의 사촌 동생이 데바달다提婆達多인데 그 데바는 석가를 죽이려고 계속 따라다녔다. 그런데 석가가 생각하기를 데바는 전생에 자기의 선생이었는데 그때 그만 자기가 공부를 안 했다는 것이다. 밤낮 도망치기만 했으니까 이번 기회에는 내가 죽어라 고생을 한다는 것이다. 데바가 죽어라 핍박을 하니까 나도 이제 가만히 있을 수가 없어서 자꾸 노력을 하니까 결국 부처가 된 것이라는 말이다. 데바가 전생에 하나의 자기 선생이었고 이번에는 자기의 원수인데 그 원수 때문에 지금 내가 된 것이지 그 데바가 없었더라면 나는 그만 태만하고 말았을 것이 아니냐는 이런 사상이다. 누구를 원망한다거나 비방한다거나 그런 것이 전혀 없이 그냥 그렇게, 말하자면 체념하는 것이다. 그렇게 생각하면 별로 불평할 것도 없다.

전생을 제일 강조하는 사람들이 달라이 라마Dalai Lama라는 것이다. 달라이 라마가 죽는 순간에 낳은 아이들을 다섯 명 정도 길러가다가 어느 정도 커지면 달라이 라마가 살던 궁전에 가서 다 구경을 시켜주면 그 가운데 정말 똑똑한 자가 있으면 이것은 내가 앉았던 자리다 이것은 내가 보던 책이다 그런 말을 한다고 한다. 환생이토還生泥土라는 것이다. 그래서 새로운 달라이 라마가 된다는 것이다. 사실인지는 잘 모르지만 이것이 달라이 라마라는 것이다. 본래 달라이 라마의 영이 어린이에게 들어간 것으로 영적인 계승이다. 그렇게 뽑는다는 것이다. 기독교에서는 법왕을 투표로 뽑는다고 하는데 달라이 라마는 그렇게 뽑는 것이 아니라 달라이 라마의 영을 누가 차지했는가로 결정하는 것이다. 그러니까 전생이 달라이 라마인데 후생도 달라이 라마가 되는 것이다. 그렇게 계속해서 달라이 라마가 되었다는 것이 라마교Lamaism라는 것이다. 그 사람들은 전생을 확실히 그렇게 믿는 것이다.

하여튼 심리학자들의 말을 들어보면 최면상태에서 전생을 말한다고 한다. 최면술을 걸어놓고 물어보면 자기의 전생을 말한다는 것이다. 만약 40세 난 사람을 최면술에 걸어놓고 10년 전에 무엇을 했느냐 하면 무엇을 했다고 대답하고, 20년 전에 무엇을 했느냐 하면 또 말하고 그러다가 40년 전에 무엇을 했느냐 하면 말이 끊어지는데, 다시 그 전에 무엇을 했느냐 하고 물어보면 다시 말이 나온다는 것이다. 이렇게 해서 약 10대까지도 거슬러 올라갈 수 있다고 한다. 이런 말을 최면술 하는 사람들에게 들었는데, 자꾸 거슬러 가면 초등학교에 다녔다, 그 전에는 유치원에 다녔다, 그 전에는 울었다, 그 전에는 아무 소리가 없다가 또 그 전에는 무엇을 했느냐 하고 물으면 다시 무슨 사장을 했다, 무엇을 했다, 그렇게 말한다는 것이다.

사실인지 아닌지는 모르지만 하여튼 이런 말을 들었는데, 이런 것들이 다 말하자면 사람은 한평생의 이것이 전체가 아니라는, 즉 생사가 전체가 아니라는 사상이다. 80년 전이 또 있고 80년 후가 또 있다는 것이다. 사람은 계속 수양을 해 가다가 어느 경지에 이르면 그 다음에는 부처가 되는 것이다. 부처가 되어야 생사의 윤회를 벗어나는 것이지 부처가 되지 못하면 계속 돌아가는 것이다. 계속 낙제하는 것이다. 성불成佛을 하나의 졸업으로 보는 것이다. 생사의 윤회를 어떻게 벗어나는가? 성불해야 출생사出生死. 이렇게 우리와는 상당히 다르게 생각하는 것이다.

그 때 박해를 받던 상불경보살, 그것이 나였다. 그때 나를 박해하던 사람들, 그 사람들이 지금 내 강의를 듣고 있는 보살들이다. 전생에서 나를 박해하던 사람들이 지금은 와서 강의를 듣고 있다는 것이다. 그러니까 전생의 인연 때문에 금생에도 또 만나게 되었다는 것이다. 금생의 인연 때문에 내생에도 또 만나게 된다. 이것을 소위 인연설因緣說이라 한다. 전에는 그렇게 핍박을 했는데 이번에 와서는 성불을 하게 된다는 것이다. 이번에는 꼭 졸업하고야 마는 불퇴전不退轉 보살들이다.

득대세得大勢 당지當知 시법화경是法華經 대요익大饒益 제 보살마하실諸菩薩摩訶薩 능령지어아누다라삼막삼보리能令至於阿耨多羅三藐三

菩提 시고是故 제보살마하살諸菩薩摩訶薩 여래멸 후於如來滅後 상응수지독송常應受持讀誦 해설서사解說書寫 시경是經.

득대세, 너는 꼭 알아야 된다. 이 『법화경』은 모든 사람에게 큰 도움을 주는 것이다. 모든 보살들에게 부처가 될 수 있는 지혜를 주는 것이다. 이렇기 때문에 모든 보살마하살들은 여래가 세상을 떠난 후에 이 『법화경』을 받아 가지고 읽고 따로 외고 해설하고 쓰고 그래서 이 경을 자기 것으로 만들어야 한다.

오늘의 이야기는 소위 인욕忍辱이라는 것이다. 인욕이란 큰 정신력이라는 것이다. 그래서 모든 인간은 존엄하다는 인간의 존엄성이다. 누구든지 우리는 다른 사람을 무시하거나 하면 절대 안 된다. 그 사람을 존경해서 그 사람 속에 있는 인간성 혹은 그 사람 속에 있는 신성神性, 하나님의 형상이라는 것인데, 그 하나님의 형상을 끄집어내 주는 그런 것이 가장 중요하다. 전도란 무엇인가 하면 그것이 전도다. 그 사람 속에 있는 인간성, 신성 혹은 불교로 말하면 불성 그런 것을 끄집어내게 하는 것, 그런 것을 자각하게 만드는 것, 그런 것이 전도의 가장 핵심이다.

유치원에 가면 선생님들이 다 어린이들에게 말을 높인다. "이리 오세요", "저리 가세요" 하고 자꾸 어른 대접을 해준다. 인간이란 다 하나의 얼이라는 것이다. 얼을 얼로 대접하는 것이다. 어린이는 결국 얼이라는 것이다. 하나님의 형상을 지녔다고 생각하는 것이다. 그러니까 존경하는 것이지 그렇지 않으면 무슨 존경할 것이 있겠는가. 여기에 인간 평등 사상이 나오는 것이다.

등각이라는 것이 무엇인가 하면 모든 인간이 평등하다는 것이다. 누구에게나 다 "아누다라삼먁삼보리阿耨多羅三藐三菩提"가 있다는 것이다. "아누다라阿耨多羅"는 무상無上이라는 뜻이다. 한없이 높고 존엄하다는 것이다. 한없이 높고 존엄한 하나님의 형상이 모든 사람 속에 다 있다는 것이다. 이것을 전제하지 않으면 무슨 전도니 교육이니 선교니 아무것도 안 된다. 그것이 있으니까 선생이 학생들을 보고도 자꾸 절하고, 그래서 그 사람 자체로 하여금 내 속에 하나님의 형상이 들어 있다는 것을 깨닫도록 만들어 주는 것이다. 그것이 전도이고 설교이지 무슨 다른 것이겠는가.

다음은 『벽암록』 74장 이다.[6]

금우金牛라는 스님의 이야기다. 금우金牛는 기독교로 말해서 금송아지라는 것이다. 「출애굽기」를 보면 모세 시대에 사람들이 금송아지를 만들어 놓고 절을 했다고 한다. 금송아지란 무엇인가 하면 우주의 상징이다. 하늘을 소라고 보고 소에서 우유가 흘러내리는 것이 은하수라는 것이다. Milky Way다. 이 은하수 위에 있는 것이 소위 소라는 것이다. 우주를 소로 보는 것이다. 그래서 금우라 하기도 하고 또는 철우鐵牛라 하기도 한다. 중국에 가서 보면 소를 쇠로 만들어 놓고 거기에 제사를 지낸다. 말하자면 우주가 그대로 신이라고 보는 것이다. 이것은 인도의 사상이다. 범신론汎神論이라는 것이다.

기독교에서는 우주를 하나님이 창조했다는 일신론一神論이다. 그런데 그 전 단계가 바로 우주가 그대로 신이라는 범신론이다. 범신론의 전 단계는 다신론多神論이다. 산이 신이요 해가 신이요 달이 신이요 하는 다신론이다. 다신론이 자꾸 발전해 가면 나중엔 하나하나 따질 것 없이 전체적으로 우주가 신이라는 것이다. 그러다가 더 올라가면 이 우주를 창조한 하나님이 진짜 신이라 한다. 그렇게 신관神觀이 달라진다.

범신론이라는 것이 말하자면 인도 사상이고 희랍 사상도 나중에는 이렇게 된다. 스피노자가 범신론이다. 괴테도 범신론이다. 서양의 철학자 가운데 범신론자도 많다. 로망롤랑도 범신론이다. 범신론, 일신론, 다신론이라는 것인데 범신론을 소라는 것으로 상징한 것이다. 이집트도 모세 당시에 범신론이다. 그 사람들이 소를 섬기는 것이다. 지금도 인도에 가면 소를 잡아먹지 못하게 한다. 소는 신의 상징이요 우주의 상징이기 때문이다.

---

6. 『벽암록碧巖錄』 74. 금우반통金牛飯桶

『벽암록』에는 언제나 수시垂示, 거擧, 송頌 하는 세 마디가 나온다. '수시'는 서론이고 '거' 하는 것은 본론이고 '송'이 결론이다.

"수시운垂示云 막야횡안鏌鎁橫按 봉전전단鋒前剪斷 갈등과葛藤窠 명경고현明鏡高懸 구중인출비로인句中引出毘盧印 전지은밀처田地穩密處 착의끽반著衣喫飯 신통유희처神通遊戱處 여하주박如何湊泊 환위실마還委悉麽 간취하문看取下文"

(수시에 이르기를 "막야 보검을 휘두르니 칼날 앞에 모든 갈등의 뿌리가 잘렸구나. 밝은 달이 높이 솟아오르니 말씀 가운데 비로인이 빛난다. 세상에 묻혀 평온하고 은밀하게 살면서 옷 해 입고 밥지어 먹으니 신통유희처는 찾을 일이 무엇이냐. 돌이켜 모든 것 그만두고 다음 말을 들어 보라.")

막야鏌鎁는 세상에서 가장 좋은 검이라는 것이다. 중국에서 제일 유명한 검이 막야라고 한다. 그런데 사람이면 누구나 이런 칼날을 가지고 있다는 말이다. 칼날이라는 것이 말하자면 정신력이다. 사람은 누구나 정신력을 가지고 있다. 사람은 그 정신력을 꺼내어 마음대로 써야 된다. 그 칼끝으로 모든 문제를 싹 잘라버려야 된다. 갈등葛藤을 잘라버려야 된다. 이런 생각 저런 생각들이 정리가 되지 않아서 자꾸 자기를 괴롭히는 것이 갈등이다.

알렉산더 대왕이 싸워서 다리우스 왕을 이겼는데 다리우스 왕이 말하길 "우리 나라에는 옛날부터 내려오는 전설이 있다. 우리 궁전 깊은 창고 속에 큰 실꾸러미가 있는데 이 실꾸러미를 푸는 사람에게는 이 나라를 전해주지만 이것을 풀지 못하는 사람은 이 페르시아를 다스릴 자격이 없다고 한다. 그러니 네가 나에게 싸움에서는 이겼지만 사실 왕의 자격이 있는지 없는지 이것으로 시험해보자" 하면서 그 실타래를 내놓았다. 그러자 알렉산더는 그 실타래를 높이 쳐들고는 칼로 싹 잘라버리고 말았다. 그래서 그만 다리우스가 그대로 항복하고 자기의 왕관을 알렉산더에게 주었다는 것이다. 문제는 간단한 것이다. 일일이 엎드려서 풀려면 언제 풀고 있겠는가. 싹 잘라버리면 된다. 그것이다. 인생의 문제는 싹 잘라버려야지 어떻게 풀어보려고 하면 절대 안 된다.
『대학大學』에 보면 "단단斷斷"이라는 말이 나온다. 자르고 또 잘라야 되지 언제 그것을 하겠는가. 나도 처음에 한끼를 생각할 때 한끼를 먹기 위해서는 조금씩 조금씩 줄여야겠다 해서 처음에는 이만큼 줄이고 다음에는 이만큼 줄인다 했지만 아무리 줄여도 끝이 나지 않았다. 그저 한마디로 딱 자르고 말아야 된다. 딱 자르기로 하니까 눈물이 나왔다. 앞으로 밥을 못 먹을 생각을 하니까 밥에 대한 집착이 얼마나 강한지 눈물이 쏟아진 것이다. 잘라야 되지 조금씩 줄인다고 하면 아무리 해봐야 안 된다. 조금씩 조금씩 하는 것은 무한수다. 그러니까 단斷이다. 칼로 싹 잘라야 된다.
담배 피는 사람들도 끊었다가 또 피고 끊었다가 또 피고 하는데 그것은 안 된다. 친척 가운데 아편 먹는 사람이 있어서 병원에 입원시켰더니 아편을 사 가지고 병원에 들어갔다. 병원에서 치료받으면서도 아편을 먹고 있으니 그것은 일 년을 가도 안 된다. 아편이면 아편, 술이면 술을 그냥 딱 잘라버려야 된다. 그것이 정신력이다. 그 자르는 힘이 정신력이지 자르는 힘이 없으면 정신력이라 할 수가 없다. 딱 자르고 마는 것이다.
그래서 언제나 단단斷斷이다. 딱 잘라버려야 된다. "단단무위자연성斷斷無爲自然聲"이다. 내 오도송悟道頌의 하나인데 제일 중요한 것이 "단단"이다. 정신력이란 것이 별것이 아니다. 딱 잘라버리고 마는 것이다. 예수가 40일 금식했다 하는데 그것도 딱 잘라버리니까 40일 금식이지 조금씩 조금씩 하면 그것은 안 된다.
함석헌咸錫憲 선생이 금식한다고 할 때 조금씩 조금씩 줄여가면서 금식한다고 하다가 유영모柳永模 선생한테 굉장히 야단을 맞았다. "너는 언제까지 줄일 것인가?" 언제나 정신력이란 딱 잘라버리는 것이다. 그래서 "막야鏌鋣 봉전전단鋒前剪斷", 이것이 가장 중요하다. 싹 잘라버려야 된다. "갈등과葛藤棄", 갈등의 뭉텅이를 잘라버려야 된다. 자기 속에서 우러나오는 집념, 욕심, 애착 이런 것들을 잘라버려야 된다.
여자도 더 사귀어서는 안 되겠다 하면 싹 잘라버려야 되지 헤어졌다 또 만나고 또 만나고 해서는 끝이 없다. 남녀의 인연이라는 것이 보통 질긴 것이 아니다. 김유신金庾信이 늘 말을 타고 저녁이면 기생집에 갔는데 이래서는 안 되겠다 생각했다. 그런데 저녁에 집에 가려고 말을 타니 말이 습관적으로 기생집으로 가는 것이었다. 자기는 안 가려고 하는데 말이 가는 것이다. 그래서 할 수 없이 말 모가지를 싹 자르고 말았다는 것이다. 그래야 김유신이 되지 그렇지 않으면 어떻게 김유신이 되겠는가.

"명경고현明鏡高懸", 명경明鏡이란 달을 말한다. 하늘에 떠있는 밝은 거울이다. 하늘에 달이 떠 있고 이슬 속에 또 달이 떠 있다. 월인천강月印千江이다. 하늘에도 달이 뜨고 강 속에도 달이 떠 있다. 브라만 Brahman과 아트만Atman이다. "나는 하나님 안에 있고 하나님은 내 안에 계신다." 이것이 「요한복음」 14장 10절이다. "명경고현"이다. 하늘에는 달이 떠 있다. 그런데 "구중인출비로인句中引出毘盧印"이다. 구중句中이란 말을 강이라 해도 좋고 이슬이라 해도 좋고 내 마음이라 해도 좋다. 내 마음에 달이 떴다는 것이다. 달이란 말 대신에 비로인毘盧印이라 했다.

비로불毘盧佛이 『화엄경』의 핵심이다. 비로毘盧라는 말은 소위 광명편조光明遍照라는 말이다. 내 마음속에도 빛이 꽉 차있다는 것이다. 왕양명王陽明이 죽을 때 제자들이 무슨 할 말이 없느냐고 하자 "내 마음속에 빛이 꽉 차 있는데 무슨 더 할 말이 있겠느냐?" 했다. "차심광명此心光明 역복하언亦復何言." 이것이 양명의 마지막 말인데 이것이나 같은 말이 "구중인출비로인句中引出毘盧印"이다. 이 한마디 속에 양명의 전체가 포함되어 있는 것이다. 달리 말하면 내 속에도 달이 떠 있다는 것이다.

그것을 기독교에서 말할 때는 「갈라디아서」 2장 20절이다. "내가 그리스도와 함께 십자가에 못 박혀 죽었으니 이제는 내가 산 것이 아니라 내 안에 그리스도께서 산다." 그 그리스도가 무엇인가? 하나님의 형상이다. 하늘에도 달이고 내 마음속에도 달이다. 그것을 말하는 것이 소위 『월인천강지곡月印千江之曲』이다.

인간의 존엄성이 어디에서 나오는가? 내 속에 하나님이 계신다는 사실이다. 하나님의 형상, 불교로 말하면 불성佛性이라는 그런 사상이다. 그 내 속에 있는 불성, 이슬 속에 있는 달, 이것을 내가 깨닫게 될 때 그것을 자각自覺이라 한다. 내 속에도 달이 있다. 내 속에도 하나님의 형상이 있다. 내 속에도 그리스도가 있다. 그것을 자각할 때 우리는 진리를 깨달았다고 한다. 다른 무엇이 있는 것이 아니다. 그래서 이것이 중요한 말이다. 내 속에 하나님의 형상이 들어가 있기 때문에 인간은 한없이 존엄한 것이다. 왜 어린이에게 절을 하는가? 그 속에 하나님이 들어있기 때문이다. 그 속에 있는 하나님을 보고 절을 하는 것이다. 그렇지 않은가?

소크라테스의 말로 하자면 사람 속에는 누구에게나 황금의 신상이 들어가 있다는 것이다. 이 황금의 신상을 어떤 사람은 흙 속에 묻어두기도 하고 어떤 사람은 옷 속에 묻어두기도 하고 그래서 보이지 않은 것뿐이라 한다. 그 흙을 집어치우고 옷을 집어치우면 그 속에서 황금의 신상이 나타난다는 것이다. 소크라테스는 황금의 신상이라 하는데 불교에서는 불성이라 하고 기독교에서는 하나님의 형상이라 한다.

하여튼 무엇이라 하건 내 속에 한없이 높고 귀한 것, 존엄한 것, 그런 것이 있다. 그래서 석가의 이름 가운데 세존世尊이라는 이름이 있다. 세상에서 한없이 존귀한 것을 가지고 있다는 것이다. 석가세존釋迦世尊이다. 내 속에 있는 이 존엄성을 발견하면 우리는 그것을 믿음이라 한다. 믿음이란 그것이지 다른 것이 아니다. "누구든지 저를 믿으면 멸망하지 않고 다 영생을 얻으리라"는 말도 그것이다. 내 속에 존엄성을 발견하면 그것이 영생이지 다른 것이 아니다. 그러니까 이것이 아주 중요한 말이다. "명경고현明鏡高懸 구중인출비로인句中引出毘盧印"이다. 이것이 인간 존엄성의 내용이다.

"거擧 금우화상金牛和尙 매지재시每至齋時 자장반통自將飯桶 어승당전於僧堂前 작무作舞 가가대소呵呵大笑 운云 보살자菩薩者 끽반래喫飯來"

(예를 들어본다. 금우화상은 날마다 식사시간이 되면 스스로 승당 앞으로 밥통을 들고 와서 춤을 추면서 큰 소리로 껄껄거리면서 말했다. "보살들, 와서 밥 먹어라.")

본문을 본다. 금우金牛라는 스님이 밥을 먹을 때마다 밥통을 들고 와서 절간 앞에서 춤을 추었다. 그리고는 기쁨에 넘쳐 있었다. 밥 먹을 생각만 해도 기쁨이 넘친다는 것이다. 그러면서 "여러 젊은이들, 와서 밥 먹어라."하고 말했다. 매일 와서 밥 먹어라 했다는 것이다. 밥이 무엇인가? 진지眞知다. 아이들에게는 "밥 먹어라." 하지만 어른들에게는 "진지 잡수세요." 한다. 진지라는 것을 기독교로 말하면 진리라는 것이다. "밥 먹어라"하는 말은 진리를 깨달으라는 말이다. 진리를 깨달으라는 말을 또 달리 말하자면 네 속에 하나님의 형상이 들어 있는 것을 깨달으라는 것이다. 다 같은 말인데 불교에서는 이렇게 "밥 먹어라." 한 것인데 이 말이 그저 밥 먹으라는 그런 소리는 아니다. "진지 잡수세요."하는 말이다. 진리를 깨달으라는 말이다.

"승문장경僧問長慶 고인도古人道 보살자菩薩者 끽반래喫飯來 의지여하意旨如何 경운慶云 대사인재경찬大似因齋慶讚"
(어떤 중이 장경에게 물었다. "옛 스님께서 '보살들, 밥 먹어라.' 했다는데 그것이 무슨 뜻입니까?" 장경이 대답했다. "재를 지내며 경축하고 찬양하는 것이나 마찬가지지.")

그 다음은 어떤 중이 장경長慶이라는 스님에게 질문을 한 내용이다. "옛날 금우라는 스님이 '보살자菩薩者 끽반래喫飯來'라 했는데 그 뜻이 무엇입니까?"하고 장경에게 질문했다. 이 사람도 밥을 못 먹은 것이다. 밥을 먹었으면 이런 질문을 안 했을 것이다. 그랬더니 장경이 말하기를 "밥 먹으라는 그 말이 너무 좋아서 춤을 추었던 것이 아니겠느냐?" 했다. 기독교로 말해서 진리와 함께 기뻐했다는 것이다.

"설두운雪竇云 수연여차雖然如此 금우불시호심金牛不是好心"
(설두가 말했다. "비록 그렇지만 금우스님께서는 기쁜 마음이 아니었을 것이다.")

그런데 설두雪竇가 거기에 주석을 붙였다. "수연여차雖然如此 금우불시호심金牛不是好心", 그렇지만 금우는 별로 좋은 기분이 아닌 것 같다. 이 말은 밥 먹어라 해도 밥 먹으러 오는 놈이 없다는 말이다. 와서 밥을 먹고 있지만 진리를 깨달은 놈이 없으니 별로 좋아하는 것 같지 않다는 것이다. 송頌을 읽어본다.

"송頌 백운영리소가가白雲影裏笑呵呵 양수지래부여타兩手持來付與他 약시금모사자자若是金毛獅子子 삼천리외견효와三千里外見淆訛"
 (흰 구름 속에서 커다란 웃음소리가 울려 퍼지니 양손으로 받들고 와서 그대들에게 전한다. 만약 금빛 털을 날리는 사자의 새끼들이라면 삼천리 밖에서도 그 내용을 알아볼 수 있으리라.)

하늘나라는 어떤 나라인가? 진리가 넘치는 나라다. 진리가 넘친다는 것은 기쁨이 넘친다는 말이다. 그래서 이 기쁨을 너희들에게 주려고 한다. 정말 진짜 똑똑한 사람이 있으면 벌써 "견효와見淆訛", 삼천리 밖에서도 진리를 깨달았는지 못 깨달았는지 알 수가 있을 것이다.
양명학에서는 "인심본자락人心本自樂"이라 했다. 사람이란 본래가 기쁨이라는 것이다. 그 기쁨이 어디에서 오는가? "락시학樂是學 학시락學是樂"이다. 기쁨에서 진리가, 진리에서 기쁨이 나온다. "공즉시색空卽是色 색즉시공色卽是空"이다. 진리에서 기쁨이 나오고 기쁨에서 진리가 나온다는 것으로 다 같은 말이다.

2000. 9. 24.

제 21. 여래신력품如來神力品

원문 요약

　　이시爾時 종지용출자從地涌出者 개어불전皆於佛前 일심합장一心合掌 이백불언而白佛言. 아등어불멸후我等於佛滅後 당광설차경當廣說此經 소이자하所以者何 아등아我等我 역자욕득시亦自欲得是 진정대법眞淨大法.
　　이시爾時 세존世尊 어문수사리등於文殊舍利等 일체중전一切衆前 현대신력現大神力. 출광장설出廣長舌 상지범세上至梵世 일체모공一切毛孔 방어무량放於無量 무수색광無數色光 개실편조皆悉遍照 십방세계十方世界 연후환섭설상然後還攝舌相 일시경해一時警欬 구공탄지俱共彈指 시이음성是二音聲 편지십방偏至十方. 제불세계諸佛世界 지개육종진동地皆六種震動 개견차皆見此 사바세계娑婆世界 석가모니불釋迦牟尼佛 공다보여래共多寶如來 보살급제사중菩薩及諸四衆 공경위요恭敬圍繞 개대환희皆大歡喜. 즉시제천卽時諸天 어허공중於虛空中 고성창언高聲唱言. 과차세계過此世界 유국명有國名 사바娑婆 시중유불是中有佛 명석가모니名釋迦牟尼 위제보살爲諸菩薩 설대승경說大乘經 명묘법연화名妙法蓮華 교보살법敎菩薩法 불소호념佛所護念 여등汝等 당심심수희當深心隨喜 역亦 당예배공양當禮拜供養 석가모니불釋迦牟尼佛 피제중생彼諸衆生 문허공중聞虛空中 성이聲已 합장향合掌向 사바세계娑婆世界 작여시언作如是言 나무석가모니불南無釋迦牟尼佛. 이종종화향以種種華香 진보묘물珍寶妙物 개공요산皆共遙散 사바세계娑婆世界 소산제물所散諸物 종십방래從十方來 비여운譬如雲 변성보장變成寶帳 편복차간偏覆此間 제불지상諸佛之上. 우시于時 십방세계十方世界 통달무애通達無碍 여일불토如一佛土.

이시爾時 불고상행등佛告上行等 보살菩薩 대중大衆 아이신력我以神力 위촉루爲囑累 차경此經 이요언지以要言之 여래일체如來一切 소유지법所有之法 여래일체如來一切 자재신력自在神力 여래일체如來一切 비요지장秘要之藏 여래일체如來一切 심심지사甚深之事 개어차경皆於此經 선시현설宣示顯說. 여래멸후如來滅後 응당일심應當一心 수지독송受持讀誦 해설서사解說書寫 여설수행如說修行 약경권若經卷 소주지처所住之處 즉시도량卽時道場 제불어차諸佛於此 득아누다라삼먁삼보리得阿耨多羅三藐三菩提 제불어차諸佛於此 전어법륜轉於法輪.

여래신력품 강해

「여래신력품如來神力品」인데 여기서 신력神力이란 십신력十神力이라 해서 열 가지가 나온다. 부처님의 신력을 열 가지로 정리한 것이다. 그리고 사묘四妙라는 것이 나온다. 그런데 중국의 천태 지의대사天台智顗大師는 사묘라는 것에 하나를 덧붙여서 오중현의五重玄義, 그렇게 다섯 가지로 말했다.

이시爾時 종지용출자從地涌出者 개어불전皆於佛前 일심합장一心合掌 이백불언而白佛言.
이때 땅 속에서 솟아 나온 사람들이 모두 부처님 앞에 나와서 마음을 모으고 손을 모아 부처님께 아뢰었다.

땅 속에서 솟아 나온 사람들이라 하는 데 이것이 말하고자 하는 것은 무엇인가? 「종지용출품從地涌出品」에서도 말했지만, 땅 속에서 솟아 나온 것이란 결국 샘물이다. 아무리 더러운 물이라도 땅 속에 들어갔다 솟아 나오면 새로워진다. 소위 청정淸淨을 가리키는 것이다.
『화엄경』의 핵심이 청정법신淸淨法身이다. 지금 『화엄경』의 이야기가 계속되는 것인데 오늘도 『화엄경』 이야기의 계속이다. 『화엄경』의 핵심이 청정법신이고 그 청정법신을 구체적으로 상징하는 것이 샘물이란 말이다. 그리고 샘물이라는 것을 또 다른 의미로 표현하면 「종지용출품」이 되는 것이다. "종지용출자從地涌出者"는 결국 청정법신들이다.
"일심합장一心合掌"은 마음을 모으는 것이다. 손을 모으는 것이 결국 마음을 모으는 것이다. 손을 모으고, 마음을 모아서 부처님께 고백해서 말한다.

아등어불멸후我等於佛滅後 당광설차경當廣說此經 소이자하所以者何

아등我等 역자욕득시亦自欲得是 진정대법眞淨大法.

저희들이 부처님이 세상을 떠난 후에 이 『법화경』을 널리 전파하겠습니다. 왜냐하면 저희들도 또한 스스로 이와 같이 참되고 깨끗하며 큰 진리의 몸이 되고 싶기 때문입니다.

"진정대법眞淨大法"이나 청정법신이나 같은 말이다. 진짜로 깨끗한 큰 진리를 체득하고 싶다는 것이다. 진짜로 우리가 청정법신이 되고 싶다는 말이다. 더 다르게 말하면 샘물이 계속해서 샘물이 되고 싶다는 것이다.

이시爾時 세존世尊 어문수사리등於文殊舍利等 일체중전一切衆前 현대신력現大神力.

이때 세존께서 문수사리 등 모든 사람 앞에서 커다란 신력을 나타냈다.

그래서 신력품神力品이라는 것이다. 대신력大神力을 발휘했다는 것이 무엇인가? 대신력이라는 것을 정리하면 십신력十神力이 된다. 십신력이란 다음과 같다.

  1. 출광장설出廣長舌 (신일信一)
  2. 모공광명毛孔光明 (리일理一)
  3. 일시경해一時謦欬 (교일敎一)
  4. 구공탄지俱共彈指 (인일人一)
  5. 육종지동六種之動 (행일行一)
  6. 보견대회普見大會 (기일機一)
  7. 공중창성空中唱聲 (미래교일未來敎一)
  8. 함개귀명咸皆歸命 (미래인일未來人一)
  9. 요산제불遙散諸佛 (미래행일未來行一)
10. 통일불토通一佛土 (미래리일未來理一)

광장설廣長舌이란 무엇인가? 부처님의 입에서 팔만대장경이 쏟아져 나왔다. 그렇게 한없는 진리의 말씀이 쏟아져 나왔다는 그것을 광장설이라 한다. 『법화경』이 쏟아져 나왔다, 『화엄경』이 쏟아져 나왔다 하는 그것이 다 광장설이다. 우리가 말을 할 때 제일 중요한 것이 혓바닥인데 혓바닥을 놀려서 『법화경』도 나오고 『화엄경』도 나오고 그렇게 나오니까 광장설이라 한 것이다. 이렇게 많은 말씀들이 쏟아져 나왔다는 이것이 결국 대 광장설이다.

그런데 그 말씀이 거짓이란 조금도 없는 진리의 말씀이다. 그래서 그것을 신일信一이라 했다. 광장설이란 무엇인가? 한마디로 하면 신일信一이다. 믿을 만한 말씀이라는 것이다. 믿을 '신信'이라는 글자를 보면 사람 '인人'과 말씀 '언言'이다. 사람하고 말씀하고 하나가 된 것이 믿을 신이다. 말과 사람이 따로 노는 것이 아니다. 사람 자체가 말씀이고 말씀 자체가 사람이다. 사람을 목숨이라 하면 목숨 자체가 말씀이고 말씀 자체가 목숨이다. 이렇게 같이 붙어있는 것이다. 기독교로 말하면 말씀이 육신이 된 것이다. 그것이 믿음이다. 그래서 이것을 신일이라 했다. 그러니까 이 신일 하나면 다 된다. 그 나머지 아홉 가지는 그저 붙어 다니는 것이다.

출광장설出廣長舌 상지범세上至梵世 일체 모공一切毛孔 방어 무량放於無量 무수색광無數色光 개실편조皆悉遍照 시방세계十方世界 연후환섭설상然後還攝舌相 일시경해一時謦欬 구공탄지俱共彈指 시이음성是二音聲 편지시방徧至十方.

광장설을 내밀어 위로는 범천에 이르게 하였다. 일체 모공으로부터 한량없이 무수한 빛깔의 빛을 놓아 시방세계를 두루 비추었다. 그런 후에 혀를 도로 거둬들이고 나서 일시 기침을 하시니 모두가 함께 손가락을 움직이는 소리를 냈다. 그래서 그 두 소리가 사방에 가득했다.

그 팔만대장경이 땅에만 차 있는 것이 아니다. 하늘에까지 꽉 차있는 것이다. 쉽게 말하면 우주의 진리가 그대로 말씀으로 되어 나온다는 말이다. 샘물이 솟아 나오는데 그것이 땅 속에서 솟아 나오는 것이 아니다. 하늘에 있는 모든 수증기가 구름으로 되고 비가 되어 땅으로 떨어져서 솟아 나오는 것이다. 물이 땅에서 오는 것이 아니라 하늘에서 오는 것이다.

말씀이란 우주의 이치가 성인들의 마음속에서 걸러져서 성인들의 입을 통해 나오는 것이다. 말씀 자체가 용지보살이라는 것이다. 말씀 자체가 용지다. 그 말씀이 하늘에까지 도달했다. 하늘에까지 도달했다는 말이나 하늘에서 왔다는 말이나 같은 말이다.

그런데 석가의 모든 털구멍에서 한없이 많은 빛이 쏟아져 나왔다. 보통은 석가의 눈썹 사이 백호에서 빛이 나온다고 되어 있는데, 그리고 『법화경』 맨 처음「서품序品」에서는 그 빛이 동방으로 만 8천 리를 비추었다고 그렇게 나왔는데, 여기서는 그것을 이렇게 털구멍마다에서 빛이 나왔다고 한다.

이것은 말씀 하나 하나가 다 빛이라는 말이다. 말씀 하나 하나가 다 빛의 말씀, 진리의 말씀이다. 그 빛이 우주 전체를 비추고 있다. 시방세계를 비추고 있다. 그리고는 석가가 혓바닥을 다시 안으로 들여보냈다. 이것은 말씀을 마쳤다는 말이다. 『법화경』이라면 『법화경』, 그 말씀을 다 끝냈다는 말이다. 이상이 십신력의 두 번째인 "모공광명毛孔光明"이다. 모공광명을 한마디로 하면 리일理一이다.

그 다음은 "일시경해一時警咳"라는 것이다. 이것은 목소리를 가다듬는 것이다. 이제부터 또 강의를 시작하려고 한다는 것이다. 이 세 번째를 교일敎一이라 한다. 그랬더니 거기에 있는 모든 사람들이 다 같이 강의를 들을 준비를 했다는 것이 "구공탄지俱共彈指"라는 것이다. 구공탄지, 손가락을 퉁겨서 소리가 나도록 한다는 것인데, 이것은 모든 사람들이 수업준비를 위해서 연필도 꺼내고 종이도 꺼내고 그렇게 수업할 준비를 한다는 것이다. 준비를 하는 소리가 났다는 것이다. 따라서 손가락 퉁기는 소리가 아니라 요새로 말하면 볼펜 잡는 소리라고 해야 할 것이다.

그래서 강의를 시작하려 하고 또 모든 사람이 수강할 준비를 하는 것인데 그것을 인일人一이라 했다. 모든 사람들이 다 함께 강의를 위해서 준비를 한다는 것이다. 선생은 목구멍을 가다듬고 듣는 사람은 볼펜을 가다듬고, 이것이 시이음성是二音聲이다. 이 두 소리가 교실 전체를 메웠다.

제불세계諸佛世界 지개육종진동地皆六種震動 개견차皆見此 사바세계娑婆世界 석가모니불釋迦牟尼佛 공다보여래共多寶如來 보살급제사중菩薩及諸四衆 공경위요恭敬圍繞 개대환희皆大歡喜.
그래서 모든 부처님의 세계는 그 땅이 모두 여섯 가지로 진동을 했다. 그리고 모두 다 이 사바세계에 계신 석가모니부처님을 바라보게 되었다. 다보여래, 보살 등 모든 사람들이 다 함께 부처님을 공경하여 둘러싸고 받들어 모시며 한없이 기뻐하였다.

"제불세계諸佛世界", 이 클래스만이 아니라 이 클래스를 둘러싸고 있는 모든 세계, 그러니까 모든 부처님들이 다 와서 지금 들으려고 한다는 것이다. 「히브리서」 12장의 말씀처럼 설교를 할 때 모든 하늘에 있는 성인들이 다 둘러앉아서 예수님의 말씀을 들으려 한다는 것이다. 더 쉽게 말하면 저 밖에 있는 산천 초목이 다 와서 같이 듣는다는 말이다. 그래서 법계法界라는 말이 나오는 것이다. 단순히 여기 모인 몇 사람만 듣는 것이 아니다. 온 우주가 다 같이 듣는 것이다. 그러니까 석가를 천인사天人師라고 한다. 사람의 선생만이 아니라 하늘의 선생이다. 하늘의 모든 사람들이 그 말씀을 듣기 위해 모여들었다는 것이다.
"육종진동六種震動", 그 사람들이 이렇게 모여드니까 소리가 난다는 말이다. 그런데 지의대사智顗大師의 말에 의하면 육종진동을 육근청정六根淸淨으로 해석하는 것이 좋다는 것이다. 안이비설신의眼耳鼻舌身意, 육근六根이 다 깨끗해졌다는 것이다. 이때 모든 사람들의 생각이 다 깨끗이 청정淸淨해졌다는 것이다. 이것이 십신력十神力의 다섯 번째 "육종지동六種之動"으로 행일行一이다. 그래서 모든 사람들이 다

보고 있는데 무엇을 보는가?

사바세계娑婆世界는 인토忍土라는 뜻이다. 정말 참아야 살지 참지 못하면 못 사는 세상을 인토라고 한다. 그래서 옛날 사람들은 집을 지어놓고 백인당百忍堂이라 했다. 백 번 참아야 그 집안이 되지 참지 못하면 안 된다는 것이다. 참아야 되는 세계, 그것을 사바세계라 한다. 그런데 하늘에 있는 영들이 어디로 향했는가 하면 이 지구로 향했다는 것이다. 왜 그런가 하면 거기에 부처님이 계시기 때문이다. 어느 부처님인가? 석가모니불釋迦牟尼佛이다. 그래서 모두가 석가모니불을 향하여 보고 있다는 말이다.

그러니까 석가모니불이 온 우주의 중심이라는 소리다. 거기에 다보여래多寶如來도 왔다. 그리고 모든 보살과 모든 사람들이 모여서 그 석가모니를 공경하고 빙 둘러앉았다. 그런데 모두가 아주 환희에 넘치게 되었다.

이것이 말하자면 여섯 번째 "보견대회普見大會"라는 것으로 기일機一이다. 모든 사람들이 다 꼭 같은 기회를 가지게 되었다는 말이다. 말씀을 듣는 기회를 가지게 되었다는 것이다. 그래서 기일이라 했다. 부처님을 보기 위해서 많은 사람이 모였다는 보견대회인데 그것이 기일이다.

즉시제천卽時諸天 어허공중於虛空中 고성창언高聲唱言.
즉시 모든 천사들이 허공에서 소리 높이 외치며 노래 불렀다.

즉시 허공에서부터 "고성창언高聲唱言"이다. 기독교로 말하면 천군천사가 노래 부른다는 것이다. 이것이 일곱 번째 "공중창성空中唱聲"인데 이것을 다시 교일敎一이라 했다.

일곱 번째부터는 미래未來라는 말을 덧붙여서 미래교일未來敎一, 미래인일未來人一, 미래행일未來行一, 미래리일未來理一이라 하기도 한다. 이제부터 가르치려고 하니까 거기에 찬송을 불렀다는 것이다. 미래의 가르침에 대해서 찬송을 불렀다는 것이다.

그런데 이제 가르치고자 하는 것이 『법화경』이다. 그래서 교일敎一이다.

과차세계過此世界 유국명有國名 사바娑婆 시중유불是中有佛 명석가모니名釋迦牟尼 위제보살爲諸菩薩 설대승경說大乘經 명묘법연화名妙法蓮華 교보살법敎菩薩法 불소호념佛所護念 여등汝等 당심심수희當深心隨喜 역亦 당예배공양當禮拜供養 석가모니불釋迦牟尼佛 피제중생彼諸衆生 문허공중聞虛空中 성이聲已 합장향合掌向 사바세계娑婆世界 작여시언作如是言 나무석가모니불南無釋迦牟尼佛.

"이 세계를 지나서 국토가 있는데 사바세계이다. 그 가운데 부처님이 계시니 이름이 석가모니불이다. 그분이 보살들을 위해 대승의 경을 설하시니 이름을 묘법연화라 한다. 이는 보살을 가르치는 법인데 부처님께서 늘 생각하고 지키시는 것이다. 너희들은 마음속 깊이 기뻐할 것이며 또한 그 석가모니불을 예배 공양하라." 모든 중생들이 그 허공 중에서 나는 소리를 듣고 석가모니불이 계신 사바세계를 향하여 합장하고는 이렇게 말하였다. "나무 석가모니불."

이 땅이 사바세계인데 이 세계를 맡고 있는 사람이 석가모니불이다. 석가모니불이 대승경大乘經을 말하려고 하는데 그것이 『법화경』이다. 그것은 보살들에게만 가르치는 높은 법이다. 이것은 "불소호념佛所護念", 부처님만이 가지고 있는 가장 중요한 생각이다. 너희들이 깊이 마음속에서 기뻐할 만한 그런 경이다. 그래서 모든 사람들이 석가모니 부처님께 절을 하는 것이다.

그래서 그 중생들이 허공에서 찬송가가 들려오는 것이 끝나자 사바세계를 향해서 합장하고 이렇게 말했다. "나무석가모니불南無釋迦牟尼佛."

이것이 여덟 번째 "함개귀명咸皆歸命"으로 인일人一이라 했다. 모든 사람이 다 합장하고 "나무 석가모니불"을 한 것이다. 나무南無라는 말은 귀명歸命이라는 뜻이다. 내 생명을 부처님께 돌린다는 말이다. 쉽게 말하면 내가 하나님께 돌아가는 것이다. 보통은 귀의歸依라 하기도 하고 귀일歸一이라 하기도 한다. 하나에게로 돌아가는 것이다.

통일統一이 아니고 귀일歸一이다. 우리는 자꾸 남북통일이라 하는데 통일이 아니고 귀일이다. 우리의 뿌리로 돌아가는 것이다. 북쪽도 우리의 뿌리로 돌아가고 남쪽도 우리의 뿌리로 돌아가서 귀일이 되는 것이지 남쪽이 북쪽을 점령하는 것도 아니고 북쪽이 남쪽을 점령하는 것도 아니다. 통일이라 하면 인위적인 힘으로 정복하는 것이다.

그런데 종교의 세계는 언제나 귀일이다. 하나님께 돌아가면 저절로 하나가 된다. 하나님께 돌아가면 나라고 하는 것이 없어지니까 하나가 되고 마는 것이다. 그래서 나는 "나무"라 할 때 나라고 하는 것이 없어졌다는 그것을 나무라 한다. 나라는 것이 없어질 때 우리가 하나가 되는 것이지 나라고 하는 것이 있으면 하나가 될 수 없다. 그래서 "나무 석가모니불"이다. 석가모니불로 돌아간다는 말이다.

이종종화향以種種華香 진보묘물珍寶妙物 개공요산皆共遙散 사바세계裟婆世界 소산제물所散諸物 종십방래從十方來 비여운譬如雲 변성보장變成寶帳 편복차간徧覆此間 제불지상諸佛之上.

갖가지 꽃과 향과 진귀한 보물과 신기한 물건들을 모두 널리 흩어 사바세계에 뿌려주니 그 던져 흩뿌린 물건들이 시방 하늘에서 몰려오는데 마치 구름 같았다. 그리고 그것이 보배휘장으로 변하여 이 세계를 덮고 모든 부처님의 위를 덮어주었다.

하늘에서 꽃이 떨어지고 보석이 떨어지고 만나가 떨어지고 메추리가 떨어지고 다 그렇게 복이 떨어진다는 말이다. 그것들이 온 우주에서부터 오는데 마치 구름이 모여드는 것 같다. 그리고 그 구름이 마치 하나의 천막이나 지붕처럼 되어서 이 세계를 다 덮어서 모든 부처님의 위를 덮었다는 것이다. 이것이 아홉 번째 "요산제불遙散諸佛"이라는 것이다. 모든 부처님을 덮었다는 것인데 이것을 행일行一이라 했다.

우시于時 십방세계十方世界 통달무애通達無㝵 여일불토如一佛土.
이때 시방세계는 모두 훤히 뚫리고 막힘이 없어 여실한 하나의 불 국정토가 되었다.

신력神力의 핵심은 열 번째가 핵심이다. 이것이 제일 마지막이다. 온 세계가 하나도 걸림이 없이 하나의 이상세계가 되었다는 것이다. 법계가 된 것이다.

온 세계를 하나의 이상세계를 만드는 하나의 표본으로 우리는 올림픽을 치르는 것이 아닌가. 온 나라들이 모여서 올림픽을 하는데, 반드시 강한 국가만 잘하는 것도 아니다. 축구는 카메룬이란 아프리카의 조그만 나라가 아주 일등을 했다. 말하자면 온 세계가 하나가 되는 화해의 축제가 올림픽인데 여기서 말하는 불토佛土라는 세계가 그런 세계를 말한다.

결국 부처가 왜 나왔는가 하면 온 세계를 하나의 이상세계로 만들기 위해서 나왔다. 하나의 철인哲人이 나온 것이다. 부처를 달리 말하면 철인이다. 철인이 나와서 이상세계를 만든다는 것으로 플라톤의 『이상국가』나 같은 내용이다.

"수처작주隨處作主 입처개진立處皆眞"이다. 철인이 있는 곳에는 어디나 이상세계다. 철인정치다. 『중용中庸』으로 말하면 중화中和의 세계다. 여기서는 임시로 석가모니를 하나의 철인의 예로서 말한 것이다. 철인이 있는 곳, 그리스도가 있는 곳, 거기가 하늘나라이다. 「누가복음」 17장 21절이다. 그리스도가 계신 데, 거기가 하늘나라이다.

교회가 어떤 곳인가. 그리스도가 교회의 머리가 되었다. 그리스도가 주인이라는 말이다. 거기에 가면 누구 말하는 사람 아무도 없다. 왜? 무아無我가 되었기 때문이다. 거기서 서로 소곤거리기 시작하면 안 된다. 모두 다 조용해서 나무, 자기는 다 없어지고, 오직 있으면 그리스도만 있는 것이다. 그리고 가득 차기는 하나님의 말씀만 가득 차는 것이다. 그 하나님의 말씀이 가득 찬 것을 법계라 한다.

오늘 신력이 열 가지인데 그 가운데서 제일 중요한 것이 마지막 말이다. "통달무애通達無碍 여일불토如一佛土"라 했는데 지금 올림픽을 치르고 있는 시드니가 말하자면 "통달무애 여일불토"라 할 수 있다.

이번 올림픽을 보면서 호주 사람들의 여유와 그 사람들이 환경을 아름답고 깨끗하게 보존하고 있는 그 모습이 인상적이었다. 호주라고 하는 세계가, 요새로 말해서 하나의 이상적인 세계처럼 그렇게 다듬어지고 있는 것이다. 그것을 보면, 누가 그것을 다스리는지는 모르지만, 그 다스리는 사람이 올바른 생각을 하고 나와서 그렇게 지도해 가고 있는 것이다. 그것은 수상이니 누구니 하는 그런 단순한 문제가 아니고, 어떻게 해서든지 우리 호주를 깨끗하고 아름답게 만들자고 하는 그런 사상이 전체적으로 나와 있어서 그렇게 되는 것이다. 어떤 하나의 이념을 가지고 전체가 같이 산다고 하는 그것이 소위 여기서 말하는 불토라는 것이다.

이상 열 가지를 십신력十神力이라 한다. 신력神力이라 해서 무슨 신통력도 아니고 아무것도 아니다. 하여튼 이렇게 말한다는 것이다. 그러니까 『법화경』을 설하게 되는 그 내용도 하나님의 은혜이고, 또 온 우주가 다 들으러 모이는 것도 하나님의 은혜고, 모든 사람이 다 기쁨에 넘치는 것도 하나님의 은혜로 일체가 다 무아無我의 세계요 법열法悅의 세계이지 무슨 사람의 힘으로 된 것이 아니라는 말이다. 다 하나님의 힘이지 사람의 힘이 아니라는 것이다. 사람의 힘으로 그렇게 되는가. 사람의 힘이 아닌 하나님의 힘 때문에 모든 사람이 다 무아가 되고 그 무아가 됨으로 해서 거기에 기쁨이 가득 차는 것이다. 그래서 그것을 신력이라 했다.

이시爾時 불고상행등佛告上行等 보살菩薩 대중大衆 아이신력我以神力 위촉루爲囑累 차경此經 이요언지以要言之 여래일체如來一切 소유지법所有之法 여래일체如來一切 자재신력自在神力 여래일체如來一切 비요지장秘要之藏 여래일체如來一切 심심지사甚深之事 개어차경皆於此經 선시현설宣示顯說.

이때 부처님이 상행보살 등 대중에게 말씀하셨다. 내가 신력으로 이 경을 너희에게 위촉하고자 한다. 이 경을 요약해서 말하면 여래의 일체법이며 여래의 일체 자재신력이며 여래의 일체 비요지장秘要之藏이고 여래의 일체 심심지사甚深之事이다. 이것들을 다 이 경에서 펴서 보여주고 드러내어 설했느니라.

상행上行이란 땅에서 솟아 나온 용지보살 등 모든 보살들을 네 클래스로 나누어서 다시 그 보살들을 지도하는 보살이다. 보살들을 또 지도하는 보살이다. 이것은 보살에게도 할 수 없는, 보살보다도 하나 더 높은 보살 그런 사람들에게 말하는 것이다. 보살 대중, 내가 이 신력을 가지고 위촉한다. 너한테 맡긴다. 네게 폐가 되겠지만 너에게 맡긴다는 것이 촉루囑累라는 말이다. 잘 부탁한다는 말이다. 여러 가지 어려움이 있더라도 네가 잘 맡아서 처리해 달라는 것이다. 그것을 촉루라 한다. 내가 신력神力을 가지고, 하나님의 은혜로 이 『법화경』을 너에게 부탁한다.

『법화경』의 핵심이 무엇인가. 지금까지 법화경이라 해서 말한 것은 아무것도 없다. 그런데 『법화경』의 핵심이 무엇인가 해서 그 핵심을 말하자면 네 가지가 있다는 것이다. 그것을 사묘四妙라고 하는데 지의대사智顗大師는 그것을 다섯 가지로 말했다.

"여래일체如來一切 소유지법所有之法", 이것이 사묘 가운데 하나다. "여래일체如來一切 자재신력自在神力", 이것이 두 번째다. "여래일체如來一切 비요지장秘要之藏", 이것이 세 번째다. "여래일체如來一切 심심지사甚深之事", 이것은 네 번째다.

그런데 지의대사가 하나 덧붙이자고 한 것은 그 뒤에 나오는 "개어차경皆於此經 선시현설宣示顯說"이라는 것이다. 이것은 붙여도 되고 안 붙여도 되는 것인데 하여튼 지의대사가 그렇게 말했으니까 한 번 들어본다.

일체소유지법一切所有之法은 묘명妙名이라 했다. 자재신력自在神力은 묘용妙用이라 하고 비요지장秘要之藏은 묘체妙體라 하고 심심지사甚深之事는 묘종妙宗이라 했다. 그리고 선시현설宣示顯說은 묘교妙教

라 했다. 이렇게 해서 오중현의 五重玄義라 한 것이다.

보통은 그냥 사묘四妙라고 한다. 사실 사묘이면 충분하지 그 이상 덧붙일 필요는 없다. 그런데 이 『법화경』의 핵심 네 마디를 다시 한마디로 한다면 무엇이 되는가 하면 "일심욕견불一心欲見佛 불자석신명不自惜身命"이다. 견불見佛이란 부처님을 본다는 말이 아니라 부처님과 같이 산다는 말이다. 일심一心, 모든 마음을 다해서 내가 소원하는 것은 부처님과 같이 사는 것이다. 부처님과 같이 살기 위해서는 "불자석신명不自惜身命", 내 신명身命도 내 생명도 아끼지 않고 버리겠다는 것이다.

그러니까 내가 언제나 말하는 「갈라디아서」 2장 20절이다. "내가 그리스도와 함께 십자가에 못 박혀 죽었으니 이제는 내가 사는 것이 아니고 그리스도가 내 안에서 산다." 『법화경』도 한마디로 말하면 「갈라디아서」 2장 20절이다. 이것으로 끝이다. 그 이상도 아니고 그 이하도 아니다.

그런데 일체소유지법一切所有之法이란 무엇인가. 한마디로 하면 진리다. 그리고 두 번째 자재신력自在神力이란 십신력十神力이다. 말하자면 설법이다. 석가가 자재신력을 통해서 결국 설법을 하는 것이다. 설법을 하는데 거기에 많은 사람들이 모여들기도 하고 또 찬송을 부르기도 하고 꽃을 뿌려주기도 하고 그런 것이다. 그래서 사묘四妙의 두 번째는 설법이다.

세 번째 비요지장秘要之藏은 무엇인가? 진리를 깨달았으면 진리를 깨달은 그 내용이 있을 것이다. 그 진리의 내용, 그것을 비요지장이라 할 수 있다. 진리의 내용은 석가도 일생 동안 한 번도 말해본 적이 없다. 계속 감춰두는 것이다. 그러나 그것이 없으면 진리를 깨달았다고 할 수도 없고 그것이 없으면 설법이 나올 수도 없다. 그러니까 그것을 비요지장이라 한다. 언제나 숨겨두는 것이지 말은 안 한다.

석가가 『화엄경』을 설했다 하지만 그 속에 『화엄경』이 있는가 하면 『화엄경』이란 없다. 『법화경』 속에도 『법화경』은 없다. 그런 것은 없고 그냥 자기 속에 비요지장으로 감춰두는 것뿐이다. 그것을 누구나 말하는 사람은 없다. 그냥 진리를 깨달았다고 말을 하지만 진리를 깨달을 때는 반드시 비요지장이라는 것이 있다. 속에 깨달았다고 하는 내용이 들어가 있다. 그런데 그것은 보통 말하지 않는다. 그것이 세 번째 비요지장이요 묘체妙體라는 것이다.

『화엄경』 80권을 다 읽어보아도 무슨 『화엄경』이란 것은 없다. 왜냐? 그것을 내 놓으면 안 되기 때문이다. 뿌리는 언제나 감춰두어야지 뿌리를 드러내면 나무가 살 수가 없다. 그래서 뿌리는 언제나 감춰두고 계속 뿌리에서 싹이니 잎이니 가지만 나온다. 비요지장이라는 뿌리가 반드시 있어야 된다. 그것이 없으면 안 된다. 그래서 하나님은 은밀한 곳에 계신다고 한다. 하나님이 드러나면 안 된다.

『구약』에서도 하나님이 드러난 것이 아니라 무슨 천사가 드러났다고 하는 경우도 있다. 또 하나님이 드러났다고 해도 하나님을 본 사람은 없다. 모세가 하나님을 보았나 하면 못 본 것이다. 왜? 하나님을 보면 죽기 때문이다. 모세가 하나님을 봤다면 모세는 죽고 만다. 살아서는 하나님을 볼 수가 없다. 하나님은 현상의 세계가 아니기 때문이다. 하나님은 언제나 실재의 세계다. 우리도 죽어야 하나님을 만나지 살아있는 동안에는 하나님을 못 만난다. 하나님 대신에 우리가 만나는 것이 그리스도라는 것이다.

하여튼 이런 비요지장이라는 것, 이것은 누구나 진리를 깨달았다고 하는 사람에게는 다 있는 것이다. 그 비요지장이 없으면 깨달았다고 할 수가 없다. 그런데 그것을 말해도 되지 않느냐 해서 말하는 사람도 있긴 있지만 그래도 그것을 계속 돌려서 무슨 말인지 잘 모르게 말하지 그냥 말하지 않는다. 『노자』 14장, 21장, 25장, 이것들이 노자가 본 비요지장인데 그것을 읽어보아도 우리가 곧 알아보게 그렇게 되어 있지 않다. 자기가 비요지장을 가지고 있는 사람은 그것을 보면, "이 사람이 그것을 이렇게 말했구나."하고 서로 통할 수가 있는 것이다. 서로 통할 수 있는 세계일 뿐이지 그것이 구체적으로 이렇다 그렇게 말할 수는 없다. 그렇게 말하면 벌써 죽고 말기 때문이다. 그것은 언제나 감춰두어야지 드러내면 안 된다. 자꾸 뿌리를 보고자 하는 사람이 많은데 뿌리를 보면 안 된다. 그저 나무 줄기나 잎사귀를 보고서, "아, 밑에 뿌리가 있구나." 그렇게 우리는 알아야 된다. 칸트의 말로 하자면 "있기는 있는데 알 수는 없는 것"이다. 그것이 말하자면 기독교로 말해서 하나님이다. 언제나 숨어있는 분이다. 그래서 유영모는 하나님을 "없이 계신 분"이라 한다. "없이 계신 분"을 달리 말하면 무상지실상無相之實相이다.

그리고 "심심지사甚深之事", 누구든지 진리를 깨달았다 하는 사람은 그저 그것으로 끝나는 것이 아니라 반드시 자기 자신을 새롭게 하기 위한 하나의 구체적인 노력이 필요한 것이다. 반드시 심심지사라는 것이 있지, 없는 사람이 없다. 예수님도 세례를 받고 "이는 내 사랑하는 아들이요 기뻐하는 자이다."라고 하는 그 말로 끝이 아니다. 반드시 사십일 동안 광야에 나가서 금식하고 기도하고 그래서 마귀의 시험을 이기지, 그저 세례 받고 그냥 뛰쳐나갔다는 것이 아니다. 진리를 깨달은 사람에게는 말하자면 심심지사라는 것이 반드시 있다. 그것을 하지 않으면 성인이 될 수가 없다. 성인이 되기 위해서는 반드시 그것을 해야 되는 것이다. 비요지장과 심심지사가 없으면 성인이라 할 수가 없다. 그래서 그 두 가지가 아주 중요한 것이다.

그러니까 첫 번째는 진리를 깨달았다 하는 시작이다. 왕양명王陽明으로 말하자면 심즉리心卽理라는 것이다. 그리고 두 번째 자재신력自在神力이란 무엇인가 하면 치양지致良知라는 것이다. 그런데 이 둘 사이에 반드시 비요지장이 있어야 되고 또 심심지사가 있어야 된다. 그것이 소위 지행知行이라는 것이다. 깨달은 내용이라는 것이 하나 있고 또 실천하는 내용이 또 하나 있어야 된다. 그 두 가지가 들어가야 심즉리가 치양지로 되는 것이다. 이것은 왕양명의 경우도 마찬가지고 공자나 석가나 예수나 바울도 다 마찬가지다.

바울도 다메섹 도상에서 그리스도를 보았다는 그것으로 끝이 아니다. 바울은 광야로 나가서 삼 년 동안을 기도생활 하는 것이다. 심심지사를 한 것이다. 그래서 3년 광야생활에서 돌아와 다시 전도를 하는 것이다. 그저 다메섹에서 예수를 보았으니까 이젠 됐다 하고 전도를 하는 것이 아니다. 예수를 본 것이 심즉리라면 그때 예수에게서 받은 사명이 있을 것이다. 그 사명을 달성하기 위해서 자기가 수행하는 또 어떤 절차가 있다. 그 절차를 거쳐서 전도하러 나온 것이다. 그렇게 해서 「로마인서」도 나오고 「고린도서」도 나오는 것이지 그것이 없으면 안 된다. 그저 예수님을 보았으니까 「로마인서」가 줄줄 나온다, 그것은 아니다.

왕양명도 37세에 진리를 깨닫고 그 다음에 자기의 내용이 무엇인가 하는 것이 있고 그 다음에 그것을 위해서 해야 될 일이 무엇인가 하는 그것이 있고 그러고 나서 나가는 것이다.

이것을 다른 식으로 하면 성문, 연각, 보살, 불타라는 것이다. 성문이라 해서 사제四諦를 들었으면 그것이 하나의 심즉리다. 그것을 들었으면 그 다음에는 반드시 십이지인연十二支因緣이 있어야 된다. 그 속에 무슨 내용이 있어야 된다. 그 다음에는 보살행菩薩行이라는 것이 반드시 들어가야 된다. 그렇게 한 후 불타의 설법이 나오는 것이다. 그러니까 아까 신일信一, 리일理一, 행일行一, 교일敎一 하는 말이나 다 같은 말이다. 신해행증信解行証이라는 것이다. 다 같은 내용을 열 가지로 말하기도 하고 네 가지로 말하기도 하는 것이다.

그런데 신해행증이라 하는 것으로 말해서는 잘 모르니까 우리는 사묘四妙라는 것을 알아야 된다. 사묘란 무엇인가. 반드시 일체지법一切之法, 즉 묘명妙名이라고 하는 것과, 그 다음 진리를 깨달았으면 그 깨달은 내용이라고 하는 것이 반드시 있는데 그 진리의 내용이라고 하는 묘체妙體, 그리고 그 깨달은 내용에 대해서 자기가, 말하자면 부처가 되기 위한 수행이 필요한데 그 심심지사甚深之事라는 것이 있어야 된다. 그 다음이 자재신력自在神力이라는 묘용妙用이다.

그런데 묘명妙名이라는 것이 잘못된 것 같다. 일체지법, 일체소유지법一切所有之法을 묘명이라 했는데 그렇게 하지 않고 묘법妙法이라 해 둔다. '묘妙'는 신비하다는 뜻이다. 신비한 법, 묘법이 있고 그 다음에는 비요지장秘要之藏이라는 묘체妙體가 있고 그 묘체를 실천하는 심심지사甚深之事라는 것이 있다. 심심지사를 묘종妙宗이라 했는데 이것을 묘용妙用이라고 바꾼다. 그리고 자재신력은 가르치는 것을 말하니까 종파라 해서 묘종妙宗이라고 바꿔본다. 그래서 묘법妙法, 묘체妙體, 묘용妙用, 묘종妙宗이다. 이렇게 하는 것이 우리가 더 알기가 쉽다. 이렇게 해서 사묘四妙라는 것이다.

맨 처음에는 요령을 잡는 것이다. 그 요령의 내용이 있고, 그 내용을 어떻게 완성시키나 하는 실천이 있고, 그 다음에는 그것을 다른 사람에게 전해 가는 것이다. 말하자면 영문학이라 하면 맨 처음에는 영문학의 요령을 잡는 것이다. 그리고 자기 전공의 핵심을 붙잡는 것이다. 그 핵심을 자기가 체득을 하는 것이다. 그리고 나서 그것을 남에게 가서 가르치는 것이다. 무엇이나 다 마찬가지다. 이런 실천의 세계가 없으면 남을 가르칠 수가 없다. 자기가 다 실천해보고야 가르칠 수 있다. 도자기라면 도자기를 자기가 백 번이고 구어 보아서 청자가 나오게 되어야 자신 있게 "자, 보아라."하고 가르칠 수 있는 것이다. 그렇게 되면 하나의 종파의 시작이 되는 것이다. 그렇게 시작한 사람을 종조宗祖라 한다. 그 종파의 개조라는 것이다. 바울이라면 바울이 하나의 종조가 되는 것이다.

그러니까 바울이 「고린도서」를 쓰기 전에 반드시 고행이 있다. 바울은 그 전에 수없이 고생을 한 것이다. 수없이 죽을 고비를 넘기는 고행이라고 하는 하나의 묘행妙行, 그런 것이 있어야 된다. 묘용이라 해도 좋지만 묘행이라 하는 것이 더 좋을 것 같다. 묘행이라는 것이 있어야 된다. 묘행이란 하나님께서 나에게 맡겨주신 하나의 사명이 들어가 있다는 것이다. 그 사명은 누구에게 말할 수 없는 것으로 말하자면 자기 속에 그리스도가 살아있다는 것이다. 내 안에 살아 계신 그리스도를 누구에게 보여줄 수는 없는 것이다. 그래서 그냥 감춰두는 것이다. 그것을 묘체라고 한다. 그리고 하여튼 내가 어떤 동기로 진리를 깨닫게 되었는지는 모르지만 진리를 깨닫게 되었는데 그 진리를 법法이라 해서 묘법이라 한 것이다.

'법'은 법칙, 교리 또는 교법이라는 뜻이 있다. 그리고 실재라는 뜻도 있다. 또 만물이라 할 때도 법이라는 말을 쓴다. 만물, 법칙, 교법,

실재라는 이 모든 뜻을 가지고 있는 말이 법이다. 그런데 묘법이라 하는 것은 결국 실재에 부딪히는 것을 말한다.

소크라테스가 사람은 무엇인가 할 때 "사람은 절대자에 부딪힌 사람이 사람"이라고 했다. 이것이 소크라테스의 인간관이다. 절대자에 부딪힌 사람이 사람이라는 것이다. 기독교에서는 그것을 믿음이라 한다.

『법화경』의 핵심을 한마디로 하면 '묘妙' 라는 것이다. 『법화경』을 한마디로 '묘법妙法' 이라는 것이다. 신비한 진리다. 신비한 진리, 그것을 연꽃으로 상징하는 것이다. 그래서 묘법이다. 『화엄경』도 묘법이다. 모든 경전이 다 묘법이다.

그런데 우리가 그 가운데서 어느 것이 더 순수한가 해서 순수한 것을 자꾸 좋아하게 된다. 조금이라도 무엇이 섞이면 시원치 않다. 『논어』와 『맹자』를 읽어보면 『논어』가 『맹자』보다 훨씬 더 순수하다는 것을 알 수 있다. 우리가 또 복음서와 바울의 편지를 읽어보면 복음서가 훨씬 더 순수함을 알 수 있다. 우리는 음식도 맛있는 음식을 자꾸 먹게 된다. 「갈라디아서」 2장 20절 같은 말씀은 정말 멋있는 말이다. 어떻게 그렇게 멋있는 말이 쏟아져 나왔는지 모른다. 그것은 바울의 말이 아니다. 하나님의 말이다. 바울의 글에도 그런 말들이 있으니까 자꾸 읽는 것이지 그렇지 않다면 어떻게 읽겠는가?

'묘妙' 라는 것을 한마디로 말하면 순수하다는 것이다. 순수하다. 샘물이 솟아 나오는데 깨끗하다는 것이다. 깨끗하다는 것을 달리 말하면 순수하다는 것이다. 그 사람의 인격이 얼마나 순수한가, 얼마나 깨끗한가, 얼마나 무르익었나, 다 같은 말이다. 하여튼 불교에서는 묘라는 말을 쓰는데 '묘妙' 라는 글자는 소녀少女를 나타낸다. 소녀라는 것은 순수하고 깨끗한 것이다.

그런데 텔레비전을 보면 순수한 소녀들을 자꾸 상업화해서 내놓는데 그것은 좋은 일이 아니다. 그래야 텔레비전으로 밥벌이가 되는 모양이다. 순수한 소녀들을 자꾸 돈으로 매수해서 사람을 다 망하게 하고 만다. 하여튼 사람이 좋아하는 것은 샘물처럼 깨끗한 것, 순수한 것이다. 깨끗, 순수, 성숙, 원만이라 하는데 다 같은 말이다.

여래멸후如來滅後 응당일심應當一心 수지독송受持讀誦 해설서사解說書寫 여설수행如說修行 약경권若經卷 소주지처所住之處 즉시도량卽時道場 제불어차諸佛於此 득아누다라삼막삼보리得阿耨多羅三藐三菩提 제불어차諸佛於此 전어법륜轉於法輪.

여래가 열반한 뒤에 너희들은 마땅히 마음을 모아 이 경을 받아 지니며 읽고 암송하고 해설하고 베껴 쓰면서 가르친 대로 수행하라. 이 경전을 갖고 그렇게 수행하는 곳이면 어디나 그곳이 곧 도량이니 모든 부처님들이 다 이렇게 해서 최고의 진리를 얻고 또한 모든 부처님들이 다 이렇게 해서 설법을 하게 된 것이다.

2000. 10. 1.

제 22. 촉루품囑累品

원문 요약

　이시爾時 석가모니불釋迦牟尼佛 종법좌기從法座起 현대신력現大神力 이우수마以右手摩 무량보살마하살정無量菩薩摩訶薩頂 이작시언而作是言. 아어무량백천만억我於無量百千萬億 아승지겁阿僧祇劫 수습시난득修習是難得 아누다라삼막삼보리법阿耨多羅三藐三菩提法 금이부촉여등今以付囑汝等. 여등응당일심汝等應當一心 유포차법流布此法 광령증익廣令增益 여시삼마如是三摩 제보살마하살정諸菩薩摩訶薩頂 이작시언而作是言. 여등汝等 당수지독송當受持讀誦 광선차법廣宣此法 령일체중생令一切衆生 보득문지普得聞知. 소이자하所以者何 여래유대자비如來有大慈悲. 무제간린無諸慳恪 역무소외亦無所畏 능여중생能與衆生 불지지혜佛之智慧 여래지혜如來智慧 자연지혜自然智慧. 여래如來 시是 일체중생지대시주一切衆生之大施主 여등역응수학汝等亦應隨學 여래지법如來之法 당위연설當爲演說 차법화경此法華經. 시是 제보살諸菩薩 문불작시설이聞佛作是說已 개대환희皆大歡喜 편만기신徧滿

其身 익가공경益加恭敬 곡궁저두曲躬低頭 합장향불合掌向佛 구발성언 俱發聲言. 여세존칙如世尊勅 당구봉행當具奉行. 이시석가모니불爾時 釋迦牟尼佛 령십방래제분신불令十方來諸分身佛 각환본토各還本土 이 작시언而作是言. 제불각수소안諸佛各隨所安 다보불탑多寶佛塔 환가여 고還可如故 권지화타權智化他.

촉루품 강해

적문迹門에서는 제2장 「방편품方便品」이 핵심이고 본문本門에서는 제16장 「여래수량품如來壽量品」이 핵심이다. 「여래수량품」은 보신報身에 대한 이야기인데 이것이 『법화경』에서 중심이 되는 내용이다. 제17장에서부터 21장까지는 『법화경』 안에서 법신法身에 대한 이야기를 하는 것으로 말하자면 『화엄경』의 압축이다. 그리고 22장 「촉루품囑累品」은 사실상 『법화경』의 마지막 결론이다. 그래서 23장부터 마지막 28장까지 여섯 장은 이 『법화경』을 어떻게 지키고 선전했는지 하는 예들이 나온다. 23장을 보면 약왕보살藥王菩薩이라는 사람이 어떻게 살았다는 예가 나온다. 이렇게 23장부터는 하나의 예를 든 것들이니까 우리가 논리적으로 볼 때 제22장이 『법화경』의 마지막이라는 말이다.

'촉囑'이란 다른 사람에게 부탁한다는 뜻이다. 위촉委囑한다는 것이다. 사람이 죽으면서 아들에게 "너는 이렇게, 이렇게 해라"하고 부탁하는 것이다. '루累'라는 말은 폐를 끼친다는 것이다. "내가 너한테 이런 부탁을 해서 네게 폐가 좀 되겠지만 잘 부탁한다"하는 것이 촉루囑累라는 말이다. 결국 마지막 유언이라 그렇게 볼 수 있다.

이시爾時 석가모니불釋迦牟尼佛 종법좌기從法座起 현대신력現大神力 이우수마以右手摩 무량보살마하살정無量菩薩摩訶薩頂 이작시언而作是言.

그때 석가모니 부처님께서는 자리에서 일어나 큰 정신력을 발휘해서 바른 손을 가지고 무량보살마하살의 정수리를 어루만지면서 이렇게 말을 했다.

"현대신력現大神力"은 크게 정신력을 발휘했다는 것이다. 신력神力이란 지난번에 십대신력十大神力이라 했다. '마摩'는 기독교로 말하면 안수한다는 말이다. 목사가 되려고 하면 감독들 셋이 "이제부터 너는 목사다"해서 안수를 한다. "이제부터 네가 목사다. 이제부터 너는 가서 복음을 전해라." 그렇게 하는 것이다. 석가도 자기의 제자에게 머리에 안수를 하면서 그렇게 한 것이다. 여기서는 그것을 마정摩頂이라 한 것이다. 정수리를 어루만진다는 뜻이니까 안수나 같은 것이다.

무량보살無量菩薩은 많은 보살이라는 뜻이고 마하살摩訶薩은 큰 사람이라는 뜻이다. '살薩'은 살타薩陀라는 것으로 사람이라는 뜻이다. 중국 사람으로 말하면 대인大人이다. 보리살타菩提薩陀라 하면 진리를 깨달은 사람을 말한다. 마하살타摩訶薩陀, 큰 사람, 큰 마음을 가진 사람, 대심지사大心之士라는 말이다. 제일 큰 것이 무엇인가 하면 빈 마음이다. 빈 마음을 가진 사람, 욕심이 없는 사람, 그런 사람이 마하살, 대심지사다.

아어무량백천만억我於無量百千萬億 아승지겁阿僧祇劫 수습시난득修習是難得 아누다라삼막삼보리법阿耨多羅三藐三菩提法 금이부촉여등今以付囑汝等.
"무량백천만억 아승지겁 오랜 세월 수행을 해서 이처럼 어렵게 아누다라삼막삼보리를 얻었는데 이제 너희들에게 이것을 맡긴다."

"무량백천만억無量百千萬億 아승지겁阿僧祇劫"이란 아주 오랜 세월을 말한다.『법화경』의 주인공이 보신報身인데 이 보신은 아주 오랜 세월 동안 수행을 해서 결국 성불한 사람이다. 아주 오랜 세월 동안 수행을 했다. 그렇게 오랫동안 도를 닦아서 "아누다라삼막삼보리阿耨多羅三藐三菩提"를 어렵게 얻었다. "아누다라삼막삼보리"라는 것은 무상정편지無上正遍知를 말한다. 쉽게 말해서 진리라는 말이다. 진리를 깨달았다는 것이다. 그래서 이 진리를 너희들에게 위탁을 한다는 것이다.

여등응당일심汝等應當一心 유포차법流布此法 광령증익廣令增益 여시삼마如是三摩 제보살마하살정諸菩薩摩訶薩頂 이작시언而作是言.
"너희들은 마땅히 전심 전력으로 이 진리를 전해다오. 그래서 모든 사람으로 하여금 큰 유익을 얻게 해다오." 이렇게 세 번을 안수했다. 그리고는 다음과 같이 말했다.

여등汝等 당수지독송當受持讀誦 광선차법廣宣此法 령일체중생令一切衆生 보득문지普得聞知. 소이자하所以者何 여래유대자비如來有大慈悲.
 너희들이 이 법을 꼭 받아 지녀서 읽고 따로 외고 그래서 이 법을 널리 선전해다오. 모든 중생으로 하여금 널리 얻어서 듣고 알 수 있게 해주오. 왜 그런가? 나 여래는 커다란 사랑을 가졌기 때문이다.

 석가가 이렇게 부탁을 한 것이다. 모든 인류를 보니까 너무 불쌍해서 견딜 수 없다. 이 사람들을 구원해야 되겠는데 무엇으로 구원하는가. 진리로 구원할 수밖에 길이 없다. 그러니까 이 진리를 내가 펴야 되겠다는 것이다.

무제간린無諸慳悋 역무소외亦無所畏 능여중생能與衆生 불지지혜佛之智慧 여래지혜如來智慧 자연지혜自然智慧.
 나는 그것을 조금도 아끼고 싶은 생각이 없고 또 아무 두려움도 없다. 그래서 이것을 중생들에게 주는 데 그것은 불지지혜, 여래지혜, 자연지혜라는 것이다.

 간린慳悋은 아낀다는 뜻이다. "무제간린無諸慳悋", 나는 조금도 아끼고 싶은 생각이 없다. 있으면 있는 대로 다 쏟아주고 싶지 내가 조금이라도 남겨 두었다가 누구에게 주는 그런 생각은 조금도 없다. "역무소외亦無所畏", 나는 또한 아무리 어려움이 있고 박해가 있고 그래도 이 진리를 전하는데 무서움이 없다. 그래서 중생에게 불지지혜佛之智慧, 여래지혜如來智慧, 자연지혜自然智慧 이 세 가지를 준다.
 불지지혜는 종교적인 지혜다. 여래지혜는 철학적인 지혜다. 자연지혜는 도덕적인 지혜다. 언제나 종교의 배후에는 도덕이 있어야 되고 도덕의 배후에는 철학이 있어야 된다. 철학이 없으면 깊이 들어갈 수 없고 도덕이 없으면 높아질 수가 없다. 종교가 없으면 넓어질 수가 없다. 종교는 넓게, 온 세계에 펼쳐야 되는 것이고 도덕은 높게 민족과 국가의 수준을 높이는 것이고 철학은 깊이 생각하는 것으로 사상이란 언제나 깊어야 된다. 언제나 이 세 가지 지혜가 필요하다. 불지지혜라는 종교적 구원의 지혜, 여래지혜라는 철학적 깨달음의 지혜, 자연지혜라는 도덕적 실천지혜, 이 세 가지 지혜인데 이것이 불교의 핵심이다.

여래如來 시是 일체중생지대시주一切衆生之大施主 여등역응수학汝等亦應隨學 여래지법如來之法 당위연설當爲演說 차법화경此法華經.
여래인 나는 일체 중생에게 이 세 가지 지혜를 주는 대 시주이다. 너희들은 응당 열심히 공부해서 여래의 진리를 깨닫고 마땅히 다른 사람들에게 이 『법화경』을 가르쳐 주도록 하라.

대 법시주大法施主, 법을 나눠주는 큰 선생님이라는 말이다. 너희들은 열심히 공부해서 이 여래의 진리를 깨닫고 다른 사람에게 가르쳐 주어라. 여래가 깨달은 이 진리를 『법화경』이라 한다.

시是 제보살諸菩薩 문불작시설이聞佛作是說已 개대환희皆大歡喜 편만기신徧滿其身 익가공경益加恭敬 곡궁저두曲躬低頭 합장향불合掌向佛 구발성언俱發聲言.
그 때 여러 보살들이 부처님이 이렇게 말씀하시는 것을 듣고서 모두가 한없이 기쁨에 넘치게 되었다. 그 기쁨이 온 몸에 가득 차게 되었다. 그리고 부처님을 더욱 공경하게 되었다. 그래서 엎드려 절을 하고 손을 모아 부처를 향해서 경의를 표했다. 그리고 다 같이 이렇게 외쳤다.

여세존칙如世尊勅 당구봉행當具奉行.
선생님의 말씀을 따라서 마땅히 모두 받들어 실천하겠습니다.

온 세계에 나가서 전하겠다는 그런 소리다.

이시석가모니불爾時釋迦牟尼佛 령십방래제분신불令十方來諸分身佛 각환본토各還本土 이작시언而作是言 제불각수소안諸佛各隨所安 다보불탑多寶佛塔 환가여고還可如故 권지화타權智化他.
이때 석가모니불께서는 여러 곳에서 온 여러 친구들을 자기의 나라로 돌아가도록 했다. 그리고 모두 돌려보내며 이렇게 말했다. "여러분들, 모두 각각 자기의 고향에 돌아가서 편안하게 지내시오."
또한 다보불탑에게도 다시 자기 자리로 돌아가라고 했다. 그리고 여러 가지 방편을 써서 다른 사람들을 감화 교화 해달라고 부탁을 했다.

권지權智는 방편지라는 뜻이다. 다른 사람을 잘 가르쳐서 감화시키고 교화시켜달라고 말을 했다. 이것이 석가의 마지막 부탁이라는 것이다. 말하자면 석가의 유언 같은 것이다.
『법화경』이란 무엇인가. 묘법연화경妙法蓮華經이다. '묘妙'라는 것은 신비하다는 것이라 했다. 신비한 진리가 묘법妙法이다. 신비한 진리는 다시 말해서 종교적인 진리라는 것이다. 종교적인 진리라는 것인데 그 뒤에는 반드시 도덕적인 진리와 철학적인 진리가 내포되어 있다. 그렇게 되어야 완전하지 그렇지 않고 철학도 없고 도덕도 없고 단순히 종교만 있다 그러면 그것은 유사종교類似宗敎가 되고 만다. 종교에는 반드시 철학이 있고 도덕이 있어야 된다.
유교儒敎라 하면 종교인데 유교의 배후에는 반드시 유도儒道가 있어야 되고 유도의 배후에는 반드시 유학儒學이 있어야 된다. 불교佛敎라 해도 불교의 배후에는 불도佛道가 있어야 되고 불도의 배후에는 불학佛學이 있어야 된다. 기독교라 해도 기독교의 배후에는 기독교의 도덕이 있어야 되고 기독교의 철학이 있어야 된다. 교教를 강조하는 「누가복음」, 도道를 강조하는 「마태복음」, 학學을 강조하는 것은 「요한복음」이다. 이 세 가지가 언제나 같이 있어야 완전한 종교지 그렇지 않으면 안 된다.

묘법이라는 것을 연꽃으로 비유하는데 왜 연꽃으로 비유하는가? 묘는 사묘四妙라는 것이다. 묘법妙法, 묘체妙體, 묘용妙用, 묘종妙宗이라 했다. 『법화경』의 내용이 사묘라는 것이다. 『법화경』 속에는 『법화경』에 대한 이야기가 아무것도 없는데 마지막 21장에서 『법화경』의 핵심이라 해서 사묘를 말했다. 사묘를 연꽃으로 비유한 것이다. 묘법이라는 말 속에는 묘법, 묘체, 묘용, 묘종이라는 네 가지가 다 들어가 있는 것이다. 그런데 이것을 연꽃으로 비유한 것이다.

석가가 맨 마지막에 이것을 부탁했는데 부탁한 사람이 누구인가 하면 우리가 다 잘 아는 마하가섭摩訶迦葉이다. 석가가 연꽃을 쳐들어서 보여 주었다는 것이다. 염화시중拈華示衆, 혹은 염화미소拈華微笑라 하기도 한다. 연꽃을 쳐들었을 때 그 속에 묘법, 묘체, 묘용, 묘종이라는 네 가지가 있다는 것을 아는 사람이 가섭이었다. 가섭이 그것을 알고 기쁨이 넘쳐서 미소를 지었다는 것이다.

그 네 가지를 정법안장正法眼藏, 열반묘심涅槃妙心, 실상무상實相無相, 미묘법문微妙法門이라 한다. 정법안장은 묘법이요 열반묘심은 묘용이라 하고 실상무상은 묘체라 하고 미묘법문은 묘종이라 하면 사묘나 같은 것이다.

정법안장은 묘법, 실상무상은 묘체라 하는 것은 확실하다. 원효元曉가 쓴 『법화종요法華宗要』라는 것이 있고 또 『화엄종요華嚴宗要』라는 것이 있는데 종요宗要라 함은 가르침의 핵심을 붙잡은 것이다. 그렇게 말한다면 미묘법문이 핵심을 붙잡은 것이라 할 수 있다. 그래서 미묘법문을 묘종이라 한다면 열반묘심을 묘용이라 하는 것이다. 그렇게 해도 별로 다를 것이 없다.

이것이 전체인데 이것을 또 불립문자不立文字, 교외별전敎外別傳이다. 이것은 무슨 글씨로 써서 보여준 것도 아니고 연꽃 하나를 들어서 그저 상징으로 보여준 것뿐이다. 그러니까 교외별전이다. 무슨 가르쳐준 것이 아니라 보여주었다는 것이다.

"부촉마하가섭付囑摩訶迦葉", 이것을 큰 가섭에게 전해준다. 마하摩

訶는 크다는 뜻이다. 가섭이란 사람이 큰 가섭도 있고 작은 가섭도 있었나 보다. 큰 가섭에게 전해주었다는 것이다.

오늘 말이 그것이다. 마하가섭에게 전해주었다는 것이다. 그런데 이것을 왜 연꽃으로 비유했는가? 연꽃이라고 하는 것은 정법안장이라는 것이다. 꽃이니까 정법안장이다. 연잎은 큰 잎으로 피는데 그것은 열반묘심이다. 아주 큰 잎이다. 연꽃이 지면 연실이라는 열매가 달린다. 그것이 실상무상이다. 그리고 연 줄기는 미묘법문이다. 묘법연화妙法蓮華라 할 때는 꽃을 말하는 것인데 그 연꽃이 묘법이라는 것이다. 연잎은 묘용이라는 것이요 연실은 묘체라는 것이요 연경은 묘종이라는 것이다. 그러니까 연꽃을 가지고 이 네 가지를 비유하는 것이다.

더 쉽게 말하자면 꽃은 아름답다는 미美라는 것이고 잎은 선엽善葉으로 선善이다. 잎사귀처럼 푸르고 좋은 것이 어디 있는가. 미화美花와 선엽善葉이다. 그리고 열매는 진실眞實이다. 줄기는 성간聖幹이다. 진흙에서 나와서 물을 거쳐서 하늘 위로 올라온 것이다. 거룩한 줄기, 성간聖幹이다. 결국 진선미성眞善美聖이다.

이것을 계절로 말하면 미는 꽃피는 봄이요, 잎은 잎이 만발한 여름이요, 열매는 열매가 가득 찬 가을이다. 그리고 줄기는 흰 눈이 덮인 겨울이다. 춘하추동春夏秋冬이 여기에 다 들어가 있다.

만일 이것을 생로병사生老病死로 같다가 붙이면 생로병사가 다 들어간다. 봄을 생生이라 하면, 여름은 로老라 하고, 가을은 병病이라 하고, 겨울은 사死라고 할 수 있다. 이 속에 다 들어가서 생로병사를 초월할 수도 있고 춘하추동을 볼 수도 있고 진선미성을 볼 수도 있다.

이 그림 속에서 우리는 인생 전체를 볼 수 있는 것이다. 나무로 보아서 진실, 선엽, 미화, 성간인데 우리가 사람으로 친다면 꽃은 눈이라 볼 수 있고, 잎은 귀라 하고, 열매는 코라고 하고, 줄기는 입이라 하면 여기에 이목구비耳目口鼻가 다 들어가는 것이다.

주체적으로 말하면 눈이 열리는 것, 목철위명目徹爲明이고 입이 열리는 것, 구철위감口徹爲甘, 코가 열리는 것 비철위전鼻徹爲顫, 귀가 열리는 것 이철위총耳徹爲聰이다. 여기에 마음이 뚫리고 지知가 뚫리면 육근청정六根淸淨이다. 직지인심直指人心, 견성성불見性成佛이다.

정법안장, 열반묘심, 실상무상, 미묘법문인데 선불교가 되면 이것이 불립문자, 교외별전이요 직지인심, 견성성불이라 한다. 그렇게 되면 여기에 육근청정이 다 들어가는 것이다. 이 속에 『화엄경』이 다 들어가 있다고 보는 것이다. 우리가 앞으로 『화엄경』을 읽어보겠지만 읽어보지 않아도 이 속에 다 들어있다. 『화엄경』도 다 이것이지 이 이상 넘을 것이 아무것도 없다.

우리가 연꽃 하나만 보면 거기에서 진선미성도 볼 수 있고 생로병사도 볼 수 있고 유교식으로 말하면 인의예지仁義禮智도 볼 수 있다. 봄을 인仁이라 하고, 가을을 의義라 하고, 겨울을 지智라 하고, 여름은 예禮라 하면 이 속에 유교가 다 들어가 있다. 무엇이나 자기가 집어넣고 싶은 것은 여기에 다 집어넣을 수 있다.

객관적으로 말하면 진선미성인데, 주관적으로 말하면 눈이 뜨는 것이고 입이 열리는 것이고 코가 열리는 것이고 귀가 열리는 것이다. 어떻게 하든지 자기가 이해되리만큼 집어넣으면 된다. 진선미성이라 하는 것은 결국 눈이 뜨고 입이 열리고 귀가 열리고 코가 열리는 것이다. 목철위명目徹爲明, 이철위총耳徹爲聰, 비철위전鼻徹爲顚, 구철위감口徹爲甘, 심철위지心徹爲知, 지철위덕知徹爲德이다. 어떻게 말해도 다 같은 것이다.

진선미를 그저 참되다 착하다 아름답다 그렇게 생각하지 말고 눈이 뚫렸다, 귀가 뚫렸다, 코가 뚫렸다, 입이 뚫렸다는 그것인데 그것이 다 누구 소리인가 하면 내 소리다 그렇게 되어야 한다. 내 눈이 뚫리는 것이다. 내 눈이 뚫릴 때 그것을 자각自覺이라 한다. 내 눈이 뚫리고, 내 입이 뚫리고, 내 코가 뚫리고, 내 귀가 뚫려야 한다. 내 코로 내가 숨을 쉬고, 내 눈으로 내가 보고, 내 귀로 내가 듣고, 내 입으로 내가 말한다. 그렇게 되어야 그것이 나지 그것 없이 그냥 아무것도 듣지도 못하고 보지 못하고 말도 못하면서 나라고 할 수는 없다.

여러분들은 다 각기 자기의 전공을 가지고 있으니까 이젠 자기의 전공분야에서 눈이 떠야 되고, 자기 전공분야에서 귀가 열려야 되고, 자기 전공분야에서 코가 열리고, 자기 전공분야에서 입이 열려야 한다. 그래서 우리가 귀가 열린 사람을 성문이라 하고 눈이 열린 사람을 연각이라 한다. 그리고 코가 열린 사람을 보살이라 하고 입이 열린 사람을 불타라 한다.

이렇게 성문, 연각, 보살, 불타라 해도 이것도 연꽃 속에 다 들어간다. 무엇이든지 이 연꽃 속에, 진선미성이라 하든 춘하추동이라 하건, 이 틀 하나 가지면 무엇이나 다 그 속에 집어넣을 수 있다.『노자』나 『장자』를 읽어도 그 속에 집어넣을 수 있고 유교를 읽어도 다 집어넣을 수 있다. 그 틀 속에 다 집어넣어야 일이관지─以貫之가 된다.

정말 구슬이 서 말이라도 실로 꿰어야지 그것이 꿰어지지 않으면 안 된다. 불교는 이런 것 같은데 유교는 어떻고 노자는 또 어떻고 그렇게 해서 지리멸렬하게 되면 안 된다. 마음이 지리멸렬에 빠져서 유교는 어떻고 불교는 또 다르고 노자는 어떻고 자꾸 이렇게 되면『노자』강의하다가 이제는『논어』강의해야 되겠다 해야 되고, 그렇게 되면 세상이 복잡한 것이다. 그러니까 이런 하나를 가져야 된다. 그것을『주역』에서는 무극이태극無極而太極이라 한다. 기독교의 십자가라 해도 이것을 말하자는 것이지 다른 것이 아니다.

요는 다 인생의 문제를 해결하자는 것이다. 인생의 문제가 몇 개 있는가 하면 모두 네 개밖에 없다. 인생의 문제란 춘하추동밖에 없다는 것이다. 여름이면 어떻게 더위를 물리쳐야 되는가. 바다에 가면 된다. 간단한 것이다. 가을이 되면 또 어떻게 해야 되나. 나가서 단풍 구경하면 된다. 겨울은 또 어떻게 넘겨야 되나. 설악산에 가서 눈을 보면 된다. 봄은 또 어떻게 해결하는가. 가서 꽃구경하면 된다. 봄에는 꽃구경하고, 여름에는 잎 구경하고, 가을에는 열매를 구경하고, 겨울에는 눈 구경하면 된다. 그러면 무슨 문제든지 다 해결되지 해결 안 되는 것은 없다. 춘하추동을 다른 말로 하면 정치, 경제, 사회, 문화라는 것이다. 무엇이라 말하건 이 세상의 문제는 네 가지다. 그 네 가지를 하나의 틀 속에 집어만 넣으면 그것은 저절로 돌아가게 되어 있는 것이다.

이것이 오늘『법화경』의 끝이요 시작이다. 그런데 석가가 가섭迦葉

에게 전해주고 가섭은 또 아난阿難에게 전해주고 이렇게 죽 전해져서 달마達磨에 이르면 28대가 된다. 부탁하고 또 부탁해서 28대를 내려와 달마가 된 것이다. 그것을 도통道通이라 한다. 중국에서는 28대까지를 '종宗'이라 한다. 그 다음부터는 그것이 중국 사람으로 넘어오는데 이때부터 '조祖'가 되는 것이다.

그러니까 중국에서는 달마(460-532/534)가 1조가 되는 것이다. 2조는 혜가慧可(487-593)가 되고 3조는 승찬僧璨(606 沒), 4조는 도신道信(580-651), 5조는 홍인弘忍(601-674), 6조는 혜능慧能(638-713)이다.

다음은 달마와 혜가 사이에 있었던 이야기다.

"가왈可曰 아심미녕我心未寧 걸사여안乞師與安 조왈祖曰 장심래將心來 여여안與汝安"
(혜가가 말했다. "제 마음이 편안하지 않습니다. 선생님, 제발 부탁하오니 제게 평안이 있게 해 주십시오." 달마가 말했다. "마음을 가져오너라. 너에게 평안을 주겠다.")

이것은 지금 이심전심以心傳心을 말하자는 것이다. 석가가 가섭에게 이심전심을 한 것이다.

"가양구왈可良久曰 멱심료부득覓心了不得 조왈祖曰 아여여안심경我與汝安心竟"
(혜가가 한참 후에 대답을 했다. "마음을 찾아보았지만 없습니다." 달마가 말했다. "내가 너에게 안심을 주는데 이것으로 끝났구나.")

'경竟'은 끝마칠 경이다. 달마의 마음이 안심安心이다. 혜가의 마음도 안심이다. 두 마음이 안심이 되어 이심전심이 된 것이다. 그런데 이심전심이 되는 이유의 핵심은 "양구왈良久曰 멱심료부득覓心了不得"이라는 것이다. 한 번 무심無心이 되어야 된다. 한 번 무심이 되어야 안심이라는 대심大心이 된다. 욕심이 없어져야 큰 마음이 되는 것이다. 무심이 되어야 이심전심, 또는 직지인심直指人心이다. 달마의 안심에서 혜가의 안심인데 그 중간에 무심이라는 하나가 있어야 된다. 그렇지 않으면 안심이 안 된다. 선생과 학생사이에 선생도 안심이 되고 학생도 안심이 되려면 그 중간에 학생이 한 번 무심이 되어야 한다. 무심이 되기 전에는 도통이 안 되는 것이다.

다음은 혜가와 그의 제자 승찬의 이야기다.

"제자신전동양弟子身纏同恙 청화상참죄請和尙懺罪 조왈祖曰 장죄래將罪來 여여참與汝懺 사양구왈士良久曰 멱죄료불가득覓罪了不可得 조왈여여참죄경祖曰與汝懺罪竟"

("저희들은 몸이 결박되어 모두 괴롭습니다. 선생님께서 죄를 풀어주십시오." 선생님께서 말씀하셨다. "죄를 가져오너라. 내가 너의 죄를 풀어주겠다." 제자가 한참 후에 대답했다. "죄를 찾아보았지만 찾을 수가 없습니다." 선생님이 대답하셨다. "죄를 풀어주는 일이 끝났구나.")

'전纏' 이란 묶여있다는 뜻이다. 누구인지 모르지만 자기를 속박하는 것이 있다. 기독교로 말하면 죄라는 것이다. 자꾸 죄어들어 온다는 것이다. 그리고 동양同恙이다. 온 인류가 다 같은 병에 걸려있다. 무슨 병인가. 죽음의 병이다. 그래서 학생이 "선생님, 내 죄를 깨끗이 좀 해주세요."하고 말하자 혜가가 대답했다. "죄를 가져오너라. 네 죄를 깨끗하게 해주마." 아까 달마가 마음을 가져오너라 했는데 혜가는 죄를 가져오너라 하고 같은 식으로 말한 것이다. 혜가의 제자 승찬은 한참 있다가 말했다. "멱죄료불가득覓罪了不可得." 혜가는 전에 "멱심료불가득覓心了不得"이라 했는데 승찬은 "멱죄료불가득覓罪了不可得"이라 했다. 그랬더니 혜가가 말했다. "네 죄를 깨끗하게 해서 끝냈다." 달마와 혜가 사이의 말이나 혜가와 승찬 사이의 말이나 꼭 같은 식이다.

"도신년사십시래道信年四十始來 예조왈禮祖曰 원화상자비願和尙慈

悲 기여해탈법문乞與解脫法門"

(도신道信이 나이 사십이 되었다. 승찬에게 와서 절을 하고 말했다. "원하오니 화상께서 자비를 베푸셔서 제게 해탈법문을 좀 주십시오.")

"조왈수박여祖曰誰縛汝 왈무인박曰無人縛 조왈하갱구해탈祖曰何更求解脫"

(그랬더니 승찬이 말했다. "누가 너를 결박했는가?" 도신이 대답했다. "아무도 결박한 사람이 없습니다." 삼조 승찬이 말했다. "이젠 해탈할 것도 없구나.")

아무도 비끌어맨 사람이 없는데 자기가 자꾸 비끌어 맸다고 꿈을 꾼 것이다. 그런데 지금 아무도 비끌어 맨 사람이 없다고 하면서 비로소 꿈에서 깨나는 것이다. 그래서 삼조 승찬이 말했다. "이젠 해탈할 것도 없구나." 결박한 사람이 없는데 해탈할 것이 무엇이 있겠는가 하는 말이다.

다 같은 논법이다. 한 사람은 해탈解脫이라는 말을 쓰고 한 사람은 참죄懺罪라는 말을 쓰고 한 사람은 안심安心이란 말을 썼지만 내용은 다 꼭 같은 것이다. 그래서 결국 이심전심이 되는 것이다. 이심전심이란 무엇인가. 내 문제도 해결이 되었지만 그 사람 문제도 해결이 되었다는 것이다. 내 문제도 해결되고 네 문제도 해결되면 그것이 도통하는 것이지 다른 것은 아무것도 없다. 이렇게 해서 이 다음에는 홍인이라는 사람이 나오고 또 혜능이라는 사람이 나온다. 이렇게 계속 이심전심이 되어 가는 것이다.

2000. 10. 8.

제 23. 약왕보살본사품藥王菩薩本事品

원문 요약

　이시爾時 수왕화보살宿王華菩薩 백불언白佛言 세존世尊 약왕보살藥王菩薩 난행고행難行苦行 원소해설願少解說. 이시爾時 불고내왕과거佛告乃往過去 일월정명덕여래日月淨明德如來 위일체중생희견보살爲一切衆生喜見菩薩 설법화경說法華經. 시희견보살是喜見菩薩 낙습고행樂習苦行 정진경행精進經行 일심구불一心求佛. 만만이천세이滿萬二千歲已 득현일체색신삼매得現一切色身三昧 심대환희心大歡喜. 종삼매기從三昧起 이자념언而自念言 아수이신력我雖以神力 공양어불供養於佛 불여이신공양不如以身供養. 즉복제향卽服諸香 우음향유又飮香油 향유도신香油塗身 어일월정명덕불전於日月淨明德佛前 이천보의以天寶衣 자전신기自纏身己 관제향유灌諸香油 이신통력원以神通力願. 이자연신而自然身 기신화연其身火然 천이백세千二百歲 과시이후過是已後 기신내진其身乃盡. 일체중생희견보살一切衆生喜見菩薩 작여시법공양이作如是法供養已 명종지후命終之後 복생復生 일월정명덕불국중日月淨明

德佛國中 어정덕왕가於淨德王家 홀연화생忽然化生. 이시爾時 일월정명덕불日月淨明德佛 고일체중생희견보살告一切衆生喜見菩薩 아어금야我於今夜 당반열반當般涅槃. 아이불법我以佛法 촉루어여囑累於汝 이시爾時 일체중생희견보살一切衆生喜見菩薩 견불멸도見佛滅度 비감오뇌悲感懊惱. 연모어불戀慕於佛 화멸이후火滅已後 수취사리收取舍利 이기팔만사천탑以起八萬四千塔. 아금공양我今供養 일월정명덕불日月淨明德佛 사리舍利 즉어팔만사천탑전卽於八萬四千塔前 연백복장엄비燃百福莊嚴臂. 이시爾時 제보살諸菩薩 견기무비見其無臂 우뇌비애憂惱悲哀 이작시언而作是言 시아등사是我等師 교화아자敎化我者 이금소비而今燒臂 신불구족身不具足. 우시于時 희견보살喜見菩薩 어대중중於大衆中 립차서언立此誓言 아사양비我捨兩臂 필당득불必當得佛 금색지신金色之身 약실불허若實不虛 령아양비令我兩臂 환복여고還復如故. 작시서이作時誓已 자연환복自然還復 당이시當爾之時 삼천대천세계三千大千世界 육종진동六種震動. 불고佛告 수왕화보살宿王華菩薩 어여의운하於汝意云何 일체중생희견보살一切衆生喜見菩薩 기이인호豈異人乎 금약왕보살今藥王菩薩 시야是也. 차법화경此法華經 어제경중於諸經中 최위기상最爲其上 차경此經 능구能求 일체중생자一切衆生者. 여자득모如子得母 여도득선如渡得船 여병득의如病得醫 차법화경此法華經 능령중생能令衆生 리일체고離一切苦 일체병통一切病痛 능해일체能解一切 생사자박生死之縛.

약왕보살본사품 강해

　약왕보살藥王菩薩은 제10장「법사품法師品」에서 나왔던 사람이다. 그런데 약왕보살은 말법 시대에 나와서 가르치는 사람이다. 정법正法·상법像法·말법末法인데, 정법이라는 것은『법화경』이라면『법화경』을 알고 실천하는 시대, 그것을 정법이라 한다. 상법이란 알기만 하고 실천은 안 하는 시대, 말법은 알지도 못하고 실천도 안 하는 시대를 말한다. 말하자면 말법이란 기독교로 말해서 말세라는 말이나 비슷한 말이다.

　말세에『법화경』을 지키고『법화경』을 가르치고 하는 사람의 대표가 약왕보살이다. "약왕보살본사품藥王菩薩本事品"에서 본사本事라는 말은 약왕보살 전생에 어떤 일이 있었는가 하는 본생설화本生說話라는 것이다. 이 세상에 나오기 전에 어떤 일이 있었는가 하는 것이다. 보신報身은 이 세상에 나오기 몇 만 년, 몇 억 년 동안 몇 천 번 노력해서 부처가 되었다는 것을 말하는 것이다. 이것이 보신 사상이다. '보報'는 갚는다는 뜻이다. 몇 억 년 노력한 결과로 부처가 된다. 노력하지 않는 사람은 부처가 되지 않는다는 것이다. 보신 사상이란 한없는 노력을 말하는 것이다. 약왕藥王도 결국은 이 세상에 오기 전에 수 십만 번 태어나면서 많은 노력을 해서 지금 약왕이 되었다는 것이다. 본사품本事品이라는 말이나 본생설화라는 말이나 같은 말이다.

　이시爾時 수왕화보살宿王華菩薩 백불언白佛言 세존世尊 약왕보살藥王菩薩 난행고행難行苦行 원소해설願少解說.
　그때에 수왕화보살이 부처님께 말했다. 선생님, 약왕보살이 아주 어려운 일도 많이 하고 고생도 많이 한 보살인데 그에 대한 이야기를 조금 해 주십시오.

　이시爾時 불고내왕과거佛告乃往過去
　그때 부처님께서 옛날 전생에 어떻게 되었는지 그 이야기를 했다.

23. 약왕보살본사품　403

일월정명덕여래日月淨明德如來 위일체중생희견보살爲一切衆生喜見菩薩 설법화경說法華經.
　옛날에 일월정명덕여래 라는 부처님이 계셨는데 일체중생희견보살을 위해서 『법화경』을 설하셨다.

　일체중생희견보살一切衆生喜見菩薩, 모든 사람들이 기쁨으로 볼 수 있는 보살이다. 보살이라기보다는 모두가 기쁨으로 볼 수 있는 선생님이라 해둔다. 일체중생희견보살이라는 사람이 있었는데 그 사람을 위해서 일월정명덕여래日月淨明德如來가 『법화경』을 가르치게 되었다. 옛날에 일월정명덕이라는 부처가 일체중생희견보살이라는 학생에게 『법화경』을 가르치고 있었다는 말이다.

　시희견보살是喜見菩薩 낙습고행樂習苦行 정진경행精進經行 일심구불一心求佛.
　이 희견보살은 즐겨서 고행하는 것을 익혔다. 그래서 열심히 정진을 하고 정성을 다하여 부처가 되기를 원하였다.

　만만이천세이滿萬二千歲已 득현일체색신삼매得現一切色身三昧 심대환희心大歡喜.
　꼬박 일만 이천 년 동안을 그렇게 노력을 하다가 결국은 현일체색신삼매를 얻게 되어 마음깊이 한없는 기쁨을 느꼈다.

　현일체색신삼매現一切色身三昧를 보현색신삼매普賢色身三昧라고도 한다. 같은 말이다. 색신삼매色身三昧를 바울의 말로 하자면 가난한 자에게는 가난한 사람처럼, 부자에게는 부자처럼, 그렇게 해서 그 가르침을 받는 사람하고 같은 데까지 내려가서 가르쳤다는 것이다. 쉽게 말하면 이런 말이다. 아프리카에 가서 가르칠 때는 자기가 아프리카 사람이 되어서 가르치는 것이다. 그렇게 하는 것을 색신삼매라 한다. 자기가 문명인이라고 해서 가르치면 아프리카 사람들이 듣지 않는다.

이물관물以物觀物이다. 소강절邵康節이 이물관물이라 했는데 자기가 물건이 되어서 물건을 보는 것이다. 가난한 사람을 가르칠 때는 자기가 가난한 사람이 되어서 가르치는 것이다. 이렇게 같이 되어야 통하지 그렇지 않으면 통할 수가 없기 때문이다. 이심전심以心傳心도 마찬가지다. 자기가 그 사람의 지위에 내려가서 말해야 되지 그렇지 않으면 되지 않는다. 다 같은 말이다.

보현색신삼매, 자기가 아프리카 사람이 되어서, 아프리카 사람으로 나타나서 가르친다는 것이다. 이것이 본래의 뜻인데 이런 것이 더 넓어져서 넓게 말할 때는 나무를 가르칠 때는 나무가 되고 토끼를 가르칠 때는 토끼가 되어서, 자기는 무슨 몸이라도 될 수 있다는 그런 화신化身사상이 된다. 어떤 몸으로나 자기는 변화할 수 있다는 것이다.

이것이 말하고자 하는 것은 자기가 영체靈體라는 것, 이것을 기독교로 말하면 성령이라는 것인데, 이렇게 자기가 영체라는 것을 발견하게 되면 자기는 무엇이나 될 수 있다는 것이다. 영은 무엇이나 될 수 있는 것이다. 영은 하나도 될 수 있고 둘도 될 수 있고 무슨 숫자라도 될 수 있다.

윤회설이라는 것도 마찬가지다. 윤회설이 되어 무엇도 되었다, 무엇도 되었다 말하는 것인데 말하자면 영혼불멸 사상이다. 사람이 영혼이 되면 그 영혼이 어느 때는 개도 되고 어느 때는 천사도 되고, 이렇게 무엇으로나 변할 수 있는 것, 이것이 영이라는 것이다. 자기가 영체라는 것을 깨달았으니까 이제는 무엇으로든지 될 수 있는 그런 몸이 되었다는 것이다.

결국은 자기가 무無가 되는 것이다. 무아無我가 되면 무엇이나 될 수 있다. 만나는 사람에 따라서 무엇이나 될 수 있는 것인데 그것을 화신이라 한다. 또는 그것을 보현색신普賢色身이라 한다.

맨 처음에야 물론 유치원 아이들을 가르치려면 자기가 유치원 아이가 되어서 유치원 아이를 가르쳐야 된다는 것, 거기에서 시작한 것이다. 그런데 이것이 자꾸 넓어지면 나중에는 무엇이나 될 수 있다는, 말하자면 신즉자연神卽自然이라고 하는 범신론汎神論이 되고 만다. 토끼라 해도 그것이 토끼가 아니라 신이라는 것이다. 신의 화신이다. 사자라 해도 그것은 신의 화신이다. 자연이라는 일체가 다 신의 화신이다. 신즉 자연이다. 불교나 인도 사람의 생각은 다 범신론이다. 기독교에서 이런 범신론적인 사상을 억지로 말해보자면 성령이라고 할 수 있다.

현일체색신삼매現一切色身三昧의 능력을 얻었다. 이제는 마음대로 가서 설법할 수 있게 되었다. 그래서 얼마나 마음속이 기쁜지 모른다. "심대환희心大歡喜"다. 자기가 얼마든지 변신할 수 있게 되었다. 토끼한테 가면 토끼가 될 수 있고 거북에게 가면 거북이 될 수 있다. 자기가 영체가 된 것이다.

종삼매기從三昧起 이자념언而自念言 아수이신력我雖以神力 공양어불供養於佛 불여이신공양不如以身供養.

그는 삼매에서 일어나서 스스로 다음과 같이 생각했다. 내가 이렇게 마음대로 변할 수 있는 신통력으로 부처님을 위해서 노력하지만 이것은 몸으로 공양하는 것만 같지 않구나.

"종삼매기從三昧起", 그런 상태에서부터 일어났다. 삼매三昧란 정신통일이 되었다는 것이다. 토끼를 만나서 설법할 때는 토끼가 된 것이다. 그런 삼매에서 일어나 스스로 생각하기를 내가 이런 신통력神通力을 가지고 부처님을 위해서 노력하는데 이것은 몸으로 공양하는 것만 못하다고 생각했다.

공양供養이란 자기 자신을 바치는 것이다. 자기의 신력神力을 가지고 부처님께 자기 자신을 바치는 것인데 자기의 정신을 가지고 부처님을 섬기는 것보다는 자기의 몸을 가지고 부처님을 섬기는 것이 더 중요하다 그렇게 생각했다. 몸을 가지고 자기를 부처님께 바치겠다. 기독교로 말하면 「로마인서」 12장 1절이다. 몸으로 산 제사를 드린다는 것, 그리고 이것이 하나님이 기뻐하시는 예배라는 그런 생각이다. 몸으로 바치겠다는 그런 생각을 한 것이다.

즉복제향卽服諸香 우음향유又飮香油 향유도신香油塗身 어일월정명덕불전於日月淨明德佛前 이천보의以天寶衣 자전신기自纏身己 관제향유灌諸香油 이신통력원以神通力願. 이자연신而自然身 기신화연其身火然 천이백세千二百歲 과시이후過是已後 기신내진其身乃盡.

그래서 즉시 향내 나는 옷을 입고 향수를 마시고 향수를 바르고 선생님이신 일월정명덕 부처님 앞에 나아가 가장 아름다운 옷을 입고 스스로 자기 몸을 얽어매고 자기에게 향유를 끼얹고 자기의 정신을 통일해서 기도를 드렸다. 그리고 스스로 자기의 몸을 불태웠는데 그것이 천이백 년 동안 불탔다. 그리고 나서 그 몸이 이내 없어졌다.

'연然'이란 글자를 보면 고기 육肉과 개 견犬과 불 화火자로 되어 있다. 개고기를 굽는 것이다. 그래서 '연然'은 불 화火변이 붙은 불탈 '연燃'이나 같은 뜻이다. 자기 자신을 불살랐다는 말이다. 얼마동안 불이 붙었나 하면 천이백 년 동안이다. 그 불이 다 지나간 후에 그만 그 몸이 없어지고 말았다.

요새로 말하면 향수가 아니라 휘발유 뿌리고 분신焚身하는 것이다. 한창 데모할 때 유행하기도 했는데 그 때 몇 사람이 그렇게 죽었다. 베트남에서는 전쟁 때 스님들이 또 불지르고 죽기도 했다. 요새는 휘발유 뿌리고 죽는데 그 때는 향수를 뿌렸다는 것이다. 그래서 불태울 때 향내가 아주 천지에 진동을 했던 모양이다.

일체중생희견보살一切衆生喜見菩薩 작여시법공양이作如是法供養已 명종지후命終之後 복생復生 일월정명덕불국중日月淨明德佛國中 어정덕왕가於淨德王家 홀연화생忽然化生.

일체중생희견보살이 이처럼 자기 몸을 바쳐 공양하는 것을 마치고 죽었는데 죽은 후에 다시 태어났다. 일월정명덕 부처님 나라의 정덕왕가에 홀연 화생을 한 것이다.

이 사람이 죽은 후에 다시 태어났는데 일월정명덕日月淨明德 왕의 집에 태어났다. 이번에는 학생이 아니라 왕의 아들로 태어난 것이다. 정덕왕의 아들로 태어났다. "홀연화생忽然化生"이란 갑자기 변화해서 나타났다는 말이다.

　기독교에서는 십자가와 부활인데 십자가라는 것은 자기 자신을 하나님께 바치는 것이다. 십자가와 부활인데 여기서는 복생復生이다. 복생이란 재생이나 마찬가지 말이다. 기독교에서는 육체가 영체로 부활한다는 것인데 여기서는 그것이 아니라 그냥 육체로, 말하자면 윤회설이니까, 다시 육체로 또 태어났다는 것이다. 다음에도 또 같은 이야기다.

　이시爾時 일월정명덕불日月淨明德佛 고일체 중생희견 보살告一切衆生喜見菩薩 아어금야我於今夜 당반열반當般涅槃. 아이불법我以佛法 촉루어여囑累於汝
　그때 일월정명덕 부처님께서 희견보살에게 말하기를 "나는 오늘밤에 열반할 것이다. 그래서 내가 이 불법을 너한테 맡긴다."

　이시爾時 일체 중생희견 보살一切衆生喜見菩薩 견불 멸도見佛滅度 비감오뇌悲感懊惱. 연모어불戀慕於佛 화멸이후火滅已後 수취사리收取舍利 이기팔만사천탑以起八萬四千塔.
　이때 희견보살은 부처님께서 세상을 떠나시는 것을 보고서 굉장히 슬퍼했다. 그리고 부처님을 굉장히 연모했다. 그래서 그 부처님을 화장하고 난 후에 사리를 거두어 팔만 사천 탑을 세웠다.

　사리를 주워서 병에 담았는데 팔만 사천 개에 담아서 하나하나 탑을 세워 공양을 했다는 것이다. 이것이 탑공양이라는 것이다.

　아금공양我今供養 일월정명덕불日月淨明德佛 사리舍利 즉어팔만 사천탑전卽於八萬四千塔前 연백복장엄 비然百福莊嚴臂.
　나는 지금 일월정명덕 부처님의 사리에게 공양한다. 그리고 팔만 사천 탑 앞에서 백복장엄한 팔을 태웠다.

'비臂'는 팔뚝이다. 이번에는 팔을 태운 것이다. 혜가가 팔뚝을 잘랐다는 혜가단비慧可斷臂라는 말이 있다. 혜가가 달마를 찾아가서 만나자고 했는데 달마는 만나주지 않았다. 그래서 눈이 오는데 사흘 동안 문 밖에서 기다렸다. 눈이 와서 무릎 위에까지 올라왔는데 달마가 만나주지 않았다. 그래서 할 수 없이 자기의 팔을 잘랐다. 팔이 뚝 떨어지는 소리를 듣고야 달마가 문을 열었다. "너는 왜 야단인가?" "내 마음이 불안합니다. 내 마음을 좀 편안하게 해 주세요." "네 마음을 가져오너라." 이런 이야기가 나온 것이다. 그래서 자기의 정성을 다한다고 하는 그 뜻을 표현할 때 단비斷臂라 한다. 여기서는 단비가 아니라 연비然臂다. 자기의 팔을 태웠다. 아무튼 자기의 정성을 다한다는 뜻이다.

이시爾時 제보살諸菩薩 견기무비見其無臂 우뇌비애憂惱悲哀 이작시언而作是言 시아등사是我等師 교화아자教化我者 이금소비而今燒臂 신불구족身不具足.
이때 모든 보살이 그 팔이 없는 것을 보고 굉장히 슬퍼하고 아파했다. 그리고 말했다. "우리 선생님께서는 우리를 가르치기 위해서 당신의 팔을 태워 불구가 되셨다."

우시于時 희견보살喜見菩薩 어대중중於大衆中 립차서언立此誓言 아사양비我捨兩臂 필당득불必當得佛 금색지신金色之身 약실불허若實不虛 령아양비令我兩臂 환복여고還復如故.
그 때 희견보살이 모든 대중들에게 이렇게 맹세하며 말했다. "내가 이 양팔을 태워서 버림으로 말미암아 나는 반드시 부처가 될 것이다. 그 때는 내 몸이 금빛으로 빛날 것이다. 이는 진실로 거짓이 아니다. 그래서 내 양팔이 다시 전과 같이 회복될 것이다."

혜가단비도 마찬가지다. 내가 팔뚝을 자름으로 말미암아 반드시 성불할 것이다. 같은 말이다. 성경에도 너희가 천국에 가기 위해서 너희 팔을 자르는 것이 낫다면 팔을 하나 자르는 것이 낫다는 그런 말이 나온다. 너희 몸의 어느 하나를 잃고라도 천국에 가는 것이 낫지 않느냐 하는 것으로 성경에도 나오는 사상이다. 그래서 내가 지금 두 팔을 버렸지만 그 공로로 내가 반드시 부처가 될 수 있을 것이다. 그 때는 내 몸이 금빛으로 빛나는 몸이 될 것이다. 그것을 절대 거짓말이라 생각하지 않는다. 아주 진짜다. 내가 몸의 한 부분이라도 버리고 천국에 가는 그것이 아주 당연하다고 생각하는 것이다. 그리고 그 때는 내 두 팔이 다 다시 회복될 것이다.

작시서이作時誓已 자연환복自然還復 당이지시當爾之時 삼천대천세계三千大千世界 육종진동六種震動.
그렇게 맹서를 하고 났더니 팔이 다시 돌아왔다. 그 때 삼천대천세계가 여섯 가지로 진동을 했다.

그렇게 기도를 하고 났더니 "자연환복自然還復", 팔이 다시 돌아왔다. 환생還生이다. 그 때 온 세계가 어떻게 감격을 했는지 육종진동六種震動이다. 진震, 동動, 기起, 용踊, 후吼, 격擊, 여섯 가지로 진동했다. 감격했다는 것이다. 감격하면 가슴이 떨리는 것도 있을 것이고 손이 떨리는 것도 있을 것이고 여러 가지가 있을 것이다. 여러 가지로 감격을 했다는 말이다.

불고佛告 수왕화보살宿王華菩薩 어여의운하於汝意云何 일체중생희견보살一切衆生喜見菩薩 기이인호豈異人乎 금약왕보살今藥王菩薩 시야是也.
부처님께서 그 제자인 수왕화보살에게 말했다. "네가 내 말을 듣고 어떻게 생각하느냐? 희견보살이 어찌 다른 사람이겠는가. 지금의 약왕보살이 바로 희견보살이다."

희견보살이 자기 몸을 태웠다든가 두 번째로 자기 팔을 태웠다든가 했는데 그 일체중생희견보살이 다른 사람이겠는가? 내가 지금 말세에 불법을 책임져라 하는 약왕보살의 전신이 바로 희견보살이다. 희견보살이 자기 몸을 불살라 가면서, 말하자면 애를 쓴 것이다. 앞으로 아무리 말세의 고난이 있고 핍박이 있고 어려움이 있어도 반드시 그 어려움을 이기고 이 약왕보살이 해낼 것이라는 말이다.

차법화경此法華經 어제경중於諸經中 최위기상最爲其上 차경此經 능구能求 일체중생자一切衆生者.
이 『법화경』은 모든 경전 가운데 최고의 경이다. 이 경이 모든 중생들을 다 구할 수 있을 것이다.

여자득모如子得母 여도득선如渡得船 여병득의如病得醫 차법화경此法華經 능령중생能令衆生 리일체고離一切苦 일체병통一切病痛 능해일체能解一切 생사자박生死之縛.
마치 어린애가 어머니를 얻은 것 같고, 강을 건너가는데 배를 만난 것과 같고, 병난 사람이 의사를 만난 것 같이 『법화경』은 모든 중생으로 하여금 일체의 고통에서 떠나게 하고 모든 병의 고통에서 떠나게 하고 모든 생사의 결박을 풀어주는 그런 역할을 할 것이다.

팔을 잘랐다고 하는 이야기를 보면서 우리 양궁으로 금메달을 탄 아이들을 생각했다. 양궁을 쏘면서 팔을 얼마나 당겼겠는가. 김수녕, 윤여진, 김남순, 이들이 없었다면 우리가 올림픽에서 아마 삼십 위 밖으로 밀려났을 것이다. 그 세 사람 덕분에 우리가 12등까지 간 것이다. 이들이 얼마나 애를 썼겠는가. 몇 해를 쏘았는지 모르지만 그 얼마나 애썼겠는가. 그래서 하여튼 무심無心이 되기까지 노력한 것이다.
그러니까 무심이란 말이나 단비斷臂라는 말이나 같은 말이 아니겠는가. 단비, 무심, 무아無我, 다 같은 말이다. 아무리 어떠한 환경에 처해서라도 그냥 흥분하거나 어떻게 마음이 흔들림이 없는 것이다. 그래서 쏘면 들어맞고 쏘면 들어맞고 이렇게 된다. 손이 떨리거나 가슴이 두근거리거나 하면 벌써 안 된다. 그래서 수 없는 훈련을 통해서 정말 자기 자신을 불사른 것이다. 자기 자신을 불살라서 자기 자신이 그만 재가 되고 만 것이다. 재가 되어 감각도 무엇도 아무것도 없어진 것이다. 그냥 겨누고 쏘면 딱 들어맞는다. 마음의 흔들림이 아무것도 없다. 그렇게 되어서 금메달 셋을 따내는 것이지 그렇지 않으면 금메달이 어디에 있겠는가.

한없는 노력을 통해서 자기라는 것이 없이, 자기 마음이라는 것이 없이, 자기의 팔도 없이, 자기의 팔이 재로 된 팔이니까 맞지 그것이 살로 된 팔이라면 왜 맞겠는가. 재로 된 팔이다. 마음이 없고, 자기가 없고, 흔들림이 없고, 이것이 다 같은 말이 아니겠는가.

그래서 자기가 없어질 때 가온찍기라는 것이다. 그런데 자기가 있으면 그것이 되지 않는다. 자기의 명예를 생각한다거나 무슨 어떻게 그런 것이 다 없다. 그런 것이 있어서야 어떻게 맞겠는가. 일체 자기가 없어지는 경지 그것을 지금 이「약왕보살본사품」에서 말하고자 하는 것이다.

이런 비유나 상징이 정말 상당히 재미있다. 나는 팔을 태웠다는 말을 듣고서 곧 김수녕 생각이 났다. 김수녕의 팔이 탔구나. 그 탄 팔을 갖고 쏘니까 맞지 그냥 살로 된 팔이라면 그것이 맞을 이치가 없지 않느냐. 그런 생각이 났다.

2000. 10. 15.

제 24. 묘음보살품妙音菩薩品

원문 요약

　이시爾時 석가모니불釋迦牟尼佛 방대인상放大人相 육계광명肉髻光明 급방미간及放眉間 백호상광白毫相光. 편조동방遍照東方 유세계有世界 명명名名 정광장엄淨光莊嚴 기국유불其國有佛 호號 정화수왕지여래淨華宿王智如來. 이시爾時 국중國中 유일보살有一菩薩 명왈名曰 묘음妙音 구이식구已植 중덕본衆德本 심심지혜甚深智慧 득법화삼매得法華三昧 신통유희삼매등神通遊戱三昧等. 즉백卽白 정화수왕지불언淨華宿王智佛言 아당왕예我當往詣 사바세계裟婆世界 예배친근禮拜親近 공양 석가모니불供養釋迦牟尼佛. 이시爾時 정화수왕지불고淨華宿王智佛告 묘음보살妙音菩薩 여막경피국汝莫輕彼國 예악충만穢惡充滿 불신비소佛身卑小. 어시於時 묘음보살妙音菩薩 불기우좌不起于座 이입삼매而入三昧 신부동요身不動搖 이삼매력以三昧力 어기사굴산於耆闍崛山 거법좌불원去法座不遠 화작化作 팔만사천八萬四千 중보연화衆寶蓮華. 이시爾時 문수사리文殊師利 견시연화見是蓮華 이백불언而白佛言 세존

世尊 시하인연是何因緣 선현차서先現此瑞 석가모니불고釋迦牟尼佛告
문수사리文殊師利 시是 묘음보살妙音菩薩 래지차來至此 예배어아禮拜
於我 청법화경聽法華經. 우시于時 묘음보살妙音菩薩 어피국몰於彼國
沒 여팔만사천與八萬四千 보살菩薩 구공발래俱共發來 면모단정面貌端
正 위덕치성威德熾盛 광명조요光明照耀 제상구족諸相具足 견고지신堅
固之身 이래예차而來詣此 사바세계娑婆世界. 이가치백천영락지지以價
值百千瓔珞持至 석가모니불소釋迦牟尼佛所 두면예족頭面禮足 봉상영
락奉上瓔珞 이백불언而白佛言. 세존世尊 정화수왕지불淨華宿王智佛
문신세존問訊世尊 우又 문신問訊 다보여래多寶如來 아금욕견다보여래
我今欲見多寶如來 시아령견示我令見. 시時 다보불多寶佛 고告 묘음언
妙音言 선재善哉 여능위汝能爲 공양供養 석가모니불釋迦牟尼佛 급청
법화경及聽法華經 변견문수사리등辨見文殊師利等 고래지차故來至此.
이시爾時 화덕보살華德菩薩 백불언白佛言 시묘음보살是妙音菩薩 종하
선근種何善根. 불고佛告 과거유불過去有佛 명名 운뢰음왕雲雷音王 어
만이천세於萬二千歲 공양供養 운뢰음왕불雲雷音王佛. 이시인연과보以
是因緣果報 금생今生 정화수왕지불국淨華宿王智佛國 유시신력有是神
力 시보살是菩薩 현종종신現種種身 처처위제중생處處爲諸衆生 설시경
전說是經典. 혹현범왕신或現梵王身 혹현장자신或現長子身 혹현부녀신
或現婦女身 혹현룡或現龍 여시종종如是種種 변화약응變化若應. 이성
문형以聲聞形 득도자得道者 현성문형現聲聞形 이위설법而爲說法 묘음
보살妙音菩薩 성취대신통지혜지력成就大神通智慧之力 기사여시其事
如是. 이시爾時 화덕보살華德菩薩 백불언白佛言 시보살是菩薩 주하삼
매住何三昧 이능여시而能如是. 불고佛告 기삼매명其三昧名 현일체색
신現一切色身. 이시爾時 묘음보살妙音菩薩 공양供養 석가모니불釋迦
牟尼佛 급다보불이及多寶佛已 환귀본토還歸本土 소경제국所經諸國 육
종진동六種震動 현삼십팔신現三十八身.

묘음보살품 강해

「약왕보살본사품藥王菩薩本事品」과「묘음보살품妙音菩薩品」, 그리고 다음에 나오는「관세음보살觀世音菩薩品」, 이 세 장의 내용을 보현색신普賢色身이라 한다. 화신化身에 대해서 여러 가지 형태로 나타난다는 것이다. 약왕보살은 결국 자기 몸을 불살라서 바쳤다는 내용이고, 묘음보살은 석가의 사상을 자기 나름대로 잘 해석을 해서 모든 사람들에게 쉽게 알려준다는 내용이고, 이 다음에 나오는 관음보살은 세상의 모든 이들을 다 구원해준다는 내용이다. 이 세 가지 공통점이 보현색신이라는 사상이다.

이시爾時 석가모니불釋迦牟尼佛 방대인상放大人相 육계광명肉髻光明 급방미간及放眉間 백호상광白毫相光.
그때 석가모니불이 대인상인 육계와 미간의 백호상으로부터 밝은 빛을 발했다.

대인상大人相이란 무엇인가 하면 석가의 몸에 아주 특별한 데가 서른 두 곳이 있다고 하는 32호상을 말하는 것이다. 대인상의 하나가 석가의 머리 위에 불룩하게 나왔다는 육계肉髻라는 것이다. 살이 불룩 나왔는지 머리를 땋아서 그렇게 나왔는지 모르지만 하여튼 머리가 조금 불룩하게 나왔다는 것이 육계다. 그런 것을 보통 대인상이라 하는데 말하자면 큰 사람의 모습을 지니고 있다는 것이다. 그러니까 대인상이란 말이나 육계나 같은 말이다.

육계에서 빛이 나온다는 것이다. 전에는 치아에서도 빛이 나오고 무릎에서도 빛이 나오고 그렇게 말했는데 이렇게 빛이 나온다는 말을 자꾸 하는 것은 빛의 사상이기 때문이다. 더 쉽게 말하면 태양사상이다.

백호白毫는 석가의 눈썹과 눈썹 사이에 또 무엇인가 튀어나온 것이 있다는 것이다. 그래서 불국사 석굴암 부처님의 이마에는 본래 금강석이 박혀 있었다. 금강석을 박아서 밤에도 빛이 나오게 했다. 빛이 나온다는 것인데 이것은 다 지혜라는 말이다. 머리에서 빛이 나온다는 것이나 이마에서 빛이 나온다는 것이나 말하자면 결국 지혜가 한없이 많다는 것이다.

백호란 석가의 눈썹 사이에 흰털이 나와서 바른편으로 돌려났다는 것이다. 미간眉間에 살이 조금 나왔는데 거기에 흰털이 나왔다는 것이다. 이것도 빛이 나왔다는 말이나 같은 상징이다. 그것을 "미간 백호상 眉間白毫相"이라 한다.

편조동방遍照東方 유세계有世界 명名 정광장엄淨光莊嚴 기국유불 其國有佛 호號 정화수왕지여래淨華宿王智如來.
그래서 동편을 두루 비추었다. 거기에 나라가 있었으니 이름이 정광장엄이고 그 나라에 부처님이 계셨으니 이름이 정화수왕지여래였다.

묘음보살妙音菩薩의 특징은 동편으로 빛을 발하는 것이다. 그리고 관음보살觀音菩薩의 특징은 서편으로 향해서 빛을 발하는 것이다. 이렇게 동서로 나누어서 묘음妙音과 관음觀音이다. 동편으로 빛을 발했다는 것은 『법화경』 맨 처음에 나왔던 것이다. 동방으로 빛을 발해서 일만 팔천 리를 비추었다는 것이다. 그 말이 결국 동양과 관계가 있다 해서 중국 사람들은 중국으로 비췄다고 하고 일본 사람들은 일본으로 비추었다고 말하고 한국 사람은 한국으로 비췄다고 말한다.

동양 삼국에서는 서로 자기 나라로 비췄다는 것인데 거기에 어떤 나라가 있는가? 정광장엄국淨光莊嚴國이다. 아주 깨끗한 빛이 장엄한 나라이다. 아침에 동쪽에서 해가 뜨는 것이니까 동편에서 빛이 나오는 것은 확실한 일이다. 정광장엄국을 한국 사람은 한국이라 하고 일본 사람은 일본이라 한다. 거기에 부처님이 있었는데 그 이름이 정화수왕지여래淨華宿王智如來다. "정화수淨華宿", 깨끗하고 아름다운 꽃이 많이 피어있다는 뜻이다. 우리로 말하면 무궁화 삼천리라는 말이다. 그리고 왕지王智다. 지혜도 보통 많은 것이 아니라 왕의 지혜다.

이시爾時 국중國中 유일보살有一菩薩 명왈名曰 묘음妙音 구이식久
已植 중덕본衆德本 심심지혜甚深智慧 득법화삼매得法華三昧 신통유
희삼매등神通遊戱三昧等.
　그때 나라 가운데 한 보살이 있었는데 이름이 묘음이었다. 오랫동안 모든 덕의 근본을 심었고 지혜가 깊어졌다. 그래서 법화삼매를 얻고 신통 유희 삼매 등을 얻었다.

　그 속에 보살이 하나 있었다. 우리로 말하면 원효대사元曉大師가 있었다 하는 것이나 마찬가지다. 이름이 묘음보살妙音菩薩인데 '묘妙' 라는 것은 신비하다는 뜻이다. 신통神通하다는 것이다. 신에 통했다는 것이다. 무엇이나 절정에 달하면 다 신에 통하는 것이다. 시도 잘 지으면 신에 통하는 것이다. 그림도 잘 그리면 신통하다고 한다. 글씨도 잘 쓰면 신통하다고 한다.
　난곡蘭谷 김응섭金應燮 선생에게 글씨를 배울 때 보니까 종이를 펴놓고 쓰는데 아주 손을 떨면서 쓰는 것이었다. 그러면서 하는 소리가 신이 올랐다는 것이다. 정말 신이 올라서 쓰는 것인지는 모르지만 좌우간 명필이다. 자기의 손이 아주 신통했다는 것이다. 그것이 '묘妙' 라는 것이다.
　'음音' 은 법음法音이다. 진리를 해설한다는 것이다. 요새로 말하면 법문法門이라는 말이다. 미묘법문微妙法門이다. 묘음妙音을 달리 말하면 미묘법문微妙法門이다. 진리를 아주 쉽게 해설을 잘 한다는 것이다. 요새로 말하면 해석학이라 할 것이다.
　기독교로 말하면 예수가 근본 체험을 하고 마태, 요한, 마가, 누가 이런 사람들이 그것을 표현하고 사도 바울이 해석을 했는데 묘음은 이 해석이라는 것이다.
　『법화경』 자체가 하나의 해석이다. 사도 바울이 쓴 「로마인서」에는 예수의 말이 하나도 없다. 그냥 사도 바울이 십자가와 부활이라는 두

단어를 가지고 「로마인서」를 써 가는 것이다. 자기 속에 깊이 얻은 믿음을 자기 나름대로 발표해간 것이다. 『법화경』이라는 것도 마찬가지로 하나의 해석이다. 결국 석가의 이야기가 하나도 없다. 물론 석가가 말했다고 나오지만 석가가 말한 것은 아니다. 이것은 석가가 죽은 후에 오백 년 있다가 나온 책들이다. 이것들은 하나의 문학 작품이지 무슨 석가의 말을 전한다던가 하는 것은 하나도 없다. 석가의 사상을 자기가 받아 들여서 자기 마음속에 변화를 받아서 그것을 다시 자기식대로 표현하는 것으로 유영모柳永模 선생으로 말하면 '제소리'라는 것이다. 말하자면 『법화경』 전체가 하나의, 말하자면 바울의 「로마인서」 같은 것이다. 『화엄경』도 마찬가지다.

그래서 『법화경』은 누가 썼는지도 모른다. 저자가 누구인지도 모른다. 굉장한 사람이 썼을 터이지만 그 때 사람들은 다 자기의 이름을 감추는 때니까 나타내지 않은 것이다. 『화엄경』도 무슨 용수보살龍樹菩薩이 썼다고 하지만 용수보살도 자기가 썼다는 것이 아니라 용궁에 가서 얻어 온 것이라고 그렇게 말한다. 하여튼 이런 큰 걸작들의 저자도 우리는 모른다. 이런 형태가 소위 무아無我사상이다. 일체 자기를 없이한다는 것이니까 거기에 무슨 자기의 이름도 붙이기 싫다는 것이다.

묘음이라는 것, 용수도 하나의 묘음이고 『법화경』을 쓴 사람도 묘음이다. 자기 나름으로 자기의 소리를 한 것이다. 이것들이 다 오백 년 후에 나온 책들이다. 바울은 예수와 거의 동시대 사람이다. 그래도 벌써 바울이 되면 「로마인서」, 「고린도서」에 예수의 말이 한마디도 안 나온다. 다 자기 소리만 나온다. 그것이 나오니까 기독교가 오늘날 살아 있는 것이지 그렇지 않고 그냥 예수의 말만 그대로 전했다면 기독교는 죽고 말았을 것이다. 그래서 이 묘음이라는 해석이 굉장히 중요한 것이다. 오늘 우리가 기독교를 받아들이면 우리는 우리식대로 말을 해가야 된다.

묘음보살이 있었는데 오랫동안 많은 덕을 심어 놓았다. 그래서 지혜가 한없이 많아졌다. 요새로 말해서 공부를 많이 하고 지혜가 많아서 말하자면 하나의 작품을 쓸 수 있는 그런 사람이 된 것이다. 단테, 괴테같이 공부를 많이 해서 자기 나름대로 작품을 해 나간 것이다. 법화삼매法華三昧, 제법실상諸法實相을 깨달아 알았다는 것이다. 모든 진리, 모든 이치의 진짜 모습을 깨달아 알았다는 것인데 그것을 법화삼매라 한다. 그것을 아주 신통하게 모든 사람이 알아듣게끔 그렇게 아주 잘 설명을 한다는 것이 신통유희삼매神通遊戱三昧라는 것이다.

즉백卽白 정화수왕지불언淨華宿王智佛言 아당왕예我當往詣 사바세계娑婆世界 예배친근禮拜親近 공양석가모니불供養釋迦牟尼佛.
　그가 곧 정화수왕지불에게 말했다. "저는 사바세계에 가서 석가모니불을 예배하고 가까이 하고 공양하고자 합니다."

　묘음보살이 정화수왕지불淨華宿王智佛에게 말하기를 사바세계娑婆世界에 한 번 가고 싶다고 했다. 사바세계를 인토忍土라 한다. 정말 참아야 사는 나라이지 참지 않으면 못사는 나라라는 말이다. 이 세상을 사바세계라 한다. 정말 괴로움이 많은 세계로 화나는 일도 많고 보기 싫은 것도 많아서 참아야지 참지 않으면 정말 하루도 못사는 그런 세계라는 것이다. 묘음 자기가 한 번 사바세계에 가고 싶다는 것이다. 가서 석가모니불을 만나보고 그리고 가까이 가서 말씀을 듣고 자기가 공양을 하고 싶다는 것인데 한마디로 해서 자기가 석가를 만나보고 싶다는 말이다.

이시爾時 정화수왕지불고淨華宿王智佛告 묘음보살妙音菩薩 여막경피국汝莫輕彼國 예악충만穢惡充滿 불신비소佛身卑小.
　그때 정화수왕지 부처님께서 묘음보살에게 말했다. "너는 사바세계에 내려가서 그 나라를 무시하지 말라. 그곳은 굉장히 더럽고 악이 가득한데 부처의 몸은 아주 볼품없고 왜소하다."

　"예악충만穢惡充滿", 이것이 사바세계라는 것이다. 아주 더럽고 악한 것이 꽉 차있다. 그리고 석가라는 사람을 보아도 대 여섯 자밖에 안

24. 묘음보살품　419

되는 아주 조그만 부처다.

　어시於時 묘음보살妙音菩薩 불기우좌不起于座 이입삼매而入三昧 신부동身不動搖 이삼매력以三昧力 어기사굴산於耆闍崛山 거법좌불원去法座不遠 화작化作 팔만사천八萬四千 중보연화衆寶蓮華.
　이때 묘음보살은 자리에서 일어나지도 않고 삼매에 들었다. 몸을 움직이지 않고 삼매의 힘으로써 기사굴산 부처님의 법좌에서 그리 멀지 않은 곳에 팔만 사천의 온갖 보배로운 연꽃들을 요술처럼 피워 냈다.

　묘음보살이 자기가 앉아있는 자리에서 일어서지도 않고 정신통일에 들어갔다. 그리고 몸 하나 꼼짝하지 않고 정신력을 가지고 석가가 사는 기사굴산耆闍崛山에 석가가 앉아 있는 자리에서 멀지 않은 가까운 곳에 팔만 사천八萬四千 중보연화衆寶蓮華를 화작化作했다.
　팔만 사천이라는 수가 자주 나온다. 보통 번뇌라 하면 백팔 번뇌라 한다. 염주도 그래서 108개 알이다. 그런데 이것을 확대해서 말하면 번뇌도 팔만 사천 번뇌라 한다. 번뇌가 팔만 사천 개 있으니까 법문도 팔만 사천 개가 있다는 것이다. 그래서 아주 기가 막히게 아름다운 꽃을 팔만 사천 송이를 만들었는데 요술하듯 만들었다. 마술사들이 마술하는 것을 보면 비둘기도 나오고 꽃도 나오고 하는데 어디서 나오는지 모르지만 무대에 가득 차게 갖다놓는 때도 있다. 그런 것을 화작化作이라 한다.

　이시爾時 문수사리文殊師利 견시연화見是蓮華 이백불언而白佛言 세존世尊 시하인연是何因緣 선현차서先現此瑞 석가모니불고釋迦牟尼佛告 문수사리文殊師利 시是 묘음보살妙音菩薩 래지차래來至此 예배어아禮拜於我 청법화경聽法華經.
　그 때 문수사리가 그 연꽃을 보고 부처님에게 말했다. "선생님, 어떻게 이런 아름다운 연꽃들이 피어나는 상서로운 일이 나타납니까?" 그러자 석가모니 부처님이 문수사리에게 대답했다. "이것은 묘음보살이 여기에 오려고 하는데 그 전조가 나타난 것이다. 나를 만나보러 온다고 한다. 와서 내 법화경 강의를 들으려고 하는 것이다."

우시于時 묘음보살妙音菩薩 어피국몰於彼國沒 여팔만사천與八萬四千 보살菩薩 구공발래俱共發來 면모단정面貌端正 위덕치성威德熾盛 광명조요光明照耀 제상구족諸相具足 견고지신堅固之身 이래예차而來詣此 사바세계娑婆世界.

이때 묘음보살이 자기의 나라를 떠나서 팔만 사천 보살과 같이 떠났다. 묘음보살의 얼굴은 단정하고 속에 실력은 꽉 들어찼다. 그래서 얼굴에서 빛이 나왔다. 온갖 모습들이 모두 잘 생겼는데 몸도 아주 튼튼했다. 그가 석가모니 부처를 만나 뵈려고 이 사바세계로 왔다.

이가치백천영락지지以價値百千瓔珞持至 석가모니불소釋迦牟尼佛所 두면예족頭面禮足 봉상영락奉上瓔珞 이백불언而白佛言.

아주 굉장히 비싼 영락의 목걸이를 지니고 왔다. 그가 석가모니 부처님 앞에서 머리를 땅에 조아리고 그 값비싼 구슬 목걸이를 바치며 말했다.

세존世尊 정화수왕지불淨華宿王智佛 문신세존問訊世尊 우又 문신問訊 다보여래多寶如來 아금욕견다보여래我今欲見多寶如來 시아령견示我令見.

"선생님, 정화수왕지부처께서 선생님에게 문안을 올렸습니다. 요새 다보여래께서는 어떠하신지요? 다보여래를 만나 뵙고 싶습니다. 저도 다보여래를 만나 뵙게 해 주세요."

지난번에도 나왔지만 언제나 다보여래多寶如來와 석가여래釋迦如來

24. 묘음보살품　421

다. 다보여래와 석가여래는 언제나 같이 있다. 다보는 시간을 상징하는 것이고 석가는 공간을 상징하는 것이다. 시간과 공간이 합쳐서 사차원의 세계를 이루는 것이다. 그래서 다보불多寶佛을 보게 해 달라고 말한 것이다.

시時 다보불多寶佛 고告 묘음언妙音言 선재善哉 여능위汝能爲 공양供養 석가모니불釋迦牟尼佛 급청법화경及聽法華經 변견문수사리등辨見文殊師利等 고래지차故來至此.
그때 다보여래가 묘음에게 말했다. "잘 왔구나. 너는 석가모니불을 뵙고 『법화경』도 듣고 문수사리 등 여러 보살들도 다 만나보고자 여기까지 찾아왔구나."

여기에 나오는 것이 모든 보살의 대표로서 문수사리보살文殊師利菩薩이고 하나는 석가 하나는 다보라 해서 시간과 공간과 인간 이 세 가지가 합쳐지는 것이다. 시간과 공간과 인간이 합쳐져서 나온 내용이 묘음보살이라는 것이다.

이시爾時 화덕보살華德菩薩 백불언白佛言 시묘음보살是妙音菩薩 종하선근種何善根.
그때 화덕보살이 부처님께 물었다. "이 묘음보살은 어떤 좋은 일을 했습니까?"

불고佛告 과거유불過去有佛 명名 운뢰음왕雲雷音王 어만이천세於萬二千歲 공양供養 운뢰음왕불雲雷音王佛.
석가가 대답했다. "옛날에 부처님이 계셨는데 그 이름이 운뢰음왕이었다. 묘음보살이 만 이천 년 동안을 그 운뢰음왕 부처님께 공양을 했다."

운뢰雲雷, 구름과 우레는 언제나 설법을 가리키는 것이다. 하나님이 말씀하시는 것이다. 운뢰음왕雲雷音王 밑에서 만 이천 년 동안 공부했다. 운뢰음왕불을 오랫동안 모시고 가르침을 받았다.

이시인연과보以是因緣果報 금생今生 정화수왕지불국淨華宿王智佛國 유시신력有是神力 시보살是菩薩 현종종신現種種身 처처위제중생處處爲諸衆生 설시경전說是經典.
그 인연 때문에 그는 지금 정화수왕지 부처님 나라에 태어난 것이다. 그는 신통한 힘을 가지고 있어서 여러 가지 모습으로 나타나 각처에서 중생을 위해 이 경전을 설했다.

"현종종신現種種身", 여러 가지 모습으로 여기저기 나타나는 것이다. 그래서 모든 사람들을 위해서 이 경전을 설한다. 이것이 묘음의 하는 일이다. 가난한 사람에게는 가난한 사람이 되어 가르치고 부자에게는 부자가 되어 가르치는 것이다. 그 사람과 마음이 통하게 그렇게 한다는 말이다.

혹현범왕신或現梵王身 혹현장자신或現長子身 혹현부녀신或現婦女身 혹현룡或現龍 여시종종如是種種 변화약응變化若應.
범왕을 가르칠 때는 범왕처럼 나타나고 장자를 가르칠 때는 장자 같은 몸으로 나타나고 부녀를 가르칠 때는 부녀 같은 몸으로 나타나고 용을 가르칠 때는 용처럼 나타난다. 이렇게 상대에 따라 여러 가지 모습으로 나타나서 가르친다.

그 상대방에 따라서 자기 자신을 변화시킨다는 것이다. 상대방이 전체가 되고 자기는 무아가 된다는 소리다.

이성문형以聲聞形 득도자得道者 현성문형現聲聞形 이위설법而爲說法 묘음보살妙音菩薩 성취대신통지혜지력成就大神通智慧之力 기사여시其事如是.

24. 묘음보살품 **423**

성문으로 공부하는 사람에게는 성문으로 나타나서 진리를 잘 가르쳤다. 이렇게 묘음보살에게는 신통한 지혜의 힘이 완성되었기에 그의 하는 일이 이와 같은 것이다.

이시爾時 화덕보살華德菩薩 백불언白佛言 시보살是菩薩 주하삼매住何三昧 이능여시而能如是.
이때 화덕보살이 석가모니불에게 여쭈었다. "이 묘음보살은 어떤 정신통일을 할 수 있습니까? 어떤 힘을 가졌습니까? 어떤 정신력을 가졌기에 이렇게 할 수 있습니까?"

불고佛告 기삼매명其三昧名 현일체색신現一切色身.
석가가 그 삼매의 이름을 말했다. "현일체색신삼매라는 것이다."

요전에 말한 보현삼매普賢三昧라 해도 되고 또 현일체색신삼매現一切色身三昧라 해도 마찬가지다. 무엇이든지 될 수 있는 화신化身의 힘이다. 영체靈體라는 것이다. 자기는 없기 때문에 무엇이나 될 수 있다는 것이다. 자기라는 무엇이 있으면 무엇이나 될 수가 없는 것이다. 영이라는 것은 하나도 될 수 있고 둘도 될 수 있고 셋도 될 수 있고 무엇이나 될 수 있다. 그래서 영체라 해도 좋고 혹은 무아無我라 해도 좋다. 자기가 없기 때문에 무엇이나 될 수 있다.

이시爾時 묘음보살妙音菩薩 공양供養 석가모니불釋迦牟尼佛 급다보불이及多寶佛已 환귀본토還歸本土 소경제국所經諸國 육종진동六種震動 현삼십팔신現三十八身.
그때 묘음보살이 석가모니불을 공양하고 다보불도 공양하고 나서 자기의 나라로 돌아갔다. 자기 나라로 돌아갈 때 지나가는 모든 나라마다 육종으로 진동을 하고 서른 여덟 가지 몸을 나타냈다.

육종진동六種震動이란 진震, 동動, 기起, 용踊, 후吼, 격격擊이라는 것이다. 벌벌 떤다, 움직인다, 일어난다, 춤을 춘다, 아주 큰 소리를 지른다, 친다 하는 것인데 이렇게 여러 가지로 감격한 상태를 말한다. 너무 감격해서 어떤 사람은 펄떡펄떡 뛰는 사람도 있고 어떤 사람은 춤을 추는 사람도 있고 어떤 사람은 소리지르는 사람도 있고 어떤 사람은 무엇을 치는 사람도 있고 또는 떠는 사람도 있고 움직이는 사람도 있고 여러 가지가 있을 것인데 하여튼 감동한 상태를 말하는 것이다.

그리고 "현삼십팔신現三十八身", 서른 여덟 가지 몸으로 나타날 수 있는 그런 힘을 가진 사람이다. 한마디로 말하면 묘음보살이란 사람은 진리를 깊이 깨달아서 그것을 가장 쉽게 다른 사람에게 표현할 수 있는 그런 힘을 가졌다는 말이다.

오늘은 그래서 『장자莊子』의 제3장 「양생주養生主」라는 장을 읽어본다. 이것이 무엇을 말하는가 하면 이 묘음보살처럼 진리를 깊이 알아서 그것을 쉽게 말할 수 있는 그런 것을 비유로 든 것이다. 소위 유명한 "해우解牛"라는 비유다. 진리를 푼다는 것을 소를 잡는 것으로 상징해서 말한 것이다.

〔장자莊子 3장 양생주養生主〕
"포정위문혜군해우庖丁爲文惠君解牛 수지소촉手之所觸 족지소리足之所履 합어상림지무合於桑林之舞. 군왈君曰 선재善哉 기지어차호技至於此乎 대왈對曰 신지소호자도야臣之所好者道也 진호기의進乎技矣. 시신지해우지시始臣之解牛之時 소견무비우자所見無非牛者 삼년지후三年之後 미상견전우야未嘗見全牛也. 방금지시方今之時 신이신우臣以神遇 이불이목견而不以目見 관지지官知止 이신욕행而神欲行 의호천리依乎天理. 양포세경도良庖歲更刀 금신지도今臣之刀 십구년의十九年矣 소해수천우의所解數千牛矣 이도인약신발어형而刀刃若新發於硎. 피절자유간彼節者有間 이도인자무후而刀刃者無厚 이무후입유간以無厚入有間 회회호恢恢乎. 기어유인其於遊刃 필유여지의必有餘地矣 시이십구년이是以十九年而 도인약신발어형刀刃若新發於硎. 수연雖然 매지어족每至於族 오견기난위吾見其難爲 출연위계怵然爲戒 시위지視爲止 행위지行爲遲 동도심미動刀甚微. 획연이해謋然已解 여토위지如土委地 제도이입堤刀而立 위지사고爲之四顧 위지주저만지爲之躊躇滿志 선도이장지善刀而藏之. 군왈君曰 선재善哉 오문포정지언吾聞庖丁之言 득양생언得養生焉."

"포정위문혜군해우庖丁爲文惠君解牛 수지소촉手之所觸 족지소리足之所履 합어상림지무合於桑林之舞"
 (포정이 문혜군에게 보여주기 위해서 소를 잡았다. 손이 가서 닿고 발이 가서 닿는데 그 모습이 마치 상림의 무용 같았다.)

 포정庖丁을 우리 나라에서는 백정이라 했다. '포庖'는 주방이라는 뜻이다. 포정을 요새로 말하면 주방에서 일하는 사람, 요리사라고 하겠다. 그런데 우리 나라에서는 소 잡는 사람이 따로 있고 요리하는 사람이 따로 있었는데 중국에서는 다 같이 포정이라 한다. 포정이 문혜군文惠君이라는 왕에게 보여주기 위해서 소를 잡는데 그 잡는 모습이 근사한 무용과 같았다는 것이다.

"군왈君曰 선재善哉 기지어차호技至於此乎 대왈對曰 신지소호자도야臣之所好者道也 진호기의進乎技矣"
 (왕이 말했다. "정말 잘하는구나. 기술이 이런 지경에까지 미쳤는가?" 포정이 대답했다. "신이 좋아하는 것은 도입니다. 기술보다는 훨씬 앞선 것이지요.")

"너의 기술이 이렇게까지 왔느냐?"하고 칭찬을 한 것이다. 그랬더니 백정이 대답하기를 "내가 바라는 것은 도道요 기技가 아닙니다." 했다. 도냐, 기냐 하는 것이다. 도는 초월한 세계고 기라는 것은 아직도 붙어있는 세계라 할 것이다.
『주역周易』에서 "형이상자위지도形而上者謂之道"라 했다. 그 단계를 넘어서 아주 초월해 있는 것이 도다. 나는 도에 통한 사람이지 하나의 기술자가 아니라는 것이다. 나는 하나의 도에 통한 사람이란 말이다. 기보다는 훨씬 앞서있다는 것이다.

"시신지해우지시始臣之解牛之時 소견무비우자所見無非牛者 삼년지후三年之後 미상견전우야未嘗見全牛也"
("제가 처음에 소를 잡을 때는 전체가 소만 보이지 아무것도 보이지 않았습니다. 3년이 지난 후에는 이제 전체가 소는 아니었습니다.")

어느 정도 이제는 소에 대해서 요령이 생겼다는 것이다.

"방금지시方今之時 신이신우臣以神遇 이불이목견而不以目見 관지지官知止 이신욕행 而神欲行 의호천리依乎天理"
("지금은 신神을 가지고 보지 눈으로 보는 것이 아닙니다. 마음으로 보는 것도 아닙니다. 이제는 신으로 보는 것입니다. 하늘의 이치로 보는 것입니다.")

전에 좌망坐忘을 말할 때도 이런 말이 있었다. 사람이 처음에는 눈으로 보지만 그 다음에는 마음으로 보고 그 다음에는 기氣로 본다고 했다. 요새로 말하면 눈으로 보고, 마음으로 보고, 영으로 본다는 것이다. 차차 보는 눈이 달라지는 것이다. 눈으로 보다가 마음으로 보다가 그 다음에는 영으로 보는데 여기서는 영이라는 말 대신에 신神으로 본다고 한 것이다. 눈으로 보다가 이치로 보다가 신으로 본다고 해도 마찬가지다. 눈으로 보다가 현미경으로 본다고 해도 된다. 무엇이나 보는 단계가 자꾸 달라진다는 것이다.

붓글씨를 배울 때도 처음에는 눈으로 보는 소견所見이고 그 다음에는 이치로 보는 법안法眼이다. 그러다 나중에는 공관空觀이다. 영으로 보는 것이다. 무엇이나 이렇게 올라가면 처음에는 현실에 집착해서 의식적으로 보게 되다가 그 다음에는 무의식적으로 보게 되는 것이다. 그래서 나중에는 초의식으로 보게 되는 것이다. 그래서 바울이 삼층천에 올라갔다고 하는데 자꾸 이렇게 높아지는 것이다.

　이런 것을 많이 말하는 사람들이 요가 하는 사람들이다. 맨 처음에는 눈으로 보다가 그 다음에는 마음으로 보다가, 또는 이치로 보다가 나중에는 신통해서 영으로 본다, 혹은 기로 본다고 한다. 의식의 세계에서 무의식의 세계로 갔다가 초의식의 세계로 가는 것이다. 하나의 발전 과정이라 하겠다. 자기가 보는 것이 애초에는 의식적으로 보다가 그 다음에는 무의식적으로 보다가 그 다음에는 초의식적으로 그렇게 간다는 말이다.

　"양포세경도良庖歲更刀 금신지도今臣之刀 십구년의十九年矣 소해수천우의所解數千牛矣 이도인약신발어형而刀刃若新發於硎"
　("아무리 소를 잘 잡는 백정이라도 한 해에 한 번씩은 칼을 바꿉니다. 그런데 지금 제가 쓰는 칼은 19년이 되었습니다. 그 동안 잡은 소만 해도 벌써 수천 마리나 됩니다. 그런데 칼날은 숫돌에서 방금 갈아 낸 것처럼 새롭게 반짝거립니다.")

　"피절자유간彼節者有間 이도인자무후而刀刃者無厚 이무후입유간以無厚入有間 회회호恢恢乎"
　("소의 뼈마디를 보면 사이가 떠있습니다. 그런데 칼날은 두께가 없습니다. 두께 없는 칼날을 가지고 틈이 넓은 마디 사이를 들어가니까 칼날을 마음대로 휘저을 수 있습니다.")

　"기어유인其於遊刃 필유여지의必有餘地矣 시이십구년이是以十九年而 도인약신발어형刀刃若新發於硎"
　("아무리 칼을 마음껏 놀려대도 남은 공간이 있습니다. 그러니까 19년을 썼지만 칼날이 하나도 무디지 않고 숫돌에 갈아낸 것처럼 새롭습니다.")

　"수연雖然 매지어족每至於族 오견기난위吾見其難爲 출연위계怵然爲

戒 시위지視爲止 행위지行爲遲 동도심미動刀甚微"

("그렇지만 힘줄이 모여있는 곳에 이르면 저는 그것이 매우 어려운 일이라 생각하고 아주 마음이 조마조마 하면서 조심을 합니다. 눈으로 핵심을 붙잡고 천천히 몸을 움직여 아주 미묘하게 칼을 씁니다.")

"획연이해謋然已解 여토위지如土委地 제도이입堤刀而立 위지사고爲之四顧 위지주저만지爲之躊躇滿志 선도이장지善刀而藏之"
("그래서 그것이 한꺼번에 확 풀리게 되는데 그때는 마치 흙이 땅으로 무너져 내리는 것 같습니다. 그러면 칼을 빼 들고 일어서서 사방을 둘러보고 주저하며 칼을 잘 쓴데 대해 만족하게 생각하고는 그것을 집어넣습니다.")

"군왈君曰 선재善哉 오문포정지언吾聞庖丁之言 득양생언得養生焉"
(문혜군이 말했다. "정말 좋구나. 나는 네 말을 듣고서 양생하는 비결을 알게 되었다.")

네 말을 듣고 이것이 정말 사는 것이로구나 그렇게 알게 되었다는 것이다. 결국은 여기서 말하고자 하는 것은 삼 단계로 발전하는 것이다. 눈으로 보다가 마음으로 보다가 그 다음에는 얼로 보는 것이다. 무엇이나 그렇게 가야 그것이 되는 것이지 그렇지 않으면 안 된다는 것이다.

오늘 나온 묘음妙音이라 하는 것도 이 세 단계를 거쳐서 묘음이 되는 것이지 그 세 단계를 거치지 않으면 묘음이 될 수 없다. 맨 처음에는 눈으로 보다가 마음으로 보다가 그 다음에는 영으로 보는 거기에까지 가야 정말 마음대로 할 수 있는 것이다.

여기서 영으로 본다 하는 것이 지금 석가다. 칼날을 쓴다는 것은 다 보다. 그리고 맨 마지막 조심조심 하는 이것이 문수다. 그래서 이 세 가지다. 석가의 빛과 다보의 힘과 문수의 숨이다. 빛과 힘과 숨, 이 세 가지가 합쳐서 묘음이 나오는 것이다.

그래서 천태종天台宗의 지의대사智顗大師는 묘음이라는 이 속에 미묘법문微妙法門 전체가 들어가 있다고 말한다. 아까 그것을 가지고는 전체가 들어가 있다는 생각이 안 되는데 이렇게 보면 정말이다.

하여튼 이 『장자』의 해우解牛라는 글은 유명한 글이다. 처음에는 눈으로 보다가 마음으로 보게 되고, 마음으로 보다가 그 다음에는 영으로 보아야 된다. 그것이 빛이라는 것이다. 그 다음에는 힘이다. 칼이 얼마나 날카로운지 19년을 갈지 않아도 반들거린다는 것이다. 그래서 정신력은 언제나 칼로 비유를 한다. 그래도 그것으로 방심하면 안 된다. 조심하고 마음을 벌벌 떨면서 조심조심 천천히 그래서 가장 핵심을 꼭 찌를 때 전체가 와락 하고 무너진다는 것이다. 여기서도 빛과 힘과 생명이라는 세 가지다.

이것은 전부 삼마디Samadhi, 삼마파티Samapatti, 디야나Dhyana 하는 것이나 같은 사상이다. 『원각경』에서 삼마디, 삼마파티, 디야나라 했는데 여기서도 마찬가지다. 내용은 그것밖에 없기 때문이다. 사람이라는 것이 발달하면, 맨 처음엔 피아노 치는 것도 의식적으로 치지만 나중에는 무의식으로 치게 된다. 그러다 베토벤 같은 사람이 되면 나중에는 초의식적으로 치게 된다.

월광곡에 대한 이야기가 있다. 베토벤이 어디를 갔는데 어디선가 자기의 곡을 치는 피아노 소리가 들려왔다. 가만 들어보니 형편없이 잘못 치고 있었다. 그래서 그 집에 들어가서 자기가 한 번 그 곡을 쳐보면 어떻겠느냐고 했다. 그렇게 해서 자기가 작곡한 곡을 치게 되었는데 아주 멋있게 쳤다. 그러니까 그 사람들이 말하기를 당신이 베토벤이 아니냐고 물었다. 그 때 보니까 그 여자가 장님이었다. 남자는 눈을 떴는데 여자가 장님이었다.

베토벤은 그 여자가 장님인 것을 보고서는 그만 가슴이 탁 막히고 답답해서 그냥 피아노 앞에 주저앉았다. 때마침 달이 떠올라 와서 달빛이 비쳤다. 피아노 앞에 주저앉은 베토벤은 달빛만 바라보고 있었다. 그러면서 '이 아름다운 달빛을 저 여자는 볼 수가 없겠구나' 생각하니 한없는 동정심이 솟아났다. 그리고 건반 위에 손을 가만 올려놓고 있으니까 저절로 손이 움직여 건반을 두들기기 시작했다. 그래서 손가락이 움직이는 대로 그냥 내버려두는 것이다. 그렇게 한참 손가락이 저절로 피아노를 두들기는 동안 그 여자도 그 남자도 베토벤도 그 곡을 가만 듣고 있는 것이다. 그리고 자기의 손이 멈췄을 때 베토벤은 이 곡을 잊어먹기 전에 빨리 가서 적어 놓아야겠다 생각하고 일어서니까 그 때 그 여자가 하는 말이 "오늘의 달빛은 참으로 아름다웠습니다." 하고 말했다.

그것이다. 베토벤의 음악 소리를 듣고 있으면서 그것이 그 여자에게는 빛으로 바뀌는 것이다. 우리가 영화관에 가면 토키라는 것은 전자적인 빛이 소리로 바뀌는 것인데 그것과는 반대로 그 여자에게는 소리가 빛으로 바뀐 것이다. 소리가 빛으로 바뀌는 세계가 관음觀音이다. 이 말은 이 다음에 나오는 관음보살에서 해야 되는데 한 시간을 그만 앞당기고 말았다.(웃음) 소리가 빛으로 바뀐 것이다. 그래서 월광이 그렇게 유명한 것이다.

이것은 신통神通의 세계, 초의식의 세계다. 신통의 세계니까 소리를 듣는 동안에 달빛을 보는 것이지 그렇지 않으면 되지 않는다. 이것이 화신化身이다. 달빛이 변해서 피아노 소리가 되고 피아노 소리가 변해서 또 달빛이 되는 것이다. 이것이 다 화신 사상이다. 이것이 월광곡이라는 것이다.

그 다음에 수없이 많은 사람이 이 곡을 연주했지만 그것을 듣고 달빛을 본 사람은 아무도 없다. 그 여자 하나가 본 것이다. 다른 사람은 눈을 뜨고 가서 듣는데 무슨 볼 필요도 없다. 이렇게 초의식 세계가 되면 사람이 생각할 수 없는 희한한 일들이 나온다는 그런 것을 생각하는 것이다. 묘음이라는 것, 사람이 그 세계에 들어가면 정말 『법화경』도 나오게 되고 『화엄경』도 나오게 되고 도저히 보통 사람들이 생각할 수 없는 그런 해석들이 계속 나오게 되는 것이다.

중요한 것은 그런 해석들이 나오는 것이 중요하다. 예수의 말을 그대로 표현해 가지고 그런 것을 우리가 해석한다는 그런 것이 아니다. 바울이라는 사람이 예수의 말을, 말하자면 "나는 예수와 함께 십자가 못 박혔으니 이제는 누가 내 속에 있는가 하면 그리스도가 내 속에 있어서 그리스도가 「로마인서」를 쓰고 있다"는 것이다. 내가 쓰는 것이 아니라 그리스도가 쓰는 것이다. 그러니까 「로마인서」가 정말 기가 막힌 글이 되는 것이지 그냥 예수가 이런 말을 했다 하고 그것만 가지고 설명하는 것이 아니다. 그리스도가 자작自作해서 나온 편지가 「로마인서」라는 것이다.

『법화경』도 마찬가지다. 저자가 누구인지는 모르지만, 그 사람이 썼지만 그 사람 속에 있는 석가가 쓰는 것이다. 그러니까『법화경』이지 그렇지 않으면『법화경』이 될 수 없는 것이다. 다음에 하려고 하는『화엄경』도 마찬가지다. 물론 용수龍樹가 썼는지는 모르지만, 그러나 쓰긴 용수가 썼지만 말은 석가가 했다고 보아야 한다. 「마태복음」이라면 쓰기는 마태가 썼다. 그러나 말씀은 하나님의 말씀이다. 쓰기는 쓰는 데 말하는 이는 따로 있는 것이다. 예수도 「요한복음」 12장 마지막에 보면 내가 너희한테 말을 했는데 이것은 내가 말하는 것이 아니라 하나님이 말하는 것이라 한다. 예수가 말해도 그것은 예수가 하는 말이 아니라 하나님이 하는 말이다. 이렇게 되면 그것이 소위 제 삼의 세계, 신통의 세계, 영통의 세계, 기가 통하는 세계, 그런 삼층천의 세계다. 그런 세계까지 가야 이것이 진짜 사는 것이지 그 세계까지 못 가면 우리는 진짜 산다고 하기가 어렵다.

2000. 10. 22.

제25. 관세음보살보문품觀世音菩薩普門品

원문 요약

이시爾時 무진의보살無盡意菩薩 종좌기從座起 합장향불合掌向佛 이작시언而作是言. 세존世尊 관세음보살觀世音菩薩 이하인연以何因緣 명名 관음觀音. 불고佛告 약유若有 무량중생無量衆生 수제고뇌受諸苦惱 문시관세음보살聞是觀世音菩薩 일심칭명一心稱名 관세음보살觀世音菩薩 즉시卽時 관기음성觀其音聲 개득해탈皆得解脫. 약유지시若有持是 관세음보살명자觀世音菩薩名者 설입대화設入大火 화불능소火不能燒 유시보살由是菩薩 위신력고威神力故 수지受持 관세음보살觀世音菩薩 명호名號 득여시得如是 무량무변無量無邊 복덕지리福德之利. 무진의보살無盡意菩薩 백불언白佛言 세존世尊 관세음보살觀世音菩薩 운하유차云何遊此 사바세계娑婆世界. 불고佛告 약유국토중생若有國土衆生 응이불신應以佛身 득도자得度者 관세음보살觀世音菩薩 즉현불신卽現佛身. 무진의無盡意 시관세음보살是觀世音菩薩 성취여시공덕成就如是功德 이종종형以種種形 유제국토遊諸國土 도탈중생度脫衆生 시고是

故 여등汝等 응당일심應當一心 공양供養 관세음보살觀世音菩薩. 시관세음보살是觀世音菩薩 어포외급란지중於怖畏急難之中 능시무외能施無畏 시고是故 차사바세계此娑婆世界 개호지위皆號之爲 시무외자施無畏者. 무진의보살無盡意菩薩 백불언白佛言 세존世尊 아금我今 당공양當供養 관세음보살觀世音菩薩. 즉해경卽解頸 중보주영락衆寶珠瓔珞 이이여지而以與之 즉시卽是 관세음보살觀世音菩薩 수기영락受其瓔珞 분작이분分作二分 일분一分 봉봉 석가모니불釋迦牟尼佛 일분一分 봉다보불탑奉多寶佛塔. 이시爾時 지지보살持地菩薩 즉종좌기卽從座起 전백불언前白佛言 세존世尊 약유중생若有衆生 문시聞是 관세음보살품觀世音菩薩品 자재지업自在之業 보문시현普門示現 신통력자神通力者 당지시인當知是人 공덕불소功德不少.

관세음보살보문품 강해

보문普門이란 무엇인가? '보普'는 보편이라는 말이고 '문門'은 능통이라는 말이다. 문이니까 문으로 들락날락 한다는 말이다. 그래서 보편과 능통이라는 두 가지 뜻을 집어넣어서 보문이라 한 것이다. 그러니까 보문이란 모든 사람들이 하늘나라로 들어갈 수 있다는 것이다. 누구나 다 천국문으로 들어갈 수 있다. 기독교로 말해서 만인 구원설萬人救援說이다. 모든 사람들이 다 구원받을 수 있다는 것이다. 그것이 말하자면 정토종淨土宗의 내용이다.

16장의 무량수無量壽라는 말은 인도말로 하면 아미타阿彌陀라고 하는데 우리로 말하자면 영원한 생명이라 할 수 있다. 영생永生이라는 것이다. 영원한 생명이라는 말을 무량수 혹은 아미타라고 한다. 아미타불阿彌陀佛이『법화경』16장에서 나오는데 이것이『법화경』전체에서의 핵심이다. 다시 말하자면『법화경』의 핵심이 무량수라는 것이다. 더 쉽게 말하면『법화경』이라는 것은 사랑을 강조하는 경전이다. 다른 경전에 비해서 사랑을 강조하는 것이다. 기독교에서는 탕자蕩子의 비유라 하는데 여기서는 궁자窮子의 비유라 한다. 탕자의 비유는 아들이 아버지에게 돌아간다는 것, 돌아가면 구원해 준다는 것인데 궁자의 비유는 아들이 돌아오지 않아도 아버지가 따라가서 구원해주는 이야기다. 같은 사랑이지만 기독교는 돌아간다고 하는 무엇이 하나 있지만 여기서는 돌아간다는 것이 없이 아버지가 그냥 쫓아가 붙잡고서 구원해준다는 것이다.

『법화경』의 핵심이 사랑인데 그 사랑을 또 다른 말로 표시할 때는 타력종他力宗이라고 한다. 내 힘으로 구원받는 것이 아니라 하나님의 힘으로 구원을 받는다는 것이다. 내 힘은 일체 없는 것이다. 타력종의 대표가 정토종이다. 물론『법화경』이 사랑을 강조하는 타력종이지만 특별히 그것을 강조해서 정토종이라는 새로운 종파를 만든 것이다. 물론 중국에서 만든 것이다.『법화경』에서 제16장「여래수량품」과 오늘 나오는 제25장 「관세음보살보문품」이라는 이 둘을 합해서 소위 정토종이 되었다. 그래서 25장이 특별히 좋다 하고 나중에 끄트머리에 나온다. 그리고 옛날부터 이 25장만은 따로 단행본으로 나와서 많은 사람들에게 읽혔다.

여기서 중요한 것이 무엇인가 하면 "나무南無"라는 것이다. 나무라는 것은 귀의歸依한다, 또는 믿는다는 것이다. 보통 "나무아미타불南無阿彌陀佛"이라 한다. 아미타불에게 귀의한다는 것이다. 그런데 아미타불도 조금 어려우면 그 다음에는 관세음보살에게 귀의한다고 해서 "나무관세음보살南無觀世音菩薩"이다. 기독교로 말하면 그리스도를 붙잡기 어려우면 마리아를 붙잡으라는 것이다. 관세음보살은 마리아와 같은 존재라는 것이다.

왜 그렇게 되는가? 물론 예수가 사랑인데 이 예수도 그리스도 혹은 하나님의 아들 인자人子가 되면 하늘에 올라가서 온 세상을 심판하는 심판주審判主가 된다. 16세기가 되면 그리스도가 심판주라는 사상이 강하게 나타나기 시작한다. 그런데 그리스도가 심판주가 되니까 무서워진다. 그 심판주한테 가서 무엇이라 부탁하기가 참 어려워지니까 다시 마리아를 내세워서 마리아한테 부탁하면 마리아가 예수님께 부탁하고 예수님은 하나님한테 부탁하고 이렇게 해서 한 토막이 또 생기는 것이다. 우리는 예수님께 부탁하면 하나님께 가는데 이 예수도 어려워지니까 마리아가 또 나와야 된다고 해서 마리아 숭배가 나온 것이다. 아무래도 아버지를 붙잡고 돈 달라고 하기는 좀 어려우니까 엄마한테 가서 부탁하면 엄마가 아버지한테 가서 돈을 받아와야 이것이 좀 쉽다는 생각이다. 사람의 생각이라는 것이 그렇게 된다. 나와 가장 가까운 이가 누구인가 해서 집에서는 가장 가까운 이가 엄마니까 어머니를 통해서 아버지께로 간다는 것이다. 여기서는 아미타불에 가기 위해서 관세음보살을 통한다는 것이다. 관세음보살이 무엇인가 하면 사랑의 화신이라는 말이다. 불교에서는 사랑이라는 말을 쓰지 않고 그냥 자비慈悲라 한다. 관세음보살을 자비의 화신이라 한다.

『법화경』16장과 25장을 뽑아서 그것을 가지고 종교를 만든 것이 소위 정토종인데 정토종 경전은 세 가지다.『관무량수경觀無量壽經』,『대무량수경大無量壽經』, 그리고『아미타경阿彌陀經』이다. 이것을 정토종의 삼부경三部經이라 한다. 중국 사람 가운데『법화경』이라 하면 누구라 하고 유명한 사람이 나오듯 정토종에서도 유명한 사람들이 있는데 담란曇鸞(476-542), 도작道綽(562-645), 선도善導(613-681)라는 사람들이다. 이런 사람들이 주가 되어서 중국의 정토종을 만들어냈다. 그래서 중국에는 정토종과 선종이 제일 널리 퍼졌다고 하리만큼 이 정토종이 또 큰 종교가 되었다.

정토종의 핵심 사상은 무엇인가? 법장法藏(643-712)이라는 보살, 보통 법장비구라고 하기도 하는데, 법장보살이 48가지 소원 또는 기원을 가졌는데 이 48가지 소원을 완성하기까지 자기는 부처가 안 되겠다고 했다. 보살사상의 하나가 그것이다. 이 세상 모든 사람들이 다 구원받기까지 자기는 구원받지 않겠다는 이것이 소위 보살사상이다. 모든 사람들이 다 버스 타기까지 자기는 타지 않겠다는 것이다. 이것이 사랑이다. 모든 사람들이 다 기와를 올리기 전에는 기와를 올리지 않겠다는 요堯임금의 사상도 마찬가지다. 요임금이 초가집에 사니까 왕실이 좀 잘 되어야 되지 않느냐 하는데 요임금은 절대 그것을 안 하는 것이다. 그래서 왜 그런가 물어보니 온 세계의 집이 다 기와를 얹기 전에는 자기는 기와를 올리지 않는다고 했다. 요임금의 사상이라는 것도 다 불교로 말하면 보살사상이다. 모든 사람들이 다 구원받기 전에는 나는 구원을 받지 않겠다는 것과 다 같은 사상이다. 법장이라는 보살도 48가지 원願을 했는데 그 가운데 하나가 모든 사람들이 다 구원받기 전에는 자기는 구원을 받지 않는다는 것이었다. 그런데 그 말을 다른 말로 할 때는 원력願力의 신비신앙이라 한다. 그 소원의 힘이 통과하기 전에는 자기는 부처가 안 되겠다고 했다. 그런데 그 소원이 통과가 되었다. 그 소원이 통과가 되어서 된 부처님이 아미타불이라는 것이다. 그러니까 아미타불의 전신이 법장비구라는 것이다. 아미타불이 되었으니까 그 소원이 완성된 것이다.

그 소원이 무엇인가? 누구든지 "칭명稱名" 즉 "나무아미타불"하고 찾기만 하면 다 구원해 준다는 것이다. 나무아미타불, 아미타불을 찾는 사람, 혹은 아미타불에 귀의하는 사람은 다 구원해 준다. 이것을 칭명불교稱名佛敎라 한다. 기독교로 말하면 "예수님!"하고 한마디만 하면 다 구원해 준다는 것이다. 그러니까 수행이라는 것이 필요 없다. 그냥 "예수님!" 하면 된다는 것이다. 그래서 행함으로 구원을 얻는 것이 아니고 믿음으로 구원을 얻는다고 한다. 나무南無라는 것이 믿음이니까 믿기만 하면 되지 행할 필요는 없다는 말이다.

칼 바르트Karl Barth도 『도그마틱Dogmatik』이라는 그의 책 속에서 이 사상을 설명하면서 기독교와 이것이 굉장히 가깝다고 했다. 기독교에서도 결국 행함으로 구원을 얻는 것이 아니고 믿음으로 구원을 얻는 것이라 하는데 여기서도 행함으로 구원을 얻는 것이 아니라 믿기만 하면 된다는 것이다.

그런데 그 믿는다는 것도 힘든 것이다. 사람이란 무엇을 어떻게 하기가 쉽지 우리가 가만 생각해 보면 그 믿는다고 하는 것이 쉬운 일이 아니다. 무엇을 어떻게 하라 하면 쉬운데 그냥 믿어라 하면 어떻게 해야 할지 모른다. 그래서 할 수 없으니까 "믿-씁니다"하고 소리를 지른다.(웃음) "믿습니다"라고 하는 말이나마 한 번 이렇게 힘을 주어서 소리라도 질러야 무엇인가 되는 것 같지 그렇게 힘이라도 쓰지 않으면 무엇이 되는 것 같지가 않은 것이다. 그래서 어디 부흥회라도 가면 밤낮 "믿-씁니다"하고 소리지른다. 그렇게 해야 무엇이 되는 것 같기 때문이다. 사람이란 이렇게 아무래도 무엇을 해야 되는 것 같지 무엇을 안 하고는 되는 것 같지 않다는 것이다.

결국 이것의 내용이 무엇인가 하면 무아無我사상이다. 믿음이란 무엇인가? 내가 없어져야 된다는 것이다. 나라고 하는 것이 있는 동안까지는 하나님의 힘이 와서 닿을 수 없다. 그릇이 비워져야 하나님의 힘이 들어오지 그릇이 꽉 차있으면 들어올 수가 없다. 그러니까 자꾸 그릇을 비우라고 하는 것이다. 그릇이 비기만 하면 들어오는 것이다. 그릇을 비운다는 것은 자기가 없어진다는 말이다. 자기가 없어지면 된다. 나무아미타불이 그것이다. 내가 없어지는 순간에 하나님의 힘이 들어오는 것이다. 그러면 되는 것이다.

예수님의 말로 하자면 어린애 같지 않으면 천국에 들어갈 수 없다는 말이다. 내가 없는 것의 대표로 어린애라고 한 것이다. 어린애라는 것은 자기라는 것이 없다. 무슨 체면이니 아무것도 없다. 아무리 손님이 많이 있어도 똥마려우면 그냥 똥을 싸고 만다. 그것이다. 어린애라는 것은 순수무구純粹無垢다. 자기라는 것이 일체 없다. 자기라는 것이 일체 없어야 그릇이 비워진다. 그래서 팔 복음의 맨 처음에 "마음이 가난한 자는 복이 있나니 천국이 저희 것이라" 했다. 마음이 가난하다는 것은 마음이 없어지는 것이다. 마음이 비워지는 것이다. 비워져야 무엇이 들어올 수 있지 그렇지 않으면 들어올 수가 없다.

마음이 가난해져야 되는데 어떤 때 사람은 마음이 가난해지는가? 사람마다 여러 가지로 말하지만 요는 무엇인가 하면 내가 없어졌을 때, 그 때 하나님이 들어온다는 것이다. 결국 그 사상이다. 그것이 소위 타력종이라는 것이다. 자기가 없어진다고 하는 것이 소위 말하자면 염불念佛이다. 부처님을 생각한다는 것이다. 철학적으로, 즉 자꾸 생각해야 내 속에 있는 욕심이 다 없어지지 생각하지 않으면 욕심이 없어지지 않는다. 그래서 소위 무념무상無念無想이라는 말을 자꾸 쓰게 된다. 그런데 요는 나무, 내가 없어져야 무량수가 된다는 것이다. 내가 있는 동안은 무량수가 안 되는 것이다. 언제나 나무, 내가 없어져야 된다. 그래야 하나님의 나라가 된다.

『관무량수경』의 내용은 무엇인가? 석가가 기사굴산耆闍堀山, 즉 영취산에 있을 때 왕사성의 아사세阿闍世라는 태자가 자기 아버지인 빈바사라왕頻婆沙羅王과 어머니인 위데희 부인韋提希夫人 두 사람을 감금해서 아주 핍박을 가했는데 그 어머니가 어떻게 해서 석가한테 좀 와주었으면 좋겠다 하고 연락을 했다. 그래서 석가가 와서 강의를 했는데 그것이 『관무량수경』이다. 그런데 석가가 와서 한참 강의하는 도중에 아미타불이 나타나서 정토, 말하자면 극락세계가 되었다는 것이다. 아미타불이 있는 데가 극락세계다. 우리로 말하면 천국인데 여기서는 극락이라 한다. 예산에 있는 무량사에 가면 아미타불이 있는데

25. 관세음보살보문품　439

아미타불이 있는 데가 극락전이다. 무량사는 아미타불이라는 말을 번역해서 이름 한 것이다. 그러니까 정토라는 말은 극락세계라는 것이다. 아미타불이 나타나서 극락세계가 되었다. 그래서 석가는 "네가 이 아미타불만 부르면 언제나 극락세계에 갈 수 있다."고 말했다. 그것이 『관무량수경』이다. 그것이 소위 칭명불교라는 것이다.

이시爾時 무진의보살無盡意菩薩 종좌기從座起 합장향불合掌向佛 이작시언而作是言.
이때 무진의보살이 자리에서 일어서서 부처님께 합장을 하고 이렇게 말했다.

무진의보살無盡意菩薩인데 무진의無盡意란 뜻을 다함이 없다는 것, 한없는 뜻을 가지고 있다는 것이다. 그 뜻이 무엇인가 하면 극락세계에 가고 싶은 뜻이다.

세존世尊 관세음보살觀世音菩薩 이하인연以何因緣 명명 관음觀音.
선생님, 관세음보살이 어떤 인연으로 관세음보살이라는 이름을 갖게 되었습니까?

불고佛告 약유若有 무량중생無量衆生 수제고뇌受諸苦惱 문시관세음보살聞是觀世音菩薩 일심칭명一心稱名 관세음보살觀世音菩薩 즉시卽時 관기음성觀其音聲 개득해탈皆得解脫.
부처님께서 대답했다. "모든 사람들, 고뇌를 받는 모든 사람들이 이 관세음보살이라는 이름을 듣고 마음을 모아 그 이름을 부르면 관세음보살이 즉시 그 소리를 꿰뚫어 듣고 와서 다 구원해 준다."

"관기음성觀其音聲", 이것이 중요한 것이다. 어머니가 어린애를 낳았는데 너무 고단해서 정말 벼락이 쳐도 모르게 잔다. 그런데 어린애가 조금이라도 낑낑거리면 곧 깨어나는 것이다. 벼락이 쳐도 모르고 기차가 지나가도 모르고 다 모르지만 어린애가 조금이라도 바스락 소리를 내면 이상하게도 딱 깨고 만다. 그것이 관기음성이라는 것이다. 그러니까 '음홉'이란 어린애가 바스락 하는 소리다. 그 바스락 하기만 하면 '관觀'이다.

관이란 '각覺'이나 같은 글자다. 각覺이란 글자에서 볼 견見이 아들 자子로 되면 배울 학學이다. 배울 '학學'이라는 글자는 어린애 위에 보자기가 씌워져서 아무것도 안보이니까 두 손을 들어서 보자기에 구멍을 내달라는 것이다. 안 보이는 것을 보이게 해달라는 것이다. 그리고 관觀이라는 글자는 부엉새 혹은 올빼미, 이들은 보이지 않는 새인데 이렇게 안 보이는 것을 보이게 해달라는 것이다. 그러니까 관이나 각이나 같은 글자다. 안 보이는데 보게 해 달라는 것이다. 더 다르게 말하면 다른 사람은 다 보이지 않는데 보는 사람, 그 사람이 사실은 각자覺者다. 우리는 물리학을 모르니까 못 보지만 물리학자들은 아니까 원자가 어떻게 생겼는지 DNA가 어떻게 생겼는지 다 본다. 그런 사람이 각자라는 것이다. 보이지 않는 것을 보게 한다는 것으로 각이나 관이나 같은 글자다.

그래서 어린애가 바스락 소리만 내도 어머니는 깨어난다는 것이다. 왜 그런가? 아까 말로 하자면 원력願力의 신비라는 것이다. 원력의 신비란 어머니 사랑의 신비다. 사랑이란 것이 그렇게 생겼다. 다른 소리는 다 안 들려도 그 어린애 소리는 들리는 것이다. 그래서 여기서 제일 중요한 것이 관기음성이라는 것이다. 그 음성의 소리만 들으면 관觀, 깨어나는 것이다. 깨서 벌써 기저귀를 만져보고 젖어있으면 기저귀를 갈아준다. 그래서 "개득해탈皆得解脫"이다.

그러니까 "일심칭명一心稱名"이라 하는데 어린애로 말하면 울어대는 것이 일심칭명이다. 그냥 울어대는 것이다. 예수님도 "우는 자는 복이 있나니 저희가 위로함을 받을 것이라" 했다. 어머니라는 이름을 부르려면 벌써 좀 커야 된다. 갓 낳았을 때는 이름도 못 부른다. 그저 울면 되는 것이다. 이것이 관세음보살의 의미다. 관세음보살이 무엇인가 하면 어머니라는 것이다. 사랑의 화신이라는 것이다. 어린애가 바싹

하고 소리내면 벌써 깨는 그것이 어머니라는 말이다. 어머니만 붙잡으면 된다는 것인데 그것이 정토종의 내용이다.

약유지시若有持是 관세음보살명자觀世音菩薩名者 설입대화設入大火 화불능소火不能燒 유시보살由是菩薩 위신력고威神力故 수지受持 관세음보살觀世音菩薩 명호名號 득여시得如是 무량무변無量無邊 복덕지리福德之利.

만약 이런 관세음보살의 이름을 붙잡은 사람은 비록 불 속에 들어가도 타지 않을 것인데 이 보살의 높은 신통력 때문이다. 관세음보살의 이름을 받아 지니는 사람들은 이처럼 한없이 무궁한 행복을 누리게 된다.

어머니를 붙잡은 사람은 불 속에 들어가도 죽지 않는다는 것이다. 칠난七難이라 해서 일곱 가지가 나온다. 관세음보살을 붙잡으면 칠난에서 벗어난다는 것이다. 화난火難, 불 속에 들어가도 타지 않는다. 수난水難, 물 속에 들어가도 빠지지 않는다. 풍난風難, 바람 속에 들어가도 죽지 않는다. 왕난王難, 왕에게 붙잡혀가도 죽지 않는다. 귀난鬼難, 귀신한테 끌려가도 죽지 않는다. 가새, 족쇄에 묶여도 풀려난다. 도적놈에게 붙잡혀도 풀려난다. 이런 것을 칠난이라 하는데 이것들은 다 본문에는 나오지만 나는 복잡해서 다 생략했다.

칠난에서부터 해방된다. 그 어머니에게는 그런 사랑의 힘이 있다는 것이다. 그래서 어머니라는 이름만 부르면 모든 어려움에서 구원받을 수 있다는 것이다. 이것이 소위 타력종이라는 것이다. 어린애는 아무 것도 할 것 없이 그냥 울면 된다. 울기만 하면 어머니가 와서 다 구원해준다. 그러니까 그저 울면 되지 무슨 "믿-씁니다"하고 힘주지 않아도 된다.(웃음)

무진의보살無盡意菩薩 백불언白佛言 세존世尊 관세음보살觀世音菩薩 운하유차云何遊此 사바세계娑婆世界.

무진의보살이 부처님께 물었다. "선생님, 관세음보살이 어떻게 여기 이 세상까지 왔습니까?"

불고佛告 약유국토중생若有國土衆生 응이불신應以佛身 득도자得度者 관세음보살觀世音菩薩 즉현불신卽現佛身.
부처님께서 대답했다. "이 세상에서 부처님을 만나서 구원받겠다는 사람이 있으면 관세음보살이 곧 부처의 몸으로 나타나기 때문이다."

이것도 화신化身사상이다. 화신은 이것만 있는 것이 아니라 어떤 사람이 있으면 어떻게 나타나고 또 어떤 사람이 있으면 어떻게 나타난다 해서 하여튼 여러 가지 형태로 나타난다는 것인데 이것이 요전에 나온 것이다.

무진의無盡意 시관세음보살是觀世音菩薩 성취여시공덕成就如是功德 이종종형以種種形 유제국토遊諸國土 도탈중생度脫衆生 시고是故 여등汝等 응당일심應當一心 공양供養 관세음보살觀世音菩薩.
무진의여, 이 관세음보살은 이 같은 공덕을 성취하여 가지가지 형상으로써 여러 나라를 돌아다니면서 모든 중생들을 구원하느니라. 그러니 너희들은 응당 한마음으로 열심히 그 관세음보살을 섬기고 받들어야 된다.

관세음보살이 이런저런 일을 하기 위해서 여기저기 돌아다닌다는 말이다. 모든 중생들을 구원하려고 하는 것이다. 그렇기 때문에 너희들은 응당 그 어머니를 잘 받들어야 된다.

시관세음보살是觀世音菩薩 어포외급란지중於怖畏急難之中 능시무외能施無畏 시고是故 차사바세계此娑婆世界 개호지위皆號之爲 시무외자施無畏者.

이 관세음보살은 중생들이 아무리 무섭고 아무리 어려운 지경에 빠져 있어도 그 모든 무서움을 제거해주고 어려움을 다 제거해준다. 그렇기 때문에 이 세상 사람들은 그분에 대해 무서움을 제거해주는 분, 어려움을 제거해주는 분이라 그렇게 부르는 것이다.

무진의보살無盡意菩薩 백불언白佛言 세존世尊 아금我今 당공양當供養 관세음보살觀世音菩薩.
　무진의보살이 부처님께 말했다. "세존이시여, 저는 관세음보살에게 선물을 좀 하고 싶습니다."

즉해경卽解頸 중보주영락衆寶珠瓔珞 이이여지而以與之 즉시卽是 관세음보살觀世音菩薩 수기영락受其瓔珞 분작이분分作二分 일분一分 봉奉 석가모니불釋迦牟尼佛 일분一分 봉다보불탑奉多寶佛塔.
　그리고 즉시 자기의 목걸이를 풀어서 그 보배목걸이를 관세음보살에게 바쳤다. 관세음보살은 그 목걸이를 받아서 그것을 곧 절반으로 나누어 하나는 석가모니부처님께 드리고 하나는 다보탑에게 올렸다.

언제나 석가모니와 다보탑이다. 시간과 공간이라는 것이다. 시간과 공간이 곱한 것, 이것이 관세음보살이다. 시간과 공간이 곱해서 관세음보살이 되는 것이다.

이시爾時 지지보살持地菩薩 즉종좌기卽從座起 전백불언前白佛言 세존世尊 약유중생若有衆生 문시聞是 관세음보살품觀世音菩薩品 자재지업自在之業 보문시현普門示現 신통력자神通力者 당지시인當知是人 공덕불소功德不少.
　이때 지지보살이 자리에서 일어나서 부처님께 말했다. "세존이시여, 중생들이 이「관세음보살품」을 듣고서 관세음보살의 자재지업自在之業과 보문시현普門示現 그리고 신통력이라는 것을 알면 이 사람이 받는 공덕은 결코 적지 않음을 알겠습니다."

"자재지업自在之業", 이는 해탈이란 말이다. 자유다. 그리고 보문普門이다. 모든 사람을 다 하늘나라의 문으로 인도하는 것이다. 그것을 하기 위해서 관세음보살이 나타나는 것이다. 그래서 그것을 할 수 있는 힘, 그것이 신통력이다. 사랑의 힘, 그것을 우리가 알면, 하나님이 사랑이라는 것을 알면, 그 사람이 받는 공덕이 적지 않을 것이다.

어머니의 사랑을 알면 된다는 것이다. 믿음으로 구원을 얻는다는 것이 무엇인가? 어머니의 사랑을 알면 그것으로 족하지 더 무슨 행이 필요 없다는 것이다. 행은 어머니의 행이지 우리의 행은 필요 없다. 천주교에서는 자꾸 선행을 주장하는데 신교에서는 아는 것을 자꾸 주장한다. 하나님의 사랑을 알기만 하면 그것으로 된다는 것이다. 그래서 "하나님!"하고 찾기만 하면 하나님께서 우리를 구원해 주신다. 그래서 이것은 신교와 비슷하다. 그런데 하나님의 사랑을 안다는 것이 또 힘들다면 힘든 것이다.

"관무량수경운觀無量壽經云 무량수불無量壽佛 유팔만사천상有八萬四千相"
(『관무량수경』에 이렇게 말했다. 무량수불은 팔만 사천의 모습을 가지고 있다.)

무량수불無量壽佛은 여러 가지 모습으로 변할 수 있는 분이라는 것이다. 이것도 어찌 보면 화신사상이라 할 수 있다. 이것이 다 범신론汎神論에서 나오는 것이다. 나무니 돌멩이니 다 신이 변한 것이지 신이 변하지 않은 것은 아무것도 없다는 것이다. 그래서 "자연즉신自然卽神"이라 하는 스피노자의 범신론적 사상이다. 어느 때는 나무도 되고 어느 때는 밥도 된다. 우리가 밥을 먹는 것은 밥이 아니라 하나님을 먹는다는 것이다. 예수도 내 살은 먹을 것이요 내 피는 마실 것이라고 했는데 이런 식이나 같은 것이다. 일체가 하나님의 사랑이지 하나님의 사랑이 아닌 것이 어디 있느냐는 말이다. 팔만 사천 상八萬四千相이란 우주 전체가 팔만 사천이라 생각하는 것이다. 모든 만물이 다 하나님의 화신이지 하나님의 사랑 아닌 것이 없다. 공기도 하나님의 사랑이요 불이니 물이니 다 하나님의 사랑이다. 이런 사상이다. 그러니까 팔만 사천 상이다.

"일일상一一相 각유各有 팔만사천수형호八萬四千隨形好 일일호一一好 부유復有 팔만사천광명八萬四千光明 일일광명一一光明 광명편조光明遍照 시방세계十方世界 염불중생念佛衆生 섭취불사攝取不舍"
 (그런데 그 하나 하나의 상相마다 또 팔만 사천 요소가 있고, 그 요소는 또한 각각 팔만 사천의 광명을 갖고 있으며, 그 하나 하나의 광명은 모두 널리 시방세계를 밝게 비추고 있으니, 그 부처님을 생각하는 모든 중생들은 하나도 버리지 않고 다 구원해 준다.)

팔만 사천상 중의 하나가 나무라고 하면 그 나무 속에 팔만 사천 개의 좋은 어떤 요소를 갖고 있다는 것이다. 예를 들면 꽃도 좋고 단풍도 좋고 또 나무를 기둥으로 사용해도 좋고 장작으로 써도 좋다 하고 그 용도가 또 팔만 사천 가지가 있다는 것이다. 우리가 그렇게 생각할 수도 있다. 그리고 그 갖가지 용도 혹은 여러 가지 성질이 있는데 그 하나 하나의 성질마다 또 팔만 사천의 빛이 들어있다는 것이다. 나무라 하면 나무 속에 여러 성질이 들어있고 또 그 성질 하나 하나마다 여러 가지 신비가 들어가 있다는 것이다. 우리가 나무라 하지만 그 나무가 단순한 나무가 아니라는 것이다. 그 속에 우리가 모를 성질이 있고 그 속에 우리가 모를 신비가 얼마든지 있다는 것이다. 이것 하나 하나가 신비지 신비 아닌 것은 아무것도 없다는 그런 사상이다. 그래서 팔만 사천 상相, 팔만 사천 호好, 팔만 사천 광명光明이라 한다. 하나 하나의 광명이 또 수많은 나라를 다 비춰준다.
 염불念佛은 부처님을 생각한다는 것이다. 또는 부처님을 사랑한다는 것이다. 불교에서 제일 중요한 것이 삼보三寶인데 삼보란 불법승佛法

僧이다. 불이라 하는 것은 선생님이고 법이라 하는 것은 교재이고 승이라 하는 것은 학생이다. 클래스가 되려면 선생님이 있어야 되고 좋은 책이 있어야 되고 학생이 있어야 된다. 이 세 가지가 제일 중요한 것이다. 그래서 삼보라 한다. 염불, 염법, 염승이 가장 중요하다는 것이다. "염불중생念佛衆生", 선생님을 생각하는 모든 중생이다. 어머니를 생각하는 모든 중생이다. 하나님을 생각하는 모든 중생이다. 다 마찬가지다. 하나님을 사랑하는 모든 중생을 다 구원해주지 절대 버리는 것이 없다.

이것을 기독교에서는 만인 구원설이라 한다. 특히 감리교는 만인 구원설을 주장하는 교파이다. 장로교는 예정설이다. 구원받을 사람이 미리 정해져 있다는 것이다. 그런데 감리교에서는 누구나 구원받을 수 있다는 것이다. 성만찬 할 때도 장로교에서는 성만찬 할 사람이 정해져 있지만 감리교에서는 거기 온 사람은 누구나 다 성만찬에 참여할 수 있다. 모든 사람을 다 구원한다는 이런 사상인데 그것을 "섭취불사攝取不舍"라 했다.

"관음수기경운觀音授記經云 아미타불阿彌陀佛 주세장구住世長久 조재영겁兆載永劫 역유멸도亦有滅道 반열반般涅槃 시유유時唯有 관음주지觀音住持 안락접인시방安樂接引十方"
(『관음수기경』에 말했다. 아미타불이 오래 살았다. 일조 년을 살았다. 그래도 또 죽는 때가 있는데 반열반의 그때는 오직 관세음보살만이 남아 시방의 모든 중생들을 모두 평안한 극락의 세계로 받아들인다.)

이것도 이상하다. 오래 살았으면 안 죽을 것 같은데 또 죽는 때가 있다는 것이다. "반열반般涅槃"이란 죽어서 열반에 간다는 말이다. 그때 오직 관음만이 살아 남아서 극락에서 모든 시방에서 오는 모든 사람 다 받아들인다. 이것이 무슨 말인가 하면 아미타불의 후계자가 관세음觀世音이라는 말이다.

어떤 사람들은 관세음보살은 여자라 해서 여자로 조각하는 사람도 있고 또 어떤 사람은 여자처럼 조각해놓고 거기에 수염을 하나 달아놓아서 이는 여자가 아니라 아미타불의 맏아들로 남자라 하기도 한다. 하여튼 관세음보살은 언제나 유연하게 해서 여성미가 그득한 보살이다.

"관음무량수경운觀音無量壽經云 혹유중생或有衆生 작중악업作衆惡業 무유참괴無有慚愧 명욕종시命欲終時 우선지식遇善知識 지자령기인智者令其人 합장차수合掌叉手 칭나무아미타불稱南無阿彌陀佛 이시爾時 피불즉견관세음彼佛即遣觀世音 지행자언至行者言 여칭불명汝稱佛名 고죄소멸故罪消滅 아래영여我來迎汝"
(『관음무량수경』에 말했다. 어떤 사람이 있는데 악한 일들을 많이 했다. 그런데 회개하지 않는다. 그런데 죽게 되었다. 그런데 좋은 스승을 만나게 되었다. 그 선생님이 그 사람에게 손을 모아서 나무아미타불을 불러라 하고 가르쳤다. 그랬더니 아미타불이 바로 관세음보살을 보냈다. 관세음이 와서 말했다. "네가 부처님의 이름을 불렀으니 네 죄가 다 소멸되어 내가 너를 영접하러 왔다.")

불교에서는 이것 때문에 자기를 맞으러 오는 사람을 관세음보살이라 한다. 기독교에서는 이런 사상이 별로 없는데 불교에서는 이렇게 생각한다. 관세음보살을 보내서 그 나쁜 짓을 많이 한 사람에게 말했다. 네가 마지막이라도 한마디 부처님을 찾았으니까 네 죄는 다 소멸될 것이다. 관세음 내가 영접하러 왔다. 마치 십자가 위에서 강도가 구원받는 것이나 비슷하다.

"관무량수경운觀無量壽經云 약유중생若有衆生 원생피국자願生彼國者 발삼종심發三種心 즉갱왕생即更往生 하등위삼下等爲三 일자지성심一者至誠心 이자二者 심심深心 삼자三者 회향발원심廻向發願心"
(『관무량수경』에 말했다. 어떤 중생이 있는데 정말 천국에 가고싶은 사람은 세 가지 마음을 내야 한다. 그 세 가지 마음만 먹으면 곧 극락세계에 갈 수가 있다. 하나는 지성심이고 둘은 심심深心이고 셋은 회

향발원심이다.)

불교에서는 왕생往生이라는 말을 잘한다. 가서 산다는 것이다. 여기서 사는 것이 아니라 극락세계에 가서 산다. 그런데 그 세 가지가 무엇인가? 하나는 지성심至誠心이다. 둘째는 심심深心이다. 셋째는 회향발원심廻向發願心이다.

"동경소운同經疏云 지자至者 진眞 성자誠者 실實 심자心者 신信 회향자廻向者 원생피국願生彼國"
(이 경에 대한 해설이 있는데 거기에 이렇게 말했다. 지至자는 참 진眞자나 같은 글자다. 성誠은 실實이요 심心이란 신信이며 회향이란 저 나라에 왕생하기를 바라는 것이다.)

'지至'는 '진眞'이나 같은 것이고 '성誠'은 '실實'이나 같다는 것이다. 그래서 지성至誠이란 뜻은 진실眞實이라는 뜻이나 같은 뜻이다. 이것은 지금 해석한 사람의 생각이다. 그리고 '심心' 자는 믿을 '신信' 자나 같은 것이고 회향발원심廻向發願心이란 하늘나라에 태어나기를 바라는 그런 마음이라는 것이다. 우선 극락에 가겠다는 마음이 꼭 있어야 된다는 것이다. 그리고 지성껏 염불을 해야 된다는 것이다. 그리고 하늘나라에 꼭 갈 수 있다고 하는 믿음을 가져야 된다는 것이다. 이 세 가지다. 하늘나라에 가겠다는 의욕을 가지고 지성껏 이름을 부르고 또 그것이 꼭 이루어진다는 믿음을 가지고 그렇게 하면 반드시 된다는 그런 말이다.

오늘은 타력 위주의 종교라는 것이다. 나라고 하는 것은 아무것도 아니라는 것이다. 내 힘은 있어야 얼마나 있겠는가. 순전히 하나님의 힘으로 되는 것이지 내 힘으로 되는 것이 아니다. 나도 맨 처음에 내 힘으로 믿어보려고 굉장히 애썼다. 누구나 애쓰는 것이다. 누구나 다 애쓰는 것인데 거기에 정말 고민이 많다. 애쓰다가 결국 그 문제를 어떻게 해결했는가 하면 "내가 하나님을 믿는 것이 아니라 하나님이 나를 믿는 것이라" 그렇게 뒤집어서 자력이 타력으로 변한 것이다. 내가 어떻게 하는 것이 아니라 하나님이 어떻게 하는 것이 아닌가. 내가 되어야 하는 것은 어린애가 되는 것뿐이지 다른 것은 없다. 그래서 그때부터는 신앙문제라는 것이 없어졌다. 내가 어떻게 믿는 것이 아니다. 하나님이 나를 믿는 것이지 내가 무엇을 믿는가. 그래서 나는 완전히 타력으로 바뀌고 만 것이다. 지금도 마찬가지다. 하나님이 하시는 것이지 내가 무엇을 하는 것이 아니다. 나는 그래서 자꾸「갈라디아서」2장 20절을 말한다. 그리스도가 하시는 것이지 내가 하는 것이 아니다. 내가 기껏 잘해본들 얼마나 잘하겠는가. 하나님이 하셔야 무엇이 되지 그렇지 않으면 될 것이 아무것도 없다. 만일 내가 말하는 가운데 혹시 그 속에 그리스도의 말이 섞이면 그것이 진짜지 내 말은 암만 백 년을 해도 아무것도 아니다. 결국 하나님의 말씀이 나타나야지 내 말은 쓸데없는 것이다. 유영모柳永模 선생도 말했다. 자기가 45년 동안 강의를 하긴 하는데 내 강의하는 속에 만일 하나님이 말씀하시는 것이 있으면 그것은 절대 썩지 않을 것이라 했다. 그것은 누가 없이하려 해도 절대 없어지지 않는다. 하나님의 말씀은 영원히 없어질 수 없기 때문이다.

1956년 4월 26일 유영모 선생님이 죽는 날이라 했다. 우리는 다 죽은 줄 알았다. 함석헌咸錫憲선생은 안 믿었다는데 우리는 꼭 믿고 죽는 줄 알았다. 결국 함석헌 선생은 열 살 먹은 아이고 나는 한 살짜리 아기다. 나는 꼭 믿었다. 그리고 이틀 후 선생님의 장례식에 가야 되겠다 하고 선생님 댁을 찾아갔다. 그날이 금요일인데 선생님을 찾아가는 도중에 자하문 밖에서 선생님을 만났다. 금요일이니까 늘 YMCA에 나오신 대로 나오시는 것인데 나는 정말 아찔했다. 선생님이 죽어있어야 되는데 살아있는 것이다.

하여튼 나는 그 동안 선생님이 죽는다는 말을 듣고 열심히 내가 선생님에게 받은 내용이 무엇인가를 생각했다. 내가 선생님께 받은 내용이 무엇인가 열심히 생각해서 결국 다음 세 마디로 요약을 했다.

"할 일이 있다면 한때 먹을 일

말씀이 있다면 한 참 잘 말씀
싸움이 있다면 한 고디 싸움"

이 세 마디를 적어서 주머니에 넣고 다니다가 선생님을 만나자마자 "선생님, 왜 살았어요"하는 말은 하지 않았고(웃음), 주머니에서 이것을 꺼내어 선생님께 드렸다. 여기서 '한 고디'라는 것은 곧을 직直 혹은 곧을 정貞인데 쉽게 말하면 정직正直이라는 것이다. 하여튼 싸움이 있다면 정직하려고 애쓰겠다는 말이다. 제일 중요한 것이 정직이다. 그 다음 할 일이란 진실眞實이다. 맹자의 철학을 한마디로 말하면 의義인데 의라는 것은 정직이다. 나무가 한없이 하늘로 올라가는 이것이 정직이다. 그리고 내가 할 일이 있다면 진실이다. 열매를 맺는 것이다. 그래서 "할 일이 있다면 한때 먹을 일"이다. 일식一食 하는 것이 내 할 일이라는 말이다. 일식은 나에게 있어서 하나의 진실이라는 것을 나타내는 일이다. 그 다음 핵심은 "말씀이 있다면 한 참 잘 말씀"이다. '잘 말씀' 하고 '참 말씀' 두 가지다. '잘 말씀'은 잘하는 말씀보다는 잠잔다는 '잘 말씀'이다. 잠을 한없이 깊이 잔다는 것이다. 그리고 만일 사람한테 할 말이 있다면 내가 그것을 거짓이 아니라 참말을 하겠다는 것이다. 그러니까 저녁에는 일식이다. 새벽에는 일좌一坐다. 그리고 낮에는 학교에서 강의하는 것, 가르치는 것이다. 그리고 밤에는 자는 것이다. 하루 일과가 이렇게 일식一食, 일좌一坐, 일언一言, 일인一仁이다. 일좌는 생각하는 것이다. 아침에는 생각하는 것이다. 요전에 썼던 말대로 생각 속에는 한마디도 거짓이 없다. 유영모 선생도 새벽에 가만 생각하는데 그 생각 속에 하나의 거짓도 없게 우선 생각 속에 거짓을 빼야 한다는 것이다.

그래서 『주역』건괘乾卦의 구삼九三이다. "무일념지불성无一念之不誠 무일언지불실无一言之不實"이다. 아침에는 생각하는 것인데 내 생각 속에서 일체의 거짓이라는 것을 빼내자는 것이다. 그리고 밥 먹는 것은 하나의 부실도 없다. 정말 알찬 밥을 알차게 먹는 것이다. 일좌 일식이라는 것이 결국 한 고디 싸움과 한때 먹을 일인데 이것이 소위 진실과 정직이라는 것이다. 정직과 진실이다. 그리고 밤에 자는데 참 사람은 꿈이 없다. 꿈 없이 깊이 자는데 그 잠 속에서 하나님의 뜻을 깨달아 안다는 것이다. 잠이 단순한 잠이 아니라 잠이라는 무의식 속에서 하나님의 뜻을 깨달아야 된다는 것이다. 유영모 선생은 잠 속에서 시를 지었다는 이야기를 자꾸 했으니까 나도 그런 생각을 하는 것이다. 하여튼 요는 잠이라는 것을 깊이 자야 된다는 것이다. 그리고 일인이다. 다른 사람한테 말할 때는 참말을 해야지 거짓말을 하면 안 된다. 참말 하는 그것이 사랑이다. 왜 그런가. 참말을 통해서만 사람이 깨나기 때문이다. 구원을 받기 때문이다. 그래서 참말을 하자는 것이 결국 사랑이다. 그래서 이것을 소위 법보시法布施라 한다.

사랑이란 무엇인가? 참말을 하는 것이다. 참말이라는 것은 무엇인가? 우리는 이천 년 동안 없어지지 않는 말 거의 참말이라고 해야 할 것이다. 기독교 경전, 불교 경전 등 한 이천 년이 지나도 없어지지 않은 것들인데 그러니까 고전이다. 참말인데 그래서 내가 하고 싶은 것은 무엇인가 하면 참말을 해야 되겠다는 것, 그리고 그 대신에 잠만은 깊이 자야 되겠다 하는 것인데 이것이 "한 참 잘 말씀"이다.

이렇게 써서 선생님께 드렸더니 그 다음에 YMCA에서 선생님이 이것을 자기 나름으로 또 고쳐서 『다석일지』에 나온 대로 그렇게 써서 말씀하셨다. 그러면서 이것은 영원히 썩지 않을 말씀이라 했다. 내 말 가운데 영원히 썩지 않을 말이 있다면 이 말이다. 영원히 썩지 않을 말씀이란 별 것이 아니고 일식, 일좌, 일언, 일인이라는 네 마디다. 선생님의 『다석일지』라는 것도 이 네 마디를 가지고 풀어 가는 것이다. 이것이 핵심이기 때문이다.

"싸움이 있다면 한 고디 싸움", 정직하기 위해서 한없는 노력을 해야 되겠다 하는 것이다. 어디서부터 정직한가 하면 생각에서부터 정직해야 한다. 그리고 "할 일이 있다면 한때 먹을 일"이다. 일 가운데 제일 중요한 일이 무엇인가. 진실을 유지하는 일이다. 진실을 유지하기 위해서 일식을 해야 되겠다. 일식을 하고 있는 것이 이것이다. 그 다음에 "말씀이 있다면 참 말씀"이다. 참말을 해야 되겠다는 것이다. 그래서 지금 고전을 자꾸 읽고 있는데 나로서는 이것이 참말을 하느라고 하는 것이다. 그리고 잠만은 좌우간 실컷 자야 되겠다는 것이다. 잠이 부족하면 안 되겠다는 것이다. 그래서 "말씀이 있다면 한 참 잘 말씀"이다. 세 마디 가운데서 나는 이것이 제일 잘 된 것 같다. "한 참 잘 말씀"이다. 한참 동안 말을 잘한다는 그런 뜻도 되는데 하여튼 이 말 속에 여러 가지 뜻이 들어가 있어 아주 멋있는 말이 되었다.

2000. 10. 29.

제 26. 다라니품陀羅尼品

원문 요약

 이시爾時 약왕보살藥王菩薩 즉종좌기即從座起 합장향불合掌向佛 이백불언而白佛言 세존世尊 약선남자若善男子 선여인善女人 유능수지有能受持 법화경자法華經者 득기소복得幾所福. 불언佛言 능어시경能於是經 내지수지乃至受持 일사구게一四句偈 독송해의讀誦解義 여설수행如說修行 공덕심다功德甚多. 이시爾時 약왕보살藥王菩薩 백불언白佛言 세존世尊 아금당여설법자我今當與說法者 다라니주陀羅尼呪 이수호지以守護之 즉설주왈即說呪曰. 아녜安禰 마녜曼禰 마녜摩禰 마마녜摩摩禰 지례旨隷 자리뎨遮梨第 샤마赊咩 (제사십삼어第四十三語).

 세존世尊 시다라니신주是陀羅尼神呪 제불諸佛 소설所說 약유침훼차법사若有侵毀此法師 즉위침훼則爲侵毀 시제불이是諸佛已. 이시爾時 용시보살勇施菩薩 백불언白佛言 세존世尊 아역위옹호我亦爲擁護 독송수지讀誦受持 법화경자法華經者 설다라니說陀羅尼.

 이시爾時 지국천왕持國天王 백불언白佛言 세존世尊 아역이我亦以

다라니신주陀羅尼神呪 옹호지법화경자擁護持法華經者 즉설주이설게
언卽說呪而說偈言 약불순아주若不順我呪 뇌란설법자惱亂說法者 두파
작칠분頭破作七分 여아리수지如阿梨樹枝. 불고제나찰녀佛告諸羅刹女
선재善哉 여등汝等 단능옹호수지但能擁護受持 법화명자法華名者 복불
가량福不可量.

다라니품 강해

다라니陀羅尼는 총지摠持라고 번역된다. 총지가 무엇인가 하면 "일언이폐지一言以蔽之"라 하는 그것이다. "한마디로 요약하면 이런 것이다."하는 그것이다. 시詩라는 것이 무엇인가? 일언이폐지하면 사무사思无邪라, 그렇게 총지라는 것은 한마디로 요약했다는 소리다. 더 다르게 표현하면 일즉일체一卽一切라는 것이다. 하나 속에 다 들어가 있는 것이다. 『화엄경』에 가면 이런 말이 자꾸 나오는데 여기서는 지금 다라니라는 것을 총지라는 뜻으로 보고 읽어본다.

이시爾時 약왕보살藥王菩薩 즉종좌기卽從座起 합장향불合掌向佛 이백불언而白佛言 세존世尊 약선남자若善男子 선여인善女人 유능수지有能受持 법화경자法華經者 득기소복得幾所福.
이때 약왕보살이 자리에서 일어나 손을 모으고 부처님께 경례를 했다. 그리고 부처님에게 말했다. "선생님, 만일 열심히 배우고자 애쓰는 사람들이 이 『법화경』을 배운다면 그 복이 어떠하겠습니까?"

선남자善男子 선여인善女人이란 열심히 배우려고 애쓰는 사람들인데 요새로 말하면 젊은 학생들이라고 하겠다.

불언佛言 능어시경能於是經 내지수지乃至受持 일사구게一四句偈 독송해의讀誦解義 여설수행如說修行 공덕심다功德甚多.
부처님께서 말했다. "만일 이『법화경』속에서 한마디만이라도 받아들여서 그것을 따로 외고 그 뜻을 알고 또 그대로 살아간다면 그 공덕이란 한없이 클 것이다."

우리가 성경 말씀 가운데 한마디만 알아도, 한마디는커녕 반 마디만 알아도 그 공덕이 한없이 큰 것이다. 우리가 늘 말하는 「갈라디아서」 2장 20절 같은 한마디만 알아도 그 공덕이 얼마나 큰지 알 수가 없다. 그것이 소위 다라니라는 것이다. 그러니까 『구약』, 『신약』 다 안다는 이야기가 아니다. 그 한마디 속에 신·구약이 다 들어가 있는 것이다. 「갈라디아서」 2장 20절 속에 신·구약이 다 들어가 있다. 그렇게 한마디를 우리가 따로 외고, 또 따로 외우기만 하면 안 되고 그 속의 깊은 뜻을 알고 그대로 우리가 살아가면 그 복덕이 한없이 큰 것이다. 그런 것을 불교에서는 다라니라고 한다. 그런 한마디, 『화엄경』에서 "일도출생사一道出生死 일체무애인一切無碍人"이라는 그런 한마디만 알면 『화엄경』의 내용이 그 속에 다 들어가 있는 것이다. 지금 『법화경』 거의 마지막에 와서 이런 말을 하는 것을 보면 『법화경』이 거의 끝나간다는 말이다. 『법화경』을 우리가 죽 읽어오면서 그 가운데 한마디라도 우리 마음에 걸려서 그것이 잊으려야 잊을 수 없는 그런 하나의 말이 되면 그야말로 정말 그 복덕은 한없이 크다 할 것이다.

교인들이 세례를 받겠다고 하면 세례문답이라는 것을 하는데 나는 전에 "당신이 성경 속에서 제일 좋아하는 말이 무슨 말인가?"하고 물어보았다. 그 한마디만 물어보면 벌써 그 사람의 믿음이 다 드러난다. 그래서 "아, 이 사람이 이만큼 믿었으면 됐다."하고 세례를 준다. 그런 것을 다라니라 한다.

이시爾時 약왕보살藥王菩薩 백불언白佛言 세존世尊 아금당여 설법자 我今當與說法者 다라니 주陀羅尼呪 이 수호지以守護之 즉설주왈卽說呪曰.
이때 약왕보살이 부처님께 말했다. "선생님, 저는 이제 『법화경』을 설하는 사람들에게 다라니주를 가지고 지켜주겠습니다." 그리고는 주문을 말했다.

주문呪文이란 무엇인가 하면 "수리수리마하수리"하는 식으로 아무도 모르는 말인데 요술하는 사람이 그 한마디를 하면 비둘기도 나오고 뭐도 나오고 하는 그런 것이다. 『반야심경般若心經』 맨 마지막에 나오는 "아제아제 바라아제 바라승아제 보리사바하"하는 그런 말이다. 그런 것을 소위 주문이라 한다. 무슨 말인지 전혀 뜻을 모르는 말이다. 그런데 그것이 굉장히 큰 어떤 힘을 가지고 있다는 것이다. 아라비안 나이트의 도둑 이야기에서 "참깨야, 열려라"하면 바위가 열리는 그런 말이다. "참깨야, 열려라"하고 번역을 했지만 번역이 안 되었으면 "수리수리마하수리"했더니 문이 열렸다 하는 것이나 마찬가지다. 그것이 소위 주문이다. 그러니까 주문은 다라니라는 것과 비슷한 것이다. 다라니라는 것도 그 한마디 속에 자기의 신앙이 다 들어가 있는 것으로 그 속에 굉장히 힘이 있다고 그렇게 말할 수 있다.

이런 다라니라는 것은 그래도 뜻이 알려져 있는 것인데 그 뜻이 알려지지 않은 것들이 많이 있다. 예를 들어 기독교로 말해서 '아멘' 하는 말인데 보통 '아멘'이 무슨 뜻인지 아무도 모른다. 물론 우리가 억지로 뜻을 말하면 '진실로' 하는 말이지만 진실이라는 뜻이라 아는 사람이 몇 사람이나 되겠는가. 또 다른 예를 들면 그리스도라는 말이다. 그리스도가 무슨 말인지 아무도 모른다. 뜻을 대면 '기름부음을 받은 자' 라 하지만 그리스도 하면 우리에게는 굉장히 큰 어떤 힘을 주는 것이다. 하나님이라 해도 어디 하나님을 아는 사람이 있는가. 그렇지만 하나님 하는 그 한마디가 우리에게는 굉장히 큰 힘을 주는 것이다.

다라니와 주문의 차이는 무엇인가 하면 다라니는 그 뜻을 아는 것으로 우리의 지적인 내용이 들어가는 것인데 '주呪' 라는 것은 지적인 내용이 빠진 것이다. 그런데 그것이 그렇게 힘이 있다는 것이다. 다음에 나오는 것이 하나의 다라니주인데 이 주를 가지고 지켜주겠다는 것이다.

아녜安禰 마녜曼禰 마녜摩禰 마마녜摩摩禰 지례旨隷 자리데遮梨第 샤마睒咩 (제사십삼어第四十三語).

이렇게 43마디의 말이 나오는데 이것이 다 무엇인가 하면 산스크리트Sanskrit 즉 범어梵語라는 인도말이다. '그리스도' 라 하면 희랍말인데 '메시아'라 하면 유태말이다. 하여튼 외국말로 하면 우리가 무슨 말인지 잘 모른다. 그러니까 그 외국말로 그냥 따로 외는 것이다. 가장 많이 알고 있는 것의 하나가 "아누다라삼막삼보리"라는 말이다. 이런 주문을 하면 우리는 무슨 말인지 아무도 모른다. 뜻이 없는 것이다. 그런데 요새 산스크리트를 공부하는 사람들이 그것이 무슨 뜻인가 하고 알아보니까 다음과 같은 뜻이라 해서 죽 적어놓았다.

1. 기의奇異 2. 소사所思 3. 의념意念 4. 무의無意 5. 영구永久 6. 소행봉수所行奉修 7. 적연寂然 8. 담박澹泊 9. 지묵志默 10. 해탈解脫 11. 제도濟度 12. 평등平等 13. 무사無邪 14. 안화安和 15. 보평普平 16. 멸진滅盡 17. 무진無盡 18. 막탈莫脫 19. 현묵玄默 20. 담연澹然 21. 총지惣持 22. 관찰觀察 23. 광요光耀 24. 유소의유有所依倚 시호어내恃怙於內 25. 구경청정究竟淸淨 26. 무유갱감無有坑坎 27. 역무고하亦無高下 28. 무유회선無有廻旋 29. 소주선처所周旋處 30. 공목청정共目淸淨 31. 등무소등等無所等 32. 각이초도覺已超度 33. 이찰어법而察於法 34. 합중무지合衆無智 36. 소설선명所說鮮明 37. 이회지족而懷止足 38. 진제절한盡除節限 39. 선창음향宣暢音響 40. 효료중성曉了衆聲 41. 료문자了文字 42. 무유궁진無有窮盡 43. 영무력로무소념永無力勞無所思念

'아녜' 하는 것은 기이奇異라는 뜻이고 '마녜' 하는 것은 소사所思라는 뜻이고, 그렇게 의념意念, 무의無意, 영구永久 등으로 풀어놓은 것이다. 이렇게 43개의 뜻으로 적어 놓았다.

그런데 여기에 대해 어떤 말이 있는가 하면 62억 부처님이 모두 다라니를 한마디씩 했다는 것이다. 어떤 사람은 마녜라 하고 어떤 사람은 아녜라 하고 또 어떤 사람은 무엇이라 하고 그렇게 다 한마디씩 했다는 것이다. 이것이 무슨 말인가 하면 우주 만물 가운데 다라니 아닌 것이 없다는 말이다. 아까도 일즉일체一卽一切라 했는데 우리가 무엇이라 하든지, 토끼라 하건 사슴이라 하건, 다 하나의 일체가 들어가 있지 일체가 들어가 있지 않은 것이 없다. 일체라는 것이 몇 개나 되나

26. 다라니품 459

하면 62억 개라는 것이다. 다라니가 모두 다 해서 62억 개나 된다는 것이다. 62억 개 모두 하나 하나가 다 일체가 들어있는 하나라는 것이다. 그래서 우주 만물이 다 다라니지 다라니가 안 되는 것은 아무것도 없다. 우리말로 말하면 소, 개, 돼지 등등 어떻게 해도 다 다라니다. 그러니까 여기 43개가 나왔지만 이것들이 다 같은 이야기라는 것이다.

세존世尊 시다라니신주是陀羅尼神呪 제불諸佛 소설所說 약유침훼차법사若有侵毁此法師 즉위침훼則爲侵毁 시제불이是諸佛已.
 선생님, 이 다라니 신주는 모든 부처님께서 설하신 것입니다. 만일 이 『법화경』을 설하는 선생님들을 박해하는 사람들이 있다면 그것은 곧 모든 부처님을 박해하는 것입니다.

 "다라니신주陀羅尼神呪", 신비한 힘이 들어가 있는 말이라는 것이다. 이것은 모든 부처, 즉 62억 불佛이 한 말이란 것이다. 그래서 누구든지 이 『법화경』을 설하는 선생님들을 박해하면 그것은 부처님을 박해하는 것이나 마찬가지라는 것이다.
 예수님이 제자들을 보내면서 너희들을 박해하는 사람들은 나를 박해하는 사람들이나 같은 것이라 했는데 같은 말이다. 그래서 그 죄가 대단하다는 말이다. 단순히 너만 박해하는 것이 아니다. 그것은 나를 박해하는 것이다. 너한테 반항하는 것이 아니라 나한테 반항하는 것이고 나한테 반항하는 것은 하나님께 반항하는 것이다. 그것은 결국 보통 반항하는 것이 아니다.

이시爾時 용시보살勇施菩薩 백불언白佛言 세존世尊 아역위옹호我亦爲擁護 독송수지讀誦受持 법화경자法華經者 설다라니說陀羅尼.
 이때 용시보살이 부처님께 말했다. "선생님, 저도 이 『법화경』을 가지고 있는 사람을 도와주겠습니다." 그리고 다라니를 말했다.

 그래서 용시보살이 "자례 마하자례 욱기 목기 아례 아라바데…." 이렇게 13마디를 했는데 그것들을 번역하면 다음과 같다.
 1. 일광요日光耀 2. 대명大明 3. 염광炎光 4. 연휘演輝 5. 수래須來 6. 부장富章 7. 열희悅喜 8. 흔연欣然 9. 주지住止 10. 립제立制 11. 영주永住 12. 무합無合 13. 무집無集

 인도말을 억지로 번역하면 이렇다는 것이다. 이렇게 번역하면 그것은 이미 다라니가 아니다. 그냥 모르게 해야 된다.

 이시爾時 지국천왕持國天王 백불언白佛言 세존世尊 아역이我亦以 다라니신주陀羅尼神呪 옹호지법화경자擁護持法華經者 즉설주왈卽說呪曰
 이때 지국천왕이 부처님께 말했다. "선생님, 저도 역시 다라니신주를 가지고 『법화경』을 설하는 사람을 옹호하겠습니다." 그리고 주문을 말했다.

 지국천왕이 주문한 내용을 보면 다음과 같다.
 1. 무수無數 2. 유수有數 3. 구리瞿利 4. 지향持香 5. 요흑曜黑 6. 흉축凶祝 7. 대체大体 8. 천기순술千器順述 9. 폭언지유暴言至有

 지국천왕持國天王은 절간에서 동서남북을 지키는 힘센 사람이다. 지국천왕이 부처님께 말했다. 선생님 저도 역시 다라니신주陀羅尼神呪를 내 놓겠습니다. 그래서 『법화경』을 강의하는 사람들을 지켜주겠습니다. 그리고 주呪를 말했다.

 이시爾時 유나찰녀등有羅刹女等 백불언白佛言 이설주왈而說呪曰
 이때 나찰녀들도 부처님께 아뢰고 주문을 말했다.

 나찰녀羅刹女는 지옥에서 사람을 잡아먹는 귀신이다. 말하자면 지옥의 옥졸이다. 지옥에 간 사람들을 제일 괴롭히는 것이 나찰녀라는 것이다. 이 나찰녀도 나와서 『법화경』을 설하는 사람을 방해하는 사람을

26. 다라니품 461

자기가 가서 잡아먹겠다는 것이다. 나찰녀가 주문한 내용을 보면 다음과 같다.

 1. 어시於是 2. 어사於斯 3. 호이乎爾 4. 어민於民 5. 극심極甚 6. 무아無我 7. 무해無害 8. 무신無身 9. 무소無所 10. 구동俱同 11. 이흥已興 12. 이생已生 13. 이성已成 14. 이주而住 15. 이립而立 16. 역주亦住 17. 차탄嗟歎 18. 역비亦非 19. 소두대질무득가해消頭大疾無得加害

 이설게언而說偈言 약불순아주若不順我呪 뇌란설법자惱亂說法者 두파작칠분頭破作七分 여아리수지如阿梨樹枝.
 그리고 게송으로 말했다. "내 주문에 순종하지 않는 사람이 있다면 그는 『법화경』을 설하는 선생님을 괴롭히는 사람이다. 그런 사람은 내가 그 머리통을 일곱으로 쪼개 놓겠다. 마치 아리수 가지처럼 찢어놓겠다."

 설법하는 사람을 방해하면 전부 죽여버리겠다 하는 소리다.

 불고제나찰녀佛告諸羅刹女 선재善哉 여등汝等 단능옹호수지但能擁護受持 법화명자法華名者 복불가량福不可量.
 부처님께서 나찰녀에게 말했다. "좋다. 너희들이 이 『법화경』을 지키는 사람을 지켜주면 그 복이 한없이 많을 것이다."

 이전에 25장의 「관세음보살보문품觀世音菩薩普門品」에서의 내용이란 칭명稱名이었다. "나무아미타불 관세음보살", 그렇게 이름을 부르기만 해도 복을 받는다는 것이다. 그것이 칭명불교다. 정토종淨土宗이란 하나의 칭명불교로 이름을 부르기만 해도 된다는 것이다. 고행이 필요 없다는 것이다. 고행을 하는 종교는 자력종인데 고행을 필요로 하지 않는 종교는 타력종이라 한다. 기독교라 하면 타력종이다. 고행이라는 것을 싫어한다. 믿음으로 구원을 얻는다고 한다. 믿음으로 구원을 얻는다는 말이 타력이라는 것이다. 불교에서도 선불교禪佛敎는 고행으로 가는 자력종이다. 불당에 가부좌를 하고 가만 앉아 있는 것, 이것이 보통 어려운 일이 아니다.

전에 유영모 선생님한테 강의를 들을 때 무릎을 굴하고 앉아서 들었다. 무릎을 굴하고 앉는 것이 유교의 정좌다. 무릎을 굴하고 앉아서 강의를 듣는데 선생님은 어느 때는 열 시간 동안 강의를 하기도 했다. 그럴 때 선생님은 무릎을 딱 굴하고 앉아 강의를 했다. 그렇게 선생님이 무릎을 굴하고 앉았는데 그 앞에서 우리 학생들이 무릎을 펴고 앉아 있을 수가 없었다. 그래서 우리 학생들도 무릎을 굴하고 앉아 있는 것이다. 그렇게 무릎을 굴하고서 함석헌 선생은 대단하게도 한 시간을 앉아 있었다. 우리는 겨우 오 분만 앉아 있어도 견딜 수가 없었다. 아마 고행 가운데 이런 참선처럼 고행도 없다. 거기에 비하면 백 번 절하고 천 번 절하는 그것은 정말 쉬운 것이다.

조주趙州 같은 사람은 20년을 앉아 있었고 달마達磨는 9년을 앉아 있었다고 한다. 고행도 보통 고행이 아니다. 혜능慧能 같은 사람은 일생 누워보지 못했다고 한다. 잠을 자도 그냥 앉아서 자지 누워서 자지 않았다. 선불교라는 것은 어찌 보면 가만 앉아서 명상하고 있는 것이니까 편할 것 같지만 사실은 그렇지 않다. 감옥에 들어가도 독방에 가만 앉아 있는 것이 더 힘들다. 다른 사람들과 함께 갇혀서 왔다갔다 운동하고 일하면서 감옥 사는 것은 쉽지만 30년, 40년 독방에 가만 앉아 있어라 하면 그것은 보통 힘든 것이 아니다. 사람은 동물이니까 움직이는 것이 쉽지 식물처럼 가만 앉아 있는 것은 보통 힘든 것이 아니다. 사실 학자들이 도서관에 가서 열 시간씩 앉아서 책 읽는 것도 보통 고행이 아니다. 학자들이 도서관에 가서 앉아 있는 것은 참선이나 마찬가지다. 그것도 고행이다. 그러니까 대개 자력이라 하는 것을 한마디로 말하면 고행이다.

타력이라고 하는 그것은 쉬운 것이다. 고행이라는 것이 없기 때문이다. 제일 쉬운 것이 칭명이라는 것이다. 이름만 한마디 부르면 된다. 심지어 정토종에서는 석가모니를 욕하느라고 이름 한마디만 불러도 된다는 것이다. "석가모니 개자식", 그렇게 한마디만 해도 구원받는다는 것이다. 그만큼 칭명종교라고 하는 것은 소위 타력종이고 쉽게 가는 길이라 생각하는 것이다.

그런데 이 칭명보다도 더 쉽게 가는 것, 그것이 지금 말하는 다라니주라는 것이다. 칭명은 아직 이름이라도 알아야 된다. 그런데 다라니주라는 것은 이름도 몰라도 된다. 좌우간 무엇이라 해도 된다. 개 짖는 소리만 해도 된다는 것이다. "수리수리" 하든지 "마니마니" 하든지 하여튼 무엇이라 해도 된다. 이름이라도 알려면 누구한테 듣고 배워야 한다. 그런데 다라니라는 것은 아무것도 배울 필요가 없다. 그냥 나오는대로 해도 된다. 이런 것은 칭명이 아니라 칭음稱音이라 한다. 이름이란 지적인 요소가 들어가지만 칭음이란 지적인 요소가 하나도 없다. 그냥 소리만 내면 된다. 아버지라 부르려면 서너 살은 되어야 한다. 세 살짜리 아이가 "아빠"하고 부르면 아버지가 달려와서 돌봐준다. 그런데 한 살짜리 아기는 아직 아빠라고 부르지도 못한다. 한 살짜리 아기는 그냥 울기만 하면 된다. 울면 되는 그것이 소위 칭음이라는 것이다. 요전에도 엄마는 어린애의 바스락 소리에 곧 깬다는 말을 했다. 뇌성벽력이 나도 모르고 자는 엄마지만 어린애가 바스락 하는 소리만 나면 곧 깨나는 것이다. 그 바스락 하는 소리가 무엇인가 하면 칭음이라는 것이다. 울어도 좋고 바스락해도 좋고 아무렇게나 해도 좋다. 그래서 엄마는 그 소리를 듣고서 아이가 왜 그러는지 엄마는 다 안다. 배고파서 우는 구나 하면 젖을 먹여주고 아파서 운다 하면 병원으로 데리고 간다. 기저귀가 젖어서 운다 하면 기저귀를 갈아준다. 아이들의 문제는 세 가지뿐이다. 배고프다든지 기저귀가 젖어있다든지 어디 몸이 아프든지, 이 세 가지를 알면 다 된다. 어머니가 아는 것은 이 세 가지를 아는 것이다.

어머니는 다 아는 전지全知인데 전지라 해 보았자 세 가지 아는 것이다. 그리고 전능全能인데 전능이라 해 보았자 세 가지 할 수 있으면 되는 것이다. 젖을 먹이는 것, 기저귀 갈아주는 것, 병원에 데리고 가는 것, 그것이면 다 된다. 그것이 전지전능이다. 그것은 어린애가 우는소리만 들으면 벌써 다 안다. 그러니까 세 살짜리 종교보다도 한 살짜리 종교가 더 간절하다는 것이다. 어머니의 관심이 세 살짜리 아이와 한 살짜리 아기가 다른 것이다. 세 살짜리 아이는 공원이라도 데려다 주고 혼자 놀아라 하지만 한 살짜리 아기는 밤낮 옆에 두지 않으면 업고 다닌다. 아기가 될수록 어머니의 사랑, 하나님의 사랑이 더 지독한 것이다.

그러니까 관세음보다도 다라니 불교가 더 타력적인 것이다. 더 타력적이라는 말은 더 간절하고 더 지독하다는 말이다. 25장은 관세음인데 그 관세음이란 세 살짜리를 돌봐주는 것이고 26장의 다라니주라 하면 이것은 한 살짜리를 돌봐주는 것이다. 사랑의 종교라는 것이다. 이『법화경』이라는 것은 사랑의 종교다. 궁자窮子의 비유, 기독교로 말하면 탕자蕩子의 비유나 같은 것인데, 그것은 하나님은 사랑이라 하는 것을 가르치기 위한 것이다. 궁자의 비유도 마찬가지로 부처님은 사랑이라 하는 것을 가르치기 위한 것이다.『법화경』전체가, 이것은 지혜를 가르치는 것이 아니고 사랑을 가르치는 것이다. 그렇기 때문에 불교에서는 이『법화경』이 최고라 한다. 우리에게 사랑을 가르치는 경이기 때문에 이 이상 넘어갈 것이 없다. 하나님이 사랑이라는 것을 우리에게 가르치는 것이기 때문에 이『법화경』이라는 것이 최고의 경전이라는 것이다.

최고의 경전이 둘이 있는데 하나는『화엄경』이고 하나는『법화경』이다. 보통『화엄경』이라 하면 지혜를 가르치는 경이라 하고『법화경』은 사랑을 가르치는 경이라 한다. 불교란 한마디로 하면 사랑과 지혜이다. 물론 사랑 없는 지혜가 없고 지혜 없는 사랑이 없다. 다 같은 것이지만 구체적으로 표현할 때 어떻게 표현하느냐 하는 것이다.『법화경』은 사랑의 종교라는 것이다. 사랑의 종교니까 결국은 자력종이 아니라 타력종이 된다는 것이다. 타력 가운데서도 지금 "나무아미타불 관세음보살" 하는 것보다는 다리니라는 것이 더 타력적이고 더 간절한 것이다.

이 칭명, 칭음이 정토종인데 이 정토종은 지적인 요소가 빠져나간 정적인 것으로, 말하자면 사랑의 종교이다. 그런데 선불교라 해도 벌써 불립문자不立文字가 되면 이것은 벌써 지적인 요소가 빠져나가고 정적인 것으로 들어간 것이다. 선불교가 깊어져서 불립문자가 되면 불립문자의 극치로 다다니가 된다. 그러니까 정토종과 선종은 하나라는 것이다. 선종을 극단으로 밀고 가면 정토종이 되고 또 정토종이 극치가 되면 선종이 된다. 왜냐하면 정토종에서도 칭명이 변해서 칭음이 되는 것이고 선종은 문자가 변해서 결국 불립문자가 되기 때문이다. 불립문자가 되면 벌써 지적인 요소가 빠져나간 것이다. 그렇게 되면 정적인 세계가 된다. 그래서 선종의 극치는 정토종이 되고 정토종의 극치는 선종이 된다는 그런 말을 하게 된다.

보통 우리가 노래를 부른다면 가사가 있다. 초등학교에서는 보통 가사가 있는 노래를 부른다. 이것도 자꾸 발달되면 가사가 빠져나간다. 그래서 음만을 즐기게 된다. 가사가 빠져나가야 음악이 되지 아직 가사가 붙어 있는 가요라든가 그렇게 되면 아직 음악이라 하기 어렵다. 그러니까 불립문자가 된다는 이것이 상당히 중요한 것이다.

미술의 세계로 말하면 구상의 세계, 입체니 인물화니 하는 그런 것을 그리다가 나중에는 그것이 자꾸 빠져나가 추상화가 되고 만다. 추상화가 되면 입체가 깨진다. 그래서 피카소의 그림을 보면 전부 평면이 되고 만다. 동그라미도 없어지고 모두 네모 반듯반듯하게 된다. 구상이 빠져나가고 추상이 된다. 그렇게 되면 될수록 더 근본적으로 깊어지는 것이다. 우리가 사람으로 눈도 그리고 코도 그릴 때 그것은 아무것도 아니다. 그런데 동양화 잘 그린 것을 보면 배를 타고 있는 사람 하나를 점 하나로 그리고 만다. 거기에는 눈도 없고 코도 없고 아무것도 없다. 그저 점 하나를 딱 찍었는데 그것이 사람이다. 그러다 요새 그림을 보면 점 하나도 없어지고 그냥 색깔만 칠하고 만다.

안오당 선생 그림 전람회에 오라고 해서 가보니까 그냥 색깔만 칠했다. 무엇인지 설명해 달라고 하니 거기에 설명이라는 것이 없다고 했다. 그저 그냥 느끼는 대로 보라는 것이다. 그래서 이것은 무엇을 그린 것인가 하고 물었다. 그랬더니 자기네 집에 수석이 굉장히 많아서 매일 아침 수석에 물도 주고 그렇게 하는데, 그 수석의 한 면을 그린 것이라 한다. 어떻게 보면 산 같기도 하고 그런데, 내 속에서 생각하는 대로 그것이 보인다는 것이다. 이것이 결국 다라니다. 말이라면 말, 소라면 소, 생각하는 대로 보이는 것이다. 그래서 한없이 풍부한 세계다. 다함이 없는 무진無盡의 세계를 자기가 감상할 수 있는 것이다. 그저 보아서는 아무것도 아닌데 어떻게 보면 산 같기도 하고 어떻게 보면 코끼리 같기도 하고, 자기가 보는 데 따라서 자꾸자꾸 달라진다. 이렇게 되면 그것은 관음이 되고 마는 것이다. 그 소리가 코끼리 소리라면 코끼리 소리가 되고 매미 소리라면 매미 소리가 되고 그냥 그저 자기가 생각하는 대로 그 소리가 들리게 된다. 기차가 지나가는 소리도 이렇게 생각하면 이렇게 들리고 저렇게 생각하면 저렇게 들리고, 그렇게 자꾸 폭이 넓어지는 것이다. 어디에 끌려 매여 있던 것이 자꾸자꾸 폭이 넓어져서 우주로 자꾸 퍼져 나가는 것이다.

그것이 말하자면 『장자莊子』의 소요유逍遙遊라는 것이다. 소요라는 것이 무엇인가 하면 제한되어 있던 것이 자꾸자꾸 퍼져 나가서 한없이 자유롭게 그렇게 넓어져 가는 것이다. 말하자면 하나의 자유에 대한 그리움이라 할까, 사람은 한없이 넓은 세계를 이렇게 왔다갔다 하는 그런 세계를 가지고 싶은 것이다. 그렇게 되려면 아무래도 불립문자가 되어야 한다. 글자에 붙잡혀 있으면 안 된다. 글자를 뛰어넘고 글자 위에 서야 한다. 소요유라는 세계가 그것이다. 글자 위에 서야 되지 글자 밑에 서면 안 된다는 것이다.

감신대학에서 일전에 어떤 교수가 나와 상상력이라는 이야기를 하면서 Understand라는 것과 Overstand라는 말을 했다. Understand는 이해한다는 말인데 그것은 밑에 들어가서 이해하는 것이다. 그런데 Overstand라는 것은 그 위에 올라서서 이해하는 것이다. 그래서 나는 주자학朱子學은 언더스탠드라 하고 양명학陽明學은 오버스탠드라고 한다. 경전 안에서 이해하는가 경전을 그냥 짓밟으면서 이해하는가 하는 차이다. 자유란 경전을 짓밟으면서 이해할 때 자유다. 불립문자의 세계가 되면 벌써 자유가 되는 것이다. 불립문자, 교외별전敎外別傳이다.

아이들이 빽빽 우는 것이 교외별전이다. 아이들은 무슨 말도 못하고 빽빽 울기만 한다. 그러면 직지인심直指人心이다. 엄마가 곧장 달려온다. 불립문자, 글자를 초월한 것이다. 글자를 초월했다고 해도 되고 어린애가 글자를 모른다고 해도 된다. 모르는 세계다. 이때 알리는 방법은 우는 것밖에 없다. 교외별전이다. 칭음이라는 것이다. 그러면 엄마가 곧장 달려온다. 그래서 견성見性이다. 어린애 울음소리를 조사해보는 것이다. 아파서 그런지 배고픈 것인지 기저귀가 젖어 있어 그런지 알아보는 것이다. 견성이라고 해야 세 가지뿐이다. 그 세 가지를 알아내서 기저귀를 갈아주거나 젖을 먹이거나 병원에 데리고 가든가 하면 된다. 그렇게 하면 성불成佛이 되고 마는 것이다. 벌써 이 선종의 세계도 결국 깊이 들어가면 정토종의 다라니주라는 것과 같아지고 만다. 이런 말이 오늘의 핵심이다. 다라니주라고 하는 것이나 선종이라고 하는 것이나 다 불립문자의 세계라는 것이다. 가사가 떨어진 음악의 세계, 구상이 떨어진 미술의 세계, 그런 세계가 소위 불립문자의 세계라는 말이다.

그래서 선에서 나온 『벽암록』 30장 이야기를 보기로 한다.[7] 조주趙州라는 사람의 이야기다.

"거擧 승문조주僧問趙州 승문화상친견남전承聞和尙親見南泉 시부是否 주운주云 진주출대나복두鎭州出大蘿蔔頭"
(어떤 중이 조주에게 물었다. "듣자오니 선생님께서는 남전스님을 친히 뵈었다는데 그렇습니까?" 조주가 대답했다. "진주에서 큰 무가 나온다지?")

"조주대나복두趙州大蘿蔔頭"라는 이야기다. 나복蘿蔔은 무를 말하는데 한자로는 나복이라 읽지만 우리말로는 나박김치라 하지 나복김치라고 하지 않는다.

어떤 중이 조주에게 물었다. "듣자오니 선생님은 남전南泉을 친견했

---

7. 『벽암록碧嚴錄』30. 조주대나복두趙州大蘿蔔

다고 하는데 맞습니까?" 남전은 조주의 스승이다. 남전 밑에서 40년이나 있었는데 친히 보았느냐고 하는 것은 말도 안 되는 것이지만 옛날 사람들은 이런 말을 쓰는 것이다. 친견親見, 그 사람의 속을 꿰뚫어 보았는가 하는 말이다. 선생님의 속 자리를 꿰뚫어 보았느냐고 물어보았다는 것이다.

이것은 『벽암록』에 나오는 것인데 『벽암록』은 수시垂示라는 서문이 있고 거擧라고 하는 본문이 있고 이것들을 알기 쉽게 조금 해설을 달아 놓은 것이 있는데 이것을 착어着語라 한다. 주석이라는 말이다. 그 다음으로 찬송이라는 송頌이 붙어있다. 그리고 맨 마지막에는 평창評唱이라는 평이 들어있다. 이렇게 다섯 가지가 있다.

조주가 말했다. "진주출대나복두鎭州出大蘿蔔頭." 진주는 무가 제일 많이 나오는 고장이다. 옛날에 우리 나라는 뚝섬에서 무가 제일 많이 나왔다고 한다. 조주가 말하기를 "요새 진주에서는 큰 무가 나온다지?" 했다. 이것이 학생의 물음에 대한 대답이다. 학생은 지금 지적인 것을 묻고 있는 것인데 스승은 정적인 것으로 대답하는 것이다. 질문하는 중은 아직도 불립문자가 안 되어 있기 때문에 무엇을 알았느냐, 해서 알려고 애쓰는 것이다. 그런데 조주는 불립문자가 되어 있는 사람이니까 이젠 무슨 아는 것이 문제가 아니라 사는 것이 문제라는 것이다. 아는 것보다 더 중요한 것이 사는 것이다. 아까 말한 것으로 하자면 지혜보다 사랑이 더 중요한 것이라고 그렇게 말할 수도 있다. 지금 "진주출대나복두"라 하는 것은 지금 생명의 세계지 아는 세계를 말하는 것은 아니다. 이런 것들이 많이 있다. 부처가 무엇인가 할 때 "뜰 앞의 잣나무"라고 한다. 뜰 앞의 잣나무라 할 때 그것은 교외별전이요 불립문자요 직지인심이다. 그래서 견성성불이다. 그 잣나무를 통해서 우리가 무엇을 보는가 하면 부처를 보는 것이다. 이런 예가 많은데 "조주대나복두"라는 것도 대표적인 예의 하나다.

다음은 여기에 대한 송이다.

"송頌 진주출대나복두鎭州出大蘿蔔頭 천하납승취칙天下衲僧取則 지지자고자금只知自古自今 쟁변곡백오흑爭辨鵠白烏黑"

(진주에서는 큰 무가 나오지. 그런데 천하의 중놈들은 이런 말을 본받아서 자기도 한 번 이런 말을 해보려고 애쓰지만 꼬마들이 그것을 해본다고 되겠는가? 예나 지금이나 오직 아는 것만 따지는데 고니는 희고 까마귀는 검은 것을 어찌 따질 것인가.)

"진주에서 큰 무가 생산된다지?", 이런 말은 정말 조주 같은 사람이 되어야 나오지 꼬마들은 아직 지知에 붙어있는 사람들이니까 이 사랑의 세계는 잘 안 된다. 꼬마들은 언제나 언더스탠드지 오버스탠드가 잘 안 된다. 그래서 "천하납승취칙天下衲僧取則"이다. '칙則'이란 법칙인데 저런 법칙을 취하고자 애쓴다는 말이다. 그런데 애쓰고 애써보았자 지적인 고민이지 다른 것은 아무것도 안 된다.

"지지자고자금只知自古自今", 이 안다고 하는 세계는 옛날이고 지금이고 다 아직도 언더스탠드의 세계지 오버스탠드의 세계가 안 된다. "쟁변곡백오흑爭辨鵠白烏黑". '곡鵠'은 '혹'이라 하기도 하고 '곡'이라 하기도 한다. 고니 혹이라는 글자다. 학은 희고 까마귀는 검다는 그것은 지적인 세계가 아니다. 그것은 삼라만상의 실재의 세계다. 그것을 따질 것이 무엇인가. 그것은 구별할 필요가 없다는 것이다. 학은 희고 까마귀는 검다는 그것을 모르는가. 무는 무고 배추는 배추다. 그것은 그냥 생명의 세계다. 현실의 세계다. 그것은 무슨 알고 모르고 하는 그런 세계가 아니다.

지금 지의 세계와 사랑의 세계를 비교해서 말하는 것이다. "진주출대나복鎭州出大蘿蔔", 이것은 생명의 세계다. 그런데 "납승취칙衲僧取則"하는 것은 지의 세계다. 그런데 지의 세계라는 것은 옛날부터 지금까지 되는 것이 아무것도 없다.

그래서 "자고야自古也 불임마不恁麽 여금야如今也 불임마不恁麽"다. 지의 세계라는 이것은 되지 않는 세계다. 곡백오흑鵠白烏黑이라는 생명의 세계가 되어야 전기영탈全機穎脫이다. 이 우주라는 것은 생명이 그대로 드러나는 세계다. 토끼면 토끼 까마귀면 까마귀, 생명이 그대로 드러나는 세계다. 그래서 "장자자장長者自長 단자자단短者自短"이다. 학의 다리는 길고 오리 다리는 짧다. 자연 그대로라는 말이다. 이런 세계를 알아내는 그것이 귀한 것이다. "식득자귀야識得者貴也". 그것은 변론할 필요가 없는 것이다. "불소득변不消得辯"이다. 그것은 그냥 보면 알지 코끼리가 어떻다 그래 봤자 코끼리는 그저 코끼리지 다른 것이 아니다. 그래서 변론할 필요도 없다는 것이다. 이것이 생명의 세계다.

 결국 생명의 세계까지 들어가야지 아직도 지의 세계에서 헤매면 안 된다는 말이다. 관세음보다는 다라니라는 것이 더 깊은 생명의 세계라는 말이다. 선불교도 밤낮 생각하는 것 같아도 끝까지 가면 나중에는 생명의 세계가 되고 만다. 그래서 오늘은 생명의 세계와 지의 세계, 이 둘을 비교해서 정토종에서도 이렇게 말하고 선불교에서도 이렇게 말한다고 했다.

2000. 11. 5.

제 27. 묘장엄왕본사품 妙莊嚴王本事品

원문 요약

　이시爾時 불고佛告 제대중諸大衆 내왕고세乃往古世 유불명有佛名 운뢰음수왕화지불雲雷音宿王華智佛. 이시爾時 피불彼佛 욕인도묘장엄왕欲引導妙莊嚴王 급민념중생及愍念衆生 고故 설시법화경說是法華經. 시時 정장정안淨藏淨眼 이자二子 도기모소到其母所 원모왕예願母往詣 운뢰음수왕화지불소雲雷音宿王華智佛所. 모고자언母告子言 여부신수외도汝父信受外道 심착파라문법深著婆羅門法 여등汝等 응왕백부應往白父 여공구거與共俱去. 모고자언母告子言 여등汝等 당우념여부當憂念汝父 위현신변爲現神變 약득견자若得見者 심필청정心必清淨 혹청아등或聽我等 왕지불소往至佛所. 어시이자於是二子 념기부고念其父故 용재허공踊在虛空 현종종신변現種種神變 령기부왕令其父王 심정신해心淨信解.
　시부견자時父見子 심대환희心大歡喜 여등사汝等師 위시수爲是誰. 이자백언二子白言 피운뢰음수왕화지불彼雲雷音宿王華智佛 금재칠보

今在七寶 보리수하菩提樹下 법좌상좌法座上坐 광설법화경廣說法華經. 부어자언父語子言 아금역욕견我今亦欲見 여등사汝等師 부왕父王 금이신해今已信解 감임발堪任發 아누다라삼막삼보리심阿耨多羅三藐三菩提心. 어시이자於是二子 백모白母 원모방아등願母放我等 출가작사문出家作沙門. 제불심난치諸佛甚難値 여우담바라화如優曇波羅華. 우여일안지구치부목공又如一眼之龜値浮木孔 피시彼時 묘장엄왕妙莊嚴王 수지법화경受持法華經 정안보살淨眼菩薩 어법화삼매於法華三昧 구이통달구已通達. 정장보살淨藏菩薩 통달通達 이제악離諸惡 취삼매趣三昧 기왕부인其王夫人 즉제불집得諸佛集 삼매三昧 능지제불能知諸佛 비밀지장秘密之藏. 시時 운뢰음수왕화지불雲雷音宿王華智佛 고사중언告四衆言 묘장엄왕妙莊嚴王 당득작불當得作佛 호사라수왕號娑羅樹王. 불고대중佛告大衆 어의운하於意云何 묘장엄왕妙莊嚴王 기이인호豈異人乎 금화덕보살今華德菩薩 시기정덕부인是其淨德夫人 금불전금佛前 광조장엄상보살光照莊嚴相菩薩 기이자자其二子者 금약왕보살今藥王菩薩 약상보살시藥上菩薩是.

묘장엄왕본사품 강해

「묘장엄왕본사품妙莊嚴王本事品」인데 '묘妙'는 신비하다는 뜻이고 '장엄莊嚴'은 히말라야 산이 장엄하다 할 때의 장엄이다. 그리고 '본사本事'는 소위 이 사람들이 말하는 전생설화라는 것이다. 이 사람들이 기독교와 조금 다른 점은 전생을 말한다는 것이다. 기독교에서는 전생에 대해서는 별로 말하지 않고 그저 말씀이 육신이 되었다는 정도만 말하고 그 이상은 말하지 않는다. 부활에 대해서는 많이 말하지만 전생에 대해서는 별로 말하지 않는데 이 사람들은 전생에 대해 자꾸 말한다. 전생을 말하는 이유는 후생이라는 것을 확실히 하기 위해서다.

우리가 몇 번째 쓰는 것이지만 서산대사西山大師의 말이 유명하다. "팔십년전거시아八十年前渠是我", 팔십 년 전 그것이 나다. 이것이 말하는 것은 전생이라는 것이다. 또 "팔십년후아시거八十年後我是渠", 팔십 년 후 그것이 나다. 시간이라는 것을 과거, 현재, 미래 이렇게 죽 계속 가는 것을 이 사람들은 영생이라고 한다. 무량수無量壽라는 것이 결국 이것이다. 『법화경』의 핵심이 무량수, 영생이라는 것이다. 우리는 현재, 여기서부터 시작해서 부활이니 하는 영생을 말하는데, 이 사람들은 그 전부터 생각한다.

이 사람들의 시간관은 결국 동그라미다. 과거, 현재, 미래라는 것이 하나의 동그라미로 돌아가는 것이다. 영원한 옛날, 그리고 앞으로 영원한 훗날, 이 전체가 하나의 바퀴로 돌아간다. 그래서 니체도 영원회귀永遠回歸라는 말을 한다. 이 사람들의 시간관은 동그라미의 시간관이니까 전생을 생각하는 것이다. 전생도 몇 해라는 것이 아니라 몇 십억 년이라 하고 또 후생도 몇 십억 년을 생각한다. 그래서 영원회귀가 되는 것이다. 이 사람들은 소위 영혼불멸이다. 또 나고 또 나고, 그래서 결국 과거에 잘못했으면 이번에 벌을 받아야 되는 것이고 이번에 잘못했으면 앞으로 또 벌을 받아야 된다고 한다. 그래서 이 사람들의 도덕의 근거가 업業이라는 것이다. 이번에 잘해야 이 다음에 잘 태어나지 이번에 잘못하면 이 다음에 잘못 태어난다는 것이다. 오늘 나온 이야기도 결국 그 이야기다.

본사품本事品이란 소위 전생설화 또는 본생설화라는 것인데 본사라 하거나 전생이라 하거나 다 같은 이야기다. 본문을 보면 1단, 2단, 3단이 있는데 제일 간단히 알 수 있는 것은 3단이다. 그래서 3단부터 먼저 읽어본다.

피시彼時 묘장엄왕妙莊嚴王 수지법화경受持法華經 정안보살淨眼菩薩 어법화삼매於法華三昧 구이통달久已通達

옛날, 전생에 묘장엄왕이라는 왕이 있었는데 그 사람이 『법화경』을 전공했다. 그 사람의 아들이 정안보살인데 정안보살도 『법화경』에 아주 능통했다.

정장보살淨藏菩薩 통달通達 이제악離諸惡 취삼매趣三昧 기왕부인其王夫人 득제불집得諸佛集 삼매三昧 능지제불能知諸佛 비밀지장秘密之藏

그리고 둘째 아들인 정장보살도 일체 악에서부터 멀리 떠나는 그런 정신세계에 통달했다. 그리고 그 왕의 부인도 부처님의 모든 가르침을 모아 그 말씀에 아주 통달해서 모든 부처님의 가장 심오한 생각들을 다 꿰뚫어 알게 되었다.

이 집 식구가 네 식구인데 아버지도 어머니도 아들 형제도 다 이렇게 부처님의 진리에 통달하게 되었다는 것이다. 이 사람들이 어떻게 해서 이렇게 되었는가. 이 사람들을 이렇게 만든 사람이 운뢰음수왕화지불雲雷音宿王華智佛이라는 것이다. '운뢰雲雷', 하늘의 구름과 하늘의 우레다. 구름 '운雲'을 보면 비 '우雨'와 말씀 '운云'이다. 구름도 하나님의 말씀이고 우레도 하나님의 말씀이다. 번개도 하나님의 말씀이다. 그리고 '왕王'이라는 것은 아주 크다는 것이고 '화華'라는 것은 큰 연꽃으로 지혜를 나타낸다. 큰 연꽃 같은 지혜를 가지고 있는 부처님이라는 말이다.

27. 묘장엄왕본사품 475

시時 운뢰음수왕화지 불雲雷音宿王華智佛 고告 사중언四衆言 묘장엄왕妙莊嚴王 당득작불當得作佛 호사라수왕號娑羅樹王

이때 운뢰음수왕화지불이 모든 사람에게 말했다. "이제 묘장엄왕이 앞으로 부처가 될 것이다. 그의 이름은 사라수왕이라 할 것이다."

운뢰음수왕화지雲雷音宿王華智 부처님이 말하기를 자기 제자인 묘장엄왕妙莊嚴王이 앞으로 부처가 될 것이라 하고 말했다는 것이다.

불고대중佛告大衆 어의운하於意云何 묘장엄왕妙莊嚴王 기이인호豈異人乎 금화덕보살今華德菩薩 시기정덕부인是其淨德夫人 금불전今佛前 광조장엄상보살光照莊嚴相菩薩 기이자자其二子者 금약왕보살今藥王菩薩 약상보살시藥上菩薩是

석가모니 부처님께서 모여있던 많은 사람들에게 말했다. "이 말의 뜻이 무슨 말이겠는가? 묘장엄왕이라는 사람이 어찌 다른 사람이겠는가? 지금 화덕보살의 전신이 묘장엄왕이었다. 그리고 묘장엄왕의 부인이었던 정덕부인은 지금 내 앞에 앉아 있는 광조장엄상보살이다. 그리고 그 두 아들이란 지금 여기 앉아 있는 약왕보살과 약상보살 두 형제다."

화덕보살華德菩薩, 광조장엄상보살光照莊嚴相菩薩, 그리고 약왕보살藥王菩薩과 약상보살藥上菩薩, 이들이 모두 지금 석가 앞에서 석가의 제자로서 공부하는 사람들인데 이들의 전생이 묘장엄왕과 그 부인 그리고 두 아들이었다는 말이다.

이시爾時 불고佛告 제대중諸大衆 내왕고세乃往古世 유불명有佛名 운뢰음수왕화지 불雲雷音宿王華智佛

그때 부처님께서 여러 사람들에게 말했다. "옛날 전생에 부처님이 있었는데 이름이 운뢰음수왕화지 불이었다."

옛날에 한없이 큰 지혜를 가지고 있는 사람이 있었다는 것이다.

이시爾時 피불彼佛 욕인도묘장엄왕欲引導妙莊嚴王 급민념중생及
愍念衆生 고故 설시법화경說是法華經
　그때 그 부처님은 묘장엄왕을 인도하기 위해서, 그리고 그 왕 아래 있는 모든 백성들을 사랑하기 위해서 이『법화경』을 설했었다.

시時 정장정안淨藏淨眼 이자二子 도기모소到其母所 원모왕예願母
往詣 운뢰음수왕화지불소雲雷音宿王華智佛所
　그때 정장과 정안 두 아들이 자기 어머니를 찾아가서 운뢰음수왕화지 부처님께 가보기를 원했다.

모고자언母告子言 여부신수외도汝父信受外道 심착바라문법深著婆羅門法 여등汝等 응왕백부應往白父 여공구거與共俱去
　어머니가 아들에게 말했다. "너희 아버지인 왕이 지금 외도에 빠져있다. 바라문법에 깊이 집착되어 있다. 그러니 너희는 아버지를 찾아가서 같이 부처님께 가자고 해라."

　외도外道란 불교이외의 철학이다. 외도에 깊이 빠져있다, 좋지 않은 종교에 빠져있다는 것이다. 바라문법婆羅門法에 깊이 집착되어 있다. 즉 힌두교에 빠져있다는 말이다.

모고자언母告子言 여등汝等 당우념여부當憂念汝父 위현신변爲現神變 약득견자若得見者 심필청정心必淸淨 혹청아등或聽我等 왕지불소往至佛所
　또 어머니가 말하였다. "너희들이 너희 아버지에게 가서 말해본들 될 것 같지 않아 걱정이다. 그러니 너희는 아주 신통력을 발휘해야 된다. 그러면 너희들을 보고 회개하는 마음이 생길 것이다. 그래서 우리들의 말을 듣게 되고 부처님을 찾아가게 될 것이다."

어시이자於是二子 넘기부고念其父故 용재허공踊在虛空 현종종신변現種種神變 령기부왕令其父王 심정신해心淨信解

두 아들은 아버지를 인도하기 위해서 하늘 위에서 춤을 추었다. 그리고 여러 가지 신통한 변화를 드러내서 아버지로 하여금 '이것이야말로 진짜 도道로구나' 하고 믿을 수 있게 했다.

시부견자時父見子 심대환희心大歡喜 여등사汝等師 위시수爲是誰

아버지는 그런 아들을 보고 마음에 굉장히 기뻐하여 "너희 선생님이 누구냐?" 하고 물었다.

이자백언二子白言 피운뢰음수왕화지불彼雲雷音宿王華智佛 금재칠보今在七寶 보리수하菩提樹下 법좌상좌法座上坐 광설법화경廣說法華經

두 아들이 말했다. "우리 선생님은 운뢰음수왕화지 부처님입니다. 지금 아름다운 보리수나무 아래 법좌에서 『법화경』을 널리 가르치고 있습니다."

부어자언父語子言 아금역욕견我今亦欲見 여등사汝等師 부왕父王 금이신해今已信解 감임발堪任發 아누다라삼막삼보리阿耨多羅三藐三菩提心

아버지가 아들의 말을 듣고 말했다. "나도 너희의 선생님을 만나고 싶구나." 이래서 아버지도 그 선생님을 믿게 되고 또 진리를 깨달아야 되겠다는 그런 마음을 일으키게 되었다.

이시이자於是二子 백모白母 원모방아등願母放我等 출가작사문出家作沙門

두 아들은 어머니에게 말했다. "어머님, 우리들을 좀 놓아주셔서 우리도 석가모니 부처님의 친 제자가 되게 해 주십시오."

지금까지는 쫓아다니면서 부처님의 말씀을 들었지만 이제부터는 아주 진짜 제자가 되게 해달라고 했다. 왜 그런가?

제불심난치諸佛甚難値 여우담바라화如優曇波羅華
"부처님을 만나는 일은 한없이 어려운 것입니다. 마치 우담바라가 꽃피는 것을 보는 것이나 같습니다."

선생님을 만나기가 한없이 어렵다는 말이다. 선생님을 만나기 어렵다는 비유를 쓸 때는 언제나 우담바라화優曇波羅華라 한다. 우담바라화는 삼천 년에 한 번 핀다는 꽃이다. 보통 선생님 만나기 어렵다는 말을 천재일우千載一遇라 한다. 천 년에 한 번 나타나는 사람이라는 것이다. 그래서 모윤숙 선생은 김활란 선생을 천 년에 한 번 나타나는 사람이라 하고 시를 지었다. 그런데 우담바라화는 삼천 년에 한 번 피는 꽃이다. 삼천 년에 한 번 피는 꽃을 본다고 하는 것은 보통 어려운 일이 아니다. 그래서 선생님을 만나기가 굉장히 어렵다 할 때는 언제나 우담바라화라는 이야기를 상징으로 말한다.

우여일안지구치 부목공又如一眼之龜値浮木孔
"그리고 외눈 거북이가 바다 위에 떠있는 나무의 구멍을 만나는 것이나 같습니다."

국어사전에는 부목맹구浮木盲龜라는 말로 나와 있다. 부목맹구라는 말은 플라톤의 동굴의 비유나 같은 내용이다. 같은 내용인데 하나는 희랍의 이야기고 하나는 인도의 이야기다. 바다 밑바닥에 거북이 하나 살았다. 그런데 하도 오랫동안 빛이 없는 바다 속에만 있었기 때문에 그만 눈이 필요 없어져 퇴화되고 말았다. 눈이 멀게 된 것이다. 말하자면 이것은 이 세상 사람들의 마음의 눈이 멀게 되었다는 말이다. 물론 육체의 눈이야 다 있는데 마음의 눈이 그만 어두워지고 말았다. 그래서 이 거북은 아무것도 보이지 않으니까 너무 안타까워서 신에게 기도를 했다. 그랬더니 배꼽에다 눈을 하나 달아주었다. 배꼽눈이라는 것이다.

이것은 아까 말하자면 초발심初發心을 했다는 것이다. 나도 이렇게 살아서는 안 되겠다. 나도 이제부터 좀 달라져야겠다는 그런 생각을 했다. 성의誠意 혹은 입지立志라는 것이다. 나도 이제 무엇인가 해 봐야 되겠다는 뜻을 가졌다는 것이다.

배꼽이란 의지의 세계다. 그런 뜻을 먹었다는 것이다. 눈이 배꼽에 달렸는데 눈이 아래 달려 있으니까 아무리 기어 다녀보아야 안 된다. 그래서 조금씩, 조금씩 물 위로 떠올라오게 되었다. 그러다 나중에는 수평면에까지 올라왔다. 배꼽눈을 가지고서 그 아래 물고기도 보고 풀도 보고 다 보면서 다니다가 천재일우, 천 년만에 떠다니는 나무 조각을 만났다. 가운데 구멍이 뚫린 나무 조각을 만난 것이다. 나무 조각과 거북이 만난 것이 천재일우다. 천 년만에 만났다는 것이다. 그래서 거북이 떠 있는 나무 밑에 붙어있는 것이다. 그 나무 조각에 붙어서 몇 달이고 몇 해고 왔다갔다했다. 석가로 말하자면 6년 동안을 왔다갔다 한 것이다. 그러다가 거북의 배꼽눈과 나무 조각의 구멍이 일치하게 되었다. 배우려는 사람의 정성과 가르치려는 사람의 마음이 하나로 일치가 된 것이다. 그래서 처음으로 그 구멍을 통해서 하늘을 쳐다보게 되었다. 비로소 구름이 지나는 것도 보고 그러다가 태양을 보게 되었다. 진리를 깨닫게 된 것이다.

플라톤의 동굴의 비유도 이것이다. 밖으로 나가서 선의 이데아를 만나게 되었다는 것이다. 다 같은 말이다. 그렇게 진리를 깨달은 후에 거북은 다시 물 속으로 내려가서 거기에 사는 자기의 모든 동족들을 끌고 올라오게 된다는 그런 이야기다.

옛날부터 부목맹구浮木盲龜라 하는데 부목浮木은 기독교로 말하면 그리스도요 맹구盲龜는 죄인들이다. 하여튼 아무것도 모르는 우리들이 눈을 뜬 선생님을 만나게 되어 결국 진리를 깨닫게 되는 그런 이야기다. 묘장엄왕도 지금 수왕화지 부처님을 만나서 비로소 진리를 깨닫게 되었다는 그런 이야기다. 이것이 『법화경』에 나오는 유명한 이야기 가운데 하나다. 『화엄경』에도 이 이야기가 또 나온다. 그래서 출전이 『화엄경』과 『법화경』 두 곳이다. 『법화경』 제27장은 이 부목맹구라는 이야기 때문에 아주 유명해진 것이다.

『벽암록』제19장에서도 이 이야기가 또 나온다.[8]

『구지불모심다라니경俱胝佛母心陀羅尼經』이라는 경이 있는데 그 경 속에 "구지불모관세음주俱胝佛母觀世音呪"라는 주문이 있다. 구지俱 라는 이름이 여기서 유래한 것이다. 그 구지라는 스님이 어떤 사람인가 하면 달마의 11세손인 천룡선사天龍禪師의 제자다. 다음은 그 사람에 대한 이야기다.

어떤 사람이 산 속에 들어가서 오랫동안 수도생활을 하고 있었다. 어느 날 이름이 실제實際라는 어떤 여자가 찾아왔는데 모자를 쓰고 방안으로 들어왔다. 그래서 "남의 집에 들어오면 모자를 벗어야 되지 않느냐?"하고 말했더니 그 여자가 대답했다. "당신이 한 마디 하면 내가 모자를 벗겠소." 한마디를 하라는 것이다. 이것이 선禪에서 많이 나오는 말이다. 대개 어떤 말들이 많은가 하면 너의 전생이 무엇인지 그 한마디를 하라고 한다. 그리고 어느 때는 네 후생이 무엇이냐는 그런 말도 한다. 『벽암록』6장 에 운문雲門의 "일일호일日日好日"이란 곳을 보면 "15일 전은 네게 묻지 않겠다. 15일 후에 대해서 한마디를 해 보라"한다.[9] 15일 전에 대해서 묻지 않겠다 하는 것은 네 전생에 대해서는 묻지 않겠다는 말이다. 앞으로 네 후생에 무엇이 될지 말하라는 것이다. 이런 것을 보통 말후구末後句라 한다. 네가 이 세상을 끝낸 후에는 무엇이 될지 한 번 말해보라는 것이다. 그것을 대답해야 되는데 이 사람이 대답을 못했다. 그러니까 그 여자가 "그럼 가겠다."고 하자 "그렇지만 날이 이미 이렇게 저물었으니 밤길을 여자가 어떻게 혼자 가겠느냐?" 하면서 하룻

---

8. 『벽암록碧巖錄』19. 구지지수일지俱胝只竪一指
9. 『벽암록碧巖錄』6. 운문일일호일雲門日日好日
거擧 운문수어운雲門垂語云 십오이전十五日前 불문여不問汝 십오이후十五日已後 도장일구래道將一句來. 자대운自代云 일일시호일日日是好日.
설두송雪竇頌 거각일去却一 점득칠拈得七 상하사우上下四維 무등필無等匹. 서행답단徐行踏斷 유수성流水聲 종관사출縱觀寫出 비금적飛禽跡. 초이이草茸茸 연멱멱煙羃羃. 공생암반空生巖畔 화낭자花狼藉. 탄지담비彈指堪悲 순야다舜若多. 막동착莫動著 동착삼십봉動著三十棒.

밤 자고 가는 것이 좋겠다고 했다. 그러자 그 여자가 또 말하기를 "한마디를 하면 자고 가겠다." 했다. 그런데 그 사람은 그 한마디를 못했다.

　한마디를 해야 되는데, 한마디를 해야 도통인데, 그 한마디를 못했다. 그래서 생각하기를 '내가 이렇게 몇 해를 수양해도 안 되니 이제 세상에 다시 나가서 유명한 선생님을 쫓아다녀야겠다.' 하고 결심을 했다. 그런데 그 밤에 꿈에 산신이 나타나서 말했다. "너는 이 산을 떠나지 마라. 이제 내일이면 문수보살의 화신이 육신을 쓰고 나타날 것이다." 그래서 그는 떠나지 않고 그 밤을 지냈다. 불교에서는 가장 지혜가 많은 사람을 문수라 한다. 문수보살의 화신, 중국에 가면 오대산이 있는데 이 오대산이 문수보살의 화신이 나타났던 산이라 한다. "내일 문수보살의 화신이 나타날 터이니 너는 떠나지 말고 여기서 기다려라." 하는 말을 듣고 기다리는데 그때 찾아온 사람이 천룡이라는 선사였다. 그래서 "이 사람이 문수보살의 화신이로구나" 하고 정말 정성을 다해서 경의를 표하고 자기가 어떻게 하면 진리를 깨달을 수 있는지 그 방법을 가르쳐달라고 했다. 그랬더니 천룡선사는 손가락 하나를 딱 세워들었다. 이것이 소위 일지선一指禪이라는 것이다. 그 순간에 그 사람이 그만 깨닫고 말았다. 그래서 그 사람이 깨달은 후에 밤낮 외는 것이 무엇인가 하면 "구지불모관세음주俱胝佛母觀世音呪"라는 것이다. 밤낮 "구지불모관세음주"를 외고 있는 것이다.

　"구지불모관세음주"가 무엇인지는 모르지만 짐작하건데 구지俱胝라는 것이 뱃속에 있는 어린애니까 뱃속의 부처님이란 것이다. 뱃속에 있는 부처님이란 달리 말하면 전생의 부처님이다. 그 전생의 부처님을 이 세상에 나오도록 하는 것이 우리 어머니들이라는 것이다. 네 전생이 무엇이냐 하고 자꾸 묻는데 전생이 결국 구지불俱胝佛이다. 어머니 뱃속에 있는 부처님이다. 그 부처님이 세상에 나와서 또 부처님이 되는 것이다. 그 부처님이 세상에 나올 때는 반드시 산파의 도움을 받아야 되는데 그 도와주는 산파가 관세음觀世音이다. 부처님이 되려고 할 때 나타나는 산파다. 만일 전생이라 하지 않고 금생이라 한다면 금생의 우리가 또 구지불이다. 그리고 우리가 죽어서 내생으로 간다 그럴 때, 그때 와서 산파역할을 하는 보살이 관세음보살觀世音菩薩이다. 전생에서 금생으로 올 때도 수고해주고, 금생에서 내생으로 갈 때도 또 와서 도와주는 분이 관세음보살이다.

소크라테스로 말하면 산파라는 것이다. 선생의 역할이 무엇인가 하면 산파다. 부처는 부처가 부처로 되는 것이지 무슨 다른 것이 부처로 되는 것이 아니다. 본래 부처니까 부처가 되는 것이다. 그래서 진리를 깨닫는다고 하는 말은 결국 자각自覺이다. 자기가 자기를 깨닫는 것이고 자기가 자기를 아는 것이지 무슨 남한테 배우는 것이 아니다. 남과 상관이 없는 것이다. 그러면 선생이 하는 일이 무엇인가? 다만 자각할 수 있도록 조금 도와주는 것뿐이다. 산파역할을 하는 것이다. 이것은 불교의 생각이나 소크라테스의 산파술이라는 생각이나 다 같은 생각이다. 선생이 학생을 어떻게 부처로 만들어 주는 것은 아니다. 학생이 부처가 될 때 선생이 조금 도와주는 역할을 하는 것이다.

이 관세음이라고 하는 것은 언제나 관세음의 이름을 칭한다는 칭명稱名이다. 그리고 애들이 운다 하는 것으로 말하면 칭음稱音이다. 그런데 지금 이것은 아직도 뱃속에 있으니까 어머니가 아픈 것이다. 어머니가 배가 아플 때 관세음을 찾는 것이다. 그래서 이것을 무엇이라 할 지 모르겠지만 그냥 칭통稱痛이라 해둔다. 아직 세상에 나오기 전이다. 그러니까 관세음은 세상에 나와서 컸을 때도 도와주고 어려서 아직 말을 못할 때도 도와주고 뱃속에 있을 때도 도와준다. 전생에서도 도와주고 금생에서도 도와주고 내생에서도 도와주고, 다 도와주는 이가 관세음이라는 것이다. 그래서 이 사람은 자꾸 관세음을 찾고 있었다. 마치 해산하려는 사람이 산파를 찾듯이 관세음을 찾고 있는 것이다. 지금 이름도 모르는 이 주인공이 밤낮 산파를 찾는 주문을 자꾸 외는데, 그 주문의 이름이 "구지불모관세음주"라는 것이다. 그래서 그 사람의 별명이 구지가 되고 말았다. 그 사람의 본명이 무엇인지는 모르지만 세상 사람들이 다 구지라 부르니까 구지가 되고 만 것이다.

구지는 누가 와서 무엇이라 하건 손가락 하나를 딱 세워들었다. 그리고 죽을 때 하는 말이 "내가 일생을 써먹었는데도 하나도 닳지도 않았구나."했다.『장자』의 소 잡는 이야기나 마찬가지다. 19년 동안이나 칼을 썼는데도 하나도 닳지 않고 빛났다는 것이다.『장자』로 말하면 19년 동안 쓴 칼날에 비유할 수 있다. 아무리 소를 많이 잡았어도 그대로 빛난다는 것이다. 이것이 소위 진리라는 것이다.

구지라는 이 사람은 누가 와서 말해도 손가락 하나를 딱 들어올렸다. 무슨 질문을 해도 마찬가지였다. 이것은 무슨 뜻인가. 쉽게 말하면 어머니 뱃속에서 나와야 되지 않느냐는 말이다. 어머니 뱃속에서 나와야 되지 않느냐 하는 이 말은 또 무슨 말인가 하면 진리를 깨달아야 되지 않느냐는 말이다. 우리로 말하면 죄의 세계에서 나와야 되지 않느냐 하는 말이다. 다 같은 사상이다. 문제는 그것 하나가 문제다. 어머니 뱃속에서 나오면 다 된다. 또 다른 말로 하면 진리를 깨달으면 다 된다는 것이다. 진리를 깨달으면 다 되지 무슨 문제가 있겠는가. 그래서 무슨 문제를 물어보아도 언제나 손가락 하나만 치켜올렸는데 그 하나에 사람들은 그만 쩔쩔맸다는 것이다.

"수시운垂示云 일진거一塵擧 대지수大地收 일화개一花開 세계기世界起 지여진미거只如塵未擧 화미개시花未開時 여하착안如何著眼."
 (수시에 이른다. 하나의 먼지를 들어올리니 대지가 그 속에 있고, 한 송이 꽃이 피어나니 세계가 나타난다. 다만 먼지를 들기 이전, 꽃이 아직 피어나기 전, 그때를 어떻게 볼까?)

먼지 하나를 들면 그 속에 대지가 들어있다. 일즉일체一卽一切라는 말이다. 손가락 하나를 들어올리는 그 속에 우주의 비밀이 다 들어가 있다는 말이다. 꽃 하나가 피면 그 속에 세계 전체가 피는 것이다. 이것은 요새의 실존철학이나 비슷하다. 이 하나가 피는데 세계가 피는 것이다. 그럼 먼지가 일어나기 전에, 꽃이 피기 전에는 무엇이었는가? 이것은 지금 전생이 무엇이냐는 것이다. 꽃이 피고 먼지가 나는 것은 현생인데, 그 전에는 무엇이었느냐? 이것도 하나의 전생을 물어보는 것이다. 반드시 내 전생이 무엇인가 하는 것을 알아야 한다. 그것을 알아야 부처가 되었다 할 수 있지 그것도 모르면 부처가 되었다고 할 수가 없다.

"소이도所以道 여참일려사如斬一綟絲 일참일체참一斬一切斬. 여염일려사如染一綟絲 일염일체염一染一切染. 지여금只如今 변장갈등절단便將葛藤截斷."
(생각해 보라. 실타래를 자르는데 하나를 자르면 전체가 잘라지고 염색을 하는데 하나를 물들이면 전체가 물든다. 그러니 지금 당장 너의 갈등을 가져다 곧 잘라버리면 되지 않는가.)

그래서 이것을 깊이 생각해서 왜 그렇게 되는지 말해보아야 된다. 실 한 오라기를 자르면 실타래가 전부 잘라진다. 하나를 염색하면 전체가 염색이 된다. 같은 말이다. 자기 속에 있는 문제를 잘라 버려서, 말하자면 진리를 깨달아야 된다는 것이다.

"운출자기가진運出自己家珍 고저보응高低普應 전후무차前後無差 각각현성各各現成. 당혹미연儻或未然 간취하문看取下文."
(그래서 자기 속의 보물을 꺼내어 빛나게 닦으면 높고 낮은 세계도 초월하고 과거 현재도 초월하여 누구나 제 각각 자기 자신을 드러내고 온전하게 된다. 아직도 혹시 모르겠거든 다음 글을 보라.)

자기 속에 있는 가진家珍, 아까 부처가 되는 것은 내 속에 있는 부처가 나와서 부처가 되는 것이지 무슨 다른데 있는 부처가 되는 것이 아니라고 했는데, 자기 속에 있는 가진, 그것을 꺼내야 되지 않느냐는 것이다. "고저보응高低普應", 공간적인 상대의 세계를 초월하고 "전후무차前後無差", 시간적으로도 상대를 초월해야 된다. 그래서 "각각현성各各現成", 각각 자기가 자기로 되어야 한다. 만일 그렇지 않으면 아래 이야기를 들어 보라. 거擧는 예를 든다는 것이다.

27. 묘장엄왕본사품 485

"거擧 구지화상俱胝和尙 범유소문凡有所問 지수일지只竪一指."
(구지화상은 누가 와서 무슨 질문을 해도 다만 손가락 하나를 세웠을 뿐이다.)

구지화상俱胝和尙은 누구든지 와서 질문을 하면 언제나 손가락 하나를 내밀었다. 그런데 다음과 같은 또 하나의 이야기가 있다. 구지화상 밑에서 공부하는 젊은이들이 많이 있었다. 몇 해씩 공부하는 것이다. 그런데 선생님한테 가서 질문을 하면 선생님은 밤낮 손가락 하나만 치켜들었다. 어느 날 선생님이 어디 외출 중이었을 때 선생님의 친구가 찾아왔다. 그래서 젊은 학생 한 사람에게 "선생님 계시냐?"하고 물었다. 그랬더니 그 젊은이가 선생님의 친구에게 손가락 하나를 들어올렸다. 그래서 그 선생님의 친구가 나중에 선생님에게 말하길 "당신은 제자 하나 잘 두었더군. 당신의 도를 계승한 젊은이가 있던데?"했다. 그러자 선생님은 무슨 말이냐고 물었다. 그래서 선생님의 친구가 지난 이야기를 했다. "아까 내가 선생님이 계시냐고 물었더니 그 친구가 딱 이렇게 손가락을 올리던데"하고 말했다. 그 말을 듣고 구지는 그 학생을 불렀다. "너는 어느 손가락을 내밀었느냐"하고 묻고 그 손가락을 내밀자 나무토막 위에 놓고는 도끼로 그 손가락을 잘라버렸다. 그래서 그 젊은이는 그 손가락을 붙들고 병원으로 달려갔다. 그때 달려나가는 젊은이를 뒤에서 구지가 불렀다. 젊은이가 뒤돌아보는 순간 구지는 손가락을 들어올렸다. 그때 그 순간, 그 젊은이는 진리를 깨달았다. 이것이 시절인연時節因緣이라는 것이다. 반드시 깨닫는다고 할 때는 때가 있는 것이다. 그 때가 있는데 아까 구지로 말하면 천룡을 만나는 날이 그 때라는 것이고, 이 젊은이로 말하면 손가락이 잘리는 날이 그 때다. 그래서 다음과 같은 송頌이 나온 것이다.

"송頌 대양심애노구지對揚深愛老俱胝 우주공래갱유수宇宙空來更有 誰 증향창명하부목曾向滄溟下浮木 야도상공접맹구夜濤相共接盲龜"
(누구를 대하든지 손가락을 올려 깊은 사랑을 나타낸 늙은 구지스

님, 우주가 생겨난 이래 다시 또 그런 분이 어디 있을까. 일찍이 험난한 바다에 구원의 뗏목을 띄웠으니 어둡고 사나운 파도 속에 눈먼 거북이 그것을 붙들었네.)

누구든지 손가락을 하나 올렸는데, 그것은 한없이 깊은 사랑이다. 그 사람에게 진리를 깨닫게 해주기 위한 선생님의 자비심이 우러난 것이다. 우주가 생긴 이래로 누가 이런 진정한 사랑을 가졌겠는가. 구지라는 사람은 진짜 사랑을 가졌다는 말이다.

일찍이 넓고 깊은 캄캄한 바다를 향해서 부목을 띄워주었다. 이것이 무슨 말인가 하면 손가락을 잘라서 떨어뜨려 주었다는 것이다. 손가락이 말하자면 부목인 셈이다. 그래서 밤에 물결이 휘몰아치는 이 혼탁한 세상에서 눈먼 거북들이 부목을 만나 구원이 되는 사랑이다.

부목을 기독교로 말하면 십자가다. 십자가를 떨어뜨려서 거기에 붙는 모든 죄인들을 구원해준다는 그런 생각이다. 옛날부터 이 시도 유명한 시고 부목맹구라는 이야기도 유명한 이야기다.

오늘 이야기에서 제일 중요한 것은 선생을 만나야 된다는 것이다. 선생을 만나야 되는데 선생을 만난다고 되는 것은 아니고 반드시 거기에 시절인연이 있다. 때가 있는 것이지 아무 때나 되는 것은 아니다. 시절인연이라는 것을 공자의 말로 하자면 소위 시중時中이라는 것이다. 그 때에 딱 들어맞아야 된다는 것이다. 거북의 배꼽눈과 뱃조각의 구멍이 딱 들어맞아야 되지 그것이 들어맞지 않으면 아무리 뱃조각 밑창을 돌아다녀도 안 된다. 그런 것을 중국 사람들은 시중이라 한다.

시중時中에 대해서『양명학 공부』3권에 나와 있는 것을 읽어본다.

"공자강역孔子講易 유양요의有兩要義 일왈중一曰中 일왈시一曰時. 종용중도從容中道 무태과無太過 무불급無不及 위지중謂之中. 인시제의因時制宜 여시해진與時偕進 위지시謂之時. 시여중합時與中合 진어지선臻於至善 방위시중方爲時中. 시취시간언時就時間言 중취공간언中就空間言 시중대의時中大義 취시요연합공간여시간就是要聯合空間與

時間 재부단적동적진정중在不斷的動的進程中 구득료균형求得了均衡 저시일종분발這時一種奮發 향상력구완선적적극학설向上力求完善的積極學說. 양명이위선여악도시심지본체陽明以爲善與惡都是心之本體. 득기중得其中 변시선便是善 부득기중不得其中 과여불급過與不及 변시악便是惡. 정자지유저종간법程子持有這種看法 양명야이위연陽明也以爲然. 타증설他曾說 중지시천리中只是天理 지시역只是易 수시변역隨時變易 수시인시제의須是因時制宜 난예선정難預先定 일개규구一個規矩. 우설又說 상요감공형평常要鑑空衡平 저변시중這便是中. 양명설陽明說 자재천중왈子在川中曰 서자여사부逝者如斯夫 불사주야不舍晝夜 차기소이此其所以 학여불급學如不及 지어至於 발분망식야發憤忘食也. 요순긍긍업업堯舜兢兢業業 성탕일신우신成湯日新又新 주공좌이대단周公坐以待旦 석음지공惜陰之功 녕독대우연寧獨大禹爲然. 여하능구종용중도如何能够從容中道 흡도여처恰到如處 실지불이實至不易. 공자지성孔子之聖 이자칭왈而自稱曰 칠십이종심소욕불유구七十而從心所欲不踰矩 즉지민선구의則知民鮮久矣 성비허어야誠非虛語也."

"공자강역孔子講易 유양요의有兩要義 일왈중一曰中 일왈시一曰時. 종용중도從容中道"
(공자가 역을 가르치면서 가장 중요한 핵심으로 두 가지를 잡았다. 중中이라는 것과 시時라는 것이다. 이 둘이 맞아 들어갈 때 종용중도從容中道라 한다.)

배꼽눈이 나무 구멍하고 딱 맞아 들어가는 것을 "종용중도從容中道"라 한다.

"무태과無太過 무불급無不及 위지중謂之中. 인시제의因時制宜 여시해진與時偕進 위지시謂之時. 시여중합時與中合 진어지선臻於至善 방위시중方爲時中."
(너무 지나쳐도 안 되고 모자라도 안 된다. 딱 맞아야 되는데 그것을

중中이라 한다. 그리고 때에 따르고 때에 맞춰 때와 함께 가야 되는데 그것을 시時라고 한다. 시와 중이 합쳐져서 지선至善에 도달해야 되는데 그렇게 되면 그것을 시중時中이라 한다.)

"인시제의因時制宜", 시절인연時節因緣이라는 말이다. 언제나 때라는 것이 있는데 그 때라는 것이 들어맞아야 된다. 그래서 "여시해진與時偕進", 때와 같이 가야 된다. 시와 중이 합해야 지선至善에 도달한다. 시중이 되어야 하는 것이다.

"시취시간언時就時間言 중취공간언中就空間言 시중대의時中大義 취시요연합공간여시간就是要聯合空間與時間"
(시時는 곧 시간을 말하고 중中이란 곧 공간을 말한다. 그래서 시중時中의 뜻을 요새로 말하면 시간과 공간이 곱해진 것이다.)

사차원이란 말이다. 진리를 깨달았다는 것이 무엇인가 하면 사차원이라는 것이다. 사차원을 다른 말로 하면 광속의 우주선을 타고 달리는 것이다. 빛의 속도로 달려야 된다. 우리가 우주선을 타고 안드로메다Andromeda 별들에 이르려면 광속으로 달려야 된다.

"재부단적동적진정중在不斷的動的進程中 구득료균형求得了均衡 저시일종분발這時一種奮發 향상역구완선적적극학설向上力求完善的積極學說."
(언제나 그치지 말고 계속 움직이고 달려가는 중에 또한 균형을 잡고 달려야 한다. 그래서 이것은 항상 분발하고 최선을 다하여 발전 향상하도록 힘써 노력하라는 적극적 학설이다.)

"부단적동적진정중不斷的動的進程中"이다. 계속 달려야 된다. 달리면서 또 언제나 균형을 잡고 달려야 된다. 균형을 잡지 못하면 중中이 안 되는 것이다. "일종분발一種奮發", 최선을 다하는 것이다. 그래서

"향상역구완선적 적극학설向上力求完善的積極學說"이다. 배꼽눈 거북이 최선을 다해서 물위에까지 올라오는 것이다. 최선을 다해서 가는 것이지 그저 슬금슬금 해서는 안 된다. 사차원의 세계란 최선을 다해서 가야 된다. 그래서 목적지까지 도달하는 것이다.

"양명이위선여악도시심지본체陽明以爲善與惡都是心之本體. 득기중得其中 변시선便是善 부득기중不得其中 과여불급過與不及 변시악便是惡. 정자지유저종간법程子持有這種看法 양명야이위연陽明也以爲然. 타증설他曾說 중지시천리中只是天理 지시역只是易 수시변역隨時變易"
(양명은 선악을 모두 마음의 본체라 한다. 그 중中을 얻으면 그것이 곧 선善이요 중을 얻지 못하고 지나치거나 모자라면 그것이 곧 악惡이다. 정자가 붙잡은 것도 이런 것이요 양명도 마찬가지다. 그래서 중中, 그것이 곧 천리요 역易인데 때에 따라서 변화하고 움직이는 것이다.)

이것은 선악善惡을 초월한 세계다. 양명陽明의 학설도 그것이요 정자程子의 학설도 그것이다. 그 설을 보면 천리天理와 역易이라는 것이 언제나 같이 붙어 다니는 것이다.

"수시인시제의須是因時制宜 난예선정難預先定 일개규구一個規矩. 우설又說 상요감공형평常要鑑空衡平 저변시중這便是中."
(모름지기 이 때와 더불어 알맞게 가야 되는데 이것은 미리 정해놓거나 고정하기 어려운 것이다. 하나의 자막대기나 마찬가지다. 다시 말하자면 빈 거울처럼 밝아야 하고 또 저울대 같은 평평한 균형이 필요한 것이다. 이런 것을 중中이라 한다.)

언제나 시간과 같이 가는 것이지 미리 정해진 것은 아니다. 그리고 자막대기라는 것도 언제나 일정으로 되어 있는 것은 아니다.

"양명설陽明說 자재천중왈子在川中曰 서자여사부逝者如斯夫 불사주야不舍晝夜. 차기소이此其所以 학여불급學如不及 지어至於 발분망식야發憤忘食也."

(양명은 말했다. 공자께서는 강가에서 말씀하시길 "가는 것이 이와 같구나, 밤낮을 가리지 않는구나" 하셨는데 이렇게 말씀하신 뜻이 무엇이겠는가? 배움에는 아직 미치지 못한 듯 열심히 배워야 하고, 그래서 발분망식하게끔 되어야 한다는 말이다.)

언제나 천리와 시간이 맞아 들어가야 되는 것이다. 공자가 강가에서 "물이 흘러가는 것이 이렇구나, 밤낮 흘러가는구나." 했는데 밤낮 흘러가야 끝까지 가지 밤낮 흘러가지 못하면 끝까지 못 가는 것이다.

그래서 공자는 자기가 늙는 줄도 모른다고 했다. 왜냐하면 할 일이 너무 많기 때문이다. 발분망식發憤忘食, 밥 먹는 것도 잊어버리고 한다는 것이다. 그렇게 열심히 해야 된다.

"요순긍긍업업堯舜兢兢業業 성탕일신우신成湯日新又新 주공좌이대단周公坐以待旦 석음지공惜陰之功 녕독대우위연寧獨大禹爲然."

(요순도 긍긍하며 열심히 노력했고 성왕이나 탕왕도 날마다 발전하기 위해 노력했으며 주공도 아침 일찍부터 노력했으니 촌음을 아껴 노력한 사람이 어찌 우임금 한 사람뿐이겠는가.)

요순堯舜도 열심히 했고 성탕成湯도 열심히 했고 주공周公도 새벽까지 공부했다. 어찌 우왕禹王만 그렇겠는가? 누구나 다 그렇게 열심히, 그래서 누구나 시간 · 공간을 곱하는 그 세계까지 갈 수 있는 것이다. 가장 좋은 세계까지 가서 정말 변하지 않는 세계까지 가는 것이다.

"여하능구종용중도如何能够從容中道 흡도여처恰到如處 실지불이實至不易. 공자지성孔子之聖 이자칭왈而自稱曰 칠십이종심소욕불유구七十而從心所欲不踰矩 즉지민선구의則知民鮮久矣 성비허어야誠非虛語

也."

(어떻게 하면 능히 시공을 합쳐 중도를 이룰 수 있을까. 시공이 합쳐진 그런 세계에 실지로 도달하는 것이 결코 쉬운 일이 아니다. 공자께서 성인이 되셨는데 그분 스스로 말씀하시길 칠십에 나서야 비로소 종심소욕불유구라 하셨다. 그런즉 백성들 가운데 그렇게 오래도록 도를 위해 힘쓰는 이가 드물다 하신 성인의 그 말씀이 진실로 참말이지 빈말이 아님을 알겠구나.)

시간, 공간이 합해진 그런 세계가 공자의 성聖이라는 것이다. 공자 같은 사람도 칠십에 나서야 그 경지에까지 가는 것이지 사십, 오십에 벌써 가는 것은 아니다. 백성들은 공자의 이 열성을 못 따른 것이다. 그래서 이 말이 참말이 아니겠는가.

이 사람의 이야기는 무엇인가. 시중時中이라는 것이다. 시간을 우리가 아껴서 계속 가야 어디든 도착한다는 것이다. 결국 시간에 대한 각성이 부족하면 절대 시중이 될 수 없다는 그 이야기다. 시간이라는 것은 또 오는 것이 아니다. 정말 한 번 가면 다시는 안 오는 것이다. 삼천년 되어서 한 번 꽃이 피는 것인데 한 번 피면 다시는 또 안 오는, 시간에 대해서 더 경각심을 가지라는 말이다.

다음 한 시간을 하면 『법화경』을 마치는데 그 다음부터는 『화엄경』을 천천히 보기로 한다. 전에 말했지만 일본 사람들은 『법화경』을 제일 좋아하고 중국 사람들은 『원각경』을 제일 좋아하는데 우리 한국 사람들은 『화엄경』을 제일 좋아한다. 특별히 원효元曉의 친구 의상대사 義湘大師 때문에 우리 나라에서는 『화엄경』이 아주 중요한 경전의 하나가 되었다. 우리 나라는 『원각경』도 별로이고 『법화경』도 별로라 하는데 『화엄경』이라 하면 다들 오금을 못 쓴다. 그런데 『화엄경』에는 40권짜리도 있고 60권짜리도 있고 80권짜리도 있다. 일본 사람들은 대개 육십 『화엄경』을 보는데 우리 나라에서는 팔십 『화엄경』을 읽어야 속이 뭔가 풀리는 그런 것이 있다. 그래서 우리도 좀 길지만 80권짜리 『화엄경』을 가지고 조금씩 보기로 한다. 물론 책이 아주 긴 것이니까 그 가운데서 조금씩 뽑아서 『화엄경』이란 것이 도대체 어떻게 구성이 되어 있는가 보기로 한다.

『화엄경』도 내용적으로 보면 『법화경』이나 마찬가지다. 그리고 『원각경』하고도 같은 것이다. 그런데 『화엄경』은 소위 법신法身이 주로 되고 『법화경』은 보신報身이 주로 되는 것이고 『원각경』은 응신應身이 주라는 것이다. 응신에 대해서는 『원각경』을 했고 보신이라는 것에 관해서는 『법화경』을 했으니까 이제 남은 것은 법신에 대한 이야기다. 이것은 내 개인의 의견인데 결국 응신이란 것은 종교적인 것이고 보신이란 것은 도덕적인 것이고 법신이란 것은 철학적인 것이다. 그래서 『화엄경』이 좀더 철학적으로 생각을 많이 한 것이 아닌가 그렇게 생각한다. 그리고 『법화경』의 내용이나 『원각경』의 내용이나 『화엄경』의 내용이나 다 같은 것이니까 이 가운데 어느 하나를 알면 다른 것도 다 저절로 알아지는 것이다. 물론 예화들이 좀더 새롭고 많고 하는 것뿐이다. 우리가 『원각경』과 『법화경』을 했으니까 이제부터는 대충 짐작을 해가면서 조금씩 『화엄경』을 읽어보기로 한다.

2000. 11. 12.

제 28. 보현보살권발품普賢菩薩勸發品

원문 요약

　　이시爾時 보현보살普賢菩薩 이자재신통력以自在神通力 도到 사바세계娑婆世界 예석가모니불禮釋迦牟尼佛. 백불언白佛言 세존世尊 아어보위덕상왕불국我於寶威德上王佛國 요문차사바세계遙聞此娑婆世界 설법화경說法華經. 여제보살중與諸菩薩衆 공래청수共來聽受 유원세존唯願世尊 당위설지當爲說之 약선남자若善男子 선여인善女人 어여래멸후於如來滅後 운하능득云何能得 시법화경是法華經. 불고보현보살佛告普賢菩薩 약선남자선여인若善男子善女人 성취사법成就四法 어여래멸후於如來滅後 당득시법화경當得是法華經. 일자위제불호념一者爲諸佛護念 이자식제덕본二者植諸德本 삼자입정정취三者入正定聚 사자발구일체중생심四者發救一切衆生心 여시如是 성취사법成就四法 필득시경必得是經. 약후세若後世 탁악세중濁惡世中 비구비구니比丘比丘尼 우바새優婆塞 우바이優婆夷 구색자求索者 수지자受持者 독송자讀誦者 서사자書寫者. 욕수습시법화경欲修習是法華經 응일심정진應一心精進

아당我當 승육아백상乘六牙白象 현기인전現其人前 이위설법而爲說法. 이견아고즉득以見我故卽得 삼매급다라니三昧及陀羅尼 명위名爲 선다라니旋陀羅尼 백천만억선다라니百千萬億旋陀羅尼 법음방편다라니法音方便陀羅尼. 약유수지若有受持 시법화경자是法華經者 당지當知 시인是人 즉견卽見 석가모니불釋迦牟尼佛.

보현보살권발품 강해

　보현보살普賢菩薩에서 '보普'라는 글자는 인도말로 '사만타三曼陀'라 하고 '현賢'은 '밧다라跋陀羅'라고 했다. '보'의 뜻은 천지충만天地充滿이다. 넓게 천지에 가득 찼다는 뜻이다. 그리고 '현'은 어질 현인데 그 뜻은 이타성취利他成就다. 다른 사람을 이롭게 하는 것을 완성시킨다는 뜻이다. 그래서 보현의 뜻은 "천지충만天地充滿 이타성취利他成就"라는 것이다.
　절간에 가서 보면, 부처님의 왼편이 보현인지 오른편이 보현인지 잊어먹었지만, 아마 바른편이 보현이고 왼편이 문수文殊다. 하여튼 한편이 보현이고 한편은 문수다. 문수는 언제나 사자를 타고 앉아 있고 보현은 언제나 흰 코끼리를 타고 있다. 바른편이 보현이고 왼편이 문수인데 절간에 가면 아마 보는 사람을 중심으로 바른편이 보현이고 왼편이 문수로 되어 있는 것 같다. 본래는 석가를 중심으로 바른편이 보현이고 왼편이 문수다. 그런데 우리 나라에서는 아마 보는 사람을 중심으로 해서 바른편이 보현이고 왼편은 문수로 해 놓은 것 같은데 그것은 내가 확실히는 모르겠다.
　그런데 내가 왜 이런 말을 하는가 하면 바른편이라는 것이 언제나 진리를 뜻한다는 것이다. 석가의 이마를 보면 볼록하게 나와 있는데 거기에 머리카락이 나와서 바른편으로 돌게 되어 있다. 왜 바른편인가 하면 언제나 진리를 상징하기 위해서다. 그리고 왼편은 언제나 지혜를 상징한다. 우리좌지右理左智라는 말이다. 그래서 코끼리는 부드러운 사랑[柔理]의 상징이고 사자는 강한 지혜[剛智]의 상징이다.
　바른편은 언제나 진리를 가리키고 왼편은 언제나 지혜를 가리키는 것이다. 그래서 보현은 바른편이고 문수는 왼편인데 말하자면 보현이 문수보다는 조금 높다는 것이다. 왜냐 하면 문수는 지혜인데 보현은 진리이기 때문이다. 지혜보다 진리가 조금 더 높을 것이 아닌가. 그런데 높다는 그런 말을 하기보다는 이 사람들의 생각은 체體와 용用이라는 생각이다. 체가 진리고 용이 지혜라는 것이다. 진리는 불변하는 진리로 체가 되고 지혜는 그때그때 자꾸 변하니까 용이다. 그러니까 체용이라 할 때 아무래도 체가 중심이 된다. 그래서 보현이 문수보다 더 중심이 된다는 것이다. 그래서 『법화경』의 시작은 문수로 시작하고 맨 끄트머리는 보현으로 끝난다. 기독교로 말하면 문수는 요한 같은 사람이라면 보현은 베드로 같은 사람이다. 베드로와 요한이라 할 때 아무래도 베드로가 요한보다 조금 형님구실을 한다는 말이다. 그래서 시작은 문수로 해서 보현으로 끝을 맺는 것이다.

이시爾時 보현보살普賢菩薩 이자재신통력以自在神通力 도到 사바세계娑婆世界 예석가모니불禮釋迦牟尼佛

그때 보현보살이 자재 신통력을 갖고 이 땅에 와서 석가모니불을 예배했다.

보현보살普賢菩薩의 특징이 자재신통력自在神通力을 가졌다는 것이다. 자유자재 하는 신통력을 가졌다. 그래서 이 땅인 사바세계에 왔다. 이 사람들이 생각하는 세계는 지구만이 아니다. 지구보다도 훨씬 더 넓은 세계다. 지구에서부터 그 세계로 가기도 하고 또 그 세계에서 지구로 오기도 한다. 자유자재로 왔다갔다 하는 그런 세계다. 그런데 이 우주 가운데서는 이 사바세계가 가장 살기 어려운 곳이라 한다. 악한 사람들이 많고 더러운 데가 많아서 참지 않으면 살 수 없는 그런 세계라 해서 이 사바세계를 인토忍土라고 한다. 이 사바세계의 부처님이 바로 석가모니 부처님이다.

백불언白佛言 세존世尊 아어보위덕상왕불국我於寶威德上王佛國 요문遙聞 차사바세계此娑婆世界 설법화경說法華經 여제보살중공래청수與諸菩薩衆共來聽受 유원세존唯願世尊 당위설지當爲說之 약선남자若善男子 선여인善女人 어여래멸후於如來滅後 운하능득云何能得 시법화경是法華經

28. 보현보살권발품 497

그리고 부처님께 말했다. "선생님, 저는 보위덕상왕이 다스리는 불국에서 왔습니다. 멀리서 들으니 이 사바세계에서『법화경』을 설한다고 합니다. 그래서 저는 많은 보살들과 함께 선생님의 강의를 듣기 위해 왔습니다. 부디 저희들에게 가르침을 베풀어주십시오. 선생님께서 세상을 떠나신 후에는 젊은이들이 어떻게 해야 이『법화경』을 들을 수 있습니까?"

불고보현보살佛告普賢菩薩 약선남자선여인若善男子善女人 성취사법成就四法 어여래멸 후於如來滅後 당득시법화경當得是法華經 일자위제불호념一者爲諸佛護念 이자식제덕본二者植諸德本 삼자입정정취三者入正定聚 사자발구일체 중생심四者發救一切衆生心 여시如是 성취사법成就四法 필득시경必得是經

부처님께서 보현보살에게 말했다. "여래가 세상을 떠난 후에도 길을 찾는 젊은이들이 이 네 가지 법만 성취하면 법화경을 만날 수 있단다. 첫째는 모든 부처님께 보호 받고 도움 받는, 부처님의 사랑을 받는 사람이 되는 것이다. 둘째는 모든 덕의 근본을 붙잡고 도덕적으로 아주 우수하게 되는 것이다. 셋째는 정진하여 궁극에 도달하기까지 물러나지 않는 것이다. 넷째는 모든 중생을 구원하겠다는 소원을 가지는 것이다. 이같이 네 가지 법을 성취하면 반드시 법화경을 얻게 된다."

여기서 사법四法의 세 번째로 말하는 정정취正定聚는 무엇인가? "행도불퇴行道不退 필지열반必至涅槃"이라 했다. "행도불퇴行道不退"는 자기의 가는 길을 계속 가야지 절대 뒤로 돌아서는 법이 없다는 것이다. 그리고 "필지열반必至涅槃"이란 반드시 마지막 목적지까지 도달하는 것이다. 그것이 정정취라는 것이다.

사법四法이라는 것인데 이것을 쉽게 말하자면 첫째는 선생님의 사랑을 받아야 된다는 것이고 둘째는 실력을 길러야 된다는 것이고 셋째는 자기가 하려는 공부를 무엇이건 끝장을 보아야 된다는 것이고 넷째는 자기가 다 알았으면 자기만 아는 것이 아니라 다른 사람도 알게 가르쳐야 된다는 것이다. 그래서 그런 생각을 하게 되면 반드시 『법화경』을 만날 수 있게 된다는 말이다.

약후세若後世 탁악세 중濁惡世中 비구비구니比丘比丘尼 우바새 우바이 優婆塞優婆夷 구색자求索者 수지자受持者 독송자讀誦者 서사자書寫者
후세에 자꾸 세상이 더러워지고 악해지면 그 가운데 비구, 비구니, 우바새, 우바이로서 이 경을 찾는 사람, 받아 지닌 사람, 읽고 외는 사람, 베끼고 쓰는 사람들이 나온다.

불교에서는 세상을 정법正法시대, 상법像法시대, 말법末法시대라는 세 단계로 나눈다. 지금 여기서는 말법시대를 말한다. 비구比丘, 비구니比丘尼는 결혼하지 않은 남자와 여자들이고 우바새優婆塞, 우바이優婆夷는 결혼한 남자와 여자들이다.

옛날 공부라는 것은 읽고 쓰는 독송讀誦과 서사書寫라는 것이다. 의상대사義湘大師는 왜 당나라에 가서 10년씩 있었는가. 『화엄경』이 80권인데 그것을 다 자기가 붓으로 써야 된다. 그때는 무슨 책이 없으니까 한 사람 한 사람이 다 필사筆寫를 하는 것이다. 그런데 그저 필사하는 것이 아니라 한마디, 한마디 이해를 해야 된다. 그래서 모르는 것이 있으면 선생님에게 물어보고, 물론 선생님이 강의도 하지만 모르는 것을 물어보면서 하나하나 자기 마음속으로 알았다, 또 알았다 하면서 필사하는 것이다. 그러니까 80권을 다 베끼려면 오랜 세월이 걸린다. 쓰기만 하는 것이 아니라 이해도 해야 되기 때문이다. 그래서 의상은 10년이 걸려서 그것을 마치고 자기가 쓴 『화엄경』을 가지고 돌아왔다. 옛날에는 다 그랬다. 자기가 베끼는 것이지 누가 베껴주겠는가? 그래서 서사라는 것이 옛날에는 굉장히 중요했다.

일본에 가면 무교회라는 것이 있다. 일본의 내촌감삼內村鑑三이 무교회를 시작했는데 그 후계자들이 계속 이어서 나온다. 그 사람들의 방법은 성경을 원문으로 베끼면서 자기가 마음에 와 닿는 대로 번역하는 것이다. 말하자면 시역試譯이다. 자기가 번역을 해보는 것이다. 그래서 자기가 번역한 것을 써놓고 거기에 대해서 자기가 연구한 것을 내 놓는다. 그것이 소위「성서연구」잡지라는 것이다. 우리 나라의 김교신金敎臣, 함석헌咸錫憲, 이런 사람들도 우리 나라에 돌아와서 그렇게 했다. 그런 사람들이 되려면 반드시 희랍말을 알아야 되고 또 히브리말도 알아야 된다.『구약』은 히브리말이고『신약』은 희랍말이기 때문이다. 그래서 그것을 자기 가슴에 와 닿게 그렇게 번역을 해서 다른 사람들에게 전해 가는 것이다. 이것이 소위 서사법書寫法이라 하는 것인데 이것이 상당히 중요한 것이다. 우리는 그냥 읽고 마는데, 그러면 그냥 지나치고 말게 된다. 그런데 그들은 원어가 무엇인지 본 뜻이 무엇인지 그것을 자꾸 캐들어 가서 더 이상 캐들어 갈 수 없는 데까지 가서, 그 다음에는 그것이 자기 마음에 어떻게 와 닿아야 되는가 생각해서 자기 마음에 와 닿는 것, 다른 말로 하면 은혜 받은 것, 그것을 써서 다른 사람에게 읽게 한다는 것인데 이것이 상당히 중요하다. 일본에서 그렇게 하는 사람들이 기독교에서는 이 무교회라는 것이다. 그래서 서사라는 것이 상당히 중요하다.

　　욕수습시법화경欲修習是法華經 응일심정진應一心精進 아당我當 승육아백상乘六牙白象 현기인전現其人前 이위설법而爲說法
　그리고 이 법화경대로 살아보려고 애쓰는 사람들, 그런 사람들은 열심히 정진하며 노력하는데, 그렇게 연구하고 노력하면 나 보현은 건강하고 아름다운 흰 코끼리를 타고 그들 앞에 나타나서 이 법화경을 가르칠 것이다.

　보현은 언제나 흰 코끼리를 타고 나온다. 흰 코끼리는 진리의 상징이다. 백상白象이란 무엇인가에 대해서 주석을 보면 "보덕순정普德純淨, 행력강건行力剛健, 온유자비溫柔慈悲"라 했다. 보덕순정普德純淨은 넓은 덕이 순수하고 깨끗하다는 것이다. 그리고 코끼리는 힘이 세니까 행력강건行力剛健이다. 행하는 힘이 강하다는 것이다. 실천력이 강한 것이다. 그리고 코끼리는 사자처럼 사납지 않다. 부드럽고 따스하다. 온유자비溫柔慈悲다. 따뜻하고 부드러우며 남의 좋은 것은 도와주고 남의 잘못은 집어준다. '자慈'는 플러스(+)해 주는 것이고 '비悲'는 마이너스(-)해 주는 것이다. 그 사람의 선은 더 플러스해 주고 그 사람의 악은 더 마이너스해 준다. 이것이 자비다. 그래서 "보덕순정, 행력강건, 온유자비"라는 이 세 가지가 백상의 뜻이라 했는데 이것이 곧 보현의 내용이다. 더 다르게 말하면 보현은 사랑의 상징이고 문수는 지혜의 상징이라는 말이다. 아까 우리좌지右理左智라고 했지만 리理라는 그것이 결국은 사랑이라는 말이다. 지혜로 시작해서 사랑으로 끝나는 것이다. 더군다나 『법화경』은 사랑의 경전이다. 그러니까 보현으로 끝낼 수밖에 길이 없는 것이다.

육아六牙는 어금니가 여섯이라는 것이다. 코끼리에 어금니가 둘인데 여섯일 이치가 없지만 육아라 한 것은 지난번에 말한 육근청정六根淸淨이라는 것이다. 육근六根이란 안이비설신의眼耳鼻舌身意라는 것이다. 그러니까 네 가지 법을 지키는 사람들 앞에는 보현이 반드시 나타나서 그 사람들에게 『법화경』을 가르쳐준다는 말이다. 이것이 중요한 것이다. 석가가 죽은 다음에는 누가 석가를 이어받는가 하면 보현이 이어받아서 해 준다는 것이다. 이상을 보통 보현감견普賢感見이라 한다. 보현을 만난다는 것이다.

이견아고즉득以見我故卽得 삼매급다라니三昧及陀羅尼 명위名爲 선다라니旋陀羅尼 백천만억선다라니百千萬億旋陀羅尼 법음방편다라니法音方便陀羅尼

나 보현을 만났기에 곧 삼매와 다라니를 얻을 수 있는데 그 다라니의 이름은 선 다라니, 백천만억 선 다라니, 법음방편 다라니다.

삼매三昧는 정신통일이다. 그리고 다라니陀羅尼인데 다라니에 세 가지가 있다. 이것이 무엇을 말하는가? 중국에서 『법화경』을 가지고 교단을 만들었는데 그것을 법화종이라 하지 않고 천태종이라 한다. 이

『법화경』을 제일 많이 연구한 사람이 지의대사智顗大師인데 그는 천태산天台山에서 살았다.

지의 천태대사智顗天台大師가 한 일이 『법화현의法華玄義』, 『법화문구法華文句』, 『마하지관摩訶止觀』이라는 책을 쓴 것이다. 『법화현의』라는 이것은 『법화경』을 전체적으로 설명한 총론이라 할까 그런 것이다. 그리고 『법화경』 한마디 한마디를 설명한 책이 『법화문구』라는 책이다. 이 둘이면 다 되는 것인데 또 이 사람은 『마하지관』이라는 책을 썼다.

"마하지관摩訶止觀"이라는 이것이 지의대사의 핵심이다. 마하摩訶는 크다는 뜻이다. 그리고 지관止觀에서 '지止'는 『원각경』에서 말한 삼마디라는 뜻이고 '관觀'이란 본다는 뜻이다. 불교에서 제일 중요한 것이 지관이다. 지관을 다른 말로 하자면 정혜定慧다. 계정혜戒定慧라는 삼학三學이다. 석가가 6년 동안 고행을 했다고 하는데 그것이 계戒라는 것이다. 계의 내용이 무엇인가 하면 하루 한끼를 먹었다는 것이다. 그리고 정定이란 49일 동안 가만 앉아서 자기의 모든 생각을 정리하여 결론을 얻었다는 것이다. 49일 선정禪定이다. 그리고 어느 날 아침에 샛별이 떠오르는 것을 보고 진리를 깨달았는데 그것이 혜慧라는 것이다. 석가의 6년은 이렇게 세 가지로 되어 있다. 6년 동안 일식一食을 했다는 것과 49일 선정을 했다는 것, 그리고 맨 마지막 날 진리를 깨달았다는 것이다.

이것을 계정혜라고 하는데 여기서 정定이란 말 대신에 지止라는 말도 쓴다. 가만 앉아서, 요새로 말하여 명상을 하는 것이다. 그리고 깨달았다 하는 것을 관觀이라 한다. 그러니까 정혜定慧라는 말이나 지관止觀이라는 말이나 같은 말이다. 선禪하는 사람들이 소위 참선參禪한다고 하는데 참선을 중국 사람들은 좌선坐禪이라 한다. '좌坐'라는 것이 무엇인가 하면 지止라는 것이고 '선禪'이란 무엇인가 하면 관觀이다. 그러니까 지관止觀이나 좌선坐禪이나 같은 말이다.

좌坐라 하는 것을 불기좌不起坐라 한다. 일어나지 않는다는 말인데 그저 앉아 있다는 그런 말이 아니라 계속해서 생각한다는 뜻이다. 계속해서 연구하는 것이다. 10년이고 20년이고 계속해서 연구하는 것이

좌坐라는 것이다. 그리고 선禪이란 것은 견성선見性禪이라 한다. 새벽에 샛별이 반짝 떴다. 견성見星이다. 그런데 밖에 있는 별을 보았다는 이야기가 아니라 안에 있는 별을 보았다는 것이니까 견성을 견성見性이라 한다.

좌坐는 불기좌不起坐요 선禪은 견성선見性禪이라 한다. 지止는 계속해서 연구했다는 것이다. 아까 지의로 말하면 『법화현의』도 쓰고 『법화문구』도 써서 계속 연구한 것이다. 그래서 맨 마지막에 가서 지의는 견성을 하게 된다. 진리를 깨닫게 되는 것이다. 그것이 소위 관觀이다. 그래서 선에서는 좌선이라 하는데 지의는 그것을 지관이라 한 것이다. 글자는 다르지만 내용은 같은 것이다.

결국 관觀을 했다고 하는 것인데 관을 했다고 할 때 관은 몇 개를 보아야 되는가 하면 언제나 삼관三觀이다. 우주관, 세계관, 인생관이라는 세 개를 보아야 된다. 요새 철학으로 말하면 형이상학이다. 이 세 개를 보면 보통 보았다고 한다. 그래서 일심삼관一心三觀이라 한다. 그런데 우주관이라는 말 대신에 공관空觀이라 하고, 세계관이란 말 대신에 가관假觀이라 하고, 인생관이란 말 대신에 중관中觀이라 한다. 이것이 소위 『법화경』의 삼관이라는 것이다. 이것은 『화엄경』에 가면 또 같은 말이 나온다. 공空, 가假, 중中이라는 것이다. 이것이 소위 관이라는 것인데 이것을 다르게 말하면 혜慧라는 것이다.

요전에 이것을 우리가 기독교식으로 말해서 기도라 할 때 맨 처음에는 간구한다는 기원이고 그 다음에는 깊이 생각한다는 메디테이션meditation이고 그 다음은 본다는 콘템플레이션contemplation이고 마지막이 유니온union이라 했다. 좌坐라는 것이 말하자면 메디테이션이고 선禪이라는 것이 콘템플레이션이다. 깊이 연구해서 나중에 발견 발명하게 되는 것이지 연구하지 않고 어떻게 발견이나 발명을 하는 것이 아니다. 그래서 암이라면 암에 대해서 깊이 연구하는 것이 좌요 나중에 암의 본체, 암의 원인을 발견했다 하면 그것이 선이라 한다. 다 같은 말이다. 지관止觀이라는 말이나 좌선坐禪이라는 말이나 명상瞑想 관상觀相이라는 말이나 같은 말이다. 명상은 깊이 생각해서 연구하는 것이고 관상이란 아주 끝을 본 것이다. 원인을 발견한 것이요 발명을 한 것이 관상이다. 기도에 네 단계가 있는데 두 번째 세 번째가 명상과 관상이라는 것이다.

공관, 가관, 중관인데 이 사람들이 좋아하는 말이 삼관원융三觀圓融이다. 이 세 가지가 다 따로따로가 아니라는 것이다. 따로따로이면서 동시에 통하는 것이다. "삼관원융무애상즉三觀圓融無碍相卽"이다. 아무 걸림이 없으면서 서로 도와주기도 하는 상즉상생相卽相生이다. 이것을 한마디로 말하자면 지의가 말한 마하지관이라는 것이다.

약유수지若有受持 시법화경자是法華經者 당지當知 시인是人 즉견卽見 석가모니불釋迦牟尼佛
이렇게 보현으로부터 법화경을 이어받은 사람은 보현만을 보는 것이 아니라 석가모니불도 보게 된다. 이것을 마땅히 알아야 된다.

이것이 중요한 것이다. "나를 본 자는 하나님을 보았다."는 말이다. 나를 본 자는 나만 보는 것이 아니라 하나님을 보는 것이다. 보현을 보는 사람은 석가를 보는 것이다. 본다는 것은 눈으로 본다는 그런 뜻이 아니다. 석가를 본다는 말은 언제나 석가와 같이 산다는 말이다. 그래서 아까도 말했지만 열반에 도달한다는 그런 말이 나오는 것이다.

이렇게 『법화경』이 끝났다. 선불교에서는 "불립문자不立文字, 교외별전敎外別傳, 직지인심直指人心, 견성성불見性成佛"이라 한다. 직지인심이란 계속해서 공부한다는 것이다. 견성성불이란 끝을 캐냈다는 말이다. 그런데 직지인심, 견성성불에 있어서는 말하자면 선불교와 천태종 사이에 아무런 차이가 없다. 천태종에서 일심삼매一心三昧라 하는 것은 계속 연구한다는 것이고 마하지관摩訶止觀이란 마침내 끝을 내는 것이다. 끝에 가서 원인을 발견해 내는 것이다. 그래서 직지인심, 견성성불이라는 말이나 일심삼매, 마하지관이라는 말이나 같은 것이다.

그러면 천태종과 선종의 차이는 무엇인가? 본래 지의라는 사람도 선종에 속했던 사람이다. 선생이 혜사慧思(515-577), 혜문慧文 같은 사람들인데 이들은 선에서 혜가慧可(487-593)나 같은 사람이다. 그러니까 혜가, 승찬僧璨 같은 사람들과 맞먹는 사람들인데 이 사람들의 제자니까 본래 선이었다.

선의 특징이 불립문자不立文字, 교외별전敎外別傳이다. 불립문자라는 것은 성경이 필요 없다는 것이다. 교외별전은 교회가 필요 없다는 것이다. 성경도 필요 없고 교회도 필요 없다는 것이다. 아까 무교회는 성경은 필요하지만 교회는 필요 없다는 것인데 선에서는 성경도 필요 없고 교회도 필요 없다는 것이다. 왜 성경이 필요 없나 하면 생각하면 되지 않느냐는 것이다. 생각하면 되지, 생각해서 깨달으면 되지 꼭 성경이 필요하냐는 말이다. 이 사람들은 성경을 제거하고 마는 것이다. 그리고 왜 교회가 필요 없다고 하는가 하면 선생을 하나 붙잡아야 되지 교회 다닌다고 되느냐는 것이다. 선생 하나 붙잡고 깊이 생각하면 되지 그 이상 더 바랄 것이 있느냐는 말이다. 그래서 이 사람들의 생각은 불립문자, 교외별전이다.

그런데 천태종에서는 정립문자正立文字요 교내정전敎內正傳이다 성경이라는 것이 꼭 필요하다는 것이다. 왜 그런가? 석가가 45년 설법을 했는데 그것을 헌신짝처럼 내 버린다는 것이 말이 되느냐는 것이다. 문화의 유산이라는 것을 이어가야 되지 않느냐는 것이다. 비행기를 만든다 해도 지금까지의 비행기 연구를 다 이어가야 되지 나 혼자 비행기를 연구해서 만든다고 되느냐는 것이다. 그래서 유산을 이어가자는 것이다. 그런데 유산을 다 이어가자는 것은 아니다. 팔만대장경을 어떻게 다 이어가겠는가. 그런데 지의가 보니까 『법화경』이 가장 중요한 것 같다. 그러니까 다만 『법화경』 하나라도 우리는 우리의 경전으로 붙잡아야 되겠다는 것이다.

물론 『화엄경』을 하는 사람은 『화엄경』 하나라도 붙잡아야 되겠다고 한다. 이런 것을 교종敎宗이라 한다. 선종이 아니라 교종이다. 팔만대장경을 다는 못해도 가장 핵심적인 것 하나씩을 붙잡자는 것이다. 그래서 종밀宗密(780-841)이 붙잡은 것이 『원각경』이고, 지의智顗(538-597)가 붙잡은 것이 『법화경』이고, 『화엄경』을 붙잡은 사람이

현수賢首(法藏, 643-712)라는 사람이다.

그러니까 절대 경전을 내버릴 수 없다는 것이다. 말하자면 정립문자正立文字다. 그리고 교내정전教內正傳이다. 교회가 꼭 있어야 된다는 것이다. 교회가 있어야 그래도 교회 안에서 수양도 하고 친구도 사귀며 서로 만나기도 하고 가르치기도 한다. 이런 것들은 우리가 교회 안에서 해야지 교회라는 것을 집어치우고 저 혼자 외톨이로 그렇게 되면 누구를 찾아가서 어떻게 하느냐는 것이다. 다른 사람을 가르치려 해도 교회에 가서 가르쳐야지 되지 교회 없이 어떻게 하느냐는 것이다. 그러니까 지의가 본래는 선이었는데 선에서 하는 것을 다 해 놓고, 즉 마하지관을 해 놓고 나서 다시 경전을 붙잡고 또 교회를 세우고 가르치기 시작한 것이다. 이것이 소위 천태종이라는 것인데 요전에도 말했지만 일본 사람들이 제일 좋아하는 것이 이 천태종이다.

다음은 『벽암록』 맨 마지막 100장을 본다.[10] 『벽암록』이 모두 100장인데 마지막 100장의 제목이 "파릉취모검巴陵吹毛劍"이다. 파릉巴陵은 운문雲門의 제자다. 파릉의 취모검이란 날아가는 털도 자를 수 있는 날카로운 검이라는 말이다. 보통 이것은 지혜를 상징한다고 말한다. 요전에 우리가 『장자莊子』의 「양생주養生主」에서 19년 동안 한 번도 칼을 갈지 않았다고 하는 이야기나 같은 것이다.

"거擧 승문파릉僧問巴陵 여하시취모검如何是吹毛劍 릉운陵云 산호지지탱착월珊瑚枝枝撑著月"

(이야기를 하나 들어본다. 어떤 사람이 파릉에게 질문을 했다. "취모

---

10. 『벽암록碧巖錄』 100. 파릉취모검巴陵吹毛劍
　수시운垂示云 수인결과收因結果 진시진종盡始盡終 대면무사對面無私 원불증설元不曾說 홀유개출래忽有箇出來 도일하청익道一夏請益 위십마불증설爲什麼不曾說 대이오래待爾悟來 향여도向汝道. 차도且道 위부시당면휘각爲復是當面諱却 위부별유장처爲復別有長處 시거간試擧看.
　거擧 승문파릉僧問巴陵 여하시취모검如何是吹毛劍. 릉운陵云 산호지지탱착월珊瑚枝枝撑著月.

검이란 어떤 것입니까?" 파릉이 대답했다. "산호의 가지마다 밝은 달이 걸려있구나.")

거擧는 예화를 하나 들어본다는 말이다. 어떤 사람이 파릉巴陵에게 질문을 했다. "어떤 것이 정말 머리칼도 자르는 칼입니까?" 쉽게 말하면 "지혜가 무엇입니까?" 하고 물었다는 것이다. 그러자 파릉이 대답했다. "아름다운 산호의 가지가지마다 달이 걸려있다." 산호가지라 하지 않고 나무 가지라 해도 된다. 나무 가지에 달이 걸려있다는 것이다. 이것이 맨 마지막에 나온 화두話頭라는 것인데 이것이 무슨 말인가? 결론적으로 말하면 "산호지지탱착월珊瑚枝枝撑著月"이란 말은 사랑을 가리키는 것이다. 그래서 『푸른바위에 새긴 글』의 마지막을 보면 이것은 사랑을 상징하는 것이라고 설명을 했다. 다르게 말하면 "세상에서 제일 강한 것이 무엇인가?" 하고 질문을 바꿔볼 때 그것은 사랑이라 할 수 있지 않느냐는 것이다.

"송頌 요평불평要平不平 대교약졸大巧若拙 혹지혹장或指或掌 의천조설倚天照雪 대야혜大冶兮 마롱불하磨礱不下 양공혜良工兮 불식미갈拂拭未歇 별별別別 산호지지탱착월珊瑚枝枝撑著月"
(불평 많은 세상을 평화롭게 하자는 것인데 그 위대한 솜씨는 마치 엉성한 듯 하구나. 때로는 손가락으로 때로는 손바닥으로 하늘의 밝은 빛을 눈처럼 비춘다. 아무리 위대한 대장장이라도 갈아낼 수 없고, 아무리 훌륭한 기술자라도 닦아내느라 쉬지도 못하네. 별나고 별난 것, 산호의 가지마다 달이 걸려 빛난다.)

칼이라는 것은 "요평불평要平不平", 불평 많은 세상을 평화롭게 만들자는 것이다. 그런데 칼은 하나의 용용用이다. 하나의 수단이다. 그럼 목적은 무엇인가? 평화로운 세상을 만드는 것이다. 그 평화로운 세상이 어떤 세상인가 그럴 때 노자老子는 "대교약졸大巧若拙"이라 했다. 진짜 물건을 잘 만드는 사람은 그 만드는 것이 아주 엉성하다는 것이

28. 보현보살권발품 507

다. 진짜 그림을 잘 그리는 사람은 엉성하게 그린다는 것이다.

청전 이상범이라는 화가가 있었는데 이 사람은 꼭 시골집의 다 쓰러져 가는 변소간 같은 것을 그린다. 그래서 나는 한 번 저녁 때 산보를 나갔다가 그 사람에게 물었다. "선생님은 왜 좋은 경치는 다 내버려두고 다 쓰러져 가는 초가집만 그리느냐?" 그랬더니 말하길 자기도 젊었을 때는 밤낮 금강산에 가서 살면서 금강산도 그리고 다 좋은 것만 그렸었는데 차차 나이를 먹으니까 그런 것들보다는 아무것도 아닌 평범한 것이 더 아름답고 더 위대해져서 나중에는 시골의 경치를 많이 그리게 되고 금강산보다는 야산을 그리게 되고 그러다 나중에는 집보다도 변소간을 그리게 되었다고 했다. 그래서 맨 마지막에는 다 쓰러져 가는 변소간 하나를 그린 것이 그 사람의 최대의 걸작이 되었다. 그것이 소위 원숙한 경지가 아니겠는가. 우리 한국의 가장 비천한 곳만을 그 사람은 그림으로 다시 미화해서 그린 것이다. 현실의 이상화다. 그래서 많은 그림을 남겼는데 대교약졸이다. 진짜 화가는 정말 엉성하게 그린다. 그것이 평화의 세계라는 것이다.

"심월고원心月孤圓 광탄만상光吞萬象 광비조경光非照境 경역비존경亦非存 광경구망光境俱忘 부시하물復是何物"[11]
(마음에 달이 떠서 둥그렇게 빛나는데 그 빛이 만상을 삼켜버렸다. 빛이 세상을 비추는 것도 아니고 또한 세상이 있는 것도 아니다. 빛과 세상을 모두 함께 잊었으니 다시 무엇이 있겠는가.)

---

11. 『벽암록碧巖錄』 100. 파릉취모검巴陵吹毛劍
  송頌 요평불평要平不平 대교약졸大巧若拙 혹지혹장或指或掌 의천조설倚天照雪. 대야혜大冶兮 마롱불하磨礱不下. 양공혜양공兮 불식미갈佛拭未歇. 별별別別. 산호지지탱착월珊瑚枝枝撑著月.
  심월고원心月孤圓 광탄만상光吞萬象 광비조경光非照境 경역비존경亦非存 광경구망光境俱亡 부시하물復是何物. 만곡영주신수나萬斛盈舟信手拏 각인일립옹탄사卻因一粒甕吞蛇. 염제백전구공안拈提百轉舊公案 살각시인기안사撒卻時人幾眼沙.

달이 떠서 마음속을 비치는데 아주 동그랗다. 그 빛이 모든 만물을 흡수해버렸다. 이것이 아까 산호가지에 걸린 달을 상징하는 것이다. 빛이 경境을 비치는 것도 아니고 경境이 빛을 받아들이는 것도 아니다. 이것이 제2단이다. 그리고 그 다음은 빛도 경도 다 없어지고 남은 것이 무엇인가 하는 것이다.

이것이 일심삼관一心三觀이라는 것이다. 첫 단이 공관空觀이라는 것이고 그 다음은 가관假觀이라는 것이고 마지막이 중관中觀이라는 것이다. 이렇게 셋으로 나뉘는 것이다.

"만곡영주신수나萬斛盈舟信手拏 각인일립옹탄사卻因一粒甕吞蛇"
(만석 곡식을 배에 가득 싣고 다니는데 쌀 한 톨 때문에 항아리에 독사가 들었구나.)

배에 곡식을 잔뜩 싣고서 한 사람이라도 더 나눠주기 위해 애를 썼는데 내가 애서서 배워준 속에 혹시 그 가운데 잘못이 있었는지도 모르겠다. 쌀알 만한 잘못이 결국 독사뱀 같은 결과를 낳게 했는지도 모르겠다.

"염제백전구공안拈提百轉舊公案 살각시인기안사撒卻時人幾眼沙"
(옛 공안 백 가지를 집어들고 굴렸는데 그 동안 얼마나 많은 사람들 눈에 모래를 뿌린 것일까.)

자기가 백 가지 문제를 가지고 몇 시간이고 이렇게 토론을 했는데 오히려 눈에다 모래를 집어넣는 그런 실수를 하지나 않았는지 모르겠다. 눈 속에 모래가 아닌 금가루를 집어넣었다 해도 마찬가지다. 너무 설명을 잘해주려고 하다가 그만 전체적인 파악을 방해한 것은 아닌가 하는 말이다. 너무 설명을 잘해주려다 그만 나중에는 설명에만 따라다니다 전체는 다 모르게, 그렇게 되고 말지나 않았는지. 서울의 골목, 골목을 찾아다니다 그만 서울 전체는 모르게 되고 말았다고 하는 그런 실수를 하게 하지는 않았는가 하는 말이다.

우리도 마찬가지다. 우리가 28장까지 약 일년을 걸쳐 해왔는데 나도 역시 실수가 있지나 않았는지. 물론 있었을 것이다. 그리고 또 너무 설명을 잘해주려다 전체를 놓치지나 않았는지. 전에 말한 대로 『법화경』 가운데 『법화경』이란 없다. 이것이 다른 책과 다른 점이다. 『법화경』이 이제 나온다, 나온다 하기만 한다. 또 석가가 『법화경』을 설했다고 하기만 하지 『법화경』을 설했다는 흔적이 아무것도 없다. 그리고 그렇게 끝났다.

그러니까 『법화경』이란 보이는 세계가 아니라는 것이다. 보이지 않는 『법화경』을 붙잡는 것이 『법화경』을 아는 것이지 보이는 『법화경』은 『법화경』이 아니다. 『법화경』이란 무엇인가? 다르게 말하면 자기 자신이다. 자기 자신이라는 것은 보이지 않는 것이다. 그런데 그 보이지 않는 자기 자신을 붙잡아야 자기를 붙잡은 것이지 보이는 나를 붙잡았다 하면 그것은 아무것도 아니다. 우리가 아무리 육체를 붙잡아도 그것은 붙잡은 것이 아니다. 우리의 정신을 붙잡아야 된다. 우리의 정신이 살아나야 된다. 『법화경』은 보이는 『법화경』이 문제가 아니다. 보이는 『법화경』은 본래 없으니까 그것은 볼 수도 없다. 보이지 않는 『법화경』을 우리가 붙잡아야 진짜 『법화경』을 붙잡은 것이다.

이것으로 『법화경』을 마친다. 물론 아까도 말했지만 지의라는 사람의 교학사상이라는 것이 아주 굉장하다. 『법화경』이라는 것이 거의 천오백 년 동안을 내려오면서 그 가운데 많은 연구가 되어 있지만, 이런 것들은 학자들이 연구할 부분이지 우리 일반 대중들이 알아야 될 것은 아니다. 우리는 그저 지의대사가 쓴 『법화현의』, 『법화문구』, 『마하지관』이라는 것이 있다는 정도만 알면 될 것이다.

2000. 11. 19.

찾아보기

책이름

(「」)

「불교와 데리다의 연기와 시간관」
.... 65

(『』)

『관무량수경』 439
『관무량수경觀無量壽經』
.... 273, 437
『구지불모심다라니경俱胝佛母心陀
羅尼經』 481
『금강경金剛經』
.... 43, 94, 113, 340
『노자』
...... 290, 318, 336, 381, 397
『다석일지』 452
『대각국사大覺國師와 천태사상天
台思想』 15
『대무량수경大無量壽經』 437
『대학大學』 256, 362
『도그마틱Dogmatik』 438
『도덕경道德經』 12
『동서비교東西比較 문학저널』
.... 65

『레미제라블Les Miserables』
.... 282
『마하지관摩訶止觀』 13, 89
『맹자』 24
『맹자孟子』 191
『무량수경無量壽經』 273
『무문관無門關』 168
『무영탑』 204
『반야심경般若心經』
.... 94, 95, 334, 457
『법화경초法華經秒』 15
『법화문구法華文句』 13
『법화문구法華文句』 89
『법화종요法華宗要』 12, 394
『법화현의法華玄義』 13, 89
『벽암록』
...... 171, 180, 218, 235, 244,
265, 323, 360, 468, 481, 506
『선禪의 황금시대』 336
『순수이성비판』 272
『순수이성비판』 206, 43
『시경詩經』 297
『아미타경阿彌陀經』 ... 273, 437
『아함경阿含經』 92
『양명학 공부』 487
『열반경涅槃經』 19, 97
『원각경』
.... 13, 31, 120,
190, 257, 270, 290, 336, 89

찾아보기 511

『월인천강지곡月印千江之曲』
.... 363
『유마경維摩經』 93
『이상국가』 137, 377
『장자』 397, 484
『장자莊子』
  331, 397, 425, 467, 484, 506
『주역』
  .... 37, 72, 129, 139,
  156, 206, 279, 283, 397, 451
『주역선해周易禪解』 129
『죽음에 이르는 병』 270
『중론中論』 100
『중용中庸』 141, 191, 377
『짜라투스트라는 이렇게 말했다』
  .... 204, 329
『천태사교의天台四敎儀』
  .... 15, 101
『파우스트』 31, 329
『푸른바위에 새긴 글』 507
『한국천태사상韓國天台思想의 전개展開』 15
『화엄경』
  19, 290, 291, 291, 293, 300,
  312, 328, 38, 396, 44, 457, 90
『화엄종요華嚴宗要』
  394

(1)

12안목眼目 42

(3)

32호상 415

(4)

4교법敎法 100
4교의敎儀 100
4근四根 332
4차원 32

(5)

52위位 328

(E)

Enlightenment 148

(N)

Non-church movement 175

(O)

Occasion 139
Overstand 467

(U)

Understand ·············· 467

(ㄱ)

가관假觀 ············· 503, 509
가베Gabe ················ 278
가섭迦葉 ············· 116, 85
가온찍기 ······· 140, 157, 412
가치와 의미 ············· 209
각覺
················ 73,
  79, 161, 35, 441, 69, 76, 85
각자覺者 ················ 145
간디 ····················· 350
갈애渴愛 ·················· 61
개開, 시示, 오悟, 입入 ·· 40, 96
개권현실開權顯實 ········· 251
개시오입開示悟入 ·········· 96
개자득皆自得 ············· 141
개적開迹 ············· 254, 41
개적현본開迹顯本
  ················30, 251, 270
거듭난 생 ················ 177
거울과 나무와 종鍾 ········ 336
건乾 ····················· 132
건원乾元 ················· 129
격죽문성오도擊竹聞聲悟道 ···· 75

견고의堅固意 ············· 260
견불見佛 ······· 201, 305, 380
견색명심見色明心 ······ 74, 84
견성見性 ···· 244, 313, 468, 55
견성성불見性成佛
  ················ 231, 314, 73
견인각고堅忍刻苦 ·········· 208
겸행兼行 ················· 305
경經, 율律, 론論 ·········· 99
경험론 ···················· 24
계란 ····················· 264
계시 ····················· 257
계정혜戒定慧 ········· 303, 502
고苦 ················ 32, 53, 60
고난苦難 ·················· 33
고집멸도苦集滅道 ····· 159, 59
고통 ····················· 54
고행 ····················· 463
공空
  ·················· 124,
  188, 232, 240, 244, 262, 66
공空, 가假, 중中
  ············· 139, 147, 503
공가중空假中 ········· 299, 301
공간 ···· 131, 204, 235, 32, 78
공관空觀 ······· 427, 503, 509
공덕품功德品 ············· 328
공생空生 ················· 236
공양供養 ················· 406

찾아보기 513

공자
· 32, 105, 130, 152, 176, 297
공즉시색空卽是色 색즉시공色卽是
空 ·· 366
관觀
······ 251, 257, 290, 441, 503
관기음성觀其音聲 ············ 440
관념 ·· 178
관상觀相 ··············· 122, 55, 72
관세음觀世音 ················ 482
관세음보살
 436, 441, 444, 447, 448, 483
관음觀音 ························ 431
관일체법공觀一切法空 ······ 232
광명편조光明遍照 ············ 363
광속 ··································· 78
광속의 우주선 ················ 489
광장설廣長舌 ···················· 371
괴테 ··················· 31, 329, 360
교敎 ···································· 35
교내정전敎內正傳 ············ 505
교담미憍曇彌 ···················· 227
교선敎禪 일치 ···················· 44
교수 ·································· 102
교외별전敎外別傳
 ················ 116, 394, 43, 467
교종敎宗 ················· 25, 505
교회 ······················ 297, 377
구마라집鳩摩羅什Kuma Rajiva

································ 273
구세주 ······················ 255
구원
 ··············· 111, 168, 187,
 203, 254, 274, 319, 391, 445
구원설 ·························· 39
구족제자具足弟子 ············ 183
구지불俱胝佛 ···················· 482
구지불모관세음주俱胝佛母觀世音
呪 ··· 482
군사부君師父 ···················· 81
궁자窮子 ···················· 88, 92
궁자窮子의 비유
 ······················ 107, 435, 465
귀명歸命 ··············· 274, 375
귀의歸依 ··············· 376, 436
귀일歸一 ························ 376
규봉 종밀圭峰宗密 ············ 89
그리스도
 ············· 136, 142, 188, 252,
 254, 289, 305, 315, 363, 377,
 380, 384, 432, 458, 480, 56
그리스도 선재先在 사상 ···· 289
극락 ······························ 231
극락전極樂殿 ······ 29, 274, 327
금강석 ·························· 199
금모사자金毛獅子 ············ 265
기도 ··········· 232, 256, 49, 503
기독교의 진리 ················ 172

514 법화경

기독교의 핵심 ················· 55
기쁨 ······· 189, 305, 323, 366
김교신金教臣 ················· 500
김구金九 ······················· 317
김유신金庾信 ·················· 363

(ㄴ)

나 ············ 57, 270, 315, 396
나가르쥬나Nagarjuna ··· 67, 99
나모Namo ···················· 274
나무 ············ 199, 269, 377
나무 묘법연화경南無妙法蓮花經
  ································ 291
나무 석가모니불南無釋迦牟尼佛
  ································ 375
나무南無 ······· 274, 375, 436
나무관세음보살南無觀世音菩薩
  ································ 436
나무아미타불 ··· 274, 436, 437
나알 알나 ····················· 55
낙독선적樂獨善寂 ······· 64, 73
난難 ····················· 33, 49
난곡蘭谷 김응섭金應燮 ····· 207
남녀 문제 ······················ 60
내 시간 ························· 209
내생來生 ······················· 279
내재內在와 초월超越 ········· 80
내증지內証智 ················· 261

내촌감삼內村鑑三 ····· 174, 499
누미노제numinose ······· 22, 24
뉴턴 ···························· 206
능인고부주열반能仁故不住涅槃
  ································· 30
니르바나nirvana ············· 53
니체 ······ 204, 289, 329, 474

(ㄷ)

다라니陀羅尼
  ······ 243, 297, 456, 458, 501
다라니신주陀羅尼神呪 ······ 460
다라니주 ······················ 464
다리 ···························· 39
다보탑 ·········· 198, 199, 204
다신론多神論 ············ 360, 50
단견斷見 ······················ 172
단군 신화 ·············· 269, 288
단단斷斷 ······················ 362
단단무위자연성斷斷無爲自然聲
  ································ 362
단비斷臂 ······················ 411
달 ····························· 363
달과 이슬 ······················ 30
달라이 라마Dalai Lama
  ···························· 212, 357
달마達磨 ········ 207, 398, 463
달빛 ···························· 431

담란曇鸞 ·················· 437
대각국사大覺國師 ············ 14
대교약졸大巧若拙 ··········· 507
대낮의 사상 ················ 204
대승大乘 ····· 42, 89, 167, 172
대왕생大往生 ··············· 166
대우주 ····················· 284
대인상大人相 ··············· 415
덕德 ······················· 133
덕산德山 ···················· 73
데바성불提婆成佛 ·········· 216
데이비드 흄David Hume ··· 313
도道 ····· 60, 68, 157, 198, 318
도덕 ······················· 269
도덕의 피안彼岸 ············ 126
도산島山 안창호安昌浩 ····· 323
도작道綽 ··················· 437
도통 ············ 398, 399, 400
독각獨覺 ···················· 64
독립 ······················· 336
독좌대웅봉獨坐大雄峰 ····· 148
동굴의 비유 ················ 479
동시성同時性 ··············· 264
동양의 인식론 ··············· 31
두타행頭陀行 ················ 85
득무생법인得無生法忍 주불퇴전住
不退轉 ···················· 216
등각等覺
   ················ 293, 299,
303, 328, 332, 339, 340, 359
등정각等正覺 ········· 217, 345
디야나Dhyana ··············· 33

(ㄹ)

라마교Lamaism ············ 357
라후라羅睺羅 ··············· 184
락시학樂是學 학시락學是樂 · 366
렌즈 ······················· 257
로고스Logos ··········· 118, 68
로만롤랑 ··················· 360
릴케 ······················· 255

(ㅁ)

마리아 ····················· 436
마조馬祖 ··················· 162
마하가섭摩訶迦葉 ····· 146, 394
마하지관摩訶止觀 ····· 502, 504
만남 ······················· 316
만물유전萬物流轉 ··········· 68
만인 구원설萬人救援說
   ···················· 435, 447
말법末法 ··················· 352
말씀
   ······ 203, 280, 318, 356, 372
말후구末後句 ··············· 481
맹서 ······················· 197

맹자 ········ 62, 105, 190, 451
멎은 시간 ················ 209
메타meta ················· 269
메타피직스metaphysics ···· 256
멸滅 ············· 33, 53, 61
명命 ······················ 62
명경고현明鏡高懸 구중인출비로인
句中引出毘盧印 ············ 364
명상 ····················· 256
모순 ······················ 60
모순의 통일 ··············· 270
목철위명目徹爲明 ··········· 396
목철위명目徹爲明 이철위총耳徹爲
聰 ······················· 331
몰두沒頭 ··················· 32
몸 ······················· 206
묘妙
12, 22, 31, 124, 321, 385, 417
묘각妙覺
 293, 299, 328, 332, 340, 346
묘법妙法 ··········· 12, 23, 385
묘법妙法 ·················· 393
묘법妙法, 묘체妙體, 묘용妙用, 묘
종妙宗 ··············· 384, 394
묘법연화경妙法蓮華經
 ················ 11, 22, 321
묘유妙有 ·················· 124
묘음妙音 ············· 417, 429
묘음보살 ············ 422, 425

묘체妙體 ·················· 381
무無 ········ 167, 234, 405, 60
무가보주無價寶珠 ··········· 179
무가지보無價之寶 ··········· 177
무교無敎 ··················· 42
무교회 ··············· 174, 499
무극이태극無極而太極
 ················ 157, 206, 397
무념 ······················ 78
무념無念 ··················· 72
무념무사無念無思 ············ 73
무념무상無念無想 ··········· 439
무량광無量光 ··············· 272
무량불無量佛 ··············· 273
무량사無量寺 ····· 274, 29, 327
무량수無量壽
 ························ 272,
  281, 288, 29, 327, 435, 474
무량수불無量壽佛 ··········· 445
무루無漏 ············· 343, 345
무름 부름 푸름 ············· 189
무명無明 ··················· 68
무분별의 통일 ·············· 80
무사無思 ··················· 72
무사無思 무위無爲 적연부동寂然
不動 감이수통感而遂通 ····· 279
무상無常 ··············· 70, 81
무상정등각無上正等覺 ······· 339
무상정편지無上正遍知

찾아보기 517

································· 147, 303, 390
무상지실상無相之實相 ······ 382
무상평등각無上平等覺 ······ 303
무색계無色界 ······················ 54
무생법인無生法忍 ············ 296
무심無心 ················· 398, 411
무아無我
   ······················· 33, 244,
   377, 405, 411, 424, 69, 81
무아無我사상 ·········· 418, 438
무여열반無餘涅槃 ············ 166
무여환생無如還生 ············ 167
무영탑無影塔 ···················· 204
무위無爲 ·························· 166
무위이무불위無爲而無不爲 · 141
무위자연無爲自然 ············ 221
무위지위無爲之爲 ············ 203
무위지치無爲之治 ············ 140
무유공포無有恐怖 ············ 335
무의식 ······························ 255
무일념지불성无一念之不誠 무일언
지불실无一言之不實 ······ 451
무자성無自性 ····· 233, 240, 66
무저항의 저항 ················· 350
무정각無情覺 ···················· 243
무주지주無住之住 ············ 203
무지지지 無知之知 ··········· 203
무학無學 ·························· 184
무한수 ······························ 362

문삼장聞三藏 ···················· 99
문수文殊 ················· 20, 328
미美 ································ 153
미륵彌勒 ················· 21, 296
미묘법문微妙法門
   ··················· 117, 417, 429
미침 ································ 257
믿음
   ··································· 180,
   201, 257, 259, 274, 336, 364,
   371, 385, 438, 438, 445, 462
밑틈 ································ 257

(ㅂ)

바가받Bhagavat ········ 23,102
바울 ······················ 382, 431
반야般若 ·························· 94
반야파라밀다般若波羅密多 ··· 94
밥 ···································· 176
방거사龐居士 ··················· 244
방등方等 ·························· 93
방온龐蘊 ·························· 245
방편方便
   29, 42, 52, 92, 112, 251, 282
배꼽눈 ······························ 479
배후 ································ 269
백상白象 ·························· 500
번뇌煩惱 ·························· 52

번뇌무진서원단煩惱無盡誓願斷
  ························· 239
벌 세계 ·················· 218
범신론汎神論
  ·········· 360, 405, 445, 50
범주 ······················ 36
범행梵行 ················· 264
법法 ·················· 384, 68
법계法界 ········ 137, 373, 377
법문무량서원학法門無量誓願學
  ························· 237
법보시法布施 ········ 311, 452
법사法師 ············ 328, 331
법성지묘신法性之妙身 ····· 345
법시法施 ················· 311
법신法身
  ········ 30, 135, 136, 255, 290
법신法身, 보신報身, 응신應身
  ····················· 269, 288
법안法眼 ················· 427
법열法悅 ········ 121, 189, 378
법인法印 ··············· 31, 44
법장法藏 ················· 437
법화法華 ·········· 241, 321, 95
법화경 ··················· 161
법화삼매法華三昧 ········· 419
법화종法華宗 ············· 25
법희식法喜食 ············ 190
법희식法喜食 선열수禪說睡

·················· 175, 176
베다Veda ············· 102
베르그송Henri Bergson ···· 206
베이컨Francis Bacon ········ 33
베토벤 ·················· 430
벽지불辟支佛 ········· 64, 73
병아리 ····· 139, 208, 264, 78
보報 ···················· 288
보리살타菩提薩陀 ········ 390
보문普門 ··········· 435, 445
보살菩薩 ·········· 59, 65, 86
보살사상 ················ 437
보살행菩薩行 ············ 383
보시布施 ··········· 118, 311
보신報身
254, 271, 275-6, 280, 288,
296, 327, 330, 356, 390, 403
보현 ··············· 328, 501
보현감견普賢感見 ········ 501
보현삼매普賢三昧 ········ 424
보현색신普賢色身 ··· 405, 415
보혜사 성령 ········ 255, 285
복생復生 ················ 408
복음 ···················· 189
본각 ···················· 316
본각本覺 ············ 314, 56
본문本門 ············ 251, 30
본생本生 ················ 21
본생설화本生說話 ····· 356, 403

찾아보기 519

본성本性 ······················ 340
본심本心 ······················ 340
본지수적本地垂迹 ············ 251
부목맹구浮木盲龜 ············ 479
부주열반不住涅槃 부주생사不住生死 ····························· 167
부처
106, 145, 162, 179, 181, 202, 203, 255, 264, 265, 265, 271, 285, 288, 292, 315, 340, 377
부처님 ················ 199, 206
부처님은 사랑이라 ······ 465, 50
부활
· 193, 270, 280, 285, 408, 55
부활 사상의 핵심 ············· 56
분별分別 ····················· 291
분석철학 ····················· 291
분신分身 ····················· 199
불佛 ··················· 148, 190
불佛, 법法, 승僧 ············ 102
불교 ························· 465
불교의 인식론 ················ 42
불교의 핵심
 ················ 105, 113, 116, 129, 129, 231, 341, 392, 74
불국사 ················ 204, 206
불도佛道 ······················ 42
불도무상서원성佛道無上誓願成
 ······················ 232, 247

불립문자不立文字
 ············ 116, 162, 394, 465
불멸불생不滅不生 ············· 30
불법승佛法僧 ················ 446
불생불멸不生不滅 ········ 67, 80
불성佛性 ········ 132, 135, 364
불세존佛世尊, 명행족明行足, 정변지正遍知 ··················· 148
불을 꺼라 ···················· 73
불지지견佛之知見 ············· 96
불지지혜佛之智慧, 여래지혜如來智慧, 자연지혜自然智慧 ····· 391
불타佛陀 ················ 59, 102
불토佛土 ····················· 377
불호 십명佛號十名 ··········· 147
붓글씨 ················· 207, 427
브라만Brahman ········ 127, 363
비구比丘 ····················· 499
비구니比丘尼 ················ 499
비로불毘盧佛 ················ 363
비요지장秘要之藏 ············ 380
빛
 ·························· 116, 120, 123, 372, 415, 431, 73
빛과 생명 ···················· 272
빛과 힘과 숨 ··········· 120, 429
뿌리 ··················· 376, 381

(ㅅ)

사교법四教法 ·················· 136
사교의四教儀 ········· 126, 136
사군자四君子 ················ 204
사근四根 ······················ 339
사대원무주四大元無主 ······· 81
사덕四德 ······················ 259
사람 ···························· 206
사람의 본질 ··················· 131
사랑
 ························· 234, 435,
  437, 441, 452, 50, 507, 69
사랑과 지혜 ··················· 465
사랑의 세계 ··················· 470
사랑의 종교 ··················· 465
사리불舍利佛 ················· 106
사리탑 ························· 196
사명
 ······ 192, 193, 278, 383, 384
사묘四妙 ··· 369, 379, 383, 394
사무량四無量 ··················· 34
사무사思無邪 ·················· 297
사무소외四無所畏 ··············· 34
사무애四無礙 ··················· 34
사미沙彌 ······················ 159
사바세계娑婆世界 ······ 198, 374
사법四法 ······················ 498
사법인四法印 ··················· 31
사생지설死生之說 ······ 284, 286
사성四性 ························ 55

사성제四聖諦 ··················· 85
사수덕四修德 ·················· 137
사신四信 ······················ 302
사전도四顚倒 ··········· 137, 259
사제四諦 ············ 159, 383, 59
사차원
 ························ 131, 152,
  170, 206, 264, 489, 78, 78
사홍서원四弘誓願 ·············· 85
산꼭대기 ················ 247, 299
산시산山是山 수시수水是水 · 147
산은 산이요 ·················· 201
산파 ···························· 483
산파술 ························· 483
살달마분타리가경薩達磨芬陀利迦經 ··························· 11
살적殺賊 ················ 165, 99
삼계三界 ························ 54
삼관원융무애상즉三觀圓融無碍相卽 ························· 504
삼마디Samadhi ········ 31, 256
삼마디Samadhi, 삼마파티Samapatti, 디야나Dhyana
 · 120, 152, 190, 336, 430, 89
삼매三昧 ······················ 501
삼명三明 육신통六神通 ······ 102
삼법인三法印 ··················· 31
삼보三寶 ······················ 102
삼승三乘 ························ 57

찾아보기 521

삼신三身 … 252, 256, 288, 327
삼신설 …………………… 269
삼위일체 ………………… 288
삼장三藏 …………………… 99
삼장법사三藏法師 ………… 100
삼전三轉 ………………… 158
삼주설법三周說法 …… 101, 145
삼차원
　…… 132, 170, 206, 264, 78
삼차원의 시간 …………… 208
삼초이목三草二木 ………… 128
삼층 ……………………… 23
삼학三學 ………………… 303
상常 ……………………… 133
상相 ……………………… 37
상견常見 ………………… 172
상대성의 원리 …………… 78
상락常樂 ………………… 78
상락아정常樂我淨 ……… 259
상락아정常樂我淨
　………………… 132, 137, 67
상무욕이관기묘常無欲以觀其妙
　……………… 12, 22, 31, 44
상법像法 ………………… 352
상즉상생相卽相生 ……… 504
상징 ……………………… 116
상호의존성相互依存性 …… 65
색계色界 ………………… 54
색신삼매色身三昧 ……… 404

색즉시공色卽是空 공즉시색空卽是色
　………………………… 334
샘물 ………………… 369, 385
생각生覺 …………… 72, 256
생로병사生老病死 · 395, 54, 70
생멸生滅 ………… 68, 78, 81
생명 ………………… 176, 193
생명의 세계 ……………… 470
생사生死 …………… 157, 60
샤크로데반드라Sakrodevendra
　………………………… 127
서사법書寫法 …………… 500
서산대사西山大師 …… 193, 79
석가
　………………………… 135,
　252, 265, 269, 275, 328, 432
석가모니불釋迦牟尼佛 … 374
석가성불釋迦成佛 산천초목山川草木 동시성불同時成佛 …… 264
석가세존釋迦世尊 ……… 364
석가의 전생설화 ………… 213
석가탑 …………………… 204
선善 ………………… 153, 314
선禪 ……………… 24, 44, 89
선교 ……………………… 292
선구적 결단 ……………… 207
선다라니旋陀羅尼 ……… 298
선도善導 ………………… 437
선불교

	…… 332, 339, 463, 465, 504
선생님 …… 79, 252, 264, 487
선서善逝 ………… 147, 284
선열수禪說睡 ………… 190
선의 이데아 ………… 480
선재동자善財童子 …… 294, 312
선재설先在說 ………… 254
설교 ………… 360, 373
설법
	…… 188, 307, 380, 383, 422
성性 …… 24, 190, 37, 49, 62
성聖 ………… 105, 49, 492
성령 ………… 405
성령론, 기독론, 신론 …… 290
성령의 역사 ………… 189, 255
성령의 열매 ………… 166
성리학性理學 …… 24, 121, 190
성문 ………… 297, 59, 73, 79
성문, 연각, 보살, 불타
	………………… 105,
	129, 129, 383, 397, 49, 84
성부, 성자, 성령 …… 255, 269
성불成佛 ……… 190, 265, 468
성선性善 ………… 314
성수불이지학性修不二之學 · 131
성육신, 십자가, 부활 ……… 152
성의誠意 ………… 480
성인 ………… 165, 382
세 단계 ………… 429

세존世尊 ………… 102
세종대왕 ………… 44
소강절邵康節 ………… 405
소견所見 ………… 427
소동파蘇東坡 ………… 160
소승小乘
	…… 42, 89, 165, 167, 172
소요유逍遙遊 ………… 467
소크라테스
	………………… 103,
	271, 315, 351, 364, 385, 483
속죄 구령贖罪救靈 ……… 278
속죄贖罪 ………… 277
손가락 ………… 484
수기授記
	………96, 106, 145, 273, 49
수대고찰隨代古刹 ………… 29
수도修道 ………… 207
수량壽量 ………… 29
수승화강水昇火降 ………… 284
수처작주隨處作主 입처개진立處皆
	眞 ………… 69, 80, 377
수칙전교受勅轉敎 ………… 95
순일변화생純一變化生 …… 176
슈바이쳐 ………… 253
스피노자Spinoza
	………… 31, 68, 360, 445
승조僧肇 ……… 11, 180, 80
시示, 권勸, 증証 ………… 158

시각始覺 ········· 314, 315, 56
시간 ····· 131, 204, 209, 32, 78
시간, 공간, 인간 ············ 206
시간과 공간 ·········· 139, 444
시간과 공간과 인간 ·········· 422
시간관 ················· 474
시간의 공간화············ 209
시간제단時間際斷 ············ 239
시절인연 ················ 487
시절인연時節因緣 ····· 138, 486
시중時中 ················ 487
식자息慈 ················ 159
신信, 해解, 행行, 증証 ······· 47
신神 ················ 272, 427
신身, 구口, 의意 ········ 238
신과 자연과 인간 ············ 205
신관, 기독관, 성령관 ········ 290
신관神觀 ·········· 360, 50
신력神力 ················ 378
신성神性 ················ 359
신의 화신 ·············· 406
신일信一 ················ 371
신즉자연神卽自然 ·········· 405
신체神體 ·········· 270, 277
신통 유희삼매神通遊戲三昧
 ·················· 419
신통神通 ·········· 24, 431
신통神通과 광명장光明藏 ···· 102
신통광명장神通光明藏 ····· 156

신통대광명장神通大光明藏 ···· 23
신통력神通力 ··· 217, 276, 279
신해행증信解行証
 · 105, 295, 302, 332, 383, 84
실 ··················· 397
실로 꿰어진 구슬 ·········· 157
실상實相 ················ 137
실상무상實相無相 ······ 22, 117
실유불성悉有佛性··· 190, 44, 58
실재 ·············· 178, 381
실존
 ·· 70, 137, 139, 177, 234, 323
실존적 만남 ·········· 314, 317
실존적 시간 ·············· 209
실존주의 ················ 314
실존철학 ················ 484
심心 ········· 24, 252, 38, 449
심무괘애心無罣碍 무유공포無有恐
怖 ··················· 339
심심지사甚深之事 ·········· 382
심안心眼 ··············· 253
심안신자안心安身自安 ······· 286
심재心齋 ················ 338
심즉리心卽理 ············ 382
심즉리心卽理, 지행합일知行合一,
치양지致良知 ········ 124, 347
심철위지心徹爲知 지철위덕知徹爲
德 ··················· 331
십계十戒 ·········· 238, 99

십계十界 ·············· 126, 133
십사十使 ·············· 58, 61
십신十信 ···················· 294
십신력十神力 ············· 369
십여시十如是 ············· 125
십여시十如是 ······ 133, 36, 42
십이지인연十二支因緣
    ········ 65, 79, 159, 383, 59
십자가 ····· 264, 397, 487, 56
십자가와 부활 ········ 283, 408
십주十住 ···················· 296
십지十地 ···················· 299
십행十行 ···················· 297
십회향十廻向 ·············· 298
싸드다르마 푼다리까 수트라Sad-dharma Pundarika-Sutra ·· 11

(ㅇ)

아난阿難 ············· 18, 183
아누다라삼막삼보리阿耨多羅三藐三菩提
    ·············· 106, 147, 157,
    217, 303, 339, 359, 390, 459
아라한阿羅漢 ····· 165, 311, 98
아메바 ······················ 78
아멘Amen ············ 197, 458
아미타阿彌陀 ·········· 288, 29
아미타바Amitabha ········ 272

아미타불阿彌陀佛
    ·············· 205, 273-4,
    288, 327, 356, 435, 437
아미타유사Amitayus ······· 272
아버지 ····················· 106
아버지의 사랑 ·············· 89
아우프가베Aufgabe ········ 278
아우프헤벤aufheben ···· 147, 76
아인슈타인 ················ 206
아트만Atman ·············· 363
악식惡息 자행慈行 ·········· 159
안색선백顏色鮮白 ·········· 243
안심安心 ···················· 398
안이비설신의眼耳鼻舌身意 · 330
안이비설신의眼耳鼻舌身意 청정淸淨 ·························· 351
알렉산더 ··················· 361
애민일체哀愍一切 ·········· 240
야수다라耶輸陀羅 ·········· 228
야스퍼스Karl Jaspers ····· 336
약초藥草의 비유 ············ 116
양리학量理學 ··············· 121
양명학陽明學 ·········· 467, 366
양적 변증법 ················ 153
어린애 ················ 439, 450
어머니 ················ 441, 464
어머니 뱃속 ············ 139, 78
어머니의 사랑 ·············· 445
어미닭 ················· 78, 208

얼 ····················· 359
업業 ···················· 474
업보業報 ················ 356
없이 계신 분 ············· 382
에디슨 ·················· 316
에리히 프롬Erich Fromm ·· 261
여如 ···················· 316
여거여래如去如來 ·········· 284
여래如來
······ 119, 147, 314, 316, 56
여래수량如來壽量 ····· 288, 327
여래지견如來知見 ············ 33
여시아문如是我聞 ············ 18
여실지견如實知見 설법무량說法無
量 ···················· 121
연각緣覺
······················ 304,
  59, 79, 93, 104, 64, 73, 75
연기緣起 ·············· 159, 65
연꽃 ····················· 11
연꽃〔Pundarika〕
  ····· 23, 116, 291, 385, 394
열 계단 ················· 215
열반涅槃 · 165-6, 33, 53, 504
염불念佛 ················· 439
염상누수炎上漏水 ·········· 284
염화미소拈華微笑 ·········· 394
염화시중拈華示衆 ····· 116, 394
영광 ···················· 302

영생
 ············· 192, 203, 205,
  271, 289, 329, 356, 364, 474
영원 ··············· 253, 69
영원永遠한 상하相下 ···· 31, 68
영원한 생명
  156, 181, 192, 205, 272, 274,
   279, 288, 327, 356, 435, 56
영원한 존재 ············· 254
영원회귀永遠回歸 ·········· 474
영원히 썩지 않을 말씀 ······ 452
영체靈體 ·· 270, 276, 405, 424
영혼불멸 ···172, 292, 405, 474
예수 ················ 264, 289
예정설豫定說 ········· 293, 315
오경웅吳經熊 ············· 336
오도송悟道頌 ············· 362
오둔사五鈍使 ·············· 58
오리사五利使 ·············· 58
오사五使 ·················· 58
오성 형식 ················ 36
오시五時 ········· 112, 89, 97
오시팔교五時八敎 ·········· 89
오온五蘊 ·················· 95
오온본시공五蘊本是空 ······· 81
오옴Aum(Om) ············· 197
오중현의五重玄義 ····· 369, 380
오탁악세五濁惡世 ··········· 40
오파라밀五波羅密 ·········· 303

오품五品 ····· 305
온전한 사람 ····· 190
왕王 ····· 23, 105
왕생往生 ····· 449
왕양명王陽明
 ····· 124,
  208, 314, 32, 347, 363, 382
외도外道 ····· 42
요堯임금 ····· 437
요가 ····· 428
요령 ····· 384
욕계欲界 ····· 54
용녀龍女 ····· 216
용수중도龍樹中道 ····· 67
용수龍樹의 팔불八不 ····· 67
우담바라화優曇波羅華 ····· 479
우레 ····· 117
우리좌지右理左智 ····· 496, 501
우바새優婆塞 ····· 499
우바이優婆夷 ····· 499
우익 지욱藕益智旭 ····· 129
우주
  161, 162, 242, 265, 360, 373
우주관, 세계관, 인생관
  ····· 290, 503
우주선 ····· 78
우파니샤드Upanishad ····· 102
운뢰雲雷 ····· 422
운명運命 ····· 62

원圓 ····· 50
원願 ····· 278
원각圓覺 ····· 347
원각圓覺, 등각等覺, 묘각妙覺
 ····· 351
원교圓敎 ····· 50
원력願力의 신비 ····· 441
원형이정元亨利貞
 ····· 130, 132, 137
원효元曉 ····· 12, 313, 318, 394
월광곡 ····· 430
월도천심처月到天心處
 ····· 204, 285
월인천강月印千江 ····· 44, 363
위앙종潙仰宗 ····· 73
유有 ····· 167
유교有敎 ····· 42
유기체有機體 ····· 233
유여열반有餘涅槃 ····· 166
유영모
 ····· 47, 157,
  189, 248, 252, 256, 257, 286,
  316, 322, 382, 418, 450
유위有爲 ····· 166
유전遺傳 ····· 289
유전문流轉門 ····· 66, 71, 79
유정각有情覺 ····· 243
유정유일惟精惟一 윤집궐중允執厥中 ····· 207

유통분流通分 ················· 292
유한한 시간 ················ 208
유한한 존재 ················ 209
육계肉髻 ···················· 415
육근청정 ···················· 341
육근청정六根淸淨
   ················· 329, 331,
      331, 351, 373, 396, 501
육근六根 ···················· 330
육년 고행六年苦行 ············ 73
육도 윤회六道輪廻
   ················ 134, 215, 37, 71
육도六度 ···················· 305
육성취六成就 ················ 18
육종진동六種震動 ······ 410, 424
육체 ················· 270, 276
육파라밀六波羅密
   ····· 84, 160, 303, 305, 59, 86
윤회설 ············ 356, 37, 405
윤회輪廻 ···················· 292
율곡栗谷 ···················· 315
응공應供 ···················· 165
응무소주이생기심應無所住而生其
   심 ···················· 340, 43
응신 ························ 276
응신應身 ··········· 135, 136, 30
응신應身, 보신報身, 법신法身
   ························ 252
의義 ························ 451

의상대사義湘大師 ············ 499
의식 ························ 206
의식意識 ····················· 73
의천義天 ····················· 14
이광수李光洙 ················ 316
이데Idee ···················· 272
이데아Idea ··················· 21
이데아Idea ············· 315, 68
이명섭 ······················ 65
이목구비耳目口鼻 ······· 395, 49
이물관물以物觀物 ············ 405
이상세계 ·· 142, 218, 231, 377
이성理性, 오성悟性, 감성感性, 영
   성靈性 ····················· 190
이순耳順 ····················· 48
이순신李舜臣 ················ 279
이승二乘 ····················· 98
이심전심以心傳心
   ···· 103, 116, 398, 405, 52, 89
이영자李永子 ················· 15
이운허李耘虛 ················· 15
이원二元 ···················· 172
이원二元의 세계 ············· 157
이정호李正浩 ················ 256
인仁 ················· 152, 198
인忍 ················· 198, 296
인認 ························ 296
인간 평등 사상 ·············· 359
인간의 존엄성 ·········· 359, 364

인드라Indra ·················· 127
인상印象 ····················· 313
인생 ·························· 208
인생은 죽음으로부터 ······· 286
인생의 문제 ················· 397
인식認識 ·············· 129, 313
인식론 ················ 24, 30, 36
인심본자락人心本自樂 ······ 366
인심유위人心惟危 도심유미道心惟
微 ······················ 207, 60
인연因緣 ················ 64, 65
인연설因緣說 ················ 358
인연소생因緣所生 ············ 66
인욕忍辱 ····················· 359
인의예지仁義禮智 ··········· 396
일一 ·························· 121
일격망소지一擊忘所知 ······· 76
일과명주一顆明珠 ··········· 180
일념一念 ····················· 134
일념삼천一念三千 ······ 38, 133
일념수희자一念隨喜者 ······ 187
일도출생사一道出生死
 ················ 280, 157, 60, 76
일도출생사一道出生死 일체무애인
一切無碍人 ············ 318, 457
일불승一佛乘
 ················· 38, 42, 57, 96
일상일미一相一味 ··········· 121
일승一乘 106, 111, 39, 50, 89

일승도一乘道 ················ 111
일시一時 ······················ 18
일식, 일좌, 일언, 일인 ······ 452
일식一食 ·········· 451, 303, 60
일식一食 일마一摩 ··········· 86
일식一食, 일좌一坐, 일언一言, 일
인一仁 ······················ 451
일식日蝕 ····················· 316
일신교一神敎 ················· 50
일신론 ······················· 54
일신론一神論 ················ 360
일심一心 ····················· 258
일심삼관一心三觀
 252, 256, 257, 269, 503, 509
일심삼매一心三昧 ··········· 504
일심욕견불一心欲見佛 불자석신명
不自惜身命 ················ 380
일심칭명一心稱名 ··········· 441
일언一言 ····················· 303
일언이폐지一言以蔽之
 ························ 297, 456
일원一元 ····················· 172
일원一元의 세계 ············· 157
일이관지一以貫之 ····· 157, 397
일일호일日日好日 ··········· 481
일좌一坐 ····················· 303
일좌불기一坐不起 ··········· 231
일중日中 ····················· 204
일즉일체一卽一切

122, 205, 237, 456, 459, 484
일지선一指禪 ················ 482
일직선 ······················ 205
일체가 들어있는 하나 ······ 460
일체개고一切皆苦 ··········· 31
일체득도一切得道 ············ 57
일체무애인一切無碍人 ······· 61
일체법공一切法空 ·········· 242
일체실상一切實相 ·········· 234
일체유심조一切唯心造 ······· 38
일품이반一品二半 ··········· 288
임제臨濟 ···················· 69
입장 ··············· 235, 247, 299
입지立志 ··············· 314, 480

(ㅈ)

자각自覺 ········ 364, 396, 483
자각과 완성 ················ 293
자기 모순 ··················· 60
자력종 ···················· 462
자비慈悲 ··················· 128
자비의 화신 ················ 436
자아自我 ··················· 233
자연성自然聲 ··············· 253
자연주의 ··················· 221
자연즉신自然卽神 ············ 445
자연혜自然慧 ················ 64
자유 ··············· 336, 467

자재지업自在之業 ··········· 445
자치自治 ··················· 140
작불作佛 ···················· 96
잠 ························· 176
장藏, 통通, 별別, 원圓 ······ 100
장생불사長生不死 ··········· 292
장자莊子 ··············· 331, 340
재시財施 ··················· 311
적멸寂滅 ··········· 166, 68, 78
적멸위락寂滅爲樂 ············ 66
적문迹門 ··············· 251, 30
전도 ················· 191, 359
전도인생顚倒人生 ······ 259, 286
전륜轉輪 ··················· 128
전범성성轉凡成聖 ············ 98
전삼삼前三三 후삼삼後三三 · 323
전생前生
　　······· 21, 212, 273, 356, 484
전생설화 ············ 356, 474
전지전능 ··················· 464
전체적인 파악 ············· 297
절대의 세계 ··············· 247
점심點心 ··················· 204
정각正覺 ············· 243, 313
정다산丁茶山 ··············· 157
정립문자正立文字 ··········· 505
정반합正反合
　　············· 139, 147, 299, 301
정법正法 ··················· 352

정법안장正法眼藏
………… 117, 152, 339, 394
정변지正遍知 ………… 148
정사正思 정견正見 ………… 61
정신 ………… 206, 270
정신력
…… 350, 359, 361, 362, 430
정신일도精神一到 금석가투金石可透 ………… 257
정신통일 ………… 258
정인보鄭寅普 ………… 316
정직正直 ………… 451
정직과 진실 ………… 451
정진精進 ………… 260, 329
정토淨土 ………… 274, 282
정토종
…… 197, 274, 435, 462, 465
정토종의 삼부경三部經 …… 437
정편지正遍知
………… 106, 157, 243, 304
정행正行 ………… 305
제관諦觀 ………… 15, 101
제로 ………… 60
제법공諸法空 ………… 242
제법무아諸法無我 …… 32, 68
제법실상諸法實相
………… 136, 138,
142, 240, 419, 44, 52
제법인연諸法因緣 …… 64, 73

제법즉실상諸法卽實相 …… 139
제석천帝釋天 ………… 127, 320
제소리 ………… 248
제행무상諸行無常 …… 132, 68
조祖 ………… 398
조명기趙明基 ………… 15
조주趙州 ………… 463
조주고불趙州古佛 ………… 85
조철朝徹 ………… 337
존심存心 양성養性 ………… 24
존심存心 양성養性 사천事天
………… 191
존엄성 ………… 364
종宗 ………… 398
종교 … 176, 192, 269, 393, 56
종교의 핵심 …… 218, 310, 351
종밀宗密 ………… 13, 505
종심소욕불유구從心所欲不踰矩
………… 105
종용중도從容中道 ………… 488
종지용출從地湧出 ………… 196
좌망坐忘 ………… 337
좌망坐忘, 조철朝徹, 심재心齋
………… 341
좌선坐禪 ………… 231, 502
주문呪文 ………… 457
주일무적主一無適 ………… 280
주자朱子 ………… 207, 208
주자학朱子學 ………… 467

주체主體 ……………………… 271
주체적 진리 …………………… 153
죽음 ………………… 275, 276, 286
죽음과 삶 ……………………… 209
죽음에의 존재 ………………… 208
죽음이란 본래 없다 ……………… 56
중中 ……………………………… 147
중관中觀 ………………… 503, 509
중도中道 … 139, 172, 247, 262
중도실상中道實相 ……………… 262
중생 ……………………………… 54
중유일보中有一寶 ……………… 180
중정中正 ……………………… 157
중화中和 ……………………… 377
중화中和사상 ………………… 141
즉공卽空, 즉가卽假, 즉중卽中
……………………… 139, 152
즉비卽非의 논리 ……………… 315
즉신성불卽身成佛 ……………… 41
즉유즉무卽有卽無 ……………… 251
지知 …………………………… 170
지知로 의意로 정情으로 …… 152
지관止觀 ……………………… 502
지덕복知德福 ………………… 271
지사생지설知死生之說 ……… 284
지수일지只竪一指 …………… 486
지양止揚 ……………………… 76
지용보살地湧菩薩 …… 257, 265
지의智顗

……………………………… 13,
25, 29, 89, 379, 429, 502, 505
지천명知天命 ………………… 278
지행知行 ……………………… 382
지행일치知行一致 …… 157, 44
지행합일知行合一 ……………… 32
지혜와 사랑 …… 118, 131, 156
직감 …………………………… 162
직관 ………… 222, 237, 248, 31
직관력 ………………………… 218
직부가업直付家業 ……………… 96
직지인심直指人心
……… 116, 313, 399, 468, 75
직지인심直指人心 견성성불見性成
佛 ………………… 319, 396
진眞 …………………………… 153
진공眞空 ……………………… 124
진공묘유眞空妙有 ……………… 69
진리
……………………………… 106,
120, 156, 157, 160, 162, 176,
179, 181, 291, 321, 323, 365,
 366, 372, 380, 391, 44, 484
진리眞理와 진실眞實과 진정眞情
……………………………… 152
진리는 곧 실존 ……………… 323
진리란 무엇인가 ……………… 160
진리를 깨달았다
……………………………… 106,

157, 290, 296, 31, 364, 380, 381, 390, 486, 489, 489, 502
진리와 길과 생명 ············ 124
진리와 생명 ············ 176, 30
진리의 핵심 ················ 316
진선미眞善美 ················ 301
진선미성眞善美聖 ······ 241, 395
진실 ·················· 112, 52
진실眞實 ·········· 251, 42, 451
진실멸眞實滅 ················ 168
진실법眞實法 ················ 167
진여眞如 ················ 119, 284
진인眞人 ····················· 165
진정대법眞淨大法 ··········· 370
진지眞知 ···················· 365
질적 변증법 ················ 153
집중력 ······················ 257

(ㅊ)

차심광명此心光明 역복하언亦復何言 ···················· 363
참 사람 ···················· 254
참 삶 ······················ 156
참말 ······················· 452
참선 ·················· 199, 502
천국 ············ 232, 241, 327
천당 ······················· 172
천룡선사天龍禪師 ·········· 481

천명 ·············· 193, 279, 284
천명사상天命思想 ····· 281, 286
천명지위성天命之謂性 ······ 191
천자남면天子南面 ············ 140
천재일우千載一遇 ············ 479
천지위언天地位焉 만물육언萬物育焉 ···················· 141
천지인天地人 ····· 153, 206, 290
천직 ······················· 279
천착고원穿鑿高原 점견습토漸見濕土 결정지근수決定知近水 ···· 189
천태지의天台智顗
  ····· 29, 44, 89, 291, 300, 369
천태산天台山 ················ 13
천태종 ·············· 13, 252, 504
철우문자鐵牛蚊子 ············ 333
철인 ············· 142, 145, 377
철인의 내용 ················ 147
철인정치 ················ 141, 377
철학 ·············· 129, 206, 269
철학과 도덕과 종교 ········ 300
철학과 종교의 핵심 ········· 209
첫인상 ····················· 313
청정법신淸淨法身 ······ 265, 369
체體와 용用 ················ 496
체념 ······················· 357
체득 ······················· 152
체험 ······················· 152
초문수희初聞隨喜

찾아보기 533

·········· 313, 317, 321, 323
초발심初發心 ········· 317, 480
초발심시初發心時 편성정각便成正
覺 ········· 313, 316, 319, 323
초월 ····················· 60
초의식 ················ 428, 431
촉루囑累 ···················· 389
촛불 ······················ 284
총본塚本 ···················· 174
총지摠持 ········ 243, 297, 456
최면술 ···················· 358
축복 ························ 32
춘원春園 이광수李光洙 ······ 15
춘하추동春夏秋冬 ····· 204, 395
치양지致良知 ·············· 382
치중화致中和 ·············· 141
친견親見 ············· 201, 469
친근처親近處 ·············· 232
칠난七難 ···················· 442
칭명불교稱名佛教 ····· 274, 438
칭음稱音 ···················· 464
칭통稱痛 ···················· 483

(ㅋ)

카테고리category ·········· 125
칸트
················· 22, 192,
206, 271, 289, 330, 36, 43, 61

칼 바르트Karl Barth ········ 438
캘빈John Calvin ··········· 315
콜링Calling ················ 278
쿠마 라지봐Kuma Rajiva ···· 11
키엘케골 ········ 153, 264, 270

(ㅌ)

타골 ······················ 253
타력 ······················ 449
타력종 ····· 435, 439, 442, 462
탄척성문彈斥聲聞 ············ 99
탈고脫苦 ···················· 33
탐貪 진瞋 치痴 ················ 53
탑공양 ···················· 408
탕자蕩子의 비유 ·· 108, 435, 87
태양 ················ 133, 135
태양사상 ···················· 415
토키 ······················ 431
통달무량通達無量 ··········· 346
통일 ······················ 60
통일과 독립과 자유 ········· 336
틀 ························ 397

(ㅍ)

판타레이panta rhei ····· 31, 68
팔고八苦 ···················· 54
팔교八敎 ············· 100, 136

팔미八味 ·················· 166
팔생八生 ·················· 300
팔서八瑞 ·················· 302
팔십년전거시아八十年前渠是我
　·························· 474
팔십년전거시아八十年前渠是我 팔
십년후아시거八十年後我是渠
　····················· 193, 280
팔정도八正道 ············ 60, 61
평등각平等覺 ········ 126, 303
평등설법平等說法 ········· 126
플라톤 ··········· 137, 377, 68
필로소피아philosophia ····· 156

(ㅎ)

하나 ················ 314, 376
하나, 둘, 셋 ··············· 316
하나님
　············· 133, 134, 136,
　255, 270, 274, 31, 364, 376,
　381, 382, 44, 445, 458, 56
하나님 나라 ········ 142, 282
하나님은 사랑 ·············· 117
하나님은 사랑이라
　············ 106, 465, 50, 59
하나님의 뜻 ···· 133, 281, 452
하나님의 말씀
　118, 161, 253, 377, 432, 450

하나님의 사랑 ········ 117, 445
하나님의 아들 ········ 253, 72
하나님의 은혜 ············· 378
하나님의 형상 ··· 359, 363, 365
하나님의 화신 ············· 446
하나님의 힘 ····· 378, 438, 449
하늘과 땅과 사람 ····· 105, 120
하늘나라
　························· 166,
　177, 231, 234, 241, 366, 377
하방下方 ·················· 262
하이데거Martin Heidegger
　························ 207, 79
학學 ···················· 35, 76
학이불염學而不厭 교이불권教而不
倦 ·························· 176
학이불염學而不厭 교이불권教而不
倦 ·························· 105
한 참 잘 말씀 ············· 452
한계상황限界狀況 ········· 336
한끼 ················· 86, 362
할 일 ············ 192, 193, 451
함석헌咸錫憲 ········ 322, 500
합리론 ····················· 24
해계명주解髻明珠 ········· 242
해석 ················ 417, 431
해우解牛 ·················· 425
해탈解脫 ·················· 166
행복 ······················ 272

찾아보기　535

허무 ·· 70
허실생백虛室生白 ············ 340
헤겔 ··· 153
헤라클레이토스Heraclitus
　·· 31, 68
헨델 ·· 289
현본顯本 ···································· 41
현수賢首 ·································· 506
현일체색신삼매現一切色身三昧
　·· 424
현재鉉齋 ································· 257
현지우현玄之又玄 ········ 22, 32
현진건玄鎭健 ······················ 204
형이상자위지도形而上者謂之道
　·· 426
형이상학 ············ 256, 30, 503
형이상학의 핵심 ·············· 290
혜가慧可 ································ 398
혜가단비慧可斷臂 ············ 409
혜능慧能 ························ 340, 463
혜문慧文 ································ 504
혜사慧思 ······················ 504, 89
호설편편好雪片片 불락별처不落別
處 ··· 246

홍경삼궤弘經三軌 ············ 189
화성化城 ············ 163, 165, 172
화신化身 ············ 199, 415, 431
화신化身사상 ············ 405, 443
화신化身의 힘 ···················· 424
화약란花藥欄 ······················ 265
화엄 52위位 ············ 293, 312
화이트헤드Alfred North White-
head ···························· 139, 206
화택火宅 ····························· 54, 52
환멸문還滅門 ················ 66, 72
환생還生 ································ 212
환생이토還生泥土 ············ 357
환인桓因, 환웅桓雄, 환검桓儉
　·· 269, 288
황금의 신상 ······················ 364
회會 ··· 170
회개 ·· 215
회삼귀일會三皈一 ············ 112
후생 ·· 474
훼노메나phenomena ·········· 24
힌두교 ···································· 127
힘 ············· 120, 322, 323, 79